**Diachrone Zugänglichkeit als Prozess**

# Age of Access?
# Grundfragen der
# Informationsgesellschaft

Herausgegeben von
André Schüller-Zwierlein

Editorial Board
Herbert Burkert (St. Gallen)
Klaus Ceynowa (München)
Heinrich Hußmann (München)
Michael Jäckel (Trier)
Rainer Kuhlen (Konstanz)
Frank Marcinkowski (Münster)
Michael Nentwich (Wien)
Rudi Schmiede (Darmstadt)
Richard Stang (Stuttgart)

# Band 4

# Diachrone Zugänglichkeit als Prozess

—

Kulturelle Überlieferung in systematischer Sicht

Herausgegeben von
Michael Hollmann und
André Schüller-Zwierlein

DE GRUYTER
SAUR

ISBN 978-3-11-055505-9
e-ISBN (PDF) 978-3-11-031184-6
e-ISBN (EPUB) 978-3-11-039590-7
ISSN 2195-0210

**Library of Congress Cataloging-in-Publication Data**
A CIP catalog record for this book has been applied for at the Library of Congress.

**Bibliografische Information der Deutschen Nationalbibliothek**
Die Deutsche Nationalbibliothek verzeichnet diese Publikation in der Deutschen Nationalbibliografie; detaillierte bibliografische Daten sind im Internet über http://dnb.dnb.de abrufbar.

© 2017 Walter de Gruyter GmbH, Berlin/München/Boston
Dieser Band ist text- und seitenidentisch mit der 2014 erschienenen gebundenen Ausgabe.
Satz: Dr. Rainer Ostermann, München
Druck und Bindung: CPI books GmbH, Leck

♾ Gedruckt auf säurefreiem Papier
Printed in Germany

www.degruyter.com

# Age of Access?
# Grundfragen der Informationsgesellschaft

## Vorwort zur Reihe

Zugänglichkeit: Wann immer es um das Thema Information geht, gehört dieser Begriff zu den meistverwendeten. Er ist zugleich facettenreich und unterdefiniert. Zahlreiche seiner Dimensionen werden in unterschiedlichen Fachtraditionen analysiert, jedoch oft nicht als Teile derselben Fragestellung wahrgenommen. Die Reihe *Age of Access? Grundfragen der Informationsgesellschaft* geht die Aufgabe an, die relevanten Diskurse aus Wissenschaft und Praxis zusammenzubringen, um zu einer genaueren Vorstellung der zentralen gesellschaftlichen Rolle zu kommen, die die Zugänglichkeit von Information spielt.

Die ubiquitäre Rede von „Informationsgesellschaft" und „age of access" deutet auf diese zentrale Rolle hin, suggeriert aber – je nach Tendenz – entweder, dass Information allenthalben zugänglich ist, oder, dass sie es sein sollte. Beide Aussagen, so der Ansatz der Reihe, bedürfen der Überprüfung und Begründung. Der Analyse der Aussage, dass Information zugänglich sein sollte, widmet sich – grundlegend für die folgenden – der erste Band der Reihe, *Informationsgerechtigkeit*. Weitere Bände arbeiten die physischen, wirtschaftlichen, intellektuellen, sprachlichen, politischen, demographischen und technischen Dimensionen der Zugänglichkeit bzw. Unzugänglichkeit von Information heraus und ermöglichen so die Überprüfung der Aussage, dass Information bereits allenthalben zugänglich ist.

Einen besonderen Akzent setzt die Reihe, indem sie betont, dass die Zugänglichkeit von Information neben der synchronen auch eine diachrone Dimension hat – und dass somit die Forschung zu den Praktiken der kulturellen Überlieferung die Diskussion zum Thema Zugänglichkeit von Information befruchten kann. Daneben analysiert sie Potenziale und Konsequenzen neuer Techniken und Praktiken der Zugänglichmachung. Sie durchleuchtet Bereiche, in denen Zugänglichkeit nur simuliert wird oder in denen Unzugänglichkeit nicht bemerkt wird. Und schließlich widmet sie sich Gebieten, in denen sich die Grenzen der Forderung nach Zugänglichkeit zeigen. Die Themen- und Diskursvielfalt der Reihe vereint eine gemeinsame Annahme: Erst wenn die Dimensionen der Zugänglichkeit von Information erforscht worden sind, kann man mit Recht von einer Informationsgesellschaft sprechen.

Die Publikation der Bände in gedruckter und elektronischer Form in Kombination mit der Möglichkeit der zeitversetzten Open Access-Publikation der Beiträge stellt einen Versuch dar, verschiedenen Zugänglichkeitsbedürfnissen Rechnung zu tragen.

André Schüller-Zwierlein

# Inhalt

Michael Hollmann, André Schüller-Zwierlein
**Einleitung** —— 1

## Grundlagen

André Schüller-Zwierlein
**Diachrone Unzugänglichkeit: Versuch einer Prozesstypologie** —— 15

## Gesellschaftliche Prozesse

Daniela Pscheida
**Langzeitzugänglichkeit von Informationen unter den leitmedialen Bedingungen des Internets** —— 83

Jan-Hinrik Schmidt
**Leitmedium Internet – Persistenz und Flüchtigkeit** —— 103

Caroline Y. Robertson-von Trotha, Ralf H. Schneider
**Zum Begriff ‚Kulturerbe' und seiner Funktion für die diachrone Zugänglichmachung** —— 122

Dieter Birnbacher
**Intergenerationelle Verantwortung und kulturelles Erbe** —— 141

## Verlust-/Okklusionsprozesse

Sebastian Barteleit
**Kulturgut in Gefahr: Katastrophen in Archiven und Bibliotheken** —— 159

Sylvia Asmus
**Verstreute Informationsobjekte in Nachlässen** —— 172

Renate Buschmann
**Was wird aus der Medienkunst?**
Herausforderungen ihrer materiellen, technischen und öffentlichen Zugänglichkeit —— 185

## Erhaltungsprozesse

Cornelius Holtorf, Anders Högberg
**Zukunftsbilder in Erhaltungsstrategien —— 197**

Ursula Hartwieg
**Neue Wege für den bundesweiten Originalerhalt**
Praxisbericht aus der Koordinierungsstelle für die Erhaltung des schriftlichen Kulturguts (KEK) —— **215**

Andrea Hänger
**Digitale Langzeiterhaltung —— 229**

## Auswahlprozesse

Andreas Pilger
**Überlieferungsbildung in Archiven —— 255**

Gerhard Stumpf
**Problemfelder der Bestandsaussonderung in deutschen Bibliotheken —— 277**

Reinhard Altenhöner, Sabine Schrimpf
**Lost in tradition?**
Systematische und technische Aspekte der Erwerbung von Internetpublikationen in Archivbibliotheken —— **297**

Dieter Dörr
**Die Verweildauerkonzepte bei Internetangeboten der öffentlich-rechtlichen Rundfunkanstalten —— 329**

## Wiedergewinnungsprozesse

Katrin Janis
**Die Bewahrung von Kulturgütern als authentische Informationsquellen**
Grundsatzfragen der Konservierung und Restaurierung —— **347**

Uwe Borghoff, Nico Krebs, Peter Rödig
**Der Museumsansatz bei der digitalen Langzeitarchivierung in Theorie und Praxis** —— 366

Ivo Hajnal
**Die Entzifferung untergegangener Schriften**
Wie sich verlorene Informationen wiedergewinnen lassen —— 386

Thomas Riesenweber
**Die Wiedergewinnung des Originals mit den Mitteln der Textkritik** —— 405

Michael Hollmann, André Schüller-Zwierlein
**Epilog: Grundlagen zukünftiger Zugänglichkeit** —— 455

**Über die Autorinnen und Autoren** —— 484

Michael Hollmann, André Schüller-Zwierlein
# Einleitung: Formationsprozesse der kulturellen Überlieferung

> Die Entdeckung von Tradition und die Erschließung dessen, was sie ‚übergibt' und wie sie übergibt, kann als eigenständige Aufgabe begriffen werden.
> (Martin Heidegger, *Sein und Zeit*, 1927)

> Tradition [...] cannot be inherited, and if you want it you must obtain it by great labour.
> (T. S. Eliot, *Tradition and the Individual Talent*, 1919)

Die Wahrnehmung des Phänomens der kulturellen Überlieferung in der heutigen Gesellschaft ist von Automatismen geprägt. Ist von kultureller Überlieferung die Rede, spricht man meist in statischen Bildern, von einem „Erbe" oder einem „Schatz". Zudem konzentriert man sich fast ausschließlich auf die Überlieferung von historischen Objekten. Das ganze Thema schließlich gilt als rückwärtsgewandt und wenig zukunftsorientiert. Der vorliegende Band möchte nicht nur die Konsequenzen dieser Automatismen für die kulturelle Überlieferung aufzeigen, sondern diese Wahrnehmung in dreierlei Hinsicht verändern und erweitern: Er will die statische Vorstellung von kultureller Überlieferung aufbrechen und deutlich machen, dass die kulturelle Überlieferung in vielfältiger Hinsicht als Prozess verstanden werden muss. Er will wegkommen vom ausschließlichen Fokus auf Überlieferungsmethoden für Objekte und die Aufmerksamkeit systematisch auf die Zugänglichhaltung von Information (die, richtig verstanden, die Überlieferung von Objekten mit einschließt) lenken. Und er will die Perspektive nicht nur auf die Vergangenheit, sondern auch auf die Gegenwart und die Zukunft richten und die Planbarkeit kultureller Überlieferung analysieren.

Dabei wird von einem Grundsatz ausgegangen, den die Beiträge des Bandes vielfach belegen: Information *bleibt* nicht zugänglich. Zu den vielfältigen *synchronen* (also im Hier und Jetzt vorhandenen bzw. relevanten) Dimensionen der Zugänglichkeit, die die Buchreihe *Age of Access?* insgesamt beschreibt, kommen zahlreiche *diachrone* Dimensionen der (Un-)Zugänglichkeit hinzu, also Dimensionen der Unzugänglich*werdung über die Zeit hinweg*. Zugänglichkeit geht laufend verloren, muss laufend neu geschaffen oder erhalten werden. Hierbei wird von einem umfassenden Zugänglichkeitsbegriff ausgegangen, der nicht nur die technische oder örtliche Bereitstellung von Information sondern auch die De-Facto-Nutzbarkeit von Information für die jeweils eigenen Zwecke miteinschließt (hierzu genauer Schüller-Zwierlein/Zillien 2012, 24–30): Wie die bloße *Existenz* eines Informationsobjekts nicht ausreicht, Zugänglichkeit zu *schaffen*, reicht auch die bloße *Persistenz* eines Informationsobjekts über die Zeit hinweg nicht aus, um Information zugänglich zu *halten*. Daher, so die These des Bandes, ist eine interdisziplinäre und systematische Sicht der am Phänomen diachrone Zugänglichkeit beteiligten Prozesse notwendig.

Dieser prozessuale Blickwinkel ist durch verschiedene Forschungszweige der letzten Jahre, u.a. die Material Culture Studies, inspiriert, insbesondere aber durch die Konzeption der Formationsprozesse des amerikanischen Archäologen Michael Brian Schiffer (vgl. v.a. Schiffer 1996b). Schiffer betont „the importance of appreciating the processes by which evidence of the human past comes to be" (Schiffer 1996a, 73). Überzeugende historische Schlüsse müssten „explicitly recognize and take into account the entire range of relevant processes that form the historical and archaeological records. Although we would wish it, the past – manifest in artifacts – does not come to us unchanged." (Schiffer 1996b, 5) In seinen auf die Herausarbeitung generischer Prozesse zielenden Untersuchungen unterscheidet Schiffer zwischen kulturellen bzw. menschlich beeinflussten Formationsprozessen und nicht-kulturellen/nicht menschlich beeinflussten Formationsprozessen (Schiffer 1996a, 74–75; 1996b, 7, 21). Über die Archäologie hinausgehend, etwa bei der Untersuchung von „formation processes of collections" (Schiffer 1996a, 78), trifft Schiffer die wichtige Unterscheidung zwischen Objekten, die sich noch im menschlichen Betrieb/Pflege befinden, und solchen, bei denen dies nicht der Fall ist:

> Formation processes create two different records of the past, the *historical* record and the *archaeological* record. The historical record consists of artifacts that have been reused and so remain within a behavioral system. Objects in archives and private collections, for example, survive in the historical record by virtue of secondary use and conservatory processes. The archaeological record, on the other hand, consists of objects that have been culturally deposited – that is, lost, discarded, abandoned, and so on. Some of these items are recovered and enter collections where they are accessible to scholarly inquiry. Obviously, particular objects may alternate between the historical and archaeological records. (Schiffer 1996a, 75; vgl. a. Schiffer 1996b, 3–4)

Überträgt man diese Unterscheidungen auf die Überlieferung von Informationsobjekten, sticht ein Punkt vorab heraus: Im elektronischen Bereich richtet man sich derzeit gänzlich auf den *historical record* aus, der steten menschlichen Betrieb erfordert, und lässt den *archaeological record* und damit eine ganze Klasse von Prozessen, die die Zugänglichkeit von Information betreffen, außer acht. Allein dieser Einzelaspekt deutet bereits an, wie wenig das Studium von Formationsprozessen von Informationsobjekten bislang in die Überlieferungsplanung eingeflossen ist. Während sich die Technologien für die synchrone Übermittlung in rasendem Tempo entwickeln, sind die Mechanismen und Prozesse der diachronen Übermittlung vernachlässigt, ja oft vergessen, zumindest aber nicht systematisch untersucht worden. Es bedarf daher einer Systematisierung der relevanten Fragestellungen und einer Absteckung des Forschungsfeldes.

Einzelne Wissenschaftler anderer Disziplinen haben Schiffers Anregungen bereits aufgenommen: Ähnlich wie Schiffer argumentiert der Historiker Johannes Fried, Geschichtsforschung solle „eine Art Formkunde der Verformung [...] betreiben" (Fried 2004, 224) und die „Verformungsfaktoren des Gedächtnisses" (49) untersuchen, die Arten und Weisen also, wie sich das Erinnern und Dokumentieren von Zeitzeugen mit der Zeit verändert oder sich widerspricht und wie dies Niederschlag in gedruckten Quellen findet. Auch die Material Culture Studies haben das Bewusstsein für die Veränderungsprozesse von Objekten geschärft und in einer Art gegenwartsbezogener Archäologie eine diachrone, prozessuale Perspektive auf derzeit existierende Objekte entwickelt (vgl. a. Hicks/Beaudry 2010; Piccini/Holtorf 2011; DeSilvey 2006; Buchli/Lucas 2001). Der Kulturkritiker Steward Brand schließlich hat, um ein Beispiel aus einem ganz anderen Bereich zu wählen, in *How Buildings Learn* (Brand 1995) eindrucksvoll beschrieben, wie sich ursprünglich völlig anders geplante Gebäude mit dem menschlichen Gebrauch oder Nichtgebrauch mit der Zeit verändern. All diese Studien zeigen, dass Gegenwart und jüngere Vergangenheit denselben Wandlungs- und Verlustprozessen unterworfen sind wie die ältere Vergangenheit. Wo sich jedoch Schiffer auf archäologische Fundstätten bezieht, Fried auf das Gedächtnis, die Material Culture Studies auf verschiedenste Kulturobjekte und Brand auf Gebäude, wollen wir uns hier mit den Formationsprozessen der schriftlichen Überlieferung bzw., breiter, der Überlieferung von Informationsobjekten beschäftigen.

Dieses Studium der Formationsprozesse der Überlieferung von Informationsobjekten ist *einerseits* wissenschaftlich notwendig – schon Adorno beklagte den „unheilvollen Bewußtseins- und Unbewußtseinszustand, daß man sein So-Sein – daß man so und nicht anders ist – fälschlich für Natur, für ein unabänderlich Gegebenes hält und nicht für ein Gewordenes" (Adorno 1970, 99). Das, was heute an Informationsobjekten überliefert ist, liefert nur einen verzerrten Blick auf die historische Wirklichkeit (vgl. z.B. Robertson-von Trotha/Hauser 2011, 78; ein fiktives Extrembeispiel findet sich bei Eco 2010). Ignoriert man die zugrundeliegenden Formationsprozesse der Überlieferung, besteht die Gefahr von „information cocoons: communications universes in which we hear only what we choose and only what comforts and pleases us." (Sunstein 2008, 9) *Andererseits* ist das Studium der Formationsprozesse notwendig, um den Prozess der Überlieferung und die Informationskonstellationen der Zukunft besser planen zu können. Wenn Überliefern bzw. diachrones Übermitteln, wie der französische Philosoph Régis Debray sagt, eine Grundtätigkeit des Menschen ist („*L'homme qui transmet*"; Debray 2000, 2), wäre es dann nicht in der Natur des Fortschritts, diese Tätigkeit zu systematisieren und sie politisch und technisch abzusichern? Vor mehr als 60

Jahren diagnostizierte Ernst Robert Curtius: „Die Eisenbahnen haben wir modernisiert, das System der Traditionsübermittlung nicht." (Curtius 1993, 25) Hat man seither auf Curtius' Warnung reagiert? Sollte man dies umso mehr in einer Welt, in der, wie Brian Lavoie gesagt hat, die Kapazität, Information zu produzieren, die Kapazität, Information zu bewahren, überholt hat und sich immer mehr von ihr entfernt (Lavoie 2004, 46)?

Aber kann man die diachrone Übermittlung überhaupt planen? Oder ist der Versuch genauso zum Scheitern verurteilt wie die Vorhersage der Zukunft? Kann man an Strategien der Überlieferung glauben, oder sind sie durch die Geschichte ausreichend ad absurdum geführt worden? Muss unsere Tradition wirklich „a lucky crag protruding from an ocean of loss" (Kelly 2005, xxi) sein – oder ist sie planbar und beeinflussbar? Von einer systematischen diachronen Übermittlung von Information – also einem in Institutionen und Finanzierungsmechanismen umgesetzten Verständnis für die dauerhafte Tätigkeit des Überlieferns, für die notwendige langfristige Planung und das laufende Management – kann in vielen Aspekten derzeit nicht die Rede sein. Katastrophenfälle wie der Einsturz des Kölner Stadtarchivs stoßen meist Initiativen an, die so kurzlebig sind wie viele Informationsmedien. Wie Abby Smith bemerkt: „like most critical infrastructures [...] preservation is too often remarked only in failure." (Smith 2004, 72) Gerade in Deutschland leidet dieser Bereich an den verschiedensten Faktoren, etwa der politischen Dezentralität, der mangelnden theoretischen Reflexion und dem daraus resultierenden Mangel an klaren Zielen und stabiler Finanzierung sowie an der kaum existenten Zusammenarbeit von Theorie und Alltag, von überlieferungsbezogenen Fachwissenschaften und täglicher Überlieferungspraxis.

Der übergreifende Begriff Überlieferungsplanung ist nicht verbreitet – dabei führt doch die ‚Ghettoisierung' in Bereiche wie ‚Elektronische Langzeitarchivierung', ‚Bestandserhaltung' u.ä. ebenso wie der verbreitete vage Vergleich mit ‚Gedächtnis' und ‚Vergessen' zu einem Mangel an Gesamtstrategie und öffentlicher Darstellung. Während wir heute Informationsobjekte aus Mülldeponien der Antike bergen (vgl. die seit dem 19. Jahrhundert andauernde Arbeit an den Oxforder Oxyrhynchus-Papyri;[1] vgl. a. Rathje/Murphy 2001), sind derweil Universitätsbibliotheken aus Raum- und Ressourcenmangel gezwungen, Bücher professionell entsorgen zu lassen. Eine systematische medienübergreifende Überlieferungsplanung ist dringend notwendig. Der vorliegende Band will daher sowohl einen Beitrag zur Theoriebildung liefern als auch erstmalig die Sichten der Überlieferungspraxis und der betroffenen Wissenschaftsfächer systematisch zusammenbringen – um daraus Erkenntnisse für die politische Organisation, die

---

[1] Siehe http://www.papyrology.ox.ac.uk/POxy/.

nachhaltige Planung und die effiziente Durchführung der praktischen Managementaufgaben der Überlieferung ableiten zu können. Der derzeitige Umbruch von den gedruckten Medien zu den elektronischen, vermeintlich ein Übergang von der materiellen zur immateriellen Überlieferung, ist nur nachhaltig handhabbar, wenn man ihn in einen breiteren, medienübergreifenden Kontext einordnet und ihn in Verbindung mit der Prozessualität des Unzugänglichwerdens und des Zugänglichhaltens von Information sieht. Hierzu bedarf es einer fach- und epochenübergreifenden Perspektive.

Von welchen Zeiträumen sollte man bei dieser Betrachtung ausgehen? Da Kommunikationsakte ohnehin diachron erfolgen, ist Synchronie eine gesellschaftliche Konstruktion. Es kommt vielmehr auf die jeweiligen (fallüblichen) Zeitabstände und -frequenzen an: Diachrone Unzugänglichkeit von Information tritt auch schon in der Kurzzeitperspektive auf, etwa, wenn man am Morgen nicht mehr lesen kann, was man am Vortag auf einen Zettel geschrieben hat, oder im betrieblichen Informationsmanagement (vgl. z.B. Thome/Sollbach 2007 zum „information lifecycle management"). Insbesondere stellen sich Fragen der Zugänglichkeit von Information jedoch in der Langzeitperspektive: Von sehr frühen Objekten, z.B. den zwei geritzten Ocker-Stücken aus der Blombos-Höhle in Südafrika (ca. 75.000 Jahre v. Chr.; s. Henshilwood et al. 2002; Henshilwood/Dubreuil 2009), wissen wir nicht einmal mehr, ob es sich überhaupt um Informationsobjekte handelt oder z.B. nur um Ornamentik. Dies steigert noch einmal die bekannteren Geschichten von nicht mehr interpretierbaren Schriften von Hieroglyphen bis Linear B (s. Doblhofer 2008). Andere Informationsobjekte waren jahrtausendelang verloren und verbargen so das Wissen von der Existenz ganzer Zivilisationen (so die 33.000 Keilschrifttafeln aus dem königlichen Archiv der Hethiter in Bogazköy/Hattusa).[2] Große Bestandteile der Literaturgeschichte der letzten drei Jahrtausende sind uns nicht überliefert (s. z.B. Landfester 2007 oder die populäre Darstellung bei Kelly 2005), manches blieb nur durch ein einziges Manuskript erhalten (etwa der altenglische *Beowulf*). Die breitesten Zeitspannen, mit denen wir kalkulieren können, sind klar: Der „homo symbolicus" (Henshilwood/d'Errico 2011) beginnt, soweit derzeit feststellbar, frühestens vor ca. 75.000 Jahren, die frühesten definitiven Schriftzeugnisse liegen uns jedoch aus dem 4. bis 6. Jahrtausend v. Chr. vor (Donauzivilisation; Sumer-Kultur, Uruk) (s. Haarmann 2009, 8–9). Dagegen erscheinen die längsten bekannten Zukunftsplanungen, die der Long Now Foundation (http://www.longnow.org; Brand 1999) mit 10.000 Jahren, reichlich ambitioniert. Jegliche Planung, die den Anschein des Realistischen haben und skalierbar sein will, sollte daher, so sind sich verschie-

---

2 Siehe http://www.dainst.org/de/project/hattusa.

dene jüngere Untersuchungen einig, zunächst 100 Jahre, also in etwa die Dauer eines Menschenlebens, ansetzen:

> For the purpose of this article a much more modest frame of reference is chosen, a period of 100 years, which is more accessible to empirical evaluation as well as closer to personal experience. Centering this frame of reference upon the present sets a double agenda: (1) finding strategies to access digital contents from the past 50 years in spite of media ageing and semantic ageing, (2) planning the preservation of currently accessible digital content for future use during the 50 years to come. A major consequence of this specific planning horizon consists in the fact that the problem of semantic ageing cannot be solved anymore by simply agreeing on a standard format for digital archiving. Half a century is just plenty of time for requirements to evolve beyond any standard. [...] [E]ven for data of little semantic complexity only a sequence of standards was able to bridge a period of almost 50 years. (Schlieder 2010, 144; vgl. die Bestrebungen der „SNIA 100 year task force"[3] sowie STC 2007, 16 und Clarke 2009, 4.)

Wir haben bereits die letzten 25 Jahre nur sehr begrenzt mitgeschnitten (es gibt keine Statistik, wie viele Internetseiten es seit der Entstehung des WWW nicht mehr gibt). Die Langzeitperspektive kann also letztlich medienübergreifend, eine Definition aus der elektronischen Langzeitarchivierung abwandelnd, weiter definiert werden: „‚Langzeit' ist die Umschreibung eines nicht näher fixierten Zeitraumes, währenddessen wesentliche, nicht vorhersehbare technologische und soziokulturelle Veränderungen eintreten; Veränderungen, die sowohl die Gestalt als auch die Nutzungssituation [...] umwälzen können." (Nestor 2010, Kap. 1:2; vgl. a. CCSDS 2012, 1–12)

Schließlich: Von welchen Phänomenen bzw. Objekten soll die Rede sein? Der Band beschäftigt sich nicht mit der kulturellen Überlieferung in ihrer ganzen Breite, die von Handwerk bis zu Riten und zum mündlich überlieferten Wissen reicht (vgl. z.B. Robertson-von Trotha/Hauser 2011, 39). Er beschränkt sich auf die Problematik der Zugänglichhaltung von Information *mittels* Informationsobjekten (nicht die Erhaltung von Informationsobjekten per se) – physischen oder elektronischen Objekten mehr oder weniger temporärer Natur, auf denen Information symbolisch codiert ist (zu einer genaueren Definition s.u. den Beitrag von Schüller-Zwierlein). Hier soll es um das gehen, was in diesem Bereich geplant werden kann. Die Betonung auf Zugänglichhaltung soll nicht so verstanden werden, als spielten die Originalobjekte keine Rolle; im Gegenteil: Schüller-Zwierlein arbeitet in seinem Beitrag zur Theorie des Informationsobjekts und zur korrespondierenden Typologie der Verlustprozesse die Bedeutung der Originale

---

3 Siehe http://www.snia-europe.org/en/technology-topics/data-protection/long-term-data-retention.cfm.

eingehend heraus. Gleichwohl soll hier der Blickwinkel weiter gestellt werden: Zugänglichkeit von Information bedeutet mehr als die Erhaltung eines Objekts. Die vielfachen Dimensionen der diachronen Zugänglichkeit von Information sind zu realisieren – und damit die Komplexität der Aufgabe Überlieferung.

Zu den Beiträgen des Bandes: Bislang bleiben Untersuchungen zur kulturellen Überlieferung meist in Einzeldiskursen verhaftet. Der Band bringt daher Vertreter/innen der verschiedensten Wissenschafts- und Praxisdisziplinen zusammen – u.a. aus Informatik, Bibliothekswesen, Archivwesen, Medienwissenschaft, Kulturwissenschaft, Philologien und Restaurierungspraxis/Museumswesen –, um eine interdisziplinäre und systematische Sicht der Prozesse zu ermöglichen, die die Zugänglichkeit von Information über die Zeit hinweg steuern. Gleichzeitig werden so die Forschungs- und Erkenntnisstände in den einzelnen Disziplinen deutlich. Der Band gliedert sich in fünf Teile, die die entsprechenden Prozesstypen abbilden (wobei die Liste nicht abschließend sein muss, sondern vielmehr ein Forschungsfeld eröffnet): 1. Gesellschaftliche Prozesse, 2. Verlust-/Okklusionsprozesse, 3. Erhaltungsprozesse, 4. Auswahlprozesse, 5. Wiedergewinnungsprozesse. Ziel des Bandes ist die Gewinnung von Erkenntnissen über eine fachübergreifende systematische Überlieferungsplanung.

Diesen fünf Sektionen vorangestellt ist ein übergreifender Beitrag von André Schüller-Zwierlein, der grundlegend herausarbeitet, was eigentlich ein Informationsobjekt ist und in welchen mannigfaltigen Hinsichten Information gefährdet ist bzw. über die Zeit hinweg unzugänglich werden kann. Das medial vergleichsweise immer noch in seinen Kinderschuhen steckende elektronische Zeitalter macht Verlustgefahren vielerorts bewusster. Aber nicht nur dieser Medienwandel ist von Bedeutung – das Spektrum der Verlustprozesse soll hier deutlich weiter gefasst werden; insbesondere ist eine medienübergreifende Sicht vonnöten. Was mit Information über die Zeit hinweg passiert, ist kompliziert, denn es geht eben nicht nur um Veränderungen des Mediums bzw. Informationsträgers, sondern auch z.B. des Rezipienten und der Rezeptionstechnologie. Die Zugänglichkeit von Information ist von vielerlei Faktoren abhängig. Eine These des Bandes ist, dass die Auswirkungen dieser Faktoren medienübergreifend generisch beschrieben werden können – analog Schiffers Aussage aus der Archäologie: „If formation processes were utterly haphazard in their operation and effects, the study of the past would become nearly hopeless. [...] Fortunately, formation processes are highly patterned" (Schiffer 1996a, 76). Diachrone Zugänglichkeit ist nur planbar, wenn wir davon ausgehen, dass es generische Veränderungsprozesse gibt, physisch ebenso wie kulturell. Der Beitrag von André Schüller-Zwierlein skizziert dementsprechend eine Typologie der Verlust- bzw., wie sie hier genannt werden, Okklusionsprozesse.

Im ersten Teil ‚Gesellschaftliche Prozesse', werden beispielhaft zwei breite gesellschaftliche Prozesse analysiert, die sich auf den menschlichen Umgang mit Informationsobjekten und auf die Überlieferung auswirken, negativ wie positiv. Die ersten beiden Beiträge (Daniela Pscheida, Jan-Hinrik Schmidt) konzentrieren sich auf die gesellschaftlich weit verbreitete Auffassung des Internets als Leitmedium und die Auswirkungen der umfassenden Nutzung dynamischer, insbesondere sozialer Medien auf die diachrone Zugänglichkeit von Information. Das zweite Beitragspaar (Caroline Y. Robertson-von Trotha/Ralf H. Schneider, Dieter Birnbacher) beschäftigt sich aus kulturwissenschaftlicher und philosophischer Perspektive mit dem fast ubiquitären Diskurs des kulturellen Erbes, seiner gesellschaftlichen Funktion und seinen Konsequenzen für die diachrone Zugänglichkeit von Information.

Der zweite Teil beschreibt die Verlust- bzw. Unzugänglichwerdungsprozesse in drei spezifischen medialen Bereichen. Sebastian Barteleit vom Bundesarchiv beschäftigt sich in seinem Beitrag mit Bibliotheks- und Archivkatastrophen, mit nicht-intentionaler und intentionaler Zerstörung von Informationsobjekten. Sylvia Asmus vom Deutschen Exilarchiv untersucht die Verstreuungsprozesse bei Informationsobjekten (z.B. Nachlässen und Sammlungen). Renate Buschmann vom inter media art institute beschreibt schließlich Verlustprozesse bei verschiedenen Medienformen, insbesondere bei moderner Medienkunst.

Im dritten Teil werden Erhaltungsprozesse verschiedenster Art beschrieben. Die Archäologen Cornelius Holtorf und Anders Högberg untersuchen, wie Zukunftsbilder die Planung der kulturellen Überlieferung beeinflussen, und beschäftigen sich mit der Frage, wie eine Langzeitkommunikation sichergestellt werden kann. Der Beitrag von Ursula Hartwieg beschreibt die klassische bibliothekarische und archivische Bestandserhaltung und deren institutionelle Koordination. Andrea Hänger vom Bundesarchiv schließlich beschreibt die aktuellen Bestrebungen in der elektronischen Langzeitarchivierung.

Der vierte Teil analysiert gängige und notwendige Auswahlprozesse bei der kulturellen Überlieferung. Dies ist eine zentrale Problematik: „Eine Selektion *ex ante* ist streng genommen unzulässig, denn die Relevanzkriterien zukünftiger Generationen sind und bleiben, wie die Zukunft selbst, unbekannt." (Robertson-von Trotha/Hauser 2011, 35). Dies trifft jedoch auf praktische Grenzen und materielle Notwendigkeiten: „Selbst bei größter Anstrengung dürfte nicht alles zu retten sein. Dazu fehlen heute und auch wohl in Zukunft die Mittel und die institutionelle Kapazität. Aber die Frage stellt sich unausweichlich, was erhalten werden muß oder sollte." (Fabian 2007, 5) Überlieferungsinstitutionen dürften eigentlich nicht darüber entscheiden, was überliefert werden soll – sie müssen es aber meist. In Archiven gehört dies seit jeher zur „tägliche[n] Arbeit der Überlieferungsbildung" (Treffeisen s.d., 22), hier werden ausgefeilte Überlieferungsbildungskonzepte und Bewertungsmodelle ausgearbeitet. In anderen Bereichen ist jedoch oft wenig Transparenz bei den Formationsprozessen vorhanden. Dementsprechend ist es dringend vonnöten, Auswahlprozesse zu dokumentieren und diese Dokumentationen mitzuüberliefern. Der Beitrag von Andreas Pilger vom Arbeitskreis „Archivische Bewertung" im VDA beschäftigt sich dementsprechend mit der archivischen Praxis der ‚Überlieferungsbildung'. Gerhard Stumpf von der Universitätsbibliothek Augsburg untersucht die Aussonderungspraxis in deutschen Bibliotheken. Reinhard Altenhöner und Sabine Schrimpf von der Deutschen Nationalbibliothek beschreiben die Auswahlprozesse bei der Archivierung von Internetpublikationen. Dieter Dörr vom Mainzer Medieninstitut schließlich stellt die Hintergründe der Verweildauerkonzepte bei Internetangeboten der öffentlich-rechtlichen Rundfunkanstalten dar.

Im fünften Teil schließlich werden die (oft enorm mühseligen) Wiedergewinnungsprozesse beschrieben. Katrin Janis vom Restaurierungszentrum der Bayerischen Verwaltung der staatlichen Schlösser, Gärten und Seen untersucht die Frage, wie die Prinzipien der Restaurierungsethik in der Praxis umgesetzt werden können, und problematisiert die Vorstellung der Wiedergewinnung eines Originalzustandes. Die Informatiker Uwe Borghoff, Nico Krebs und Peter Rödig analysieren das Potential des Museumsansatzes bei der digitalen Langzeitarchivierung. Der Sprachwissenschaftler Ivo Hajnal ziegt anhand der Entzifferung untergegangener Schriften, wie sich verlorene Informationen wiedergewinnen lassen. Der klassische Philologe Thomas Riesenweber schließlich beschäftigt sich in seinem Beitrag mit diachronen Textveränderungen sowie Methoden und Potential der Textkritik. Ein Epilog beschließt den Band.

Dieser Band ist dem großen Überlieferungsplaner Bernhard Fabian gewidmet.

# Literatur

Adorno, T.W. (1970): Erziehung zur Mündigkeit. Vorträge und Gespräche mit Hellmut Becker 1959–1969. Hrsg. von Gerd Kadelbach. Frankfurt/M.: Suhrkamp.
Brand, S. (1999): The Clock of the Long Now: Time and Responsibility. New York, NY: Basic Books.
Brand, S. (1995): How Buildings Learn: What Happens After They're Built. Harmondsworth: Penguin.
Buchli, V.; Lucas, G. (2001): Archaeologies of the Contemporary Past. London: Routledge.
CCSDS (2012): Reference Model for an Open Archival Information System (OAIS). Magenta Book. Washington, DC: The Consultative Committee for Space Data Systems. (http://public.ccsds.org/publications/archive/650x0m2.pdf).

Clarke, R.A. (2009): „Information Migration". Conference presentation. (http://www.digitalpreservation.gov/meetings/documents/othermeetings/5-6_Clarke-SUN-Technical_Migration.pdf).
CLIR (2004): Access in the Future Tense. Washington, DC: CLIR. (http://www.clir.org/pubs/reports/pub126/pub126.pdf).
Curtius, E.R. (1993): Europäische Literatur und lateinisches Mittelalter. 11. Aufl. Tübingen: Francke.
Debray, R. (2000): Introduction à la médiologie. Paris: PUF.
DeSilvey, C. (2006): „Observed Decay: Telling Stories with Mutable Things". Journal of Material Culture 11:3, 318–338.
Doblhofer, E. (2008): Die Entzifferung alter Schriften und Sprachen. Neubearb. Aufl. Stuttgart: Reclam.
Eco, U. (2010): Il Cimitero di Praga. Milano: Bompiani.
Fabian, B. (2007): Ansprache zum Nationalen Aktionstag der Allianz zur Erhaltung des schriftlichen Kulturgutes. Manuskript.
Fried. J. (2004): Der Schleier der Erinnerung. Grundzüge einer historischen Memorik. München: Beck.
Haarmann, H. (2009): Geschichte der Schrift: Von den Hieroglyphen bis heute. 3. Aufl. München: Beck.
Henshilwood, C.S. et al. (2002): „Emergence of Modern Human Behavior: Middle Stone Age Engravings from South Africa". Science (15. Febr. 2002), 295:5558, 1278–1280.
Henshilwood, C.S.; Dubreuil, B. (2009): „Reading the Artifacts: Gleaning Language Skills from the Middle Stone Age in Southern Africa". In: Botha, R.; Knight, C. (eds) (2009): The Cradle of Language. Oxford: Oxford University Press, 41–60.
Henshilwood, C.S.; d'Errico, F. (2011): Homo Symbolicus: The Dawn of Language, Imagination and Spirituality. Amsterdam: John Benjamins.
Hicks, D.; Beaudry, M.C. (eds) (2010): The Oxford Handbook of Material Culture Studies. Oxford: Oxford University Press.
Kelly, S. (2005): The Book of Lost Books. New York, NY: Viking.
Kingery, W.D. (ed.) (1996): Learning from Things: Method and Theory of Material Culture Studies. Washington, DC: Smithsonian Institution Press.
Landfester, M. (2007): Geschichte der antiken Texte. Autoren- und Werklexikon. Darmstadt: Wissenschaftliche Buchgesellschaft. (Der Neue Pauly, Supplementband 2).
Lavoie, B.F. (2004): „Of Mice and Memory: Economically Sustainable Preservation for the Twenty-First Century". In: CLIR 2004, 45–54.
Nestor (2010): nestor Handbuch: Eine kleine Enzyklopädie der digitalen Langzeitarchivierung. Version 2.3. Göttingen: nestor. (http://nestor.sub.uni-goettingen.de/handbuch/nestor-handbuch_23.pdf).
Piccini, A.; Holtorf, C. (2011): Contemporary Archaeologies: Excavating Now. Frankfurt/M.: Peter Lang.
Rathje, W.L.; Murphy, C. (2001): Rubbish! The Archaeology of Garbage. Tucson, AZ: University of Arizona Press.
Robertson-von Trotha, C.Y.; Hauser, R. (Hrsg.) (2011): Neues Erbe: Aspekte, Perspektiven und Konsequenzen der digitalen Überlieferung. Karlsruhe: KIT Scientific Publishing. (http://digbib.ubka.uni-karlsruhe.de/volltexte/1000024230).
Schiffer, M.B. (1996a): „Formation Processes of the Historical and Archaeological Records". In: Kingery 1996, 73–80.

Schiffer, M.B. (1996b): Formation Processes of the Archaeological Record. Reprint. Salt Lake City, UT: University of Utah Press.

Schlieder, C. (2010): „Digital Heritage: Semantic Challenges of Long-Term Preservation". Semantic Web Journal 1:1-2, 143–147. (http://iospress.metapress.com/content/a133576936h372uk/fulltext.pdf).

Schüller-Zwierlein, A.; Zillien, N. (Hgg.) (2012): Informationsgerechtigkeit: Theorie und Praxis der gesellschaftlichen Informationsversorgung. Berlin: de Gruyter.

Smith, A. (2004): „In Support of Long-Term Access". In: CLIR 2004, 55–72.

STC (2007): The Digital Dilemma: Strategic Issues in Archiving and Accessing Digital Motion Picture Materials. Beverly Hills, CA: The Science and Technology Council of the Academy of Motion Picture Arts and Sciences. (http://www.oscars.org/science-technology/council/projects/digitaldilemma/download.php).

Sunstein, C.R. (2008): Infotopia: How Many Minds Produce Knowledge. Oxford: Oxford University Press.

Thome, G.; Sollbach, W. (2007): Grundlagen und Modelle des Information Lifecycle Management. Berlin: Springer.

Treffeisen, J. (s.d.): „Archivübergreifende Überlieferungsbildung in Deutschland". (http://www.forum-bewertung.de/beitraege/1022.pdf).

# Grundlagen

André Schüller-Zwierlein
# Diachrone Unzugänglichkeit: Versuch einer Prozesstypologie

I got to keep moving, I got to keep moving, [...] Hellhound on my trail
(Robert Johnson, *Hellhound on My Trail*, 1937)

The only way to archive [...] information is to keep it moving. I call this movage instead of storage.
(Kevin Kelly, Blog-Beitrag, 2008)

Auf die Frage, was man am nötigsten hätte zu lernen, erwiderte der antike Philosoph Antisthenes, ein Sokrates-Schüler, „Dem Verlernen vorzubeugen." (Diogenes Laertius 1998, 298) Die Zugänglichkeit von Information unterliegt ähnlichen Gesetzen: *Information bleibt nicht zugänglich.* Zugänglichkeit ist ein „moving target" (Pennock 2013, 5), sie geht laufend verloren, muss beständig erhalten oder wiedergewonnen werden. Zu den vielfältigen gegenwärtigen (*synchronen*) Einschränkungen der Zugänglichkeit von Information, seien sie wirtschaftlich, politisch, psychologisch oder sprachlich, kommen eigene vielfältige Dimensionen der *diachronen* Unzugänglichkeit, also Dimensionen des Unzugänglich*werdens* von Information über die Zeit hinweg. Der Öffentlichkeit sind diese Dimensionen der diachronen Unzugänglichkeit – jenseits punktueller Katastrophen, wie dem Einsturz des Kölner Stadtarchivs im Jahre 2009 – jedoch oft unbekannt, obwohl sie ebenso große, wenn nicht größere Auswirkungen haben: „Les catastrophes [...] frappent l'imagination, mais les altérations et les destructions à long terme affectent de la même manière irrémédiable l'héritage culturel." (Mohen 1999, 96) Zwischen den betroffenen Wissenschaften und Praxiszweigen findet derzeit kein ausreichender Dialog statt. Um Information optimal erhalten zu können, ist daher eine medienübergreifende Typologie der Verlustprozesse notwendig: Erst „an understanding of the full range of potential threats" (Vermaaten et al. 2012) ermöglicht eine systematische Planung der Erhaltung von Zugänglichkeit.

Das hier zu erarbeitende Verständnis, dass Information *nicht automatisch* über die Zeit hinweg zugänglich bleibt, dass auch im „age of access" (Rifkin 2001) das „ageing of access" (Verfasser) *an der Tagesordnung ist*, bedeutet eine klare Abwendung von den Gemeinplätzen der Mediengeschichte. Obwohl die Anfälligkeit von Informationsobjekten durchaus wiederholt thematisiert wurde (schon bei Vitruv, vgl. Jochum 2009, 162) und es immer auch kritische Stimmen zum Medium gab (mindestens seit Platons Schriftkritik im *Phaidros*), hat man überwiegend seit dem Beginn der Schriftkultur die *Externalisierung* menschlicher Gedanken ins Geschriebene (vgl. Leroi-Gourhan 1964–65) mit der Hoffnung auf automatische *Eternalisierung*, der Aufbewahrung dieser Gedanken für immer, verbunden – beginnend bei Thukydides, der seinen *Peloponnesischen Krieg* als „Besitztum für immer" aufschrieb (Thukydides 2002, 24 bzw. I.22). Noch im 19. Jahrhundert war das Vertrauen auf das Geschriebene oft unbegrenzt: „All that Mankind has done, thought, gained or been: it is lying as in magic preservation in the pages of Books." (Carlyle 1971, 240). Das elektronische Zeitalter, wie oft bemerkt worden ist (z.B. Brooks 2005; Giesecke 1990), reproduziert bislang sowohl die Ängste früherer Zeiten als auch deren Hoffnungen, von den „digital dark ages" (Kuny 1998) und der „digitale[n] Amnesie" (Euler et al. 2011, 327) bis hin zur „million-year hard disk" (Clery 2012) und der „Immortal Information Storage" (Patentantrag Microsoft).[1] Gemein haben diese Diskurse, dass sie weder genau definieren, was eigentlich überliefert werden soll, also eine exakte Definition des Informationsobjekts und der zu übermittelnden Information geben, noch systematisch die Vielfalt von Prozessen untersuchen, durch die Information über die Zeit hinweg unzugänglich wird. Beides soll im vorliegenden Beitrag mindestens begonnen werden.

## Zur Theorie des Informationsobjekts

In welchen Hinsichten kann also Information über die Zeit hinweg unzugänglich werden? Um diese Frage beantworten zu können, ist zunächst die Vorstellung von Informationsobjekten näher zu beleuchten und ein grundlegendes Vokabular zu entwickeln. Erst wenn wir die möglichen Elemente und Eigenschaften eines Informationsobjekts beschrieben haben, können wir Verlustprozesse definieren. Will man ein Informationsobjekt überliefern, sind insbesondere zwei Fragen zu klären: *1. Was für Elemente und Eigenschaften hat ein Informationsobjekt und in welchem Zustand bzw. mit welchen Elementen und Eigenschaften will man es überliefern?* Es gilt also prospektiv eine Definition des Überlieferungsziels zu schaffen (vgl. Muñoz Viñas 2011, 16), genauso wie man bei der Restaurierung retrospektiv ein „Restaurierungsziel" (Weber 2009, 170) definiert, also definiert, welche Elemente und Eigenschaften man wiederherstellen will. *2. Welche Verlustrisiken bestehen für welche Eigenschaften des Objektes und was genau konstituiert einen Verlust?* Diese Fragen spielen medienübergreifend bei allen informations-

---

[1] Siehe http://appft1.uspto.gov/netacgi/nph-Parser?Sect1=PTO1&Sect2=HITOFF&d=PG01&p=1 &u=%2Fnetahtml%2FPTO%2Fsrchnum.html&r=1&f=G&l=50&s1=%2220070011109%22.PGNR. &OS=DN/20070011109&RS=DN/20070011109.

erhaltenden Prozessen eine Rolle, seien es Originalerhalt, Digitalisierung, Nachdruck, kritische Edition, Migration, Emulation, Abguss oder Hardware-Erhalt im Computermuseum: „Viele Erfahrungen und Erkenntnisse aus dem Bereich der klassischen Archive lassen sich durchaus abstrakt auf Archive neuen Typs übertragen. Sie geben Anhaltspunkte, mit welchen Aufgaben- und Problemstellungen zu rechnen ist." (Von Suchodoletz 2008, 11) Eine Analyse der Elemente des Informationsobjekts kann somit auch zur Evaluation der Effektivität verschiedener Überlieferungsmethoden dienen. Hierzu müssen erst einmal einige Begriffe definiert werden.

Information soll hier – viele bekannte Definitionen auf einen gemeinsamen Nenner bringend – als etwas verstanden werden, das (putativ, potenziell) intentional mittels Zeichen übermittelt wird und das (putativ, potenziell) für jemanden/ein Subjekt relevant ist (vgl. Schüller-Zwierlein/Zillien 2012, 15-17).[2] Ein Informationsobjekt ist dementsprechend ein Objekt, das dazu intendiert ist, Information in Form von Zeichen zu speichern und damit (putativ, potenziell) für jemanden zugänglich zu machen (im Gegensatz z.B. zu anderen Gebrauchsobjekten) (vgl. Nestor 2012, 9; CCSDS 2012, 1–12). Der Begriff Informations*träger* reicht hier nicht: Es geht um das gesamte Objekt und darum, wie es für den Zweck gestaltet wurde, in einem bestimmten Gesamtsystem Information zugänglich zu machen. So können Informationsobjekte z.B. intentional transitorisch sein (etwa ein Aushang an einem Laternenpfahl) oder nur mithilfe eines bestimmten Geräts oder eines weiteren Informationsobjekts benutzbar sein. Informationsobjekte können zudem aus einer Vielzahl von Materialien bestehen, von Höhlenwänden und Baumrinde bis hin zu Papier und Zelluloid. Ihre Geschichte – soweit die Formationsprozesse der Vergangenheit uns dies noch erkennen lassen – beginnt vor ca. 20.000 Jahren wohl mit den ersten Höhlenzeichnungen (vgl. zur Problematik ihrer Deutung z.B. Clottes 2011). Informationsobjekte sind immer Artefakte, sie sind immer eigens für den Zweck der Zugänglichmachung von Information geschaffen oder gestaltet worden. Informationsspeicherung muss jedoch nicht ihre primäre Funktion sein: Man denke z.B. an Steinmetz- und Glockengießerzeichen (vgl. Pese 1998, 136–145), Druckersignete und Wasserzeichen, Malersignaturen und markierte Töpfe (vgl. Smith 2012). Das Verhältnis zu anderen Funktionen

---

[2] Basis der Konzeption ist hier der Austausch – und Grund für den Austausch ist die Relevanz. Gegenargumente im Stile der analytischen Philosophie, die Beispiele erfinden, wo Information de facto nicht übermittelt wird oder nicht relevant ist, verkennen, dass ein übertragener, notgedrungener, situativer oder metaphorischer Gebrauch eines Begriffs nicht seine grundsätzliche Definition ändert.

ist pro Objekt zu bestimmen – was Überlieferungsentscheidungen beeinflussen kann.

Gilt der Objekt-Begriff auch im elektronischen Zeitalter? Diese offensichtliche Frage ist zu bejahen: Wie unten näher geschildert wird, müssen zur Verwaltung (und damit Überlieferung) von Information Objektgrenzen abgesteckt und abgeschlossene Mengen von Objekteigenschaften definiert werden. Auch um die Autorität einer Information zu beglaubigen, sind die Grenzen eines Objekts abzustecken, das einem Urheber oder einer Prüfinstitution zugeordnet werden kann. Die Objekt-Metadaten-Sicht bleibt daher auch im elektronischen Bereich brauchbar, wenn nicht gar unvermeidlich. Im elektronischen Zeitalter ist jedoch die Bindung einer bestimmten Information an ein bestimmtes physisches Objekt oft aufgehoben, mit Konsequenzen, die unten näher zu beleuchten sind. Form und Größe digitaler Informationsobjekte sind derweil ebenso vielfältig wie bei physischen Objekten, von Software (vgl. Matthews 2010) und Betriebssystemen bis zu Datenbanken, Forschungsprimärdaten (vgl. Neuroth et al. 2013) und Kinofilmen (vgl. STC 2007).

Was unterscheidet ein Informationsobjekt von einem anderen Objekt, insbesondere diachron? Informationsobjekte sind naturgemäß fragil: Sie haben einen komplexeren Gehalt und eine anfälligere Funktionsweise als andere Objekte – Wurmlöcher beeinträchtigen die Funktion eines Stuhls meist weniger als Zeichenverlust die Funktion eines Texts. Oft wird die Alterung eines Informationsobjekts erst bemerkt, wenn der Gehalt bereits geschädigt ist. Die Reparatur eines Textes ist komplizierter als die eines Stuhles. Zudem können Informationsobjekte auf andere Objekte verweisen – sie existieren in einem komplexen Netz von Elementen. Dementsprechend leicht kann ihre Funktionsfähigkeit beschädigt werden. Ein Informationsobjekt kann z.B. erst durch seinen Kontext als ein solches bestimmt sein – und dieser Kontext kann verloren gehen (vgl. die Blombos-Ocker, s. Einleitung).

Informationsobjekte können nach ihren Eigenschaften in Klassen sortiert werden. Wichtige Schalterstellungen sind hier z.B., ob das Informationsobjekt auf Betrieb angewiesen ist, und ob für die Zugänglichkeit ein zusätzliches Gerät notwendig ist. Zwar bleibt kein Informationsobjekt dauerhaft ohne menschliches Zutun zugänglich. Informationsobjekte unterscheiden sich jedoch darin, wie lange ihre Information ohne menschlichen Betrieb und Betreuung zugänglich bleibt; diese Eigenschaft könnte man *Persistenz* nennen. Die Methoden der elektronischen Langzeitarchivierung (im Folgenden eLZA abgekürzt) etwa setzen ständigen Betrieb voraus: „Digitale Archivierung erfordert eine kontinuierliche aktive Begleitung der archivierten Objekte." (Nestor 2010, Kap. 15:11) Hier kann man von einem geringen Persistenzgrad sprechen. Jedes Objekt hat diesbezüglich eigene Risiken. Ist ein geringer Persistenzgrad schadhaft für die Überlieferung?

Einerseits ja, da Information in unbetreuten Phasen oft verlorengeht – andererseits sorgt ein geringer Persistenzgrad eventuell für ein höheres Bewusstsein der Notwendigkeit des Betriebs und damit für dauerhafteren Betrieb. Die diachronen Auswirkungen der Betriebsnotwendigkeit sind bei Weitem noch nicht ausreichend analysiert.

Daneben ist die Bedeutung der Bindung einer bestimmten Information an ein bestimmtes Informationsobjekt zu analysieren: „Like men, books have a soul and body." (Blades 2009, 71) Die im Buchbereich selbstverständlich gewordene Bindung einer bestimmten Information an ein bestimmtes physisches Objekt ist im elektronischen Zeitalter nicht mehr vorauszusetzen. Die Wiederbeschreibbarkeit desselben Trägers ist nun die Regel, nicht mehr nur die Ausnahme: Auch wenn es schon immer wiederbeschreibbare Informationsobjekte gab, ist im elektronischen Bereich eine neue Dimension der Entkoppelung erreicht. Die Vorstellung der festen Bindung können wir damit historisch einordnen und ihre Vor- und Nachteile analysieren. Was bedeutet die Bindung bzw. Nicht-Bindung bestimmter Information an ein bestimmtes Objekt für die Überlieferung? Was bedeutet die Aufnahme der Information in Container, die die enthaltene Information wechseln können? Die Konsequenzen scheinen erst einmal in Dilemmata zu führen: Einerseits ist Information ohne feste Objekte für den archäologischen Kontext nicht tauglich, weil kein hoher Persistenzgrad vorhanden ist. Andererseits ist „[d]auerhafte Substanzerhaltung [...] nicht möglich, wenn die Datensubstanz untrennbar an einen Datenträger und damit an dessen Schicksal gebunden ist." (Nestor 2010, Kap. 1:3) Vor allem aber zwingt uns die Entkoppelung von Information und festem Objekt dazu, die Grenzen klar zu definieren, was zur Information gehört und was zum Objekt, bzw. welche Eigenschaften eines Ausgangsobjekts jenseits der symbolischen/textuellen mitüberliefert werden sollen. Egal ob diese Definition *gelingt* oder nicht, sind wir gezwungen, diese Fragen zu *entscheiden* – beim Neubinden eines historischen Buches (vgl. Rosner/Taylor 2012) ebenso wie bei der Verwaltung und Migration digitaler Objekte (vgl. Nestor 2012). Zur Definition der Eigenschaften des Überlieferungsobjekts gehört auch die Entscheidung der Frage, welche Fragestellungen man künftig anhand des Informationsobjekts beantworten können soll.

Darüber hinaus stellt sich im Zusammenhang mit der Objektbindung die Frage der Authentizität, die anhand der Eigenschaften des physischen oder elektronischen Objekts beurteilt wird.[3] Authentizität ist sicherlich in gewisser Hinsicht

---

**3** Bei elektronischen Informationen verlagert sich die Beurteilung der Authentizität analog in Richtung des Managements der objekt- und eigenschaftsbezogenen Prozesse; vgl. DIN 2012, Keitel/Schoger 2013, BSI 2009, Nestor 2008 sowie Nestor 2012.

immer eine Konstruktion (vgl. Jones 2013), auch physische Objekte befinden sich stets in Wandlungsprozessen (vgl. Hodder 2012, 4‒5; DeSilvey 2006, 323). Das hier beschriebene Objektmodell ist jedoch dennoch auch in dieser Hinsicht sinnvoll, weil bei physischen wie elektronischen Medien, wie gesagt, definiert werden *muss*, welche Eigenschaften zu erhalten sind: Im Gegensatz etwa zu postmodernen Literaturtheorien oder zu konstruktivistischen Ansätzen in der Archäologie (vgl. Holtorf 2013, 428), die die Begriffe ‚Original' und ‚Authentizität' dekonstruieren, muss eine Überlieferungsinstitution schon aus Gründen der Verwaltung jeweils Originale definieren, die sie dann möglichst authentisch als solche erhält – ansonsten entstünden auf Dauer Verlustprozesse, die selbst der Literaturtheoretiker nicht mehr für sinnvoll oder interpretierbar halten würde. Um Veränderungen des Textes überhaupt feststellen zu können, benötigt man die verschiedenen Fassungen. Die Überlieferungsinstitution, besonders beim Medienwechsel, wo Merkmale des Ausgangsobjekts verloren gehen können, muss dafür sorgen, dass er diese Fassungen überhaupt hat, und dazu Authentizität und Eigenschaften definieren. Umgekehrt vernachlässigt Walter Benjamins Beschreibung der „Aura" des Originals (Benjamin 1963, 15-16), dass Originale oft migriert oder verändert werden *müssen*, um erhalten werden zu können (vgl. den Beitrag von Buschmann im vorliegenden Band; s. a. Latour/Lowe 2011). Der Dialog mit der Literatur- und Kunsttheorie ebenso wie mit anderen Bereichen, in denen sich der problematische Charakter des ‚Originals' zeigt (vgl. z.B. Muñoz Viñas 2011, 65–113), ist hier noch extensiv zu führen – so hat etwa die historisch-kulturwissenschaftliche Untersuchung von Digitalisaten gerade erst begonnen (vgl. Mak 2014). Das Herangehen im vorliegenden Beitrag ist von den Erfordernissen der Praxis geleitet.

Weitere Punkte sind schließlich bezüglich der Objektbindung zu analysieren: So kann in manchen Fällen die physische Struktur des Objekts erst Rückschlüsse auf die enthaltene Information ermöglichen – wie bei der Nutzung von Faserstrukturen bei der Rekonstruktion der Texte auf fragmentierten Papyri. Eine ganz andere Frage stellt sich ebenfalls: Welche Konsequenzen hat es, dass sich im elektronischen Bereich ein Überlieferungstyp grundlegend verändert, der in der objektgebundenen Vergangenheit von hoher Bedeutung war: die private Sammlung (vgl. Lee 2011)? Im elektronischen Bereich lässt sich schwerlich von einem prestigiösen, raren, sammelwürdigen Objekt reden, das man *besitzt*[4] – nichts hat als *Objekt* einen besonderen Wert. Zudem verfügen Sammler hier noch weniger

---

4 Können über die Zeit hinweg wieder Rara und Unikate entstehen? Mittlerweile können auch digitale Bücher signiert werden: vgl. http://www.digitalbookworld.com/2013/digital-book-signings-a-range-of-technologies-and-services/.

als im Print-Bereich über die notwendigen Ressourcen für die Archivierung; d.h. öffentlichen Institutionen kommt noch einmal mehr Bedeutung für die Überlieferung zu. Ist der Objektcharakter also wichtig für die Überlieferung?

Insbesondere geht es bei der Bindung ans Objekt aber um die Frage, inwieweit das Objekt selbst zur Information gehört, bzw. welche seiner Eigenschaften für die Rezeption bestimmter Zielgruppen zu überliefern sind. Verlust gibt es hier letztlich immer, ob im physischen oder im digitalen Bereich; d.h. es ist noch genauer zu fragen, *was* eigentlich für welchen Zweck und welches Publikum überliefert werden soll, um welche Analysen zu ermöglichen. Was ist Information, was Metainformation, was intentional, was akzidentell etc.? Hierzu müssen erst einmal die möglichen Elemente und Eigenschaften eines Informationsobjekts grob skizziert werden.

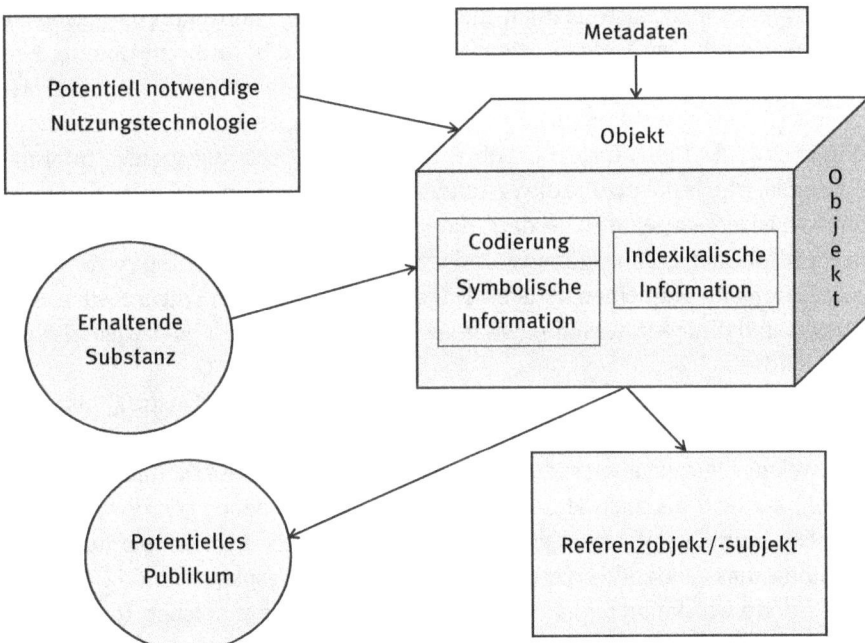

**Abb. 1:** Elemente eines Informationsobjekts.

Die Welt der physischen Informationsobjekte, die feste Verbindung von Symbol und Objekt, von Information und Träger, hat uns dafür unempfänglich gemacht, dass ein Informationsobjekt aus verschiedenen Elementen besteht und in einem ganzen System existiert, das insgesamt erst seine Zugänglichkeit ermöglicht. Die verschiedentlich aus konkreten Anlässen geführten Debatten darüber, ob ein

Digitalisat ausreiche oder ob das Originalbuch zusätzliche Information enthält, zeigen an, dass Vokabular, logische Ebenen und damit die Aufgabenstellung der Überlieferungsinstitutionen noch nicht geklärt sind. Die besten jüngeren Arbeiten in der eLZA (Nestor 2012, CCSDS 2012)[5] haben angesichts der Notwendigkeit der Maschinenverständlichkeit umfassendere theoretische Grundlagen zu den Elementen und Eigenschaften eines Informationsobjekts erarbeitet als dies in der Print-Ära der Fall war. Erst wenn dies medienübergreifend ausgearbeitet ist, kann man die Verlustprozesse auch im physischen Bereich verstehen und entsprechend Überlieferungsprozesse systematisch planen.

Beginnen wir mit dem Objekt selbst: In den genannten Arbeiten zur eLZA ist die Vorstellung eines Informations*objekts* zentral. Sie belegen, dass zur Verwaltung und insbesondere zur diachronen Zugänglichmachung von Information selbst bei dynamischen Medien die Definition von Objekten und ihren Grenzen und Eigenschaften, also letztlich die *Objektifizierung*, notwendig ist: „Objekte können nur erhalten werden, wenn sie abgegrenzt, d.h. in ihrem Umfang klar definiert sind. Bei der digitalen Archivierung ist es daher notwendig, entsprechende Objekte sowohl im physischen als auch im logischen Bereich zu bilden." (Nestor 2012, 8) Das Informationsobjekt wird als „logisch abgegrenzte Informationseinheit" (Nestor 2012, 70) verstanden. Die Definition der Objekte und ihrer Grenzen ist jedoch genauso bei der Originalerhaltung und der Restaurierung physischer Informationsobjekte notwendig. Sobald man Veränderungen vornimmt (z.B. Information auf einen anderen Träger migriert oder den Träger restauriert), muss man definieren, was ‚mitgenommen', was reproduziert oder wiederhergestellt wird.

Sicherlich ist ein *bestimmtes* Objekt insofern immer ein Konstrukt als wir – in einem je bestimmten Zusammenhang – jeweils definieren, was zu ihm gehört bzw. welche Eigenschaften es zu welchem Zeitpunkt hat. Diese Definition ist dann sowohl kontext- als auch kulturabhängig. Es können jedoch *generell* mögliche Elemente und Eigenschaften eines Informationsobjekts definiert werden – dies ist mindestens als Handwerkszeug für die Überlieferungsplanung nötig. Das hier präsentierte Objektmodell ist ein allererster Versuch eines solchen Handwerkszeugs. Die Theoretisierung des Informationsobjekts ist jedoch in interdisziplinärer Arbeit noch deutlich weiter voranzutreiben. Jedes der Elemente des Informationsobjekts kann sich über die Zeit hinweg verändern und damit zu Verlust

---

[5] OAIS (CCSDS 2012) „wird mittlerweile weltweit von Initiativen zur Langzeitarchivierung digitaler Ressourcen als Referenzmodell wahrgenommen und akzeptiert." (Nestor 2010, Kap. 4:13) Nestor 2012 kombiniert erstmals die verschiedenen grundlegenden Standards aus dem Bereich elektronische Langzeitarchivierung in einem stimmigen logischen Framework.

an Zugänglichkeit führen. Hiernach lassen sich die im Abschnitt ‚Typologie der Okklusionsprozesse' beschriebenen Verlustprozesse ordnen. Diese Verluste können sehr weit gehen: Von den frühesten Informationsobjekten wissen wir nicht einmal mehr, ob es sich überhaupt um Informationsobjekte handelt oder nicht (vgl. z.B. Blombos-Ocker, s. Einleitung); bei anderen ist nicht klar, ob sie noch existieren, wieder andere sind so fragmentiert, dass ihre Natur bzw. Funktionsweise nicht mehr klar ist (vgl. z.B. Kemp 2010; Silverman 2012). Insbesondere hängen an den Elementen und Eigenschaften des Informationsobjekts jedoch ganz konkrete pragmatische Fragen, auch mit finanziellen Konsequenzen, etwa die Frage nach dem Wert des physischen Originals, wenn bereits ein Digitalisat existiert (vgl. Schonfeld/Housewright 2009). Um dies zu entscheiden, muss man die Elemente und Eigenschaften feiner als bisher analysieren – dies soll im Folgenden geleistet werden.

Beginnen könnte man mit der Vorstellung eines physischen Objekts (dies ist selbst im elektronischen Bereich jeweils der Fall, wenn auch temporär und reversibel), das eine Art codierter Information trägt. Hier wird es jedoch bereits komplex: Die Codierung kann einfach sein (z.B. Schrift in einem gängigen Alphabet mit Tinte auf Papier) oder, z.B. im elektronischen Bereich, mehrere Levels umfassen, den physischen Level des Bitstreams, den logischen Level des Formats und den konzeptuellen Level des menschenverständlichen Codes sowie den Level des Erscheinungsbilds (vgl. Thibodeau 2002; Nestor 2010, Kap. 7:3). Bereits hier ist zu definieren, auf was sich die Überlieferung erstrecken soll – sind alle Levels exakt zu erhalten oder nur die menschenlesbare Form in einem gewissen Erscheinungsbild? Entscheidet man sich für letzteres – wie es die moderne Theorie der eLZA tut (vgl. CCSDS 2012) –, dann ist nicht mehr zwingend von einem einzigen Objekt die Rede, sondern z.B., wie in OAIS, von einem ins Archiv eingelieferten Informationsobjekt (Submission Information Package; SIP), einem Archivierungsobjekt (Archival Information Package; AIP) und einem Objekt für den Zugang (Dissemination Information Package; DIP) (vgl. CCSDS 2012, 2-7-8; Nestor 2010, Kap. 4:7).

Zudem ist bei dynamischen Medien zu definieren, wo die Grenzen des Objekts sind und welche Zeitpunkte/Zeitscheiben jeweils als Objekt mit bestimmten Eigenschaften erhalten werden sollen (vgl. Lavoie/Dempsey 2004). In einem engeren Sinn ist dies jedoch bei allen Objekten der Fall: Kulturwissenschaften, Material Culture Studies, Archäologie und andere Wissenschaften haben betont, dass sich alle Objekte mit der Zeit verändern, dass Objekte nicht existieren, sondern persistieren („object as process", DeSilvey 2006, 323), und dass die unveränderliche Synchronie ein Konstrukt ist (vgl. Hodder 2012, 4–5). Es lassen sich entsprechend „object biographies" (Hicks/Beaudry 2010, 157) bzw. „life histories" (Hollenback/Schiffer 2010, 320) erstellen. Sogar generische Formationsprozesse – wie sich ein Objekt typischerweise über die Zeit verändert – sind in gewissen Grenzen beobachtbar: „It may even be possible to predict the evolution of certain features of an object with some degree of precision" (Muñoz Viñas 2011, 102). Hier ist also bereits die Bestimmung des Objektzustands und -zeitpunkts eine zu treffende Entscheidung des Archivierenden. Dies ist umso deutlicher bei elektronischen Medien: „‚Preservation' implies static, isolated object [...]. Web 2.0 is dynamic, interconnected" (Rosenthal 2009; vgl. a. Schäffler 2008, 254). Archivierung erfordert also auch im diachronen Sinn Objektifizierung, das Erhalten die Definition eines zu erhaltenden Zustands (vgl. DeSilvey 2006, 326). Der Überlieferungsprozess ist ein Objektifizierungsprozess.

Diese Definition ermöglicht auch erst die – nicht triviale – Definition von Beschädigung und Verlust: „Damage is a crucial notion in conservation: it is a prerequisite for conservation itself to even exist, since if no actual or potential damage existed no conservation act would ever be performed. Nevertheless, it is not always clear that ‚damage' is not the same as ‚alteration'." (Muñoz Viñas 2011, 101) Die Festlegung von Verlust, akzeptablem Verlust und ‚normaler' Veränderung ist medienspezifisch und von hoher Bedeutung: „We're going to lose stuff. We need to determine what is an acceptable level of loss for utility for different formats and media. How much can we lose and still keep the utility? You can lose 1 bit and still be able to see the movie. But if you lose half you won't. What is the acceptable number?" (Michael R. Mott; Library of Congress 2009, 6) Dies ist auch bei der Anwendung von Massenverfahren zu berücksichtigen.

Insbesondere die jüngere Forschung zur eLZA macht klar: Für jegliche Prozesse, die in die endogene Veränderung des Informationsobjekts eingreifen, um Information zugänglich zu erhalten (im elektronischen wie im klassischen Bereich), ist ein Erhaltungsziel (oder „Restaurierungsziel" (Weber 2009, 170)) zu definieren; die Frage des Erhaltungsziels ist grundlegend für die Überlieferung: Akzeptiert man Veränderung als Teil des Objekts oder sieht man das Gleichbleiben als notwendig an? Welchen Zustand wählt man für die Erhaltung? Diese Frage stellt sich nicht nur alltäglich etwa in der Buchreparatur (vgl. Rosner/Taylor 2012), sondern bereits in der klassischen Restaurierungstheorie, die durch die beiden Gegenpole von Ruskin und Viollet-le-Duc repräsentiert wird: „For Ruskin, the signs of history are a part of the object itself, and without them, the object would be a different thing, thus losing an important element of its true nature. On the other hand, for Viollet-le-Duc, the most perfect state of a conservation object is its original state. Wear and tear deforms the object, and it is the conservator's duty to free the object from the ravages of time." (Muñoz Viñas 2011, 4–5) Sie stellt sich gleichermaßen in der eLZA: „Ein Archivar steht vor dem Problem, zu welchem Zeitpunkt er eine Kopie anfertigt: Zu einem frühen Zeitpunkt ist der Verlust bezogen auf den Erstellungszeitpunkt des Originals noch gering, jedoch beginnt auch die Kopie im Augenblick ihrer Erstellung zu altern. [...] Umgekehrt enthielte die Kopie zu einem sehr späten Zeitpunkt des Lebenszyklus eines Objekts vielleicht nicht mehr alle Informationen." (Von Suchodoletz 2008, 24–25) Es ist also genau zu definieren, welche Eigenschaften erhalten werden sollen und können und welche Änderung von Eigenschaften ggf. für die Erhaltung nötig ist (vgl. Thibodeau 2002, keine Seitenzahlen). Nur von einem solchen Erhaltungsziel ausgehend lässt sich die Validität einzelner Überlieferungsmethoden beurteilen (vgl. Thibodeau 2002; Muñoz Viñas 2011, 16). Dementsprechend kann Erhaltung definiert werden „as the action intended to keep the perceivable features of an object in their present state for as long as possible – a goal which is usually achieved by modifying some of the object's non-perceivable features." (Muñoz Viñas 2011, 20) Alle gängigen konservatorisch-restauratorischen Prinzipien, seien es Prävention, Minimalintervention, Reversibilität oder *sustainable conservation* (Muñoz Viñas 2011, 21–22, 185–196; vgl. a. zur Reversibilität im elektronischen Bereich CCSDS 2012, 1–15), setzen sich zum Ziel, so wenig wie möglich die prägenden Eigenschaften des Objekts zu verändern. Nur was sind solche „perceivable features"? Mit diesem Ausdruck befindet sich der Restaurierungstheoretiker Muñoz Viñas schon nah an der aktuellen Theorie der eLZA, die von „significant properties" spricht. Thibodeau formuliert dies grundlegend bereits 2002: „[T]he ultimate outcome of the preservation process should be authentic preserved objects; that is, the outputs of a preservation process ought to be identical, in all essential respects, to what went into that process. The emphasis has to be on the identity, but the qualifier of all ‚essential respects' is important." (Thibodeau 2002) Die Definition von „essential respects" oder „significant properties" ist natürlich kein ganz einfaches Konzept, aber mit der Definition des Objektes und seiner Eigenschaften setzt bereits die Überlieferungs*bildung* (= Auswahlprozesse) an. Das Konzept soll im Folgenden genauer untersucht werden.

Die eLZA definiert *significant properties* wie folgt:

> Da bei den übernommenen Repräsentationen im Laufe der Zeit nicht alle Eigenschaften erhalten werden können, muss eine Auswahl getroffen werden. Diese Teilmenge aller Eigenschaften sind die signifikanten Eigenschaften. Manchmal muss diese Auswahl bereits vor der Übernahme getroffen werden. Die signifikanten Eigenschaften sollen durch den gesamten Archivierungsprozess hindurch erhalten werden. An ihnen kann bis zu einem bestimmten Grad die Authentizität der aus migrierten oder emulierten Repräsentationen hervorgegangenen Performances festgestellt werden. (Nestor 2012, 10)

Grundlegendes Ziel ist die Erhaltung der Benutzbarkeit (ein Teil der Erhaltung der Zugänglichkeit von Information), die jedoch nicht unbedingt „mit der Erhaltung der ursprünglichen Ausprägung des ‚originalen' Objektes korrespondieren [wird]. Es wird erforderlich sein, die Bemühungen auf die Kernfunktionen (so genannte ‚significant properties') digitaler Objekte zu konzentrieren, vordringlich auf das, was ihren wesentlichen Informationsgehalt ausmacht." (Nestor 2010, Kap. 1:4–5) Diese signifikanten Eigenschaften gilt es zu definieren – und für jede dieser Eigenschaften ein Erhaltungsziel bzw. einen angestrebten Erfüllungsgrad (vgl. Nestor 2012, 23). Zudem müssen oft aus Effizienzgründen Informationstypen und Erhaltungsgruppen mit den gleichen signifikanten Eigenschaften und Nutzungszielen festgelegt werden, um angesichts der Menge der Objekte Prozesse automatisieren zu können (vgl. Nestor 2012, 9–21).

Doch auf welchen Level des Objekts beziehen sich diese *significant properties*? Die jüngste Forschung zur eLZA schlägt hier einen klaren Weg ein: Ähnlich der Unterscheidung von physischem, logischen und konzeptuellen Objekt (vgl. Thibodeau 2002) definiert sie das Konzept der Performance: „Die übernommenen Daten werden durch Hard- und Software verarbeitet und an ein Ausgabegerät übermittelt. Dort, also z.B. auf dem Monitor [...], entsteht eine Performance, d.h. die Informationen werden für einen Menschen über seine Sinne erfahrbar." (Nestor 2012, 8) Diese Performance „stellt das dar, was letzten Endes zählt." (Nestor 2012, 13) Die *significant properties* beziehen sich also auf die Performance. Wie kontrolliert man dann jedoch die ‚Authentizität' der Performance im Hinblick auf die signifikanten Eigenschaften?

> Sobald sich eine Performance aufgrund einer Migration oder eines Emulators ändert, müssen die signifikanten Eigenschaften der alten Performance mit jenen der neuen Performance verglichen werden. [...] Signifikante Eigenschaften erlauben somit die Bewertung einer Performance [...]. Die Auswahl signifikanter Eigenschaften kann verändert werden (diese Änderungen sollten dokumentiert werden). Neu definierte Nutzungsziele können die Signifikanz gewisser Eigenschaften obsolet machen. Wenn der Erhaltungsprozess weiter gefasst wird, können aber auch Eigenschaften im Laufe des Erhaltungsprozesses neu entstehen. Das Langzeitarchiv muss entscheiden, ob dabei ein neues Informationsobjekt entsteht oder ob dieses als Nachfolgeobjekt des ‚Ausgangsobjekts' gesehen werden kann. (Nestor 2012, 22)

Die Mechanismen der Authentizitätskontrolle bei der Performance sind also nicht immer trivial – zudem müssen für die entsprechenden Eigenschaften Metadaten mitgeführt und archiviert werden.

Auch die Entscheidung, *was* zur Performance und damit zu den *significant properties* gehört, ist alles andere als trivial – allein bei einem Text z.B. nur der Text oder auch wie er aussieht, „the look and feel of the original presentation" (CCSDS 2012, 2–5)? Dementsprechend definiert man im Bereich der eLZA ein Objekt mitsamt der Dokumentation, wie es aussehen bzw. performen soll: „The Information Object is composed of a Data Object that is either physical or digital, and the Representation Information that allows for the full interpretation of the data into meaningful information." (CCSDS 2012, 4-20–21) Dieses Konzept ist jedoch ebenso wie die *significant properties* nicht auf die elektronische Welt zu begrenzen – nach dem Brand der Anna Amalia Bibliothek 2004 etwa standen einander zwei verschiedene Auffassungen gegenüber: „(1) Steht der Text [...] im Vordergrund, lässt sich die Information, unabhängig vom Informationsträger, durch Verfilmung oder Digitalisierung konvertieren; auch ein Ersatz [...] ist möglich. (2) Wird das Buch dagegen als Artefakt betrachtet, das über den Text hinaus individuelle Spuren seiner Überlieferungs- und Gebrauchsgeschichte mit sich führt, ist bei Substanzverlusten ein Ersatz nicht möglich." (Weber 2009, 168; vgl. a. Knoche 2013) Zu den möglichen signifikanten Eigenschaften gehören neben ursprünglichen auch erworbene Eigenschaften, also auch die Konsequenzen des Brandes: „Die Spuren der Herkunft und der Gebrauchsgeschichte der Bücher dürfen durch eine Restaurierung nicht verloren gehen. Das gilt auch für den Fall, dass diese Spuren wie in Weimar von Brand- und Löschwasserspuren überlagert werden, die damit selbst Teil der Gebrauchsgeschichte geworden sind." (Weber 2013, 497) Man erinnere sich an Ruskin und Viollet-le-Duc.

Die Frage der *significant properties* stellt sich also als sehr komplex heraus – bei Fragen der Wiederbeschaffung, der Reproduktion (vgl. Probst 2011) bzw. „informational preservation" (Muñoz Viñas 2011, 23–25) ebenso wie bei der Restaurierung: „Die Erkenntnis, dass bibliographisch gleiche Exemplare aufgrund ihrer Provenienz und aufgrund ihrer äußeren Ausstattung [...] unterschiedliche Artefakte sind, muss sich im bibliothekarischen Alltag erst noch durchsetzen. [...] Während textuelle Informationen reproduziert werden können, sind die nontextuellen Informationen bei einer falsch verstandenen Restaurierung unwiederbringlich verloren." (Feldmann 2008, 157–158) Insbesondere bei Textobjekten macht es daher Sinn, dem Konzept der *significant properties* noch weitere begriffliche Instrumente an die Seite zu stellen. Diese begrifflichen Instrumente können z.B. aus der Zeichentheorie bzw. Semiotik kommen: Es ist oben bereits gesagt worden – ein Informationsobjekt ist ein Objekt, das dazu intendiert ist, Information durch Zeichen mindestens synchron zugänglich zu machen, üblicherweise über Schrift, Bild und Ton. Hier ist die Intentionalität des Zeichens entscheidend, sie markiert den Unterschied zu anderen Objekten. Hinter dieser Sicht liegt zeichentheoretisch der Unterschied zwischen Symbol und Index nach C.S. Peirce: Das Symbol ist Zeichen *intendierter* Kommunikation, ist arbiträr und konventionell; das indexikalische Zeichen hingegen ist direkt mit dem, worauf es hinweist, verbunden, z.B. kausal; ein Symbol kann man *lesen*, an einem indexikalischen Zeichen kann man *ablesen*, es ist ein Anzeichen (vgl. z.B. Nöth 2000, 178–192). Diese Sicht ist für die Überlieferungsplanung von hoher Bedeutung; die Diskussion um Reproduktionsverluste bei der Digitalisierung etwa dreht sich exakt hierum.

Informationsobjekte haben also symbolische und indexikalische Eigenschaften. So werden beispielsweise die Eigenschaften des Papiers eines Buches meist im Sinne indexikalischer Eigenschaften interpretiert – auch wenn sie letztlich auch intentional/symbolisch sein können; auch die materielle Form der Symbole, z.B. die Schriftart, kann indexikalisch oder symbolisch sein. Werden Zeichen oder Anzeichen durch Migration o. ä. gelöscht oder reduziert, reduziert sich die Interpretations- und Erkenntnisvielfalt. Restaurator wie Reproduzierender werden zum Interpreten, indem sie gewisse Sachen erhalten und gewisse nicht. Die Unterscheidung zwischen symbolischen und indexikalischen Eigenschaften zeigt erst, wie komplex die in der eLZA sehr überschaubar wirkende Frage der *significant properties* ist: Wer will entscheiden, was gewisse Eigenschaften des Objektes anzeigen? Oder ob sie symbolisch/intendiert sind? Manche Eigenschaften bedürfen erst der wissenschaftlichen Interpretation, bevor ihr symbolischer Charakter deutlich wird – so z.B. der Gebrauch roter Druckertinte in bestimmten Zusammenhängen (vgl. Calabresi 2005), der bei einem Schwarz-Weiß-Scan des Originals verloren ginge. Dass es bei Informationsobjekten immer neue Untersuchungsblickwinkel bei den Originalen geben kann, zeigen etwa Martin Kemps innovative Untersuchungen von Fingerabdrücken auf einem Werk von Leonardo da Vinci (vgl. Kemp 2010). Zudem sind *significant properties* auch differentiell zu sehen: Sie können sich erst aus detailliertem vergleichendem Studium der Objekte ergeben. Der Umfang der relevanten symbolischen Information eines Informationsobjekts schließlich ist keinesfalls eindeutig – wie die Debatte um Paratexte deutlich macht (vgl. Genette 2001).

Dies zeigt die Schwierigkeit der Bestimmung von *significant properties* und der Bildung von Objektklassen, die gleich zu behandeln sind, an. Dennoch müssen *significant properties* und entsprechende Erhaltungsziele – auch bei physischem Originalerhalt und Restaurierung – definiert werden. Die Restaurierung/Reproduktion/Migration zwingt uns, aus der potenziell unendlichen Zahl der Eigenschaften des Objektes eine limitierte Zahl auszuwählen – also ohnehin ein eingebauter Verlust (vgl. Nestor 2012). Im Vergleich zum gedruckten Buch, das seinerseits allerdings der schrittweisen physischen Veränderung von Eigenschaften unterliegt, ist dies bei der elektronischen Archivierung in drastisch schnelleren Rhythmen erforderlich – das Objekt wird letztlich alle paar Jahre neu definiert (ist also jede Kopie ein neues Original?; vgl. Probst 2011, 10). Gleichzeitig bezieht sich ein einzelnes Digitalisat immer nur auf *einen* Zustand *eines* Originals und spiegelt weder diachrone Veränderung noch die exemplarspezifischen Eigenschaften eines anderen Originals derselben Auflage. Andererseits muss für die Erhaltung ein Objekt definiert werden – im gedruckten Bereich (z.B. Zeitschriften/Serien/Reihen) wie im elektronischen: „Langfristig erhaltbar sind nur abgegrenzte digitale Objekte. Wenn daher die angebotenen Daten noch nicht in abgegrenzter

Form organisiert waren [...], muss vom Archivar auch die Abgrenzung des Informationsobjekts geleistet werden." (Nestor 2012, 14) Aus Ressourcen-Gründen müssen zudem die Objekte in Objektklassen mit jeweils einer gewissen Menge gleicher Eigenschaften gruppiert werden, um automatisierte Prozesse zu ermöglichen (vgl. Nestor 2012, 7–8, 18). Dies ist im elektronischen Bereich ebenso wie in der klassischen physischen Bestandserhaltung der Fall, wo zunehmend der Schwerpunkt auf Massenverfahren liegt (vgl. Weber 2013, u.a. zur Schadensrasterung). Hier gilt dasselbe wie beim Aussondern physischer Originale: Eigentlich *kann* dieser Prozess nicht perfekt durchgeführt werden, er *muss* aber angesichts von Ressourcengrenzen durchgeführt werden.

Objekt und codierte Information stehen jedoch nicht allein – Zugänglichkeit von Information entsteht nur in einem *Gesamtsystem*. Dies ist eine der wichtigsten Einsichten, die die jüngsten Überlegungen zur eLZA inspiriert haben: „‚Erhaltung der Benutzbarkeit' [...] ist eine um ein Vielfaches komplexere Aufgabenstellung als die Erhaltung der Datensubstanz." (Nestor 2010, Kap. 1:4) Gleichzeitig – so wird sich im Verlauf dieses Abschnitts zeigen – hat sich die ohnehin große Menge der überlieferungsrelevanten Faktoren im elektronischen Bereich noch einmal deutlich erhöht: Es ist pro Informationsobjekt immer mehr zu überliefern. Dies gilt insbesondere im Hinblick auf die notwendige Nutzungstechnologie. Die erste wichtige Schalterstellung bei der Betrachtung des Gesamtsystems des Informationsobjekts ist: Ist die Information mit oder ohne Hilfsmittel zugänglich? Ist sie nur mit Hilfsmitteln zugänglich, verkompliziert sich die Überlieferungsaufgabe: Die Hilfsmittel müssen mitüberliefert werden – oder Meta-Informationen, wie ein Hilfsmittel funktionieren muss. Die Spannbreite dieser Hilfsmittel ist bereits jetzt sehr groß, nicht nur bei elektronischen Informationsobjekten: Auch Mikrofilme/-fiches brauchen beispielsweise Hilfsmittel; die Trajanssäule in Rom, die vom Sockel bis zur Spitze mit Abbildungen bedeckt ist, braucht zur Zugänglichkeit ebenfalls seit jeher Hilfsmittel, sei es eine Treppe oder eine digitale Reproduktion; und auch im analogen strombetriebenen Bereich sind Hilfsmittel erforderlich, etwa beim Plattenspieler. Im digitalen Bereich hat sich dies noch einmal verstärkt: Die Lesbarkeit elektronischer Informationen ist nicht nur auf Hilfsmittel, sondern auf deren laufenden Betrieb angewiesen. Zudem erfordert die Tatsache, dass die gespeicherten Informationen nicht direkt menschenlesbar sind, ein weiteres Hilfsmittel, nämlich eine Definition, wie welches Zeichen zu interpretieren ist, also Metadaten. Ansonsten bleibt digitaler Code wie eine Geheimbotschaft ohne Schlüssel.

Die Hilfsmittel, die ein Informationsobjekt zugänglich machen, sind daher gleichzeitig eine Schwachstelle – gehen sie verloren, kann das Informationsobjekt nicht mehr zugänglich sein. Zumal auch in Bezug auf Hilfsmittel Authentizitätsdebatten möglich sind: Debatten darüber, wie das Informationsobjekt eigentlich historisch zugänglich war/sein sollte. Im digitalen Bereich zeigt sich schließlich besonders die Komplexität und Vielschichtigkeit der Vorstellung von Hilfsmitteln: Hier erfordert die Lesbarkeit „eine entsprechende Interpretationsumgebung […]. […] Für die Installation der Anwendungssoftware muss ein geeignetes Betriebssystem verfügbar sein, das seinerseits auf eine entsprechende Rechnerarchitektur angewiesen ist. In der Regel gibt es mehrere mögliche Kombinationen. Die Lesbarkeit digitaler Daten ist nur so lange sichergestellt, wie mindestens eine solche gültige Kombination einsatzfähig ist." (Nestor 2010, Kap. 10:3) Die Anfälligkeit eines Levels beeinflusst die anderen Levels (vgl. Von Suchodoletz 2008, 26). Die Fokussierung – insbesondere im populären Diskurs – auf die Erhaltung von Trägermedien blendet diesen Aspekt oft aus, obwohl er sich gerade in der Mediengeschichte des 20. Jahrhunderts deutlich manifestiert (vgl. Nestor 2010, Kap. 10:8). Es bedarf detaillierter Strategien, um das komplexe Zugriffssystem zu erhalten oder zu reproduzieren. Hilfsmittelfreiheit ist daher ein wichtiger Aspekt für die Überlieferungsplanung.

Das Gesamtsystem des Informationsobjekts hat jedoch weitere Bestandteile. Informationsobjekte können im Gegensatz zu den meisten anderen Objekten *verweisen*. Sie können auf ein Referenzobjekt oder -subjekt sowohl explizit (z.B. im Sinne von Links oder formalen Fußnoten) als auch inhaltlich verweisen (z.B. durch eine Anspielung). Sie können auf andere Informationsobjekte ebenso wie auf die restliche Welt verweisen. Letztere verändert sich laufend – um die Verständlichkeit von auf sie bezogenen Informationsobjekten zu erhalten, ist laufende Dokumentation in weiteren Informationsobjekten erforderlich. Insbesondere sind Informationsobjekte daher untereinander vernetzt und aus diesem Grund besonders schwierig zu überliefern: Ein Stuhl, der nicht zusammenbricht, ist benutzbar; ein Informationsobjekt erfordert zu seiner Benutzbarkeit eine Vielzahl von anderen Informationsobjekten, die mit überliefert werden müssen. Jedes nicht überlieferte Informationsobjekt schädigt die dauerhafte Zugänglichkeit anderer Informationsobjekte. Die Intertextualität ist daher auch bei Planungen, was prioritär überliefert werden soll, sowie bei der Bildung von Schadensklassen zentral zu berücksichtigen. Hier zeigt sich deutlich die Begrenzung eines rein objekt- bzw. trägerbasierten Ansatzes: Ausgangspunkt sollte vielmehr die Zugänglichkeit der enthaltenen Information sein. Diachrone Zugänglichkeit erfordert die Einsicht, dass jeder Text in einem Netz von anderen Texten verhaftet ist. Tritt hier nur ein Fehler auf, kann das ganze System beschädigt sein. Die elektronische Welt hat diese Problematik noch verschärft, weil sie das Verknüpfen von Informationsobjekten durch Linking und Markup explizit zum Prinzip erhoben hat. Um diesen Aspekt in der Überlieferungsplanung zu berücksichtigen, fehlen jedoch Grundlagenarbeiten, etwa ein *citation network* im großen Maßstab.

Der umfassendste Standard in der eLZA, OAIS, hat auf einen weiteren Aspekt hingewiesen: Dauerhafte Zugänglichkeit eines Informationsobjekts ist ohne eine erhaltende Institution bzw. Organisation nicht vorstellbar; auch sie gehört zum Gesamtsystem des Informationsobjekts. Die Funktionsweise dieser erhaltenden Institution ist genau zu definieren – im physischen wie im elektronischen Bereich. Dementsprechend beschreibt OAIS „ein digitales Langzeitarchiv als eine Organisation, in dem Menschen und Systeme mit der Aufgabenstellung zusammenwirken, digitale Informationen dauerhaft über einen langen Zeitraum zu erhalten und einer definierten Nutzerschaft verfügbar zu machen." (Nestor 2010, Kap. 4:3) OAIS inkludiert hierbei bewusst den menschlichen und organisatorischen Faktor, nicht nur den technischen: „Archivierung ist nicht an Maschinen delegierbar: Der Mensch hat im Sinne des OAIS die Verantwortung für die Sicherung von Informationen und deren Bereitstellung für eine bestimmte Nutzergruppe." (Nestor 2010, Kap. 4:6) Diese Anforderungen sind für andere überliefernde Institutionen außerhalb des elektronischen Bereiches nicht selten nicht oder nicht ausreichend formuliert. So gehört zu den Aufgaben, die OAIS formuliert, u.a. die Beobachtung und Beurteilung des Unzugänglichkeitsverhaltens des Informationsobjekts: Für die Überlieferungsinstitution sei es „notwendig festzustellen, wann eine Erhaltungsmaßnahme oder die Aktualisierung von Representation Information [...] durchgeführt werden muss. Der Zeitpunkt hängt zum einen von den Veränderungen in der vorgesehenen Zielgruppe ab, die durch eine ‚Community Watch' im Blick behalten werden müssen, zum anderen von den allgemeinen technologischen Entwicklungen, die in Form einer ‚Technology Watch' zu beobachten sind." (Nestor 2012, 29) Dies ist auch für den gedruckten Bereich relevant, ebenso wie weitere in OAIS beschriebene Aufgaben der erhaltenden Instanz: die Dokumentation von Vorgehensweisen und Verhaltensprinzipien (vgl. CCSDS 2012, 3–5), die Sicherung von Authentizität und die Prüfung und Aktualisierung entsprechender Daten (vgl. CCSDS 2012, 4–6), die Erstellung und Realisierung von Notfall-/Katastrophenplänen (vgl. CCSDS 2012, 4–9) sowie die Langzeitplanung (vgl. Nestor 2010, Kap. 4:11). Was die erhaltende Instanz jedoch de facto tut, hängt auch an äußeren Faktoren, etwa den verfügbaren Finanzen.

Ein weiteres Element des Gesamtsystems ist das (antizipierte, potenzielle) Publikum bzw. die Publika. Die zu entscheidenden *significant properties* definieren sich aus der Sicht der eLZA immer im Hinblick auf die Wünsche und Kenntnisse eines bestimmten Publikums, der „Designated Community oder, deutsch, [der] vorgesehene[n] Zielgruppe" (Nestor 2012, 3). Das Konzept der *designated community* – im Restaurierungsbereich spricht man analog von „stakeholders" (Muñoz Viñas 2011, 161) – ist ebenso problematisch wie das Konzept der *significant properties*, denn natürlich ändert sich die Zielgruppe bzw. ändern sich die Bedürfnisse des Publikums über die Zeit hinweg; dennoch sind beide Konzepte für die Überlieferung notwendig. Es muss jedoch klar sein, dass hier trotz möglichst flexibler Konzeptionen bereits ein Auswahlprozess stattfindet (vgl. Nestor 2012, 14, 20).

Um die Vorstellung der *designated community* zu verfeinern, entwickelt die eLZA das Konzept der Nutzungsziele: „Sie umfassen die funktionalen Möglichkeiten, mit denen Informationsobjekte benutzt werden können." (Nestor 2012, 20) Dies ist eine der einfacheren Formulierungen: Was soll man mit dem Objekt tun können, wie soll man es nutzen können? Die derzeitigen Standards gehen jedoch so weit zu sagen, dass auch die *Verständlichkeit* der entsprechenden Information für eine bestimmte Zielgruppe gesichert werden soll (vgl. CCSDS 2012, 1–11), noch dazu unabhängig von spezieller zusätzlicher Recherche: „Independently Understandable: A characteristic of information that is sufficiently complete to allow it to be interpreted, understood and used by the Designated Community without having to resort to special resources not widely available" (CCSDS 2012, 1–12). Dies zeigt den großen Anspruch an die diachrone Zugänglichkeit, der entsprechende Auswirkungen auf den Bereich Metadaten hat (s.u.). Vergleichbar ist in der Restaurierungstheorie das Konzept der „legibility", „the ability of an object to be correctly comprehended or ‚read' by the observer." (Muñoz Viñas 2011, 99) Die Komplexitäten sind hier ebenfalls klar – wie bei der Migration ist über die Eigenschaften zu entscheiden: „It is the conservator who chooses which meaning (which legibility) should prevail, often at the expense of permanently excluding other possibilities." (Muñoz Viñas 2011, 100) Das Publikum, so Muñoz Viñas, entscheide dann, ob diese Entscheidungen angemessen seien: „If they do not find them to be pertinent these changes will most likely be regarded as ‚damage'." (Muñoz Viñas 2011, 101)

Dementsprechend braucht es eine zu antizipierende oder zu dokumentierende Wissensbasis:

> the OAIS must understand the Knowledge Base of its Designated Community to understand the minimum Representation Information that must be maintained. [...] [E]volution of the Designated Community's Knowledge Base may require updates to the Representation Information to ensure continued understanding. (CCSDS 2012, 2–4)

Hier wird deutlich, dass die Zugänglichhaltung von Information ein umfassendes Auffangnetz von (Meta-)Daten erfordert, die das Informationsobjekt begleiten und die regelmäßig aktualisiert werden müssen. Wenn sich über die Zeit hinweg die Vorstellung davon ändert, was (bzw. welche Eigenschaften) zum Objekt gehört, ist zudem ggf. die Neuerstellung von Sekundärformen vom Original notwendig.

Insgesamt zeigt sich, dass die Relevanz (ein Teil der Definition von Information) großen Einfluss auf die Überlieferung hat. Allerdings ist auch dieses Konzept diachron problematisch: Relevanz für welches Publikum? Information kann über die Zeit hinweg an Relevanz verlieren und dann wieder relevant *werden*. Daneben haben verschiedene Eigenschaften des Objekts (insbesondere indexikalische im Gegensatz zu symbolischen) völlig verschiedene Relevanzwerte und auch verschiedene *designated communities* (OAIS). Bei der Überlieferungsentscheidung spielt daher die Abwägung der Relevanzskalen mit praktischen Gesichtspunkten eine entscheidende Rolle.

Ein weitere Frage ist schließlich: Sollten die Metadaten auch als zum Objekt gehörig definiert werden? Im elektronischen Bereich ist dies verstärkt so, weil ein Objekt ohne eine Vielfalt von Metadaten gar nicht gelesen werden kann, insbesondere die sogenannte *Representation Information*, die dazu dient, „die Performance mit den darin erscheinenden signifikanten Eigenschaften zu erzeugen und sie zu verstehen." (Nestor 2012, 24) „[D]ie Bestimmung der Representation Information und ihre fortlaufende Pflege" ist demnach ein „Element der Bestandserhaltung" (Nestor 2012, 24) – diese erweist sich jedoch als hochkomplex:

> Zum einen sind Zusatzinformationen nötig, um aus den Daten mit einer technischen Umgebung die Performance zu erzeugen. [...] Zum anderen sind Informationen notwendig, die dabei helfen, die Performance selbst zu interpretieren [...]. Ohne diese Zusatzinformationen kann eine ansonsten authentische Performance eines Informationsobjekts unbenutzbar sein. [...] Beide Arten von Representation Information müssen relativ zu der vorgesehenen Zielgruppe und ihrem inhaltlichen und technischen Vorwissen sowie ihren technischen Mitteln bestimmt werden. Für unterschiedliche vorgesehene Zielgruppen, Kontexte oder Zeitpunkte sind jeweils andere technische und inhaltliche Aspekte selbstverständlich oder bedürfen einer Klärung. Representation Information kann auch veralten, wenn sich die vorgesehene Zielgruppe oder das Vorwissen soweit verändert hat, dass das Informationsobjekt nicht mehr genutzt werden kann. Aus der Notwendigkeit von Representation Information folgen für die Bestandserhaltung drei Aufgaben:
> - die vorgesehenen Zielgruppen so weit zu verstehen und zu dokumentieren, dass klar wird, welches Vorwissen und welche Mittel sie mitbringen [...];
> - den Unterschied zu bestimmen, der möglicherweise zwischen den Voraussetzungen der vorgesehenen Zielgruppe und den benötigten Informationen für die Benutzung klafft [...];
> - die Veränderungen der vorgesehenen Zielgruppe fortlaufend dahingehend zu beobachten, ob zusätzliche Representation Information mit den Informationsobjekten gespeichert werden muss. (Nestor 2012, 24–25)

Allein der hier erhobene Anspruch der laufenden Anpassung der Metadaten erscheint angesichts der Erfahrungen im Bibliothekswesen unwahrscheinlich – hier misslingt aus Ressourcenmangel schon die einfachste Metadatenaktualisierung. Weitere Metadaten-Typen sind die *Descriptive Information*, die Ordnen und *Retrieval* ermöglicht (vgl. CCSDS 2012, 1–11), die *Fixity Information*, die Authentizität dokumentiert (vgl. CCSDS 2012, 1–11), die *Packaging Information*, die Einheiten identifiziert (vgl. CCSDS 2012, 1–12), und die *Preservation Description Information*, die Informationen zur Erhaltung des Objekts gibt (vgl. CCSDS 2012, 1–14, 2–5–7, 4–29). Angesichts dieser Masse notwendiger Metadaten – die Erfassung vergleichbarer Metadaten im Print-Bereich ist längst nicht so weit fortgeschritten – wird ein Dilemma deutlich: Metadaten sind ihrerseits auch zu erhaltende Daten/Informationsobjekte (vgl. CCSDS 2012, 4–23–24). Diese Rekursion stellt das diachron unvermeidliche Metadatendilemma der Überlieferung dar. Metadaten sind wesentlich Teil der Zugänglichkeit und der Erhaltung des Informationsobjekts.

Diachrone Zugänglichkeit erfordert alle Elemente des Gesamtsystems. Dieses muss erhalten, emuliert, restauriert oder zumindest durch Metadaten dokumentiert werden. Wie komplex allein die Erhaltung *einiger* Elemente des Gesamtsystems ist, zeigt eine kurze Analyse der drei wichtigsten Erhaltungsstrategien der eLZA. Die beiden verbreitetsten, Migration und Emulation, setzen an unterschiedlichen Stellen des Gesamtsystems an: „Migration hat zur Aufgabe, ein Objekt mit der technischen Entwicklung mitzuführen und für die jeweils aktuellen Plattformen zugreifbar zu halten. Demgegenüber setzt Emulation an der Umgebung für das jeweilige Objekt an. Migration verändert also das Objekt selbst mit allen Vor- und Nachteilen, Emulation hingegen nicht." (Von Suchodoletz 2008, 46; vgl. Thibodeau 2002; Nestor 2010, Kap. 8:16) Ein dritter Ansatz, der jedoch nicht in größerem Maßstab verfolgt wird (vgl. Nestor 2010, Kap. 1:4), das Computermuseum, versucht über die Erhaltung von Original-Software und Original-Hardware die ursprüngliche Umgebung des Informationsobjektes zu konservieren (vgl. den Beitrag von Borghoff et al. in diesem Band sowie Nestor 2010, Kap. 8:24–31). Alle drei Ansätze zeigen ein gewisses Bewusstsein, dass die Bewahrung eines Informationsobjekts allein Zugänglichkeit nicht dauerhaft gewährleistet. Jenseits der grundsätzlichen Methodenwahl innerhalb des jeweiligen Ansatzes (vgl. z.B. CCSDS 2012, 5–4–5) müssen bei allen dreien jedoch laufend Entscheidungen gefällt werden: Welche *significant properties* bzw. Funktionen sollen migriert, welche emuliert werden, welche ‚Original'hardware oder -software wird konserviert, restauriert etc.? Was sind die Nutzungs-/Erhaltungsziele, wer ist die *designated community*? Wir haben es hier also mit einer Reihe von Auswahlentscheidungen bezüglich des Gesamtsystems des Informationsobjekts zu tun, die von hoher Komplexität sind und die laufend umfangreichen menschlichen Input erfordern. Und damit ist selbst im Erfolgsfall nur die technische Benutzbarkeit gesichert, nicht die Zugänglichkeit der Information (die z.B. Daten zum Referenzobjekt oder zur Sprache erfordert).

Die Migration etwa ist „technisch (verglichen mit Emulation) gut zu realisieren", wenn auch „nicht für alle Formate" (Nestor 2010, Kap. 8:15), z.B. für komplexe und dynamische Objekte (vgl. Von Suchodoletz 2008, vii). Die Daten immer in einem aktuellen, lesbaren Format zu halten, erfordert jedoch regelmäßigen Arbeitsaufwand – zur Zeit ändert sich ungefähr alle fünf Jahre ein Speicherformat so sehr, dass ein Migrationsschritt notwendig wird. Dabei ist „[d]ie Wahrscheinlichkeit von Datenverlust bzw. Datenveränderung [...] (besonders über mehrere Migrationsschritte) sehr hoch." (Nestor 2010, Kap. 8:14) Die Authentizität der Daten muss zudem jedes Mal „durch einen Vergleich der neuen mit der ursprünglichen Performance nachgewiesen werden" (Nestor 2012, 27), die dementsprechend ebenfalls zu erhalten oder durch Metadaten zu dokumentieren ist. Darüber hinaus braucht es „[f]ür jedes Format und für jeden Migrations-Schritt [...] ein Migrations-Werkzeug" (Nestor 2010, Kap. 8:15), das auszuwählen und (wie bei der Emulation) zu programmieren sowie ggf. selbst zu archivieren ist. Schließlich sind die durchgeführten Schritte zu dokumentieren, um ggf. Veränderungen rückverfolgen zu können. Die Komplexität dieses Prozesses ist also enorm, die Menge des zu Überliefernden wächst: Migrationsprotokolle, Metadaten, Versionen, Migrationssoftware etc. pp. Dieser Punkt ist bislang nicht ausreichend herausgehoben worden. Er trifft jedoch auch auf andere Erhaltungsstrategien zu.

Bei der Emulation, ebenfalls für komplexe Objekte „schwer zu implementieren" (Nestor 2010, Kap. 8:23), bleiben die Originalobjekte im Prinzip unverändert (müssen aber ihrerseits archiviert, regelmäßig Träger-migriert und authentifiziert werden) und werden lediglich von verschiedenen Emulatoren interpretiert, was zu minimal verschiedener Performance führen kann. Auch hier entsteht „ein hoher Aufwand pro Hardware-Generationswechsel. Es müssen für jede Plattform neue Emulatoren entwickelt werden." (Nestor 2010, Kap. 8:23) Auch sind „[d]ie Spezifikationen für die zu emulierenden Objekte/Systeme [...] nicht immer hinreichend bekannt" (Nestor 2010, Kap. 8:23), sie sind ggf. ebenfalls zu dokumentieren. Die Authentizität der durch die Emulation erzeugten Performance muss darüber hinaus im Prinzip anhand von (selbst alternden bzw. sich verändernden) Originalen geprüft werden (ähnlich wie bei der Migration). Auch für diese Strategie sind zunehmend aufwändige Prozesse notwendig: „Die Komplexität der Emulation kann mit jeder neuen Hardwareumgebung ansteigen, da sich mit der zunehmenden technischen Entwicklung künftiger Computergenerationen auch der Abstand zu der zu emulierenden ‚alten' Software vergrößern wird." (Nestor 2012, 27–28) So sind auch hier immer mehr dokumentierende Daten mitzuführen.

Die Schwierigkeiten beim dritten Ansatz, dem Computermuseum, sind offensichtlich, er ist in der Praxis jedoch insbesondere in Spezialbereichen, als temporäre Lösung oder zur Unterstützung anderer Erhaltungsstrategien oft unvermeidbar, etwa wenn Informationen auf obsoleten Medien eingeliefert werden oder zur

Prüfung der korrekten Funktionsweise einer Emulation (vgl. Nestor 2010, Kap. 8:25, Kap. 10:3–4). Zwar erhält „[k]eine andere Strategie [...] soviel vom intrinsischen Wert der digitalen Objekte (Look and Feel)" (Nestor 2010, Kap. 8:25), die laufenden Kosten sind jedoch sehr hoch (vgl. Rauch/Rauber 2005, 4), die Durchführung stößt an praktische Grenzen: „Zum einen ist es nicht möglich, die ganze Vielfalt an Computern, die in den letzten 75 Jahren als Einzelstücke, in Kleinoder Großserie hergestellt worden sind, in einem möglichst intakten Zustand zu sammeln und zu dokumentieren. Zum anderen ist es enorm aufwendig und kostspielig, historische Computer betriebsbereit zu erhalten" (Robertson-von Trotha/Hauser 2011, 211). Ersatzteile sind oft nicht mehr verfügbar, ihre Reproduktion ist oft unwirtschaftlich, die unten genauer beschriebenen physischen Alterungsprozesse bei elektronischen Geräten sind vielfältig. Und auch hier ist nicht zu unterschätzen, dass nicht nur Geräte notwendig sind, sondern auch eine Vielfalt von Informationen, etwa zu Betrieb, Bedienung, Erhaltungszustand und Bauteilen, die mitgeführt und ihrerseits archiviert werden müssen (vgl. Von Suchodoletz 2008, 29; Nestor 2010, Kap. 8:30). Hier ist wiederum eine zusätzliche Metadatenüberlieferung notwendig.

Insgesamt zeigt sich bei den Erhaltungsstrategien der eLZA vielleicht am plastischsten, dass das Gesamtsystem des Informationsobjekts stets im Flusse ist. Zur Erhaltung der Zugänglichkeit von Information bedarf es neben der Lösung praktischer Probleme wie Kompressions- (vgl. Von Suchodoletz 2008, 45–46) oder Automatisierungsverfahren (vgl. NPO 2009, 10) vor allem ständiger komplexer menschlicher Entscheidungsprozesse und der flexiblen Kombination verschiedener Verfahren (vgl. z.B. Von Suchodoletz 2008, 3): „Eine dauerhafte Lösung für die Langfristspeicherung, d.h. für die technische Sicherung der Zugänglichkeit wird auch in Zukunft nicht zu erwarten sein" (Nestor 2010, Kap. 4:12). Insbesondere bedarf es aber auch immer mehr Daten – explizierenden und dokumentierenden. Kann das Gesamtsystem nicht erhalten werden, muss es dokumentiert werden. Dies kann zu einem Rettungsnetz von Metadaten führen, das die Zugänglichkeit der Information jenseits des einzelnen Objekts erhält. Gleichzeitig gerät man hiermit ins Metadatendilemma: Die Metadaten sind ihrerseits Informationsobjekte – man kann von „Primär-" und „Sekundärobjekten" sprechen (Nestor 2010, Kap. 17:70; vgl. CCSDS 2012, 4–20). Die Komplexität der Überlieferung steigert sich also mit der Zeit (vgl. z.B. Thibodeau 2002) – eine Tendenz, die sich durch schnellere Technologiezyklen verstärkt. Umso wichtiger ist die laufende kritische Analyse der Frage: „Welche Informationen [...] müssen [...] dem Objekt bei der Archivierung mitgegeben werden?" (Altenhöner/Kranstedt 2008, 32) Hier findet ein zentraler Perspektivwechsel statt – weg vom statischen Objekt und hin zur Vorstellung der laufenden Zugänglichhaltung von Information.

Geht man von dieser Vorstellung aus, sind vor allem die Prozesse des Unzugänglichwerdens und die Prozesse des Zugänglichhaltens zu untersuchen. Veränderungen eines Objekts können im elektronischen wie im physischen Bereich (z.B. Konservierung, Restaurierung) für die Erhaltung notwendig sein (vgl. Thibodeau 2002). Daher ist zu definieren, was eine legitime Transformation eines Objekts darstellt und was nicht – wie bei der Restaurierung sind zudem auch im elektronischen Bereich Fragen der Reversibilität zu klären (vgl. CCSDS 2012, 5–7). Es sind Verfahren der Identitäts- und Authentizitätskontrolle zu etablieren (vgl. Sperberg-McQueen 2011, 154). Das „so genannte Refreshing, d.h. die Überprüfung der verwendeten Datenträger auf ihre Lesbarkeit und die Verständlichkeit der gespeicherten AIP" (Nestor 2010, Kap. 4:10) wäre auch für andere Datenträger erforderlich, z.B. für alte Bücher (vgl. zur Schadenserhebung bei Altbestand z.B. Starmer/Rice 2004). Es bedarf auch der Entwicklung von Verfahren zur Dokumentation von Veränderungen. Und: Welcher Zustand eines beschädigten Informationsobjekts ist zur Erhaltung zu migrieren – der beschädigte oder der restaurierte oder beide? Da es zudem z.B. „trotz anspruchsvoller Nachbildung von Ablaufumgebungen nicht immer möglich sein [wird], jeden Aspekt eines digitalen Objekts korrekt nachzubilden" (Von Suchodoletz 2008, 10), bedarf es der laufenden Definition von *significant properties* und *designated communities*. Bei dynamischen Publikationen bedarf es der Entwicklung von passenden Methoden, etwa bezüglich der Arbeit mit Zeitschnitten (vgl. Schäffler 2008, 256–257). Die Vielfalt der Arten von Objekten wächst (vgl. Robertson-von Trotha/Hauser 2011, 110). Mit den Änderungen der Objekte müssen sich auch die Verfahren anpassen (vgl. Thibodeau 2002). Für das Zugänglichhalten ist also hoher laufender menschlicher Input erforderlich.

Die hier diskutierten drei Ansätze sind insbesondere deswegen „bislang aus Sicht des Historikers noch nicht zufriedenstellend" (Robertson-von Trotha/Hauser 2011, 216), weil sie das Gesamtsystem des Informationsobjekts und seine Veränderungen noch nicht ausreichend miteinbeziehen. Beispielsweise gehört es wie beschrieben zu den Kerneigenschaften eines Informationsobjektes, dass es auf andere Informationsobjekte verweisen kann – dieser Kontext hat hohe Bedeutung für die diachrone Zugänglichkeit. Ein Werk, das verständlich bleiben will, sollte möglichst viele der notwendigen Konventionen und Kontexte, möglichst viele Elemente des Gesamtsystems mit(über)liefern – ggf. durch Metadaten. Dies hat natürlich Grenzen: Es kann nicht jedes Dokument eine kommentierte Edition sein. Dennoch bräuchte im Prinzip jedes Informationsobjekt a) eine ständig migrierte, frische Form, die wesentliche Merkmale des Ausgangszustands reproduziert; b) ein alterndes Original, das restauratorisch erhalten wird; c) ein alterndes Original ohne Erhaltung; d) ein laufend gepflegtes Netz von Metadaten und Referenzwerken; etc. Fragen der Authentizität kommen hier allenthalben ins Spiel. Jedes Informationsobjekt benötigt also prinzipiell ein Rettungsnetz aus Kontext mit redundanter Speicherung (nicht nur bezüglich des Speicherorts, sondern auch bezüglich des Mediums und der Version). Die Metadaten müssen sich zudem nicht nur auf den Inhalt, sondern auch auf das Gesamtobjekt und sein diachrones Verhalten beziehen: Jedes Objekt braucht eine Dokumentation seiner Alterungs- und Erhaltungs-/Restaurierungsprozesse – diese Entwicklung ist im Bereich der Restaurierung bereits begonnen. Die Persistenz eines bestimmten Mediums in Kombination mit einer bestimmten Information kann man erst dann einigermaßen beurteilen, wenn man die Kombination auf sämtliche genannte Verlustprozesse geprüft hat. Die reine (theoretische) Langlebigkeit des Datenträgers ist hier nur ein Faktor unter vielen. Es muss analysiert werden, wie sich die einzelnen Elemente des Gesamtsystems über die Zeit hinweg verändern können. Dies soll im Folgenden begonnen werden.

## Typologie der Okklusionsprozesse

Diachrone Zugänglichkeit ist nur planbar, wenn wir davon ausgehen, dass es generische Formationsprozesse gibt, die die einzelnen Dimensionen der Zugänglichkeit über die Zeit hinweg verändern. Die folgende, im begrenzten Rahmen dieses Beitrags nur entwurfsweise und in recht primitiver Form präsentierte Typologie der Verlustprozesse basiert auf dem oben entworfenen Objektmodell: Jeder der Bestandteile des Gesamtsystems des Informationsobjekts kann betroffen sein. Der Ausdruck ‚Verlust' trifft jedoch die hier beschriebenen Phänomene nicht exakt, denn Zugänglichkeit kann manchmal wiederhergestellt werden. Ebenso ist der Begriff ‚Alterung' angesichts der oben beschriebenen Veränderlichkeit des Objekts nicht zutreffend. Der Schwerpunkt sollte auf der Zugänglichkeit von Information liegen: Diese verändert sich Einzelprozess/-eigenschaft für Einzelprozess/-eigenschaft, ggf. bis hin zur gänzlichen Unzugänglichkeit. Diese langsamen (oder auch in vielerlei Hinsicht teilweisen) Unzugänglichwerdungsprozesse – die auch Prozesse mit einschließen, durch die Information z.B. für *weniger* Menschen zugänglich wird – versuche ich hier mit dem Wort Okklusion (= die Unzugänglichwerdung von Information) auszudrücken.

Der Ansatz, eine Typologie von Prozessen zu erstellen, ist nicht neu: Bereits Vitruv beschrieb verschiedene an Büchern auftretende Schäden (vgl. Jochum 2009, 162). William Blades (vgl. Blades 2009) erstellte Ende des 19. Jahrhunderts eine umfangreiche Typologie der „Feinde des Buches". In der jüngeren Vergangenheit haben sich solche Untersuchungen hauptsächlich auf physische Prozesse konzentriert: Neben hochspezialisierten Forschungen zu bestimmten Arten der Materialalterung (vgl. z.B. Kutz 2012; Wypych 2007) existieren konservatorische Publikationen zu einzelnen Verfallsformen und der praktischen Konservation verschiedener Materialarten, etwa die des Getty Conservation Institute, sowie Literatur speziell zum Alterungsverhalten einiger Materialien, die bei Informationsobjekten vorkommen.[6] In manchen Bereichen ist eine Normierung versucht worden, etwa bei den Lebensdauer-Klassen von Papier und Karton (vgl. Hofmann/Wiesner 2013, 167–174). Nur vereinzelt werden auch andere Funktionen der Veränderung von Objekten untersucht, etwa die ästhetische Funktion von Patina oder die Funktion von Alterungserscheinungen als Altersnachweis (vgl. Schrader 2003; Brachert 1995). Einzelstudien oder Studien einzelner Materialbereiche überwiegen insgesamt (z.B. Barański 2002): „no unified science of material deterioration in systemic context has emerged" (Schiffer 1996, 143). Ein systematischer Überblick in Bezug auf Informationsobjekte wäre jedoch für eine methodische Planung der Langzeitzugänglichkeit erforderlich. Zudem haben sich erhaltungsorientierte Analysen auf die Untersuchung physischer Veränderungen bei Informationsobjekten konzentriert, ohne weitere Okklusionsprozesse mit einzubeziehen. Diese Bestrebungen müssen in einen breiteren Kontext gestellt werden, der die verschiedensten Okklusionsprozesse und Medien miteinbezieht und ein Beschreibungsvokabular entwickelt.

Der Archäologe Michael Brian Schiffer (vgl. Schiffer 1996) unterscheidet, wie in der Einleitung zum Band beschrieben, zwischen kulturellen/menschlich beeinflussten Formationsprozessen und nicht-kulturellen/nicht menschlich beeinflussten Formationsprozessen. Diese wichtige Unterscheidung kann auf Okklusionsprozesse übertragen werden, wobei man die kulturellen Prozesse noch in intentionale und nicht-intentionale unterteilen kann. Kulturelle Okklusionsprozesse werden bislang in ihrer Bedeutung und Vielfalt unterschätzt, die Forschung hat sie mit deutlich weniger Aufmerksamkeit bedacht als die physische Materialalterung. Zwei jüngere Versuche, dies zu ändern, sollen im Folgenden kurz vorgestellt werden.

Der Kulturinformatiker Christoph Schlieder ist einer der wenigen, der sich mit Prozessen „digitaler Alterung" jenseits des rein Technischen beschäftigt: Wullinger/Schlieder 2008 unterscheiden zunächst zwei Arten „digitaler Alterung", die „Medienalterung" (= „physikalische Alterung des Datenträgers") und die „logische Alterung" (= „Formatalterung" durch „Einführung neuer Programmversionen"). In Schlieder/Wullinger 2010 arbeiten die Autoren diese Konzepte als „media ageing" und „semantic ageing" aus (Schlieder/Wullinger 2010, 580).

---

6 Vgl. z.B. http://www.uni-muenster.de/Forum-Bestandserhaltung/kons-restaurierung/gl-nw.html.

Die Medienalterung bezieht sich auf rein physische Prozesse (Schlieder/Wullinger 2010, 581), die semantische Alterung hingegen auf die Verständlichkeit der codierten Information – ein Grundproblem der Zugänglichkeit. Schlieder 2010 ergänzt die zwei Konzepte schließlich um ein drittes, „cultural ageing" (Schlieder 2010, 144) – gemeint ist hiermit z.B., dass eine Gesellschaft über die Zeit hinweg das Interesse an bestimmten Informationen verliert und ihre Zugänglichhaltung nicht mehr aktiv betreibt. Dementsprechend warnt er vor der Vorstellung, dass eLZA wie eine einmal angelegte Zeitkapsel funktioniere, die zu einem beliebigen Zeitpunkt einfach wieder geöffnet werden könne: „Rather, it is the present that makes choices, selecting content from the past and linking to it. This ongoing process of linking from the present into the past makes up digital heritage." (Schlieder 2010, 147) Schlieders Klassifizierung der Alterungsprozesse ist, wie er selbst andeutet, durchaus auf andere Medien ausdehnbar (vgl. Schlieder 2010, 143). Für eine systematische Überlieferungsplanung ist sie weiter interdisziplinär auszuarbeiten, möglichst basierend auf einem weiter gefassten Modell des Informationsobjekts und mit einem differenzierteren Blick für die Vielfalt der Okklusionsprozesse.

Eine weitere Publikation, Vermaaten et al. 2012, vergleicht verschiedene existente „threat taxonomies" in Bezug auf die eLZA: „Typologies of threats are practical tools that can aid in the development of preservation strategies" (Vermaaten et al. 2012; keine Seitenzahlen). Die Autoren machen deutlich, dass die Bedrohungen über technische Fragen hinausgehen: „digital preservation threats can be divided into two categories: threats to archived digital content, and threats to the custodial organization itself." Der in der Publikation geleistete Literaturbericht zeigt, dass Studien bislang drei thematischen Gruppen zuzuordnen sind: Typologien von Bedrohungen, die sich mit einem einzelnen Aspekt der eLZA befassen; Fallstudien zur Anwendung von „threat typologies"; und generelle „threat typologies" zur eLZA. Das eigene Modell der Autoren, das „Simple Property-Oriented Threat (SPOT) Model for Risk Assessment", „defines six essential properties of successful digital preservation: availability, identity, persistence, renderability, understandability, and authenticity" und identifiziert für jede dieser Eigenschaften entsprechende Bedrohungen. „*Availability*", die erste Eigenschaft, etwa „is the property that a digital object is available for long-term use." Identifizierte Bedrohungen für diese Eigenschaft sind u.a. die Beschädigung des Objektes sowie die Nichtauswahl, Nichtauffindbarkeit oder Nichtverwendbarkeit eines Objektes für die Erhaltungsmaßnahme. Im Gegensatz zu anderen Taxonomien, die lange Listen von Risiken aufzählen, ist SPOT ein Versuch, von grundlegenden Eigenschaften des Informationsobjekts auszugehen. Das Modell schließt kulturelle Faktoren zwar teilweise aus, betont jedoch z.B., wie wichtig die Analyse der Effektivität verschiedener Organisationsformen für die Überlieferung ist.

Aufbauend auf den geschilderten Ansätzen wird im Folgenden eine erweiterte Typologie der Okklusionsprozesse erstellt, die vom oben beschriebenen Gesamtsystem des Informationsobjekts abgeleitet wird. Sie bezieht sich – im Gegensatz zu den vorigen – auf alle hauptsächlichen Medienformen. Die Liste der Okklusionsprozesse ist jedoch sicherlich nicht abgeschlossen; sie soll vor allem, ähnlich einer Landkarte, skizzieren, wie enorm das Spektrum der für eine stabile Überlieferungsplanung zu analysierenden Fragen ist.

Die *physische Okklusion*, sicherlich einer der meistbearbeiteten und bekanntesten Bereiche, kann das Objekt ebenso wie die materielle Schrift/Symbole (z.B. Tinte) betreffen – entweder wird das Objekt selbst so beschädigt oder geschwächt, dass es nicht mehr eigenständig weiter existieren oder genutzt werden kann, oder der Code wird durch physische Veränderungen beschädigt.[7] Auch in diesem Bereich gibt es trotz aller Zufälligkeiten und Bedingtheiten generische Prozesse: So unterscheidet man in der klassischen bibliothekarisch-archivarischen Bestandserhaltung üblicherweise nach den Ursachen zwischen endogenen (also vom Objekt selbst ausgehenden) und exogenen (also von außerhalb an das Objekt herangetragenen) Schädigungsprozessen (vgl. Willich 2001, 26).[8] Diese Unterteilung ist jedoch angesichts der Vielfalt der Phänomene deutlich zu differenzieren, insbesondere im Hinblick auf die zahlreichen vom Menschen verursachten Prozesse: „les dommages anthropiques sont au moins aussi spectaculaires et dévastateurs que les ravages naturels" (Mohen 1999, 71). Es ist herauszuarbeiten, dass es auch in diesem Bereich generische Prozesse gibt. Es ist zu differenzieren, ob sich ein Objekt in einer Überlieferungsinstitution befindet oder nicht, und ob die endogenen und exogenen Prozesse kulturell bestimmt sind oder nicht (so bestimmt z.B. die kulturell bedingte Materialwahl die endogenen Schadensprozesse). Es ist deutlich zu machen, dass (auch wenn in der Praxis Objektklassen gebildet werden müssen) so weit wie möglich exemplarspezifisch zu denken

---

[7] Ein typisches Beispiel aus dem Papierbereich ist das folgende: Die Bayerische Staatsbibliothek hat Reproduktionen von Teilen des Nachlasses des Begründers des Deutschen Taschenbuchverlags (dtv) erstellt – viele Informationen dort waren ursprünglich auf Thermofax-/Thermokopierpapier vorhanden, dessen Schrift rapide verblasst (Mündliche Mitteilung Irmhild Schäfer, Leiterin Institut für Buchrestaurierung der Bayerischen Staatsbibliothek, 22.07.2005).
[8] Beispiele für endogene Prozesse sind bezüglich Papier die Verbindung von Eisen-Gallus-Tinte mit Feuchtigkeit zur Bildung von Schwefelsäure, die Tintenfraß auslöst, oder die Verwendung von holzschliffhaltigem Papier in Verbindung mit einer Harz-Alaun-Leimung, die zu Säurebildung und Zerfall führt. Beispiele für exogene Faktoren sind ungünstige Aufbewahrungsbedingungen, unsachgemäße Behandlung, Licht, Feuchtigkeit, Wärme, Luftschadstoffe, Mikroorganismen, Insekten-/Pilzbefall (vgl. den Brotkäferbefall der reichsstädtischen Überlieferung im Stadtarchiv Augsburg im Jahre 2009 (http://www.stadtarchiv.augsburg.de/index.php?id=21312)).

ist – Papier derselben Auflage oder gar desselben Buches kann aus verschiedenen Herstellungsquellen kommen und sich dementsprechend unterschiedlich verhalten (vgl. Barański 2002, 77–80), verschiedene Lagerungsformen und Klimata haben jeweils unterschiedliche Effekte auf Einzelobjekte und Materialarten: „there are no two identical objects: [...] Even with industrial techniques [...] it is extremely difficult to produce two completely similar objects. [...] No object is ever exposed to identical conditions, and thus each one has a different evolution." (Muñoz Viñas 2011, 125; vgl. a. UNESCO 1996, 21; Schiffer 1996, 191) Die Interaktionen zwischen Einzelfaktoren sind bei weitem noch nicht ausreichend erforscht, ebenso die Einflüsse der physischen Alterung von umgebenden Gebäuden, Behältern etc. Und schließlich ist insbesondere zu unterscheiden zwischen intentionalen und nicht-intentionalen Prozessen.

Eine abschließende Liste physischer Okklusionsprozesse dürfte angesichts der Vielfalt der Materialien schwierig sein, noch schwieriger ihre Ordnung nach Häufigkeit: „It is impossible to list the causes of destruction and damage in a world-wide frequency and priority order, each region having its specific range of problems" (UNESCO 1996, 26). Da die einzelnen Schadensarten/Materialveränderungen material- und umweltspezifisch sind, können sie angesichts der Vielzahl der Materialformen im Rahmen dieses Beitrags nicht umfassend beschrieben werden – hierzu bedürfte es eines *Handbuchs der Schadensformen an Informationsobjekten*. Es soll jedoch auf zwei Aspekte besonders hingewiesen werden, die oft unterschätzt werden: a) die Häufigkeit der Zerstörung von Informationsobjekten in der Gegenwart (vgl. hierzu auch den Beitrag von Barteleit im vorliegenden Band) und b) die physische Alterung im elektronischen Bereich.

Dass in früheren Zeiten Bibliotheken öfter den verschiedensten Katastrophen zum Opfer fielen, mag den meisten noch eingängig sein: Die Zerstörung von Bibliotheken ist seit dem Brand der Bibliothek von Alexandria ein immer wieder auftauchender Topos (vgl. Canfora 2002), der seit jeher zu den Horrorvisionen gehört, die insbesondere in Literatur und Kunst oft heraufbeschworen werden (vgl. z.B. Körte/Ortlieb 2007; Butzer/Günter 2004, 20-22 sowie das Themenheft „Buchzerstörung und Buchvernichtung" von *Kodex: Jahrbuch der Internationalen Buchwissenschaftlichen Gesellschaft*, 2013; jüngstes Beispiel einer literarischen Verarbeitung ist Hari Kunzrus Roman *Memory Palace* (2013)). Dass dies jedoch auch in der jüngeren Vergangenheit eher die Regel als die Ausnahme war und ist, ist nicht weithin bekannt: Die von der UNESCO zusammengestellte Liste der im zwanzigsten Jahrhundert zerstörten oder beschädigten Bibliotheken und Archive ist enorm (s. UNESCO 1996); die wenigsten Fälle sind einem weiteren Kreise bekannt geworden, noch weniger sind bekannt geblieben. Dabei sind Zerstörungen durch Naturkatastrophen oder Unfälle ebenso häufig wie intentionale oder kollaterale Zerstörungen. Der Brand der Weimarer Anna-Amalia-Bibliothek im

Jahre 2004 (vgl. hierzu u.a. Weber 2009, 2013; Knoche 2013; Höhne et al. 2009) und der Einsturz des Kölner Stadtarchivs im Jahre 2009 (vgl. Neuheuser 2009) stehen bei Weitem nicht allein: Der Erdbebenschaden an der Universitätsbibliothek Tokio im Jahre 1923, der Flutschaden an den Florenzer Bibliotheken im Jahre 1966, der Großbrand in der Bibliothek der Akademie der Wissenschaften im damaligen Leningrad im Jahre 1988 sowie die Schäden an Kulturgut während der Hurrikane Katrina (vgl. Frost/Silverman 2005) und Sandy (vgl. Häntzschel 2012) sind nur wenige Beispiele von vielen (vgl. UNESCO 1996). Die meisten Fälle werden schlicht nicht bekannt, oft weil minder singuläre Bestände betroffen sind: so gehören Wassereinbrüche in Deutschlands Bibliotheken zum Tagesgeschäft (vgl. Maibach 2009, 195–196). Man wird zudem verstärkt „neuen Gefährdungsarten Rechnungen tragen müssen, d.h. neben Feuer und Wasser auch besondere Wetterbedingungen aufgrund der Klimaveränderungen, [...] ferner tektonische Bewegungen im Erdreich" (Neuheuser 2009, 157).

Auch die intentionale Zerstörung von Kulturgut tritt in der Geschichte regelmäßig auf (vgl. Knuth 2006; Baez 2008; Canfora 2002; Didi-Huberman/Ebeling 2007), von den Schriftenvernichtungen im frühen China (vgl. UNESCO 1996, 2), der klassischen Antike (vgl. z.B. Hoepfner 2002, 22; Diogenes Laertius 1998, 186; Suetonius Tranquillus 1960, 70) und des Mittelalters (vgl. Speyer 1981, 120ff.) bis hin zur Säkularisierung (vgl. BSB 2003; Jochum 2009, 164). Die intentionale oder kollaterale Zerstörung von Informationsobjekten ist jedoch auch in der jüngeren Geschichte häufig, insbesondere zu Kriegszeiten: Die Zerstörung der Stadt- und Universitätsbibliothek Straßburg im deutsch-französischen Krieg 1870 ist ebenso bekannt wie die doppelte Zerstörung der Bibliothek von Leuwen im Ersten und im Zweiten Weltkrieg (vgl. Schivelbusch 1988). Die Bücherverbrennungen des 20. Jahrhunderts sind berüchtigt. Über die Zerstörungen deutscher Bibliotheken im Zweiten Weltkrieg berichtet Leyh 1947. In dieser „deutschen Bibliothekskatastrophe" (Leyh 1952, [VII]) verloren allein die deutschen wissenschaftlichen Bibliotheken ein Drittel ihrer Bestände (vgl. Jochum 2009, 161). Über die analogen Schäden in französischen Bibliotheken berichten Briet 1949 und Lemaitre 1990. Diese Geschichte setzt sich in der jüngsten Vergangenheit und Gegenwart fort: Im Jahre 1992 wurde die Universität Sarajevo beschossen. Ihr Bibliotheksbestand verbrannte großenteils (vgl. UNESCO 1996, i). Weitere „repositories and archives have been completely destroyed in Liberia, Burundi and Rwanda." (UNESCO 1996, 19) Die Zerstörung der Buddha-Statuen im afghanischen Bamiyan im Jahre 2001 ist vielfach beschrieben worden.[9] Im Golfkrieg wurde 2003 die Bibliothek von Bagdad zerstört. Lor (2013) berichtet über die Zerstörung von Bibliotheken in

---

9  Vgl. http://whc.unesco.org/en/list/208 und Francioni/Lenzerini 2003.

Südafrika seit 2005. Die religiös geprägte Zerstörung von Kulturgut in Mali in den Jahren 2012 und 2013[10] ist ebenso weitreichend wie die aktuelle Zerstörung von Kulturerbe in Syrien (vgl. Cunliffe 2012) und Ägypten (vgl. Shaw 2013).

Die Bedrohung von Beständen von Informationsobjekten durch Umweltkatastrophen ebenso wie durch „political systems, shelling, arson and cleansing" (UNESCO 1996, 20) hat in der breiten Öffentlichkeit ebenso wie in der professionellen Überlieferungsplanung jedoch bislang zu wenig *permanente* Aufmerksamkeit erhalten: „Wo es brennt, da schaut man hin", wie Johan Schloemann einmal treffend schrieb (Schloemann 2005, 2). Der Brand der Anna-Amalia-Bibliothek hat zu einer punktuellen großen Spendenaktion und zur bundesweiten Erstellung/Überprüfung von Katastrophen-/Notfallplänen sowie der Bildung von Notfallverbünden (vgl. z.B. Raicher 2003, 2009; Märker 2012; Post 2009; Maibach 2009; Dohrmann/Siegel 2009) geführt – nicht aber zur Aufnahme einer breiten gesellschaftlichen Debatte zur Überlieferung. Nach anfänglicher öffentlicher Aufregung wurde genau ein Jahr nach dem Einsturz des Kölner Stadtarchivs bereits vermeldet, dass der Einsturz „zur kommunalen Randnotiz verkommen" (Graalmann 2010) sei. Die derzeitige Katastrophenplanung bezieht sich zudem hauptsächlich auf Naturkatastrophen: Seit dem Zweiten Weltkrieg hat es keine größeren absichtlichen Zerstörungen in Deutschland gegeben. Bestandslücken durch Zerstörung oder Kriegsbeute fallen dem normalen Benutzer kaum auf. Dies sollte den Überlieferungsplaner aber für die Möglichkeit solcher Ereignisse nicht blind machen. Die einmalige Erstellung von Notfallplänen reicht nicht aus: „Notfallplanung ist nicht als ein zeitlich befristetes Projekt, sondern als ständige und institutionalisierte Aufgabe einer Bibliothek zu sehen." (Maibach 2009, 196) Jede Überlieferungsplanung, die nicht von Katastrophen Leyhscher Größenordnung ausgeht, geht fehl.

Ein weiteres unterschätztes Problem ist die physische Alterung im elektronischen Bereich. Das Problem der Materialalterung bleibt im elektronischen Zeitalter relevant – jeder Datenträger und jedes Lesegerät ist ihnen unterworfen: „Tatsächlich unterliegen digitale Datenträger einer ganzen Reihe von schädlichen Einflüssen: (1) mechanische Einflüsse, (2) chemische Einflüsse, (3) thermische Einflüsse sowie (4) externe Magnetfelder. Die Datenträger altern, über die Zeit akkumulieren sich Fehler und die gespeicherte Information wird in Mitleidenschaft gezogen." (Robertson-von Trotha/Hauser 2011, 205) Eine Langzeitarchivierung über Jahrzehnte hinweg stellt hohe Anforderungen an Datenträger: „Idealerweise sollten Speichermedien nicht altern, resistent gegenüber äußeren Einflüssen – wie elektromagnetische Felder, Luftfeuchtigkeit, Hitze, Kälte, Staub,

---

10 Vgl. http://www.zeit.de/kultur/2013-01/ahmed-baba-zentrum-welterbe-rettung.

Kratzer und Erschütterung – sein und keinem Verschleiß unterliegen. [...] Viele digitale Speichermedien erfüllen diese Anforderungen nur zum Teil oder überhaupt nicht" (Nestor 2010, Kap. 10:16). Zudem zeigt sich, dass bezüglich des Alterungsverhaltens von Datenträgern naturgemäß noch viel zu wenige Daten vorliegen, „da Aussagen über die Haltbarkeit letztlich nur im Praxistest erzielt werden können." (Nestor 2010, Kap. 10:16) Die Aussagekraft von beschleunigten Alterungsverfahren ist im elektronischen wie im klassischen Bereich umstritten: „for all the recent advances, [...] ‚lifetime prediction is in its infancy'" (Feller 1994, 1–2; vgl. a. Robertson-von Trotha/Hauser 2011, 205; Bansa 2002). Das Alterungsverhalten ist multifaktoriell, sodass Herstellerangaben zur Haltbarkeit z.B. von Magnetbändern oder Festplatten stark differieren (vgl. Nestor 2010, Kap. 10:25, 30). Häufig verschwindet zudem die Technologie bereits vom Markt, während das Medium theoretisch noch lesbar ist (s. Nestor 2010, Kap. 10:24). Dennoch wird die Vorstellung eines haltbaren Datenträgers weiter verfolgt: Die „rosetta disc" der „Long Now Foundation", aus Nickel hergestellt, soll 10.000 Jahre halten;[11] andere Unternehmungen streben, u.a. mit einer Saphirscheibe, noch längere Haltbarkeit an (vgl. Clery 2012; IBM 2010, 163). Hier ist die Entwicklung sicherlich bei Weitem noch nicht abgeschlossen (vgl. z.B. Mandau 2012). Ein elektronischer Datenträger setzt allerdings immer geeignete Hardware voraus.

Die Erhaltung geeigneter Hardware stellt jedoch ein eigenes Problem dar. Auch beim oben genannten Ansatz des Computermuseums treten nicht nur organisatorische Probleme wie die Menge der Geräte, die mangelnde Verfügbarkeit entsprechender Techniker oder der Mangel an Ersatzteilen auf (vgl. Nestor 2010, Kap. 8:7) – Lagerung und Benutzung werfen eigene Probleme auf: Gummi-, Plastik- und Schaumstoffteile zerfallen, Staub, Salze und Feuchtigkeit lagern sich an den Bauteilen ab, es besteht die Gefahr von Rost und Schimmel, Batterien sondern zersetzende Stoffe ab, Kondensatoren lecken (vgl. Nestor 2010, Kap. 8:28). Auch im Betrieb können auf Dauer Schaltkreise, Speicherkarten und Kondensatoren ausfallen, defekte Gummirollen Laufwerke zerstören, Kontakte verschmutzen und Kabel brechen (vgl. Nestor 2010, Kap. 8:28). Hier sind dem Erhalt von Hardware deutliche Grenzen gesetzt. Zudem zeigt sich im historischen Blick, dass viele neue Schlüsselmaterialien des modernen Zeitalters zunächst nicht langlebigkeitstauglich waren (z.B. Stahl oder säurehaltiges Papier). Gerade zu Beginn einer technologischen Phase sind daher Langlebigkeitstests und methodische Technikfolgenabschätzung notwendig.

Die physische Okklusion, so lässt sich zusammenfassend sagen, ruft Entrüstung hervor, wenn sie punktuell in den Fokus der Öffentlichkeit rückt: Eugene

---

11 Siehe http://rosettaproject.org/.

Powers Idee (1948), Periodika auf Mikroform zu migrieren und die Originale bis zum Zerfall in die Benutzung zu geben oder zu vernichten, traf auf die gleichen „howls of outrage" (Power/Anderson 1990, 160) wie fünfzig Jahre später die in Nicholson Bakers Buch *Double Fold* (Baker 2002) geschilderten ähnlichen Maßnahmen nach der Zeitschriftendigitalisierung. Die enorme Bandbreite der Prozesse ist dagegen kaum bekannt: Die physische Okklusion kommt in vielen Bereichen vor, von nicht mehr lesbaren Gerichtsakten[12] über die Zerstörung von antiken Schiffswracks durch Fischtrawler (vgl. Kingsley 2012) und den Vandalismus[13] bis hin zur Makulierung von Bibliotheksbeständen. Die punktuelle Entrüstung führt bislang nicht zu zählbaren Anstrengungen in der Originalerhaltung oder gar zu einer systematischen Überlieferungsplanung. Angesichts der enormen Vielfalt der Phänomene scheint es zudem, als ob man nicht allein mit der Originalerhaltung weiterkäme. Dem für die diachrone Übermittlung unabdingbaren Grundsatz der technischen Multiplizität und der informationellen Redundanz entspricht vielmehr die zusätzliche Reproduktion, sei es per Mikroverfilmung, Faksimilierung oder Digitalisierung.

Die *logisch-semantische Okklusion* betrifft insbesondere den Code – die sprachliche/symbolische und technische Codierung der Information. Das Symbol ist wie beschrieben Zeichen intendierter Kommunikation, ist arbiträr und konventionell (vgl. z.B. Nöth 2000, 178–192). Das heißt auch, dass die notwendige Decodierungskonvention bekannt sein muss (vgl. Nestor 2010, Kap. 10:7). Diese muss über die Zeit hinweg in Form von Metadaten mitüberliefert werden, um die Information zugänglich zu halten. Die Informationen zur Decodierungskonvention sind Teil des Auffangnetzes des Informationsobjekts.

„[E]in wesentlicher Faktor für die Gefahr des technologischens Veraltens digitaler Informationen" (Nestor 2010, Kap. 7:1) sind die Datenformate (zu ihrer Funktion vgl. Nestor 2010, Kap. 7:6–7). Das Problem der Formatobsoleszenz (vgl. Schlieders „semantic ageing"; Schlieder/Wullinger 2010, 581) verschärft sich noch einmal bei proprietärer Software, wo die Formate meist nicht ausreichend offengelegt sind (vgl. Nestor 2010, Kap. 7:7). Derzeit werden verschiedene Lösungen erprobt: Bei der Formatmigration z.B. werden die Dateien jeweils in ein neues Format konvertiert. Dabei besteht bei jedem Format die Gefahr des Migrationsverlusts; werden entsprechende Diagnoseprogramme eingesetzt, scheint sich die Zahl der verlustgefährdeten und nicht automatisch migrierbaren Fälle in Grenzen zu halten (vgl. Frisz 2012). Dies ist bei der enormen Vielzahl der Formate jedoch

---

12 Siehe http://law.justia.com/codes/virginia/2011/title17-1/chapter2/17-1-212/.
13 Siehe http://artwatchinternational.org/articles/the-menils-picasso-a-victim-of-vandalism-or-adaptive-reuse.

schwierig. Eine weitere Möglichkeit ist die Formatbibliothek (*format registry*), die Informationen zu allen verwendeten Formaten sammelt und archiviert (vgl. Nestor 2010, Kap. 7:19). Es stellt sich jedoch die Frage, welche Institution eine solche Formatbibliothek dauerhaft betreiben kann. Als weitere Methode sind „format obsolescence notification systems" (Rosenthal 2010, 195) denkbar, die Daten regelmäßig auf mögliche Obsoleszenz prüfen. Obsoleszenz-Skeptiker wie David Rosenthal bezweifeln außerdem, dass Inkompatibilität die vielbeschworene ‚Naturgewalt' ist und ordnen sie eher als beabsichtigten Wirtschaftsmechanismus ein (vgl. Rosenthal 2009). Hier ist also bereits beim Software-Design bzw. der Vereinbarung von Standards auf diese Fragen zu achten, auch in weiteren betroffenen Bereichen wie Programmiersprachen (vgl. Robertson-von Trotha/Hauser 2011, 208–209), Schnittstellen, Treibern, Zeichensätzen etc.: „Media might last 10–30 years, but the interfaces and software drivers only last 5. We have a model that is broken for the interface." (Library of Congress 2009, 12)

Dass es solche Prozesse in hohem Maße auch bei anderen Medien gibt, wird meist nicht ausreichend realisiert. Wie bereits geschildert, wissen wir bei manchen Objekten nicht mehr, ob es sich überhaupt um einen Code handelt oder nur um Verzierungen. Auch für Sprache gilt: Es handelt sich um konventionelle Symbole, die nicht von allein zugänglich bleiben. Die Liste untergegangener Sprachen ist lang (vgl. Haarmann 2004, 7–12), Sprachsterben und Sprachtod sind alltägliche Ereignisse (vgl. Schrijver/Mumm 2004). Bei Programmiersprachen oder Metadatenregelwerken spricht man bislang nicht vom Sprachtod – wo aber hier die dauerhafte Dokumentation fehlt, ist die Unzugänglichwerdung vorprogrammiert. Aber dies sind nur die Extremfälle: Alltäglicher ist der laufende Sprachwandel, der unter verschiedenen gesellschaftlichen Bedingungen verschiedenen Geschwindigkeiten unterliegt (vgl. z.B. Kempgen 2011). Bei älteren Sprachstufen sinkt die Verständlichkeit trotz wissenschaftlicher Erläuterung im Detail schnell. Das gleiche gilt für ältere Schriftsysteme; bei vielen historischen Schriftsystemen ist die Fähigkeit zur Lektüre verlorengegangen und teilweise bis heute nicht rekonstruierbar (vgl. z.B. Smith 2012, 40; Doblhofer 2008). Sprachliche Information wird – sogar ohne Beteiligung weiterer Einflüsse wie z.B. der Informationsträger – über die Dauer hinweg unzugänglich. Der Blick der Überlieferungsplanung muss auf solche Phänomene ausgeweitet werden, insbesondere mit Blick auf die historische Bedeutung von *bilingues* und die heutigen Möglichkeiten im Bereich Metadaten und Verlinkung. Bei anderen sprachlichen Barrieren – wie den wechselnden Moden und Geschmäckern[14] oder den auf ganz bestimmte historische

---

14 Zeittypische Klischees können z.B. den Zugang zum Original erschweren – wie T.S. Eliot zu den viktorianisierenden Euripides-Übersetzungen von Gilbert Murray schrieb: „Professor Mur-

Technikstufen ausgerichteten Fachtexten – ist jedoch selbst dies kaum eine ausreichende Hilfe.

Systematische Lösungen für diesen Bereich sind noch ganz am Anfang: Bislang gibt es z.B. Wörterbücher, Wissenschaftler mit Fachwissen oder kommentierte Texteditionen, die den Text in gewissen Hinsichten erläutern bzw. verständlich machen. Aber die *Mitlieferung* des notwendigen Kontextes mit dem Objekt – die Dokumentation der Semantik eines Textes, wie sie im technischen Bereich der eLZA notwendig ist – ist für den gesamten Bereich der Überlieferung noch nicht geleistet. Wesentliche Forschungen zur semantisch-logischen Okklusion sind hier noch nicht durchgeführt: Christoph Schlieder weist z.B. auf die Notwendigkeit von Beschreibungs-, Monitoring- und Simulationsmethoden für semantischen Wandel hin (Schlieder 2010, 145–146). Und schließlich: Selbst wenn der Aufwand einer Dokumentation semantischer Inhalte und semantischen Wandels durch Metadaten gelingen sollte – wie vermeiden wir das Metadatendilemma, die zunehmende Menge der pro Objekt zu überliefernden Daten?

Die *strukturelle Okklusion* geht über die Fragmentierung oder Verstreuung zusammengehöriger Information – Don Swanson hat dies „undiscovered public knowledge" genannt (Swanson 1986a; 1986b; 2001) –, die selbst durch Volltextsuchen und Internet bei Weitem nicht abgeschafft wird (vgl. z.B. O'Murchu 2011), deutlich hinaus. Sie kann das gesamte Objekt ebenso wie lediglich die sprachliche Form der Information betreffen. Die Phänomene und entsprechende Beispiele aus der Geschichte sind hier zahlreich: Mancher Text ist nur noch in Fragmenten oder als zitierte Quelle überliefert (z.B. die Fragmente der Vorsokratiker oder die Dichtungen Sapphos) oder mit anderen Texten vermischt worden (z.B. die Eudemische und die Nikomachische Ethik; vgl. Aristoteles 1998, 1). Ein anderer Fall macht auch die geographische Dimension der Zersplitterung klar: Der Kunsthistoriker Martin Kemp identifizierte z.B. nach langer Recherche ein kleineres unbekanntes, in New York ersteigertes Bild als nicht nur ein Werk Leonardo da Vincis, sondern als Teil eines unikalen Buches, das schließlich in der Polnischen Nationalbibliothek in Warschau aufgefunden wurde (vgl. Kemp 2010; Silverman 2012). Erst durch die Wiederherstellung des Kontextes konnte die volle Bedeutung des Bildes rekonstruiert werden. Die Fragmentierung kann durch Katastrophen wie den Einsturz des Stadtarchivs Köln geschehen, wo eine siebenstellige Zahl von Fragmenten zu bearbeiten ist (vgl. Berger 2013, 546), oder durch intentionale Zerstörung, etwa bei den 15.000 Säcken zerrissener Dokumente in der Behörde des Bundesbeauftragten für die Unterlagen des Staats-

---

ray has simply interposed between Euripides and ourselves a barrier more impenetrable than the Greek language." (Eliot 1999, 62) sicherheitsdienstes (vgl. Krumeich 2013b, 553), oder beim alltäglichen Verkauf einzelner Inkunabelseiten im Internet. Und schließlich kann Fragmentierung mit Wiederverwendung verbunden sein: Die steinerne Inschrift des Epikureers Diogenes von Oinoanda (2. Jh. n. Chr.) wurde im Verlauf der Stadtgeschichte in zahlreiche Stücke zerschlagen und teilweise in Gebäuden verbaut.[15] Viele weitere Prozesse sind denkbar bzw. in der Geschichte nachweisbar: So kann ein Informationsobjekt seiner eindeutigen Grenzen beraubt oder so verändert werden, dass es seine Funktion nicht mehr wahrnehmen kann, etwa bei übermalten Fresken. Oder es kann als etwas anderes nachgenutzt werden und damit seine Funktion verlieren, wie etwa bei als Einband verwendeten Manuskripten. Sind Informationsobjekte bereits von Beginn an mehrteilig, besteht diachron besondere Fragmentierungsgefahr. Lösungen zu diesem Problem sind bislang rar, Ansätze bietet die bibliothekarische Metadatenpraxis (z.B. Zeitschriftenverzeichnung, Provenienzvermerke).

Die *technische Okklusion* betrifft die Beziehung/Schnittstelle zwischen der ggf. notwendigen Zugriffstechnologie und dem Objekt. Es gibt viele Medien, die (jenseits von Formaten und Sprachen) allein physisch eine Zugriffstechnologie erfordern, auch vor dem digitalen Zeitalter, z.B. Mikroformen, Schallplatten oder Tonbänder. Generell gilt, dass dies die Überlieferung – im Gegensatz etwa zum gedruckten Buch – deutlich verkompliziert, da immer zusätzlich zum Objekt entweder das Originalgerät erhalten oder eine alternative Zugriffsmöglichkeit geschaffen werden muss (wozu es wiederum weiterer Informationen bedarf). Nicht nur in diesem Aspekt ist also die Erhaltung des Informationsobjekts nur ein Teil der Zugänglichhaltung von Information: Zugänglichkeit ist nur durch das Gesamtsystem des Informationsobjekts möglich. Und es zeigt sich, dass immer mehr Hilfsmittel und Metadaten mitüberliefert werden müssen, um die Zugänglichkeit zu erhalten.

Die Abhängigkeit der Zugänglichkeit von Technologien macht es zunächst notwendig, eine systematische diachrone Betrachtung von Technologien zu etablieren. Technologien haben (jenseits des einzelnen Informationsobjekts) ihre eigenen Lebenszyklen: „A technology has a multifaceted life history involving a specific environment with contexts of development and use, and relevant communities of practice and interaction whose members have their own systems of meaning and ways of transferring knowledge." (Hollenback/Schiffer 2010, 321) Zur diachronen Betrachtung von Technologien gehört jedoch auch die Frage nach deren Langzeitstabilität. Wie lange bleiben z.B. Daten auf einer Festplatte,

---

15 Vgl. http://www.youtube.com/watch?v=gvkjbuntLLA; http://www.dainst.org/de/project/oinoanda?ft=all; Hammerstaedt 2006.

wenn sie nicht betrieben wird? Temporäres Nichtmanagement ist häufig Teil eines Okklusionsprozesses. Langzeittaugliche Medien sollten in der Lage sein, Phasen von „benign neglect" (STC 2007, 16) zu überstehen. Phasen ohne Betrieb können jederzeit auftreten, sei es durch Mangel an Finanzierung, an Wertschätzung, an Ersatzteilen oder schlicht durch Stromausfall. Die Geschichte der großen Stromausfälle ist lang, zuletzt während der Jahrhundertflut 2013 u.a. in Passau und Deggendorf. Petermann et al. (2011) beschreibt eindringlich die katastrophalen Folgen eines zweiwöchigen Stromausfalls. Aber auch kleinere Ausfälle reichen für Verluste aus: Selbst große Cloud-Anbieter wie Amazon und Google haben downtime gehabt und Daten verloren.[16] Ein unterbrechungsfreier Betrieb ist, wie die Praxis zeigt, auf die Dauer nicht möglich. Auch wenn es ein strombetriebenes Informationsobjekt gäbe, das bei Stromausfall automatisch noch all seine Informationen auf stromunabhängige Träger überträgt, auch wenn eine regelmäßige Sicherung auf Tapes bei kleineren Datenbeständen machbar ist: Das Internet kann niemand auf Tape sichern – seine sehr großen wie sehr kleinen Datenbestände sind strukturell gefährdet. Zur Ausfallsicherheit einer Technologie gehören jedoch auch andere Faktoren, vom Ausfall trotz RAID-Technologie[17] bis hin zum menschlichen Versagen.[18] Die Statistik von DataLossDB.org zeigt, dass die Zahl der Datenverluste seit Jahren weiter steigt.[19] Die Bestrebungen, durch komplexe redundante Architekturen einzelne Ausfälle zu kompensieren (vgl. z.B. IBM 2010; Nestor 2010, Kap. 10:6–22), sind sicherlich ein richtiger Weg, sichern jedoch nicht gegen alle möglichen Faktoren.

Ebenso problematisch ist jedoch die Abhängigkeit bestimmter Informationsobjekte von bestimmter Technik.[20] Jenseits der besprochenen Probleme der Kon-

---

16 Vgl. http://datacenterknowledge.com/archives/2012/06/30/amazon-data-center-loses-power-during-storm/; http://datacenterknowledge.com/archives/2012/06/15/power-outage-affects-amazon-customers/.
17 Vgl. z.B. http://www.cbltech.de/cbl-datenrettung-stellt-raid-daten-fur-den-NDR.html.
18 Vgl. z.B. http://filesthatlast.com/2012/05/08/toystory2/.
19 Vgl. http://datalossdb.org/statistics.
20 Hier nur zwei Beispiele: „Der Verfall der Datenträger ist nur eines der möglichen Probleme. Damit sie wieder eingelesen werden können, bedarf es der passenden Geräte mit passenden Schnittstellen zu heutigen Systemen. Ein recht prominentes Beispiel der jüngeren Zeit sind die Stasi-Magnetbänder, auf denen Aktenreferenzen gespeichert waren, die erst eine sinnvolle Zuordnung von Akten überwachter Personen und beteiligter Mitarbeiter erlaubten. Erst nachdem die Abspielgeräte und das notwendige Wissen zur Bedienung wieder auftauchten, konnten die gut erhaltenen Datenträger eingelesen werden." (Von Suchodoletz 2008, 28) – „There is already one stark warning from history. The BBC's Doomsday Project of 1986, intended to record the state of the nation for posterity, was recorded on two 12inch videodisks. By 2000 it was obsolete, and was rescued only thanks to a specialist team working with a sole surviving laser disk player."

servierung von Originaltechnologie ist hier besonders die Marktabhängigkeit bzw. die Marktgetriebenheit zu betonen: Technologien, die sich nicht mehr rentieren, werden nicht mehr hergestellt und vertrieben. Der Markt treibt durch beständige schnelle Innovation die Obsoleszenz voran: „Fixing digital discontinuity sounds like exactly the kind of problem that fast-moving computer technology should be able to solve; but it can't, because fast-moving computer technology is the problem." (Brand 1999, 83; vgl. a. Nestor 2010, Kap. 17:20; CCSDS 2012, 5–2–3) So hat jede menschliche Generation mehr Mediengenerationen zu überliefern als die davor. Beschleunigte Innovation erzeugt beschleunigte Veraltung. Es entsteht marktgetriebene Migration. Die Beiträge des Marktes zur Lösung dieser Probleme sind bislang eher überschaubar. Bislang haben wir kaum Erfahrung mit den Konsequenzen von Brüchen in Migrationsketten. Man könnte daher grundsätzlich fragen: Ist ein Medium, zu dessen Markteigenschaften die ständige Erneuerung zählt, überhaupt überlieferungstauglich? Durch den schnellen Technologiewandel erfordert die Zugänglichhaltung bei elektronischen Medien zumindest ein extrem hohes Maß an Management.

Art und Technik der Überlieferung hängen ebenfalls mit der wirtschaftlichen Entwicklung zusammen – sobald beispielsweise die Herstellung von Microfiches nicht mehr rentabel ist, kann mit ihnen nicht mehr überliefert werden, weil Materialien und Maschinen nicht mehr verfügbar sind, selbst wenn die Objekte eigentlich länger halten würden. Auch die Erhaltungstechnologien unterliegen den Gefahren des Marktes: „The archivists are always going to be leveraging somebody else's business. Nobody is going to build hardware this cheap because the archiving is a tiny fraction of the industry. Archivists have to build their stuff out of other customers' business." (Library of Congress 2009, 12) Hinzu kommen strukturelle Probleme: Die schnelle Entwicklung neuer Überlieferungstechniken wirft ihrerseits Fragen auf: Soll man erst auf eine Technik warten, die vielleicht in 20 Jahren entsteht, um dann effektiv überliefern zu können? Oder soll man mit der Bearbeitung beginnen, in 20 Jahren aber dann ein großes Datenkorpus vor sich haben, das mit veralteten Technologien bearbeitet worden ist (vgl. Nestor 2010, Kap. 17:59)? Wann soll man anfangen systematisch zu bewahren, und mit welcher Technologie?: „Often neither the designers nor the potential users of a technology can anticipate its value – or lack thereof – months or years into the future." (Borgman 2007, 3) Schließlich ist auch der Markt seinerseits katastrophenanfällig: „The 2011 floods in Thailand destroyed about 40% of the world's disk drive manufacturing capacity." (Rosenthal et al. 2012, [3])

---

(http://www.guardian.co.uk/technology/2009/jan/25/preserving-digital-archive) – zum Domesday Project und dessen Verlauf s. http://en.wikipedia.org/wiki/BBC_Domesday_Project.

Andere grundsätzliche Fragen stellen sich für alle Informationsobjekte; sie lassen sich am besten anhand des Beispiels moderner Medienkunst beschreiben:[21] Inwiefern ist originale Technik notwendig für Authentizität, inwiefern ist Technik Teil des Objekts? Das mittlerweile klassische Beispiel ist hier Nam June Paiks *TV Garden* (1974) (vgl. Depocas et al. 2003, 71–77; Robertson-von Trotha/Hauser 2011, 123–124) – die Installation besteht aus ca. 150 Röhrenfernsehern und ca. 500 Pflanzen. Hier ist man insbesondere mit der Frage nach den zu erhaltenden *significant properties* befasst – was tut man, wenn die Röhrenfernseher nicht mehr laufen und keine Röhren mehr hergestellt werden? Um diese Fragen zu klären, müssen sogar oft die Ersteller eines Objekts mit in die Überlieferungsplanung einbezogen werden (vgl. Te Brake-Baldock 2012, 9; Paul 2007; Robertson-von Trotha/Hauser 2011, 127). Im Falle Nam June Paiks führte dies dazu, dass die Veränderung mit in das Kunstwerk aufgenommen wurde: „Nam June's words about it are ‚maximum decontrol.' Meaning, he envisioned works or ideas that could change with time and technology and that could exist despite the threat of no longer having cathode-ray tubes." (Depocas et al. 2003, 75) Kunstwerke, die intentional dynamisch sind, machen diese Fragestellungen nicht einfacher.[22] Dementsprechend zentral ist hier die „Archivierung von Metainformationen, die zu diesem Kunstwerk, seiner Entstehung, seiner Rezeption und Provenienz in Beziehung stehen" (Nestor 2010, Kap. 2:18). Die Dokumentation von Veränderungen (nicht nur) bei Medienkunstwerken „ist somit ein unabdingbarer Teil der Konservierung" (Robertson-von Trotha/Hauser 2011, 136). Hier gerät man jedoch wiederum ins Metadatendilemma.

Die *gesellschaftliche Okklusion* betrifft die Beziehung des potenziellen Publikums zu Information und Objekt. Unzugänglichkeit kann nicht nur dadurch entstehen, dass sich das Objekt oder die Technologie verändert, sondern auch durch die Veränderung von Gesellschaft und rezipierendem Subjekt. Viele Prozesse, die die Zugänglichkeit gefährden, sind nicht physischer oder wirtschaftlicher, sondern psychologischer und soziologischer Natur. Diese Prozesse gehen über das Verlieren von Interesse hinaus, das Schlieder (2010) als kulturelle Alterung beschreibt: Die These, dass das menschliche Informationsverhalten neben kognitiven auch von affektiv-emotionalen Faktoren gesteuert werde (Case 2007,

---

21 Zu den Grundproblemen der Konservation moderner Kunst (Kunst mit Technologieanteil, Kunst mit neuen Materialien, dynamische Formen von Kunst wie Happenings und Installationen) vgl. z.B. Scholte/Wharton 2011; Chiantore/Rava 2013; Ferriani/Pugliese 2013; Robertson-von Trotha/Hauser 2011, 123ff, sowie den Beitrag von Buschmann im vorliegenden Band.
22 Vgl. http://blogs.loc.gov/digitalpreservation/2013/04/challenges-in-the-curation-of-time-based-media-art-an-interview-with-michael-mansfield/.

108; vgl. a. Nahl/Bilal 2007), ist auch für die Überlieferungsplanung relevant. Die gesellschaftliche Okklusion ist einer der umfangreichsten, aber auch am schwersten zu berechnenden Bereiche. Dennoch lassen sich auch hier Prozesstypen beschreiben.

Ein Prozesstyp hängt mit der Relevanz von Information zusammen: Oft wird nur das Relevante gepflegt, betrieben, aufbewahrt – „The more things are used, the more they will be used and the more likely they will be preserved." (Smith 2004, 61–62) Diesem Okklusionsprozess ist schwierig zu begegnen: Es gehört zum Wesen von Information, dass sie personenrelevant ist – die Frage ist nur: *zu welcher Zeit?* Da wir nicht wissen, was wann für wen relevant sein wird, müssen wir prinzipiell alle Informationsobjekte überliefern. Dies ist in der Praxis jedoch kaum möglich. Daher werden in vielen Bereichen Relevanzabschätzungen praktiziert, etwa bei der Kassation im Archivwesen oder der Setzung von *significant properties* und Zielpublika in der eLZA. Archäologie (z.B. Rathje/Murphy 2001) und Material Culture Studies (z.B. DeSilvey 2006) zeigen jedoch, dass sich Geschichtsschreibung auch jenseits von zeitgenössischen Relevanzabschätzungen bewegt. Das zeitweise Verlieren von Interesse kann nicht nur einzelne Inhalte betreffen (wie bei der Vernichtung der Verfassungsschutz-Akten zum NSU; vgl. Schultz 2012), sondern ganze Medienkategorien: Beispiele reichen von den römischen *acta diurna* (vgl. Link 2002, 983–984) bis zu E-Mail und persönlichen Informationen (vgl. Cunningham 1999; Prom 2011; NDIIPP 2013) oder aktualitätsbezogenen Websites.[23]

Über die Zeit hinweg kann sich jedoch auch verändern, *für wen* Information zugänglich ist. Dies kann vielerlei Gründe haben, ist jedoch besonders augenfällig bei politisch oder religiös motivierter Zensur (vgl. oben zur intentionalen Zerstörung). Subtile Arten der Zensur sind allerdings fast noch drastischer als die Zerstörung: So unterlagen während des Dritten Reiches auch Bibliographien der Zensur.[24] Wechsel der Moden, Religionen oder Sprachen können jedoch auch

---

23  Vgl. http://www.guardian.co.uk/technology/2009/jan/25/preserving-digital-archive.
24  Ein Beispiel: Der Goedeke ist als zentrales bibliographisches Nachschlagewerk für die deutsche Literatur vor 1830 bekannt (Goedeke 1884ff). Seit den 1920ern versuchte man, eine Fortsetzung für den Zeitraum 1830–1880 zu verfassen, was gegen Ende des Jahrhunderts endlich gelang (Jacob 1995). In der heutigen Version ist allerdings nicht mehr nachzulesen, dass das erste, 1940 veröffentlichte Faszikel Primär- und Sekundärliteratur jüdischer Autoren mit dem Kürzel „Jd." markierte, um „volkseigenes" Schrifttum von anderem unterscheiden zu können (vgl. Goedeke 1940). In der Deutschen Nationalbibliographie dieser Jahre dagegen wurden jüdische und andere unerwünschte Schriftsteller schlicht und einfach herausgelassen. (Nach dem Weltkrieg konnte man dann immerhin ein Verzeichnis derjenigen Schriften veröffentlichen, deren Anzeige man in der Nazizeit hatte unterlassen müssen; DB 1949.)

jenseits von Zensur dazu führen, dass gewisse Klassen von Informationsobjekten nicht mehr aktiv überliefert werden oder zerstört werden – hierauf verweisen heute z.B. halb freigelegte katholische Fresken in protestantischen Kirchen. Zudem kann auch die strategische Speicherung und Weitergabe *bestimmten* Wissens eine Gefahr für die Überlieferung anderen Wissens werden – vor allem dort, wo eine Kultur massiv dominiert (vgl. Jeanneney 2005). Jegliche Beschränkung von Information auf gewisse Publika kann diachrone Konsequenzen haben – dies sollte Konsequenzen für die Planung von Überlieferungsinstitutionen haben.

Die Beschränkung der Zugänglichkeit findet jedoch häufig auch aus wirtschaftlichen Gründen statt. Die Privatisierung der Tradition (die nicht nur ein heutiges Problem ist)[25] kann eine weitere Art ihres Verlusts sein. Dies ist in verschiedener Form der Fall, etwa beim antiquarischen Handel mit Kulturgut, bei Raubgut und Beutekunst, bei der Langzeitarchivierung kommerzieller Medien (im besten Fall kooperiert der Hersteller mit einem öffentlichen Langzeitarchivierungssystem),[26] bei der übertriebenen Kostenentwicklung wissenschaftlicher Zeitschriften,[27] bei der Verschiebung vom Verkauf von Eigentum zum Verkauf von Zugang (vgl. Rifkin 2001), bei Lizenzverträgen, die eine ‚Ewigkeit' von 10 bis 15 Jahren garantieren, oder bei der sogenannten Biopiraterie, der Patentierung von traditionellem regionalem Wissen (vgl. z.B. Finger/Schuler 2004; Bellmann et al. 2003). Auch bei den großen Digitalisierungsunternehmen ist deshalb zu fragen: Ist die Zukunft des Zugangs gesichert? Solange die Originale in öffentlichen Institutionen liegen, scheint hier keine Gefahr zu drohen. Hat aber einmal die digitale Form nahezu Ausschließlichkeitscharakter angenommen, stellt sich die Frage von neuem („Think of Google Print as a free worldwide sales and marketing system", hieß es

---

[25] Dies zeigt die folgende beißende Passage aus Platons *Kratylos*: auf die Frage seines Gesprächspartners nach der Richtigkeit der Benennungen antwortet Sokrates ironisch: „Hätte ich nun schon bei dem [*Sophisten; ASZ*] Prodikos seinen Vortrag für Fünfzig Drachmen gehört, den man, wie er behauptet, nur zu hören braucht, um hierüber vollständig unterrichtet zu sein, dann sollte Dir nichts im Wege stehen sogleich das Wahre über die Richtigkeit der Benennungen zu erfahren. Nun aber habe ich ihn nicht gehört, sondern nur den für Eine Drachme, also weiß ich nicht, wie es sich eigentlich mit dieser Sache verhält. Gemeinschaftlich jedoch mit Dir und dem Kratylos sie zu untersuchen bin ich gern bereit." (Platon 2002 (*Kratylos* 384b–c), 111)

[26] So z.B. die elektronischen Zeitschriften von Wolters Kluwer bei CLOCKSS, s. http://www.knowledgespeak.com/newscategoryview.asp?category=General%20information%20%20-%20%20Preservation%20/%20Archiving%20&id=17535. Der Wissenschaftsverlag Springer hat die Langzeitarchivierung seiner elektronischen Zeitschriften der Deutschen Nationalbibliothek übergeben. Der Verlag Elsevier lagert die elektronische Langzeitarchivierung seiner Zeitschriften auf eine NGO aus (Portico; http://www.portico.org).

[27] S. z.B. den Research Works Act (USA), http://www.thecostofknowledge.com.

auf den Google-Seiten im Jahre 2005).[28] Denn dass etwas 2014 kostenlos ist, heißt nicht, dass es das auch 2050 ist.

Zu den größten gesellschaftlichen Gefahren gehören auch mangelnde Ressourcen zu jedem beliebigen Zeitpunkt, d.h. dass eine Generation nicht genügend Geld aufbringen kann oder will, um Kulturgut zu bewahren (vgl. z.B. Stoilas/Halperin 2013) oder eine bestimmte technisch akut problematische Lage zu beheben: „We can't afford to preserve the stuff we know how to" (Rosenthal 2009). Beispiele hierfür gibt es genug: Im Moment sind in Deutschland zwischen 60 und 120 Millionen Bücher aus den Jahren 1845–1980 vom säurebedingten Zerfall bedroht – es stehen jedoch bei Weitem nicht ausreichend Mittel weder für die Erhaltung noch für die Erstellung dauerhafter Zweitformen zur Verfügung (vgl. z.B. Griebel 2009). Ein anderes Beispiel ist die in Bibliotheken heute zum Alltag gehörende Aussonderung aus Mangel an Geld und Raum (vgl. z.B. Schonfeld/Housewright 2009 sowie den Beitrag von Stumpf im vorliegenden Band). Auch leiden wegen „unzureichender Ressourcen […] viele Archive und Bibliotheken in Deutschland noch immer unter Brand- und Wasserschäden aus der Zeit des Zweiten Weltkriegs." (Allianz 2009, 12) Es gibt jedoch auch subtilere Formen des Ressourcenmangels: So sind z.B. erst über ein Prozent der Oxforder Oxyrhynchus-Papyri ediert – aus Mangel an Ressourcen und entsprechenden Experten (Ähnliches gilt etwa für die Handschriften- und Nachlasskatalogisierung in deutschen Bibliotheken). Ein solcher Mangel an Rezeption sorgt oft für diachrone Unzugänglichwerdung. Ebenso der Mangel an Metadaten: Ein beträchtlicher Teil der Bücher in deutschen Bibliotheken ist immer noch nicht elektronisch katalogisiert – die entsprechenden Förderprogramme der Deutschen Forschungsgemeinschaft sind längst ausgelaufen. Aber auch die digitale Überlieferung braucht konstante Investition: *„preservation is not a one-time cost*; instead, it is a commitment to an ongoing series of costs" (Blue Ribbon Task Force 2008, 18). Zu den ökonomischen Kalkulationen über die Zeit hinweg gibt es trotz zahlreicher Untersuchungen[29] noch keine ausreichenden Erkenntnisse: „We lack good cost data for digital preservation at scale" (Rosenthal 2009). Hierbei geht es um die finanziellen Konsequenzen der einzelnen Methoden und Medien-/Materialtypen (vgl. z.B. NPO 2009, 11) ebenso wie um die Klärung der Rollenverteilung und Abstimmung zwischen Geldgebern, Institutionen und weiteren Stakeholders (vgl. z.B. Blue Ribbon Task Force 2008, 1–3). Es ist nicht klar, wie ein dauerhafter Mittelfluss für die Erhaltungsmaßnah-

---

28 Google-Homepage, http://print.google.com/googleprint/publisher.html, 14.08.2005.
29 Vgl. z.B. Rosenthal et al. 2012, OCLC 2012, Blue Ribbon Task Force 2008, 2010, Lavoie 2004, Nestor 2010, Kap. 14:3–8, sowie neuerdings das EU-Projekt 4C („Collaboration to Clarify the Costs of Curation", http://www.4cproject.eu/).

men und die dazugehörige laufende Forschung über die Langzeit hinweg garantiert werden kann. Ebenso unklar ist, wie langzeitfähig zentrale Speicherungs-Dienstleister, Software- oder Hardware-Hersteller der Erhaltungsbranche sind.

Ein gesellschaftlicher Okklusionsprozess ganz anderer Art ist die Romantisierung des Verlusts. Man hat versucht, in Analogie zum individuellen Gedächtnis, das kulturelle Vergessen als kulturellen Faktor mit eigenständigen Leistungen bzw. als notwendige Kulturtechnik zu beschreiben (vgl. z.B. Butzer/Günter 2004), und gefragt, „ob ein Vergessen-Können nicht die wichtigste Aufgabe der Zukunft ist" (Hose 2002, 49). Diese Analogie ist jedoch, wie im Epilog des vorliegenden Bandes näher analysiert wird, unzutreffend und gefährlich und kann zu einer leichtfertigen Behandlung kulturellen Erbes führen. Nichtsdestotrotz wird die Romantisierung des Verlusts z.B. in der Literatur laufend perpetuiert (vgl. z.B. Fforde 2004; Carrell 2008). Auch die Wissenschaft kann sich dem oft nicht entziehen: Vielfach gehört die Jagd nach Seltenem, die Rekonstruktion von halb Zerstörtem sogar zum wissenschaftlichen Gestus, der Erfolg des Wiederfindens wird bejubelt und mythisiert. Hier verspürt man die romantische Vorliebe für die Ruine (vgl. Woodward 2002). Die Geisteswissenschaft muss sich der Frage stellen: *Will* man überhaupt alles erhalten? Oder schätzt man zu sehr das Finden des Versteckten, das Jagdfieber, die Trouvaille, das Pathos des Halbverschwundenen, die Aura des Fragments?

Ein weiterer gesellschaftlicher Okklusionsprozess ist der Verlust von Fähigkeiten und Kenntnissen. Dies gilt allein schon für die Schreib- und Lesefähigkeit: Die Lesefähigkeit ist einer der fundamentalsten Mechanismen der Zugänglichkeit von Information. Eine Studie aus dem Frühjahr 2011 (Grotlüschen/Riekmann 2011) hat jedoch festgestellt, dass mehr als 14 % der erwerbsfähigen Bevölkerung in Deutschland funktionale Analphabeten sind, also nicht in der Lage sind, zusammenhängende Texte zu lesen und zu verstehen. Viele Studierende haben heute bereits Probleme im Umgang mit Alten Drucken oder Frakturschrift, ganz zu schweigen von Handschriften. Dies gilt aber auch für weitergehende Kenntnisse und Fähigkeiten, die zum Finden und Verstehen von Information notwendig sind. Ihr Verlust kann dazu führen, dass solche Information nicht zureichend übermittelt wird. Die Vermittlung von Informationskompetenz ist damit Teil der Überlieferungsfrage: Wenn die Fähigkeiten zur Interpretation/Bedienung verloren sind, geht auch die Information verloren. Fähigkeiten sind genauso zu konservieren wie physische Informationsträger. Wie alte Software nicht mehr auf neuer Hardware läuft, müssen die Nutzer mitgenommen und für die neuen Technologien ausgebildet werden (vgl. das Konzept der *new literacies*; s. z.B. Knobel/Lankshear 2007). Die Migration der Nutzer ist eine wesentliche Voraussetzung für eine erfolgreiche Überlieferung.

Eine weitere Art der gesellschaftlichen Okklusion ist die Innovationseuphorie. Nicht nur wird die Überlieferungsproblematik durch immer schnellere Innovationszyklen erschwert. Es kann auch der Stand einer Technologie überschätzt werden: So wächst derzeit einerseits die „Menge und die Heterogenität der Informationen, die originär in digitaler Form vorliegen, [...] beständig an" (Nestor 2010, Kap. 1:1), andererseits stehen digitale Archive „erst am Beginn der Entwicklung" (Nestor 2010, Kap. 1:5). Gleichzeitig werden noch existente Medien schnell unterschätzt: Im 19. Jahrhundert gab es z.B. Visionen, dass der Buchdruck bald durch die Phonographie/Schallplatte abgelöst werden würde (Uzanne 1894). Auch das befürchtete „Ende des Buchzeitalters" (Adrian 1968) ist noch nicht gekommen. Solche Euphorie (mancher spricht vom „digitale[n] Fundamentalismus" (Fabian 2007, 3)) kann zur Kanonisierung einer ungesicherten Version führen und so die Überlieferung gefährden. In Zeiten des Medienwechsels droht Informationsverlust durch Euphorie (vgl. z.B. Reynolds/Wilson 1992, 35; Bassenge/Leenings 2012, 183; Robertson-von Trotha/Hauser 2011, 78–79).

Eine weitere Form der gesellschaftlichen Okklusion ist der *Information Overload*: Durch die Menge des Publizierten schwindet der Sinn für die Bedeutung des einzelnen Informationsobjekts und den Wert vollständiger Überlieferung. Die Informationsbelastung jedes Einzelnen in unserer Gesellschaft steigt. Sicher, die sogenannte Informationsexplosion ist kein Phänomen, das auf das 21. Jahrhundert beschränkt wäre: Von einer „Informationsgesellschaft" spricht man seit mindestens 20 Jahren (Otto/Sonntag 1985), von einer „Informationsexplosion" seit über 30 Jahren (Laisiepen et al. 1972, 5), von einer „Informationslawine" seit über 35 Jahren (Bischoff 1967), von einer „Wissensexplosion" gar seit den 1950ern (Fabian 1983, 244). Das Internet hat jedoch für eine neue Dimension gesorgt: „Das Informationszeitalter [...] ist jenes, das nach Informationsabwehr verlangt." (Zimmer 2001, 60) Dies gefährdet die Überlieferung, da Sinnzusammenhänge teils schwerer erkennbar sind oder man von der Menge schlicht so überwältigt ist, dass man nur das jeweils Bekannte überliefert. Das Argument, dass vollständige Überlieferung gerade diesen Overload erzeuge, ist jedoch so lange nicht stichhaltig, wie es funktionierende und ausreichend finanzierte Überlieferungs- und Zugangsinstitutionen gibt.

Zu den gesellschaftlichen Okklusionsprozessen gehören auch rechtliche Regelungen oder Einschränkungen, insbesondere bei einem Medienwechsel. Dies zeigen insbesondere derzeit „die oft unterschätzten, in der Praxis [...] jedoch beträchtlichen juristischen – insbesondere urheberrechtlichen – Barrieren bei der digitalen Überlieferung" (Robertson-von Trotha/Hauser 2011, 13; vgl. z.B. Klimpel/Keiper 2013, 61–80; Hinte/Katzenberger 2014; Euler et al. 2011; Nestor 2010, Kap. 16:3–13). Die Konsequenzen rechtlicher Regelungen für die Überlieferung zeigen sich erst langsam: „Digitale Quellen können [...] nur für die Nachwelt bewahrt werden, wenn sie regelmäßig vervielfältigt und gegebenenfalls auch in ihrer Datenstruktur verändert werden (Migrationen). Im Gegensatz zu einer Papierentsäuerung berühren auch diese Tätigkeiten das Urheberrecht." (Nestor 2010, Kap. 16:3; vgl. a. Euler et al. 2011, 322–325; Robertson-von Trotha/Hauser 2011, 210–211) Die Etablierung entsprechender „Schrankenbestimmungen, die eine effektive Erfüllung des gesetzlichen Sammelauftrages ermöglichen" (Euler et al. 2011, 324), ist ein wichtiges Desiderat, aber auch praktische Fragen stellen sich: „Preservation requires permission [...]. How do you even find everyone you need to ask?" (Rosenthal 2009). Bereits heute zeigen sich die Konsequenzen: Ein Buch, das heute nur gedruckt erscheint, darf nach deutschem Recht bis 70 Jahre nach dem Tod des Autors ohne Zustimmung des Rechteinhabers nicht digitalisiert werden. Eine kaum wahrgenommene Rechtslücke schließlich ist der Mangel an Kontrolle über den Umgang mit Medien-Archiven privater Anbieter.[30]

Ein weiterer gesellschaftlicher Okklusionsprozess ist die Priorisierung von synchroner Zugänglichkeit gegenüber der diachronen. Dies beginnt bei der täglichen konservatorischen Frage bei der Benutzung eines Alten Drucks und zeigt sich bei vielerlei Phänomenen im Umgang mit Kulturgut, etwa bei den Höhlenmalereien von Lascaux, wo Besuchermassen das Klima so verändern, dass es den Bildern schadet, oder bei der täglich von Massen besuchten Sixtinischen Kapelle (vgl. Klüver 2013). Synchrone und diachrone Zugänglichkeit können konkurrieren, kurzfristige Interessen langfristige beschädigen (vgl. z.B. Schlötzer 2012). So führt auch z.B. der Open Access-Diskurs dazu, dass viele Artikel auf Servern oder auf Wissenschaftler-Homepages veröffentlicht werden, deren Langzeitverfügbarkeit nicht in allen Fällen gesichert ist. Die Komplexität der Überlieferungsaufgabe wird hier noch einmal gesteigert.

Ein weiterer Faktor der gesellschaftlichen Okklusion hängt mit dem Buchdruck zusammen. Walter Ong hat darauf aufmerksam gemacht, dass sich mit

---

**30** Ein Beispiel: Auf der ProQuest-Website hieß es zunächst: „The UMI microform vault constitutes the largest commercially available microform collection in the world. 5.5 billion page images deliver 500 years of information [...] Every year we add another 37 million images of contemporary information" (ProQuest-Prospekt, ca. 2008). ProQuests Digital Vault Initiative (http://newsbreaks.infotoday.com/NewsBreaks/UMI-Announces-Digital-Vault-Initiative-18009.asp) digitalisiert diesen Fundus. Einige Jahre später heißt es nun: „The ProQuest Microfilm vault constitutes the largest commercially available microform collection in the world. Its 2.2 billion page images deliver 500 years of information, drawn from thousands of literary, journalistic, and scholarly works. Every year we add millions of images of contemporary information." (ProQuest-Website 2013, http://www.proquest.com/en-US/products/brands/pl_umi.shtml) Was ist passiert? Hat man inventarisiert? War es nur ein Tippfehler? Oder ist hier Kulturgut zerstört worden? Auf jeden Fall gibt es kein Gesetz, das hier eine Handhabe ermöglichen würde.

jedem Medium eine gewisse Psychodynamik verbindet (vgl. Ong 2002, 31ff.). In mündlichen Kulturen ist die diachrone Übermittlung von Information eine aktive Tätigkeit der Weitergebenden zu gemeinsamen Lebzeiten: „In an oral culture, knowledge, once acquired, had to be constantly repeated or it would be lost" (Ong 2002, 23). In der Handschriftenzeit blieb dies großenteils erhalten: Wurde ein Text nicht mehr nachgefragt, so wurde er nicht mehr laufend abgeschrieben und war damit von der Nichtüberlieferung bedroht (vgl. z.B. Jochum 1993, 73–74). Im Druckzeitalter dagegen ging dieser aktive, individuelle Tätigkeitscharakter der diachronen Übermittlung zunehmend verloren: Sie schien nicht mehr von einzelnen Akten der Reproduktion und Weitergabe abzuhängen, sondern es gab schnell eine feste Menge (tendenziell, putativ) identischer, statisch lagernder Kopien, scheinbar ohne Gefahr des Verlusts. Diese Passivität des Druckzeitalters ist eine unterschwellige, aber entscheidende Gefahr: Sie vermittelt kein Verständnis für die Notwendigkeit der laufenden Überlieferung und ihrer Finanzierung. Das elektronische Zeitalter hat in gewissem Maße für eine Renaissance der laufenden, aktiven Übermittlung gesorgt: „[A]s more and more digital materials come under the stewardship of collecting institutions, preservation will become less like an event occurring at discrete intervals, and more like a process, proceeding relatively continuously over time. As a consequence, it will become more difficult to distinguish preservation activities from the routine, day-to-day management of digital materials." (Lavoie/Dempsey 2004) Information muss von Medium zu Medium gerettet werden. Doch sind hier ausschließlich hochspezialisierte Institutionen gefragt, der passivische Trend des Druckzeitalters wird hierdurch in der breiten Bevölkerung und in der Politik nicht umgekehrt: Die diachrone Übermittlung wird immer noch kaum als aktive und damit politisch und finanziell förderungswürdige Tätigkeit verstanden.

Ein weiterer gesellschaftlicher Okklusionsprozess ist das mangelnde Bewusstsein des Verschwindens von Zugänglichkeit, die mangelnde Fähigkeit, sich die Formationsprozesse im ‚long term' (vgl. Brand 1999) vorzustellen, die „myopie temporelle" (Ost 1998, 459). Die Nichtsichtbarkeit künftiger Generationen führt bei vielen zu mangelnder Plastizität der Verantwortung gegenüber zukünftigen Generationen (vgl. Rawls 1971; Ost 1998; Schüller-Zwierlein/Zillien 2012). Diese führt zu einem Mangel an Aufmerksamkeit für die Tätigkeit der Überlieferung, für Existenz und Wert von Informationsobjekten, für die Funktion von Überlieferungsinstitutionen und die Gefahren, die außerhalb ihrer drohen (z.B. bei privaten Digitalfotos).

Ein weiterer gesellschaftlicher Okklusionsprozess sind nicht untersuchte und nicht dokumentierte Verhaltensweisen beim Sammeln und Wegwerfen von Informationsobjekten: Privates „collection behavior" (Kingery 1996, 8) ist meist ebenso unterdokumentiert wie die Auswahl- und Aussonderungsprinzipien öffentlicher

Institutionen (vgl. Schiffer 1996, 35). Dies ist umso wichtiger, da „[t]he act of collecting has always been subject to political change." (Kloth 2002, 21) Auch die diachronen Auswirkungen des Sammelns sind zu untersuchen: Sammeln verleiht dem Objekt Wert – was seine Überlieferungschancen steigert; gleichzeitig können private Sammler nicht immer für optimale Überlieferung sorgen. Doch auch das synchron Offensichtliche sollte dokumentiert werden: Was passiert üblicherweise wann mit welchen Informationsobjekten? Hier bräuchte es quasi ein Handbuch zukünftiger Vergangenheit – u.a. mit Studien zum Sammlungsverhalten (vgl. Schiffer 1996, 33), statistischen und bibliographischen Metadaten sowie „studies of depositional practice" (Hicks/Beaudry 2010, 156) –, gerade in der Zeit eines Medienwechsels.

Ein weiterer strukturell angelegter gesellschaftlicher Okklusionsprozess ist, dass Überlieferung diachron unvermeidlich durch wechselnde Betreiber geschieht, deren gleichartiges Handeln nicht garantiert werden kann. Diese Problemstellung gilt nicht nur in Bezug auf das einzelne Informationsobjekt, sondern besonders für bestimmte Techniken: So ist beispielsweise die Migration über Jahrhunderte hinweg auf gleichförmigen laufenden Betrieb angewiesen – etwas, das in der bisherigen Menschheitsgeschichte nicht einmal im Ansatz bekannt ist. Umso mehr sind Überlieferungswege anzustreben, die auch Phasen des Nichtbetriebs überstehen.

Und schließlich hängt die diachrone Zugänglichkeit stark von der Dauerhaftigkeit der Institutionen ab: In manchen Ländern, z.B. auf dem afrikanischen Kontinent, spielen öffentliche Überlieferungsinstitutionen eine deutlich geringere Rolle als private Personen und Institutionen. Zudem stellt sich die Frage nach der diachronen Bedeutung von Zentralisierung und Dezentralisierung: „Zerstörungen, Verfall, Plünderung und Brände treffen vor allem die großen Verdichtungen an Büchern, die normalerweise im Zentrum der Macht anzutreffen sind. [...] Deshalb kommt das, was am Ende geblieben ist, nicht aus den großen Zentren, sondern aus ‚randständigen' Orten." (Canfora 2002, 187) Dieses Paradoxon der Überlieferungsgeschichte bestärkt zunächst den Glauben an ein dezentrales, mehrwegiges Überlieferungssystem (getreu dem LOCKSS-Motto „lots of copies keeps stuff safe").[31] Gleichzeitig sind jedoch kleinere dezentrale Institutionen oft schlechter ausgestattet und damit gefährdeter. Und auch im elektronischen Bereich ist die Redundanz durch Spiegelspeicherung zunächst positiv zu sehen, sie erfordert jedoch die Garantie dauerhafter dezentraler Koordination – was über Jahrzehnte und Jahrhunderte nicht einfach ist. Insgesamt zeigt die Vielfalt

---

31 Siehe http://lockss.stanford.edu/.

der ‚Kollateralschäden' durch breite gesellschaftliche Prozesse, wie komplex das Überlieferungsproblem ist.

Die *informationelle Okklusion* betrifft insbesondere die symbolische Information. Die Veränderung der Information selbst kann intentional oder nichtintentional geschehen. Zu den typischen Bereichen gehört etwa die Textkorruption, wie sie etwa bei der klassischen Literatur bekannt ist und wie sie durch die wissenschaftliche Textkritik behandelt wird (s. den Beitrag von Riesenweber in diesem Band; vgl. a. Landfester 2007). Allein in diesem Prozess sind eine Vielzahl von möglichen Prozessen enthalten, z.B. Fehler bei der Abschrift (also physische Migrationsfehler), Textveränderungen durch Veränderung des Datenträgers oder intentionale Textveränderungen, z.B. im Sinne der Anpassung an den Zeitgeschmack (vgl. z.B. Perrin 1992). Dies geschah jedoch nicht nur im Manuskriptbereich, sondern auch bei gedruckten Büchern, ebenfalls mit einer Vielzahl von Phänomenen von Druckfehlern bis zu Raubdrucken sowie entsprechenden Prüf- und Korrekturmethoden: Das Wort ‚Aushängebogen' etwa geht auf den Brauch zurück, gedruckte Bögen für mögliche Korrekturen öffentlich auszuhängen; das erste Druckfehlerverzeichnis in einem Buch erschien 1468 (vgl. Weise 1919, 33). Beim Druck konnte im Gegensatz zu Handschriften zum ersten Mal ein *proofreading* (im Sinne einer Probeerstellung und Probenkontrolle) stattfinden (vgl. Simpson 1970). Die Notwendigkeit der häufigen Migration hat schließlich im elektronischen Bereich das Bewusstsein für mögliche Datenveränderungen erhöht. Technische und organisatorische Regelungen, Urheberrecht und Digital Rights Management sollen hier verhindern (vgl. z.B. http://www.interpares.org/), was die Textkritik heute bei den antiken Texten ausbaden muss. Insbesondere sind hier Anstrengungen zur Schaffung von vertrauenswürdigen digitalen Langzeitarchiven zu nennen (vgl. DIN 2012; Keitel/Schoger 2013): „Nur wenn sichergestellt werden kann, dass das digitale Objekt zum Beispiel inhaltlich nicht verändert wurde, kann man mit der Ressource vertrauensvoll arbeiten." (Nestor 2010, Kap. 1:6) Vertrauenswürdigkeit soll hier vor allem durch definierte und dokumentierte Verfahrensweisen hergestellt werden. Insbesondere besteht hier jedoch die Gefahr kleiner Veränderungen, die sich mit der Zeit summieren (schleichende Unzugänglichwerdung).

Die *referentielle Okklusion* betrifft die Beziehung der Information zu den Referenzobjekten/-subjekten. Hierbei geht es um den Verlust des Kontextes oder Referenzrahmens, auf den die Information verweist: Jeder Text steht in einem Netz von Realien und Texten, auf die er verweist. Wenn diese verlorengehen, verliert der Text an Verständlichkeit (nur allzu selten ist ein Text für spätere Publika annotiert). Eines der größten Probleme hier ist, dass Dinge, die für selbstverständlich gehalten werden, nicht dokumentiert/überliefert werden: Samuel Becketts Krapp versteht nach dreißig Jahren seine eigenen Kladdeneinträge nicht mehr

(Beckett 1987). Insbesondere ist dies jedoch im Textuniversum relevant, einerseits in Bezug auf historische Referenzen (die für eine optimale diachrone Zugänglichkeit dokumentiert und mitüberliefert werden müssten), andererseits besonders in Bezug auf andere Texte (Intertextualität): Jeder Text verweist explizit oder implizit auf andere Texte – sind diese nicht mehr zugänglich, verliert der Text an Verständlichkeit, die Information an Zugänglichkeit. Dies kann auch bedeuten, dass z.b. die Links in einer Website ins Leere führen – dem in Analogie zum physischen Verfall so genannten „link rot",[32] z.B. beim Einstellen des Betriebs einer Website oder beim Zurückziehen von als plagiiert oder unwissenschaftlich beurteilten Schriften.[33] Teilweise sind Links in noch nicht einmal publizierten Artikeln schon nicht mehr abrufbar. Dies kann auch in professionellen Systemen z.B. durch die Fehlverknüpfung des Links von den Metadaten zum Langzeitdigitalisat der Fall sein. Ein wissenschaftlicher Text mit Fußnoten ähnelt den verschlüsselten Brieftaubenbotschaften aus dem Zweiten Weltkrieg, für deren Verständnis ein zweiter Text notwendig ist.[34] Auch wenn dies offensichtlich erscheinen mag, ist grundsätzlich zu überlegen, was das Phänomen Intertextualität für die Überlieferungsplanung bedeutet, insbesondere bei Relevanzabwägungen und der Bildung von Schriftenklassen.

Die *definitorische Okklusion* betrifft die Konstitution/Definition des Objekts oder der enthaltenen Information(smenge). Es handelt sich hierbei um den intentionalen oder nicht-intentionalen (z.B. versehentlichen) Ausschluss bestimmter Eigenschaften von der Überlieferung. Dies kann z.B. im Bereich der Paratexte (vgl. Genette 2001) der Fall sein – hier nur einige Beispiele, die bei der Digitalisierung eines Buches gefährdet sind: Umschlag mit Preisangaben, Einband mit Rückenbeschriftung, Werbung im Einband/Vorblatt, ausklappbare Abbildungen (vgl. Krumeich 2013a, 516–517). Dies ist jedoch auch im elektronischen Bereich der Fall, z.B. bei der objektifizierten Archivierung ursprünglich dynamischer Prozesse. Definitorische Okklusion ist natürlich in gewisser Weise immer vorhanden, weil bei der Überlieferung immer definiert werden muss, was zu überliefern ist, sei es bei der Originalerhaltung, sei es bei der eLZA. Sie sollte jedoch planvoll geschehen.

Die *indexikalische Okklusion* betrifft die indexikalische Information, also die aus dem Gesamtobjekt ableitbare/ablesbare nicht-symbolische Information. Der Verlust indexikalischer Eigenschaften, etwa des Trägermaterials des

---

32 Siehe https://en.wikipedia.org/wiki/Link_rot.
33 Siehe http://digitalpreservation.nl/seeds/retracted-so-no-longer-accessible/.
34 Siehe http://www.spiegel.de/wissenschaft/mensch/taube-mit-geheimbotschaft-weltkriegs-code-ist-nicht-zu-knacken-a-869139.html.

Originals, kann z.B. durch die Migration auf ein anderes Trägermaterial vorkommen: Migration bedeutet Aufhebung der Objektbindung, sodass die indexikalische Information des Originalobjekts (mindestens in Teilen) verlorengeht. Sie müsste (bzw. Teile von ihr) im Prinzip in Metadaten mitgeführt werden (z.B. Qualität des verwendeten Papiers, Umschlag, Einband, Schnittverzierung, Besitzeinträge, Papierveränderungen) – denn manche Technologien, auf die migriert wird, können aus ihrer Natur heraus gewisse Eigenschaften nicht reproduzieren. Hierbei geht Information verloren. Dies kann auch dort zu Problemen führen, wo die indexikalischen Eigenschaften die Funktion übernehmen, die Authentizität eines Objektes anzuzeigen – ein Beispiel: Bei Konrad Kujaus Hitler-Tagebüchern wurde die Fälschung auf mehreren Levels nachgewiesen: Aufhellstoffe im Papier, Initialen aus Plastik, graphologisches Gutachten. Zwei von diesen drei Merkmalen wären nach einer Digitalisierung nicht mehr nachweisbar gewesen!

Die *Metadatenokklusion* betrifft die Metadaten sowie die Beziehung der Metadaten zum Objekt und zur Information. Hier verändert sich also der Kontext (oder geht verloren), der auf das Werk verweist bzw. es expliziert. Metadaten sind ein sehr wichtiger Faktor mit verschiedenen Eigenheiten und Funktionen im Hinblick auf die Überlieferung (vgl. z.B. Mangei 2013). Sie erzeugen Auffindbarkeit, sorgen für Identifikation und Desambiguierung: „Damit *[...] Objekte auf Dauer zitierfähig sind, müssen stabile Referenzen vorhanden sein, die auch über technische und organisatorische Veränderungen hinweg eine verlässliche Adressierung ermöglichen.*" (Nestor 2010, Kap. 9:46) Unzureichende Verzeichnung – seien es nicht retrokatalogisierte Bestände oder Webseiten ohne Persistent Identifier (DOI oder URN; vgl. Nestor 2010, Kap. 9:22; Kap. 9:46–65; Kap. 2:7; DIN 2013), die den Server gewechselt haben – führt zu schlechteren Überlieferungsbedingungen, wenn nicht zum zeitnahen Verlust. Spektakuläre Metadatenverluste/-lücken wie die an der Universitätsbibliothek der LMU München entdeckte Waldseemüller-Karte[35] sind nur die Spitzen des Eisbergs weit verbreiteter Metadatenprobleme. Metadaten müssen dauerhaft korrekt angewendet, verwaltet und – auch bei automatischer Erstellung – gepflegt und kontrolliert werden: „Good record keeping requires the involvement of record-keeping professionals throughout the entire life of the records." (Cunningham 1999, 59) Umso mehr sind sie anfällig für intentionale Zensur (s. o.), für Fälschungen (vgl. Ruiz 2013; Bailey/Gerlis 2013) und für Totalverluste (zur Datensicherung bei Metadaten s. Wallaschek 2009).

Dass Metadaten – Grundbedingungen der Zugänglichkeit von textueller und anderer Information – auch Lebenszyklen und damit der Unzugänglichwerdung

---

35 Siehe http://www.spiegel.de/wissenschaft/mensch/waldseemueller-karte-in-muenchner-uni-bibliothek-entdeckt-a-842264.html.

bei mangelnder Pflege unterliegen, macht z.B. Booth 2009 deutlich. Selbst Daten, unterliegen sie den gleichen Veränderungsgefahren, z.B. bei der Migration. Doch eine weitere Gefahr droht: Das Publikum der Metadaten mit seinen Gebräuchen und Erwartungen kann sich ändern – sodass einerseits z.B. andere Qualitätsstandards angelegt werden und die existenten Daten für die Informationsbedürfnisse eines neuen Publikums nicht ausreichen (oft werden dann jedoch aus Kostengründen nur neue Medien mit den neuen Standards erfasst und alte Daten nicht aktualisiert), andererseits aber auch sachlich-inhaltliche Kategorien oder kultureller Kontext sich ändern: „Today's category easily becomes tomorrow's embarrassment." (Weinberger 2007, 55) Hier zeigt sich das subjektive Element auch scheinbar formeller Metadaten (vgl. Duval et al. 2002). Zu Recht arbeiten Schlieder/Wullinger 2010 den „ontology change" (583) als diachrones Problem heraus. Metadaten sind also laufend zu aktualisieren.

Man versucht weltweit, Metadaten durch Standards zu stabilisieren (vgl. z.B. Nestor 2010, Kap. 2:19). Diese Praxis hat diachron jedoch Schwächen, etwa die Vergabe uneinheitlicher Metadaten durch wechselnde Bearbeiter, die unzureichende oder heterogene Anwendung von Standards, den Wechsel von Standards oder schlicht die Vielzahl verschiedener Standards.[36] Standardisierungsversuche hat es mindestens seit dem 18. Jahrhundert viele gegeben (vgl. Thompson 1977, 165). Doch selbst dort, wo es bereits Standards gibt, wird jeweils bereits am nächsten Standard gearbeitet:[37] „Information professionals have a bewildering array of metadata standards and approaches from which to choose." (Gilliland-Swetland 2008) Zudem stammen Metadaten aus immer mehr verschiedenen Quellen – von der professionellen Verschlagwortung bis zu Verlagsdaten und Social Tagging (vgl. Duval et al. 2002). Je größer die Datensammlung, desto größer die Heterogenität der Daten; automatische Bereinigungen sind problematisch (vgl. z.B. OCLC 2011).

Metadaten sind zentral für die diachrone Zugänglichkeit: Sie sagen einem, *dass* etwas ein Informationsobjekt ist, *was* es ist, *wo* es ist, *wie* es zu benutzen ist u. v. m. Die obigen Beschreibungen der Okklusionsprozesse haben bereits gezeigt, dass für die Zwecke der diachronen Zugänglichhaltung Metadaten für immer mehr Bereiche notwendig sind. Metadaten stehen im Zusammenhang mit vielen Okklusionsprozessen, z.B. der Formatalterung. Metadaten sind in allen

---

[36] Die Komplexität der Metadatenfrage belegt eindrücklich http://www.dlib.indiana.edu/~jenlrile/metadatamap/seeingstandards.pdf. Zu Metadatenstandards im Bereich der LZA s. Nestor 2010, Kap. 6:1–17.

[37] Ein Beispiel ist die Einführung von RDA in Deutschland, während in den USA die RDA noch weiterentwickelt werden.

Erhaltungsprozessen und als Grundlage für sie notwendig. Sie müssen also mit über die Zeit gebracht werden. Jedes Dokument braucht ein Rettungsnetz aus Metadaten. Metadaten halten ein Informationsobjekt zugänglich, gleichzeitig sind sie eigene zu erhaltende Informationsobjekte mit eigenen Problemen. Je länger ein Objekt überliefert werden soll, desto mehr Metadaten braucht es – weil mit fortschreitender Zeit immer mehr Versionen entstehen, immer mehr Veränderungen auftreten, immer mehr erklärt werden muss (wie soll jemand in 300 Jahren wissen, was eine CD-ROM-Beilage ist?). Dies ist das Metadatendilemma der Überlieferung. Wir müssen also ein neues Verständnis für Langzeit-Metadaten entwickeln und auch dafür, wie diese selbst überliefert werden können: Braucht es z.B. in regelmäßigen Abständen eine *metadata legibility evaluation*? Gehört in die Metadaten eines Informationsobjekts auch ein vermutetes Verfallsdatum, um die rechtzeitige Migration zu sichern? Ebenso sind Informationen notwendig, mit welcher Hardware und Software eine Datei läuft; sobald diese nicht mehr in Betrieb ist, sind Informationen erforderlich, von wann bis wann sie in Betrieb war und wie sie funktionierte. Generell genügt es nicht, das Objekt zu überliefern, sondern es müssen Anweisungen für sein künftiges Überlieferungsmanagement ebenso wie zu seinem Zustand und zu durchgeführten Restaurierungsmaßnahmen enthalten sein (vgl. Mangei 2013). Sogar eine spezifische Kennzeichnung *als* Informationsobjekt ist denkbar, denn gerade im elektronischen Bereich ist dies langfristig nicht sofort erkennbar. Auch weiter ausgreifende kulturbezogene Metadaten sind für eine dauerhafte Zugänglichkeit erforderlich – von Verzeichnissen und Katalogen bis hin zur Angabe der häufigsten Suchwörter in einem Jahr oder der meistgenutzten Content-Medien. Brauchen Metadaten zudem eine Versionierung – sollten historische Formen der Zugänglichmachung nicht ebenfalls aufbewahrt werden? Und schließlich sind Diachronie-Metadaten notwendig – also Metadaten, die diachrone Relationen zwischen Entitäten (z.B. Texten) abdecken können (vgl. Adar et al. 2008).

Eine weitere Art der Okklusion betrifft die Handlungen der erhaltenden Instanz: Falsche, fehlerhafte oder nicht ausreichende Produktions-, Auswahl-, Erhaltungs- oder Wiedergewinnungsprozesse sind diachron nicht gänzlich auszuschließen – es kann jedoch Vorsorge getroffen werden. Hierzu muss das Spektrum der möglichen Prozesse allerdings bekannt sein – es reicht von falschen Methoden, falschem Betrieb, falscher Lagerung, fehlerhafter Emulation, Einordnung des Informationsobjekts in die falsche Migrationsklasse, Fehlern bei Metadatenkonkordanzen, kulturellen und diachronen Unterschieden bei der Einschätzung von *significant properties* mit ggf. sogar interpersonellen Unterschieden, Fehlern bei der Herstellung, mangelnder Organisation der erhaltenden Institution, Archivierung zu weniger Exemplare, mangelnder Abstimmung bei der Aussonderung, mangelnder intensiver Überwachung des Zustandes der

Bestände (vgl. Starmer/Rice 2004) oder der Wahl des falschen Überlieferungsorts bis hin zu falschen Theorien (z.B. Erwartung einer Gefahr zur falschen Zeit; vgl. Brand 1999, 113).

Eine besondere Gefahr sind beispielsweise die falschen Auswahlprinzipien einer Generation, bzw. deren verstärkter, von einseitigen Überzeugungen oder pragmatischen Notwendigkeiten angetriebener Wille zur Auswahl. Die Auswahl des prioritär zu Überliefernden ist eines der heikelsten Probleme (s. Abschnitt Auswahlprozesse in diesem Band). Momentan sind Entscheidungskriterien bei der Priorisierung vor allem „der Grad der Schädigung und eine weitere Gefährdung des Bibliotheksguts, die Benutzungsfrequenz sowie der wissenschaftliche und historisch-ästhetische Wert eines Werkes" (Willich 2001, 66), daneben der Sammelauftrag der Bibliothek oder, wo vorhanden, regionale Richtlinien. Was dies im Einzelfall bedeutet, muss oft unter zeitlichem und finanziellem Druck pragmatisch entschieden werden. Dies kann zu einer Einengung der Vielfalt der Perspektiven führen. Hier sind im Hinblick auf die Zugänglichkeit differenziertere Kriterien zu entwickeln.

Auch das exklusive Wählen falscher Überlieferungsformen zum falschen Zeitpunkt ist eine große Gefahr für die diachrone Übermittlung. Wollte man z.B. im jetzigen Moment alles Gedruckte in ausschließlich elektronische Form bringen und die Originalmedien entsorgen, wäre dies nicht nur extrem aufwändig, sondern auch extrem riskant. Oft wird zudem im öffentlichen Diskurs der Digitalisierung „access digitization" mit „preservation digitization" verwechselt (Leetaru 2008; vgl. a. Schonfeld/Housewright 2009, 9–10). Dies kann dazu führen, dass Millionen in die Digitalisierung investiert werden, nur um am Ende festzustellen, dass die Digitalisate für die Langzeitarchivierung nicht geeignet sind oder nicht alle notwendigen Eigenschaften reproduzieren (vgl. Krumeich 2013a, 516–517; Schonfeld/Housewright 2009). Und schließlich ist zu fragen, was die heutigen technischen Lösungen morgen verursachen: Das Papier, das heute vor dem Zerfall durch Säure gerettet werden muss, war das Endresultat einer langen Kette von Versuchen, den Papiermangel des 18. und frühen 19. Jahrhunderts zu beheben.

Eine weitere Gefahr ist, daß eine Generation sich für die Überlieferung auf die falschen sozialen Institutionen verlässt. Hier kommt etwa die heutige Frage ins Spiel, ob Verlage als nichtstaatliche Institutionen überhaupt eine Rolle in der Bewahrung kulturellen Erbes spielen können oder sollten. Viele große Verlage erkennen mittlerweile auch im elektronischen Bereich den Wert neutraler oder staatlicher Archivierungsinstitutionen. Grundsätzlich stellt sich hier jedoch wie immer die Frage, wie weit die Rolle des Staates geht. Mindestens seit dem Beginn des Pflichtexemplarrechts (*dépot légal*) im 16. Jahrhundert hat der Staat einen Großteil der Verantwortung für die kulturelle Überlieferung übernommen (vgl.

Fabian 2005, 457). Könige und Fürsten waren hier zunächst die treibenden Kräfte, Göttingen im 18. Jahrhundert war die erste in großem Stil staatlich finanzierte Bibliothek (vgl. Jochum 1993, 111). „Erst die Säkularisierung vollendete die Trennung von Bibliothek und Fürstenhaus" (Jochum 1993, 114) und sorgte für weitere Verstaatlichung; die meisten Hofbibliotheken wurden im Laufe des 19. Jahrhunderts in staatliche Bibliotheken umgewandelt (vgl. Jochum 1993, 115). Die Idee der staatlichen Zuständigkeit für den Kulturgutschutz hat sich so zusammen mit der Idee des modernen demokratischen Staates entwickelt. Daher muss wie beim Staat genau untersucht werden, welche kommerziellen Einflussnahmen förderlich sein können – Beispiele in diesem Bereich wären das Microfilm Disaster Recovery Program der Firma Kodak,[38] die Preservation Services von OCLC[39] und das Angebot des Leipziger Zentrums für Bucherhaltung.[40] Eine Kooperation ist nur in begründeten und klar eingegrenzten Fällen sinnvoll – etwa dort, wo nur ein wirtschaftliches Betriebsmodell entsprechende Mittel aufbringen kann. Die derzeitige Angewiesenheit im bibliothekarischen Bereich auf externes Know-How, z.B. bei Integrierten Bibliothekssystemen oder der eLZA, ist diachron gesehen problematisch.

Ein weiteres, verwandtes Beispiel ist die fehlerhafte ökonomische Planung/ *sustainability*: „Estimations of costs that cover all aspects should be part of the planning process to limit the risk that a project ends up as yet another digital black hole, as so many others have done." (Palm 2006, [14]) Vielen Förderinitiativen mangelt es am langen Atem, Kritiker sprechen vom „seemingly ineluctable progress of so many publicly sponsored online archive projects from nebula to black hole when the original funding has run out" (NPO 2009, 78). Die derzeitigen Kalkulationsmethoden der wirtschaftlichen *sustainability* von Erhaltungsmaßnahmen sind wie gesehen nicht als abschließend zu bezeichnen, die *sustainability* ist „the major issue facing long-term digital preservation." (Rosenthal et al. 2012, [1]; vgl. Blue Ribbon Task Force 2008, 2010.)

Auch die fehlerhafte Ausführung von Erhaltungsprozessen kann zu Okklusion führen: „conservation processes can be poorly designed and developed, actually damaging the material components of the object in ways that may or may not become evident shortly after the process is finished." (Muñoz Viñas 2011, 183) Ein einfaches Beispiel von vielen ist hier die oft praktizierte Buchstabilisie-

---

**38** Siehe http://graphics.kodak.com/DocImaging/CH/en/Products/Micrographics/Microfilm/Dry_Laser_COM_Microfilms/Support/Disaster_Recovery_Program/Disaster_Recovery_Program/index.htm.
**39** Siehe http://www.oclc.org/digital-archive.en.html.
**40** Siehe http://www.zfb.com/.

rung mittels Tesafilm (s. Muñoz Viñas 2011, 16). Dass Fehler auch unter Spezialisten vorkommen belegt z.B. die Existenz von Artwatch, einer Bewegung, die sich gegen misslungene Restaurierungsversuche wendet.[41] Fehlkalkulationen können auch bei Überlegungen zur Erhaltung von Teil vs. Ganzem vorkommen, etwa wenn die Erhaltung eines historisch signifikanten Teils die Erhaltung des Ganzen erschwert.[42] Erhaltungsprozesse können auf falschen Methoden zur Ermittlung des Alterungsverhaltens von Materialien beruhen (vgl. Muñoz Viñas 2011, 184). Probleme können aber auch bei Mechanismen auftreten, die dazu dienen sollen, überlieferungswürdige Objekte zu diagnostizieren (vgl. Connaway et al. 2006). Und schließlich sind mangelndes Bewusstsein des Vorkommens von Fehlern sowie mangelnde Methoden zur Fehlervermeidung problematisch: Vorschläge, „to put into place a system that helps prevent human error: migrate automatically, policies that drive the systems, keep data fool proof" (Library of Congress 2009, 6) sind nicht einfach umzusetzen – und die strukturellen diachronen Fehlleistungen rein maschineller Systeme nicht zu unterschätzen (vgl. etwa die von Cochrane 2012 beschriebenen Migrations-/Emulationseffekte). Allerdings: „[T]he most common and devastating of digital collections threats [is] simple human error" (Anderson/Mandelbaum 2008). Eine entscheidende Zukunftsfrage ist also: „How do we predict, detect, and correct errors in data before it is too late?" (Library of Congress 2009, 10)

Eine weitere Art der Okklusion betrifft das Objekt selbst. Wiederverwendungsprozesse sind insbesondere aus der Archäologie und Ethnologie bekannt (vgl. Schiffer 1996). Plastische Beispiele sind etwa der sogenannte Pudding Pan Rock bei Herne Bay im britischen Kent (s. Kingsley 2012, 14), wo über lange Zeit antike Gefäße von Fischern aus dem Meer geholt und als Puddinggefäße wiederverwendet wurden, oder die Plünderung der Überreste des römischen Reiches für den Bau und die Dekoration von Kirchen und Palästen (vgl. Karmon 2011). Wiederverwendungsprozesse treten jedoch auch bei Informationsobjekten in verschiedenster Weise auf – dies reicht von der Verwendung eines Frühdrucks als Toilettenpapier (vgl. Blades 2009, 42) und der Verwendung von Dramenmanuskripten als Küchenpapier[43] bis zur Wiederverwendung ägyptischer Papyri als

---

41 Siehe http://artwatchinternational.org/; http://artwatchuk.wordpress.com/.
42 An der Universitätsbibliothek der LMU München beispielsweise werden Einschusslöcher in der Bibliotheksaußenwand erhalten mit dem Titel ‚Wunden der Erinnerung' – dies ist einerseits verständlich, führt aber andererseits zum Verfall des Gebäudes und dieser zu schlechtem Ansehen bei Nutzern, was ebenfalls nicht zur Langlebigkeit der Institution beiträgt.
43 Siehe http://en.wikipedia.org/wiki/John_Warburton_%28officer_of_arms%29; dass dies seit jeher durchaus nicht unrealistisch war, zeigt Catulls Gedicht 95, das einem anderen Schriftsteller prophezeit, dass seine Schriften als Einwickelpapier für Makrelen enden werden.

Dünger, als Einwickelstoff für Leichname oder als Grundstoff für Pappe (vgl. Link 2002, 654). Auch die Wiederverwendung von Informationsobjekten in Kunstwerken gehört zu dieser Art von Prozessen.[44] Bekanntere Beispiele sind Palimpseste oder die Verwendung von Makulatur im Einband, die auch im 20. Jahrhundert noch gängig war und den (potenziellen) Unikatscharakter auch industriell gefertigter Informationsobjekte verdeutlicht. Diese Beispiele deuten auf die noch weithin unerforschte Vielfalt der Wiederverwendungsprozesse und ihrer Auswirkungen hin.

*Um die Grundargumente des Beitrags zusammenzufassen:* Nicht Objekte sind Ziel der Überlieferung, sondern die Zugänglichkeit relevanter Information. Zugänglichkeit ist nur durch ein Gesamtsystem aus verschiedenen Elementen möglich. Diachron können an jedem dieser Elemente Verluste entstehen bzw. kann die Veränderung eines jeden Elements für Unzugänglichkeit verantwortlich sein. Es bedarf daher statt einer statischen einer prozessorientierten Sicht. Das Problem der Überlieferung ist entsprechend komplexer als bisher angenommen. Es ist medien- und wissenschaftsübergreifend zu behandeln. Information *kann* nicht nur verlorengehen, sie *geht* laufend verloren. Die Prozesse, durch die dies geschieht, sind in der Öffentlichkeit zu wenig bekannt und oft unbewusst. Die Prozesse sind jedoch ubiquitär. Daher ist proaktive, zukunftsgerichtete, vernetzte Zugänglichhaltung – nicht nur bereits ‚historischen' Materials, sondern auch von Materialien der Gegenwart – laufend notwendig, um dauerhaft Zugänglichkeit zu gewährleisten. Die Prozesse, durch die Information unzugänglich wird, sind, schließlich, generisch. Da sie generisch sind, kann ihnen mit geeigneter Planung begegnet werden.

# Literatur

Adar, E. et al. (2008): Zoetrope: Interacting with the Ephemeral Web. http://grail.cs.washington.edu/pub/papers/dontcheva08zoetrope.pdf.

Adrian, W. (Hrsg.) (1968): Am Ende des Buchzeitalters? Trier: Spee-Verl.

Allianz (2009): Zukunft bewahren. Eine Denkschrift der Allianz zur Erhaltung des schriftlichen Kulturguts. http://www.allianz-kulturgut.de/fileadmin/user_upload/Allianz_Kulturgut/dokumente/2009_Allianz_Denkschrift_gedruckt.pdf.

Altenhöner, R; Kranstedt, A: (2008): „SHAMAN. Sustaining Heritage Access through Multivalent Archiving". Dialog mit Bibliotheken 2, 29–34.

---

44 Marcel Broodthaers etwa verarbeitete eigene Gedichtbände in einer Gips-Skulptur.

Anderson, M.; Mandelbaum, J. (2008): „Planning for the ‚Long Term'…..in Library Time". http://www.digitalpreservation.gov/multimedia/documents/anderson_mandelbaum_daps2008.pdf.
Aristoteles (1998): Nikomachische Ethik VI. Hg. v. H.-G. Gadamer. Frankfurt/M: Klostermann.
Baez, F. (2008): A Universal History of the Destruction of Books. New York, NY: Atlas.
Bailey, M.; Gerlis, M. (2013): „Guilty Plea over Antiquities". The Art Newspaper 22:249, 10.
Baker, N. (2002): Double Fold: Libraries and the Assault on Paper. Reprint. London: Vintage.
Bansa, H. (2002): „Accelerated Ageing of Paper: Some Ideas on Its Practical Benefit". Restaurator 23:2, 106–117.
Barański, A. (2002): „Ageing Kinetics of Cellulose and Paper". Restaurator 23:2, 77–88.
Bassenge, R.; Leenings, A. (2012): „Audiovisuelles Gedächtnis und kulturelles Erbe – Zur Medienüberlieferung im Deutschen Rundfunkarchiv". ZfBB 59:3–4, 182–191.
Beckett, S. (1987): Krapp's Last Tape and Embers. Reprint. London: Faber and Faber.
Bellmann, C. et al. (Hrsg.) (2003): Trading in Knowledge. Development Perspectives on TRIPS, Trade and Sustainability. London: ICTSD/Earthscan.
Benjamin, W. (1963): Das Kunstwerk im Zeitalter seiner technischen Reproduzierbarkeit. Drei Studien zur Kunstsoziologie. Frankfurt/Main: Suhrkamp.
Berger, A. (2013): „Das Restaurierungs- und Digitalisierungszentrum in Köln und ‚Das *digitale* Historische Archiv Köln'". Bibliotheksdienst 47:7, 545–552.
Bischoff, U. (1967): Die Informationslawine: wie ist die Nachrichtenfülle zu bewältigen? Düsseldorf: Econ.
Blades, W. (2009): Enemies of Books. Richmond upon Thames: Tiger of the Stripe.
Blue Ribbon Task Force (2010): Sustainable Economics for a Digital Planet: Ensuring Long-Term Access to Digital Information. Final Report of the Blue Ribbon Task Force on Sustainable Digital Preservation and Access. http://brtf.sdsc.edu/biblio/BRTF_Final_Report.pdf.
Blue Ribbon Task Force (2008): Sustaining the Digital Investment: Issues and Challenges of Economically Sustainable Digital Preservation. Interim Report of the of the Blue Ribbon Task Force on Sustainable Digital Preservation and Access. http://brtf.sdsc.edu/biblio/BRTF_Interim_Report.pdf.
Booth, D. (2009): „The URI Lifecycle in Semantic Web Architecture". Preprint. http://dbooth.org/2009/lifecycle/.
Borgman, C.L. (2007): Scholarship in the Digital Age: Information, Infrastructure, and the Internet. Cambridge, MA: MIT Press.
Brachert, T. (1995): Patina. Vom Nutzen und Nachteil der Restaurierung. München: Callwey.
Brand, S. (1999): The Clock of the Long Now: Time and Responsibility. New York, NY: Basic Books.
Briet, S. (1949): Bibliothèques en détresse. Paris: Organisation des Nations Unies pour l'éducation, la science et la culture.
Brooks, D.A. (Hrsg.) (2005): Printing and Parenting in Early Modern England. Aldershot: Ashgate.
BSB (2003): Lebendiges Büchererbe: Säkularisation, Mediatisierung und die Bayerische Staatsbibliothek. München: BSB.
BSI (2009): BSI Technische Richtlinie 03125. Vertrauenswürdige elektronische Langzeitspeicherung. Version 1.0. Bonn: Bundesamt für Sicherheit in der Informationstechnik. https://www.bsi.bund.de/SharedDocs/Downloads/DE/BSI/Publikationen/TechnischeRichtlinien/TR03125/BSI_TR_03125.pdf?__blob=publicationFile.

Butzer, G.; Günter, M. (Hrsg.) (2004): Kulturelles Vergessen: Medien – Rituale – Orte. Göttingen: Vandenhoeck & Ruprecht.
Calabresi, B.F.C. (2005): „‚Red Incke': Reading the Bleeding on the Early Modern Page". In: Brooks 2005, 237–264.
Canfora, L. (2002): Die verschwundene Bibliothek. Das Wissen der Welt und der Brand von Alexandria. Hamburg: Europäische Verlagsanstalt.
Carlyle, T. (1971): Selected Writings. Hg. v. Alan Shelston. London: Penguin.
Carrell, J.L. (2008): The Shakespeare Secret. New York, NY: Plume/Penguin.
Case, Donald O. (2007): Looking for Information. A Survey of Research on Information Seeking, Needs, and Behavior. 2nd ed. Amsterdam: Elsevier.
CCSDS (2012): Reference Model for an Open Archival Information System (OAIS). Magenta Book. Washington, DC: The Consultative Committee for Space Data Systems. http://public.ccsds.org/publications/archive/650x0m2.pdf.
Chiantore, O.; Rava, A. (2013): Conserving Contemporary Art: Issues, Methods, Materials, and Research. Los Angeles, CA: Getty Conservation Institute.
Clery, D. (2012): „A Milllion-Year Hard Disk". ScienceNOW, 12.07.2012. http://news.sciencemag.org/sciencenow/2012/07/a-million-year-hard-disk.html.
CLIR (2004): Access in the Future Tense. Washington, DC: CLIR. http://www.clir.org/pubs/reports/pub126/pub126.pdf.
Clottes, J. (2011): Pourquoi l'art préhistorique? Paris: Gallimard.
Cochrane, E. (2012): Rendering Matters: Report on the Results of Research into Digital Object Rendering. Archives New Zealand, Department of Internal Affairs. http://archives.govt.nz/sites/default/files/Rendering_Matters.pdf.
Connaway, Lynn S. et al. (2006): „Last Copies: What's at Risk?". Preprint. https://www.oclc.org/resources/research/publications/library/2006/connaway-crl07.pdf.
Cunliffe, E.: (2012): „Cultural Heritage in Conflict". Current World Archaeology 5:6 (Iss. 54), 12–13.
Cunningham, A. (1999): „Waiting for the Ghost Train: Strategies for Managing Electronic Personal Records Before It Is Too Late". Archival Issues 24:1, 55–64. http://minds.wisconsin.edu/bitstream/handle/1793/45896/MA24_1_5.pdf.
DB (1949): Verzeichnis der Schriften, die 1933–1945 nicht angezeigt werden durften. Hg. von der Deutschen Bücherei in Leipzig. Leipzig: Verlag des Börsenvereins der Deutschen Buchhändler.
Depocas, A. et al. (2003): Permanence through Change: The Variable Media Approach. New York, NY: The Solomon R. Guggenheim Foundation/The Daniel Langlois Foundation for Art, Science, and Technology. http://www.variablemedia.net/e/preserving/html/var_pub_index.html.
DeSilvey, C. (2006): „Observed Decay: Telling Stories with Mutable Things". Journal of Material Culture 11:3, 318–338.
Didi-Huberman, G.; Ebeling, K. (2007): Das Archiv brennt. Berlin: Kadmos.
DIN (2013): DIN-Norm 31646 „Anforderungen an die langfristige Handhabung persistenter Identifikatoren (Persistent Identifier)". Berlin: Beuth.
DIN (2012): DIN-Norm 31644 „Information und Dokumentation – Kriterien für vertrauenswürdige digitale Langzeitarchive". Berlin: Beuth.
Diogenes Laertius (1998): Leben und Meinungen berühmter Philosophen. Hamburg: Meiner.
Doblhofer, E. (2008): Die Entzifferung alter Schriften und Sprachen. Neubearb. Aufl. Stuttgart: Reclam.

Dohrmann, A.; Siegel, A. (2009): „Sicherheit durch Prävention. Die Konferenz Nationaler Kultureinrichtungen (KNK) entwickelt einen Handlungsleitfaden für Museen, Archive und Bibliotheken". ZfBB 56:3–4, 200–207.

Duval, E. et al. (2002): „Metadata: Principles and Practicalities". D-Lib Magazine 8:4. http://www.dlib.org/dlib/april02/weibel/04weibel.html.

Eliot, T.S. (1999): Selected Essays. 3rd ed. London: Faber and Faber.

Euler, E. et al. (2011): „Digitale Langzeitarchivierung als Thema für den 3. Korb zum Urheberrechtsgesetz: Urheberrechtliche Probleme der digitalen Langzeitarchivierung". Bibliotheksdienst 45:3/4, 322–328.

Fabian, B. (2007): Ansprache zum Nationalen Aktionstag der Allianz zur Erhaltung des schriftlichen Kulturgutes. Manuskript.

Fabian, B. (2005): „Politische Aspekte der Kulturellen Überlieferung". In: Barbara Schneider-Kempf et al. (Hrsg.): Wissenschaft und Kultur in Bibliotheken, Museen und Archiven. Klaus-Dieter Lehmann zum 65. Geburtstag. München: Saur, 457–465.

Fabian, B. (1983): Buch, Bibliothek und geisteswissenschaftliche Forschung. Göttingen: Vandenhoeck & Ruprecht.

Feldmann, R. (2008): „Neues von der Bestandserhaltung". Wolfenbütteler Notizen zur Buchgeschichte 33:1,2, 151–163.

Feller, R.L. (1994): Accelerated Ageing: Photochemical and Thermal Aspects. Los Angeles, CA: The Getty Conservation Institute. http://www.getty.edu/conservation/publications_resources/pdf_publications/pdf/aging.pdf.

Ferriani, B.; Pugliese, M. (Hrsg.) (2013): Ephemeral Monuments: History and Conservation of Installation Art. Los Angeles, CA: The Getty Conservation Institute.

Fforde, J. (2004): The Well of Lost Plots. New ed. London: Hodder & Stoughton.

Finger, J.M.; Schuler, P. (Hrsg.) (2004): Poor People's Knowledge: Promoting Intellectual Property in Developing Countries. Washington, DC: World Bank/OUP.

Francioni, F.; Lenzerini, F. (2003): „The Destruction of the Buddhas of Bamiyan and International Law". EJIL 14:4, 619–651.

Frisz, C. et al. (2012): „Assessing Migration Risk for Scientific Data Formats". The International Journal of Digital Curation 7:1, 27–28. http://ijdc.net/index.php/ijdc/article/view/202/271.

Frost, G.; Silverman, R. (2005): „Disaster Recovery in the Artifact Fields – Mississippi After Hurricane Katrina". International Preservation News 37, 35–47. http://www.ifla.org/VI/4/news/ipnn37.pdf.

Genette, G. (2001): Paratexte. Das Buch vom Beiwerk des Buches. 4. Aufl. Frankfurt/Main: Suhrkamp.

Giesecke, M. (1990): Der Buchdruck in der frühen Neuzeit. Frankfurt/Main: Suhrkamp.

Gilliland-Swetland, A.J. (2008): „Setting the Stage". In: Murtha Baca (Hrsg.): Introduction to Metadata. 2nd ed. Los Angeles, CA: Getty Publications. Online Edition. http://www.getty.edu/research/publications/electronic_publications/intrometadata/setting.html.

Gippert, J. et al. (Hrsg.) (2006): Essentials of Language Documentation. Berlin: Mouton de Gruyter.

Goedeke, K. (1940): Grundriß zur Geschichte der deutschen Dichtung aus den Quellen. Hg. von der Berlin-Brandenburgischen Akademie der Wissenschaften. N.F., Bd. 1,1: Fortführung von 1830 bis 1880. Hg. von Georg Minde-Pouet. Dresden: Ehlermann.

Goedeke, K. (1884ff.): Grundriß zur Geschichte der deutschen Dichtung aus den Quellen. 2. Aufl. Dresden: Ehlermann.

Graalmann, D. (2010): „Gedächtnislücke". Süddeutsche Zeitung, 03.03.2010, 11.
Griebel, R. (2009): Pressestatement zur Pressekonferenz „Gefährdung des Bestands der staatlichen Archive und Bibliotheken in Bayern" am 07.08.2009 im Bayerischen Staatsministerium für Wissenschaft, Forschung und Kunst. Manuskript.
Grotlüschen, A.; Riekmann, W. (2011): leo. – Level-One Studie. Literalität von Erwachsenen auf den unteren Kompetenzniveaus. Presseheft. http://blogs.epb.uni-hamburg.de/leo/files/2011/12/leo-Presseheft_15_12_2011.pdf.
Haarmann, H. (2004). Lexikon der untergegangenen Sprachen. 2. Aufl. München: Beck.
Häntzschel, J. (2012): „‚Chelsea muss neu aufgebaut werden'". Süddeutsche Zeitung, 03./04.11.2012, 19.
Hammerstaedt, J. (2006): „Zum Text der epikureischen Inschrift des Diogenes von Oinoanda". Epigraphica Anatolica 39, 1–48. http://www.uni-koeln.de/phil-fak/ifa/EpAnat/39%20pdfs%20web/039001.pdf.
Hicks, D.; Beaudry, M.C. (Hrsg.) (2010): The Oxford Handbook of Material Culture Studies. Oxford: Oxford University Press.
Hinte, O.; Katzenberger, R. (2014): „Der Berliner Appell – Rechtliche Rahmenbedingungen für die digitale Langzeitarchivierung". Bibliotheksdienst 48:3–4, 236–247.
Hodder, I. (2012): Entangled: An Archaeology of the Relationships between Humans and Things. New York, NY: Wiley.
Höhne, S. et al. (Hrsg.) (2009): Krisenmanagement. Der Brand und seine Folgen – Die Herzogin Anna Amalia Bibliothek in Weimar. Leipzig: Leipziger Universitätsverlag.
Hoepfner, W. (Hrsg.) (2002): Antike Bibliotheken. Mainz: Philipp von Zabern.
Hofmann, R.; Wiesner, H.-J. (2013): Bestandserhaltung in Archiven und Bibliotheken. 4. Aufl. Hg. v. DIN Deutsches Institut für Normung e.V. Berlin: Beuth.
Hollenback, K.L.; Schiffer, M.B. (2010): „Technology and Material Life". In: Hicks/Beaudry 2010, 313–332.
Holtorf, C. (2013): „On Pastness: A Reconsideration of Materiality in Archaeological Object Authenticity". Anthropological Quarterly 86:2, 427–444.
Hose, M. (2002): „Die Erforschung des Vergessens als Aufgabe der klassischen Philologie". In: Jürgen Paul Schwindt (Hrsg.): Klassische Philologie *inter disciplinas*: Aktuelle Konzepte zu Gegenstand und Methode eines Grundlagenfaches. Heidelberg: Winter, 41–49.
IBM (2010): IBM System Storage-Kompendium. Die IBM Speichergeschichte von 1952 bis 2010. http://www-03.ibm.com/systems/data/flash/de/resources/ibm_storage_compendium_de.pdf.
Jacob. H. (Hrsg.) (1995–): Deutsches Schriftstellerlexikon: 1830–1880. Berlin: Akademie-Verlag.
Jeanneney, J.N. (2005): Quand Google défie l'Europe. Plaidoyer pour un sursaut. Paris: Mille et Une Nuits.
Jochum, U. (2009): „Bibliothekskatastrophen". ZfBB 56:3–4, 159–166.
Jochum, U. (1993): Kleine Bibliotheksgeschichte. Stuttgart: Reclam.
Jones, S. (2013): „Crafting Authenticity: An Ethnography of Conservation Practice". Journal of Material Culture 18:1, 3–26.
Karmon, D. (2011): „Archaeology and the Anxiety of Loss: Effacing Preservation from the History of Renaissance Rome". American Journal of Archaeology 115:2, 159–174.
Keitel, C.; Schoger, A. (2013): Vertrauenswürdige digitale Langzeitarchivierung nach DIN 31644. Kommentar. Berlin: Beuth.
Kelly, K. (2008): „Movage". http://blog.longnow.org/02008/12/11/movage/.

Kemp, M. (2010): La Bella Principessa: The Story of the New Masterpiece by Leonardo da Vinci. London: Hodder & Stoughton.
Kempgen, S. (2011): „Weltbevölkerung, Lebenserwartung, Geographie und Sprachwandel". Wiener Slawistischer Almanach 67, 137–157. http://kodeks.uni-bamberg.de/slavling/downloads/SK_Weltbevoelkerung_u_Sprachwandel_Publ.pdf.
Kingery, W.D. (Hrsg.) (1996): Learning from Things: Method and Theory of Material Culture Studies. Washington, DC: Smithsonian Institution Press.
Kingsley, S.: (2012): „Wrecks in Jeopardy". Current World Archaeology 5:6 (Iss. 54), 14–16.
Klimpel, P.; Keiper, J. (Hrsg.) (2013): Was bleibt? Nachhaltigkeit der Kultur in der digitalen Welt. Berlin: Internet & Gesellschaft Collaboratory e. V. http://files.dnb.de/nestor/weitere/collab_was_bleibt.pdf.
Kloth, K. (2002): „Bibliography as Intellectual History: Some Thoughts on the Handbuch der historischen Buchbestände". Intellectual News: Review of the International Society for Intellectual History 10:1, 18–28.
Klüver, H. (2013): „Der schönste Hauptbahnhof der Welt". Süddeutsche Zeitung 09./10.2.2013, 14.
Knobel, M.; Lankshear, C. (Hrsg.) (2007): A New Literacies Sampler. Frankfurt/Main: Lang.
Knoche, M. (2013): „Stark geschädigtes Schriftgut in rauen Mengen". Bibliotheksdienst 47:7, 491–493.
Knuth, R. (2006): Burning Books and Leveling Libraries: Extremist Violence and Cultural Destruction. Westport, CN: Praeger.
Körte, Mona; Ortlieb, Cornelia (Hrsg.): Verbergen, überschreiben, zerreißen. Formen der Bücherzerstörung in Literatur, Kunst und Religion. Berlin: Schmidt, 2007.
Krumeich, K. (2013a): „Die ‚Sammlung Aschebücher': Qualitätssicherung in der Digitalisierung". Bibliotheksdienst 47:7, 507–522.
Krumeich, K. (2013b): „Virtuelle Rekonstruktion zerrissener Stasi-Unterlagen". Bibliotheksdienst 47:7, 553–554.
Kuny, Terry (1998): „A Digital Dark Ages? Challenges in the Preservation of Electronic Information". International Preservation News 17, 8–13.
Kunzru, H. (2013): Memory Palace. London: V&A Publications.
Kutz, M. (2012): Handbook of Environmental Degradation of Materials. 2$^{nd}$ ed. Amsterdam: Elsevier.
Laisiepen, K. et al. (1972): Grundlagen der praktischen Information und Dokumentation: eine Einführung. München-Pullach: Verlag Dokumentation.
Landfester, M. (2007): Geschichte der antiken Texte. Autoren- und Werklexikon. (= Der Neue Pauly, Supplementband 2). Darmstadt: Wissenschaftliche Buchgesellschaft.
Latour, B.; Lowe, A. (2011): „The Migration of the Aura, or How to Explore the Original through Its Facsimiles". In: T. Bartscherer; R. Coover (Hrsg.): Switching Codes: Thinking Through Digital Technology in the Humanities and the Arts. Chicago, IL: The University of Chicago Press, 275–297.
Lavoie, B.F. (2004): „Of Mice and Memory: Economically Sustainable Preservation for the Twenty-First Century". In: CLIR 2004, 45–54.
Lavoie, B.F.; Dempsey, L. (2004): „Thirteen Ways of Looking at … Digital Preservation". D-Lib Magazine 10:7/8. http://www.dlib.org/dlib/july04/lavoie/07lavoie.html.
Lee, C.A. (Hrsg.) (2011): I, Digital: Personal Collections in the Digital Era. Chicago, IL: Society of American Archivists.

Leetaru, K. (2008): „Mass Book Digitization: The Deeper Story of Google Books and the Open Content Alliance". First Monday 13:10 (6 October 2008). http://www.uic.edu/htbin/cgiwrap/bin/ojs/index.php/fm/article/viewArticle/2101/2037.

Lemaitre, H. (1990): „Les Bibliothèques françaises pendant l'Occupation". Mélanges de la Bibliothèque de la Sorbonne 10, 191–203.

Leroi-Gourhan, A. (1964–65): Le Geste et la parole. 2 Bde. Paris: Michel.

Leyh, G. (1947): Die deutschen wissenschaftlichen Bibliotheken nach dem Krieg. Tübingen: Mohr/Siebeck.

Leyh, G. (1952): Handbuch der Bibliothekswissenschaft, 2. Aufl. 1. Band, „Vorwort".

Library of Congress (2009): Designing Storage Architectures for Digital Preservation. Conference Notes. http://www.digitalpreservation.gov/meetings/documents/othermeetings/designing_storage_archs2009_notes_final.pdf.

Link, S. (2002): Wörterbuch der Antike. Stuttgart: Kröner.

Lor, P.J. (2013): „Burning Libraries for the People: Questions and Challenges for the Library Profession in South Africa". Libri 63:4, 359–372.

Märker, A. (2012): „Die Gründung des Notfallverbunds Leipziger Archive und Bibliotheken". Bibliotheksdienst 46:7, 557–569.

Maibach, C. (2009): „Notfallvorsorgekonzepte in Bibliotheken – Arbeitsergebnisse einer Masterarbeit". ZfBB 56:3–4, 195–199.

Mak, B. (2014): „Archaeology of a Digitization". Preprint. Journal of the Association for Information, Science and Technology. http://courseweb.lis.illinois.edu/%7Ebmak/Mak-Archaeology-JASIST.pdf.

Mandau, M. (2012): „Daten für die Ewigkeit". CHIP, Heft 5, 128–133.

Mangei, J. (2013): „Dokumentation im Online-Katalog – der Beitrag der Erschließung zur Restaurierung, Digitalisierung und Identifizierung". Bibliotheksdienst 47:7, 523–533.

Matthews, B. (2010): „A Framework for Software Preservation". The International Journal of Digital Curation 5:1, 91–105.

Mohen, J.P. (1999): Les Sciences du patrimoine: identifier, conserver, restaurer. Paris: Odile Jacob.

Muñoz Viñas, S. (2011): Contemporary Theory of Conservation. London: Routledge.

Nahl, D.; Bilal, D. (Hrsg.) (2007): Information and Emotion: The Emergent Affective Paradigm in Information Behavior Research and Theory. Medford, NJ: Information Today Inc./asis&t.

NDIIPP (2013): Perspectives on Personal Digital Archiving. National Digital Information Infrastructure and Preservation Program/Library of Congress. http://www.digitalpreservation.gov/documents/ebookpdf_march18.pdf.

Nestor (2012): Leitfaden zur digitalen Bestandserhaltung. Version 2.0. Frankfurt/Main: nestor. http://files.d-nb.de/nestor/materialien/nestor_mat_15_2.pdf.

Nestor (2010): nestor Handbuch: Eine kleine Enzyklopädie der digitalen Langzeitarchivierung. Version 2.3. Göttingen: nestor. http://nestor.sub.uni-goettingen.de/handbuch/nestor-handbuch_23.pdf.

Nestor (2008): nestor-Kriterien: Kriterienkatalog vertrauenswürdige digitale Langzeitarchive. Version 2. Frankfurt/Main: nestor. http://files.d-nb.de/nestor/materialien/nestor_mat_08.pdf.

Neuheuser, H.P. (2009): „Der Einsturz des Kölner Stadtarchivs. Eine erste Sichtung der Situation aus archivfachlichem Blickwinkel". ZfBB 56:3–4, 149–158.

Neuroth, H. et al. (Hrsg.) (2013): Digital Curation of Research Data. Experiences of a Baseline Study in Germany. Glückstadt: Verlag Werner Hülsbusch/Universitätsverlag Göttingen.

Nöth, W. (2000): Handbuch der Semiotik. 2., vollständig neu bearbeitete und erweiterte Auflage. Stuttgart: Metzler.
NPO (2009): Second Life for Collections. Papers given at the National Preservation Office Conference held 29 October 2007 at the British Library. London: National Preservation Office/British Library. http://www.bl.uk/blpac/pdf/conf2007.pdf.
O'Murchu, C. (2011): „A Kafkaesque Data-Trail: The Hunt for ‚Europe's Hidden Billions'". Blogbeitrag. http://blog.okfn.org/2011/03/08/a-kafkaesque-data-trail-the-hunt-for-europes-hidden-billions/.
OCLC (2012): Lasting Impact: Sustainability of Disciplinary Repositories. https://www.oclc.org/resources/research/publications/library/2012/2012-03.pdf.
OCLC (2011): WorldCat Quality. An OCLC Report. https://oclc.org/de-DE/reports/worldcatquality.html.
Ong, W.J. (2002): Orality and Literacy. The Technologizing of the Word. London: Routledge.
Ost, F. (1998): „Du Contrat à la transmission: Le simultané et le succession". Revue philosophique de Louvain 96:3, 453–475.
Otto, P.; Sonntag, P. (1985): Wege in die Informationsgesellschaft: Steuerungsprobleme in Wirtschaft und Politik. München: dtv.
Palm, J. (2006): „The Digital Black Hole". http://www.tape-online.net/docs/Palm_Black_Hole.pdf.
Paul, C. (2007): „NeMe: Challenges for a Ubiquitous Museum: Presenting and Preserving New Media". http://www.neme.org/571/preserving-new-media.
Pennock, M. (2013): Web-Archiving. DPC Technology Watch Report. Digital Preservation Coalition. http://dx.doi.org/10.7207/twr13-01.
Perrin, N. (1992): Dr. Bowdler's Legacy: A History of Expurgated Books in England and America. Boston, MA: Godine.
Pese, C. (1998): Mehr als nur Kunst: Das Archiv für Bildende Kunst im Germanischen Nationalmuseum. Ostfildern-Ruit: Hatje.
Petermann, T. et al. (2011): Was bei einem Blackout geschieht. Folgen eines langandauernden und großräumigen Stromausfalls. Berlin: edition sigma. http://www.tab-beim-bundestag.de/de/pdf/publikationen/buecher/petermann-etal-2011-141.pdf.
Platon (2002): Menon. Kratylos. Sämtliche Werke III. Frankfurt/Main: Insel.
Post, B. (2009): „Netzwerke – der Weimarer Notfallverbund der Kultureinrichtungen". ZfBB 56:3–4, 174–180.
Power, E.B.; Anderson, R. (1990): Edition of One: The Autobiography of Eugene B. Power. Ann Arbor, MI: University Microfilms.
Probst, J. (Hrsg.) (2011): Reproduktion: Techniken und Ideen von der Antike bis heute. Eine Einführung. Berlin: Reimer.
Prom, C. (2011): Preserving Email. DPC Technology Watch Report. Digital Preservation Coalition. http://dx.doi.org/10.7207/twr11-01.
Raicher, E. (2009): „Katastrophenplanung für Informationseinrichtungen". B.I.T.online 2. http://www.b-i-t-online.de/heft/2009-02/fach1.htm.
Raicher, E. (2003): Katastrophenplanung in Bibliotheken. Eisenstadt: FH. http://eprints.rclis.org/6417/1/Katastrophenplanung.pdf.
Rathje, W.L.; Murphy, C. (2001): Rubbish! The Archaeology of Garbage. Tucson, AZ: University of Arizona Press.

Rauch, C.; Rauber, A. (2005): „Anwendung der Nutzwertanalyse zur Bewertung von Strategien zur langfristigen Erhaltung digitaler Objekte". ZfBB 52:3–4, 172–180. http://www.ifs.tuwien.ac.at/~andi/publications/pdf/rau_zfbb05.pdf.
Rawls, J. (1971): A Theory of Justice. Reprint of the Original Edition. Cambridge, MA: Belknap Press.
Reynolds, L.D.; Wilson, N.G. (1992): Scribes and Scholars: A Guide to the Transmission of Greek and Latin Literature. 3rd ed. Oxford: Clarendon Press.
Rifkin, Jeremy (2001): The Age of Access. New York: Tarcher/Putnam.
Robertson-von Trotha, C.Y.; Hauser, R. (Hrsg.) (2011): Neues Erbe: Aspekte, Perspektiven und Konsequenzen der digitalen Überlieferung. Karlsruhe: KIT Scientific Publishing. http://digbib.ubka.uni-karlsruhe.de/volltexte/1000024230.
Rosenthal, D.S.H. (2010): „Format Obsolescence: Assessing the Threat and the Defenses". Library Hi Tech 28:2, 195–210. http://lockss.stanford.edu/locksswiki/files/LibraryHighTech2010.pdf.
Rosenthal, D.S.H. (2009): „How Are We ‚Ensuring the Longevity of Digital Documents'?". http://www.digitalpreservation.gov/multimedia/documents/rosenthal_slides072709.pdf.
Rosenthal, D.S.H. et al. (2012): „The Economics of Long-Term Digital Storage". http://www.ssrc.ucsc.edu/Papers/rosenthal-unesco12.pdf.
Rosner, D.K.; Taylor, A.S. (2012): „Binding and Aging". Journal of Material Culture 17:4, 405–424.
Ruiz, C. (2013): „Challenge to De Chirico Authentication Board". The Art Newspaper 22:249, Sect. 2,3.
Schäffler, H. (2008): „Dynamische Publikationen: Bericht über ein DFG-Rundgespräch vom 12. Juni 2008". ABI-Technik 28:4, 254–257.
Schiffer, M.B. (1996): Formation Processes of the Archaeological Record. Reprint. Salt Lake City, UT: University of Utah Press.
Schivelbusch, W. (1988): Die Bibliothek von Löwen. Eine Episode aus der Zeit der Weltkriege. München: Hanser.
Schlieder, C. (2010): „Digital Heritage: Semantic Challenges of Long-Term Preservation". Semantic Web Journal 1:1–2, 143–147. http://iospress.metapress.com/content/a133576936h372uk/fulltext.pdf.
Schlieder, C.; Wullinger, P. (2010): „Semantic Ageing of Complex Documents: A Case Study from Built Heritage Preservation". In: Informatik 2010, Service Science – Neue Perspektiven für die Informatik. Band 2: Workshop „e-Humanities – Welchen Nutzen hat die Informatik". Gesellschaft für Informatik. http://subs.emis.de/LNI/Proceedings/Proceedings176/P-176.pdf.
Schloemann, J. (2005): „Bildungs-Lücken: Der Bücherschwund in den Bibliotheken schadet der deutschen Wissensgesellschaft". Süddeutsche Zeitung, 27.12.2005, 2.
Schlötzer, C. (2012): „Profit gegen Geschichte". Süddeutsche Zeitung, 07.12.2012, 13.
Scholte, T.; Wharton, G. (2011): Inside Installations: Theory and Practice in the Care of Complex Artworks. Amsterdam: Amsterdam University Press.
Schonfeld, R.C.; Housewright, R. (2009): What to Withdraw? Print Collections Management in the Wake of Digitization. New York, NY: Ithaka S+R. http://www.sr.ithaka.org/sites/all/modules/contrib/pubdlcnt/pubdlcnt.php?file=http://www.sr.ithaka.org/sites/default/files/reports/What_to_Withdraw_Print_Collections_Management_in_the_Wake_of_Digitization.pdf&nid=357.
Schrader, M. (2003): Vom Reiz der Patina. Suderburg-Hösseringen: Edition :anderweit.

Schrijver, P.; Mumm, P.-A. (Hrsg.) (2004): Sprachtod und Sprachgeburt. Bremen: Hempen.
Schüller-Zwierlein, A.; Zillien, N. (Hrsg.) (2012): Informationsgerechtigkeit: Theorie und Praxis der gesellschaftlichen Informationsversorgung. Berlin: de Gruyter.
Schultz, T. (2012): „Gelöschte Akten hatten mit NSU zu tun". Süddeutsche Zeitung 21./22.07.2012, 5.
Shaw, G. (2013): „Egyptians Tweet to Save Their Heritage from Looting". The Art Newspaper 22:249, 1, 10.
Silverman, P. (2012): Leonardo's Lost Princess: One Man's Quest to Authenticate an Unknown Portrait by Leonardo da Vinci. New York, NY: Wiley.
Simpson, P. (1970): Proof-Reading in the Sixteenth, Seventeenth, and Eighteenth centuries. Reprint. Oxford: Oxford University Press.
Smith, A. (2004): „In Support of Long-Term Access". In: CLIR 2004, 55–72.
Smith, J.S. (2012): „Seals, Scripts, and Politics at Late Bronze Age Kourion". American Journal of Archaeology 116:1, 39–103.
Sperberg-McQueen, C.M. (2011): „What Constitutes Successful Format Conversion? Towards a Formalization of ‚Intellectual Content'". The International Journal of Digital Curation 6:1, 153–164. http://www.ijdc.net/index.php/ijdc/article/view/170.
Speyer, W. (1981): Büchervernichtung und Zensur des Geistes bei Heiden, Juden und Christen. Stuttgart: Hiersemann.
Starmer, M.E.; Rice, D.M. (2004): „Surveying the Stacks: Collecting Data and Analyzing Results with SPSS". Library Resources & Technical Services 48:4, 263–272.
STC (2007): The Digital Dilemma: Strategic Issues in Archiving and Accessing Digital Motion Picture Materials. Beverly Hills, CA: The Science and Technology Council of the Academy of Motion Picture Arts and Sciences. http://www.oscars.org/science-technology/council/projects/digitaldilemma/.
Stoilas, H.; Halperin, J. (2013): „Fight for Detroit's Art Begins". The Art Newspaper 22:249, 15–16.
Suetonius Tranquillus, G. (1960): Leben der Caesaren. Übers.u. hg. v. André Lambert. Hamburg: Rowohlt.
Swanson, D.R. (2001): „On the Fragmentation of Knowledge, the Connection Explosion, and Assembling Other People's Ideas" (ASIST Award of Merit Acceptance Speech). Bulletin of the American Society for Information Science and Technology 27:3. http://www.asis.org/Bulletin/Mar-01/swanson.html.
Swanson, D.R. (1986a): „Fish Oil, Raynauds Syndrome, and Undiscovered Public Knowledge". Perspectives in Biology and Medicine 30:1, 7–18.
Swanson, D.R. (1986b): „Undiscovered Public Knowledge". The Library Quarterly 56:2, 103–118.
Te Brake-Baldock, K. (2012): „A Network of Networks. Collaborative Approaches in the Conservation of Contemporary Art". News in Conservation 29, 9–10. http://www.iiconservation.org/system/files/publications/journal/2012/b2012_2_0.pdf.
Thibodeau, K. (2002): Overview of Technological Approaches to Digital Preservation and Challenges in Coming Years. In: The State of Digital Preservation: An International Perspective, Conference Proceedings, Documentation Abstracts, Inc., Institutes for Information Science, Washington, D.C., April 24–25, 4–31. http://www.clir.org/pubs/reports/pub107/thibodeau.html.
Thompson, J. (1977): A History of the Principles of Librarianship. London: Bingley.
Thukydides (2002): Der Peloponnesische Krieg. Übers.u. hg. von Helmuth Vretska und Werner Rinner. Stuttgart: Reclam.

UNESCO (1996): Memory of the World: Lost Memory – Libraries and Archives destroyed in the Twentieth Century / prepared for UNESCO on behalf of IFLA by Hans van der Hoeven and on behalf of ICA by Joan van Albada. Paris: UNESCO.

Uzanne, O. (1894): „The End of Books". Scribner's Magazine 16:2, 221–231.

Vermaaten, S. et al. (2012): „Identifying Threats to Successful Digital Preservation: the SPOT Model for Risk Assessment". D-Lib Magazine 18:9/10. http://www.dlib.org/dlib/september12/vermaaten/09vermaaten.html.

Von Suchodoletz, D. (2008): Funktionale Langzeitarchivierung digitaler Objekte: Erfolgsbedingungen des Einsatzes von Emulationsstrategien. Frankfurt/Main: nestor. http://files.d-nb.de/nestor/edition/01-suchodoletz.pdf.

Wallaschek, N. (2009): Datensicherung in Bibliotheksverbünden: Analyse der Sicherung von Benutzer- und bibliographischen Daten am Bsp. ausgewählter Institutionen. Chur: HTW. http://www.htwchur.ch/uploads/media/CSI_28_Wallaschek.pdf.

Weber, J. (2013): „Bestandserhaltung als Risikosteuerung: Infrastruktur und Schadenserhebung nach dem Brand der Herzogin Anna Amalia Bibliothek". Bibliotheksdienst 47:7, 496–506.

Weber, J. (2009): „Risikominimierung – Vernetzung – Mengenrestaurierung. Organisatorische und konservatorische Herausforderungen nach dem Brand der Herzogin Anna Amalia Bibliothek". ZfBB 56:3–4, 167–173.

Weinberger, D. (2007): Everything is Miscellaneous: The Power of the New Digital Disorder. New York, NY: Times Books/Henry Holt.

Weise, O. (1919): Schrift- und Buchwesen in alter und neuer Zeit. 4. Aufl. Leipzig: Teubner.

Willich, P. (2001): Bestandserhaltung als Aufgabe des Bibliotheksmanagements. Berlin: Logos.

Woodward, C. (2002): In Ruins. London: Vintage.

Wullinger, P.; Schlieder, C. (2008): „Langzeitarchivierung". Präsentation, Universität Bamberg. http://www.uni-bamberg.de/fileadmin/uni/fakultaeten/wiai_lehrstuehle/kulturinformatik/WS_08_09/KInf-DibBib-B_WS0809/KInf-DigBig-B_Ue12_6_Folien_Langzeit.pdf.

Wypych, G. (2007): Handbook of Material Weathering. 4th ed. Toronto: Chemtec Pub.

Zimmer, D.E. (2001): Die Bibliothek der Zukunft. Text und Schrift in Zeiten des Internets. München: Ullstein.

# Gesellschaftliche Prozesse

Daniela Pscheida
# Langzeitzugänglichkeit von Informationen unter den leitmedialen Bedingungen des Internets

> Bibliotheken sind allein das sichere und bleibende Gedächtnis des menschlichen Geschlechts.
> (Arthur Schopenhauer)

## Einleitung: Die Bibliothek als Sinnbild für Stabilität

In der 2013 ins Deutsche übersetzten Kurzgeschichte *Die unheimliche Bibliothek* des japanischen Erfolgsautors Haruki Murakami wird eine grausam-surreale Phantasie zum Thema Bewahrung von Wissensbeständen entworfen: Ein Junge betritt nach Schulschluss eine Bibliothek und fragt nach Fachliteratur zu einer sehr speziellen historischen Frage, die ihm auf dem Heimweg plötzlich durch den Kopf geschossen war. Er möchte gern wissen, wie die Steuern im Osmanischen Reich eingetrieben wurden. Das Lesen der drei dicken, antiquarischen Bände, die ihm daraufhin von einem alten Bibliothekar ausgehändigt werden, ist allerdings an die Bedingung geknüpft, dies vor Ort und unmittelbar zu tun. Obwohl die Schließzeit der Bibliothek kurz bevor steht und er zu Hause bereits von seiner Mutter erwartet wird, lässt sich der Junge aus Höflichkeit und Neugier in den Lesesaal der Bibliothek führen, der sich hinter einem Labyrinth aus dunklen Gängen und verschlossenen Türen im Keller befindet. Dort angekommen, wird er von einem Mann in Schafsgestalt empfangen, der ihn zunächst in Ketten legt und ihm dann mitleidslos offenbart, dass es nun die Aufgabe des Jungen sei, sich den Inhalt der drei Folianten sorgsam einzuprägen. Sobald er dies geschafft hätte, werde er aber keineswegs aus seinem finsteren Gefängnis befreit, vielmehr bestünde die wahrscheinliche Gefahr, dass der alte Bibliothekar zurückkehren und sich das Gehirn des Jungen samt des darin aufgenommenen Wissens einverleiben werde.

> „Aber, Schafsmann, warum will mir dieser alte Mann denn das Gehirn aussaugen?"
>
> „Weil mit Wissen vollgestopfte Gehirne angeblich sehr delikat und reichhaltig sind. Und ‚sämig' oder so."

„Also saugt er es aus, nachdem ich es einen Monat lang mit Wissen gemästet habe?"

„Ja, genau."

„Das ist aber gemein", sagte ich. „Vor allem, wenn man der ist, der ausgesaugt wird."

„Ja, aber das machen doch alle Bibliotheken. Mehr oder weniger."

Ich war wie vom Donner gerührt. „Alle Bibliotheken machen das?"

„Sie müssen das Wissen, das sie verleihen, wieder ergänzen." (Murakami 2013, 27)

So seltsam dieser kurze Dialog wie die gesamte Geschichte auch erscheinen mögen, lassen sie sich doch auch als ein Lehrstück über die Grundannahmen und Ängste unserer typographisch geprägten Wissenskultur lesen: Bücher speichern die relevanten Wissensbestände, Bibliotheken verwahren und archivieren sie. Will man Zugang zum gespeicherten und archivierten Weltwissen erhalten, muss man bestimmte Gatekeeper passieren. Diese regeln und bewachen den Prozess des Wissenszugangs, der insofern ein sensibler ist, als dass die im Buch gespeicherte Information im Verlauf der Lektüre in den Kopf des Lesenden übergeht und damit also gewissermaßen kopiert wird. So weit, so gut.

Die Geschichte erzählt in ihrer Absurdität aber auch, dass das Buch selbst mit all den darin festgehaltenen Informationen erst dann seinen wahren Wert entfaltet, wenn ihm eine lesende Person als ein soziales Gegenüber entgegentritt und im Vorgang der Auseinandersetzung mit dem Gedruckten sinngemäß Leben einhaucht, die tote Information also erst zu eigentlichem Wissen werden lässt. Dies ist mehr als einfacher Transfer, sondern vielmehr ein Prozess der aktiven Aneignung, der dem Gedruckten immer auch etwas Persönliches hinzufügt.

Und genau hier liegt denn auch das Kernmoment dieser Vorstellung von Wissen: Eben weil der Prozess der individuellen Aneignung essentiell wichtig ist für die – wenn man so will – Herauslösung des Wissens aus den im Buch gespeicherten Informationen muss dieser nicht nur sozial überwacht und reglementiert werden, sondern es besteht ebenso ein begründetes Interesse der Gesellschaft (meist in Gestalt derer, die für den dauerhaften Erhalt des gesellschaftlichen Wissensbestandes zuständig sind), das Angeeignete auch in irgendeiner Form wieder einzufangen und an das Archiv zurückzubinden, damit es diesem nicht auf die Dauer verloren geht.

In einer typographisch geprägten Wissenskultur erfolgen Überwachung und Rückbindung mit Hilfe fester Strukturen und Rollenmuster. So existieren klare Konventionen dafür, wer Informationen nach welchen Prinzipien im Druckmedium festhält (Autoren/Verlage), wo und wie die so erzeugten Speichermedien verwaltet und zugänglich gehalten werden (Bibliotheken, Zettelkästen) und entsprechend auch, auf welche Weise die Speichermedien zu finden und ihre Inhalte zu rezipieren sind. Schließlich sorgen Mechanismen wie Gutachten (Reviews), Rezensionen und Zitation weiterhin dafür, dass Resultate von individuellen Aneignungs- und Interpretationsprozessen ebenfalls mit dem System der Speicherung und Archivierung verknüpft werden und diesem somit erhalten bleiben.

In einer typographisch geprägten Wissenskultur erscheint die Frage der Langzeitzugänglichkeit von Information respektive Wissen somit weitgehend (zumindest grundsätzlich) gesichert. In diesem Beitrag soll jedoch die Frage im Fokus stehen, wie es um die Langzeitzugänglichkeit unter den Bedingungen einer mehr und mehr digitalisierten Gesellschaft bestellt ist. In dieser Gesellschaft steigt nicht nur die Menge der erzeugten und verfügbaren Information exponentiell an, es vergrößern sich auch der Kreis der Personen, die an der Erzeugung und Interpretation von Inhalten beteiligt sind, die Möglichkeiten der Speicherung dieser Inhalte sowie die Anzahl der Orte und Wege ihrer Verfügbarkeit. Alle diese Veränderungen haben einen enormen Einfluss auf die Strukturen, Prinzipien und Konventionen der Wissenskultur von digital geprägten Gesellschaften und wirken sich damit auch indirekt auf die Bedingungen der Langzeitzugänglichkeit von Informationen aus.

Was genau dabei vor sich geht, soll in den nächsten Abschnitten schrittweise erörtert werden. Dabei wird zunächst noch einmal genauer die grundsätzliche Funktion der diachronen Zugänglichkeit von Informationen innerhalb von Gesellschaften in den Blick genommen und die Rolle der Medien in diesem Zusammenhang genauer bestimmt, bevor schließlich das Internet als Leitmedium der digitalen Wissensgesellschaft charakterisiert wird. Ausgehend von diesen beiden theoretischen Grundbetrachtungen können dann zentrale Aspekte der Auswirkung insbesondere des sozialen Netzes (vgl. Ebersbach/Glaser/Heigl 2011) auf die Langzeitzugänglichkeit von Informationen in der digitalen Wissensgesellschaft herausgearbeitet werden.

## Die kulturelle Funktion der Langzeitzugänglichkeit von Informationen und die Rolle der Medien

In den 20er Jahren des vorigen Jahrhunderts entwickelte der französische Soziologe Maurice Halbwachs eine soziale Theorie des Gedächtnisses (vgl. Halbwachs 1985 [1925]). Dabei dachte er Wahrnehmung und Erinnerung als reziprok voneinander abhängige Vorgänge. Ebenso wie die Erinnerung stets an eine vorherige Wahrnehmung geknüpft ist, brauche auch die Wahrnehmung die Erinnerung, denn in der Wahrnehmung findet notwendig eine Benennung und Einordnung des Wahrgenommenen statt. Weil aber der Mensch unter den Bedingungen von Gesellschaften nicht als isoliertes Individuum gedacht werden kann, sondern immer nur als Mitglied einer Gruppe anderer Menschen, sind Wahrnehmung und folglich auch Erinnerung nicht frei und unabhängig. Vielmehr müssen sie als kollektive bzw. sozial bedingte Prozesse betrachtet werden – und das gleich im doppelten Sinne. So greift das Individuum im Prozess der Wahrnehmung bzw. Erinnerung auf bestehende *Bezugsrahmen* des Kollektivs zurück, die es durch Sozialisation erworben und verinnerlicht hat, nutzt also gewissermaßen das Gedächtnis der Gruppe wenn es deren Konventionen der Benennung und Einordnung erinnert bzw. sich mit Hilfe derselben überhaupt erst erinnern kann (vgl. ebd., 362f.). Zugleich wird die Erinnerung auch erst durch beständige Reproduktion durch die Mitglieder der Gruppe lebendig gehalten (vgl. ebd., 381). Mehr noch: die kollektive Erinnerung speist sich aus der Wahrnehmung und Erinnerung der einzelnen Individuen, denn erst durch die Benennung durch ein soziales Individuum, das sich an den gültigen Bezugsrahmen der Gruppe orientiert, wird das Wahrgenommene zum Bestandteil der kollektiven Erinnerung und das Erinnerte im kollektiven Gedächtnis bewahrt. Andererseits wird entsprechend auch nur das wahrgenommen und erinnert, was zu den gültigen Bezugsrahmen der jeweiligen Gruppe passt (vgl. ebd.). Auf diese Weise entsteht über das Zusammenspiel von Wahrnehmung, Erinnerung und Reproduktion (Halbwachs spricht sogar von Rekonstruktion) ein Gefühl der Zusammengehörigkeit und gemeinsamen Identität.

Diesen Gedanken der sozialen Bedingtheit und identitätsstiftenden Funktion von Erinnerungen greifen die Kulturwissenschaftler Aleida und Jan Assmann in ihren Arbeiten zum *kollektiven Gedächtnis* auf. Dabei unterscheiden sie in ihren Betrachtungen zwei Formen der kollektiven Erinnerung. Eine erste betrifft jene Erinnerungen, welche die lebenden Mitglieder einer Gemeinschaft (aufgrund des gemeinsamen Erlebens) miteinander teilen. Diese Form der synchronen Erinnerung bezeichnen Assmann/Assmann als *kommunikatives Gedächtnis*, da es durch den einfachen Austausch untereinander, das Gespräch unter Zeitgenossen, gekennzeichnet ist (vgl. Assmann/Assmann 1994, 119 sowie Assmann 2005, 50ff.). Soll Erlebtes und Erfahrenes jedoch längerfristig erinnert und auch über das Verschwinden einer Generation hinaus im kollektiven Gedächtnis erhalten bleiben, braucht es eine zweite Form der diachronen Erinnerung, für die Assmann/Assmann den Begriff des *kulturellen Gedächtnisses* verwenden (vgl. Assmann 2005, 52f.). Im kulturellen Gedächtnis wird bewahrt (und lebendig gehalten), was für den Zusammenhalt und den Fortbestand einer Gruppe oder Gemeinschaft essentiell wichtig ist. Es umfasst gewissermaßen „den jeder Gesellschaft und jeder Epoche eigentümlichen Bestand an Wiedergebrauchs-Texten, -Bildern und Riten [...], in deren ‚Pflege' sie ihr Selbstbild stabilisiert und vermittelt, ein kollektiv geteiltes Wissen vorzugsweise (aber nicht ausschließlich) über die Vergangenheit, auf das eine Gruppe ihr Bewusstsein von Einheit und Eigenart stützt" (Assmann 1988, 15).

Wie der Erhalt und die Weitergabe dieser Inhalte geschieht, ist jedoch nicht in allen Gesellschaften gleich, sondern insbesondere von den Möglichkeiten der (langfristigen) Speicherung von Erinnerungen in Form von relevanten Informationen abhängig – womit die Frage der Speichermedien im Mittelpunkt steht, denn das kulturelle Gedächtnis lebt gewissermaßen von der langfristigen Verfügbarhaltung und Zugänglichmachung von Inhalten. Als Ägyptologen betonen Assmann/Assmann hier ganz besonders den Übergang von der Mündlichkeit zur Schriftlichkeit: So verfügen orale Gesellschaften über ein kulturelles Gedächtnis, das lediglich eine absolute Vergangenheit kennt. In der Regel sind dies das Wissen über den Ursprung der Gruppe (Schöpfungsgeschichte) und Ahnen (Stammväter). Wann genau dieser Ursprung zeitlich zu verorten ist und in welcher Relation dieser zur heute lebenden Generation steht, ist nicht weiter von Bedeutung. Auch Erinnerungen an spätere Ereignisse, Personen etc. gehen, sofern sie überhaupt Eingang in die Formen der kulturellen Reproduktion finden, im diffusen Raum der sogenannten ‚Floating Gap', der unstrukturierten und unklar begrenzten raum-zeitlichen Lücke zwischen Gestern und Heute auf (vgl. Assmann 2005, 48f.). Bewahrt werden die kulturell relevanten Informationen aus der Vergangenheit in oralen Gesellschaften ausschließlich im menschlichen Gedächtnis; erinnert werden sie mit Hilfe von Riten, die von speziell ausgewählten und ausgebildeten Personen (Priester, Schamanen etc.) praktiziert werden und die eine persönliche Anwesenheit der gesamten Mitglieder der Gruppe erfordern (vgl. Assmann 2005, 56f. sowie 90). Während orale Gesellschaften demnach nur sehr wenige, kulturell wirklich essentielle Informationen über die Zeit bewahren können, erweitern sich die Möglichkeiten des kulturellen Gedächtnisses mit der Einführung der Schrift als Speichermedium geradezu exorbitant. Da Informationen jetzt auf ein externes Trägermaterial übertragen, d. h. ausgelagert werden können und folglich nicht mehr an den Menschen als Medium der Speicherung sowie das Ereignis einer bestimmten Aufführungspraxis gebunden sind, können wesentlich mehr Inhalte in wesentlich präziserer und differenzierterer Form bewahrt werden (vgl. Assmann/Assmann 1994, 135). Entsprechend differenziert und flexibilisiert sich auch der Bezug zur eigenen Vergangenheit, die sich zur Geschichte wandelt. Kohärenz wird nun nicht mehr über Ritus und Wiederholung hergestellt, sondern wird gewissermaßen im Text mit eingeschlossen (vgl. Assmann 2005, 87ff.). Gleichwohl bleibt auch und gerade unter den Bedingungen der Schriftlichkeit die Frage nach der Reproduktion bestehen. Wo Speicherung und Reproduktion (aufgrund der personellen Referenz) im Ritus oraler Gesellschaften eine nicht zu trennende Einheit bilden, zerfällt das kulturelle Gedächtnis mit dem Übergang zur Schrift in zwei Bestandteile: das *Speichergedächtnis* einerseits und das *Funktionsgedächtnis* andererseits (vgl. Assmann/Assmann 1994, 121ff. sowie Assmann 1999, 134ff.). Das Speichergedächtnis ist dabei als eine Art Archiv zu denken, in dem die kulturell relevanten Informationen abgelegt werden (vgl. ebd., 137). Um jedoch für die Gesellschaft greifbar und in dieser wirksam zu werden, müssen sie ins Funktionsgedächtnis geholt und gewissermaßen aktiviert werden. Dies ist ein hochsensibler, konstruktiver Vorgang (vgl. Assmann/Assmann 1994, 122f.), für den ein gewisses kulturelles Metawissen unabdingbar ist. Unterstützend können hier Interpretationshilfen wie Konkordanzen, Kommentare etc. wirken. Im Sinne der sozialen Bezugsrahmen wird dieses Metawissen aber in Form von Konventionen tradiert, welche die korrekte Reproduktion steuern und sicherstellen. So folgt nicht nur das Schriftsystem selbst klaren Regeln (Rechtschreibung, Grammatik), auch wer was in welcher Textform schriftlich festhält und wie das Geschriebene entsprechend zu verstehen ist, ist weitgehend klar geregelt. Dieses Regelsystem verfestigt und erweitert sich noch einmal unter den Bedingungen der Druckschriftlichkeit (vgl. dazu etwa Giesecke 1994).

Zusammenfassend lässt sich also festhalten, dass die jeweiligen Medien der Kommunikation und Speicherung wesentlich über die Struktur des kulturellen Gedächtnisses und folglich auch die Beschaffenheit der Erinnerungskultur einer Gesellschaft bestimmen, denn sie entscheiden darüber, wie relevante Informationen aufbewahrt und zugänglich gemacht werden. Sie haben mithin also eine Kultur prägende Funktion.

Dass die Medien der Speicherung und Zirkulation von Informationen, die einer Gesellschaft zur Verfügung stehen, zugleich entscheidend sind für das Wahrnehmen und Denken und damit letztlich auch den Vergangenheitsbezug der Mitglieder dieser Gesellschaft, thematisierten seit den 1950er Jahren insbesondere die Vertreter der sogenannten Kanadischen Schule der Kommunikation. Als einer der ersten arbeitete Harold A. Innis heraus, wie unterschiedliche Medien die Kommunikation und folglich die Organisation einer Gesellschaft beeinflussen.[1] Dabei entwarf er die Menschheitsgeschichte als Abfolge kultureller Epochen, die jeweils von einem Kommunikationsmedium bestimmt werden, und machte deutlich, wie die mediale Verfasstheit einer Gesellschaft etwa über deren zeitliche Stabilität und den Radius ihrer räumlichen Ausdehnung entscheidet (vgl. Engell 2004, 128). Innis' Schüler Marshall McLuhan nahm diesen Ansatz auf und unterschied in den 1960er Jahren vier große Kultur-Epochen: die

---

[1] Entscheidend sind hier die beiden Werke *Empire and Communications* von 1950 sowie *The Bias of Communication* aus dem Jahr 1951.

orale Stammeskultur, die literale Manuskriptkultur, die Epoche der Druckschriftlichkeit bzw. die Gutenberg-Galaxis sowie das elektronische Zeitalter (vgl. Spahr 2007, 59). In jeder dieser Epochen formte das entsprechende Medium die Art und Weise, wie sich die Menschen Zugang zu der sie umgebenden Welt verschafften, wie sie sich darüber verständigten und schließlich auch, wie sie das Erfahrene (prozessierten und) bewahrten. Das elektronische Zeitalter beginnt für McLuhan bereits mit der Einführung der Telegrafie und der damit einhergehenden Auflösung des Raums (Kommunikation wird wieder synchron, die Welt rückt zu einem globalen Dorf zusammen), auch wenn er dann insbesondere die Massenmedien des 20. Jahrhunderts – Telefon, Radio und Fernsehen – in den Blick nimmt (vgl. McLuhan 1992 [1964]). Weniger zentral ist für McLuhan noch der Computer als Medium. In der Lektüre McLuhans, auch und besonders in seiner Kritik, ist dies jedoch inzwischen gewissermaßen nachgeholt bzw. ergänzt worden. Zunächst, unter dem Eindruck des Siegeszugs des Personal Computers (PC) in den 1980er Jahren, mit Schwerpunkt auf dem Computer als universeller Rechenmaschine und integratives Medium (z. B. Coy 1994) sowie seit der Jahrtausendwende verstärkt mit Blick auf das Internet (z. B. Castells 2001). Hier ist es insbesondere die zunehmende Digitalisierung der sozialen Wirklichkeit bzw. das sogenannte Web 2.0, das im Verdacht steht, die gesellschaftlichen Strukturen fundamental zu verändern, und daher besondere Anforderungen an die medienwissenschaftliche Theoriebildung stellt (vgl. Leeker/Schmidt 2008, 26).

Auch dieser Beitrag geht von der Annahme aus, dass das Internet als Medium der unbegrenzten Speicherung und Verfügbarkeit sowie der demokratischen Beteiligung gegenwärtig epochemachend wirkt. In diesem Sinne kann es als Leitmedium einer Gesellschaft betrachtet werden, die verschiedentlich als Wissensgesellschaft gekennzeichnet wird.

## Das Internet als Leitmedium der digitalen Wissensgesellschaft

Seit den 1960er Jahren lässt sich eine zunehmende Wissenszentrierung der westlichen Gesellschaften beobachten. Gemeint ist damit der Umstand, dass Wissensprozesse und Wissensprodukte eine zentrale Stellung innerhalb dieser Gesellschaften einnehmen. Aus ökonomischer Perspektive werden sie gar zum zentralen Wirtschaftsfaktor, denn der Wert eines Produktes liegt längst nicht mehr hauptsächlich im zur Herstellung verwendeten Material oder in der dafür aufgewendeten Zeit, sondern vielmehr in den (Er-)Kenntnissen, Entdeckungen,

Konzepten, Verfahren, die für die Herstellung entwickelt worden sind (vgl. dazu u. a. Bell 1973; Stehr 1994).

Die zunehmende strategische Relevanz theoretischen Wissens im Kontext unternehmerischer Wertschöpfung, wie auch bei der Legitimation politischer Entscheidungen (vgl. Weingart 2005) oder der Organisation des Alltags (vgl. Bittlingmayer 2005), bringt es aber auch mit sich, dass beständig neues Wissen produziert wird. Nie zuvor waren Forschungs- und Entwicklungsabteilungen in Unternehmen von derartiger Wichtigkeit, nie zuvor hatten wir derart umfassende Kenntnis von der uns umgebenden Welt. Der verfügbare (und zu wissende) Wissensbestand wächst damit freilich immer mehr an und hat längst ein Maß erreicht, das jenseits des für den Einzelnen Beherrschbaren liegt. So entsteht die paradoxe Situation, dass angesichts des beständig anwachsenden Weltwissens der Einzelne einen immer kleineren Anteil davon auf sich vereinen kann. Zugleich wird bestehendes Wissen immer rascher durch neues Wissen ersetzt. Bislang gültige Kenntnisse werden durch neue Forschungsergebnisse ergänzt oder revidiert. So gesehen ist die Wissenswelt der *Wissensgesellschaft* einem fortwährenden Bestands- und Gültigkeitswandel unterworfen. Schließlich nehmen in einer wissenszentrierten Gesellschaft auch immer mehr Akteure am Wissensproduktionsprozess teil, die zudem jeweils eigene Maßstäbe an diesen und das entstehende Wissensprodukt anlegen (vgl. Gibbons et al. 1994). Auf diese Weise entsteht nicht nur zunehmend mehr Wissen, die Wissensbestände der Gesellschaft werden auch vielfältiger und konfligieren dabei nicht selten miteinander (vgl. dazu ausführlicher Pscheida 2010, 209ff. und 240ff.).

Die damit knapp umrissene Wissensrealität der Wissensgesellschaft stellt besondere Anforderungen an den Umgang mit Informationen und Wissen. Einmal angeeignetes Wissen muss fortwährend aktuell gehalten und erweitert werden. Dabei gilt es, umsichtig und situationsgerecht aus der Vielfalt verfügbarer Informationen auszuwählen. Persönliche Wissensnetzwerke, die Orientierung und Auswahl unterstützen, können hier gute Dienste leisten (vgl. Siemens 2005). Gleichwohl gilt es, Unsicherheit und Uneindeutigkeit als Grundeigenschaft der Wissensgesellschaft zu akzeptieren (vgl. Weinberger 2007).

Unter den medialen Bedingungen des Internets wird diese dynamische und schillernde Wissensrealität der Wissensgesellschaft noch einmal verschärft. Zugleich bietet gerade das Netz Möglichkeiten und Mechanismen an, den neuen An- und Herausforderungen angemessen zu begegnen. So ist das Internet vor allem ein schnelles und flexibles Medium, das Informationen rasch und in (nahezu) unbegrenzter Anzahl aufnehmen kann. Gerade auch informationelle Anpassungen und Aktualisierungen sind gewissermaßen sekündlich möglich. Entsprechend sind im und über das Internet heute Informationen zu (fast) allem – gerade auch zu aktuellen Themen – jederzeit verfügbar und können dort problemlos und vor allem schnell abgerufen werden. Dabei stehen für ein und dieselbe Information häufig mehrere verschiedene Quellen zur Verfügung, deren Qualität und Verlässlichkeit nicht selten sehr unterschiedlich ausfallen. Wer beispielsweise eine medizinische Auskunft benötigt, kann im Internet dazu sowohl einen fachwissenschaftlichen Aufsatz, einen populärwissenschaftlichen Artikel oder einen auf persönlichen Erfahrungen beruhenden Forumsbeitrag (mit oder ohne fachlichen Kommentar) lesen. Wer mag, kann sich gar auf den Seiten der Krankenkassen oder Pharmakonzerne umschauen. Dabei muss letztendlich der Suchende selbst entscheiden, welche Quelle situativ am hilfreichsten ist und wie er mit den gewonnenen Informationen umgeht. Die informative Vielfalt des Internets ist damit Chance und Herausforderung zugleich. Das Netz nimmt neue und sich verändernde Wissensinhalte flexibel und unbegrenzt auf und bietet so Kommunikatoren verschiedenster Couleur ebenso eine Plattform wie es das immense Bedürfnis der Wissensgesellschaft nach neuen und aktuellen Informationen stillt. Zugleich zwingt es die Rezipienten dieser Informationen zu einem kritisch-abwägenden und selektiven Umgang mit ebendiesen – was jedoch meist nur begrenzt gelingt.

Aufgrund dieser Passung des Internets auf die An- und Herausforderungen der nun digitalen Wissensgesellschaft – wobei es diese aufgreift, beantwortet, dabei aber auch zugleich verstärkt – sollte das Internet als deren *Leitmedium* verstanden werden. Das Konzept des Leitmediums wird dabei freilich etwas anders begriffen, als gemeinhin üblich (vgl. dazu u.a. Hasebrink et al. 2013 sowie Müller/Ligensa/Gendolla 2009). So definiert sich das Leitmedium Internet hier nicht in erster Linie über den Radius der Rezipienten, die es mit seinen Inhalten erreicht, und die meinungsprägende Macht, die eben jene Inhalte dadurch gewinnen. Die leitmediale Eigenschaft des Internets liegt vielmehr in seiner katalysatorischen Wirkung begründet, welche bestehende gesellschaftliche Bedürfnisse zu einem historischen Zeitpunkt wie kein anderes Medium aufgreift, diese verstärkt und dabei eben dieser Gesellschaft zu etwas Neuem, einem Sprung verhilft (ausführlicher dazu u.a. Pscheida 2009).

Die digitale Wissensgesellschaft entwickelt durch ihr Leitmedium Internet dabei ein vollkommen neues Verhältnis zur Wirklichkeit. Dieses kommt insbesondere in fundamental veränderten Prinzipien und Konventionen des Umgangs mit Wissen zum Ausdruck, welche jene der typographischen Wissenskultur zunehmend ablösen. Während die durch das Medium Buch respektive die Druckschriftlichkeit geprägte typographische Wissenskultur die Welt als eine objektiv wahrnehm- und beschreibbare begreift und einen entsprechend rationalen Zugang zu der sie konstituierenden Wirklichkeit praktiziert, der mit Hilfe exakter, normativ festgeschriebener (wissenschaftlicher) Standards, intersubjektiv nachvollziehbarer Verfahrensweisen sowie institutionell verfestigter, struktureller

Hierarchie und Autorität gewährleistet und legitimiert wird, ist die digitale Wissensgesellschaft durch eine Pluralisierung, Dynamisierung und Differenzierung von Informations- und Wissensbeständen gekennzeichnet und geradezu selbstverständlich mit der Koexistenz verschiedener Deutungsmuster konfrontiert. An die Stelle einer objektiv-eindeutigen und allgemeingültigen, weil über institutionell verbürgte Vertrauensverhältnisse stabilisierten Wahrheit treten im digitalen Zeitalter daher Funktionalität und Plausibilität im Sinne einer situativen Brauchbarkeit als neue Maximen. Das Wissen über die Wirklichkeit ist somit nicht länger etwas Feststehendes, vielmehr gilt es als kontextabhängig und interpretationsoffen (ausführlicher dazu siehe Pscheida 2010, 413–447). Von dieser oftmals subjektiven Gestaltbarkeit geben insbesondere die zahlreichen Anwendungen der sogenannten sozialen Medien (vgl. Schmidt 2011 und 2012) Auskunft, die in besonderer Weise für den Charakter des Leitmediums Internet stehen.

# Die diachrone Zugänglichkeit unter den Bedingungen der digitalen Wissensgesellschaft

Hier stellt sich nun die berechtigte Frage, was dieser veränderte Umgang mit Wissen, diese neue Form der Weltwahrnehmung für die Langzeitzugänglichkeit von Inhalten in der digitalen Wissensgesellschaft bedeutet. Stellen wir uns dafür zunächst noch einmal den Jungen aus der eingangs geschilderten Kurzgeschichte vor. Wäre dieser nicht ohnehin auf dem Weg in die Bibliothek gewesen, um, wie die Geschichte erzählt, ein paar entliehene Bücher zurückzubringen, wäre er mit seiner Frage vermutlich anders verfahren. Er hätte seinen Tablet-PC oder sein Smartphone aus der Tasche gezogen, hätte einen Browser geöffnet und das betreffende Stichwort in die Suchmaske einer mehr oder weniger bekannten Suchmaschine eingegeben. Daraufhin hätte ihm das Programm eine ganze Liste mit Treffern angegeben, aus denen der Junge hätte auswählen können, darunter solche, die anerkannte Forschungsergebnisse zum gesuchten Thema darstellen, und solche, die eben diese Erkenntnisse in Zweifel ziehen. Kein Gefängnis im Keller, kein Zwang des Auswendiglernens, kein cholerischer Alter, der sich das im Gehirn des Jungen konstruierte Wissen auf grausame Weise zurückholen will. Aber auch niemand, der dem Jungen bei der Auswahl der relevanten Quelle und ihrer Deutung behilflich ist. Er wäre in seiner Entscheidung vollkommen frei gewesen und doch wieder nicht, denn die Ergebnisse einer Suche im Netz, die ohne Hilfsmittel quasi nicht mehr zu bewältigen ist, sind in aller Regel vorgefiltert und bieten dem Suchenden daher stets nur einen Ausschnitt, ein eingeschränktes Bild des tatsächlich verfügbaren Informationsbestandes des Internets. Gerade

Suchmaschinen funktionieren heute bekanntermaßen auf Basis von Ranking-Mechanismen und Algorithmen, deren Funktionsweise für einen Durchschnittsnutzer nicht mehr wirklich nachzuvollziehen ist.

Sehr wahrscheinlich wäre der Junge auch trotz der Selektion durch eine Suchmaschine von der schieren Masse an unterschiedlichen Informationen – zumal angesichts eines ihm bislang fremden Themas – schlicht überfordert gewesen und hätte seine Recherche daher nach der Lektüre der ersten Treffer seiner Suchanfrage rasch abgebrochen. Oder aber er hätte einige Ausdauer bewiesen und sich von Link zu Link leiten lassen, sich dabei aber irgendwann verloren oder Pech gehabt, weil eine zentrale Quelle, auf die immer wieder verwiesen wird, plötzlich nicht mehr auffindbar ist. Womöglich wäre er auch auf einen Wikipedia-Artikel oder ein Diskussionsforum zur Thematik gestoßen und hätte dort, nach Lektüre weiterer Quellen, selbst Eintragungen oder Änderungen vorgenommen, wäre also zum Mitautor der verfügbaren relevanten Informationen geworden.

Wie auch immer der Junge vorgegangen wäre, immer hätte sein persönlicher Zugang zur Information eine Vorstrukturierung durch webinterne Mechanismen erfahren. Mehr noch: Dieser Zugang muss zugleich auch als hochgradig situativ verstanden werden, denn aufgrund der starken Dynamik der Webinhalte kann das Ergebnis einer Suchanfrage beim nächsten Mal schon wieder ganz anders aussehen. Viel zu schnell ändern sich Bedeutungen und Relevanzverhältnisse im Internet, verschwinden Quellen oder kommen neue hinzu. Auch bewirkt schon eine geringfügige Änderung des Suchbegriffs oder des Suchpfades oft ein komplett anderes Resultat. Und nicht zuletzt hätte der Junge schon durch seine Auswahl und Aktivität wiederum die medialen Kräfteverhältnisse mit verändert und also mit darüber bestimmt, wie das Suchergebnis der Suchenden nach ihm aussieht, denn mit seiner Auswahl verstärkt er die Relevanz der jeweiligen Informationsquelle. Entsprechend wäre auch seine Rezeption des Themas nicht dieselbe gewesen wie die einer anderen Person.

# Digitale Neustrukturierung des kollektiven Gedächtnisses

Betrachtet man diese Überlegungen mit Hilfe der Kategorien der Theorie des kollektiven Gedächtnisses werden entscheidende strukturelle Veränderungen deutlich, die sowohl den medialen Bedingungen der Verfügbarhaltung und Zugänglichmachung von Informationen als auch der Beschaffenheit der Informationen selbst geschuldet sind. Um diese Veränderungen genauer zu beschreiben, müssen wir zunächst beim kommunikativen Gedächtnis ansetzen, das ja jene

Teile der gemeinsamen Erinnerung enthält, welche die lebenden Mitglieder einer Gesellschaft miteinander teilen, und das daher ohne eigentliche Speichermedien auskommt. Charakteristika des kommunikativen Gedächtnisses sind, wie wir gesehen haben, seine Unmittelbarkeit und seine relative Flüchtigkeit. Dieser Bereich des kollektiven Gedächtnisses zeichnet sich gerade dadurch aus, dass es keine Systematik, keine Vorgaben oder Formalitäten gibt, unter denen etwas festgehalten wird. Diese sind hingegen Eigenschaften des kulturellen Gedächtnisses. Sobald Inhalte aus dem kommunikativen Gedächtnis gezielt gespeichert und also bewahrt werden, werden sie zum Bestandteil des kulturellen Gedächtnisses. Als solche lassen sie sich bei Bedarf reaktivieren – vorausgesetzt, (sie wurden systematisch abgelegt und) es stehen die notwendigen Bezugsrahmen zur Verfügung.

Diese klare Trennung zwischen kommunikativem und kulturellem Gedächtnis, die sich insbesondere an der medialen Speicherung festmacht, weicht in einer zunehmend mediatisierten und digital durchdrungenen Gesellschaft nun jedoch weitgehend auf. Gerade unter den Bedingungen des sogenannten Web 2.0 (O'Reilly 2005) oder besser des Social Web finden Alltagskommunikationen zwischen Zeitgenossen ausschließlich medial statt. Es entstehen Gruppen und Gemeinschaften, die als solche rein virtuell existieren und deren gemeinsame Erlebniswelt daher auch eine rein virtuell-mediale ist. Dabei wird in der digitalen Sphäre des Internets jede Kommunikation potenziell gespeichert und auf unbestimmte Zeit festgehalten. Wenn man so will findet keine kulturelle Filterung und Verdichtung (vgl. Fraas 2004, 13) mehr statt, da ein Übergang quasi nicht mehr existiert. Das kommunikative Gedächtnis virtueller Gemeinschaften ist immer auch potenziell kulturelles Gedächtnis. Dennoch folgt das im Internet meist in schriftlicher Form Kommunizierte weiterhin weitgehend den Regeln der Mündlichkeit – mit entsprechenden Folgen für die langfristige Bewahrung der verhandelten Inhalte. So sind mündliche Kommunikation und Erinnerung stets vage und unkonkret und erlauben daher inhaltliche Veränderungen und Anpassungen – ja sie benötigen sie sogar, denn nur so entsteht die für den kommunikativen Austausch notwendige Lebendigkeit (vgl. David 2010, 35). Für die diachrone Funktion des kulturellen Gedächtnisses ist hingegen eine gewisse Verbindlichkeit sowie auch Beständigkeit wichtig, die der schriftmündlichen Kommunikation des Internets beispielsweise auf den verschiedenen Kanälen der Social Media, der Wikis, Foren und Netzwerke, abgeht (vgl. ebd., 39). Vielmehr beziehen sie ihre Besonderheit ja gerade daraus, dass sie sich fortwährend weiterentwickeln. So gesehen kann auch keine systematische Archivierung dieser Inhalte im Speichergedächtnis stattfinden, denn Archivierung setzt einen gewissen Produktcharakter voraus, welcher der schriftmündlichen Kommunikation fehlt. Ein anschauliches Beispiel hierfür sind die Versionen, die etwa bei der Bearbeitung von Wikis entstehen. Mit ihrer Hilfe ist zwar praktisch jeder Zwischenstatus der

Inhaltsentstehung rekonstruierbar. Allerdings lässt sich kein finaler Stand ausmachen. So werden alle diese Detailinformationen zwar speichertechnisch festgehalten, für eine spätere eindeutige Reaktivierung fehlt jedoch die Festlegung auf eine konkrete finale Version. Hinzu kommt, dass in der digitalen Wissensgesellschaft relevante Wissensinhalte von verschiedenen Akteuren produziert und prozessiert werden. Entsprechend nehmen auch dadurch Eindeutigkeit und Gewissheit ab, da zugleich immer verschiedene Deutungen und Variationen ein und derselben Information existieren. Auch die Inhalte der kollektiven Erinnerung verfügen daher über weniger Eindeutigkeit und Gewissheit, so dass ein gemeinsamer Bezugsrahmen nicht mehr oder nur schwer auszumachen ist.

Zusammengefasst, lassen sich also folgende neue Strukturmerkmale für das kollektive Gedächtnis der digitalen Wissensgesellschaft ausmachen:
- Erstens die *Ubiquität medialer Speicherung*. Diese führt zum Verschwimmen der Grenze zwischen kommunikativem Kurzzeit- und kulturellem Langzeitgedächtnis.
- Zweitens der *Prozesscharakter von Informationen* und mithin des Wissens. Die Veränderlichkeit digital prozessierter und gespeicherter Inhalte verhindert die Festlegung auf eine zu erinnernde Version.
- Drittens die *Deutungsvielfalt kulturell relevanten Wissens*. Die gespeicherten Inhalte sind mit verschiedensten Bedeutungen verknüpft und können entsprechend vielfältig interpretiert und reaktiviert werden.

Was die Langzeitzugänglichkeit von Informationen betrifft, so stehen Inhalte heute dank der digitalen Speichermöglichkeiten in größerem Umfang zur Verfügung als je zuvor. Die digitale Wissensgesellschaft dokumentiert sich selbst in einem Ausmaß und in einer Präzision wie keine Gesellschaft vor ihr. Dennoch bestehen berechtigte Zweifel daran, dass der Zugang zu diesen massenhaft gespeicherten Informationen im Sinne einer identitätsstiftenden kollektiven Erinnerung dauerhaft gesichert respektive gewährleistet werden kann. Archivwissenschaftler warnen schon seit Längerem davor, dass angesichts der heutigen Informationsflut eine Tendenz dazu entsteht, wahllos zu sammeln statt gezielt zu archivieren (vgl. Menne-Haritz 1999, 20ff.). Im Internet ist dieser Modus der wahllosen Speicherung quasi automatisiert. Hinzu kommt, dass eine Archivierung vieler Inhalte aufgrund der Masse verfügbarer Informationen nicht nur mühevoll, sondern unter den Bedingungen der digitalen Wissensgesellschaft – wie bereits weiter oben beschrieben – weitgehend unmöglich ist. Zum einen besitzen zahlreiche online prozessierte Inhalte keinen wirklichen Produktcharakter, sondern unterliegen einer dauerhaften Veränderlichkeit ohne klar bestimmbaren Endpunkt (Betastatus als Kernmerkmal des Web 2.0). Zum anderen existieren bezüglich eines einzelnen Inhalts nicht selten mehrere Varianten, wie dieser zu deuten und zu verstehen ist.

Unter den Bedingungen der digitalen Wissensgesellschaft, deren Leitmedium das Internet darstellt, wird so gesehen also nicht nur die Trennlinie zwischen kommunikativem und kulturellem Gedächtnis durchlässig, auch das kulturelle Gedächtnis verändert seine Struktur. Das Speichergedächtnis fungiert zwar weiterhin als Speicher mit medial extrem erweitertem Fassungsvermögen, kann aber aufgrund fehlender oder uneindeutiger Bezugsrahmen immer seltener als Archiv angesprochen werden, das dem Funktionsgedächtnis die notwendigen Inhalte bereitstellt.

Das bedeutet freilich nicht, dass das Zusammenspiel von Speicher- und Funktionsgedächtnis nicht länger existiert. Gespeicherte Inhalte werden auch weiterhin abgerufen und durch die Mitglieder der Gesellschaft nach Bedarf reaktiviert, nur nimmt die Wahrscheinlichkeit zu, dass diese Reaktivierung einer freien *Re-Interpretation* gleichkommt. Mit anderen Worten werden die abgerufenen Inhalte nicht mehr im ursprünglichen Sinne bzw. bei unterschiedlichen Zugriffen jeweils unterschiedlich verstanden. Das kulturelle Gedächtnis verliert damit seine allgemein identitätsstiftende Funktion bzw. diese wird auf kleinere Subgruppen und vermutlich auch kürzere Zeiträume begrenzt. Das kulturelle Gedächtnis verharrt im Charakter des kommunikativen Gedächtnisses, wenn es nicht gänzlich verschwindet.

Schließlich muss in diesem Kontext noch ein weiterer Aspekt bedacht werden: die grundsätzliche Flüchtigkeit der Webinhalte, die zu Beginn dieses Abschnitts bereits kurz angeklungen ist. Denn ebenso selbstverständlich wie digital prozessierte Inhalte erfasst und gespeichert werden, lassen sich die Webinhalte auch rasch, unkompliziert und – aufgrund des digitalen Charakters – geradezu rückstandslos auslöschen. Auch dies korrespondiert mit der schon beschriebenen Schriftmündlichkeit der Internetkommunikation. Viele Webseiten verschwinden samt ihrer Inhalte von heute auf morgen aus dem Netz – weil diese ihre Aktualität verloren haben oder den verantwortlichen Akteuren als nicht länger relevant erscheinen.[2] Es lohnt sich gewissermaßen nicht mehr, über diese Inhalte zu sprechen. Aufgrund der starken Verknüpfung von kommunikativem und kulturellem

---

2 Manfred Osten behauptet sogar, der global vernetzte Computer sei ein „global verfügbare[s] Speichermedium mit technisch bedingtem Kurzzeit-Gedächtnis" (Osten 2004, 74) – zum einen, da sich die digital gespeicherten Inhalte dem Medium nicht mehr physisch ‚einschreiben', sondern als „elektronischer Zeichensatz" lediglich eine flüchtige Verbindung eingehen (vgl. ebd., 78), und zum anderen, weil die „digitalen Gedächtnisträger" eine hohe Störanfälligkeit und rasche Veraltung aufweisen (vgl. ebd., 81ff.).

Gedächtnis sind diese gelöschten Inhalte damit auch für die kollektive Erinnerung (das kulturelle Gedächtnis) verloren. Schon seit einigen Jahren bemüht man sich daher in zahlreichen nationalen Projekten intensiv um die gezielte Archivierung von Webinhalten, wobei man meist versucht, den Netzinhalt entweder insgesamt im Sinne einer ‚Momentaufnahme' (Snapshot Crawls) oder aber themen- bzw. seitenbezogen (Event Harvesting/Selective Harvesting) möglichst vollständig zu erfassen (vgl. Rauber/Liegmann 2009, Abschnitt 3). Hier muss man jedoch einräumen, dass alle diese wichtigen Initiativen in Anbetracht der Theorie des kulturellen Gedächtnisses nur begrenzt wirksam sein können, denn die archivierten Inhalte lassen sich nur dann (im kulturellen Sinne) vollständig bewahren und erhalten, wenn diese im Prozess der Reaktivierung mit entsprechender Bedeutung verknüpft werden können. Doch genau hier weist die digitale Wissensgesellschaft die beschriebenen strukturellen Schwächen respektive Besonderheiten auf.

Macht der Versuch einer langfristigen Archivierung von Webinhalten letztendlich also gar keinen Sinn, da das Vorgehen (notwendig) sein Ziel verfehlt? Zu diesem Schluss muss man nicht unbedingt kommen, denn die Beantwortung dieser Frage hängt ganz von der Definition der Zielstellung und der archivierten Inhalte selbst ab. So werden im Netz einerseits nicht ausschließlich typische Webinhalte, sondern zu einem großen Teil auch klassische Inhalte prozessiert. Als klassische Inhalte sind dabei solche zu verstehen, die nach den Regeln und Konventionen der typographischen Wissenskultur entstehen und rezipiert werden und das Web gewissermaßen ‚nur' als einen alternativen Verbreitungskanal nutzen. Diese Inhalte besitzen nicht den Charakter des Schriftmündlichen, sie sind weder fortlaufend veränderlich noch sind an ihnen beliebige Autoren beteiligt. Diese Inhalte gelangen meist auch erst dann ins Netz, wenn sie den Status eines fertigen Produkts besitzen und als solches wahrgenommen und verstanden werden sollen. Aufgrund dieser starken Formalisierung sind sie nur bedingt offen für unterschiedliche Rezeptionsweisen und Deutungsvarianten. Diese klassischen Inhalte als Netzinhalte zu archivieren, ist wohl vor allem eine technische und organisatorische Herausforderung, denn auch ihre Zahl vergrößert sich exponentiell. Die eigentliche, für die sinnvolle Archivierung notwendige Bewertung und Systematisierung kann den üblichen Regeln folgen. Die Möglichkeit zur bedeutungsgleichen Reaktivierung ist entsprechend ebenfalls gesichert.

Andererseits verhalten sich unter den Bedingungen der digitalen Wissensgesellschaft nun aber immer mehr Inhalte wie typische Webinhalte: Sie lassen sich demokratisch bearbeiten, sind flexibel und wandelbar und damit anschlussfähig für verschiedene Kontexte – verlieren dabei aber auch an Konkretheit und Eindeutigkeit. Kurz: Sie folgen bereits in ihrer Beschaffenheit den Regeln und Konventionen der digitalen Wissenskultur. Diese Kultur, so lässt sich behaupten, hat kaum mehr Bedarf an langfristig stabilen und eindeutig reaktivierbaren Inhalten. Das, was sie ausmacht, passiert im Hier und Jetzt – in der Situation, im Augenblick. Ebenso schnell wie kulturell relevante Inhalte auftauchen, werden sie auch schon wieder überlebt. Entsprechend benötigt sie auch keinen eindeutigen Vergangenheitsbezug mehr.

Gleichwohl greift auch die digitale Wissensgesellschaft notwendig auf diese flüchtigen und dynamischen (Web-)Inhalte zurück, um sich ihrer selbst zu vergewissern – man denke beispielsweise an die Facebook-Chronik (Timeline). Das Internet ist – gerade weil es zentrales Medium der Kommunikation und Information ist – eben auch zentrales Medium der Erinnerung.

## Digitale Erinnerungskultur

Das wirft die Frage auf, was mit einer Gesellschaft geschieht, die ein Medium zur Erinnerung nutzt, dessen Inhalte sich einer systematischen Archivierung aus den beschriebenen Gründen weitgehend entziehen; deren Inhalte zwar ggf. langfristig verfügbar, aber nicht wirklich zugänglich sind. Es steht zu vermuten, dass diese Gesellschaft eine Erinnerungskultur hervorbringt, die ebenso flüchtig und dynamisch ist wie ihr allgemeiner Umgang mit Information und Wissen und mithin ihre Wissenskultur. Innerhalb dieser Erinnerungskultur wird längerfristig nur das zugänglich gehalten, was an der unscharf gewordenen Grenze zwischen kommunikativem Gedächtnis und kulturellem Funktionsgedächtnis kontinuierlich prozessiert wird. Dies ist ein hoch demokratischer, aber auch hoch fragiler Vorgang. Demokratisch, weil die beteiligten Akteure mit ihrer Aktivität direkt über den Erhalt von Inhalten entscheiden. Erstmals in der Geschichte des kulturellen Gedächtnisses, so könnte man sagen, ist die Teilhabe an diesem nicht mehr differenziert (vgl. Assmann 2005, 53), sondern steht potenziell allen Mitgliedern der Gesellschaft offen. Fragil, weil diese Entscheidung nicht vom Gedanken des Bewahrens aus getroffen wird, sondern vor allem subjektiv-situativen Kriterien folgt. Nicht kontinuierlich prozessierte Inhalte werden in der digitalen Erinnerungskultur zwar zunächst gespeichert, müssen dann aber – sofern sie nicht gänzlich in Vergessenheit geraten, unwiederbringlich gelöscht oder aber schlichtweg nicht mehr gefunden werden – im Prozess ihrer Reaktivierung jeweils neu interpretiert werden. Da diese sich jedoch meist bereits bei der Speicherung jeder eindeutigen Verortung entzogen haben, kann diese Re-Interpretation wiederum nur aus einer subjektiv-situativen Perspektive erfolgen. Beide Momente – Subjektivität und Situativität der digitalen Erinnerung – haben zur Folge, dass kein stabiler gemeinsamer Kanon erinnerter Inhalte mehr existiert.

Es wäre allerdings falsch, dies im Sinne einer voreiligen Kulturkritik ausschließlich negativ zu bewerten. Erstens gehört ein gewisser Grad der Re-Interpretation und diskursiven Aushandlung seit jeher zum Erinnern dazu. Schon Halbwachs benutzte daher den Begriff der Rekonstruktion, um zu beschreiben, was Erinnerung mit Hilfe historisch veränderlicher sozialer Bezugsrahmen bedeutet (vgl. Halbwachs 1985 [1925], 381). Allerdings war der Spielraum der Interpretation etwa in der uns vertrauten typographischen Wissens- und Erinnerungskultur formal stark begrenzt, d.h. es existieren eindeutige Regeln für die Bewertung und Einordnung von (kulturell relevanten) Inhalten, die zudem von ausgewählten Instanzen und Akteuren gesteuert, verantwortet und überwacht werden. Zweitens entstehen gerade durch diese neuen, weiteren Spielräume der Re-Interpretation beim Übergang vom Speicher- zum Funktionsgedächtnis wertvolle und dauerhafte Potenziale des kulturellen Wachstums und der kreativen Veränderung. In dieser flexiblen Erinnerungskultur der digitalen Wissensgesellschaft werden Innovationen weder durch Konventionen noch durch Traditionen eingeschränkt, was ihnen eine nie dagewesene Freiheit und Dynamik verleihen kann. Drittens ist festzustellen, dass insbesondere das Social Web zugleich auch neue, diskursiv vernetzte Praktiken der Erinnerung etabliert sowie Möglichkeiten der Beobachtung und des Nachvollzugs dieser Prozesse schafft (vgl. dazu Pentzold 2009, 263–267).

# Fazit

Dieser Beitrag hat den Versuch unternommen, sich dem Thema Langzeitzugänglichkeit mittels zweier Konzepte zu nähern. Das Konzept des kollektiven respektive kulturellen Gedächtnisses verdeutlicht die identitätsstiftende Funktion der diachronen Erinnerung gesellschaftlich relevanter Informationen und die strukturgebende Rolle, die Speichermedien in diesem Prozess spielen. Dabei weist es auch darauf hin, dass Zugang mehr ist als reine Verfügbarkeit, da es gemeinsame Bezugsrahmen braucht, um gespeicherte Inhalte langfristig angemessen zu reaktivieren. Das Konzept der digitalen Wissensgesellschaft beschreibt das Zusammentreffen neuer gesellschaftlicher Anforderungen an den Umgang mit Informationen mit den medialen Dispositionen des Internets (und insbesondere der Social Media) als die Geburtsstunde einer neuen Wissenskultur des digitalen Zeitalters. Diese Wissenskultur rechnet fest mit der Vieldeutigkeit und permanenten Veränderlichkeit von Inhalten und praktiziert daher ein flexibles Verständnis von Wissen, das vor allem auf die situative Brauchbarkeit von Informationen setzt.

In der Kombination beider Konzepte erscheint die Erinnerungskultur der digitalen Wissensgesellschaft als eine, der eindeutige und stabile Bezugsrahmen mehr und mehr fehlen und die daher ebenso flexibel und dynamisch daherkommt wie die Wissenskultur selbst. Die langfristige Zugänglichkeit von Inhalten ist unter den Bedingungen der digitalen Wissensgesellschaft demnach nur dann gesichert, wenn diese eine kontinuierliche (kommunikative) Reproduktion innerhalb der schriftmündlichen Sphäre des Internets erfahren – wobei die Entscheidung darüber, was kontinuierlich reproduziert wird, im Wesentlichen demokratisch und situativ getroffen wird, d.h. unmittelbar durch die Aktivität der jeweils beteiligten Akteure. Inhalte jenseits der kontinuierlichen Reproduktion erfahren im digitalen Medium zwar eine massenhafte Speicherung, werden im Akt ihrer Reaktivierung jedoch zu einer Projektionsfläche der freien Re-Interpretation.

Der klassischen Idee der Bestandsbibliothek mag aus dieser Perspektive tatsächlich etwas Unheimliches anhaften. Die eingangs dargestellte Kurzgeschichte könnte demnach geradezu im Sinne einer Freudschen Traummetapher gelesen werden: Die Bibliothek erscheint hier als Gewährleisterin, Hüterin und Garant einer Wissens- und Erinnerungskultur, die auf Genauigkeit, Eindeutigkeit und Verlässlichkeit der in ihr prozessierten gesellschaftlich respektive kulturell relevanten Informationen setzt, die daher strengstens darüber wacht, wer diesem Repertoire auf welchem Wege und in welcher Form was hinzufügt bzw. wer wie und in welcher Form auf denselben Bestand zugreift, und die diese Prozesse formal auch weitgehend reglementiert. Die flexiblen und dynamischen Netzinhalte haben in dieser Kultur keinen Platz, denn sie folgen anderen Prinzipien und Konventionen. Wollte man sie in das enge Korsett der typographischen Wissens- und Erinnerungskultur zwängen, käme dies einer Negation ihrer Kerneigenschaften gleich. Auch die Erinnerung fordert unter den leitmedialen Bedingungen des Internets ein gewandeltes Verständnis.

# Literatur

Assmann, A. (1999): Erinnerungsräume. Formen und Wandlungen des kulturellen Gedächtnisses. München: Beck.
Assmann, A.; Assmann, J. (1994): „Das Gestern im Heute. Medien und soziales Gedächtnis". In: K. Merten et al. (Hrsg.): Die Wirklichkeit der Medien. Eine Einführung in die Kommunikationswissenschaft. Opladen: Westdeutscher Verlag, 114–140.
Assmann, J. (2005): Das kulturelle Gedächtnis. Schrift, Erinnerung und politische Identität in frühen Hochkulturen. 5. Aufl. München: Beck.
Assmann, J. (1988): „Kollektives Gedächtnis und kulturelle Identität". In: J. Assmann; T. Hölscher (Hrsg.): Kultur und Gedächtnis. Frankfurt/Main: Suhrkamp, 9–19.

Bell, D. (1999 [1973]): The Coming of Post-Industrial Society: A Venture in Social Forecasting. 14. Aufl. New York, NY: Basic Books.
Bittlingmayer, U.H. (2005): ‚Wissensgesellschaft' als Wille und Vorstellung. Konstanz: UVK.
Castells, M. (2005 [2001]): Die Internet-Galaxie. Internet, Wirtschaft und Gesellschaft. Wiesbaden: VS Verlag.
Coy, W. (1994): „Die Turing Galaxis. Computer als Medien". In: Ders.: Computer als Medien. Drei Aufsätze. Forschungsbericht des Studiengangs Informatik der Universität Bremen 3/1994, 7–13. (Aufsatz auch erschienen in Zeitschrift für Semiotik 1/1994).
David, S. (2010): „Zur Genese offener Werke: Rotkäppchen 2.0". In: H. Scheurer; R. Spiller (Hrsg.): Kultur 2.0. Neue Web-Strategien für das Kulturmanagement im Zeitalter von Social Media. Bielefeld: transcript, 28–44.
Ebersbach, A. et al. (2011): Social Web. 2. Aufl. Konstanz: UVK.
Engell, L. (2004): „Zur Einführung" (Kapitel „Wege, Kanäle, Übertragungen"). In: C. Pias et al. (Hrsg.): Kursbuch Medienkultur. Die maßgeblichen Theorien von Brecht bis Baudrillard. 5. Aufl. Stuttgart: DVA, 127–133.
Fraas, C. (2004) „Vom kollektiven Wissen zum vernetzten Vergessen? Neue Medien zwischen kultureller Reproduktion und kultureller Dynamik". In: F. Wagner, U. Kleinberger-Günther (Hgg.): Neue Medien – Neue Kompetenzen. Frankfurt u. a. Peter Lang, 6–32. Preprint http://www.medkom.tu-chemnitz.de/mk/fraas/KollWissen_Vergessen_2004.pdf.
Gibbons, M. et al. (1994): The New Production of Knowledge. The Dynamics of Science and Research in Contemporary Societies. London: Sage.
Giesecke, M. (1994): Der Buchdruck in der frühen Neuzeit. Eine historische Fallstudie über die Durchsetzung neuer Informations- und Kommunikationstechnologien. Frankfurt/Main: Suhrkamp.
Halbwachs, M. (1985 [1925]): Das Gedächtnis und seine sozialen Bedingungen. Frankfurt/Main: Suhrkamp.
Hasebrink, U. et al. (2013): Leitmedium Internet? Mögliche Auswirkungen des Aufstiegs des Internets zum Leitmedium für das deutsche Mediensystem. Arbeitspapiere des Hans-Bredow-Instituts Nr. 27. http://www.hans-bredow-institut.de/webfm_send/734.
Innis, H.A. (1999 [1951]): The Bias of Communication. Toronto: University of Toronto Press.
Innis, H.A. (2007 [1950]): Empire and Communications. Toronto: Dundrun Press.
Leeker, M.; Schmidt, K. (2008): „Einleitung. McLuhan neu lesen. Zur Aktualität des kanadischen Medientheoretikers". In: D. de Kerckhove et al. (Hrsg.): McLuhan neu lesen. Kritische Analysen zu Medien und Kultur im 21. Jahrhundert. Bielefeld: transcript, 19–48. http://www.transcript-verlag.de/ts762/ts762_1.pdf.
McLuhan, M. (1992 [1964]): Die magischen Kanäle: „Understanding Media". Düsseldorf: Econ.
Menne-Haritz, A. (1999): Schlüsselbegriffe der Archivterminologie: Lehrmaterialien für das Fach Archivwissenschaft. 2., überarb. Aufl. Marburg: Archivschule.
Müller, D. et al. (Hrsg.) (2009): Leitmedien. Konzepte – Relevanz – Geschichte. 2 Bde. Bielefeld: transcript.
Murakami, H. (2013 [2005]): Die unheimliche Bibliothek. Köln: DuMont.
O'Reilly, T. (2005): „What is the Web 2.0? Design Patterns and Business Models for the Next Generation of Software". http://www.oreilly.com/pub/a/oreilly/tim/news/2005/09/30/what-is-the-web-20.html.
Osten, M. (2004): Das geraubte Gedächtnis. Digitale Systeme und die Zerstörung der Erinnerungskultur. Eine kleine Geschichte des Vergessens. Frankfurt/Main: Insel.

Pentzold, C. (2009): „Fixing the Floating Gap. The Online Encyclopaedia Wikipedia as a Global Memory Place. Memory Studies 2:2, 255–272. http://www.medkom.tu-chemnitz.de/mk/downloads/Memory-Studies-Pentzold.pdf.

Pscheida, D. (2010): Das Wikipedia-Universum. Wie das Internet unsere Wissenskultur verändert. Bielefeld: transcript.

Pscheida, D. (2009): „Das Internet als Leitmedium der Wissensgesellschaft und dessen Auswirkungen auf die gesellschaftliche Wissenskultur". In: D. Müller et al. (Hrsg.): Leitmedien. Konzepte – Relevanz – Geschichte. Band 1. Bielefeld: transcript, 247–266.

Rauber, A.; Liegmann, H. (2009): „Web-Archivierung zur Langzeiterhaltung von Internet-Dokumenten". In: H. Neuroth et al. (Hrsg.): nestor Handbuch. Eine kleine Enzyklopädie der digitalen Langzeitarchivierung. Version 2.0. Boizenburg: Hülsbusch. http://nestor.sub.uni-goettingen.de/handbuch/artikel/nestor_handbuch_artikel_293.pdf.

Schmidt, J. (2012): „Social Media – Verbreitung, Praktiken und Folgen". In: N. Zillien; A. Schüller-Zwierlein (Hrsg.): Informationsgerechtigkeit: Theorie und Praxis der gesellschaftlichen Informationsversorgung. Berlin: de Gruyter, 134–150.

Schmidt, J. (2011): Das neue Netz. Merkmale, Praktiken und Folgen des Web 2.0. 2., überarb. Aufl. Konstanz: UVK.

Siemens, G. (2005): „Connectivism: A Learning Theory for the Digital Age". International Journal of Instructional Technology and Distance Learning 2:1. http://www.itdl.org/Journal/Jan_05/article01.htm.

Spahr, A. (2007): „Magische Kanäle. Marshall McLuhan". In: D. Kloock; A. Spahr: Medientheorien. Eine Einführung. 3. Aufl. Paderborn: Fink, 39–76.

Stehr, N. (1994): Arbeit, Eigentum und Wissen: zur Theorie von Wissensgesellschaften. Frankfurt/Main: Suhrkamp.

Weinberger, D. (2007): Everything is Miscellaneous. The Power of the New Digital Disorder. New York, NY: Times Books.

Weingart, P. (2005): Die Stunde der Wahrheit? Zum Verhältnis der Wissenschaft zu Politik, Wirtschaft und Medien in der Wissensgesellschaft. Studienausgabe. Weilerswist: Velbrück.

Jan-Hinrik Schmidt
# Leitmedium Internet – Persistenz und Flüchtigkeit

## Einleitung

Dieser Beitrag diskutiert die diachrone Zugänglichkeit von Informationen im Internet, und hier insbesondere in den sozialen Medien, mit Hilfe eines dreiteiligen Argumentationsgangs. Zunächst wird, in einem ersten Abschnitt, diskutiert, inwiefern das Internet als Leitmedium der Netzwerkgesellschaft gelten kann. Auch wenn konstatiert wird, dass es „das Internet" nicht gibt, weil es als Hybridmedium eine Vielzahl von kommunikativen Gattungen und Modi vereint, verdeutlicht es doch, so die These, in paradigmatischer Weise die zentrale Stellung des „Netzwerks" als technische, textuelle und soziale Form unserer Zeit. Darauf aufbauend werden zweitens die sozialen Medien und ihre „kommunikative Architektur" beschrieben. Sie stellen neuartige Kommunikationsräume bereit, die Merkmale der persönlichen und der öffentlichen Kommunikation miteinander verbinden und zu eigenen Formen der Erstellung, Verknüpfung und Verbreitung von Medieninhalten führen. Daraus wird drittens abgeleitet, dass die Folgen der sozialen Medien durchaus widersprüchlich sein können, was zur Diagnose des „Persistenzparadox" führt. Diese beiden grundlegenden Gedanken – der Kommunikationsarchitektur sowie des Persistenzparadox – dienen schließlich als Folie, um an Beispielen wie Facebook oder der Wikipedia näher zu beschreiben, wie die diachrone Zugänglichkeit von Informationen in diesen sozialen Medien zu beurteilen ist. Ein kurzes Fazit beschließt den Text.

## Leitmedium Internet

Auch wenn im öffentlichen Diskurs immer wieder von „Leitmedien" die Rede ist, handelt es sich dabei doch um einen bislang wissenschaftlich nicht eindeutig definierten und etablierten Begriff.[1] Die geisteswissenschaftlich geprägte Medienwissenschaft verwendet ihn beispielsweise im Zusammenhang von längerfristigen historischen Entwicklungen, in denen jeweils unterschiedliche Mediengat-

---

[1] Vgl. im Folgenden auch ausführlich die Expertise „Leitmedium Internet?", die das Hans-Bredow-Institut für den Deutschen Bundestag anfertigte (Hasebrink et al. 2013).

tungen eine prägende Rolle für die gesellschaftliche Kommunikation spielten (wie die Flugschrift in der frühen Neuzeit oder das Fernsehen im späten 20. Jahrhundert). In der sozialwissenschaftlich ausgerichteten Kommunikationswissenschaft hingegen wird die Bedeutung betont, die einzelne Medienangebote oder Medienmarken für öffentliche Diskurse haben. In dieser Hinsicht wären z.B. die *FAZ* oder *Der Spiegel* als Leitmedien in der deutschen politischen Öffentlichkeit zu verstehen, weil sie einen besonderen Qualitätsanspruch haben, eine ausgeprägte politische Linie verfolgen und von anderen Redaktionen aufmerksam beobachtet werden.

Die Frage, ob „das Internet" zum Leitmedium werden kann oder bereits eines darstellt, ist aus diesen Perspektiven jedoch schwierig zu beantworten. Denn ist das Internet überhaupt ein Medium, das mit anderen Medien wie etwa Flugschriften, Zeitungen, Hörfunk oder Fernsehen vergleichbar ist? Technisch gesehen umfasst das Internet jegliche Form des Datenaustauschs zwischen digitalen Rechnern, die mit Hilfe spezifischer technischer Protokolle und Standards koordiniert bzw. organisiert werden. Auf einer grundlegenden Ebene umfasst das Internet also ein Netzwerk von unzähligen miteinander verbundenen Servern und Endgeräten (vom Arbeitsplatzrechner über das heimische Notebook bis hin zum Smartphone), zwischen denen Daten fließen können.

Welche Arten von Daten dies sind und für welche kommunikativen Zwecke sie wem zugänglich gemacht werden, ist auf dieser grundlegenden Ebene nicht festgelegt. Vielmehr bauen auf der technischen Infrastruktur zahlreiche Kommunikationsdienste (wie z.B. E-Mail oder World Wide Web) auf. Darüber hinaus stellt gerade das World Wide Web viele unterschiedliche Angebote oder Anwendungen zur Verfügung – von weltweit millionenfach genutzten Angeboten wie Facebook, Wikipedia, Amazon, YouTube oder ebay über journalistische Angebote wie tagesschau.de und Webauftritte von Unternehmen, politischen Parteien oder Kirchen bis hin zu thematisch spezialisierten Diskussionsforen und Communities wie angeln-verbindet.de oder tolkiens-welt.de. Diese Vielfalt führt dazu, dass aus kommunikationssoziologischer Sicht das Internet ein „Hybridmedium" (s. Höflich 2003) darstellt, das unterschiedliche kommunikative Gattungen und Kommunikationsmodi auf einer technischen Grundlage zusammenführt.

Weil das Internet auf der Digitalisierung von Informationen beruht, eröffnet es auch große Spielräume für die diachrone Zugänglichkeit. Erstens sind digitale Informationen speicherbar, kopierbar und durchsuchbar, d.h. sie können auf Datenträgern gesichert und für zukünftigen Zugriff bereit gehalten werden, sie können ohne Qualitätsverlust vervielfältigt und damit auch verbreitet werden, und sie können mit anderen Informationen verknüpft, nach wählbaren Kriterien sortiert oder auch neu kombiniert werden.

Zweitens löst die Digitalisierung Kommunikationsinhalte vom spezifischen Trägermedium mit zugehörigen Endgeräten oder Nutzungsweisen. Zeitungsmeldungen können nicht mehr nur in der gedruckten Zeitung ausgeliefert und gelesen werden, sondern auch über das Internet abgerufen und am Bildschirm oder als Ausdruck gelesen werden. Entsprechendes gilt für die bisher über physische Datenträger verbreiteten Aufzeichnungen von Musikstücken oder Filmen oder den Abruf und die Speicherung von Fernsehsendungen.

Drittens, und mit den beiden erstgenannten Aspekten verbunden: Das Internet bietet die Grundlage sowohl für Push- als auch für Pull-Dienste. Push-Dienste (z.B. Radio oder Fernsehen) machen Inhalte nahezu zeitgleich einem großen Publikum bekannt, während Pull-Dienste ihren Nutzern erlauben, Inhalte nach den individuellen Interessen und Zeitrhythmen in einer bewussten Entscheidungsabfolge auszuwählen und abzurufen (z.B. bei Nachschlagewerken oder Schallplatten). Das Internet lässt diese Grenzen verschwimmen, weil es beide Varianten miteinander kombiniert: Informationen, die nach Maßgabe von Aktualität auf den Webseiten von Online-Zeitungen oder in der App eines Nachrichtensenders an ein großes Publikum verbreitet werden, können später bei besonderem Interesse im Archiv der Webseite oder der Mediathek der Rundfunkanstalt abgerufen und genutzt werden. Die erstmalige Verbreitung einer Information verliert ihren besonderen Aufforderungscharakter des ‚jetzt oder nie', auch weil das Internet inzwischen zahlreiche Meta-Medien kennt, die Inhalte anderer Medien erschließen: online verfügbare Bibliothekskataloge, Navigatoren für Fernsehprogramme oder Suchmaschinen, die die Inhalte des World Wide Web erfassen.

Nun ist das Internet als Hybridmedium aber nicht nur für diejenigen Bereiche der öffentlichen Kommunikation von Bedeutung, die wir bislang mit Medien wie der Zeitung, dem Buch oder dem Fernsehen verbanden. Vielmehr unterstützt es auch vielfältige Varianten der interpersonalen und gruppenbezogenen Kommunikation. Es lässt sich daher auch aus soziologischer Perspektive als Leitmedium unserer Zeit begreifen: Es ‚verkörpert' in prototypischer Weise das Netzwerk und damit die prägende Sozialform der zeitgenössischen Gesellschaft.

Schon bei Georg Simmel (1908, 1999), einem Klassiker der Soziologie, ist die Diagnose der „Netzwerkgesellschaft" angelegt. Sie drückt sich bei ihm in der Beobachtung aus, die jeweils unverwechselbare Identität des modernen Individuums entstehe aus der für jeden Menschen einzigartigen Positionierung im „Schnittpunkt sozialer Kreise" (heute würde man sagen: das für jeden Menschen einzigartige Set von Zugehörigkeiten zu Rollenbeziehungen, Selbst- und Fremdzuschreibungen, Zugehörigkeiten zu spezifischen sozialen Lagen oder Stilgemeinschaften, sozial geprägten Interessen, Werten und Normen, etc.). Im letzten Viertel des 20. Jahrhunderts etablierte sich die „Netzwerkanalyse" in den Sozialwissenschaften, die einerseits eine ganz eigene Perspektive auf die soziale

Realität (eben als Geflecht von Akteuren und ihren Verbindungen), andererseits ein Set von Methoden und Indikatoren zur Beschreibung dieser Netzwerke mit sich brachte (vgl. Jansen 2003).

Auch gegenwärtige Zeitdiagnosen argumentieren, dass das „Netzwerk" um die Jahrtausendwende zur dominierenden Sozialform geworden ist (s. Castells 2001). Weil sich Politik, Wirtschaft und Zivilgesellschaft mehr und mehr von den Grenzen der Nationalstaaten lösen, werden transnationale „Flows" und „Konnektivitäten" (vgl. Hepp 2006) immer wichtiger. Für den Einzelnen drückt sich diese Entwicklung darin aus, dass man sein Leben am Leitbild der „vernetzten Individualität" bzw. des „networked individualism" (vgl. Rainie/Wellman 2012) ausrichtet, also die Herausbildung und potenziell lebenslange Arbeit an der eigenen Identität mit Praktiken des „Networking" verbindet, um in familiäre, freundschaftliche und berufliche Netzwerke gleichermaßen eingebunden zu sein (vgl. Wittel 2006).

Das Internet lässt sich als Ausdruck und Treiber dieser Entwicklung gleichermaßen auffassen. Es eröffnet uns zu Beginn des 21. Jahrhunderts zahlreiche Möglichkeiten der Kommunikation und der Information – und ist zugleich für viele Menschen zu einer kaum noch wegzudenkenden Notwendigkeit geworden, um den privaten wie beruflichen Alltag zu bewältigen. Es operiert auf ganz unterschiedlichen Ebenen mit „Netzwerken" bzw. „Vernetzungen" als Leitprinzip der Zugänglichkeit zu Kommunikation:
- auf technischer Ebene, weil es darauf beruht, dass Rechner auf der Grundlage spezifischer Standards miteinander verbunden sind und Daten austauschen;
- auf textueller Ebene, weil sich in Datenbanken und den Hyperlinks des World Wide Web Daten und Dokumente aller Art miteinander verknüpfen und einen „Hypertext", ein nicht-lineares und buchstäblich unüberschaubares Geflecht von Informationen entstehen lassen;
- auf sozialer Ebene, weil das Internet als Kommunikationsmedium letztlich Menschen miteinander verbindet, die Beziehungen pflegen und neu eingehen (oder wieder beenden) können.

Diese Entwicklungen lassen sich auch anhand von empirischen Daten nachzeichnen. Das Internet hat sich in Deutschland innerhalb nur weniger Jahre von einer Nischentechnologie, die vor allem an Universitäten (und dort vorrangig in informationstechnischen Bereichen) verbreitet war, zu einer massenhaft genutzten Medientechnologie verbreitet (vgl. Tab. 1). Nutzten Mitte der 1990er Jahre noch deutlich weniger als zehn Prozent der Deutschen das Internet, waren es 2003 bereits mehr als die Hälfte und weitere zehn Jahre später mehr als drei Viertel. Männer sind nach wie vor unter den Internetnutzern überrepräsentiert, was inzwischen aber vor allem an der Altersstruktur liegt: In den internetfernen hohen Altersgruppen von 70 Jahren aufwärts bilden aufgrund der höheren Lebenserwartung Frauen die Mehrheit.

**Tab. 1:** Entwicklung der Internetnutzerschaft in Deutschland (in %).

|        | 1997 | 2000 | 2003 | 2006 | 2009 | 2013 |
|--------|------|------|------|------|------|------|
| Gesamt | 6,5  | 28,6 | 53,5 | 59,6 | 67,1 | 77,2 |
| Männer | 10,0 | 36,6 | 62,6 | 67,3 | 74,5 | 83,5 |
| Frauen | 3,3  | 21,3 | 45,2 | 52,4 | 60,1 | 71,1 |

Anteil der Personen, die zumindest gelegentlich das Internet nutzen, an den Deutschen ab 14 Jahren in Deutschland (bis 2009) bzw. an der deutschsprachigen Bevölkerung ab 14 Jahren (ab 2010). Quelle: van Eimeren/Frees 2013, 360.

Diejenigen Menschen, die das Internet nutzen, tun dies im Durchschnitt an 5,8 Tagen in der Woche und für fast drei Stunden (169 Minuten) pro Tag (s. van Eimeren/Frees 2013, 363). Damit sind beinahe die durchschnittlichen Nutzungsdauern von Radio (187 Minuten) und Fernsehen (190 Minuten) erreicht; bei den jüngeren Altersgruppen liegt das Internet mittlerweile in Bezug auf die Dauer der Nutzung vorne.[2] Diese Verschiebung in der Mediennutzung lässt sich auf die oben erläuterte Eigenschaft des Internet zurückführen, als Hybridmedium zahlreiche bisher auf getrennte Medientechnologien verteilte Funktionen zu erfüllen. Dies zeigt sich auch in der Liste der häufigsten Online-Aktivitäten (vgl. Tabelle 2): Audiovisuelle Inhalte werden in unterschiedlichen Formen (Videoportale; Audiodateien; zeitversetzte Nutzung von TV-Inhalten; Live-Radio) von zehn bis 30 Prozent der Internetnutzer zumindest einmal pro Woche abgerufen. Zugleich machen diese empirischen Befunde aber auch deutlich, dass der zielgerichtete Informationsabruf (über Suchmaschinen bzw. anderweitige direkte Suche) und die Kommunikation (über E-Mail, in Online-Communities oder beim Chatten) zu den meist verbreiteten Aktivitäten gehören.

Unter den Plattformen der Internetkommunikation haben in den letzten Jahren vor allem die Angebote des „Web 2.0" an Bedeutung gewonnen (vgl. Tab. 3). Die Online-Enzyklopädie Wikipedia wird beispielsweise von fast drei Vierteln aller Internetnutzer zumindest gelegentlich aufgerufen, 60 Prozent der Onliner

---

[2] Vgl. die Zusammenstellung von Daten aus der MediaAnalyse 2012 unter http://www.ard.de/home/intern/Zeitbudget_fuer_audiovisuelle_Medien/408778/index.html. Aufgrund einiger Erhebungsunterschiede im Detail sind die Nutzungsdauern für Internet einerseits und Radio bzw. Fernsehen andererseits zwar nicht vollständig vergleichbar, doch in der Tendenz zutreffend.

**Tab. 2:** Verbreitung ausgewählter Online-Aktivitäten (in %).

| Tätigkeit | Anteil |
|---|---|
| Suchmaschinen nutzen | 83 |
| senden/empfangen von E-Mails | 79 |
| zielgerichtet bestimmte Angebote/Informationen suchen | 72 |
| einfach so im Internet surfen | 44 |
| Online-Communities nutzen | 39 |
| sog. „Apps" auf Mobilgeräten nutzen, um ins Internet zu gehen | 35 |
| Homebanking | 34 |
| Videoportale nutzen | 32 |
| Chatten | 26 |
| Herunterladen von Dateien | 23 |
| Kartenfunktionen nutzen | 20 |
| Online-Spiele | 16 |
| Audiodateien im Internet herunterladen/anhören | 14 |
| Video/TV zeitversetzt sehen | 13 |
| Live im Internet Radio hören | 13 |

Angegeben ist der Anteil derjenigen deutschsprachigen Online-Nutzer ab 14 Jahren, die die betreffende Tätigkeit zumindest einmal pro Woche ausüben. Quelle: van Eimeren/Frees 2013, 363.

nutzen zumindest gelegentlich Videoportale wie YouTube. Auch private Netzwerkplattformen, d.h. derzeit insbesondere Facebook, erreichen inzwischen fast die Hälfte aller Internetnutzer in Deutschland. Weblogs und der Microblogging-Dienst Twitter sind demgegenüber eher Nischenanwendungen, doch auch sie konnten in den letzten Jahren ihre Reichweite unter den Internetnutzern steigern.

Als Oberbegriff für diese Angebote und Plattformen hat sich die Bezeichnung der „sozialen Medien" inzwischen weitgehend etabliert (vgl. grundlegend Schmidt 2013a). Bei allen Unterschieden ist ihnen erstens gemeinsam, dass sie es Menschen ermöglichen, Informationen aller Art mit Hilfe der digital vernetzten Medien anderen zugänglich zu machen. Dieser Umstand klingt in Labels wie dem „Mitmachweb" oder dem Schlagwort vom „user-generated content" an. Er hat aber auch zu kritisch-pessimistischen Diagnosen wie dem „Kult der Amateure" (Keen 2008) und der Furcht vor einer Abwertung des Expertenstatus geführt.

Ein zweiter gemeinsamer Nenner ist, dass die sozialen Medien dazu genutzt werden, bestehende soziale Beziehungen zu pflegen oder neue Beziehungen zu knüpfen. Sie passen augenscheinlich sehr gut in eine Zeit, in der „vernetzte Individualität" ein grundlegendes Muster der Vergesellschaftung ist. Zugleich werden zwischenmenschliche Beziehungen in den sozialen Medien „verdatet" und in Algorithmen eingespeist, die Informationen über die Vorlieben und Aktivitäten einer Person innerhalb ihres Beziehungsgeflechts zum Filtern, zum Empfehlen und zur Vorhersage zukünftiger Handlungen nutzen.

**Tab. 3**: Verbreitung ausgewählter sozialer Medien (in %).

|  | 2007 | 2010 | 2013 |
|---|---|---|---|
| Wikipedia | 47 | 73 | 74 |
| Videoportale (z.B. YouTube) | 34 | 58 | 60 |
| Private Netzwerkplattformen (z.B. Facebook) | 15 | 39 | 46 |
| Weblogs | 11 | 7 | 16 |
| Twitter |  | 3 | 7 |

Angegeben ist der Anteil derjenigen deutschsprachigen Online-Nutzer ab 14 Jahren, die betreffende Angebote zumindest gelegentlich aufrufen. Quelle: van Eimeren/Frees 2013, 364.

# Die kommunikative Architektur der sozialen Medien

Mit den bis hierher vorgenommenen Argumenten und Unterscheidungen lässt sich nun im Folgenden die Frage nach der Zugänglichkeit von Informationen in den digitalen Medien zielgerichteter beantworten. Dabei soll vor allem auf die sozialen Medien und ihre „kommunikative Architektur" fokussiert werden. Diesem Begriff liegt der Gedanke zugrunde, dass auf und mit Hilfe von Plattformen wie Facebook, YouTube, Twitter oder der Wikipedia eigene „Kommunikationsräume" entstehen, die durch jeweils spezifische Merkmale und Praktiken strukturiert sind.[3] Analytisch lassen sich drei Aspekte unterscheiden, die die kommunikative Architektur ausmachen (vgl. Schmidt 2011, 41–72): (a) Die programmiertechnischen Grundlagen, die bestimmte Nutzungsweisen und Funktionen erst ermöglichen und unterschiedlich gestaltete Benutzerschnittstellen zur Verfügung stellen; (b) die auf dieser Grundlage abgebildeten und neu entstehen-

---

[3] Die Metaphern vom „Kommunikationsraum" und seiner „Architektur" sollen nicht nahelegen, dass es sich dabei um separate Realitäten handelt, die im Sinne eines „Cyberspace" vom Leben außerhalb des Netzes getrennt seien. Zahlreiche Studien der vergangenen 20 Jahre haben gezeigt, dass das Internet und die sozialen Medien untrennbar mit dem „echten Leben" der Nutzer verwoben sind und eine strikte Trennung in „online" und „offline" nicht aufrecht erhalten werden kann (s. Schmidt 2011).

den Verknüpfungen und Beziehungen, sowohl zwischen Daten und Texten als auch zwischen Menschen; schließlich (c) die sozialen Regeln, also handlungsleitende Normen und Erwartungen, wie und für welche Zwecke eine bestimmte Plattform genutzt werden kann und sollte.

Technisch gesehen sind die sozialen Medien in der Regel webbasierte Dienste und Plattformen, die also nicht den Erwerb und die Installation eines eigenständigen Programms voraussetzen. Vielmehr können sie direkt in einem Browser wie Firefox oder Internet Explorer aufgerufen und genutzt werden.[4] Die zur Nutzung erforderlichen Funktionalitäten und Datenbanken sind also nicht auf dem eigenen Rechner gespeichert, wie es zum Beispiel bei einer Textverarbeitung wie Microsoft Word der Fall ist, sondern in der „Cloud", also den nicht mehr lokalisierbaren Datenwolken, die auf Rechenzentren und Netzwerke weltweit verteilt sind.

Viele soziale Medien strukturieren Kommunikation mit Hilfe von explizit gemachten sozialen Beziehungen: Nutzer können sich wechselseitig als „Kontakte", „Freunde" oder „Follower" bestätigen. Darin drückt sich einerseits soziale Nähe aus, andererseits dienen diese Verknüpfungen auch als Filter für Informationen, weil mir z.B. die Neuigkeiten meiner Kontakte besonders hervorgehoben dargestellt werden oder ich entscheiden kann, dass nur bestätigte Kontakte ein Fotoalbum einsehen können. Und bei allen sozialen Medien bilden sich spezifische Regeln für die Nutzung heraus, die von den betreiberseitig gesetzten Vorschriften der Allgemeinen Geschäftsbedingungen (AGB) bis hin zu unausgesprochenen Normen und Erwartungen reichen, die zum Beispiel die Selbstdarstellung und Beziehungspflege rahmen.

Die Unterscheidung von softwaretechnischen Grundlagen, sozialen und textuellen Beziehungen sowie von handlungsleitenden Regeln und Erwartungen kann also dabei helfen, den sozialen Gebrauch von Online-Medien besser zu erfassen, als dies nur mit Fokus auf technische Merkmale möglich wäre. Was Menschen mit Medien (oder generell: mit technologischen Artefakten) machen, und welche sozialen Konsequenzen die Medientechnologien wiederum haben, lässt sich eben nicht allein aus den technischen Merkmalen ableiten. Vielmehr entfaltet sich die „Wirkung" von Medien eben erst durch Aneignung im Alltag ihrer Nutzer, durch ihre Einbettung in bestehende soziale Beziehungen und Sinn-

---

[4] Zwar hat sich auf mobilen Geräten wie Smartphones oder Tablet PCs etabliert, dass Nutzer eigene „Apps" installieren, die die Benutzerschnittstelle von Facebook, YouTube etc. an die Besonderheiten des kleineren Displays und der üblicherweise mobilen Nutzungssituation anpassen. Dies ändert allerdings nichts an der grundsätzlichen Funktionsweise, dass auf eine webbasierte Plattform zugegriffen wird.

zusammenhänge. Mit anderen Worten: Medienwirkungen folgen nicht einfach nur einer technisch bestimmten „Medienlogik" – auch wenn diese ganz wesentliche Rahmenbedingungen bereitstellt –, sondern können auch widersprüchliche oder paradoxe Formen annehmen.

In der Auseinandersetzung mit sozialen Medien sind verschiedene solcher Paradoxien beschrieben worden. Breit diskutiert wird beispielsweise das „privacy paradox" (vgl. Trepte/Reinecke 2011); sein Kern besteht darin, dass Menschen zwar angeben, dass sie ihrer Privatsphäre hohen Wert beimessen, jedoch im Internet und gerade in den sozialen Medien oft bereitwillig und in großem Umfang persönliche Daten und Informationen über sich preisgeben. Auflösen lässt sich dieses Paradox durch die oben bereits angedeutete Einsicht, dass die „sozialen Regeln" von Facebook & Co. die Offenbarung und Darstellung von persönlichen, authentischen Informationen voraussetzen, um mit Freunden und Kontakten interagieren zu können. Die technischen Merkmale der Plattformen machen es allerdings unmöglich, die Reichweite dieser Informationen auf das eigene Kontaktnetzwerk zu beschränken. Ein zweites Paradox ist das „Partizipationsparadox" (Schmidt 2013b): Die sozialen Medien erleichtern es Menschen, ihre eigenen Meinungen und Erfahrungen anderen zugänglich zu machen, mithin an Öffentlichkeit zu partizipieren. Zugleich sperren sich die Betreiber der Plattformen gegen die Mitbestimmung oder gar Selbstbestimmung ihrer Nutzer. In dieser Hinsicht ist Facebook zugleich Ausdruck des partizipativen „Mitmachweb" und Ausdruck des kontrollierten und vom Nutzer nicht kontrollierbaren überwachten Netzes.

## Das Persistenzparadox

Im Zusammenhang mit der Frage nach der Zugänglichkeit von Informationen lässt sich an dieser Stelle ein drittes Paradox diagnostizieren, das man als „Persistenzparadox" bezeichnen könnte. Einerseits werden in den und mit Hilfe der sozialen Medien Informationen von bisher ungeahntem Ausmaß erhoben und dauerhaft gespeichert. Andererseits fokussieren sie in besonderer Weise auf das Aktuelle und den Moment, was sie zugleich zu ungemein flüchtigen Kommunikationsräumen macht.

## Zwischen Persistenz und Flüchtigkeit

Die erste Facette des Paradoxon, die der Persistenz von Daten und Kommunikation, ist eng verbunden mit aktuellen Debatten um Überwachung und „big data" (vgl. Mayer-Schönberger/Cukier 2013; Geiselberger/Moorstedt 2013). Nicht erst die von Edward Snowden enthüllten Überwachungspraktiken der US-amerikanischen „National Security Agency" haben gezeigt, dass bei der Nutzung digitaler Medien eine Vielzahl von Daten anfallen. Neben den von Nutzern wissentlich preisgegebenen Informationen, also z.B. Kommunikationsinhalten oder online gestellten Fotos, Videos und Audio-Dateien, erzeugt jede Nutzung auch weitere Datenspuren, die in den Log-Files und Datenbanken der Plattformbetreiber (oder eben auch der Geheimdienste) aufgezeichnet werden. Solche Metadaten sind beispielsweise der genaue Zeitpunkt einer Kommunikation oder eines Datentransfers, die beteiligten „Sender" und „Empfänger", unter Umständen auch durch Geo-Koordinaten exakt lokalisierbare Standortinformationen. Bei den sozialen Medien kommen Informationen über das Beziehungsgeflecht der Nutzer hinzu, die entweder von ihnen explizit gemacht werden (über bestätigte Kontaktanfragen o.ä.) oder aber aus dem Kommunikationsverhalten erschlossen werden können (z.B. über die gemeinsame Mitgliedschaft in einer thematischen Gruppe auf Facebook).

Aus den Informationen über die soziale Einbettung eines Menschen und seine vergangenen Nutzungsaktivitäten lassen sich wiederum Rückschlüsse auf Vorlieben, Eigenschaften oder zukünftiges Verhalten zumindest statistisch vorhersagen, und zwar umso besser, je mehr solcher Metadaten vorliegen. Darin liegen zugleich das Versprechen und die Bedrohung, die diese riesigen Datenmengen, die im Internet gespeichert und verknüpft werden, uns bieten. Weil Alltagsaktivitäten und Konversationen digitale Spuren hinterlassen, werden sie durchsuchbar, neu kombinierbar und analysierbar. Es eröffnen sich neue Geschäftsmodelle genauso wie Optionen für die Bewahrung von Alltagskultur, aber eben auch bislang ungeahnte Möglichkeiten der Überwachung und Kontrolle. Die Persistenz von Daten und Kommunikation berührt den Kern der informationellen Selbstbestimmung und damit unseres europäischen Verständnisses von Privatsphäre, weil wir nicht mehr kontrollieren können, wer wann welche Informationen über mich für welche Zwecke aufzeichnet, verarbeitet und weitergibt (vgl. Papier 2012).

Die zweite Facette des Paradoxon, die Flüchtigkeit und die Betonung des Moments, läuft den beschriebenen Entwicklungen in gewisser Weise entgegen. Auch sie artikuliert sich auf unterschiedlichen Ebenen der digitalen Medien. In technischer Hinsicht lässt sich bereits seit längerem konstatieren, dass die Probleme der Archivierung und Bewahrung von Informationen nach wie vor drängend sind, aber sich auf eine andere Ebene verschoben haben: Speichermedien haben nur begrenzte physikalische Lebensdauer, wobei erschwerend hinzukommt, dass aufgrund der rasanten Innovationsgeschwindigkeit bei Hardware und Software Daten von alten Speichermedien oft gar nicht mehr ausgelesen und bewahrt werden können. Plattformbetreiber und Software-Entwickler tragen ihren Teil dazu bei, weil sich gerade bei den sozialen Medien die softwaretechnische Gestalt ihrer Produkte in ständigem Wandel befindet. Die Bereitstellung von Software als webbasierte Dienstleistung (anstatt als zu installierendes Produkt auf einem Datenträger) hat es möglich gemacht, in viel kürzeren Abständen neue Funktionalitäten und Versionen einzuführen; man spricht in der Softwareentwicklung daher auch von der „perpetual beta", also der beständigen Beta-Version eines Werkzeugs wie der Google-Suchmaschine oder der Plattform Facebook, die andauernden Revisionen, Verbesserungen und Updates von Algorithmen, Datenbanken und Benutzerschnittstellen unterworfen ist. Auch in dieser Hinsicht trägt das Internet also Züge des Flüchtigen, des stetig Veränderlichen und Revidierbaren, die der Tendenz zur Persistenz entgegenstehen.

Das Muster wiederholt sich auf der Ebene der Inhalte, auch wenn das Ausmaß der Flüchtigkeit webbasierter Inhalte wohl nicht exakt zu bestimmen ist: Das „Internet Archive", eine gemeinnützige Organisation, die Webseiten archiviert und zugänglich macht, nennt in seinen „frequently asked questions" für eine einzelne Webseite eine durchschnittliche Lebensdauer von 77 Tagen.[5] Zwar bleibt unklar, wie diese Angabe ermittelt wurde, doch informationswissenschaftliche Studien bestätigen diese Tendenz (vgl. auch allgemein Ambrose 2013). Eine Langzeitstudie von Koehler (2004) zeigte beispielsweise, dass von einer 1996 erstellten Ausgangsstichprobe von Webseiten im Jahr 2003 nur noch etwa ein Drittel erreichbar war, und von diesen die Mehrheit bloße Navigationsseiten waren, die keine der ursprünglichen Inhalte mehr enthielten. Cho und Garcia-Molina (2000) zeigten an einer Stichprobe von 720.000 Webseiten, dass nach 50 Tagen die Hälfte verändert oder durch andere Seiten ersetzt worden war.

## Beispiel Facebook

Die betreffenden Studien stammen aus der Zeit des ‚Web 1.0', das im Vergleich zu den sozialen Medien des Jahres 2014 noch vergleichsweise statische Informationsangebote lieferte. Die populären Plattformen der heutigen Zeit verstärken

---

5 Vgl. https://archive.org/about/faqs.php#29.

die Tendenz zum Flüchtigen und Veränderlichen noch, weil ihre Architektur den schnellen, auf den Moment bezogenen Austausch fördert: Vor allem Facebook (aber auch Blogs oder Twitter) legt durch seine Gestaltung das Nutzungsversprechen an, dass die eigenen Eindrücke und Erlebnisse direkt und live mit dem eigenen sozialen Netzwerk geteilt werden (vgl. grundlegend zu Netzwerkplattformen wie Facebook Ellison/boyd 2013). Nicht umsonst ist das Eingabefeld bei Facebook betitelt mit „Was machst Du gerade?" (vgl. Abb. 1); die Nutzer können und sollen jederzeit Gedanken äußern, auf interessante Online-Quellen hinweisen oder eigene Fotos und Videos hochladen, damit andere Nutzer diese kommentieren, „liken" oder weiterleiten. So bildet jeder Nutzer seine eigene persönliche Öffentlichkeit (vgl. Schmidt 2011), in der man sich mit seinem erweiterten sozialen Netzwerk über Themen von persönlicher Relevanz austauscht und umgekehrt im eigenen „News Feed" über die kontinuierlich aktualisierten Beiträge, Neuigkeiten und Aktivitäten der eigenen Kontakte informiert wird (vgl. Abb. 2).

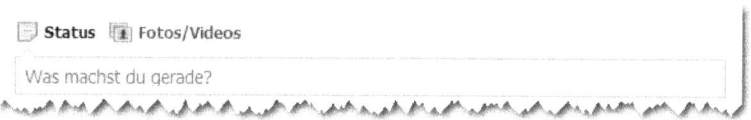

**Abb. 1:** Eingabefeld auf Facebook.

**Abb. 2:** Der „News Feed" bei Facebook.

Das Resultat dieser drastisch gesunkenen Hürden, um Informationen aller Art zu veröffentlichen und anderen zugänglich zu machen, ist eine unüberschaubare Informationsmenge: Im Jahr 2012 wurden der Schätzung eines Beratungsunternehmens zufolge pro Tag von den etwa eine Milliarde aktiven Facebook-Nutzern mehr als 300 Millionen Fotos hochgeladen und 3,2 Milliarden Likes und Kommentare abgegeben.[6] Die Fülle der so anfallenden Informationen wird auf Facebook über mehrere Mechanismen gefiltert: Erstens spielt die zeitliche Abfolge der Beiträge eine wesentliche Rolle, denn Beiträge werden umgekehrt chronologisch angezeigt, sodass die jeweils neueste Veröffentlichung die älteren Einträge nach unten verdrängt. Diese sind zwar prinzipiell noch abrufbar, werden in der Regel aber nach kurzer Zeit nicht mehr zur Kenntnis genommen, weil neuere Informationen nach Aufmerksamkeit verlangen. Zweitens werden Informationen über die soziale Verortung eines Nutzers herangezogen. Man erhält nicht wahllos irgendwelche Informationen angezeigt, sondern nur diejenigen Beiträge, die von den eigenen Kontakten stammen oder von ihnen kommentiert und weitergeleitet werden. Das eigene soziale Netzwerk fungiert somit als Filter; das Bestätigen einer Freundschaftsanfrage ist daher nicht nur ein sozialer Akt, der soziale Nähe oder Bekanntschaft ausdrückt, sondern zugleich auch ein Akt des Informationsmanagements. Man „abonniert" zugleich auch die zukünftigen Facebook-Beiträge der Person.[7]

Weil bei wachsender Anzahl von Kontakten erneut das Problem der nicht mehr bewältigbaren Informationsfülle auftritt, bringt Facebook zusätzlich drittens auch algorithmische Filter zum Einsatz. Aus allen Updates und Neuigkeiten, die im eigenen Kontaktnetzwerk anfallen, werden automatisch solche ausgewählt, die von vielen anderen Personen kommentiert oder „geliked" werden, oder die von Personen stammen, mit denen ein Nutzer in der Vergangenheit oft interagiert hat. Was aus Sicht der Software-Entwickler ein avancierter Mechanismus ist, um Nutzern möglichst populäre und „wertvolle" Informationen anzuzeigen, führt aus Sicht von Kritikern direkt in eine „Filterblase" (Pariser 2011): Menschen würden immer weniger mit Informationen konfrontiert, die ihren Horizont erweitern oder konträre Ansichten vertreten, sondern nur noch mit dem Vertrauten und den Meinungen aus ihrem eigenen sozialen Umfeld.

---

6 Vgl. http://www.supermonitoring.com/blog/2012/10/19/facebook-2012-facts-and-figures-info graphic.
7 Das Ineinandergreifen von Beziehungspflege und Informationsmanagement kann durchaus soziale Folgeprobleme aufwerfen, z.B. weil man aus Höflichkeit eine Kontaktanfrage erwidert, aber im Grunde die eigenen Facebook-Aktivitäten mit der Person nicht teilen möchte. Eine Reihe von technischen Optionen macht es möglich, die Sichtbarkeit von Informationen für einzelne Kontakte oder ganze Gruppen einzuschränken.

Ob sich diese weitreichende pessimistische Diagnose bewahrheiten wird, ist derzeit nicht abzusehen. Doch klar ist, dass einige wenige zentrale Parameter bestimmen, ob bestimmte Informationen für mich auf Facebook sichtbar sind oder nicht: zeitliche Nähe zur Veröffentlichung, soziale Nähe zum Urheber, und „algorithmische Nähe", die aus einer Vielzahl von Informationen über meine soziale Einbettung und mein vergangenes Kommunikationsverhalten auf Facebook ermittelt wird. Die gesamte Vielfalt an Informationen, die Facebook von seinen Nutzern erhält und über sie speichert, ist nur für das Unternehmen und seine „data scientists" zugänglich, nicht aber für seine Nutzer.

## Beispiel Wikipedia

Eine ganz andere kommunikative Architektur als Facebook kennzeichnet die kollaborativ erstellte „Wikipedia". Aber auch hier lassen sich spezifische Züge einer Spannung zwischen Persistenz und Flüchtigkeit erkennen, die typisch für die sozialen Medien sind. Bei der Gründung 2001 wurden zwei entscheidende Weichen dafür gestellt, dass sich das Projekt einiger Enthusiasten mittlerweile zur weltweit größten und frei zugänglichen Online-Enzyklopädie entwickelt hat (vgl. allgemein zur Wikipedia auch Pentzold 2007; Mayer 2013): Dies war erstens die Entscheidung, nicht nur die Nutzung kostenfrei zu erlauben, sondern auch die Artikel selbst unter eine sogenannte „freie Lizenz" zu stellen, sodass keiner der Wikipedia-Autoren Urheberrechte an seinen Beiträgen reklamieren kann. Zweitens wurde entschieden, auf feste redaktionelle Strukturen zu verzichten und stattdessen jedem Interessierten zu ermöglichen, Beiträge zu erweitern, zu verbessern oder neu anzulegen. Die technische Grundlage dafür bietet die Wiki-Software, die auch in vielen anderen Kontexten zum Einsatz kommt und die es erlaubt, auch ohne besondere technische Fertigkeiten Webseiten bearbeiten und miteinander verknüpfen zu können. Weil jeder Bearbeitungsschritt einer jeden Seite dokumentiert wird, lassen sich Änderungen am Text von Artikeln jederzeit nachvollziehen und bei Bedarf auch wieder rückgängig machen.

Diese Grundprinzipien haben dazu geführt, dass inzwischen (Stand Anfang 2014) über 280 Sprachversionen der Wikipedia existieren, von denen neun mehr als eine Million Artikel enthalten.[8] Die deutschsprachige Wikipedia hat etwa 1,7 Mio. Artikel, die englischsprachige Wikipedia sogar knapp 4,4 Mio. Beiträge. Zugleich haben sich eine Vielzahl von Verhaltensregeln und sozialen Struktu-

---

8 Die ständig aktualisierten Daten finden sich unter de.wikipedia.org/wiki/Wikipedia:Sprachen.

ren herausgebildet, die die Arbeit an diesem andauernden Enzyklopädie-Projekt absichern. So existieren eine Reihe von Grundsätzen (z.b. dass Artikel von einem neutralen Standpunkt aus zu verfassen sind) und zahlreiche vertiefende Hinweise und Prozeduren, die der Qualitätssicherung dienen. Auseinandersetzungen über problematische Formulierungen oder die Frage, ob bestimmte Informationen noch enzyklopädische Relevanz haben und in einen Artikel eingefügt werden sollen, werden auf separaten Diskussionsseiten geführt, die zu jedem Artikel existieren. Zugleich hat sich ein Kern von besonders aktiven Nutzern herausgebildet, die für den Löwenanteil der Änderungen und Verbesserungen verantwortlich sind und so die Erweiterung und Pflege der Wikipedia maßgeblich tragen (vgl. Stegbauer 2009). Sie haben zwar keine formelle Macht, besitzen aber meist aufgrund ihrer Reputation und ihres andauernden Engagements großen Einfluss auf die Gestaltung von Artikeln oder ganzen thematischen Bereichen.

Doch die Wikipedia unterscheidet sich noch in einem weiteren Punkt ganz wesentlich von gedruckten Enzyklopädien: Sie ist kein ‚Produkt' mit einem Redaktionsschluss und festem Erscheinungsdatum, zu dem eine fixierte Version vorliegt. Vielmehr ist die Wikipedia ein ‚Prozess', denn ihre Gestalt wandelt sich ständig, sie wird andauernd aktualisiert, korrigiert und um neue Informationen oder ganze Artikel ergänzt. Es ist zwar technisch möglich, eine Fassung der Wikipedia zu einem bestimmten Zeitpunkt zu speichern – aber sie wäre nur Minuten später schon wieder veraltet. In dieser grundlegenden Hinsicht ist also auch die Wikipedia überaus flüchtig.

Diese Flüchtigkeit wird aber durch die Gestaltung der Benutzeroberfläche verborgen bzw. in den Hintergrund gedrängt. Einem Artikel sieht man die vielen vergangenen Bearbeitungsschritte genauso wenig an wie die Möglichkeit, jederzeit neue Informationen zu ergänzen, denn das „Bearbeiten" und die „Versionsgeschichte" sind von der „Leseansicht" getrennt (vgl. Abb. 3).

**Abb. 3:** Artikelansicht der Wikipedia.

Gerade die durch die Wiki-Software eröffnete Option, frühere Bearbeitungsschritte einzusehen, bringt die Facette der Persistenz wieder ins Spiel. Jeder Bearbeitungsschritt ist dokumentiert und lässt sich mit der aktuellen Fassung eines Artikels vergleichen, um zu prüfen, wann welche Elemente hinzugefügt, geändert oder gelöscht wurden (vgl. Abb. 4).

**Abb. 4:** Ausschnitt aus der „Versionshistorie" eines Wikipedia-Eintrags.

Die Wikipedia ist also eine hochgradig dynamische Sammlung enzyklopädischer Informationen, die zugleich ihre eigene Entstehung lückenlos dokumentiert, sowohl zeitlich als auch im Hinblick auf die diskursiven Auseinandersetzungen über den Inhalt und die Ausrichtung ihrer Artikel. Sie verdeutlicht dadurch in besonderer Weise die Dynamisierung der Wissenskultur in der Netzwerkgesellschaft (vgl. Pscheida 2010, 413–448): Einerseits macht sie deutlich, dass sich Wissen beständig wandelt, auch und gerade durch Prozesse der Auseinandersetzung und der Konsensfindung. Andererseits steht sie für das Versprechen, dass dieses Wissen potenziell jedem zugänglich gemacht werden kann.

# Fazit

Das Internet ist das Leitmedium der Netzwerkgesellschaft, und zwar nicht etwa, weil es alle Menschen inzwischen nutzen (Fernsehen und Radio sind nach wie vor weiter verbreitet), sondern weil es das Netzwerk als Form und die Vernetzung als Praxis verkörpert. Die besondere Qualität des Internet entsteht aus der ineinander greifenden Verknüpfung von Rechnern, von digitalen Daten und Texten, sowie von Personen – und sie bestimmt auch die Besonderheiten der Zugänglichkeit von Informationen. Dieser Beitrag hat am Beispiel der sozialen Medien argumentiert, dass die kommunikative Architektur von Kommunikationsräumen – bestehend aus deren technischen Grundlagen, Verknüpfungen und handlungsleitenden Regeln – die jeweilige Nutzungspraxis maßgeblich bestimmt. Sie führt zum Beispiel bei Facebook dazu, dass Menschen dort Informationen aller Art miteinander teilen und eine dem Gedanken der Authentizität verpflichtete Sammlung von Aktivitäten, Erlebnissen und Meinungen entsteht. Nutzer navigieren mit Hilfe von explizit gemachten sozialen Beziehungen und unterstützt durch Algorithmen in den beständig aktualisierten Nachrichtenströmen, die den Moment betonen. Die Wikipedia hingegen ist nicht dem persönlich Relevanten, sondern dem enzyklopädischen Wissen verpflichtet. Sie verknüpft keine einzelnen Personen, sondern Themen und Wissensbestände miteinander. Die vielen Bearbeitungsschritte und Auseinandersetzungen, die den Prozess Wikipedia kennzeichnen, sind zugleich sichtbar dokumentiert und treten gegenüber dem einzelnen Artikel in den Hintergrund. Somit sind beide Kommunikationsräume, die hier stellvertretend für die sozialen Medien stehen, von einem Paradox gekennzeichnet: Sie sind persistent und flüchtig zugleich.

Beide Beispiele verdeutlichen auch, dass in den sozialen Medien neuartige Kommunikationsformen möglich werden, für die es zwar Vorläufer, aber keine direkten Entsprechungen in anderen Mediengattungen gibt. So wie sich ganz allgemein soziale Regeln im Umgang mit Facebook oder Wikipedia erst allmählich herausbilden, sind auch Fragen nach der Archivierung und langfristigen Zugänglichkeit von Informationen, die in den sozialen Medien anfallen, bislang nicht einhellig beantwortet. Letztlich wird an dieser Stelle auch ein ganz wesentlicher Unterschied zwischen Facebook und der Wikipedia deutlich, der sich auf zwei grundlegend verschiedene Mechanismen zurückführen lässt, soziale Medien zu organisieren und zu finanzieren: Beide Angebote beruhen im Kern auf dem Prinzip, dass viele Menschen teilhaben müssen, um die Plattformen aufrecht zu erhalten. Doch das Erstellen, Pflegen und Teilen von Informationen unterstützt im Fall von Facebook letztlich Profitinteressen eines Unternehmens, das den Wert von möglichst umfassenden und detailreichen Informationen über seine Nutzer früh erkannt hat und keine Anstalten macht, diese Daten über die Grenzen von Facebook hinaus fließen zu lassen. Wer sich entschließt, Facebook nicht mehr zu nutzen, kann seine Daten nicht sichern und exportieren, kann also auf seine Beiträge und Konversationen nicht mehr zugreifen. Bei der Wikipedia hingegen ist Partizipation Ausdruck eines humanistischen und aufklärerischen Anspruchs, das Wissen dieser Welt frei zugänglich zu machen. Zwar ist die Finanzierung der Online-Enzyklopädie deutlich fragiler und auf regelmäßige Spendenaufrufe angewiesen. Aber in Hinblick auf langfristige Zugänglichkeit von Informationen dürfte sich die Wikipedia letztlich als nachhaltiger erweisen.

# Literatur

Ambrose, M.L. (2013). „It's about Time. Privacy, Information Life Cycles, and the Right to be Forgotten". Stanford Technology Law Review 16:2, 369–422.
Castells, M. (2001): Der Aufstieg der Netzwerkgesellschaft. Opladen: Leske + Budrich.
Cho, J.; Garcia-Molina, H. (2000): „The Evolution of the Web and Implications for an Incremental Crawler". Proceedings of the 26th International Conference on Very Large Data Bases, 200–209.
Eimeren, B. van; Frees, B (2013): „Rasanter Anstieg des Internetkonsums – Onliner fast drei Stunden täglich im Netz. Ergebnisse der ARD/ZDF-Onlinestudie 2013". Media Perspektiven 7–8, 358–372.
Ellison, N. B.; boyd, d. (2013): „Sociality through Social Network Sites". In: W.H. Dutton (Hrsg.): The Oxford Handbook of Internet Studies. Oxford: Oxford University Press, 151–172.
Geiselberger, H.; Moorstedt, T. (Hrsg.) (2013): Big Data – Das neue Versprechen der Allwissenheit. Frankfurt/Main: edition unseld.
Hasebrink, U. et al. (2013): Leitmedium Internet? Mögliche Auswirkungen des Aufstiegs des Internets zum Leitmedium für das deutsche Mediensystem. Arbeitspapiere des Hans-Bredow-Instituts Nr. 27. Hamburg: Hans-Bredow-Institut. http://hans-bredow-institut.de/webfm_send/734.
Hepp, A. (2006): „Translokale Medienkulturen: Netzwerke der Medien und Globalisierung". In: Ders. et al. (Hrsg.): Konnektivität, Netzwerk und Fluss. Konzepte gegenwärtiger Medien-, Kommunikations- und Kulturtheorie. Wiesbaden: VS, 43–68.
Höflich, J.R. (2003): Mensch, Computer und Kommunikation. Theoretische Verortungen und empirische Befunde. Frankfurt/Main: Lang.
Jansen, D. (2003): Einführung in die Netzwerkanalyse. Grundlagen, Methoden, Forschungsbeispiele. 2. Aufl. Opladen: Leske + Budrich.
Keen, A. (2008): Die Stunde der Stümper. Wie wir im Internet unsere Kultur zerstören. München: Hanser.
Koehler, W. (2004): „A Longitudinal Study of Web Pages Continued. A Consideration of Document Persistence". Information Research 9:2. http://www.informationr.net/ir/9-2/paper174.html.
Mayer, F.L. (2013): Erfolgsfaktoren von Social Media: Wie „funktionieren" Wikis? Eine vergleichende Analyse kollaborativer Kommunikationssysteme im Internet, in Organisationen und in Gruppen. Münster: LIT.
Mayer-Schönberger, V.; Cukier, K. (2013): Big Data. Die Revolution, die unser Leben verändern wird. München: Redline-Verlag.
Papier, H.-J. (2012): „Verfassungsrechtliche Grundlegung des Datenschutzes.". In: J.-H. Schmidt; T. Weichert: Datenschutz. Bonn: Bundeszentrale für politische Bildung, 67–77.
Pariser, E. (2011): Filter Bubble. What the Internet Is Hiding from You. New York, NY: Penguin.

Pentzold, C. (2007): Wikipedia. Diskussionsraum und Informationsspeicher im neuen Netz. München: Reinhard Fischer.
Pscheida, D. (2010): Das Wikipedia-Universum. Wie das Internet unsere Wissenskultur verändert. Bielefeld: Transcript.
Rainie, H.; Wellman, B. (2012): Networked. The New Social Operating System. Cambridge, MA: MIT Press.
Schmidt, J.-H. (2013a): Social Media. Wiesbaden: VS.
Schmidt, J.-H. (2013b): „Soziale Medien und das Partizipationsparadox". In: Landeszentrale für Politische Bildung Baden-Württemberg (Hrsg.): Deutschland & Europa, 65, 46–53.
Schmidt, J. (2011): Das neue Netz. Merkmale, Praktiken und Folgen des Web 2.0. 2. Aufl. Konstanz: UVK.
Simmel, G. (1908/1999): Soziologie. Untersuchungen über Formen der Vergesellschaftung. Bd. 11 der Gesamtausgabe. 3. Aufl. Frankfurt/Main: Suhrkamp.
Stegbauer, C. (2009): Das Rätsel der Kooperation. Eine Untersuchung am Beispiel der Wikipedia. Wiesbaden: VS.
Trepte, S.; Reinecke, L. (Hrsg.) (2011): Privacy Online. Perspectives on Privacy and Self-Disclosure in the Social Web. Berlin: Springer.
Wittel, A. (2006): „Auf dem Weg zu einer Netzwerk-Sozialität.". In: A. Hepp et al. (Hrsg.): Konnektivität, Netzwerk und Fluss. Konzepte gegenwärtiger Medien-, Kommunikations- und Kulturtheorie. Wiesbaden: VS, 163–188.

Caroline Y. Robertson-von Trotha, Ralf H. Schneider
# Zum Begriff ‚Kulturerbe' und seiner Funktion für die diachrone Zugänglichmachung

Es soll gleich zu Anfang festgestellt werden, dass eine verbindliche Definition des Kompositums ‚Kulturerbe' hier nicht gegeben werden kann und soll. Zum einen liegt dies an dem sich stets wandelnden Verständnis davon, was Kultur ist, zum anderen an der sich verändernden Zuordnung, wie vererbt wird und was als Erbe von wem angenommen werden soll. Auch der dynamische Umgang von Gesellschaften mit Geschichte macht deutlich, dass das mit der Geschichte verbundene Konzept des Kulturerbes Entwicklungen unterworfen ist, die dazu imstande sind, das Verständnis davon, was Kulturerbe tatsächlich ist und wie wir damit umgehen, stets zu erneuern (s. Tauschek 2013, 19).

Diesem Umstand zum Trotz, hat der Begriff als solcher und damit das Konzept ‚Kulturerbe' eine nicht zu unterschätzende Bedeutung für die notwendigen Maßnahmen, Hinterlassenes ohne die Angabe von Fristen für nicht näher bestimmte Adressaten angemessen zugänglich zu machen. ‚Kulturerbe' ist „nie ein neutraler Begriff, hat immer eine moralische Implikation des Bewahrenmüssens und meistens eine emotionale Aufladung" (Swenson 2007, 72), und „als symbolischer Gegenstand mit einer spezifischen, eigenständigen Identität, die weit mehr als eine Handelsware von monetärem Wert ist" (Robertson-von Trotha 2010, 263–264), vermag er aber gerade durch seine Verflechtung mit anderen Begriffen und Konzepten entlang der vergangenen zwei Jahrhunderte ein wichtiger Indikator für das Verhältnis von Kulturen zu ihren Schöpfungen und ihren Diskursen zu sein.

Der Begriff des Kulturerbes muss offen und transparent bleiben. Denn wenn Personen oder Einrichtungen aus Wirtschaft, Politik oder Wissenschaft (durchaus in dieser Reihenfolge als Rangfolge mit sinkendem Einflussnahme-Potenzial zu sehen, währenddessen die einst einflussreiche Religion diesbezüglich inzwischen deutlich an Handlungsfähigkeit eingebüßt hat) das Recht überlassen wird, zu bestimmen, was in welcher Weise bewahrt werden soll, ohne sich an allen Diskursen zu beteiligen, nimmt man billigend in Kauf, sich und den folgenden Generationen diktieren zu lassen, wie wir unsere Kultur wahrnehmen.

Die Organisation der Vereinten Nationen für Bildung, Wissenschaft und Kultur (UNESCO) trug und trägt auch noch heute maßgeblich zur kulturpolitischen Diskussion eines ‚Kulturerbes' bei und prägte 27 Jahre nach ihrer Gründung und 18 Jahre nach der Haager Konvention (s. UNESCO 1954) zum Schutz kulturellen Eigentums insbesondere durch das 1972 verabschiedete ‚Übereinkommen zum Schutz des Kultur- und Naturerbes der Welt' dessen Bedeutungsentwicklung:

Im Sinne dieses Übereinkommens gelten als ‚Kulturerbe'

Denkmäler: Werke der Architektur, Großplastik und Monumentalmalerei, Objekte oder Überreste archäologischer Art, Inschriften, Höhlen und Verbindungen solcher Erscheinungsformen, die aus geschichtlichen, künstlerischen oder wissenschaftlichen Gründen von außergewöhnlichem universellem Wert sind;

Ensembles: Gruppen einzelner oder miteinander verbunder Gebäude, die wegen ihrer Architektur, ihrer Geschlossenheit oder ihrer Stellung in der Landschaft aus geschichtlichen, künstlerischen oder wissenschaftlichen Gründen von außergewöhnlichem universellem Wert sind;

Stätten: Werke von Menschenhand oder gemeinsame Werke von Natur und Mensch sowie Gebiete einschließlich archäologischer Stätten, die aus geschichtlichen, ästhetischen, ethnologischen oder anthropologischen Gründen von außergewöhnlichem universellem Wert sind. (UNESCO 1972, Art. 1)

## Der Begriff ‚Kulturerbe'

Bei Untersuchungen zum kulturellen Erbe oder Kulturerbe, einem Konzept, das sich seit Ende des 18. Jahrhunderts entwickelt, muss bedacht werden, dass schon die sprachliche Fixierung eines Begriffs zahlreiche Eigenschaften und Bedeutungen sowohl inkludiert als auch exkludiert. Im Falle des endozentrischen Kompositums ‚Kulturerbe' gehen (nur) im Deutschen zwei Begriffe eine Verbindung ein, die für sich genommen in zahlreichen Kontexten genutzt werden und vielfältigen Veränderungen unterworfen waren und sind. Es erübrigt sich, darauf hinzuweisen, dass das französische *patrimoine* und das englische *heritage* nicht exakt dasselbe wie das deutsche ‚Kulturerbe' bedeuteten und bedeuten.[1]

Neben dem Erbe-Begriff, dessen Mehrdeutigkeit vielfältige Ansätze ermöglicht (s. Willer et al. 2013) und der hinsichtlich des Kompositums ‚Kulturerbe' und der Beziehung zum kulturpolitischen Diskurs der vergangenen Jahrzehnte in unmittelbarem Verhältnis zum Eigentums-Begriff[2] steht, besteht eine bedeut-

---
[1] Vgl. hierzu die ausführliche Untersuchung von Swenson 2007.
[2] „Das Konzept des Eigentums war einer euro-amerikanischen Sichtweise verpflichtet, die Kulturgüter vor allem als handelbare Güter auf ökonomischen Märkten charakterisierte." (Robertson-von Trotha 2010, 263).

same Wechselwirkung zwischen dem Kultur- und Identitäts-Begriff sowie den sozialen, kulturellen und historischen Kontexten (s. Dormaels 2013, 108), die sich nicht zuletzt in der nationalsprachlichen Realisierung niederschlagen und damit bei Übersetzungen weitere Interpretationspotenziale schaffen.[3] Insbesondere der „terminologische Richtungswechsel, Kulturgüter als Erbe statt als Eigentum zu beschreiben" (Robertson-von Trotha 2010, 263) eröffnete neue Diskurse und Konzepte.

Um auf Optionen der diachronen Zugänglichkeit von Kulturerbe eingehen zu können, ist es somit unabdingbar, die Varianten des ‚Gegenstands', der bewahrt und erfahrbar gemacht werden soll, und seiner Nachbarkonzepte[4] zu kennen. Unterscheidungen zwischen den beiden gebräuchlichen Begriffen ‚kulturelles Erbe' und ‚Kulturerbe' werden im Folgenden vernachlässigt, und es wird nur auf ‚Kulturerbe' Bezug genommen.

## ‚Kultur'

Vom Determinans ‚Kultur' ausgehend muss festgestellt werden, dass das Verständnis davon, was Kultur ist und wie man sich ihrer Ausprägungen bewusst wird, so wenig starr ist wie die Entwicklung der Menschheit selbst. Dies führt folgerichtig dazu, dass man dem Begriff mit einer starren Definition nicht gerecht werden würde und man bereits im Ansatz scheitern müsste, nähme man nicht schon während des Verfassens seine Obsoleszenz in Kauf. Die Annäherung an den Gehalt von ‚Kultur' ist von vielfältigen Abhängigkeiten beeinflusst, was dem Versuch, eine verifizierbare Definition zu generieren, entgegenwirkt, sodass der Weg, stattdessen einen dynamischen Diskurs darüber zu führen, deutlich produktiver und weniger frustrierend erscheint. Schon die kulturbedingte, nicht zu objektivierende Perspektive, aus der man sich dem Begriff nähert, übt einen Einfluss aus. Dies gilt auch für die Disziplin, in die man den Begriff einbetten oder aus der man ihn deuten möchte. Zudem wirkt die Interrelation paralleler Definitionsansätze komplexitätssteigernd.

---

3 Nicht zuletzt ist es eine Randbemerkung wert, dass die heutzutage häufig konsultierte Online-Enzyklopädie Wikipedia kein eigenes Lemma ‚Kulturerbe' führt, sondern auf ‚Kulturgut' weiterleitet, womit bedauerlicherweise der Prozess des Vererbens hier an Bedeutung verliert http://de.wikipedia.org/w/index.php?title=Kulturerbe&redirect=no).

4 Hier eine Auswahl von Nachbarkonzepten: Identität, Nation, Zivilisation, Allgemeingut, Privatbesitz, Erinnerung, Fortschritt, Tradition, Internationalismus, Völkerverständigung, Heimat; vgl. Swenson 2007, 68.

Der Weg zu unseren heutigen Kulturen ist geprägt von der Zivilisationsgeschichte, ihren Sichtweisen auf andere Gesellschaften, ihren Bestrebungen, neue zu gründen und damit einhergehend dem Drang, sie zu zerstören oder zu unterjochen. Einerseits waren und sind wir (zum Beispiel durch verwandtschaftliche Beziehungen bedingt; s. Sahlins 2011, 206) ein Teil dieser Kulturen, andererseits aber wurden und sind wir zu beobachtenden oder ohnmächtigen Zuschauern degradiert.

Um Kultur zu definieren, wird sie oft, angelehnt an die etymologische Herleitung von *cultura* (vgl. Perpeet 1976, 1309–1324), der Natur entgegengesetzt, was ebensolche Lücken mit sich bringt[5] wie andererseits bisweilen die Darstellung, „dass nämlich im Grunde ‚alles Kultur' sei" (Liebsch 2004, 2) oder zumindest das „jeweilige Ganze des gesellschaftlichen Lebens".[6] Je nach Standpunkt stellt man die Natur chronologisch vor den Beginn von Kultur oder zeigt, dass die „menschliche Kultur [...] viel älter [ist] als die menschliche Natur".[7]

Der erweiterte Kulturbegriff, der auf Raymond Williams' Verständnis von „*culture as a whole way of life*" (Williams 1983, 43) von 1958 fußt und „alle Produkte und Tätigkeiten menschlichen Denkens und Handelns, also stattdessen den gesamten Lebensraum des Menschen" (Wolf 2001, 1181) umfasst, ist auch eine der Grundlagen der *Cultural Studies*, in denen „die ‚Kultur eher im Hinblick auf ihre Beziehung zwischen einer sozialen Gruppe und den Dingen, die deren Lebensweise ausdrücken' aufgefasst und wissenschaftlich erforscht werden" soll (Stuart Hall, zitiert bei Robertson-von Trotha 2009, 24–25), mit dem unter anderem pragmatischen kulturpolitischen Ziel, „Wissen zu produzieren, das Interventionen und Veränderungen ermöglicht" (ibid., 25). Die *Cultural Studies*, so vielfältig ihre Ausprägungen sind, gehen davon aus, „dass Kultur nicht als etwas homogenes Ganzes zu begreifen ist, sondern eher als ein konfliktärer Prozess – ein von Macht geprägter, fragmentierter Zusammenhang" (ibid., 26). Vor allem bei diesem For-

---

5 „Es gibt keine objektive materielle Natur, wie wir sie kennen, und erst recht keinen Dualismus Natur/Kultur" (Sahlins 2011, 207).
6 „[...] sofern darin sowohl die Gebiete der ideellen Reproduktion (Kultur im engeren Sinne, die ‚geistige Welt') als auch der materiellen Reproduktion (der ‚Zivilisation') eine historisch abhebbare und begreifbare Einheit bilden" (Marcuse 1968, 84).
7 „Kulturelle Strukturen bestehen seit mindestens zwei Millionen Jahren, zehn- oder fünfzehnmal länger als die moderne menschliche Spezies ‚Homo sapiens'", und schafften seit dem Pleistozän durch die Entwicklung und Aufrechterhaltung eines „relativ umfassende[n], komplexe[n] und solidarische[n] Netz[es] sozialer Beziehungen" die Bedingungen für die „organischen, körperlichen und seelischen Möglichkeiten des Menschen", bei denen der Grundsatz gelten kann: „Zu wissen, was etwas tatsächlich bedeutet, ist menschliche und zugleich kommunizierbare Erfahrungsqualität" (Sahlins 2011, 205–207).

schungszweig, in dem „eine Analyse und Kritik der Macht im Zentrum steht, also weniger eine kulturwissenschaftliche als vielmehr eine gesellschaftliche Machtanalyse anhand popularkultureller Phänomene und Identitäten" (Moebius 2012, 22–23), müsste als Kultur „letztlich jener (Nicht-),Ort' des Sozialen verstanden werden, an dem Machtverhältnisse verhandelt werden, an dem um die Definition und Redefinition von Unterordnung und Unterdrückung gekämpft wird, an dem soziale Ausschlüsse produziert und legitimiert werden, an dem aber auch sozialer Einschluss reklamiert werden kann" (Marchart 2008, 252).[8]

Dass der Begriff ‚Kultur' bis heute vielseitig und damit auch schwer (be-)greifbar ist, zeigen auch aktuelle Diskurse.[9] Dabei wird unter anderem der Begriff *natura altera* verwendet, als „ein nicht normativer, sondern als der ‚deskriptive Inbegriff für *alle* materiellen wie geistigen Leistungen und Hervorbringungen, die durch Tradition objektiviert, also entindividualisiert und an folgende Generationen weitergegeben werden'" (Arbeitskreis Kultur- und Sozialphilosophie 2013, 9f., zit. nach Bohr 2011, 44).

## ‚Erbe'

Betrachtet man den ‚Kopf' des endozentrischen Kompositums, verdeutlichen die Untersuchungen zu etymologischen Fragen des Begriffs ‚Erbe' (vgl. Willer et al. 2013), dass schon im 18. Jahrhundert ein Wandel von ursprünglich auf Grundbesitz bezogenem Erbe auf immaterielle Bedeutungsaspekte erfolgte.[10] Die Tat-

---

**8** Dieser „(Nicht-),Ort'" wird von Marcuse als „Komplex moralischer, intellektueller und ästhetischer Ziele (Werte), die eine Gesellschaft als den Zweck der Organisation, Teil und Leitung ihrer Arbeit betrachtet – ‚das Gut', das durch die von ihr eingerichtete Lebensweise erlangt werden soll", bezeichnet (Marcuse 1967, 147).
**9** „Eine tragfähige Definition von ‚Kultur' erfordert es, den *inneren Zusammenhang* der unterschiedlichen Aspekte von der Kulturalität des Menschen als Untersuchungsgegenstand zu erkennen. Indem die Lebens*welt* und die Lebens*weisen* als gleichermaßen zur Kulturalität des Menschen gehörig und in ihrer wechselseitigen Abhängigkeit begriffen werden, kann die Grundlage für ein weites und ebenso tiefes Verständnis des Menschen als kulturellem Wesen geschaffen werden, das im disziplinübergreifenden Dialog weiter ausgebaut wird" (Arbeitskreis Kultur- und Sozialphilosophie 2013, 8).
**10** „Während also die Übergabe von Grund und Boden, von Dingen, Vermögen oder Status ebenso wie die Überlieferung von Schriften und Kulturgütern mehr oder weniger kontinuierlich im Rahmen der Vorstellung von ‚Erbe' diskutiert wurden, änderten sich andere Bedeutungsaspekte. Biblische Referenzen und religiöse Vorstellungen verschwanden, während die biologische Idee der Vererbung an Bedeutung gewann und das Konzept des Erbes zunehmend beherrschte" (ibid., 16).

sache, dass Kulturerbe nicht nur einer Person oder wenigen Personen zusteht, sondern einer ganzen Gemeinschaft von bis zu mehreren Millionen Individuen oder gar der gesamten Menschheit, ist dem Umstand zu verdanken, dass beim Übergang von nichtchristlicher, antiker zu christlicher Tradition der Kreis potenzieller Erbender vervielfacht wurde. Der bis zum Tod des Vaters noch unter dessen Gewalt stehende Sohn (*filiusfamilias*) ist ursprünglich der „Repräsentant und Universalnachfolger", der *heres*. Er erbt die „Gesamtheit der Rechte und Güter eines Verstorbenen", die *hereditas* (Kressin 2013, 66). Die dominante patrilineare Abstammungsbedeutung schwindet mit dem Neuen Testament. In Galater 3,29[11] wird deutlich, dass der Eintritt in die neue Glaubensgemeinschaft durch die Taufe jeden dazu berechtigt, als Abrahams Nachkomme das (christliche) Erbe zu erhalten (*secundum promissionem hæredes*) (Latin Vulgata Clementina 1946).

Lässt man die vielfältigen Kontexte des Erbes außer Acht und betrachtet im Sinne des Determinans ‚Kultur' lediglich die Objekte und den Aspekt des Übertragens kultureller Schöpfungen von einer Generation auf die nächste, betritt vor der Verwendung des englischen *heritage* im späten 19. Jahrhundert erstmals mit dem französischen *patrimoine* ein Begriff die Bühne des Diskurses, der als Keimzelle der heutigen Vielfalt vorangegangen ist (s. Swenson 2007, 59). Doch der Begriff folgte einem Konzept, das bereits während der Französischen Revolution kommuniziert wurde. Folglich wird die „Geburtsstunde des modernen [Kulturerbe-] Begriffes" Ende des 18. Jahrhunderts angesiedelt, „als der französische Gelehrte Puthod de Maison-Rouge in der Nationalversammlung davon sprach, dass durch die Enteignung der Emigranten aus einem ‚patrimoine de famille' nun ein ‚patrimoine national' werde" (François-Marie Puthod de Maison-Rouge: *Les Monuments ou le pèlerinage historique*. Paris 1790; zit. nach Pommier 1989, 58).

Möchte man den Kulturerbe-Begriff über *patrimoine* (väterliches Erbe) oder *patrie* (von lat. *patria*, Vaterland) ableiten, muss bedacht werden, dass in beiden Fällen der Ursprung *pater* (Vater) ist. Es wird schnell deutlich, dass man, je nachdem, für welche Herleitung man sich entscheidet, deutliche Unterschiede bei den beiden Konzepten ‚Erbe' oder ‚Besitz' machen kann. Im 18. Jahrhundert waren noch beide Interpretationen sowohl im Englischen (*patrimony*) wie auch im Französischen (*patrimoine*) gebräuchlich und standen für „von Vorfahren und Vorgängern erhaltene oder geerbte Dinge und spezifisch den unveräußerlichen Familienbesitz" (Swenson 2007, 59). Möchte man Kulturerbe ganz allgemein umschreiben, handelt es sich um das Resultat aller Mechanismen und kulturel-

---

11 „Gehört ihr aber Christus an, so seid ihr ja Abrahams Kinder und nach der Verheißung Erben"; Die Bibel. http://www.bibleserver.com/text/LUT/Galater3,29.

len Praktiken, die „etwas mit Kultur machen" (Tauschek 2013, 28) und innerhalb einer Kultur oder zwischen Kulturen und deren Individuen vererbt werden.

## Umgang mit Kulturerbe

Die Entwicklung eines Bewusstseins von Kulturerbe als einer die Gesellschaft prägenden Instanz verdankt sich dem „institutionalisierten Umgang mit ererbten Kulturbeständen und -gehalten, zu einer identitätsstiftenden und -stabilisierenden Politik für die Gemeinschaft" (Willer et al. 2013, 25). Diese Institutionen, die heutzutage zu einer *Heritage Industry* (vgl. Hewison 1987) gehören, trugen zu einer „Verwandlung von Artefakten der Vergangenheit in Monumente der Nation" (Willer et al. 2013, 25) bei. Die anschließende Zuordnung eines ökonomisierten Kontextes prägte den wissenschaftlichen Kulturerbe-Diskurs in Großbritannien, Frankreich und Deutschland (s. Swenson 2007, 61).

Es steht außer Frage, dass die nationalen und internationalen Einrichtungen mit ihren einflussreichen Konzepten, wie das Welterbe-Programm der UNESCO, als eine „der wichtigsten Agenturen kultureller Inwertsetzung" (Tauschek 2013, 21), als bedeutsames Gerüst und zugleich Motor für die Fortentwicklung der Relevanz von Kulturerbe verstanden werden können, die uns, wie Lowenthal sagt,[12] inzwischen überall umgeben und weitreichende Zugänge zu Informationen über kulturelles Wissen bereithalten. Jedoch darf die enge Verbindung aller Gedächtnisinstitutionen mit dem Erbe, für dessen Erhalt sie viel leisten, nicht suggerieren, dass Kulturerbe ohne diese Institutionen oder gar ohne die ökonomisierten Ableger der *Heritage Industry* keinen Bestand haben könnte. Ein Kulturerbe-System mit seiner potenziellen und auch schon realen Abhängigkeit zwischen Instanzen und dem Erbe fungiert immer auch als *Gatekeeper*. Zwar ermöglicht es einerseits erst den Fokus auf besondere ‚Erbstücke', vermag aber andererseits auch das Erbe künstlich zu verknappen oder gar es der Gesellschaft als eigentlicher Urheberin, Verwalterin und Nutzerin vorzuenthalten. Zudem darf nicht vergessen werden, dass das Konzept ‚Kulturerbe' hauptsächlich aus der Kulturgeschichte der drei Nationen Frankreich, Großbritannien und Deutschland entstanden und nicht unmittelbar auf andere Kulturen und deren Umgang mit kulturellen Hinterlassenschaften übertragbar ist.

---

12 „All at once heritage is everywhere – in the news, in the movies, in the marketplace – in everything from galaxies to genes" (Lowenthal 1997, XXI).

Die Bestimmung von Materiellem oder Immateriellem als Kulturerbe ist zumeist ein auf die Vergangenheit rückgreifender Vorgang. Menschen der Gegenwart erklären ein Gut aus der Vergangenheit zu einem kulturellen Gut, das vererbt worden ist. Selten kann geklärt werden, ob sich der Urheber oder Besitzer ausdrücklich dafür entschieden hat, dieses Gut auch zu vererben. Es erfolgt also immer ein Bedeutungswandel auf der Basis von Argumenten derjenigen Instanz, die sich um das Kulturerbe bemüht.

## Kulturgut wird zu Kulturerbe

Durch die Deklarierung eines materiellen oder immateriellen Objektes als Kulturerbe wird der Weg zu Interpretationen geöffnet, die einerseits auf der jeweiligen Sprache aufbauen, andererseits aber auch auf den damit zusammenhängenden Kontexten und Ideen. Mit der Deklarierung von Kulturgut als Kulturerbe gehen Konsequenzen für dessen Schutz einher, „das Kulturgut in seiner Tradition zu bewahren und im Kontext einer gelebten Kultur zu erhalten" (Robertson-von Trotha 2010, 264), sowie Rechte und Pflichten derjenigen, die hierfür verantwortlich sind oder sich für verantwortlich ‚erklären'. Die der Kulturerbe-Deklarierung vorangehenden Absichten können sowohl dem Wunsch der Völkerverständigung als auch dem der nationalen Abschottung entstammen und haben damit inkludierenden wie auch exkludierenden Charakter (s. Swenson 2007, 54).

Eine Gesellschaft muss sich zudem gewahr sein, dass das Verständnis von Kulturerbe mit seinen Bestandteilen einem stetigen Wandel unterworfen ist. Auch hier gilt Walter Benjamins Forderung: „In jeder Epoche muß versucht werden, die Überlieferung von neuem dem Konformismus abzugewinnen, der im Begriff steht, sie zu überwältigen" (Benjamin 1965, 82). Ganz im Sinne von Kulturen als offene Systeme, erscheinen „begriffliche Zwangsjacken wie Nation, Volk oder Klasse, die eine wie immer sich begründende Einheit – oft Einzigartigkeit – von Lebensformen suggerieren [...] unter diesem Blickwinkel – wenn sie nicht eine neue Definition erfahren – als unzureichend, die Differenziertheit interkultureller Interaktionen abdecken zu können" (Krause 1985, 67). Auch die Quasi-Abgeschlossenheit von UNESCO-Listen zum Kulturerbe suggeriert, dass eine endliche Zahl von ‚Kulturerbstücken' existiert, was jedoch bei einem offenen System ausgeschlossen ist.

Die Begrifflichkeiten werden zweifelsohne deutlich von der UNESCO geprägt, die von ‚Welterbe', ‚Kulturerbe', ‚Naturerbe', ‚Menschheitserbe', ‚Kulturerbe unter Wasser', ‚Immateriellem Kulturerbe' oder ‚Gedächtnis der Menschheit (*Memory of the World*)' spricht. Der Nutzen von und die Bedenken über UNESCO-Listen sollen hier nicht näher diskutiert werden. Es soll lediglich darauf hingewiesen werden, dass eine Nennung, Nicht-Nennung oder Streichung und damit sowohl eine Inwertsetzung als auch eine Bewertung Konsequenzen (auch gesetzlich festgelegte) für das Erbe und die Erbenden sowie für die im Umfeld der *Heritage Industry* angesiedelten Beteiligten (im Tourismus u.a.) haben. Derlei Listen dürfen nicht dazu führen, dass dort nicht aufgeführtes (,apokryphes') Kulturerbe abgewertet, nicht bewahrt und damit auch nicht zugänglich gemacht wird.

Kulturerbe ist aber nicht nur im staatenübergreifenden Umfeld der UNESCO relevant, sondern sondern bildet einen elementaren Bestandteil aller Kulturen, ob institutionalisiert oder nicht. Dabei bleibt zu beachten, dass die „Konzeptualisierung des ‚nationalen Kulturerbes' keineswegs in isolierten nationalen Räumen, sondern durch intensiven Austausch mit anderen europäischen und außereuropäischen Gesellschaften statt[fand]" (Swenson 2007, 54). Umso wichtiger ist der kulturspezifische und auch transkulturelle Diskurs der Konzepte von Kulturerbe, seiner einzelnen Bestandteile und auch deren Beziehungen zueinander sowie seine wissenschaftliche Erforschung, wie dies seit den 1990er-Jahren insbesondere in den *Heritage Studies* erfolgt. Dass auch sie dynamischen Prozessen unterworfen sind, die Einfluss auf Schwerpunkte und Methoden haben, ist den Eigenschaften des Kulturerbes selbst geschuldet. Gegenwärtig verstehen sich die *Heritage Studies* als „the scientific confrontation with transformation processes, to which heritage is subject in face of globalization" (Albert 2013, 14). Die sowohl räumliche als auch zeitliche und rhizomartige Verbindung der Kulturerbe-Konzepte mit ihren Nebenkonzepten in einer ‚Kulturerbesphäre' erfordert die Betrachtung durch eine „*histoire croisée*" (Werner/Zimmermann 2002), um Bedingungen und Resultate gleichermaßen zu berücksichtigen und, trotz der oftmals geografisch notwendigen Verortung des Kulturerbes, die synchronen und diachronen Prozesse im Blick behalten zu können. Die Offenheit und Unabgeschlossenheit des Kulturerbes als „Projektionsfläche für verschiedenste politische und kulturelle Ziele" (Swenson 2007, 71; vgl. hierzu auch „empty signifier" bei Laclau/Mouffe 1985, 113) und des entsprechenden Diskurses muss stets betont bleiben. Untrennbar verknüpft mit der materiellen Komponente von Kulturerbe ist eine immaterielle Komponente, denn „Kulturerbe ist in erster Linie Wissen über dieses Erbe" (Tauschek 2013, 14). Nicht zuletzt diese Einsicht führte dazu, dass, durch die UNESCO vorangetrieben, auch haptisch bedingt erfahrbares, immaterielles Kulturerbe in den Kanon aufgenommen worden ist.

Das immaterielle Kulturerbe ist ein spezielles Teilkonzept, das eine eigene Betrachtung verdient. Immaterielles Kulturerbe („Bräuche, Darstellungen, Ausdrucksformen, Wissen und Fertigkeiten – sowie die dazu gehörigen Instrumente, Objekte, Artefakte und kulturellen Räume"; UNESCO 2003, Art. 2, Abs. 1), wie es die UNESCO definiert hat, durchlebt auch in Deutschland derzeit noch eine hohe

Dynamik, nicht zuletzt dadurch begründet, dass Deutschland dem UNESCO-Übereinkommen zur Erhaltung des immateriellen Kulturerbes erst im Juli 2013 beigetreten ist. Wie diese zum Teil ephemeren Güter erhalten und zugänglich gemacht werden können, hängt insbesondere von ihren Formen (z.B. Feste, Handwerke, Verhaltensweisen u.v.m.) ab. Eine Tradierung (z.B. das Yimakan-Geschichtenerzählen der Hezhen in China), eine Reinszenierung und Reintegration durch Feste und Feiertage wie auch Varianten der Nutzung (z.B. türkische Kaffeekultur und -tradition) vermögen diese Form des Kulturerbes zu bewahren und der Gegenwart und Zukunft zugänglich zu machen.

Erwägt man, den Bedeutungshorizont des Aspekts des Immateriellen zu erweitern, muss darüber nachgedacht werden, ob genuin digitale Objekte wie auch der Übergang materiellen Kulturerbes hin zu seiner digitalen Repräsentanz Einfluss auf das Konzept des Kulturerbes haben, da Digitales ebenfalls zum Immateriellen hinzugezählt werden kann. Der Transfer analoger Informationen in digitale mag, wie schon Walter Benjamin bezogen auf die Reproduktionsverfahren der Fotografie und des Films im Kontext des Originals und seiner Aura postulierte (Benjamin 1999 (1934/35)), einen gewissen Verlust gegenüber der analogen Vorlage[13] herbeiführen, zugleich aber auch eine Anreicherung weiterer Informationen wie auch die Rekombination mit ergänzenden Informationen ermöglichen. Bedenkt man zudem die technologische Entwicklung im Bereich Virtual Reality, käme man bei dem vermeintlich verlustbehafteten Wandlungsprozess vom Materiellen zum Digitalen dem von Benjamin beschriebenen „Moment [der Aura, A.d.V.] des Verinnerlichens und Durchdringens" (Köhler 2011, 57) sogar immer näher. Würde man digitalen Objekten denselben Schutz gewähren wie dem herkömmlichen immateriellen Kulturerbe, hätte das weitreichende Folgen für die Verfahren der Archivierung und Zugänglichmachung dieses digitalen Kulturerbes (vgl. Robertson-von Trotha/Hauser 2011 und Kalay et al. 2008).

## Diachrone Zugänglichkeit

Das Kulturerbe ist eingebettet in die Übertragung des Vererbten vom Vererbenden zum Erbenden, also in einen Prozess, bei dem Materielles und Immaterielles den Besitzer und/oder Sitz wechseln kann. Je nachdem, ob es sich um unbewegli-

---

13 Bei genuin digitalen Objekten stellt sich die Frage nach dem Original nicht einmal, was womöglich bei der Akzeptanz von digitalem Kulturerbe mehr oder minder latent Problemfelder erzeugt.

ches, bewegliches oder immaterielles Erbe handelt, ändern sich die Verfahren, die Einfluss auf die am Ende des sich gegenwärtig immer mehr verdichtenden Prozesses (s. Bendix 2007, 342) stehende Zugänglichkeit ausüben. Betrachtet man nicht ausschließlich das Objekt des Erbes, sondern den Prozess des Vererbens und Erbens, so wird meistens das Ableben des Erblassers vorausgesetzt. Im Fall eines Kultur-Erbes bedeutet dies zumeist nicht, dass zwangsläufig der Vererbende das Zeitliche gesegnet haben muss, sofern ein vormaliger Besitzer oder Träger des Erbes überhaupt identifiziert werden kann, sondern dass die eigentliche und ursprüngliche *Funktion* des Erbes vergangen ist, also eine gewisse Zäsur existiert (s. Willer et al. 2013, 8). Ganz besonders gilt dies für immaterielles Kulturerbe, das vor allem dann bewahrt werden kann, wenn es praktiziert und gelebt wird (s. Tauschek 2013, 23).

Am Anfang der diachronen Zugänglichkeit von Kulturerbe steht das Erkennen einer kulturellen Schöpfung als schützenswertes Gut. Ob im Anschluss eine von nationalen oder internationalen „Agenturen" (Tauschek 2013, 17, Anm. 13) erfolgte Deklarierung als Kulturerbe erfolgt, hat vor allem für die Intensität der potenziellen Maßnahmen zur Bewahrung des Kulturerbes Konsequenzen, ist aber keine zwingend notwendige Bedingung. Was einerseits hilfreich sein kann und z.B. von der UNESCO mit „außergewöhnlichem universellem Wert" (UNESCO 1972, Art. 1) ausgewiesen wird, bekommt andererseits durch diese Deklarierung und Definition ein Etikett und eine Wertigkeit zugewiesen, die negative Konsequenzen haben können. Der stete Zuwachs an neuen Einträgen auf Kulturerbelisten der UNESCO kann andererseits sogar die Exklusivität einer solchen Deklarierung gefährden. Weitere Maßnahmen, die eine diachrone Zugänglichkeit gewährleisten, sind das Restaurieren, das Konservieren, das Archivieren, das Rekonstruieren, das Inszenieren, das Reinszenieren, das Reintegrieren, das Vervielfältigen, das Tradieren und auch das Nutzen des Guts, das als Kulturerbe ausgewiesen wurde.

Nicht alle Maßnahmen sind für jedes Kulturerbe gleichermaßen relevant. Sie sind abhängig davon, ob es sich um Gebäudeteile oder -ensembles handelt, die nicht mehr die ursprüngliche Funktion erfüllen (z.B. die Ruinenstadt Butrint in Albanien) oder um Gebäude, die weiterhin die ursprüngliche (z.B. das Katharinenkloster im Sinai) oder eine neue Funktion erfüllen (z.B. das Kloster Lorsch in Hessen). Wenn diese Funktionserfüllung eine Art der Nutzung darstellt, konkurriert dies nicht selten mit Schutzmaßnahmen und erfordert die Etablierung eines Konsenses oder Kompromisses aller Beteiligten, was zu lang andauernden Verhandlungen führen kann.

Je nachdem, was und von wem etwas im Lauf der Geschichte als Kulturerbe verstanden wird, verändern sich die Ausprägungen des Bewahrens. Dort, wo nach um sich greifendem Abriss alter Gebäude zuerst das Restaurieren zur Erhaltung von Monumenten und Denkmälern oberstes Gebot ist, entwickelt sich wie in England eine Liga der *Antirestorationists* (vgl. Wohlleben 1989, 52), der John Ruskin (1819–1900) und William Morris (1824–1896) angehörten, die dem Konservieren als der dem Wandel der Geschichtswissenschaft geschuldeten „Achtung des Denkmals als Quelle" (Swenson 2007, 67) den Vorrang geben und zugleich Restaurieren und Vandalismus[14] miteinander gleichsetzen.

Bereits die Antwort auf die Frage, ob Konservieren oder Restaurieren die richtige Wahl des Bewahrens ist, hat Konsequenzen für die Zugänglichkeit von Kulturerbe, da hier die Weichen gestellt werden, welche ‚Kulturerbe-Semantik' vermittelt wird, welche materiellen Bestandteile und Bedeutungsinhalte zugänglich bleiben können und sollen. Vor allem Museen haben die Aufgabe, Kulturerbe der Öffentlichkeit zugänglich zu machen. Dass es sich dabei nicht immer um Originale handelt, bleibt der Abhängigkeit von Besitzregelungen und Finanzen geschuldet. Kulturerbe wird hier durch Inszenierung und Reinszenierung in alte und neue Kontexte gestellt, was wiederum neue Informationen über Artefakte und die Epoche, aus der sie stammen, generiert. Diese Er- und Übermittlung fundierter Informationen haben die Museen mit der Wissenschaft gemein, die an den Museen zum Teil auch selbst betrieben wird.

Aber auch durch die Rekonstruktion von Bedrohtem oder Zerstörtem kann Kulturerbe diachron zugänglich gemacht werden. Das Original zu bewahren ist sicherlich ein wichtiges, womöglich *das* wichtigste Ziel. Betrachtet man aber die im Vergleich zum Alter von Kulturen recht neuen, gerade einmal zwei Jahrhunderte alten Konzepte wie die Denkmalpflege (vgl. Swenson 2007, 63) und die Vergänglichkeit der Materialien, aus denen das materielle Kulturerbe besteht, kann prognostiziert werden, dass Kulturerbe-Originale trotz aller Pflege- und Schutzmaßnahmen vergänglich sind. Somit muss die Frage gestattet sein, ob auch reale oder virtuelle Nachbildungen als „wirkungsvolle kulturelle Praxis der Aktualisierung kulturellen Erbes" (Tauschek 2013, 18) zum Kulturerbe gezählt werden können oder gar gezählt werden müssen.

Durch die im Kulturerbe-Kontext noch sehr jungen Konzepte der Digitalisierung[15] und Virtualisierung (vgl. Ioannides et al. 2012) entstehen ständig neue Instrumente,[16] die einen Einfluss sowohl auf die Form der diachronen Zugänglichkeit als auch auf das Kulturerbe als solches haben können. Wissenschaft und

---

14 Der Begriff wurde von Henri Jean-Baptiste (Abbé) Grégoire (1750–1831) 1793 kreiert (Réau 1959, 14).
15 Z.B. das Digitalisat des Perikopenbuchs Heinrichs II. (UNESCO-Weltdokumentenerbe); Bayerische Staatsbibliothek.
16 Eine Auswahl findet sich in Robertson-von Trotha/Hauser 2011.

Gesellschaft haben nun die Aufgabe, sich der Frage zu stellen, ob genuin digitale Objekte oder Digitalisate zum Kulturerbe (auch außerhalb der UNESCO-Konventionen) gehören und, wenn das bejaht werden kann, welche diese sind und wer sie auf welcher Grundlage als digitales Kulturerbe deklarieren kann (vgl. hierzu Lialina/Espenschied 2009). Treffen Bezeichnungen wie ‚Denkmal', ‚Monument', ‚Kulturstätte' oder ‚Erinnerungsort' hier noch zu? Sind Aushandlungsprozesse, wie sie beim Denkmalschutz analogen Kulturerbes alltäglich sind, auch bei digitalem Kulturerbe erforderlich oder praktikabel? Sind aus dem realen Raum bekannte Konzepte wie Pufferzonen (s. Tauschek 2013, 14) beim Ensembleschutz der UNESCO auf den virtuellen Raum übertragbar?

Gerade diese Form des potenziellen Kulturerbes zeigt allerdings auch, dass „die sukzessive Einverleibung kultureller Vergangenheit dem ‚Jetzt' so nahe gerückt [ist], dass man [...]; [beim] digitalen Kulturerbe; A.d.V.] auf die schon fast eintretende Gleichzeitigkeit kultureller Innovation mit Schutzmaßnahmen zu deren Behütung verweisen kann" (Bendix 2007, 342–343) und damit eine „immer schneller werdende Musealisierung oder Erbwerdung kultureller Prozesse und Produkte" (Tauschek 2013, 12) Realität geworden ist.

Während Erbwerdungsfolgen im analogen, also im herkömmlichen materiellen und immateriellen Kulturerbe noch unmittelbar erfahren werden können, laufen die Prozesse im Bereich des digitalen Kulturerbes größtenteils im Verborgenen ab. Die Resultate der Erbwerdung und auch die durch fehlende digitale Langzeitarchivierung (dLZA) auftretenden Auflösungserscheinungen werden bislang hauptsächlich im virtuellen Raum wahrgenommen und damit kaum im realen. Und dies trotz der Tatsache, dass digitale Informationen vom Menschen immer analog rezipiert werden. Entsprechend gering fällt bisher die öffentliche Resonanz aus. Während man bei materiellem Kulturerbe eine Zugänglichkeit über die Restaurierung sowie Konservierung ermöglichen kann, sind die flüchtigeren Formen des immateriellen Kulturerbes anderen Faktoren ausgesetzt, die ihrer Bewahrung und Zugänglichmachung entgegenwirken (vgl. Lipp 2011). Sowohl beim materiellen als auch beim immateriellen Kulturerbe kann die Überführung ins Digitale einen wichtigen Baustein für die Zugänglichmachung darstellen.

Besteht ein materielles Kulturerbe nicht mehr oder nicht mehr vollständig, so stellt die virtuelle Rekonstruktion[17] über 3-D-Software o.ä. ein wichtiges Hilfsmit-

---

[17] Die auf Telepräsenz-Technologien basierende Dokumentation gefährdeter Medienkunstwerke am ZAK | Zentrum für Angewandte Kulturwissenschaft und Studium Generale des Karlsruher Instituts für Technologie (KIT) zeigt auf, wie einerseits Kunst virtualisiert und zugänglich gemacht werden kann, andererseits aber auch neue Informationsebenen mit dem Kunstwerk verknüpft werden können (Muñoz Morcillo 2014).

tel dar (s. z.B. Sánchez 2012). Aber sowohl die Daten als auch die Software selbst müssen dann wiederum bewahrt werden. Die hier angesprochene digitale Langzeitarchivierung, die sich sowohl um die informationstechnologischen und rechtlichen als auch um die systematischen Bedingungen und Möglichkeiten bemüht, nutzt zumeist Verfahren der Emulation und Migration, um digitale Objekte für die Zukunft zu bewahren.[18] Doch auch die Vervielfältigung und Veröffentlichung der Daten kann ein Überdauern wahrscheinlicher machen, wenngleich rechtliche Bedingungen dies nicht immer zulassen. Die keinesfalls unbefristet finanzierten Projekte Europeana[19] und Deutsche Digitale Bibliothek[20] zeigen Möglichkeiten auf, wie gemäß den rechtlichen und technischen Rahmenbedingungen die Sichtbarkeit und Zugänglichkeit von Kulturerbe auf digitalem Weg realisiert werden können.

Ein wichtiger Bestandteil zur Sicherung diachroner Zugänglichkeit ist nicht nur die Erhaltung des Erbes, sondern auch die Gewährleistung des Vererbens und Erbens. Als Erbender von Kultur wird hier nicht der Eigentümer des Gebäudes, des Artefakts oder der geistigen Schöpfung betrachtet, sondern der Mensch als Bestandteil von Kulturen. Damit umgeht der Kulturerbe-Diskurs die „Beschränktheit des Eigentumsbegriffes" und ermöglicht die Integration weiterer Schöpfungen, wie der des immateriellen Kulturerbes (Weigelt 2007, 129). Dem Erbenden von Kulturerbe werden nicht die Besitzrechte des Materiellen oder Immateriellen (im Sinne eines geistigen Eigentums) übertragen, wie es noch in der Haager Konvention im Vordergrund stand. Es wird ihm vielmehr das Wissen vererbt (im Sinne des Tradierens), dass das Erbe zu einer vergangenen Kulturepoche oder ganzen Kultur gehört und und dass er selbst darüber zu befinden hat, ob er ein Bestandteil derjenigen Kultur ist, deren Vorläufer jenes Erbe hervorgebracht hat. Es wird damit auch der Zustand als solches vermittelt – das Kulturbewusstsein.

Güter von kleineren Dimensionen wie die des *Memory of the World* (s. UNESCO o.J.) bleiben in einer Kultur vor allem dann bekannt, wenn sie in Gedächtniseinrichtungen inszeniert und reinszeniert werden, aber auch wenn sie durch den Erwerb von angefertigten Kopien (z.B. Kunstdrucken, Repliken, Faksimiles) Bestandteil der individuellen Lebenswelt werden. Auch wenn sich die ‚Retroanalogisierung' durch 3-D-Drucker bislang noch in der Anfangsentwicklung befindet, könnte dieses Verfahren dazu beitragen, sogar ‚begreifbare' Nachbildungen

---

18 Eine umfangreiche Bestandsaufnahme der Problematik von digitaler Kunst findet sich in Serexhe 2013.
19 Siehe http://www.europeana.eu.
20 Siehe https://www.deutsche-digitale-bibliothek.de.

von Kulturerbstücken zu ermöglichen und diese damit leichter zugänglich zu machen.

Insbesondere bei immateriellem Kulturerbe erweist sich die Bewahrung als fragil und kann lediglich wahrscheinlich gemacht werden. Sie ist zumeist von menschlichem Wissen über das Erbe und äußeren, dem Zeitgeist unterworfenen Rahmenbedingungen abhängig. Eine analoge oder digitale Dokumentation über adäquate Medien vermag die Wahrscheinlichkeit des Bewahrens etwas zu erhöhen, unterliegt aber ebenfalls der Notwendigkeit, als eigenständiges Artefakt bewahrt und zugänglich gemacht zu werden.[21] Auch paradoxe Effekte bei der Materialisierung von immateriellem Erbe, das zum Teil ausschließlich während der Momente des Ausübens von Praktiken existiert, verweisen auf die noch ungeklärten Folgen beim Umgang mit dieser Form des Kulturerbes (s. Lipp 2013).

Ein anderes Verfahren, Kulturerbe über viele Jahrhunderte zugänglich zu machen, ist das Erzählen. Ob dies in schriftlicher oder mündlicher Form geschieht, hängt von den jeweiligen kulturellen Präferenzen ab. Wie der Kulturerbe-Diskurs als solcher über permanente Kommunikation innerhalb der Gesellschaft das Nachdenken und Überprüfen vermeintlich bewährter Konzepte ermöglicht, wird mithilfe von Erzählungen Kulturerbe über Generationen hinweg tradiert. Ein gutes Beispiel sind griechisch- und römisch-antike sowie nordische Mythen, die noch heute dem Zeitgeist angepasst über populäre Medien wiedererzählt werden. Die Wahl des Mediums hat sicherlich einen Einfluss auf das Erbe selbst, ist aber dadurch von einer notwendigen Konservierung unabhängig(er) und somit vor dem Verfall pozentiell geschützt(er). Zumindest das Alter antiker oder nordischer Erzählungen, die schriftlich und mündlich tradiert wurden, lässt vermuten, dass derlei ‚transmediales' Kulturerbe eine lange Lebensdauer hat. Als ebenso erfolgreich kann die Zugänglichmachung des mittelalterlichen Artusstoffes angesehen werden. Die *Matière de Bretagne* ist so vielfältig über reale und fiktionale Elemente sowie Orte verflochten, dass trotz des Verfalls mittelalterlicher Bauten und Schriften dieses Kulturerbe bis in die Gegenwart und über sprachliche sowie nationale Grenzen hinweg überdauert hat. Insbesondere die Verbindungen zwischen den Charakteren, Orten und Artefakten vermögen den zeitweiligen, tradierungsbedingten Verlust einzelner Bestandteile zu kompensie-

---

21 So kann ein digitales Medienkunstprojekt wie das DVD-Projekt ‚That's Kyogen' am ZKM | Zentrum für Kunst und Medientechnologie Karlsruhe eine nützliche Maßnahme sein, wie hier das japanische Kyōgen-Theater durch einen Meister in seiner dynamischen Form zu inszenieren und zu dokumentieren. Es unterliegt aber zugleich der Notwendigkeit einer digitalen Langzeitarchivierung, da digitale Speichermedien und Medienformate ebenfalls vergänglich sind (ZKM 1999; ZKM 2000).

ren, und es „genügt die Reaktivierung eines der Elemente, und Verlorengegangenes erhält die Möglichkeit, erinnert zu werden" (Schneider 2013, 272).

Die diachrone Zugänglichkeit scheint durch eine florierende *Heritage Industry* und die zunehmende Verquickung des Kulturerbes mit digitalen Informationen über das Internet vorerst gewährleistet zu sein. Es stellt sich jedoch die Frage, ob mit der Herstellung von Kulturerbe-Listen, der Etablierung von Internet-Portalen (Europeana, DDB etc.), Katalogen und Suchmaschinen einerseits eine immense Informationsmenge über Kulturerbe existiert und auch der Öffentlichkeit zugänglich ist, andererseits aber außer Acht gelassen wird, dass damit womöglich eine vollständige Erschließung des Kulturerbes durch ‚Agenturen' suggeriert wird. Gerade die Omnipräsenz von Kulturerbe darf nicht dazu führen, dass der eigentliche Kulturerbende zum Zuschauer degradiert wird, und macht es erforderlich, dass die Gesellschaft kritisch mit Kulturerbe und den ‚Agenturen' umgeht. Eine aktive Beteiligung am Kulturerbe-Diskurs, wie z.B. seit 1992 durch die Einführung des UNITWIN/UNESCO-Lehrstuhlprogramms, das in Deutschland inzwischen elf UNESCO-Lehrstühle[22] installiert hat und auch an anderen Hochschulen[23] Lehrveranstaltungen und Forschungsprojekte durchführt, ist für die diachrone Zugänglichkeit unabdingbar. Nur so besteht dauerhaft das Interesse am Kulturerbe sowie am Erben von Kultur, die der nächsten Generation tradiert werden kann. Da Kulturerbe sowohl Materielles als auch Immaterielles vereint, verdankt es seine Existenz dem Umgang mit ihm als Artefakt und Vorgang. Denn so wie die „Kultur als menschliches Produkt an die Praktiken der Menschen gebunden ist" (Arbeitskreis Kultur- und Sozialphilosophie 2013, 16), so ist auch das Kulturerbe vom verantwortungsbewussten Umgang derjenigen Menschen abhängig, die sicherstellen, dass auch gegenwärtige Kulturschöpfungen zukünftig als neues Kulturerbe anerkannt werden können.

## Literatur

Albert, M.-T. (2013): „Heritage Studies – Paradigmatic Reflections". In: Dies. et al. (Hrsg.):
    Understanding Heritage. Perspectives in Heritage Studies. Berlin: de Gruyter, 9–17.
Arbeitskreis Kultur- und Sozialphilosophie (2013): „Einleitung". In: Ders. (Hrsg.): Der Begriff der
    Kultur. Kulturphilosophie als Aufgabe. Bielefeld: transcript, 7–23.

---

22 Siehe http://www.unesco.de/unesco_lehrstuehle_deutschland.html.
23 Z.B. im Rahmen des seit 1990 angebotenen Begleitstudiums Angewandte Kulturwissenschaft am ZAK | Zentrum für Angewandte Kulturwissenschaft und Studium Generale am Karlsruher Institut für Technologie (KIT); siehe http://www.zak.kit.edu/1062.php.

Bayerische Staatsbibliothek: Perikopenbuch Heinrichs II. (UNESCO-Weltdokumentenerbe) im Münchner Digitalisierungszentrum an der Bayerischen Staatsbibliothek. http://daten.digitale-sammlungen.de/0008/bsb00087481/Images/index.html.

Bendix, R. (2007): „Kulturelles Erbe zwischen Wirtschaft und Politik: Ein Ausblick". In: D. Hemme, et al. (Hrsg.): Prädikat „Heritage". Wertschöpfungen aus kulturellen Ressourcen. Berlin: Lit, 337–356.

Benjamin, W. (1965): „Geschichtsphilosophische Thesen". In: Ders.: Zur Kritik der Gewalt und andere Aufsätze. Frankfurt/Main: Suhrkamp, 78–94.

Benjamin, W. (1999): „Das Kunstwerk im Zeitalter seiner technischen Reproduzierbarkeit". In: C. Pias et al.: Kursbuch Medienkultur. Stuttgart: Dt. Verl.-Anstalt, 18–33.

Bohr, J. (2011): „Natura altera – der dynamische Kulturbegriff der Kultur- und Sozialphilosophie". Kulturwissenschaftliche Studien 11, 42–48.

Die Bibel nach der Übersetzung Martin Luthers. Revidierte Fassung und durchgesehene Ausgabe in neuer Rechtschreibung. Stuttgart: Deutsche Bibelgesellschaft, 1984. http://www.bibleserver.com/start/LUT.

Dormaels, M. (2013): „The Concept behind the Word. Translation Issues in Definitions of Heritage". In: M.-T. Albert et al. (Hrsg.): Understanding Heritage. Perspectives in Heritage Studies. Berlin: de Gruyter, 107–115.

Hall, S. (1977): „Über die Arbeit des Centre for Contemporary Cultural Studies (Birmingham). Ein Gespräch mit H. Gustav Klaus". Gulliver. Deutsch-Englische Jahrbücher, 54–67.

Hewison, R. (1987): The Heritage Industry. Britain in a Climate of Decline. London: Methuen.

Ioannides, M. et al. (2012): Progress in Cultural Heritage Preservation. 4th International Conference, EuroMed 2012, Limassol, Cyprus, October 29 – November 3, 2012. Proceedings. Berlin: Springer.

Kalay, Y.E. et al. (2008): New Heritage. New Media and Cultural Heritage. London: Routledge.

Köhler, C. (2011): „Bemerkungen zum Begriff der ‚Aura' bei Walter Benjamin". Kulturwissenschaftliche Studien 11, 57–60.

Krause, B. (1985): „Interkulturelles Erbe: Europäisches Mittelalter und Ethnologie". In: B. Thum (Hrsg.): Gegenwart als kulturelles Erbe. Ein Beitrag der Germanistik zur Kulturwissenschaft deutschsprachiger Länder. München: Iudicium, 55–83.

Kressin, U. (2013): „Geistliches Erbe. Theologie von Abstammung und Besitz im Frühmittelalter". In: S. Willer et al. (Hrsg.): Erbe. Übertragungskonzepte zwischen Natur und Kultur. Berlin: Suhrkamp, 65–84.

Laclau, E.; Mouffe, C. (1985): Hegemony and Socialist Strategy. Towards a Radical Democratic Politics. London: Verso.

Latin Vulgata Clementina (Clementine Vulgate). Madrid 1946. http://www.bibleserver.com/text/VUL/Galater3.

Lialina, O.; Espenschied, D. (Hrsg.) (2009): Digital Folklore. Stuttgart: Merz Akademie.

Liebsch, B. (2004): „Kultur im Zeichen des Anderen oder Die Gastlichkeit menschlicher Lebensformen". In: F. Jaeger; B. Liebsch (Hrsg.): Handbuch der Kulturwissenschaften. Grundlagen und Schlüsselbegriffe. Bd. 1. Stuttgart: Metzler, 1–23.

Lipp, T. (2011): „Arbeit am medialen Gedächtnis. Zur Digitalisierung von Intangible Cultural Heritage". In: C. Y. Robertson-von Trotha; R. Hauser (Hrsg.) (2011): Neues Erbe. Aspekte, Perspektiven und Konsequenzen der digitalen Überlieferung. Karlsruhe: KIT Scientific Publishing, 39–67.

Lipp, T. (2013): „Materializing the Immaterial: On the Paradox of Medializing Intangible Cultural Heritage". In: M.-T. Albert et al. (Hrsg.): Understanding Heritage. Perspectives in Heritage Studies. Berlin: de Gruyter, 135–151.
Lowenthal, D. (1997): The Heritage Crusade and the Spoils of History. London: Viking.
Marcuse, H. (1967): „Bemerkungen zu einer Neubestimmung der Kultur". In: Ders.: Kultur und Gesellschaft 2. 3. Aufl. Frankfurt/Main: Suhrkamp, 147–171.
Marcuse, H. (1968): „Über den affirmativen Charakter der Kultur". In: Ders.: Kultur und Gesellschaft 1. 7. Aufl. Frankfurt/Main: Suhrkamp, 75–137.
Marchart, O. (2008): Cultural Studies. Konstanz: UVK.
Moebius, S. (2012): „Cultural Studies". In: Ders. (Hrsg.): Kultur. Von den Cultural Studies bis zu den Visual Studies. Eine Einführung. Bielefeld: transcript, 13–33.
Muñoz Morcillo, J. (2014): e-Installation – Telepräsenz-basierte Dokumentation gefährdeter Medienkunstwerke. http://www.zak.kit.edu/e-Installation.
Perpeet, W. (1976): „Kultur, Kulturphilosophie". In: J. Ritter; K. Gründer (Hrsg.): Historisches Wörterbuch der Philosophie. Bd. 4: I–K. Basel: Schwabe, Sp. 1309–1324.
Pichler, A. (2011): „Weltkulturerbe". In: F. Kreff et al. (Hrsg.): Lexikon der Globalisierung. Bielefeld: transcript, 431–435.
Pommier, E. (1989): „Idéologie et musée à l'époche révolutionnaire". In: Les Images de la Révolution française. Actes du colloque des 25–26–27 oct. 1985 tenu en Sorbonne. Études réunies et présentées par Michel Vovelle. 2. Aufl. Paris: Publications de la Sorbonne, 57–78.
Réau, L. (1959): Histoire du vandalisme. Les monuments détruits de l'art francais. Bd. 1. Paris: Hachette.
Robertson-von Trotha, C.Y. (2009): Die Dialektik der Globalisierung. Karlsruhe: Universitätsverlag.
Robertson-von Trotha, C.Y. (2010): „Kulturerbe – Dilemmata des Bewahrens im Wandel". In: O. Parodi et al. (Hrsg.): Wechselspiele: Kultur und Nachhaltigkeit. Annäherung an ein Spannungsfeld. Berlin: edition sigma, 263–274.
Robertson-von Trotha, C.Y.; Hauser, R. (Hrsg.) (2011): Neues Erbe. Aspekte, Perspektiven und Konsequenzen der digitalen Überlieferung. Karlsruhe: KIT Scientific Publishing.
Sahlins, M. (2011): „Kultur". In: F. Kreff et al. (Hrsg.): Lexikon der Globalisierung. Berlin: transcript, 205–208.
Sánchez, G.M. (2012): „Virtual Reconstruction of the Wall and Alcazar of Molina de Segura". In: F. Cipolla-Ficarra et al. (Hrsg.): Human-Computer Interaction, Tourism and Cultural Heritage. Berlin: Springer, 99–112.
Schneider, R.H. (2013): „Tintagel, Glastonbury und Brocéliande. Gespinste aus Fiktion und Realität als „Rezept" zur Überwindung von Erinnerungsbrüchen". In: F. Meier; R.H. Schneider (Hrsg.): Erinnerungsorte – Erinnerungsbrüche. Mittelalterliche Orte, die Geschichte mach(t)en. Ostfildern: Thorbecke.
Serexhe, B. (Hrsg.) (2013): Konservierung digitaler Kunst: Theorie und Praxis. Das Projekt digital art conservation. Wien: Ambra.
Swenson, A. (2007): „'Heritage', ,Patrimoine' und ,Kulturerbe': Eine vergleichende historische Semantik". In: D. Hemme et al. (Hrsg.): Prädikat „Heritage". Wertschöpfungen aus kulturellen Ressourcen. Berlin: Lit, 53–74.
Tauschek, M. (2013): Kulturerbe. Eine Einführung. Berlin: Reimer.

UNESCO (1954): Convention for the Protection of Cultural Property in the Event of Armed Conflict with Regulations for the Execution of the Convention. The Hague. http://portal.unesco.org/en/ev.php-URL_ID=13637&URL_DO=DO_TOPIC&URL_SECTION=201.html.
UNESCO (1972): Übereinkommen zum Schutz des Kultur- und Naturerbes der Welt. Paris. Artikel 1. http://www.unesco.de/welterbe-konvention.html.
UNESCO (2003): Übereinkommen zur Erhaltung des immateriellen Kulturerbes. Paris. http://www.unesco.de/ike-konvention.html.
UNESCO (o.J.): Memory of the World. http://www.unesco.org/new/en/communication-and-information/flagship-project-activities/memory-of-the-world/register/full-list-of-registered-heritage/registered-heritage-page-1/.
Weigelt, F.A. (2007): „Von ‚Cultural Property' zu ‚Cultural Heritage'. Die UNESCO-Konzeptionen im Wandel der Zeit". In: D. Hemme et al. (Hrsg.): Prädikat „Heritage". Wertschöpfungen aus kulturellen Ressourcen. Berlin: Lit, 129–146.
Werner, M.; Zimmermann, B. (2002): „Vergleich, Transfer, Verflechtung. Der Ansatz der Histoire croisée und die Herausforderung des Transnationalen". Geschichte und Gesellschaft 28, 607–636.
Willer, S. (2013): „Kulturelles Erbe: Tradieren und Konservieren in der Moderne". In: Ders. et al. (Hrsg.): Erbe. Übertragungskonzepte zwischen Natur und Kultur. Berlin: Suhrkamp, 160–201.
Willer, S. et al. (2013): „Erbe, Erbschaft, Vererbung. Eine aktuelle Problemlage und ihr historischer Kontext". In: Ders. et al. (Hrsg.): Erbe. Übertragungskonzepte zwischen Natur und Kultur. Berlin: Suhrkamp, 7–36.
Williams, R. (1983): Culture and Society 1780–1950. 2. ed. New York: Columbia University Press.
Wohlleben, M. (1989): Konservieren oder restaurieren? Zur Diskussion über Aufgaben, Ziele und Probleme der Denkmalpflege um die Jahrhundertwende. Zürich: Verlag der Fachvereine.
Wolf, G. (2001): „Vergleichende Kultur- und Mentalitätsforschung". In: G. Helbig et al. (Hrsg.): Deutsch als Fremdsprache. 2. Halbbd. Berlin: de Gruyter, 1179–1193.
ZKM | Zentrum für Kunst und Medientechnologie (1999): That's Kyogen. ZKM DVD-Produktion. Traditionelles japanisches Theater. Karlsruhe. http://on1.zkm.de/zkm/projekte/kyogen.
ZKM | Zentrum für Kunst und Medientechnologie (2000): Mansaku & Mansai. That's Kyogen. Karlsruhe. http://at.zkm.de/node/468.

Dieter Birnbacher
# Intergenerationelle Verantwortung und kulturelles Erbe

## Einleitung

Ihrem Erinnerungsbuch *Sei dennoch unverzagt* setzt Jana Simon ein Zitat ihrer Großmutter Christa Wolf voran: „So gebe ich mich widerwillig mit dem Gedanken zufrieden, wie vieles zu seiner Zeit Wichtiges in jedem Leben auf Nimmerwiedersehen verlorengeht." (Simon 2013, 14) – Vieles geht auf Nimmerwiedersehen verloren, nicht zuletzt wir selbst. Aber vieles bleibt auch bestehen, darunter große Teile des Naturerbes und des kulturellen Erbes. Beide sind gleichermaßen gefährdet – sowohl durch aktives Tun, durch aggressiven Bemächtigungsdrang, Ausbeutung und schlichte Not, als auch durch Geschehenlassen, durch Kurzsichtigkeit, Gleichgültigkeit und Trägheit. ‚Zukunftsvergessenheit' kann viele Ursachen haben: das Gefühl, dass eine dank fortgesetztem Wirtschaftswachstum immer reichere Zukunft schon für sich selbst sorgen wird und sich selbst überlassen werden kann, aber auch die fatalistische Überzeugung, dass der Wellenschlag gegenwärtiger Bemühungen um Substanzerhaltung verebben wird und irgendwann der Zeitpunkt gekommen ist, zu dem niemand diese mehr wertschätzt oder auch nur versteht. Gefährdet ist das Natur- wie das Kulturerbe aber nicht zuletzt aufgrund einer grundlegenden normativen Ambivalenz. Ein Erbe anzutreten, ist Wohltat und Plage in einem: einerseits unverdienter Segen, Geschenk, *windfall profit*, um den man sich nicht sorgen muss; andererseits Verpflichtung und Auftrag. Das Erbe soll weitergetragen werden, möglichst ungeschmälert, wenn nicht vermehrt und angereichert; es soll, wie es bereits im biblischen Schöpfungsmythos heißt, nicht nur *bewahrt*, sondern auch *bebaut* werden, d.h. ohne Substanzverlust genutzt und gepflegt. Der Mensch soll sich des Erbes bedienen, aber es nicht konsumieren oder verkommen lassen, sondern wie ein vorausschauender Verwalter Nutzung und Erhaltung in eine langfristig aufrechtzuerhaltende, *nachhaltige* Balance bringen. Im Englischen spricht man von *Stewardship*, weiser Sachwalterschaft.

Die Ambivalenz gegenüber dem Verpflichtungscharakter des Erbes löst stets wieder die Frage nach den Gründen aus, aus denen wir eine Verantwortung für die Erhaltung, Pflege und Mehrung dieses Erbes anerkennen und wahrnehmen sollten. Diese Frage stellt sich insbesondere angesichts der für diese Verpflichtungen charakteristischen zeitlichen Asymmetrie. Moralische Pflichten bestehen in der Regel auf Gegenseitigkeit, und diese Gegenseitigkeit macht einen wesentlichen Teil der Motivation aus, sie zu befolgen. Wir verhalten uns anständig gegenüber anderen überwiegend nicht aus purem Altruismus, sondern weil wir selbst anständig behandelt werden wollen. Bei der Vorsorge für die Zukunft entfällt diese Gegenseitigkeit. Die Zukunft hat für uns nichts getan und wird für uns wenig tun können. Die Aussichten darauf, in ferner Zukunft als Wohltäter erinnert zu werden, sind zu schwach, um uns hinreichende eigennützige Gründe zu liefern, unsere zeitliche Selbstherrlichkeit einzuschränken und uns zu Leistungen zu motivieren, die sich, wenn überhaupt, erst in der Zukunft auszahlen. Von daher ist die Zukunftsethik so etwas wie der Lackmustest auf die Moralität unserer Gesinnungen. Ob unsere anscheinend altruistischen Handlungen wirklich altruistische oder doch nicht auch oder überwiegend eigennützige Motive haben, ist, wie Kant gesehen hat, niemals mit vollständiger Sicherheit zu ermitteln, vor allem nicht, wenn man mit sich selbst zu Rate geht. Zu viele Illusionen und Selbsttäuschungen verstellen den Blick auf die eigenen Motive. Bei Investitionen in eine Zukunft, die man selbst mit Sicherheit nicht mehr erlebt und von der man mit Sicherheit nicht mehr betroffen ist, ist das anders. Vorsorge für die Zukunft bedarf genuin moralischer Motive, und darin liegt die besondere Dignität, aber auch die besondere Fragilität der Bemühungen um eine langfristige Erhaltung des Ererbten.

## Verantwortung für die Zukunft – warum?

Erhaltung und Bewahrung des Erbes für eine unabsehbare Zukunft bedarf nicht nur geeigneter Motive, sondern an erster Stelle auch einer überzeugenden ethischen Begründung. Im Zuge der ‚Umweltkrise' der 1970er und 1980er Jahre – weniger eine Krise der bereits lange vorher beschädigten Umwelt als vielmehr ein Erwachen des Krisenbewusstseins – wurde zunächst wenig nach solchen Gründen gefragt. Zu greifbar lagen die mit einem Mal als ‚kritisch' gesehenen Tendenzen auf der Hand. Aber gleichzeitig mit dem wie ein Blitz einschlagenden Club-of-Rome-Bericht *Grenzen des Wachstums* von 1972 erwachte auch die ethische Frage nach Art und Ausmaß der Verantwortung für zukünftige Generationen und nach einem gerechten Ausgleich zwischen den Generationen zu neuem Leben. Bereits John Rawls hatte der intergenerationellen Gerechtigkeit in seiner wirkmächtigen *Theorie der Gerechtigkeit* von 1971 einen wichtigen Platz eingeräumt, einen wichtigeren als der Gerechtigkeit zwischen den reicheren und den ärmeren Nationen der Welt. Die dort formulierten Grundsätze für eine gerechte Einrichtung der Gesellschaft und der staatlichen Institutionen – der Grundsatz der Freiheit und der der Solidarität mit den jeweils Schlechtestgestellten – sollten darin durch eine „gerechte Sparrate" ergänzt werden, nach der sich die Vorsorgeleistungen bemessen sollten, die jede Generation für langfristige Erhaltungs- und Erweiterungsinvestitionen reservieren und dafür der Verteilung innerhalb der jeweiligen Generation entziehen sollte. Die Änderungen, die Rawls in den verschiedenen Auflagen seiner Theorie vorgenommen hat, zeigen, dass er mit der Frage nach der „Gerechtigkeit zwischen den Generationen" mehr als mit jeder anderen gerungen hat (vgl. Birnbacher 1974). Dass eine angemessene Zukunftsvorsorge einen wesentlichen Teil der politischen Gerechtigkeit ausmacht, hat Rawls bis in die letzten Versionen seiner Theorie hinein aufrechterhalten (vgl. Rawls 2003, 245ff.).

An noch sehr viel zentralerer Stelle wurde eine langfristige Zukunftsverantwortung in dem 1979 erschienenen *Prinzip Verantwortung* von Hans Jonas postuliert. Schon der Titel des Buchs, das im deutschen Sprachraum (in Öffentlichkeit und Politik mehr als in der akademischen Welt) auf breite Resonanz stieß, signalisiert den Anspruch, ein Gegenentwurf gegen Ernst Blochs Hauptwerk *Das Prinzip Hoffnung* zu sein. Während Blochs marxistische Hoffnungsphilosophie auf Hegels und Marx' Vertrauen auf einen globalen dialektischen Vervollkommnungsprozess zurückgriff, verstand sich Jonas als zeitgemäßer Erneuerer des Kantischen Kategorischen Imperativs. Während Bloch die Zukunftsorientierung des menschlichen und insbesondere des wissenschaftlich-technischen Handelns als eine geschichtsphilosophisch begründete *natürliche* Tatsache in Übereinstimmung mit einer übergreifenden historischen Tendenz sah, entwickelte Jonas in seinem Werk die Zukunftsvorsorge als eine Verpflichtung, die ohne Rückhalt in einem historischen Prozess, als reiner Imperativ besteht, dessen Erfüllung dem Menschen durch seine bloße Vernunft aufgegeben ist. Der Kantische Imperativ müsse angesichts der drohenden ökologischen und technologischen Gefahren um eine intergenerationelle Dimension erweitert werden, von der Jonas sehr wohl wusste, dass sie der realen historischen Tendenz diametral entgegenlief: Statt auf zunehmende Natureinvereinnahmung, Wirtschaftswachstum und steigenden Komfort durch neue Technologien wollte er die Welt auf Selbstbescheidung, Kultivierung und geistiges statt ökonomisches Wachstum einschwören.

Jonas' *Prinzip Verantwortung* traf, als es erschien, den Nerv der Zeit, wies aber zugleich eine Reihe von irritierenden und geradezu anachronistischen Zügen auf, die den Lesern allerdings zumeist erst auf den zweiten Blick auffielen. Zeitgemäß war das Buch durch seine ausgesprochen pessimistische Grundausrichtung, die die in der Zukunft liegenden Risiken statt der in der Zukunft liegenden Chancen in den Mittelpunkt der Aufmerksamkeit rückte. Soweit man in der Zukunftsethik zwischen einem pessimistischen und einem optimistischen Idealtyp unterscheiden kann, gehörte Jonas eindeutig zu den Pessimisten. Pessimisten zeichnen sich dadurch aus, dass für sie die zukünftigen Generationen gegenüber der gegenwärtigen Generation tendenziell oder potenziell *schlechtergestellt* sind. Verantwortung für zukünftige Generationen ist *konservativer* Natur und beinhaltet primär die Verpflichtung zur Erhaltung des technisch, wirtschaftlich und kulturell Erreichten, zur Schadensvermeidung, zur Vorsorge gegen zukünftige Katastrophen und zur Minimierung von Risiken. Das pessimistische Paradigma liegt dem Malthusianismus des 18. und der Eugenikbewegung des 19. Jahrhunderts und vielen der spezifisch ökologischen zukunftsethischen Ansätze zugrunde. Furcht vor zukünftigen Verschlechterungen statt Hoffnung auf zukünftige Verbesserungen ist der leitende Affekt – im Malthusianismus die Furcht vor einer grenzenlosen Bevölkerungszunahme, in der Eugenikbewegung die Furcht vor einer Degeneration des Genpools, in vielen Modellen der ökologischen Ökonomie die Furcht vor einer Gefährdung der natürlichen Lebensgrundlagen und damit der Bedingungen der Existenz der menschlichen Gattung insgesamt. Seinen prägnantesten Niederschlag hat diese pessimistische Sicht in Hans Jonas' Postulat einer „Heuristik der Furcht" (Jonas 1979, 8) gefunden, nach der in erster Linie Risiken vermieden und erst in zweiter Linie Chancen genutzt werden sollen. Das Schadensrisiko soll stärker gewichtet werden als die Erfolgschancen. Im Zweifelsfall soll auch auf beträchtliche technische Fortschritte zugunsten der Minimierung des Katastrophenrisikos verzichtet werden. Demgegenüber sieht der optimistische Idealtyp Verantwortung für zukünftige Generationen primär als Verpflichtung zur Verlängerung eines sich von der Gegenwart in die Zukunft hinein fortsetzenden *Fortschrittsprozesses*. Dieser Typ ist kennzeichnend für die Zukunftsethik der Philosophie der Aufklärung (Condorcet, Kant), des Hegelianismus und Marxismus, der ‚neoklassischen' ökonomischen Theorie und der liberalen politischen Philosophie einschließlich Rawls' *Theorie der Gerechtigkeit*. Bei allen Differenzen sind sich die Vertreter dieser Denkrichtungen darin einig, dass für die Zukunft mit einem Prozess der zunehmenden Vervollkommnung (Condorcet), des zunehmenden Wohlstands (Rawls, Neoklassik) bzw. der zunehmenden Entlastung von Arbeitsleid und Abhängigkeit (Marx, Bloch) zu rechnen ist.

Anachronistisch erscheint Hans Jonas' Zukunftsethik durch die Art und Weise, in der sie die Notwendigkeit, für die Zukunft Verantwortung zu übernehmen, begründet. Dazu greift sie auf eine platonistische Metaphysik zurück, nach der unabhängig vom Menschen so etwas wie ein ideales Menschenbild (eine Idee *echten Menschseins*) existiert, das vom Menschen historisch verwirklicht zu werden fordert und allein um dessentwillen der Mensch verpflichtet sein soll, sein langfristiges Überleben als Gattung sicherzustellen. In letzter Instanz sind wir nicht um der realen zukünftigen Menschen willen verpflichtet, die menschlichen Lebensgrundlagen und die Grundlagen der menschlichen Kultur zu erhalten, sondern um einer Idee „unverkümmerter Menschlichkeit" (Jonas 1979, 393) willen, die irgendwie über den realen Menschen schwebt und ihnen vorgibt, wie sie zu sein und zu leben haben.

Der *Mainstream* der Zukunftsethik ist diesem metaphysischen Konzept überwiegend nicht gefolgt. Er hat die Begründung der Verantwortung für die nähere wie für die weitere Zukunft naheliegenderweise weniger in einer *Idee des Menschen* als vielmehr in innerweltlichen Größen wie den vermutlichen Wertüberzeugungen und Bedürfnissen der in Zukunft lebenden realen Menschen gesehen. Die zu Jonas polar entgegengesetzte Position ist dabei die *utilitaristische*, nach der Moral und moralische Forderungen wesentlich auf die Sicherung und Verbesserung des ‚größten Glücks der größten Zahl' zielen, und die dabei die ‚größte Zahl' nicht nur in einem räumlich übergreifenden, sondern auch in einem zeitlich übergreifenden Sinn versteht. Die Ethik des Utilitarismus hat seit ihren Anfängen im 18. Jahrhundert großen Wert auf die Berücksichtigung des *langfristigen* Nutzens von Handlungen, Strategien und politischen Weichenstellungen gelegt, so dass die Floskel *in the long run* beinahe zu einem eigenständigen Prinzip wurde. Nicht zufällig warnte John Stuart Mill bereits eindringlich vor den Langfristrisiken des Wirtschaftswachstums, der Ressourcenerschöpfung und der ungehemmten Bevölkerungszunahme. Damit akzentuierte die utilitaristische Ethik allerdings lediglich eine Perspektive, die im Grunde ein Kennzeichen aller modernen Ethiken ist: Diese sind ganz überwiegend universalistischer Natur, d.h. zeichnen – im Gegensatz zur Alltagsmoral – keine besondere Gruppe von Menschen und keine besondere raumzeitliche Position aus, sondern gelten für alle gleichermaßen. Für die zeitliche Dimension hat das gravierende Konsequenzen. Während wir in vielen Lebensbereichen die fernere Zukunft gegenüber der Gegenwart und der näheren Zukunft *diskontieren*, d.h. in geringerem Maße berücksichtigen, ist der Standpunkt, von dem aus wir moralisch urteilen, nach universalistischer Auffassung ein *unparteilicher* bzw. *allparteilicher* Standpunkt – nicht nur im Sinne der gleichen Berücksichtigung aller an einer strittigen Entscheidung beteiligten und von ihr betroffenen Interessen und Bewertungsstandpunkte, sondern auch im Sinne zeitlicher Unparteilichkeit. Ob die Betroffenen gegenwärtig leben oder erst in 100 Jahren, ob eine Handlungsweise heute jemanden schädigt oder erst in der Generation unserer Kindeskinder, macht von diesem Standpunkt aus betrachtet keinen Unterschied. Ob eine heute gezündete Bombe morgen detoniert oder erst in 100 Jahren, verlangt dieselbe moralische Bewertung, vorausgesetzt sie richtet jedes Mal denselben Schaden an. Eine Privilegierung der Gegenwart oder der nahen Zukunft gegenüber der ferneren Zukunft lässt sich danach vom moralischen Standpunkt nicht rechtfertigen. Grund dafür ist der Anspruch moralischer Urteile auf Allgemeingültigkeit. Nur Bewertungen, die vom unparteilichen Standpunkt der Moral aus abgegeben werden, haben eine Chance, den für diese Urteile charakteristischen Anspruch auf allgemeine Gültigkeit einzulösen. Wenn diese

Urteile für die Menschen, die in 100 Jahren leben, ebenso gelten sollen wie für die Menschen heute, müssen sie auch deren besondere Perspektive berücksichtigen und Schaden und Nutzen zeitlich unparteilich abwägen. Alles andere wäre eine ‚Tyrannei der Gegenwart' über die Zukunft. Es verwundert denn auch nicht, dass auch andere ethische Universalisten wie Spinoza, Kant und Schopenhauer eine *Diskontierung* der Zukunft ablehnten. Kant war davon überzeugt, dass wir „selbst in Ansehung der allerentferntesten Epoche, die unsere Gattung treffen soll, nicht gleichgültig [...] sein [können], wenn sie nur mit Sicherheit erwartet werden kann" (Kant 1902ff., Bd. 8, 27); und Schopenhauer meinte, dass dem individuellen Willen die „fernste Zukunft wie die Gegenwart auf gleiche Weise angehört und nicht gleichgültig sein kann" (Schopenhauer 1977, 446).

Eine alle zeitlichen Grenzen überschreitende Zukunftsethik trifft allerdings regelmäßig auf Widerstände, vor allem unter dem Aspekt der tendenziellen Überforderung. Es ist in der Tat nicht zu verkennen, dass der spätestens mit der Aufklärung einsetzende und bis heute unabgeschlossene Prozess der „Entgrenzung der Verantwortung" (Kamlah 1973, 105) in räumlicher und zeitlicher Hinsicht zunehmend in Konflikt gerät mit den anthropologischen und evolutionären Ursprüngen der Moral in der überschaubaren Kleingruppe mit begrenzten, im Wesentlichen auf Face-to-face-Kontakte begrenzten Solidaritätsverpflichtungen. Hinzu kommt, dass Erhaltungspflichten, sobald sie über die Generation der Enkel und Urenkel hinausreichen, zwangsläufig nur noch anonyme, unidentifizierte und abstrakte Personen als Empfänger gegenwärtiger Normbefolgung zulassen und damit die Moral von ihren Wurzeln im gesellschaftlichen Nahbereich abtrennen. Damit ist zunächst einmal erklärt, wieso es so große Schwierigkeiten macht, zukunftsorientierte Strategien des langfristigen Ressourcenerhalts gegen stärker gegenwartsorientierte Nutzungsinteressen durchzusetzen. Während etwa das Montreal-Protokoll angesichts der bereits in der Gegenwart erkennbaren Schäden in kürzester Zeit zur Ersetzung der Sprays mit FCKW-Treibgasen führte, haben es das Kyoto-Protokoll und andere gegenwärtige Bemühungen um eine analoge Ersetzung der fossilen Brennstoffe nicht nur, aber auch deshalb sehr viel schwerer, weil mit der Hauptlast der Schäden erst in späteren Generationen zu rechnen ist und obendrein in anderen Weltgegenden als denen, in denen die Hauptschädiger zuhause sind. Für die Begründetheit oder Unbegründetheit entsprechender Vorsorgepflichten sind diese psychologischen Überlegungen, so wichtig sie unter politisch-pragmatischen Aspekten sein mögen, allerdings nicht eigentlich relevant. Denn auch die Menschen der zehnten Generation nach uns müssen wir uns als Menschen aus Fleisch und Blut vorstellen, mit ähnlichen Grundbedürfnissen wie unseren und ebenso angewiesen auf eine bewohnbare, lebensfreundliche und integre natürliche und kulturelle Umwelt.

Allerdings hängt das Ausmaß, in dem Normen der Bestandserhaltung für die Zukunft als Überforderung abgewehrt werden, wesentlich nicht nur von Reichweite und Umfang des geforderten Erhalts ab, sondern auch davon, in welchem Maße die resultierende Ungleichheit zwischen den Generationen für akzeptabel gehalten wird. Die gegenwärtig diskutierten Konzeptionen intergenerationeller Gerechtigkeit unterscheiden sich in beiden Dimensionen. So fordert der Utilitarismus mit seinem Prinzip der Nutzenmaximierung *in the long run* einerseits besonders hohe Aufwendungen von den früher lebenden Generationen unter der Annahme, dass sich diese in späteren Generationen in hohen Nutzengewinnen, quasi mit Zins und Zinseszins, auszahlen. Andererseits vermag er in der sich ergebenden intergenerationellen Ungleichheit als solcher kein Problem zu erkennen, da er sich lediglich an dem Nutzenintegral über alle Generationen, die jeweils in den Horizont der Betrachtung fallen, orientiert. Die häufigste Kritik an utilitaristischen Modellen intergenerationeller Gerechtigkeit richtet sich dabei insbesondere gegen die Zumutung an die früheren Generationen, für die Verbesserung der Wohlfahrt späterer Generationen auch dann Opfer bringen zu sollen, wenn anzunehmen ist, dass sich diese (etwa aufgrund des technischen Fortschritts) ohnehin auf einem sehr viel höheren Niveau befinden werden. Unter praktischen Gesichtspunkten dürfte diese – nicht zu leugnende – Unfairness in der Lastenverteilung allerdings dadurch gemindert werden, dass die Vorsorgepflichten für die früheren Generationen bestimmte Grenzen der Zumutbarkeit nicht überschreiten dürfen, wenn sie für diese akzeptabel sein und befolgt werden sollen. Das *optimale* Szenario ist nicht automatisch auch dasjenige, zu dessen Verwirklichung wir moralisch verpflichtet sind. So wird man etwa von den heute ärmsten Ländern nicht verlangen können, dass sie, die bereits Versorgungsprobleme genug haben, zusätzlich erhebliche Sparleistungen für eine zahlenmäßig zumeist noch sehr viel größere zukünftige Bevölkerung erbringen. Im Rahmen eines *pessimistischen* Szenarios, nach dem die späteren Generationen durch mangelndes Sparen der früheren Generationen nicht nur nicht besser, sondern schlechter gestellt werden, sind die Konsequenzen utilitaristischer Vorsorgepflichten intuitiv sehr viel akzeptabler. Unter pessimistischen Annahmen dienen die Opfer der früheren Generationen nicht nur der Verbesserung einer ohnehin schon akzeptablen oder qualifizierten Wohlfahrt späterer Generationen, sondern der Verhinderung von Katastrophen.

Das Extrem auf der anderen Seite sind *minimalistische* Lösungen des intergenerationellen Verteilungsproblems, bei denen die gegenwärtige Generation zur Erhaltung des vorgefundenen Ressourcenbestandes, aber zu keiner weitergehenden Vorsorge verpflichtet ist. In diesem minimalistischen Sinn wird gelegentlich auch das Prinzip des *sustainable development* interpretiert, das seit dem *Brundlandt Report* der Vereinten Nationen (Hauff 1987) zu einem integrativen politischen Schlüsselbegriff geworden ist. Danach soll sich in einer Welt begrenzter Ressourcen jedes Land so weit wirtschaftlich entwickeln dürfen, wie der Gesamtbestand an globalen Ressourcen dadurch nicht vermindert wird. Ähnlich wie in John Lockes Eigentumstheorie eine ursprüngliche Aneignung von Land nur in dem Maße gerechtfertigt ist, als anderen „enough, and as good" (Locke 1924, 130) verbleibt, soll jede Generation die vorhandenen Ressourcen nur in dem Maße nutzen, als der nächsten Generation Ressourcen derselben Quantität und Qualität verbleiben. Das bedeutet konkret, dass regenerierbare Ressourcen mit keiner höheren Rate genutzt werden, als sie nachwachsen (jeder geschlagene Baum wird durch einen neu gepflanzten ersetzt); dass nicht-regenerierbare Ressourcen durch regenerierbare Ressourcen ersetzt werden (für jedes verbrauchte Barrel Rohöl werden 100 Bäume neu gepflanzt) bzw. durch Wissenszuwächse und technische Verbesserungen, die die Substitution oder vermehrte Ausbeute und Nutzung nicht-regenerierbarer Ressourcen erlauben; dass die ökologischen Spielräume für die Belastung der Biosphäre durch Schadstoffe und Abfälle erhalten bleiben und dass die Funktionen der Ökosysteme und des Klimasystems nicht irreversibel gestört werden. Ein solches minimalistisches Modell (das abgesehen davon aber bereits unter politischen Gesichtspunkten äußerst anspruchsvoll ist) führt dadurch, dass es sehr viel moderatere Vorsorgeverpflichtungen postuliert, zu einer wesentlich gleichmäßigeren Verteilung von Lasten und Erträgen zwischen den Generationen.

## Drei Ansätze zur Begründung langfristiger Erhaltungspflichten

Die Ansätze, die innerhalb der Naturethik entwickelt wurden, um zu begründen, warum wir verpflichtet sind, den überkommenen Bestand an Naturgütern für spätere Generationen und unabhängig von den unmittelbaren Interessen, die wir am Wohl der gegenwärtigen und der zwei unmittelbar folgenden Generationen haben, zu bewahren, lassen sich nahezu bruchlos auf überkommene kulturelle Güter wie Bücher, die Bestände von Archiven und Museen, Bauwerke und die übrigen Erzeugnisse des menschlichen Geistes aus Vergangenheit und Gegenwart anwenden. Die drei Ansätze lassen sich dabei nach der jeweiligen Stärke ihrer Wertvoraussetzungen so in eine Reihenfolge bringen, dass der erste Ansatz die schwächsten Wertannahmen trifft und diese von dem zweiten und dritten jeweils um weitere ergänzt werden, wobei die jeweils spätere die Wertannahmen des Vorgängers übernimmt. Mit der Stärke der Wertannahmen nimmt dabei auch das Ausmaß ab, in dem man für den jeweiligen Ansatz mit allseitiger Zustimmung rechnen kann. Je weitgehender die Wertvoraussetzungen, desto unsicherer ist ein Konsens, vor allem wenn man sich diesen Konsens in eine offene Zukunft hinaus ausgedehnt denkt.

Den ersten und voraussetzungsschwächsten Ansatz kann man *bedürfnisorientiert* nennen, weil er Erhaltungspflichten ausschließlich durch die *Bedürfnisse* begründet, von denen anzunehmen ist, dass sie die Angehörigen späterer Generationen haben werden und für deren Befriedigung sie auf die Nutzung des auf uns gekommenen kulturellen Erbes angewiesen sein werden. Dieser Begründungsansatz ist zwar von seinen Wertprämissen her schwächer als die beiden anderen Ansätze, zugleich aber auch sehr viel robuster. Dass etwas wertvoll ist, weil es ein menschliches Bedürfnis befriedigt, ist eine nahezu universal anerkannte Prämisse, sodass eine bedürfnisorientierte Wertlehre als in besonderem Maße verallgemeinerbar gelten kann. Sie ist insofern in besonderer Weise geeignet, den Allgemeingültigkeitsanspruch einer auf diese Wertlehre gegründeten Moral zu stützen. Das gilt insbesondere für den Bereich der menschlichen Grundbedürfnisse, die – mit Ausnahmen – allen Menschen gemeinsam sind und bei Abraham Maslow in dessen bekannte Bedürfnishierarchie eingegangen sind, mit den Subsistenzbedürfnissen an erster, dem Bedürfnis nach Sicherheit und Geborgenheit an zweiter, dem Bedürfnis nach sozialer Integration an dritter Stelle, dem Bedürfnis nach Anerkennung an vierter, dem Bedürfnis nach Freiheit und persönlicher Entfaltung an fünfter Stelle (vgl. Maslow 1943, 372 ff.).

Auf den ersten Blick mag es erscheinen, als sei diese Begründung zu schwach, um als Grundlage weitgehender Verpflichtungen zur Erhaltung des kulturellen Erbes dienen zu können. Zwei wichtige Überlegungen sind jedoch geeignet, diesen Eindruck zu korrigieren. Die erste ist die der weitgehenden Unbekanntheit der konkreten Bedürfnisausprägungen späterer Generationen. Über die konkreten Lebensformen, die sich spätere Generationen als Modi ihrer Selbstentfaltung aneignen werden, können wir aus heutiger Sicht keine irgendwie gesicherten Voraussagen machen. Aus der Geschichte wissen wir lediglich, dass diese einem teils allmählichen, teils jähen Wechsel unterworfen waren, der sich mehr oder weniger direkt auf die Traditionen und Bestandsstränge ausgewirkt hat, die für die Zeitalter und Kulturen von Bedeutung gewesen sind. Während die eine Traditionslinie in Vergessenheit gerät, erlebt eine andere eine Renaissance; auf eine Kultur, die überwiegend von den kulturellen Produkten der Gegenwart zehrt, folgt eine andere, die sich auf ihre historischen Ursprünge besinnt; auf den Ikonoklasmus der einen Generation folgt die mühsame Rekonstruktion des Zerstörten in der nächsten. Angesichts der Unsicherheit der jeweils kulturell geformten und historisch wechselnden konkreten Bedürfnisausprägungen der Zukünftigen besteht insofern auch für den bedürfnisorientierten Ansatz zumindest eine (durch entgegenstehende dringlichere Pflichten einschränkbare) *Prima-facie-*

Pflicht für eine Erhaltung des überkommenen kulturellen Bestandes: Wir sollten die Wahlmöglichkeiten der Zukünftigen nicht leichtfertig einschränken, indem wir die gegenwärtigen Bedürfnisse zum Maßstab der Erhaltungswürdigkeit von Kulturgütern machen und das, was aus heutiger Sicht entbehrlich scheint, verfallen lassen. Mit diesem Argument hatte – in Bezug auf natürliche Arten – bereits John Stuart Mill auf den erstaunlichen Vorschlag Auguste Comtes reagiert, alle Tier- und Pflanzengattungen ohne manifesten Nutzen für den Menschen systematisch auszurotten: „Als ob irgend Jemand behaupten könnte, daß die Wissenschaft nicht in dem unscheinbarsten Kraut dereinst möglicherweise eine für den Menschen heilsame Eigenschaft entdecken werde." (Mill 1968, 127)

Eine zweite Überlegung verweist auf den mit fortgesetztem wirtschaftlichem Wachstum einhergehenden Wandel der Bedürfnisse und den tendenziell geringer werdenden Anteil des Einkommens, der auf die Sicherung der basalen Subsistenzmittel aufgewendet werden muss. Es ist nicht mit Sicherheit, aber doch mit einiger Wahrscheinlichkeit davon auszugehen, dass sich die bisherige Entwicklung hin zu höherem Wohlstand zwar nicht ungebrochen und ohne Rückschläge, aber doch auf lange Sicht fortsetzt, nicht zuletzt dank der weiterhin zu erwartenden Fortschritte von Wissenschaft, Technik und Medizin. Ein solches Fortschrittsszenario entspricht nicht nur dem bisherigen und anhaltenden globalen Trend, es findet sich auch in den subjektiven Erwartungen der überwiegenden Mehrheit der Menschen wieder: Die meisten würden, wenn sie könnten, lieber in der Zukunft als in der Gegenwart oder in der Vergangenheit leben – offensichtlich deshalb, weil sie erwarten, dass ihnen dann noch mehr Hilfsmittel, die das Leben erleichtern, zur Verfügung stehen. Damit dürften aber neben den in der Maslow-Hierarchie mittleren Bedürfniskategorien auch die Bedürfniskategorie der Selbstentfaltung und der hochgradig differenzierten individuellen Lebensstile und Bildungsinteressen stärker in den Vordergrund rücken. Auch wenn sich Konstruktionen wie Ronald Ingleharts Theorie des Wertewandels hin zu einer „postmaterialistischen" Gesellschaft (Inglehart 1977) nur teilweise haben empirisch bestätigen lassen: Mit der zunehmenden Sättigung der unteren könnten die höheren Bedürfnisse zumindest langfristig durchaus an Bedeutung zunehmen, damit aber auch Kulturgüter im Verhältnis zu anderen Gütern.

Der zweite Ansatz, der in der Begründung der langfristigen Erhaltungswürdigkeit von Naturgütern erprobt worden ist, aber ebenso wie der erste problemlos auf das kulturelle Erbe übertragen werden kann, kann im Gegensatz zum ersten *bewertungsorientiert* genannt werden. Während der bedürfnisorientierte Ansatz davon ausgeht, dass den zu erhaltenden Gütern lediglich soweit Wert zukommt, als sie sich als Mittel zur Befriedigung von menschlichen Bedürfnissen (gleich welcher Art) eignen, spricht dieser Ansatz Gütern darüber hinaus einen *inhärenten* Wert zu, wobei dieser Wert jedoch weiterhin auf externen Wertungen beruht.

Der auf C.I. Lewis zurückgehende Ausdruck „inhärenter Wert" bezeichnet einen Wert, der einem Gut zwar „an sich" und unabhängig von (bzw. zusätzlich zu) seinem instrumentellen Wert zukommt, der aber dabei nicht weniger auf menschliche Wertungen zurückgeht als der instrumentelle Wert (vgl. Frankena 1979, 13).

Der entscheidende Unterschied zwischen beiden Arten von Werten ist, dass instrumenteller (bedürfnisbezogener) Wert einem Gut dadurch zukommt, dass es vom Menschen in der einen oder anderen Weise genutzt wird, während inhärenter Wert ihm dadurch zukommt, dass ihm dieser Wert nutzungsunabhängig zugesprochen wird, z.B. als ästhetischer oder Bildungswert. Innerhalb des bedürfnisorientierten Ansatzes haben Güter nur dadurch einen Wert, dass sie das Potenzial haben, an der Herstellung bestimmter erwünschter menschlicher Zustände kausal beteiligt zu sein; innerhalb des bewertungsorientierten Ansatzes haben Güter darüber hinaus auch dann Wert, wenn sie unabhängig davon, ob sie zum Gegenstand der Nutzung werden (und teilweise auch unabhängig davon, ob sie möglicherweise dazu werden) als wertvoll bewertet werden. Inhärenter Wert ist dabei weiterhin betrachterabhängig. Er kommt einer Sache nur soweit zu, als Menschen über bestimmte Empfänglichkeiten und Sensibilitäten verfügen. Der inhärente Wert der Mona Lisa ist ebenso abhängig von den ästhetischen Präferenzen derer, die in den Louvre pilgern, wie die Schönheit eines Sonnenuntergangs vom Auge des Betrachters. Bereits für einen Farbenblinden ist er allenfalls indirekt nachvollziehbar.

Dieser Ansatz ist kein bloßes philosophisches Konstrukt. Es zeigt sich vielmehr in entsprechenden Befragungen, dass viele Menschen den Erhalt bestimmter natürlicher und kultureller Ressourcen – wie öffentlicher Güter generell – auch dann wertschätzen, wenn sie diese Ressourcen weder nutzen noch planen oder voraussehen, dass sie sie in Zukunft nutzen werden. Die Sozialwissenschaften erkennen neben einem Nutzwert und einem Erlebniswert öffentlicher Güter deshalb eine Reihe weiterer Wertungsdimensionen an: den *Optionswert* – den Wert des Offenhaltens einer möglichen späteren Nutzung (man möchte den Wald oder die Bibliothek erhalten wissen, auch wenn man nicht davon Gebrauch macht) –, den *Existenzwert* – den Wert des Wissens, dass ein öffentliches Gut jetzt und in Zukunft existiert – sowie den *Vermächtniswert* – den Wert des Wissens, dass ein öffentliches Gut späteren Generationen erhalten bleibt (vgl. Pommerehne 1987, 178). Selbstverständlich ist bei solchen durch Zahlungsbereitschaftsanalysen ermittelten Wertungen Vorsicht geboten: Erstens überlappen sich diese Wertungsdimensionen stark; wer der Existenz eines Museums in seiner Stadt einen hohen Wert beimisst, obwohl er es selbst nicht nutzt und es nicht zu nutzen gedenkt, wird in der Regel auch der Option, es gegebenenfalls nutzen zu können sowie seiner dauerhaften Erhaltung einen hohen Wert beimessen. Zweitens erlauben solche Befragungen, da sie keine realen, sondern lediglich hypothetische Abwägungen erfordern, nicht unbedingt Rückschlüsse darauf, wie sich die Befragten bei einer realen Konfrontation mit den Kosten verhalten werden. Längst nicht alle, die sich in einer Befragung etwa für die Erhaltung eines Museums aussprechen, sind bereit, zur Finanzierung des Museums Steuererhöhungen in Kauf zu nehmen. Was sich in hypothetischen Zahlungsbereitschaftsanalysen äußert, ist eher Wunsch als Wille. Dennoch sind dieserart Befragungen aufschlussreich, indem sie zeigen, wie weit die individuellen Präferenzen über den jeweiligen individuellen Nutzwert hinausreichen und wie stark die Rolle ist, die kollektive nutzungsunabhängige Werte – das haben etwa Umfragen zum Naturschutz gezeigt – im Wertsystem der Menschen spielen. Wie weit diese Werte tatsächlich auf den demokratischen Willen zu entsprechenden Ressourcenverwendungen (etwa zu Subventionen für kulturelle Einrichtungen und Aktivitäten) durchschlagen, hängt dann zu einem Gutteil von der wirtschaftlichen Leistungsfähigkeit der jeweiligen Gesellschaft ab.

Der von seinen Wertvoraussetzungen her anspruchvollste Ansatz einer Begründung von langfristigen Erhaltungspflichten ist der, den zu erhaltenden Gütern einen *intrinsischen* Wert zuzuschreiben, in dem Sinne, dass ihnen ein Eigenwert beigelegt wird, der unabhängig von allen aktuellen und zukünftigen Bewertungen besteht und auch durch fortgesetzte Geringschätzung nicht gemindert wird. Danach sind bestimmte Güter *an sich* wertvoll und nicht erst aufgrund der Bewertung durch ein irgendwie geartetes bewertendes Subjekt. In diesem Sinn war etwa Kant der Auffassung, dass der „gute Wille" – das moralische Wollen unabhängig von seinem Erfolg oder Misserfolg – etwas sei, das „wie ein Juwel [...] für sich selbst glänze, als etwas, das seinen vollen Wert in sich selbst hat." (Kant 1902ff., Bd. 4, 394) Was die ästhetischen Seiten der Natur betrifft, hat analog der amerikanische Naturschutzphilosoph Holmes Rolston für einen Eigenwert der Natur plädiert: „Selbst wenn man Philosophie studiert hat, bedarf es beträchtlicher Anstrengung, die Idee zu akzeptieren, daß die Schönheit eines Sonnenuntergangs nur im Auge des Betrachters sein soll." (Rolston 1997, 270) Eine noch sehr viel größere Verbreitung ist für diese Überzeugung hinsichtlich kultureller Güter zu vermuten: Viele werden etwa die Neunte Sinfonie von Beethoven als eine intrinsisch wertvolle Kulturschöpfung sehen wollen, deren Wert auch dann weiterbesteht, wenn es eines Tages niemanden mehr geben sollte, der sie wertschätzt. Wer jedoch etwas aus intrinsischen Gründen wertschätzt, d.h. ihm einen bewertungsunabhängigen Wert beimisst, wird in der Regel auch die langfristige Erhaltung dieses Werts wollen. Man ist versucht, Nietzsches Zeile: „Alle Lust will Ewigkeit" auf die Gegenstände der Lust bzw. auf die Gegenstände intensiver Wertschätzung zu beziehen und zu sagen: Was *uns* wertvoll scheint, sollte erhalten bleiben, auch wenn es von anderen weniger oder gar nicht geschätzt wird (vgl. Visser 't Hooft 1999, 122).

Einiges spricht dafür, dass dieser Ansatz stark, aber möglicherweise allzu stark ist. Er begegnet vor allem einem theoretischen Einwand: Es ist nicht klar, was es heißen kann, dass es intrinsische Werte unabhängig von allen Wertschätzungen gibt. Werte sind nicht einfach vorgegeben, sie entspringen aus Bewertungen. Die Werte, für die Philosophen wie Platon, Max Scheler oder Hans Jonas eine bewertungsunabhängige Geltung postuliert haben, waren jedes Mal ein getreues Abbild ihrer ureigensten persönlichen Werthaltungen und weisen starke Züge von zeitlicher, kultureller und persönlicher Relativität auf. Absolute Werte würden eine solche Art von Relativität jedoch ausschließen: Sofern es sie gibt, bestehen sie oder bestehen nicht, erhaben über alle historische und kulturelle Diversität.

Erhaben über den Meinungsstreit darüber, welcher Ansatz die tragfähigste Basis für langfristige Erhaltungspflichten kultureller Güter liefert, sind allerdings zwei Zusatzkriterien, nach denen auf der Basis jedes dieser Ansätze eine besondere Verpflichtung zur Erhaltung besteht, nämlich *Irreversibilität* des potenziellen Verlusts und *Seltenheit*. Zur Vermeidung eines unwiederbringlichen Verlusts ist in der Regel auch ein hoher Aufwand – in Gestalt von Kosten oder Opportunitätskosten (dem Verzicht auf die Verfolgung anderweitiger Ziele) – gerechtfertigt. Seltenheit ist ein Kriterium dafür, das Risiko eines irreversiblen Verlusts in Rechnung zu stellen und entsprechend Vorsorge zu treiben.

## Token oder type?

Eine Frage, die für den Erhalt von natürlicher Vielfalt wie auch für den Erhalt von kulturellen Gütern von einiger Bedeutung ist, ist, ob die Erhaltungswürdigkeit *Individuen* betrifft oder *Gattungen*, ob es auf den Erhalt des einmaligen Objekts ankommt oder auf den Erhalt eines oder mehrerer Exemplare einer bestimmten Art. In logischer Terminologie: Kommt es auf die Erhaltung des *tokens* an oder lediglich auf den Erhalt des *type*? Sind die einzelnen Exemplare, solange sie „perfekte Kopien" sind, durcheinander ersetzbar, oder geht durch die Ersetzung etwas Wesentliches verloren, etwa ihre „Aura", wie Walter Benjamin dasjenige genannt hat, was das Original von der (perfekten) Reproduktion unterscheidet (Benjamin 1961, 155)? In der Naturethik hat diese Frage zu einer ausgiebigen Diskussion im Zusammenhang mit der ethischen Bewertung der Wiederherstellung von Landschaften nach ihrer Zerstörung durch großflächige Nutzungen wie dem Tagebau Anlass gegeben. In dieser Debatte standen sich zwei Kontrahenten gegenüber: auf der einen Seite diejenigen, die jeden Substanzverlust, solange er nicht auf eine irreversible Vernichtung des *types* hinausläuft, für grundsätzlich ersetzbar halten, und diejenigen, die eine Ersetzung mit Bezug auf den besonderen Wert des Echten, Authentischen und Ursprünglichen des *tokens* für eine Art *fake*, eine bloße Nachahmung ohne eigentlichen Wert halten (vgl. Elliot 1982). Freilich, falls die Authentizität eines erhaltungswürdigen Guts einen besonderen Wert besitzen sollte, wäre dieses eher bei kulturellen als bei natürlichen Gütern zu finden, bei denen insbesondere bei stofflich gebundenen Kunstwerken wie Gemälden oder Zeichnungen, aber auch den Autographen von multiplen Kunstformen wie musikalischen oder literarischen, dem Original ein teilweise extrem hohes Vielfaches des Werts einer noch so perfekten Kopie zugeschrieben wird.

Grosso modo wird man sagen können, dass der spezifisch historische Wert dem Original eines bedeutenden Kulturguts eine besondere Erhaltungswürdigkeit verleiht. Authentizität ist allerdings ein Wert von sehr eingeschränkter Reichweite. Wir interessieren uns für Authentizität da, wo dieser Wert mit zusätzlichen Werten zusammengeht, etwa dem Wert als Zeitdokument, der Bedeutsamkeit der Wirkungsgeschichte, der künstlerischen Qualität, oder mit relationalen Werten wie der Rolle, die etwa ein Werk der Literatur oder der Kunst in der Geschichte der jeweils eigenen Kultur gespielt hat. Nur ein kleiner (aber feiner) Teil des kulturellen Erbes dürfte dieser Bedingung genügen. Den Löwenanteil des kulturellen Bestandes dürften Objekte ausmachen, für die – in Analogie zum *safe minimum standard* in der Ökologie (Bishop 1980, 209) – die Erhaltung eines sicheren Minimalbestands (an Exemplaren, Kopien, Versionen usw.) ausreichend scheint.

## Literatur

Benjamin, W. (1961): „Das Kunstwerk im Zeitalter seiner technischen Reproduzierbarkeit". In: Ders.: Illuminationen. Frankfurt/Main: Suhrkamp, 148–184.
Birnbacher, D. (1977): „Rawls' Theorie der Gerechtigkeit und das Problem der Gerechtigkeit zwischen den Generationen". Zeitschrift für philosophische Forschung 31:3, 385–401.
Bishop, R.C. (1980): „Endangered Species: an Economic Perspective". In: Transactions of the Forty-Fifth American Wildlife Conference. Washington, DC: Wildlife Management Institute, 208–218.
Elliot, R. (1982): „Faking Nature". Inquiry 25:1, 81–93.
Frankena, W.K. (1979): „Ethics and the Environment". In: K.E. Goodpaster; K.M. Sayre (Hrsg.): Ethics and Problems of the 21st Century. Notre Dame, IN: University of Notre Dame Press, 3–20.
Hauff, V. (Hrsg.) (1987): Unsere gemeinsame Zukunft. Der Brundtland-Bericht der Weltkommission für Umwelt und Entwicklung. Greven: Eggenkamp.
Inglehart, R. (1977): The Silent Revolution. Princeton, NJ: Princeton University Press.
Jonas, H. (1979): Das Prinzip Verantwortung. Versuch einer Ethik für die technologische Zivilisation. Frankfurt/Main: Insel.

Kamlah, W. (1973): Philosophische Anthropologie. Sprachliche Grundlegung und Ethik. Mannheim: Bibliographisches Institut.
Kant, I. (1902ff.): Sämtliche Werke. Akademie-Ausgabe. Berlin: de Gruyter.
Locke, J. (1924): Two Treatises of Civil Government. London: Everyman.
Maslow, A.A. (1943): „A Theory of Human Motivation". Psychological Review 50:4, 370–396.
Mill, J.S. (1968): August Comte und der Positivismus. In: Ders.: Gesammelte Werke. Nachdruck. Bd. 9. Aalen: Scientia, 1–141.
Pommerehne, W.W. (1987): Präferenzen für öffentliche Güter. Tübingen: Mohr.
Rawls, J. (2003): Gerechtigkeit als Fairneß. Ein Neuentwurf. Hg. von Erin Kelly. Frankfurt/Main: Suhrkamp.
Rolston, H. (1997) „Können und sollen wir der Natur folgen?" In: Birnbacher, D. (Hrsg.): Ökophilosophie. Stuttgart: Reclam, 242–285.
Schopenhauer, A. (1977): Die Welt als Wille und Vorstellung. Erster Band. Zweiter Teilband. Zürich: Diogenes. (Werke in zehn Bänden. Zürcher Ausgabe Bd. 2).
Simon, J. (2013): Sei dennoch unverzagt. Berlin: Ullstein.
Visser 't Hooft, H.P. (1999): Justice to Future Generations and the Environment. Dordrecht: Kluwer.

# Verlust-/Okklusionsprozesse

Sebastian Barteleit
# Kulturgut in Gefahr: Katastrophen in Archiven und Bibliotheken

Die Archäologen in Belize haben nicht schlecht gestaunt, als sie im Mai 2013 feststellen mussten, dass eine Baufirma eine 2300 Jahre alte Maya-Pyramide zerstört hatte, um Schotter für ein Straßenprojekt zu gewinnen (s. Die Welt 2013a). Kaum zwei Monate später wurde in Peru eine rund 5000 Jahre alte Pyramide nördlich der Hauptstadt Lima von den Bauarbeitern einer Immobilienfirma vernichtet, sie musste wohl den Ausbauplänen der Firma weichen (s. Die Welt 2013b; Der Spiegel 2013).

Kulturgut ist und war stets in besonderer Weise der Vernichtung ausgesetzt, dabei sind die Kulturgüter in Archiven und Bibliotheken aufgrund ihrer fragilen Materialität besonders gefährdet. Papier, Pergament, Papyrus, Tonbänder, Filme, Fotos und andere Trägermaterialien können noch weitaus einfacher vernichtet werden als die beiden Pyramiden. Nicht immer sind dabei so offensichtliche wirtschaftliche Gründe ausschlaggebend – neben intendierten Zerstörungen aus unterschiedlichen Beweggründen gehören Gefahren durch andere menschliche Handlungen oder durch Naturgewalten zu den Faktoren der Vernichtung von Kulturgut, die im Folgenden thematisiert werden.

## Gezielte Vernichtung

Die gezielte Vernichtung von feindlichem Kulturgut als eine Strategie in der Kriegsführung des 20. Jahrhunderts begann mit der bewussten Zerstörung der Universitätsbibliothek im belgischen Löwen durch die Deutsche Armee im Ersten Weltkrieg (vgl. Knuth 2003, 52; Kramer 2007, 6–30; Schivelbusch 1993). Am 25. August 1914 steckten deutsche Soldaten vermutlich als Racheaktion die mittelalterliche Innenstadt von Löwen in Brand und kurz darauf auch die Universitätsbibliothek. Auch wenn die deutsche Seite anschließend behauptete, dass hier nur ein Gegenfeuer gelegt werden sollte, wurde die belgische Sicht der Dinge für die späteren Diskussionen maßgeblich. Als objektives Ergebnis der Brandstiftung loderte für viele Tage das Feuer in dem Bibliotheksgebäude und die Gluthitze verhinderte eine Bergung der Bücher (s. Schivelbusch 1993, 18). Im Mai 1940 wurde die Bibliothek dann erneut von deutschen Truppen in Brand geschossen, vorangegangen war ein mühseliger Wiederaufbau der Gebäude und der Bestände, den weitgehend das Deutsche Reich als Reparationsleistung erbringen musste. Letztlich ist in beiden Fällen der Vorsatz nicht eindeutig belegt, Indizien, die Schivelbusch zusammengetragen hat, lassen aber den Schluss zu, dass zumindest die Vernichtung im Zweiten Weltkrieg strategisch durch das Militär gewollt war (s. Schivelbusch 1993, 173–176).

Auch wenn die Vernichtung von Kulturgut kein Phänomen des 20. und 21. Jahrhunderts ist, drängt sich angesichts der Vielzahl an Vernichtungsfällen, die in den gezielten Zerstörungen der Buddha-Statuen in Afghanistan, der Plünderung und Zerstörung von Irakischer Nationalbibliothek, Nationalarchiv und Nationalmuseum und dem Feldzug der Islamisten gegen die aus ihrer Sicht blasphemische islamische Kultur im Malischen Timbuktu gipfelten, doch der Verdacht auf, dass Kulturgut in Auseinandersetzungen zwischen Staaten, Ethnien und Religionen zu einem wichtigen, auch strategischen Faktor geworden ist.

Die Gründe, dem Gegner zu schaden sind aber sehr unterschiedlich, während man in den genannten Fällen in Afghanistan und Mali radikale religiöse Ursachen vermuten kann, die vielfach zur Vernichtung von Kulturgut geführt haben, scheinen in anderen Fällen auch Strategien der kulturellen, nationalen oder ethnischen Säuberung hinter solchen Aktionen zu stehen.

Beginnen wir mit den religiösen Gründen: Bei der Eroberung von Alexandria durch die Araber im Jahr 681 soll sich der kommandierende Feldherr an den Kalifen Omar gewandt und um Rat gefragt haben, wie mit der dortigen Bibliothek umzugehen sei. Der Kalif soll geraten haben: „Wenn diese Bücher mit dem Koran übereinstimmen, so sind sie nutzlos und brauchen nicht erhalten zu werden. Wenn sie ihm aber widersprechen, sind sie gefährlich und müssen vernichtet werden." Damit war das Schicksal der wohl berühmtesten Bibliothek und ihrer Bücher besiegelt. Auch wenn diese Geschichte vermutlich den historischen Mythen zuzuordnen ist und fanatische Christen im 4. Jahrhundert die letzte überlieferte gravierende Zerstörung der Bibliothek zu verantworten haben, spricht die Wirkungsgeschichte für die Plausibilität des oben Geschilderten (vgl. Schivelbusch 1993, 9–10; Baez 2008, 50–53). Die Bücher dieser Bibliothek wurden in diesem Kontext nicht als Kulturgüter gesehen, die einen Wert jenseits religiöser Fragestellungen haben, sondern wurden nur in den Wertkontext der eigenen Religion gestellt. In diesem Wertkontext werden die Bücher entweder als überflüssig oder als gefährlich angesehen. Die Vernichtung ist die naheliegende Konsequenz. Eine solche Praxis der gezielten Vernichtung von kulturellen Artefakten aus religiösen Gründen durchzieht sicherlich die ganze abendländische und vielleicht auch die Weltgeschichte.

Religiöse Gruppen tendieren oftmals dazu, dem in einem anderen religiösen Lager verorteten Anderen grundsätzliche Existenzrechte abzusprechen. Das muss nicht zwingend in dem Bestreben einer tatsächlichen physischen Eliminierung der Andersdenkenden resultieren – Symbole, Überlieferungen und Traditionen des jeweils Anderen werden jedoch oft Opfer einer solchen Auslöschungspraxis. Dabei muss der Graben zwischen den religiösen Gruppen gar nicht so weit sein, oftmals sind gerade die Unterschiede zwischen den Konfessionen und Gruppierungen einer „Hauptreligion" blutiger und für die jeweiligen Kulturgüter verheerender als zwischen den eigentlichen Religionen. Der oben angesprochene Kriegszug der Islamisten gegen die Bibliotheken und Grabstätten in Timbuktu gehört ebenso in diesen Kontext wie die calvinistischen Bilderstürmer der Frühen Neuzeit oder die Zensur und Vernichtungspraxis der katholischen Kirche – auch wenn diese in ihren eigenen Bibliotheken zumeist Exemplare der verbotenen Literatur überlieferte.

Die Vernichtung der Buddha-Statuen in Afghanistan und der oben zitierte Ausspruch des Kalifen Omar gehören zu den Auseinandersetzungen zwischen den großen religiösen Gruppen. Die Auslöschung der als heilig geltenden Symbole und kulturellen Artefakte der jeweiligen anderen Religion soll die Bedeutung und Macht des eigenen Gottes unterstreichen und manifestieren. Gleichzeitig dient die Zerstörung dieser Kulturgüter aber auch ganz pragmatisch der Mission. Durch Wegfall einer breiten Überlieferung der jeweils anderen Religion wird der Zugang zu deren Inhalten erschwert, wenn in das dann entstehende Vakuum die eigenen Schriften stoßen, kann die Verbreitung dieser Texte hingegen erleichtert werden. Durch den Verlust von heiligen Schriften und Orten wird also die religiöse Praxis des Anderen behindert und bei gleichzeitiger Errichtung eigener religiöser Symbole der Anspruch der eigenen Religion verdeutlicht. Besonders prägnant kann dies beim missglückten Versuch, die Moschee Mezquita in Cordoba durch den Neubau einer katholischen Kathedrale umzuschreiben, beobachtet werden. Die drittgrößte Moschee der Welt wurde mit der Christianisierung Spaniens 1236 zur Kirche geweiht. Erst im Jahr 1532 begann unter Bischof Don Alonso Manrique der entscheidende Umbau des Gebäudes. Letztlich jedoch geht der große Kirchenbau in dem unendlich scheinenden Säulengang der Moschee geradezu unter, was Kaiser Karl V. zu dem Ausspruch veranlasst haben soll: „Ihr habt etwas erbaut, das man überall hätte bauen können, und etwas zerstört, das einmalig war." (Giese-Vögeli 2007, 4; vgl. a. Tamussino 1995, 76) Es sei an dieser Stelle nicht verschwiegen, dass die Moschee wiederum auf den Grundmauern einer westgotischen Kathedrale errichtet wurde.

Auch bei den Vernichtungen von Kulturgütern aus nationalistischen oder ethnizistischen bzw. rassistischen Beweggründen liegt ein grundsätzlich ähnliches Muster vor. Hier wird der jeweils Andere nicht religiös sondern als Angehöriger einer anderen Nation oder einer anderen Ethnie begriffen. Die oben erwähnte doppelte Vernichtung der Löwener Bibliothek mag in einen solchen Kontext zu stellen sein, oder auch die Bücherverbrennung im Nationalsozialismus. Noch näher an der Gegenwart und auch geografisch beängstigend nahe war aber die

Vernichtung von nationalem Kulturgut in den Kriegen der 1990er Jahre im ehemaligen Jugoslawien. Die Bombardierung der alten Brücke von Mostar oder die Zerstörung von Bosnischem Nationalarchiv, Nationalbibliothek und Universitätsbibliothek wurden weithin nicht als militärischer Kollateralschaden gedeutet, sondern als zielgerichtete Zerstörung von Orten und Materialien des kulturellen Gedächtnisses der Bosnier (vgl. Perry 2010, 54–55; Kovačević 1996, 181–186).

In all diesen Fällen der gezielten Vernichtung von Kulturgut klingt auch die Reminiszenz an den Topos der *damnatio memoriae* bzw. *abolitio memoriae* an. In dieser vor allem im Römischen Reich praktizierten Kulturpraxis wurden die Namen und Andenken von besonders verachteten oder verhassten Menschen aus den überlieferten Quellen gestrichen und Bildnisse von ihnen vernichtet. In der Vernichtung der kollektiven kulturellen Überlieferung scheint eine solche Praxis auf Personengruppen übertragen worden zu sein (s. Baez 2008, 13). Durch die Vernichtung von kollektiven Gedächtnisüberlieferungen, die in Archiven und Bibliotheken aufbewahrt werden, und durch die Zerstörung von Denkmalen und anderen Orten der materiellen Gedächtniskultur soll demnach analog zu dieser Kulturpraxis das kollektive Andenken einer speziellen Gruppe von Menschen ebenfalls vernichtet werden.

Allerdings ist dieser Vergleich an einer Stelle mit Vorsicht zu verwenden, da die moderne Wissenschaft auch darauf hinweist, dass durch die offensichtliche Streichung von Gedenkmöglichkeiten die Existenz dieser Personen weitaus besser in die Gegenwart überliefert wurde. Eine mögliche andere Interpretation liegt also darin, dass durch die Praxis der *damnatio memoriae* gerade die ausgesprochene Strafe in Erinnerung gehalten werden sollte (s. Hedrick 2000, 93). Ob eine solche Interpretation auch bei der Vernichtung von kollektiver Erinnerung greift, scheint allerdings fraglich.

Allen Versuchen, die Kultur eines Anderen zu vernichten, liegt also anscheinend der Gedanke der grundlegenden Überlegenheit der eigenen Kultur/Religion zugrunde (vgl. Baez 2008, 20). Dies führte und führt auch dazu, dass Kulturgütern in Auseinandersetzungen oftmals überhaupt nicht der Stellenwert zugeschrieben wird, der ihnen nach völkerrechtlichen Vereinbarungen zusteht. Als im Jahr 2003 die Irakische Nationalbibliothek, das Nationalarchiv und das Nationalmuseum geplündert und in Brand gesteckt wurden, waren wohl nicht die Soldaten der „Koalition der Willigen" die Urheber dieser Zerstörungen, wohl aber haben sie augenscheinlich auch nichts unternommen, um dem Zerstörungswerk Einhalt zu gebieten. Zumindest unbewusst scheint also bei den Soldaten die Bedeutung dieser Kulturgüter eine geringe Rolle gespielt zu haben, obwohl in der Haager Konvention zum Schutz von Kulturgut bei bewaffneten Konflikten in Artikel 5 sich die Vertragsstaaten verpflichtet haben, im Fall einer Besetzung die örtlichen Behörden bei der Sicherung der Kulturgüter zu unterstützen. Allerdings muss angemerkt werden, dass die USA erst 2009 der 1954 verabschiedeten Konvention beigetreten sind, wenngleich die USA den Roerich-Pakt im Jahr 1935 unterzeichnet hatten, der eine ähnliche Zielrichtung wie die Haager Konvention hat (vgl. Bundesamt für Bevölkerungsschutz und Katastrophenhilfe 2007; Frank/Schipper 2010).

## Nicht intendierte Zerstörung

Es gibt aber auch nicht intendierte Zerstörungen von Kulturgut durch Menschen. In den eingangs geschilderten Fällen der beiden südamerikanischen Pyramiden kann man von einer teilintendierten Vernichtung ausgehen. Ziel war zwar nicht die Vernichtung von Kulturgut, sondern zum einen das Gewinnen von Rohstoffen für den Straßenbau und zum anderen das Freimachen eines Baufeldes. Das Ergebnis gleicht aber den gezielten Aktionen, die bislang beschrieben wurden. So unglaublich die Vernichtungsaktionen in Peru und Belize anmuten, so alltäglich sind sie im Laufe der Geschichte gewesen. Gerade bauliche Kulturdenkmäler, in Deutschland mag man an den romanischen Goslarer Dom denken, sind nie davor gefeit gewesen, als Baumaterial für Wohnhäuser weiterverwendet zu werden. Im Bereich des schriftlichen Kulturgutes sind zwar keine größeren Zerstörungen bekannt, aus den spektakulären Funden mittelalterlicher Handschriften, die als Einbandmaterialien verwendet wurden, oder den zu Hunderten auf Flohmärkten zu findenden Grafiken, die einem Druckwerk entnommen wurden, ist aber eine wirtschaftliche Verwertung ersichtlich, die mit der Zerstörung des Kulturgutes einhergeht.

Ein anderer Teil von teilintendierten Zerstörungen sind tatsächliche militärische Kollateralschäden. Die sogenannten Kahnakten des Landesarchivs Nordrhein-Westfalen sind aufgrund eines solchen Ereignisses schwer beschädigt worden und werden auch jetzt noch mehr als 60 Jahre nach dem Schadensereignis restauriert. In den letzten Kriegsjahren des zweiten Weltkrieges betrieb das Staatsarchiv Düsseldorf eine Auslagerung von Archivalien in das ehemalige Salzbergwerk Grasleben bei Helmstedt. Das Bergwerk wurde bereits von zahlreichen Archiven und Bibliotheken als Ausweichlager benutzt. Transportiert wurden im Winter 1944/1945 rund 25 Tonnen Archivgut auf der MS Main 68. Im März 1945 wurde das Schiff gemeinsam mit sieben weiteren Schiffen im Hafen Hannover-Linden bei einem alliierten Fliegerangriff getroffen, es brannte teilweise aus und sank. Es gibt keinerlei Hinweise auf einen gezielten Angriff auf dieses Schiff, stattdessen muss von einem Angriff der Alliierten auf einen strategisch wichtigen Verkehrsknotenpunkt ausgegangen werden (s. Kistenich 2010, 9 und 22–25).

Krieg als Faktor der Gefährdung von Kulturgut ist in Deutschland zwar aufgrund der langen Friedensperiode in Europa weitgehend in den Hintergrund getreten, dürfte historisch und außerhalb Europas aber zu den wichtigeren Faktoren zählen. Die Bestrebungen des Bundesamtes für Bevölkerungsschutz und Katastrophenhilfe, die Haager Konvention auch insofern mit Leben zu füllen, dass bereits in Friedenszeiten Kulturgut präventiv gesichert wird, sollen hier nicht unerwähnt bleiben. Im Programm der Sicherungsverfilmung von Archiv- und Bibliotheksgut werden unersetzliche Stücke auf Mikrofilm fotografiert und anschließend in den zentralen Bergungsort der Bundesrepublik Deutschland eingelagert. In einem ehemaligen Silberbergwerk in der Nähe von Freiburg sollen die so gesicherten Informationen auch einen möglichen Krieg auf deutschem Boden überstehen (vgl. Preuss 2011; Luchterhandt 2011).

Im wahrsten Sinne nicht intendiert sind Katastrophen, die unabsichtlich durch Menschen ausgelöst wurden. Auch wenn die genauen Ursachen für den Einsturz des historischen Archivs der Stadt Köln noch der juristischen Aufarbeitung bedürfen, kann sicherlich festgehalten werden, dass die Errichtung der darunter führenden U-Bahn-Strecke zu der Katastrophe geführt hat. Niemand hat also gezielt eine Schädigung des Archivs herbeiführen wollen und dennoch ist menschliches Handeln für diese Katastrophe verantwortlich (vgl. Fischer 2010). In die gleiche Kategorie, wenn auch meist nicht mit dem gleichen katastrophalen Ausmaß, gehören die unbeabsichtigten Auslöser von kleineren Bränden oder anderen Notfällen. Damit sind nicht die Gefahren gemeint, die aus fehlerhaften oder überalterten technischen Installationen herrühren, sondern die Unglücke, die aufgrund des Betriebs von Kaffeemaschinen und anderen Geräten in Teeküchen, handwerklichen Arbeitens, Rauchens oder des Abbrennens von Kerzen zur Adventszeit entstehen.

Aber in der Tat, auch aus der Substanz von Archiv- und Bibliotheksgebäuden droht ein signifikantes Risiko für das Kulturgut. Als am Abend des 2. September 2004 in der Anna Amalia Bibliothek in Weimar ein Feuer ausbrach, das weite Teile des Gebäudes und der wertvollen Bestände vernichtete, war wohl eine korrodierte Klemmverbindung zwischen einer Aluminium- und einer Kupferleitung verantwortlich für den Verlust von rund 50.000 Büchern des 16. bis 20. Jahrhunderts (s. Knoche 2006, 221; Kolomaznik 2004). Die Archivreferentenkonferenz des Bundes und der Länder nahm dieses und andere Ereignisse zum Anlass, sich speziell in einem Empfehlungspapier den Betriebsrisiken von Archivgebäuden zu widmen (vgl. Archivreferentenkonferenz 2010).

Der Vollständigkeit halber sollte auch auf die nichtintendierte Schädigung von Archiv- und Bibliotheksgut durch schlechte Aufbewahrungsbedingungen oder unsachgemäßen Umgang hingewiesen werden. Diese schleichenden

Schäden können in der Summe durchaus den Umfang einer Katastrophe erreichen, in diesem Band werden diese jedoch in weiteren Aufsätzen behandelt.

## Naturkatastrophen

Neben Faktoren der Zerstörung, die in menschlichem Handeln zu verorten sind, spielen aber auch natürliche Faktoren eine gewichtige Rolle bei der Gefährdung von Archiv- und Bibliotheksgut, auch wenn sich trefflich streiten lässt, ob hier nicht auch menschliches Versagen mit am Werke ist. In Deutschland gehörte die Flutkatastrophe an der Elbe im Jahr 2002 zu den Naturkatastrophen der letzten Jahre, welche die umfangreichste Vernichtung und Beschädigung von Kulturgütern verursachte. Im August 2002 kam es zu einer ungewöhnlichen Wetterlage im Südosten Deutschlands, dem Süden Polens und der Tschechischen Republik, die mittelfristig zur Überflutung von Moldau und Elbe führte. Diese Jahrhundertflut führte zur fast vollständigen Vernichtung der Archivalien des Stadtarchivs Grimma und anderer Archive und Registraturen; allein in Dresden standen die Semperoper und der Zwinger unter Wasser und nur mit Mühe konnten die Kunstwerke der Staatlichen Kunstsammlungen Dresden gerettet werden (vgl. John 2006; Vogel 2012; Voigt 2003). Beim Blick in die ebenfalls von der Flutkatastrophe betroffene Republik Tschechien zeigt sich allerdings, dass in dem Nachbarland das Ereignis ähnliche, wenn nicht sogar größere Auswirkungen hatte (s. Babička 2003). Im Frühjahr 2006 und im Sommer 2013 kam es erneut zu einem vergleichbaren Flutereignis an der Elbe, auch wenn in beiden Fällen die Auswirkungen auf Kulturgut deutlich geringer waren. Dies war sicherlich auch deshalb so, weil sich viele Kultureinrichtungen auf solche Extremwetterverhältnisse vorbereitet hatten (s. John 2006). Dennoch zeigt die Häufung von solchen Flutereignissen, dass der Terminus Jahrhundertflut hier nicht mehr zutreffend ist.

Eine Flutkatastrophe führte auch zu einem verstärkten Bewusstsein für die Notwendigkeit, sich auf Schadensereignisse vorzubereiten. Als im November 1966 der Arno weite Teile der Innenstadt von Florenz überflutete, waren davon auch die Uffizien, die Nationalbibliothek Florenz und das Staatsarchiv betroffen. In letzterem wurden rund 40% der Bestände geschädigt. Die Welle internationaler Hilfe führte in den Folgejahren zu einer Professionalisierung der Notfallvorsorge unter Restauratoren und Konservatoren und damit mittelfristig zur Entstehung von Konzepten der Notfallvorsorge und des Notfallmanagements für Kulturgüter (s. Silverman 2006).

Neben Flutereignissen führen aber auch andere Naturkatastrophen regelmäßig zu Schäden an oder kompletten Verlusten von Kulturgütern. So brachten das Seebeben vor Sumatra und der anschließende Tsunami Weihnachten 2004 nicht nur den Tod von über 200.000 Menschen, sondern führten auch zur Überflutung des Archivs in Banda Aceh, was angesichts der großen humanitären Katastrophe deutlich in den Hintergrund trat. Auch der Tsunami des Jahres 2011, der untrennbar mit dem Namen Fukushima verknüpft bleiben wird, vernichtete sowohl Menschenleben als auch Kulturgüter. Ähnliches gilt für die Zerstörung von vielen Kulturgütern in New Orleans, als Hurrikan Katrina die Stadt verwüstete. Das Erdbeben 2009 im italienischen L'Aquila, nur einen Monat nach dem Einsturz des Historischen Archivs der Stadt Köln, zerstörte viele Baudenkmäler der Stadt und beschädigte das dortige Staatsarchiv, auch wenn das Archivgut weitgehend unversehrt geborgen werden konnte (vgl. Weber 2009; Miracola 2009; Kibe 2013).

Aber auch bei Katastrophen natürlichen Ursprungs stellt sich die Frage nach der menschlichen Mitwirkung. Gerade nach Flutereignissen wird immer wieder verstärkt über die verfehlte Politik der Flussbegradigungen und die fehlenden Polderflächen diskutiert. Diese sind nach gängiger Expertenmeinung mit ursächlich für das Ausmaß von Flutereignissen. Daneben stehen die fehlenden oder unzureichenden baulichen Vorkehrungen gegen Überflutungen, wie z.B. die Erhöhung und Verstärkung von Deichanlagen. Sicherlich sind diese menschlichen Faktoren nicht relevant für die meteorologischen Rahmenbedingungen von Überflutungen, wohl aber tragen sie zu deren Schadenspotenzial bei.

Auf einer weiteren Ebene können menschliche Aktivitäten auch zu einer Zunahme von Naturkatastrophen führen. Auch der fünfte Sachstandsbericht des Intergovernmental Panel on Climate Change (IPCC) geht weiterhin von einer extremen Wahrscheinlichkeit aus, dass der menschliche Einfluss die Hauptursache für die beobachtbaren Klimaveränderungen darstellt (IPCC 2013, 8–9). Auch wenn hinsichtlich der konkreten Folgen der Klimaerwärmung nur begründete Szenarien entworfen werden können, deutet vieles darauf hin, dass die Wahrscheinlichkeit von Extremwetterlagen sich erhöhen bzw. auch die Heftigkeit dieser Wetterlagen zunehmen kann. Starkregen, Hitze- und lange Dürreperioden sowie die Erhöhung des Meeresspiegels sind nur einige der Gefahrenpotenziale, die daraus resultieren (vgl. UBA 2008; Vogel 2012, 252). Vor allem für Menschen und Kulturgüter, die in Nähe der Küsten angesiedelt sind, wird der Klimawandel zur existentiellen Bedrohung. Länder mit schwach ausgeprägten Reliefhöhen im Bereich der Küsten wie z.B. die Niederlande, Deutschland und Bangladesch sind hiervon primär betroffen. In der Regel versuchen die Länder, die Risiken durch Hochwasserschutzmaßnahmen wie Deiche und Sperrwerke zu minimieren; wenn dies nicht oder nicht ausreichend geschieht, sind die Auswirkungen von Flutereignissen verheerend, wie man am Beispiel des Gangesdeltas in Bangladesch immer wieder sehen kann (s. Belt 2011). Daneben stehen aber auch Naturkatastrophen wie Erdbeben und Vulkanausbrüche, die Menschen zwar in ihre jeweiligen Planungen einbeziehen, aber nur schwerlich beeinflussen können.

# Gewichtung

Schwierig wird es, wenn die bisher geschilderten Faktoren für die Gefährdung von Archiv- und Bibliotheksgut quantitativ gewichtet werden sollen. Eine 1996 publizierte Bestandsaufnahme im Archivwesen beschreibt die methodischen Schwierigkeiten einer im Jahr 1994 durchgeführten weltweiten Abfrage der Archive. So waren die Rückläufe geografisch sehr unterschiedlich, während aus Nord-Amerika und der Pazifik-Region nur sehr wenige Rückläufe vorlagen, kamen alleine aus China Rückmeldungen für etwa 3000 Institutionen. Die prozentualen Zahlen müssen deshalb mit besonderer Vorsicht betrachtet werden und wurden in den auswertenden Tabellen auch entsprechend reduziert (s. van Albada 1996, 15). Gefragt wurde in der Bestandsaufnahme nach Schäden an Archivgut, die in der Zeit zwischen 1900 und 1994 aufgetreten sind. In der folgenden Tabelle wurden auch die Schäden, die durch schlechte Lagerung, Handhabung u.ä. resultieren, mit aufgenommen, da ansonsten die prozentuale Grundgesamtheit nicht ersichtlich ist. Methodisch schwierig sind die Zahlen zudem, da in vielen Fällen die Schäden im frühen 20. Jahrhundert oftmals nur schwierig zu benennen sein werden, so z.B. die Aussage italienischer Staatsarchive über Schäden aus der faschistischen Zeit (s. van Albada 1996, 17). Ein Bild, das vermutlich für Bibliotheken nicht komplett anders aussehen dürfte, bildet sich in der Tabelle ab. Das 20. Jahrhundert hat die meisten Schäden aufgrund kriegerischer Konflikte zu erleiden gehabt; bei den Naturkatastrophen lag der Schwerpunkt auf Überschwemmungen, lediglich in den Staaten Nordamerikas kam es zu einer ungewöhnlich hohen Anzahl von Bränden.

Beindruckend ist zudem die Liste der über 6000 Archive, die von Schäden an ihrem Archivgut berichteten. Wenn man zugleich bedenkt, dass z.B. aus Deutschland lediglich 25 Archive eine Rückmeldung gaben, man aber davon ausgehen kann, dass alleine kriegsbedingt während des 2. Weltkrieges ein Großteil der Archive entweder direkte Verluste erlitten hat oder in den Registraturen das potenzielle Archivgut zerstört oder entwendet wurde, wird deutlich, dass selbst diese Liste nur einen kleinen Teil der Zerstörungen des 20. Jahrhunderts dokumentiert (s. van Albada 1996, 37–110). Nicht hinterlegt ist zudem, wie die gemeldeten Schäden quantitativ einzuschätzen sind. Das Schlaglicht, das die aus China gemeldeten Zahlen auf diese Fragestellung werfen, ist erschreckend: Im 20. Jahrhundert sind demnach im Land der Mitte durch Feuer, Überflutungen,

**Tab. 1:** nach van Albada 1996, 21.

|  | Afrika | Asien | Europa | Nordamerika | Pazifik | Süd- & Zentralamerika |
|---|---|---|---|---|---|---|
| N =1291 | 65 | 134 | 1050 | 8 | 7 | 27 |
|  | % | % | % | % | % | % |
| Feuer, zufällig | 5 | 8 | 9 | 63 | – | 30 |
| Feuer, Brandstiftung | 9 | 2 | 10 | – | – | 11 |
| Überschwemmung, von außen | 11 | 3 | 10 | 13 | – | 22 |
| Überschwemmung, von innen | 2 | 3 | 5 | 25 | – | – |
| Erdbeben | – | 7 | 1 | – | – | 11 |
| Andere natürliche Ursachen | – | 0 | – | – | – | – |
| Bewaffnete Konflikte | 2 | 42 | 25 | – | 29 | – |
| Entwendet von Besatzungskräften | 5 | 1 | 8 | – | 29 | – |
| Zivile Unruhen | 11 | 4 | 6 | – | – | – |
| Terrorismus | 0 | – | 0 | – | – | – |
| Instabilität | 3 | 5 | 2 | – | 14 | 11 |
| Bakterien, Insekten und Nager | 9 | 0 | 0 | – | – | – |
| Schimmel und Feuchtigkeit | 2 | 1 | 3 | – | – | – |
| Staub | 3 | – | – | – | – | – |
| Verschmutzung | 1 | – | 1 | – | – | – |
| Schlechte Lagerung | 8 | 1 | 2 | – | 14 | 4 |
| Geringe Restaurierungskapazität | 2 | 2 | – | – | – | – |
| Schlechte Restaurierung | – | 1 | 1 | – | – | – |
| Vernachlässigung | 9 | 1 | 3 | – | – | – |
| Umzug | 2 | 1 | 2 | – | – | 7 |
| Behördliche Anordnung | 2 | 7 | 3 | – | 14 | 4 |
| Unautorisierte Zerstörung | 6 | 0 | 4 | – | – | – |
| Diebstahl | 2 | – | 3 | – | – | – |
| Benutzung | 8 | 0 | 0 | – | – | – |

Erdbeben, aber auch durch Krieg und die Auswirkungen der Kulturrevolution rund 1.369.500 lfm. Archivgut vernichtet und weitere 150.000 lfm. schwer geschädigt worden (s. Auer 1996, 4).

# Schlussfolgerung

Kulturgut ist vielfältigen Gefahren ausgesetzt. Als Identifikationspunkt für Gemeinschaften war und ist es stets feindlichen Übergriffen ausgesetzt gewesen. Dies ist zwar aus einem mitteleuropäischen Blickwinkel in den letzten Jahren in den Hintergrund getreten, muss aber als Gefährdungsfaktor immer im Blick gehalten werden. Aus historischer Sicht sind die vergangenen 60 Jahre in Mitteleuropa eine außergewöhnlich friedliche Zeit gewesen und es steht zu hoffen, dass dies auch für eine weitere längere Zeit so bleiben wird. Wie wahrscheinlich dies jedoch ist, müssen Archive und Bibliotheken im Rahmen ihrer Risikoanalyse abschätzen. In langfristigen Szenarien betrachtet wird meines Erachtens Krieg auch in Deutschland und Europa eine realistische Gefahr für Menschen und Kulturgüter darstellen. Weltweit betrachtet ist auch heute die Zerstörung von gemeinschaftsstiftenden Kulturgütern in bewaffneten Konflikten weiterhin an der Tagesordnung.

Mit dem Anwachsen der Terrorgefahr in Folge der Anschläge des 11. September 2001 ist zudem auch der gezielte Angriff auf Kulturgut aus terroristischen Gründen eine reale Gefahr geworden. Letztlich zielten die Anschläge des 11. September ja auch auf ein Symbol der Vereinigten Staaten von Amerika – die Twin Towers des World Trade Centers standen sinnbildlich für die wirtschaftliche Macht und die international vertretenen wirtschaftlichen Werte der USA und waren somit auch ein identitätsstiftendes Bauwerk.

Daneben stehen die Gefahren durch Naturereignisse, die im Kontext des sich verstärkenden Klimawandels an Zerstörungspotenzial noch zunehmen dürften. Zwar können und sollten Archive und Bibliotheken ihre Energieverbräuche so verringern, dass sie nicht übermäßig zum Klimawandel beitragen, sie müssen sich aber auch im Rahmen der Notfallvorsorge mit dem steigenden Gefährdungspotenzial auseinandersetzen. Vor allem die Lagerungsorte des Kulturgutes müssen auf mögliche von außen eindringende Schadensfaktoren hin untersucht und abgesichert werden.

Auch wenn Archive und Bibliotheken alles in ihrer Macht stehende unternehmen werden, um ihre Überlieferung zu schützen, muss in Zukunft mit Schäden und Verlusten gerechnet werden. So werden auch zukünftige Historikergenerationen, die über unsere Zeit forschen, sich mit der Überlieferungs-Chance und dem Überlieferungs-Zufall (s. Esch 1985) als methodischem Problem auseinandersetzen müssen.

# Literatur

Archivreferentenkonferenz (2010): Betriebsrisiken von Archivgebäuden. Empfehlungen der Archivreferentenkonferenz, ausgearbeitet vom Bestandserhaltungsausschuss der ARK (2010) http://www.landesarchiv-bw.de/sixcms/media.php/120/51983/ARK_Empfehlungen zu Betriebsrisiken von Archivgebäuden 2010.pdf.

Auer, L. (1996): „Archival Losses and Their Impact on the Work of Archivists and Historians". In: International Council on Archives (ed.): Memory of the World at Risk. Archives Destroyed, Archives Reconstituted, Archivum Bd. 42. München: Saur, 1–10.
Babička, V. (2003): „Das Hochwasser 2002 und die tschechischen Archive". Sächsisches Archivblatt. Sonderausgabe Flutschäden in Archiven und Bibliotheken, 51–55.
Baez, F. (2008): A Universal History of the Destruction of Books. From Ancient Sumer to Modern Iraq. New York, NY: AtlasCompany.
Belt, D. (2011): „Bangladesch vor der großen Flut". National Geographic 5, 64. http://www.nationalgeographic.de/reportagen/bangladesch-vor-der-grossen-flut
Bundesamt für Bevölkerungsschutz und Katastrophenhilfe (2007): Schutz von Kulturgut bei bewaffneten Konflikten. 6. Aufl. Bonn: Bundesamt für Bevölkerungsschutz und Katastrophenhilfe.
Der Spiegel (2013): http://www.spiegel.de/wissenschaft/mensch/peru-baufirmen-zerstoeren-5000-jahre-alte-pyramide-a-909511.html.
Die Welt (2013a): http://www.welt.de/vermischtes/weltgeschehen/article116150632/Baufirma-verarbeitet-Maya-Pyramide-zu-Schotter.html.
Die Welt (2013b): http://www.welt.de/vermischtes/weltgeschehen/article117734816/Bauarbeiter-zerstoeren-4000-Jahre-alte-Pyramide.html.
Esch, A. (1985): „Überlieferungs-Chance und Überlieferungs-Zufall als methodisches Problem des Historikers". Historische Zeitschrift 240, 529–570.
Fischer, U. (2010): „Einsturz – Bergung – Perspektive. Ansichten und Einsichten". In: Schmidt-Czaja, B.; Soénius, U.S. (Hgg.): Gedächtnisort. Das Historische Archiv der Stadt Köln. Köln: Böhlau, 39–65.
Frank, E.; Schipper, F.T. (2010): „The Roerich Pact and the Hague Convention of 1954 in the Context of the Law of War: a Comparative Analysis". In: L.M. Strobl; F.T. Schipper (Hrsg.): The Roerich Pact and the Military. Exhibition Catalogue 75 Years Roerich Pact. Schriftenreihe der Landesverteidigungsakademie. Wien: Bundesminister für Landesverteidigung und Sport, 25–33.
Giese-Vögeli, F. (2007): Die Große Moschee von Córdoba zwischen Christianisierung und Re-Islamisierung. Bern: bauforschungonline.ch http://bauforschungonline.ch/sites/default/files/cordoba_kathedrale.pdf.
Hedrick, C.W. (2000): History and Silence. Purge and Rehabilitation of Memory in Late Antiquity. Austin, TX: University of Texas Press.
IPCC (2013): Climate Change 2013: The Physical Science Basis. Approved Summary for Policymakers. Stockholm, 26 September 2013. http://www.de-ipcc.de/_media/IPCC_AR5_WG1_Approved_Summary_for_Policymarkers.pdf.
John, M. (2006): „Das Hochwasser 2002 und seine Folgen für Dresdens Kulturgut". KGS Forum 8, 62–67.
Kibe, T. (2013): „Mass Treatment for Tsunami Damaged Document by Local People Assisted by Conservators". International Preservation News 59–60, 37–41.
Kistenich, J. (2010): Gesunkene Schätze. Die Kahnakten. Schadensgeschichte und Restaurierungsgeschichte. Veröffentlichungen des Landesarchivs Nordrhein-Westfalen 36. Düsseldorf: Landesarchiv Nordrhein-Westfalen.
Knoche, M. (2006): „Organisatorische Sofortmaßnahmen nach dem Brand der Herzogin Anna Amalia Bibliothek". Bibliothek: Forschung und Praxis 30:2, 221–225.
Knuth, R. (2003): Libricide. The Regime-Sponsored Destruction of Books and Libraries in the Twentieth Century. London: Praeger.

Knuth, R. (2006): Burning Books and Leveling Libraries. Extremist Violence and Cultural Destruction. London: Praeger.
Kolomaznik, I. (2004): „Chronologie der Ereignisse". In: Stiftung Weimarer Klassik und Kunstsammlungen; Thüringische Landeszeitung (Hrsg.): „... auf daß von Dir die Nachwelt nimmer schweigt". Die Herzogin Anna Amalia Bibliothek in Weimar nach dem Brand. Weimar, 66–71.
Kovačević, M. (1996): „War Damage Suffered by the State Archive of Bosnia and Herzegovina". In: International Council on Archives (Hrsg.): Memory of the World at Risk. Archives Destroyed, Archives Reconstituted, Archivum Bd. 42. München: Saur, 181–186.
Kramer, A. (2007): Dynamic of Destruction. Culture and Mass Killing in the First World War. Oxford: Oxford University Press.
Luchterhandt, M. (2011): „Kann man Kultur ‚bewahren'? Zur Auswahl bei der Sicherungsverfilmung". Bevölkerungsschutz 3, 8–11.
Miracola, P. (2009): „The Abbruzzo Earthquake – The Rescuing of Cultural Heritage". International Preservation News 49, 25.
Perry, G.E. (2010): „Cultural Cleansing in Comparative Pespective". In: R.W. Baker et al. (Hrsg.): Cultural Cleansing in Iraq. Why Museums Were Looted, Libraries Burned and Academics Murdered. London: PlutoPress, 49–64.
Preuss, B. (2011): „50 Jahre Bundessicherungsverfilmung". Bevölkerungsschutz 3, 2–7.
Schivelbusch, W. (1993): Eine Ruine im Krieg der Geister. Die Bibliothek von Löwen August 1914 bis Mai 1940. Frankfurt/Main: Fischer.
Silverman, R. (2006): „Toward a National Disaster Response Protocol". Libraries & the Cultural Record 41:4, 497–511.
Tamussino, U. (1995): Margarete von Österreich. Diplomatin der Renaissance. Graz: Styria.
Umweltbundesamt (2008): Deutschland im Klimawandel: Anpassung ist notwendig. Dessau: Umweltbundesamt.
van Albada, J. (1996): „Memory of the World – Report on Destroyed and Damaged Archives". In: International Council on Archives (Hrsg.): Memory of the World at Risk. Archives Destroyed, Archives Reconstituted, Archivum Bd. 42. München: Saur, 11–110.
Vogel, M. (2012): „10 Jahre nach der Jahrhundertflut. Sächsischer Werkstatttag für Bestandserhaltung". BIS – Das Magazin der Bibliotheken in Sachsen 4, 251–252.
Voigt, H.J. (2003): „Die Flutkatastrophe im August 2002 und ihre Auswirkungen auf Überlegungen zur Notfallplanung im Sächsischen Staatsarchiv Leipzig". Sächsisches Archivblatt. Sonderausgabe Flutschäden in Archiven und Bibliotheken, 47–50.
Weber, H. (2009): „Die Kölner Katastrophe als Chance für die Bestandserhaltung". In: W. Reininghaus; A. Pilger (Hrsg.): Lehren aus Köln. Dokumentation zur Expertenanhörung „Der Kölner Archiveinsturz und die Konsequenzen". Düsseldorf: Landesarchiv Nordrhein-Westfalen, 51–58.

Sylvia Asmus
# Verstreute Informationsobjekte in Nachlässen

Archive haben in den letzten Jahren ein wachsendes Interesse zu verzeichnen und werden zunehmend von den Kulturwissenschaften entdeckt. Dieses Interesse bezieht sich zwar auch auf die archivierten Dokumente selbst, aber stärker noch steht eine theoretische Beschäftigung mit dem Phänomen Archiv im Fokus. Sowohl die Institution als auch das Konzept Archiv sind Gegenstand der Betrachtungen. Die Macht der Archive (vgl. Hering/Schenk 2013), die Gewalt der Archive (vgl. Weitin/Wolf 2012; Horstmann/Kopp 2010) und ihr Platz in der Erinnerungskultur werden betrachtet und es wird versucht, den häufig verschwommenen und unscharfen Archivbegriff klarer zu umreißen. Wenn im Folgenden versucht wird zu skizzieren, welche Prozesse zur Verstreuung von Informationsobjekten im Archiv führen, so beziehen sich diese Überlegungen auf die Bestände von Literaturarchiven und anderen Institutionen, die mit der Archivierung und Erschließung nicht staatlichen Archivguts befasst sind. Die Übernahme behördlichen Schriftguts durch staatliche Archive ist hier nicht Gegenstand der Betrachtung.

## Physische und virtuelle Mengen

Wenn von der Verstreuung von Informationsobjekten gesprochen wird, suggeriert dies eine Gesamtmenge, von der Teile abgetrennt wurden. Für die Definition einer solchen Gesamtmenge sind unterschiedliche Bezugsgrößen möglich, je nach Betrachtungswinkel unterliegen sie Veränderungen. Eine Verstreuung liegt zum Beispiel vor, wenn Teile eines einzelnen Objekts, beispielsweise eines Manuskripts, an unterschiedlichen Orten überliefert sind. Aber auch die Menge von Informationsobjekten, die zusammen einen physischen Bestand, zum Beispiel einen Nachlass, bilden, kann als Grundmenge angesehen werden. Dabei können Einzelobjekte oder Objektgruppen, die ursprünglich Teil dieser Menge waren, neue Kontexte eingegangen sein. Objekte können beispielsweise vom Bestandsbildner selbst oder von dessen Erben verschenkt oder veräußert worden sein und so vom Ursprungsbestand getrennt liegen. Häufig gelangen Informationsobjekte auch durch Arbeitskontexte in andere Zusammenhänge, Manuskripte können beispielsweise nach Drucklegung im Archiv des Verlags verbleiben, werden dort neu kontextualisiert, finden aber dadurch nicht Eingang in den Nachlass des betreffenden Autors. Nach Gutachtertätigkeiten können Objekte im Besitz des Gutachters verbleiben, vielleicht im Zusammenspiel mit ähnlichen Unterlagen später eine sinnvolle Bestandseinheit in dessen Nachlass bilden, aber so eine Lücke im Bestand des Urhebers hinterlassen. Auch Lebenslinien und Zeitläufte hinterlassen ihre Spuren in Nachlassbeständen. Exil und Migration beispielsweise sind häufig Ursache für Verlust von Unterlagen oder verteilt liegende Bestände. Als Bezugsgröße kann aber auch eine Menge an Informationen definiert werden, die aus natürlicherweise verteilt vorliegenden Objekten zusammengetragen wird. Wenn Informationsträger, zum Beispiel Briefe, vom aktiven Kommunikationsmittel zum Forschungsgegenstand werden, wird ihr Zweck, Information vom Sender zum Empfänger zu transportieren, durch den Blick eines Dritten verändert, ungeachtet dessen, dass bestimmte Briefe auch bereits mit Blick auf eine spätere Publikation verfasst worden sind. Briefe und Gegenbriefe, die aufgrund ihrer Funktion erwartungsgemäß voneinander getrennt beim jeweiligen Adressaten und Absender verwahrt werden, bilden als Forschungsgegenstand Informationseinheiten, die sich aus verstreut vorliegenden Einzelobjekten speisen. Thomas Manns Briefe beispielsweise richten sich an mehr als 4000 Adressaten (vgl. Bürgin/Mayer 1977, XV) und legen so eindrucksvoll Zeugnis davon ab, welches Maß an Verstreuung ein rekonstruierter Nachlass im Sinne eines Gesamtbestands aufweisen kann.

Die Definition von Informations- oder Objektmengen variiert also je nach Betrachtungswinkel. Verteilt vorliegende Informationsobjekte führen nicht zwangsläufig, sondern häufig nur vor bestimmten Fragestellungen zu einem Kontextverlust.

## Der Weg zur Überlieferungsbündelung

„Nachlaß ist dasjenige Schriftgut, das sich bei einem Nachlasser im Laufe seines Lebens organisch gebildet hat" (Dachs 1965, 82), lautet eine Definition, die bezogen auf in Archiven real Vorliegendes auch heute noch standhält. Im Hinblick auf die Rekonstruktion von Beständen im Sinne einer Informationsgesamtmenge greift diese Definition zu kurz. Ein rekonstruierter Gesamtbestand „umfaßt die Gesamtheit alles irgendwie erreichbaren, je von einer bestimmten Person schriftlich Fixierten – und zwar unabhängig von der Art der Tradierung (als Autograph, als Abschrift, Photo oder Druck). Ein derartiger, künstlich herzustellender Nachlaß wird kaum je von einem bestimmten Menschen erreichbar sein." (Stark 1993, 38) So definiert, ist ein Nachlass ein „prinzipiell unabgeschlossenes, dynamisches Gebilde" (Stark 1993, 39).

Die Überlieferungsbündelung in Form von Vor- oder Nachlässen in Archiven erscheint heute selbstverständlich. Das dadurch zur Anwendung gebrachte Prinzip, Bestände als geschlossene Einheiten zu betrachten, ist jedoch erst seit dem 19. Jahrhundert zunehmend zu beobachten (vgl. Asmus 2009a, 13ff.). Bevor Wilhelm Dilthey die Einrichtung von Archiven für Literatur forderte (Dilthey 1889, 360–375), war diese Art der gebündelten Aufbewahrung keineswegs üblich, auch wenn Johann Wolfgang von Goethe seinen Vorlass vorausschauend bereits zu seinen Lebzeiten hat ordnen und erschließen lassen. Immanuel Kants Versuch hingegen, der Nachwelt einen geordneten Bestand zu hinterlassen, ist in Teilen missglückt, ein Teil des Bestands ist verstreut, andere Teile sind nicht überliefert.[1] Aber auch nach Dilthey war es eine übliche Praxis, Einzelstücke aus Nachlässen in Autografensammlungen einzugliedern. Die Handschriftenabteilungen vieler Bibliotheken haben dort ihren Ursprung. Das Interesse an Einzelstücken vorwiegend berühmter Persönlichkeiten kann als eine Ursache für die Verstreuung von Informationsobjekten festgehalten werden. Heute ist das Provenienzprinzip als Prinzip der Bestandsbildung und -abgrenzung spartenübergreifend akzeptiert. Die Praxis, überliefertes Material einheitlicher Provenienz als Einheit zusammenzulassen, ist ein wesentlicher Faktor, um der Verstreuung von als Gesamtheit vorliegenden Informationsobjekten entgegenzuwirken. Die übliche Praxis der Anreicherung, d.h. das Hinzufügen provenienzfremden Materials zu einem vorliegenden Bestand, verfälscht die Kontextinformation nur dann, wenn angereicherte Dokumente nicht als solche kenntlich gemacht werden. Unterscheidet die Ordnungsstruktur einen echten Nachlasskern von Material aus Fremdprovenienzen, bleibt die Information unverfälscht. Allerdings kann auch die Anreicherung von Nachlassbeständen zur Zersplitterung führen. Dann etwa, wenn Briefe in einen Bestand aufgenommen werden, die aufgrund ihrer Informationsrichtung dem Bestand des Adressaten zuzuordnen sind, so der Adressat überhaupt zum Bestandsbildner geworden ist. Aber welche Umstände entscheiden darüber, welche Person Bestandsbildner wird und damit eine feste Einheit an Informationsobjekten umgrenzt und welche nicht? „So rettet sich der mindere Autor über seine Korrespondenz ins literarische Archiv und damit in die virtuelle Nachwelt: Hat er mit anderen, prominenteren oder bereits archivierten Autoren (Bestandsbildnern) Briefe gewechselt, so bewahren diese ihn postum vor dem Fall ins Vergessen", beschreibt Ulrich Raulff den Bewertungsprozess (Raulff 2009, 232). In anderen, beispielsweise thematisch ausgerichteten Archiven gelten andere Bewertungskategorien. Nicht Prominenz, sondern thematische Relevanz und exemplarische Funktion können beispielsweise die Transformation einer Person zum Bestandsbildner begründen.

Archive sind darum bemüht, komplette Bestände zu übernehmen, die Einrichtung von Zweitarchiven, also das Verteilen von Beständen auf unterschied-

---

[1] Zum Nachlass von Immanuel Kant siehe Stark (1993) sowie Raulff (2009).

liche Institutionen liegt nicht in ihrem Interesse. Die Übernahme von Beständen durch Archive ist jedoch häufig an bestimmte Voraussetzungen gebunden. Ressourcenprobleme oder mangelnde Erwerbungsmittel können der Übernahme von potenziell interessanten Beständen entgegenstehen und dazu führen, dass Bestände zerschlagen, thematisch auf unterschiedliche Einrichtungen verteilt, oder dass besonders wertvolle Stücke über den Autografenhandel verbreitet und damit auseinandergerissen werden.

## Aktive Verstreuung durch den Bestandsbildner aufgrund der thematischen Zuordnung

Einflussnahmen auf den Erhalt von Informationszusammenhängen durch Archive sind nur möglich, wenn Bestände komplett angeboten und übergeben werden. Das ist nicht immer der Fall. Die Bewertung von Schriftstücken und Objekten, die Entscheidung über Archivwürdigkeit oder -unwürdigkeit – also Aufbewahrung oder Vernichtung –, wird häufig bereits vor der Übergabe an ein Archiv getroffen. Agierende können der Bestandsbildner selbst oder dessen Erben, Korrespondenzpartner oder andere Personen und Institutionen sein, die in irgendeiner Funktion mit dem Informationsobjekt befasst waren.[2] Dabei unterscheiden sich die Einschätzungen häufig von denen der Archive. Objekte werden in den Kulturwissenschaften zunehmend zum Forschungsgegenstand und sind im musealen Zusammenhang seit jeher von großem Interesse. *Dinge des Exils* beispielsweise können Aussagen transportieren, die schriftliche Unterlagen nicht zu treffen vermögen. Objekte, persönliche Dokumente, Familienkorrespondenzen werden häufig unterschätzt. Gerade Familienbriefe können für die Biografie und das Werk wichtige Informationen bereithalten. Aber die Entscheidung, ehemals Privates in einer Gedächtnisinstitution öffentlich zugänglich und damit zum Forschungsgegenstand zu machen, bedarf gründlicher Überlegung. Mangelnde Information über mögliche Sperrfristen führt nicht selten zur Abspaltung solcher als privat eingestufter Unterlagen vom Restbestand. Anzutreffen sind auch wertende Eingriffe, die nachgelassene Zeugnisse im Hinblick auf deren Aussage über den Bestandsbildner einteilen. Manchmal geht damit nicht nur die Verstreuung, sondern auch ein Verlust solcher Informationseinheiten einher, die das Ansehen des Nachlassers vermeintlich beschädigen könnten. Für die vom Nachlasser oder dessen Nachkommen als bewahrenswert und forschungs-

---

2 Siehe auch Weigel (2005).

relevant eingestuften Objekte und Unterlagen wird dann der beste Platz für die dauerhafte Aufbewahrung sondiert. Dabei gibt es unterschiedliche Möglichkeiten der Zuordnung und Bewertung und nicht selten ist die Teilung oder Verstreuung von Beständen eine Folge. Die Frage, ob eine Handschriftenabteilung, ein Literaturarchiv oder ein staatliches Archiv der adäquate Aufbewahrungsort für den jeweiligen Nachlass ist, kann aus unterschiedlichen Perspektiven zu divergierenden Antworten führen. Diese Frage beschäftigt nicht nur Nachlassgeber, sondern auch Archivare und Bibliothekare – seit Jahrzehnten. Bereits 1926 formulierte Ivo Striedinger eine Theorie zur Trennung von Bibliotheks- und Archivgut. Der *Endzweck* des Materials sollte über die Zuordnung entscheiden. Nachlässe von Diplomaten, Staatsmännern, Politikern und Militärs wurde ein rechtlicher Endzweck zugeschrieben, für diese sollten staatliche Archive zuständig sein. Bibliotheken galten nach dieser Theorie als geeignete Orte für die Archivierung von Nachlässen von Dichtern, Musikern und Gelehrten (vgl. Striedinger 1926). Diese Trennung hat sich zwar nicht kategorisch durchgesetzt, aber eine Tendenz lässt sich doch erkennen, auch wenn heute die Frage der Abgrenzung zwischen den Sparten Bibliothek, Literaturarchiv, Museum und staatliches Archiv neu gestellt und anders beantwortet wird. Problematisch wird die Zuständigkeitszuweisung etwa bei Persönlichkeiten, die auf unterschiedlichen Feldern tätig waren. Der Versuch, das Material nach trennscharfen Kriterien auf unterschiedliche Institutionen aufzuteilen, erweist sich in der Realität aus unterschiedlichen Gründen häufig als undurchführbar. Die aktive Verstreuung von Informationsobjekten auf mehrere Archive oder auch auf den Autografenhandel kann unterschiedlich motiviert sein. Ökonomische Interessen können im Vordergrund stehen. Auch die Einschätzung, dem Bestandsbildner durch die Verteilung des Nachlasses auf mehrere Einrichtungen zu mehr Präsenz zu verhelfen und die Unterlagen durch mehrere Institutionen gesichert zu wissen, kann ein Motiv sein. Unterlagen sollen dort archiviert werden, wo sie von der Forschung aufgrund eines entsprechenden Kontextes aufgefunden und benutzt werden. Es lässt sich aber schwer voraussagen, vor welcher Fragestellung nachgelassene Unterlagen in der Zukunft relevant werden. Ein konstruierter Fall: In welches Archiv gehört der Nachlass eines exilierten deutschsprachigen, ursprünglich aus dem Rheinland stammenden Schriftstellers, der unterschiedliche Materialtypen umfasst? Eine Reihe von Archiven käme in Betracht. Allzu häufig wird als Antwort auf diese Frage thematisch oder nach anderen Kriterien aufgeteilt: Dokumente werden von Manuskripten getrennt, besondere Medientypen herausgelöst, es wird chronologisch oder nach regionaler Relevanz zugeordnet. Die Entscheidung, Teile des Materials in der Familie als Erinnerungsstücke zu überliefern, ist ein weiterer Baustein auf dem Weg zum verstreuten Bestand.

## Konkrete Beispiele

Anhand von wenigen konkreten Beispielen aus der Archivpraxis kann die Verstreuung von Informationsobjekten in Nachlassbeständen nachvollziehbar gemacht werden.

### Der verteilte Nachlass von Ulrich Becher

Der Nachlass des Schriftstellers und bildenden Künstlers Ulrich Becher (1910–1990) liegt verteilt vor. Ein Bestand wird im Deutschen Exilarchiv 1933–1945 der Deutschen Nationalbibliothek verwahrt, der zweite Teil im Schweizerischen Literaturarchiv der Schweizerischen Nationalbibliothek. Ein erster Teilnachlass wurde noch zu Lebzeiten Ulrich Bechers 1985 vom Deutschen Exilarchiv erworben. Unterschiedliche Materialarten wie Korrespondenzen, Manuskripte, Zeichnungen und Dokumente zur Lebensführung wurden übernommen. Nach dem Tode des Autors wurden weitere Materialien aus dem Familienbesitz aufgenommen. Mehrfach wurde der Bestand in den Folgejahren um Konvolute aus Privatbesitz erweitert (vgl. Asmus 2009b). Das Schweizerische Literaturarchiv in Bern erwarb einen Teilnachlass aus Privatbesitz 1993 im Zuge einer Ausstellung über Ulrich Becher, auch dort wurde dieser Bestand in der Folgezeit erweitert. In beiden Fällen lagen die übernommenen Archivalien in ungeordnetem Zustand vor und umfassten unterschiedliche Materialarten. „Ulrich Bechers Manuskripte, Briefe usw. sind in einem heillosen Durcheinander in 3 Kellern verteilt, in Kisten, Koffern und Schachteln. Wo und was überhaupt vorhanden ist, weiss ich kaum (Bestimmt Briefe von George Grosz)", beschrieb Dana Becher dem Deutschen Exilarchiv den Bestand (Dana Becher an Brita Eckert, Deutsches Exilarchiv 1933–1945, Basel, 14.07.1985, Akten des Deutschen Exilarchivs 1933–1945 der Deutschen Nationalbibliothek). Eine abgrenzende Aufteilung nach nachvollziehbaren Kriterien, etwa in einen schriftstellerischen Nachlass und einen Bestand mit Bechers Zeichnungen, hatte nicht stattgefunden. „Erst im Laufe der Detailerschließung der Bestände [des Schweizerischen Literaturarchivs] zeigte sich mit aller Deutlichkeit, wie eng der Bestand des SLA mit jenem des Deutschen Exilarchivs verflochten ist: Bis in einzelne Brief- und Manuskriptkonvolute hinein geht die Verteilung auf die zwei Archive, so dass eine vertiefte Forschung ohne Konsultation beider Bestände kaum möglich ist." (Sommer/Weber 2009, 18) Die erwähnte Korrespondenz Ulrich Bechers mit George Grosz beispielsweise ist auf beide Institutionen verteilt, Manuskriptfassungen, zum Beispiel von Bechers Roman *Murmeljagd*, liegen an beiden Orten vor. Diese massive und verschiedene Ebenen durchdringende Verstreuung der Informationsobjekte hat selbstverständlich

Auswirkungen auf die Erforschung der Bestände, beide Teile müssen bei grundlegenden Forschungsvorhaben zwingend herangezogen werden. Eine virtuelle Zusammenführung des geteilten Nachlasses wäre ein sinnvolles und notwendiges Unterfangen, um die Vielschichtigkeit und Reichhaltigkeit der Bestände für Forscher darzustellen. Aus dieser Sicht und vor der üblichen Praxis, die Einrichtung von Zweitarchiven zu vermeiden, mag die Verteilung der Nachlassbestände misslich sein. Mit Blick auf Bechers Biografie hat sie fast symbolischen Charakter: Die Versprengung seiner Unterlagen über nationale Grenzen hinweg passt zu Biografie und Werk Ulrich Bechers, der sich in unterschiedlichen kulturellen Kontexten bewegte und diese in seinen schriftstellerischen Arbeiten aufnahm. 1910 in Berlin geboren lebte Ulrich Becher seit 1933 abwechselnd in der Schweiz und Österreich, 1941 emigrierte er nach Brasilien und 1944 weiter in die USA. 1948 kehrte Becher nach Österreich zurück, ab Mitte der 1950er Jahre lebte er in der Schweiz.[3]

## Der verteilte Nachlass von Prinz Hubertus zu Löwenstein

Der Nachlass des Publizisten und Politikers Hubertus Prinz zu Löwenstein (1906–1984) kann als weiteres Beispiel für einen verteilt vorliegenden Bestand gelten: ein Teil der Unterlagen wird im Bundesarchiv, ein anderer im Deutschen Exilarchiv 1933–1945 verwahrt. Diese Aufteilung auf zwei Institutionen wurde bereits zu Lebzeiten des Bestandsbildners vereinbart. 1970 fanden Verhandlungen über den Ankauf des im Besitz Prinz zu Löwensteins befindlichen Archivs der *American Guild for German Cultural Freedom / Deutsche Akademie im Exil*, deren Begründer Löwenstein war, statt. Dabei war auch die Übernahme der politischen Korrespondenz Löwensteins durch das Bundesarchiv Gegenstand der Gespräche. Die Aufteilung erfolgte in Absprache Löwensteins mit den beiden Einrichtungen nach diesen Bestandsgruppen. Das Archiv der *American Guild for German Cultural Freedom / Deutsche Akademie im Exil* wurde vom Deutschen Exilarchiv, der persönliche Bestand, vorwiegend politische Korrespondenz, vom Bundesarchiv übernommen. Die Erwerbungsakten lassen erkennen, dass nach Übernahme dieser Grundbestände sukzessive weitere Materialien an die beiden Einrichtungen abgegeben wurden, bei denen die Trennung zunächst beibehalten wurde. Mit der Zeit verwischten sich aber die Kriterien für die Bestandsspaltung, die Zuordnung ließ unterschiedliche Anbindungen zu: „Nächste Woche bekommen Sie noch viel

---

[3] Zu den Teilnachlässen von Ulrich Becher siehe Quarto. Zeitschrift des Schweizerischen Literaturarchivs 29 (2009).

mehr – nämlich die deutschen Pässe von meiner Frau und mir, ausgestellt vor der Emigration – mit Nazi-Ausreisevisum und verschiedenen anderen Visen. Mit diesen, längst abgelaufenen Pässen, sind wir im Oktober 1946 nach Deutschland zurückgekommen. Das ist aber bei weitem nicht alles: Wir haben andere Dokumente aus der Emigrationszeit gefunden, die unbedingt in *Ihre* Archive hineingehören" (Hubertus Prinz zu Löwenstein an Brita Eckert, Deutsches Exilarchiv 1933–1945 der Deutschen Nationalbibliothek, Bonn, 31. März 1984). Im Zuge dieser Korrespondenzen wurde gelegentlich auch nach dem Verbleib von Stücken aus dem Archiv der *American Guild for German Cultural Freedom / Deutsche Akademie im Exil* geforscht. Auf die Frage, ob sich Unterlagen aus der Mappe des exilierten Schriftstellers Arnold Bender, der den Literaturwettbewerb der Deutschen Akademie gewonnen hatte, noch im Besitz Prinz zu Löwensteins befänden, gab dieser Hinweise auf weitere Verstreuungsfaktoren: „Über Arnold Bender, der seinerzeit den Preis für sein Buch gewann: ‚Es ist später denn ihr [wisst]' weiss ich leider nichts. Wahrscheinlich sind seine Unterlagen bei den Preisrichtern geblieben. Aber was ist aus diesen geworden!?" (Hubertus Prinz zu Löwenstein an Brita Eckert, Deutsches Exilarchiv 1933–1945 der Deutschen Nationalbibliothek, Bonn, Karsamstag 1984). Nach dem Tode Prinz Löwensteins wurde dem Deutschen Exilarchiv ein noch im Privatbesitz verbliebener Nachlassteil Prinz Löwensteins angeboten. Neben dem Archiv der *American Guild for German Cultural Freedom / Deutsche Akademie im Exil* wurde ein besonders für die Exilbiografie Löwensteins aussagekräftiger Teilnachlass eingerichtet – unter Beachtung der Absprachen mit dem Bundesarchiv. Ein Blick auf die Findbücher der Bestände macht aber deutlich, dass eine strikte Abgrenzung offenbar nicht möglich war, zu stark waren das kulturelle und politische Engagement Löwensteins, Exilgeschichte und Nachkriegszeit ineinander verschränkt. Eine Vielzahl von thematischen Überschneidungen besteht zwischen den Beständen, eine Konsultation beider Bestände ist für Forschungsvorhaben notwendig.

## Manuskriptauktion der American Guild for German Cultural Freedom / Deutsche Akademie im Exil[4]

Das Archiv der *American Guild for German Cultural Freedom / Deutsche Akademie im Exil* besteht aus 968 Personenakten sowie Unterlagen zur Geschäftsführung

---

4 Zur *American Guild for German Cultural Freedom / Deutsche Akademie im Exil* siehe: Deutsche Intellektuelle im Exil: ihre Akademie und die „American Guild for German Cultural Freedom" (1993); eine Ausstellung des Deutschen Exilarchivs 1933–1945 der Deutschen Bibliothek, Frank-

der Organisation. Teil des Archivs sind auch Originalmanuskripte, beispielsweise *Krieg und Frieden* von Alfred Neumann sowie *Hornpipe* von Erich Wolfgang Korngold, um nur zwei zu nennen, die in diesen Fassungen in den persönlichen Nachlässen der Urheber fehlen. Die Überlieferung der Manuskripte im Kontext des Archivs der *American Guild for German Cultural Freedom / Deutsche Akademie im Exil* lässt sich rekonstruieren. Die 1935 auf Initiative Hubertus Prinz zu Löwensteins gegründete Organisation sollte die Finanzierung einer Deutschen Akademie der Künste und Wissenschaften im Exil sicherstellen, die es sich als eine Art Dachorganisation für exilierte Schriftsteller, Künstler und Wissenschaftler zum Ziel gesetzt hatte, die kulturelle Produktion im Exil zu unterstützen. Thomas Mann hatte den Vorsitz der literarischen, Sigmund Freud der wissenschaftlichen Klasse der *Deutschen Akademie im Exil* inne. Eine der größten Herausforderungen der Organisation lag neben Aktionen zur Verbesserung der Produktionsbedingungen in der Gewinnung von finanziellen Mitteln, die an exilierte Schriftsteller, Wissenschaftler und Künstler in Form von Arbeitsbeihilfen weitergegeben werden sollten. Um Gelder einzuwerben, bediente sich die *American Guild* unterschiedlicher Methoden. 1939 beteiligte sie sich an einer Manuskriptauktion der *League of American Writers*. In einer Vielzahl von Briefen wurden Autoren, Wissenschaftler und Künstler um die Einlieferung von Manuskripten gebeten. Der Versteigerungserlös sollte an die exilierten Kulturschaffenden weitergegeben werden. Viele der Angefragten steuerten Werke bei. Aus den im Archiv überlieferten Auktionsunterlagen lässt sich ablesen, dass viele Einlieferungen keine Abnehmer fanden, darunter auch Alfred Neumanns *Krieg und Frieden* und Erich Wolfgang Korngolds *Hornpipe*. Auch die Einlieferung auf einer zweiten Auktion blieb ohne Erfolg. Die Manuskripte wurden mit dem Archiv der *American Guild for German Cultural Freedom / Deutsche Akademie im Exil* überliefert und haben sich so erhalten. Die Einlieferung des Juristen, Publizisten und Sekretärs des *Exil-PEN* Rudolf Olden dagegen, das ebenfalls auf beiden Auktionen unverkauft gebliebene Manuskript seiner Biografie Adolf Hitlers, ist nicht überliefert. Es wurde nach dem erfolglosen Verkaufsversuch retourniert. Da Rudolf Olden und seine Frau Ika im September 1940 bei der Torpedierung des Schiffes *City of Benares* ums Leben gekommen waren, wurde das Manuskript an Oldens erste Ehefrau, Christine Olden, übersandt. Sie sollte es, so ein Aktenvermerk im Archiv, an Oldens Tochter Mary Elisabeth weitergeben, die im Juni 1940 mit einer Gruppe von Kindern von ihren Eltern per Schiff nach Kanada geschickt worden war. In deren Besitz befindet sich das Manuskript heute nicht.

---

furt am Main [Ausstellung und Katalog: Werner Berthold, Brita Eckert und Frank Wende]. München: Saur.

## Der Geheimreport von Carl Zuckmayer

1943/44 verfasste der Schriftsteller Carl Zuckmayer (1896–1977) für den amerikanischen Geheimdienst einen Bericht, in dem er Persönlichkeiten des kulturellen Lebens porträtierte, die während der nationalsozialistischen Diktatur in Deutschland gewirkt hatten. Das *Office of Strategic Service* (OSS) unterhielt verschiedene Abteilungen und Unterabteilungen, darunter die *Biographical Records*, für die Zuckmayer seinen Report anfertigte. Der Geheimreport Zuckmayers ist in dessen Nachlass im Deutschen Literaturarchiv Marbach überliefert. Allerdings ist der Report unvollständig, es fehlen die Seiten 122–124 und 126–131. Im Zuge der Edition des Reports (vgl. Zuckmayer 2002) haben die Herausgeber nach dem Verbleib der fehlenden Seiten recherchiert. Die Vermutung, diese im Archiv des OSS zu finden, hat sich nicht bestätigt. Unerwartet sind jedoch sechs der fehlenden Seiten, die Seiten 126–131, im Nachlass des Journalisten Werner Thormann (1894–1947) im Deutschen Exilarchiv 1933–1945 überliefert. Diese konnten bei der Veröffentlichung des Geheimreports berücksichtigt werden.

Wie die Seiten in den Nachlass Thormanns gelangten, konnten die Herausgeber des Zuckmayer-Reportes teilweise aufklären. Werner Thormann, der zuerst nach Frankreich und von dort weiter in die USA emigriert war, hatte 1943 seine Tätigkeit für das OSS aufgenommen. In dieser Funktion war er für die Auswertung von Zuckmayers Bericht zuständig. In einem Schreiben vom 28. Juli 1944 an Carl Zuckmayer beklagte Thormann bereits, dass die Seiten 122–124 und 126–131 aus Zuckmayers Geheimreport ihm nicht vorlägen und anscheinend „in den Files in Washington oder im Bureau von Mrs. R. geblieben" seien, und er bat um Zusendung einer Kopie. Bei den Blättern, die im Nachlass Thormanns überliefert sind, handelt es sich um Durchschläge mit handschriftlichen Korrekturen. Die verteilte Überlieferung ist auch hier durch einen Funktionszusammenhang entstanden, noch bevor Zuckmayers Report zum Archivgut wurde. In der Edition konnten die verteilt vorliegenden Informationen wieder zueinander gebracht werden. Die Seiten 122–124 gelten dagegen als verloren. Es wird vermutet, dass diese sich im Besitz von Emmy Rado, die im New Yorker Büro die Abteilung *Biographical Records* leitete, befunden haben. Der Verbleib ihres Nachlasses ist unbekannt.[5]

---

[5] Die Angaben sind dem Nachwort der Herausgeber des Geheimreports, Gunther Nickel und Johanna Schrön, entnommen.

## Lösungen

Eine Vielzahl von Beispielen ließe sich anführen, um die unterschiedlichen Ursachen für die Verstreuung von Informationsobjekten zu illustrieren. Von den erwartungsgemäß aufgrund eines Funktionszusammenhangs verstreut vorliegenden Informationsobjekten (Korrespondenzen) sind solche zu unterscheiden, die durch aktive Einflussnahme oder die Zeitläufte aus dem ursprünglichen Kontext gelöst wurden. Während der Nachlass Becher und der Nachlass Löwenstein durch aktives Handeln verteilt wurden, gelangten die Teile des OSS-Berichts Zuckmayers und die Manuskripte aus dem Bestand der *American Guild* durch Funktionszusammenhänge in neue Kontexte. Andere Exilnachlässe weisen beispielsweise Lücken auf, die auf den erzwungenen Ortswechsel zurückzuführen sind. Dabei ist häufig ungeklärt, ob diese Lücken Verlust oder Verstreuung, beispielsweise durch in Aufnahmeländern verbliebene Zeugnisse, bedeuten. Bei solchen Beständen ist mit dem Vorgefundenen umzugehen.

Die Archivierung in den Sammlungen von Gedächtnisinstitutionen, die Bestandserhaltung, ist ein wichtiger Faktor, um überlieferte Dokumente vor dem Verlust zu bewahren. Der Verstreuung entgegenwirken können Archive, Bibliotheken und Museen bedingt. Ursachen für die Verstreuung, schlimmer noch für die Vernichtung von Zeugnissen, liegen häufig außerhalb des Einflussbereichs von bestandshaltenden Institutionen, und entsprechende Handlungen liegen meist vor dem Zeitpunkt der Übergabe an eine öffentliche Einrichtung. Handlungsmaximen für bestandshaltende Institutionen, deren Umsetzung sich allerdings an der Realität nicht selten bricht, wurden in der Vergangenheit formuliert bzw. sind Teil der allgemeinen Archivtheorie und -praxis. Die Einhaltung einer bestehenden unverbindlichen Vereinbarung zwischen Literaturarchiven, die Einrichtung von Zweitarchiven nicht zu unterstützen, ist ein Beitrag der Archive, der Verstreuung von Informationsobjekten entgegenzuwirken. Das Provenienzprinzip sollte Basis der Bestandsbildung sein. Nicht immer lässt sich aber so verfahren. Vermeintlich trennscharfe Kriterien zur Aufteilung von Beständen können sich im Rückblick als nur eingeschränkt praktikabel erweisen: Während ein Nachlasser im Kontext einer bestimmten Sammlung aufgrund seiner Biografie und der diese bezeugenden Überlieferungen zum Bestandsbildner avancieren würde, steht in anderen Sammlungszusammenhängen nur seine Funktion als Korrespondenzpartner einer prominenten Persönlichkeit im Fokus des Interesses. Mit der Entscheidung, angebotene Bestände in ihre Sammlung aufzunehmen oder abzulehnen, steuern auch Archive die Verstreuung oder gar den Verlust von Informationsobjekten, sie legen fest, welche Zeugnisse erhaltenswert sind und welche nicht.

Für Bestände, die bereits Eingang in die Sammlungen von Gedächtnisinstitutionen gefunden haben, ist die Erschließung unabdingbare Voraussetzung dafür, dass überlieferte Zeugnisse aufgefunden und in neue theoretische Kontexte gestellt werden können. Erschließung allerdings ist ein Begriff, der von den unterschiedlichen Sparten unterschiedlich definiert wird. Hier soll die Diskussion um Erschließungstiefen und spartenspezifische Unterschiede in der Erschließung persönlicher Nachlässe nicht tiefer dargestellt werden. Verkürzt dargestellt erschließen Literaturarchive nach dem Autorenprinzip, während der Bezug zwischen Unterlage und Person in der archivischen Erschließung eine untergeordnete Rolle spielt. Die durch diese Prinzipien entstehenden Erschließungsdaten setzen unterschiedliche Akzente, sodass sich ergänzende Informationen wie Brief und Gegenbrief mitunter nicht zuordnen lassen. Für das Zusammenfinden verteilt liegender Bestände ist es wesentlich, dass überhaupt eine Erschließung erfolgt. Je einheitlicher diese Erschließung auch spartenübergreifend in den Grundkategorien umgesetzt wird, desto wahrscheinlicher ist es, dass Verstreuungen über Metadaten zusammengeführt werden können. Die Nutzung von Normdaten, die auch in Forschungskontexten Verwendung finden, ist in diesem Zusammenhang von Bedeutung. Die Erschließungsdaten geteilt vorliegender Bestände einheitlicher Provenienz, beispielsweise der Nachlass Becher, könnten so zusammengeführt werden, dass der Nachlass in seiner ursprünglichen Beschaffenheit rekonstruierbar würde. Die Digitalisierung der Originalbestände würde den so rekonstruierten Bestand über die Metadaten hinaus zu einer Einheit zusammenführen. Nachlässe können also durch Digitalisierung in ihrem ursprünglichen Zuschnitt wieder zugänglich gemacht werden. Andererseits besteht die Gefahr, dass durch die Digitalisierung ausgewählter Bestände das Problem der Nichtauffindbarkeit verlagert oder verschärft wird, das heute schon erschlossene von nichterschlossenen Beständen trennt. Nichterschlossene, nichtdigitalisierte Zeugnisse drohen zu verschwinden. Beide Sichten müssen zueinander gebracht werden. Sieht man auch von Problemen der Rechteklärung aufgrund der Aktualität in dem konkreten Fall des Nachlasses Ulrich Becher einmal ab, ist eine so tiefgehende Erschließung und Digitalisierung heute dennoch nur für ausgewählte Bestände leistbar. Im Falle der im Thormann-Nachlass überlieferten Seiten von Zuckmayers OSS-Bericht beispielsweise wäre der durch Abtrennung vom Restmanuskript eingetretene Verlust des Informationszusammenhangs auch durch die Erschließung vermutlich nicht aufgehoben worden. Zwar tragen die Seiten die Beschriftung *Zuckmayer*, allerdings hätte die Zuordnung eine intensive inhaltliche Beschäftigung erfordert. Aber allein die Erfassung der Beschriftung im Rahmen einer formalen Erschließung hätte die Auffindbarkeit für Interessierte ermöglicht.

Alle bisher beschriebenen Verstreuungsfaktoren und die Maßnahmen, verstreute Informationsobjekte wieder zusammenzubringen, beziehen sich auf analoge Medien oder deren Digitalisate. Wie verändern aber *born digital*-Materialien die Wege der Informationsverstreuung? Auch in nachgelassenen Papieren wird der Forschende mit Entwürfen, Durchschlägen, Mehrfachexemplaren konfrontiert, die Hinweis sein können auf andernorts überlieferte Originale. Bei *born digital*-Materialien greift aber der Begriff des Einzelstücks nicht mehr, Vervielfältigungen, Mehrfachkopien haben einen anderen Stellenwert, der Begriff der Fassung verändert sich, verliert an Bedeutung. In *born digital*-Nachlässen können Fassungen inklusive vom Autor vorgenommener Streichungen durch technische Verfahren wieder sichtbar gemacht werden. Die Grenzen zwischen Verlust – verstanden beispielsweise als vom Bestandsbildner bewusst vernichtete Fassung – und Verstreuung – verstanden beispielsweise als andernorts überlieferte Fassung – verwischen. Ob analog oder digital: Eine angemessene Erschließung kann in beiden Fällen dazu beitragen, verstreut vorliegende Informationsobjekte auffindbar zu machen.

# Literatur

Asmus, S. (2009a): Nachlasserschließung im Deutschen Exilarchiv 1933–1945 unter besonderer Berücksichtigung der Benutzersicht. Berlin: Humboldt-Univ., Diss.

Asmus, S. (2009b): „Aus Kisten, Koffern und Schachteln – der Teilnachlass des Schriftstellers Ulrich Becher im Deutschen Exilarchiv 1933–1945 der Deutschen Nationalbibliothek". Quarto: Zeitschrift des Schweizerischen Literaturarchivs 29, 38–43.

Bürgin, H.; Mayer, H.-O. (Hrsg.) (1976): Die Briefe Thomas Manns. Regesten und Register. Bd. 1, Die Briefe von 1889 bis 1933. Frankfurt/Main: S. Fischer, XV.

Dachs, K. (1965): „Katalogisierungsprinzipien für Nachlässe". Zeitschrift für Bibliothekswesen und Bibliographie 12:2, 80–95.

Dilthey, W. (1889): „Archive für Literatur". Deutsche Rundschau 58, 360–375.

Hering, R.; Schenk, D. (Hrsg.) (2013): Wie mächtig sind Archive? Perspektiven der Archivwissenschaft. Hamburg: Hamburg University Press.

Horstmann, A.; Kopp, V. (Hrsg.) (2010): Archiv – Macht – Wissen. Organisation und Konstruktion von Wissen und Wirklichkeiten in Archiven. Frankfurt/Main: Campus.

Raulff, U. (2009): „Sie nehmen gern von den Lebendigen. Ökonomien des literarischen Archivs". In: K. Ebeling; S. Günzel (Hrsg.): Archivologie. Theorien des Archivs in Philosophie, Medien und Künsten. Berlin: Kulturverlag Kadmos, 223–232.

Sommer, M.; Weber, U. (2009): „Der Teilnachlass von Ulrich Becher im Schweizerischen Literaturarchiv". Quarto: Zeitschrift des Schweizerischen Literaturarchivs 29, 18–20.

Stark, W. (1993): Nachforschungen zu Briefen und Handschriften Immanuel Kants. Berlin: Akademie Verlag.

Striedinger, I. (1926): „Was ist Archiv-, was Bibliotheksgut?" Archivalische Zeitschrift 36, 151–163.

Weigel, S. (2005): „An-Archive: Archivtheoretisches zu Hinterlassenschaften und Nachlässen". Trajekte 10, 4–7.

Weitin, T.; Burkhardt, W. (Hrsg.) (2012): Gewalt der Archive. Studien zur Kulturgeschichte der Wissensspeicherung. Konstanz: Konstanz University Press.

Zuckmayer, C. (2002): Geheimreport. Hg. von Gunther Nickel und Johanna Schrön. 3. Aufl. Göttingen: Wallstein.

Renate Buschmann
# Was wird aus der Medienkunst?
## Herausforderungen ihrer materiellen, technischen und öffentlichen Zugänglichkeit

Viele Generationen von Künstlern und Kunstvermittlern fühlen sich bis heute dem Anliegen verpflichtet, einer großen Öffentlichkeit den Zugang zur Kunst sowohl in realer als auch in intellektueller Hinsicht zu ebnen. Besonders im Zuge der europäischen Studentenbewegung um 1968 wurde leidenschaftlich für eine Demokratisierung der Kunst gestritten, um alle gesellschaftlichen Bildungsschichten für die Begegnung und Auseinandersetzung mit Werken der bildenden Kunst zu erreichen. Seitdem sind die traditionellen bildungsbürgerlichen Museen umgekrempelt worden, indem man für die Museumsbesucher publikumsfreundliche Ausstellungskonzepte und altersgerechte Vermittlungsprogramme bereithält. Nicht zuletzt haben die Künstler auf den Wunsch, Kunst im privaten Umfeld sammeln und besitzen zu können, mit einer Multiplikation ihrer Werke als Multiples und in Editionen reagiert und so zu einer limitierten Verbreitung von Kunstwerken auch außerhalb exklusiver, elitärer Sammlungen beigetragen.

Mit dem Aufkommen des Internets und seiner inzwischen selbstverständlichen Nutzung in allen Haushalten und Bevölkerungsgruppen hat sich ein neues Verbreitungs- und Kommunikationsmedium etabliert, das die einstige Zielsetzung der Demokratisierung, die bis dorthin ausschließlich vor den Kunstwerken in den Museen und öffentlichen Sammlungen stattfinden konnte, im neuen Licht einer uneingeschränkten Online-Zugänglichkeit von künstlerischen Werken und Inhalten erscheinen lässt und vordergründig die Exklusivität von real existierenden Archiv-, Museums- und Sammlungsorten in Frage stellt. Die Medienkunst nimmt in diesen Überlegungen eine Sonderstellung ein, weil ihre Erhaltung nur über eine kontinuierliche technische Zugänglichkeit und eine Anpassung an innovative Speicher- und Präsentationsgeräte zu bewerkstelligen ist. Diese grundsätzliche Abhängigkeit der Medienkunst von technischen Konditionen, von Prozessen der Digitalisierung und der Online-Veröffentlichung sind sowohl mit einem bedenklichen Verlust an Materialität als auch mit einem potenziellen Gewinn an Aktualität verbunden.

Innerhalb der bildenden Kunst scheint das Segment, in dem Bewegtbilder als künstlerische Form genutzt werden, für die Vermittlung über Online-Portale prädestiniert zu sein. Gemeinhin zählt man diese Kunstwerke zur Gattung der Medienkunst, obgleich dieser Terminus nicht nur mit wechselnden Vorstellungen im Laufe der vergangenen Jahrzehnte verknüpft ist, sondern auch bis heute unter seiner begrifflichen Unschärfe leidet. In den 1970er Jahren hat sich erst einmal die Bezeichnung Videokunst durchgesetzt, die klar auf Werke anzuwenden war, die mit der damals verfügbaren Videotechnik hergestellt oder präsentiert wurden. Nach den rasanten Fortschritten, die in der Aufzeichnung, Bearbeitung, Speicherung und Übermittlung von Bewegtbildern in den vergangenen Jahrzehnten erzielt wurden und Einfluss auf die künstlerische Konzeption und Produktion hatten, ist die analoge Videokunst der Frühzeit kaum noch vergleichbar mit der digitalen heutigen Datums. Die technische Weiterentwicklung, explizit die Digitalisierung im Bereich der Bildherstellung und -speicherung, hat so unmittelbare Folgen auf die Kunstproduktion und auch -präsentation wie in keinem der anderen angestammten Kunstgenres, zum Beispiel der Malerei, der Skulptur und der Zeichnung, in denen zwar neue Materialien hinzukamen, nicht aber umwälzende Prozesse ihrer Bearbeitung und Erhaltung.

Die kunsthistorische Ordnungskategorie ‚Videokunst' hat sich offenbar durch ihre technologische Wandlungsfähigkeit selbst überholt.[1] Gegenwärtig wird Videokunst als Ursprung des geschichtlichen Verlaufs der Medienkunst und somit als Teil dieses viel weiter zu fassenden Genres verstanden. Die kunsthistorische Spartenbezeichnung ‚Medienkunst' entstand erst in den 1990er Jahren und subsumiert seitdem Videokunst, Klangkunst, Installationen mit Bewegtbild und/oder technologiebasierten Teilen, interaktive Kunst, Internetkunst u.v.m. Zusammengefasst gesagt, eine Kunst, die sowohl technologische Errungenschaften nutzt, als auch auf die Aufgaben, Bedeutungen und Auswirkungen von Kommunikationsmedien und Technologien in der Gesellschaft reagiert.[2] Was unter ‚Medienkunst' einzuordnen ist, unterliegt in gleichem Maße einem Wandel, wie die Technologien Anwendung und Veränderung in der gegenwärtigen Gesellschaft erfahren. Das Sammlungskonzept vom Haus für elektronische Künste Basel konzentriert sich deshalb beispielsweise, wie die Leiterin Sabine Himmelsbach erklärt, auf künstlerische Arbeiten, „die den gesellschaftlichen Wandel beschreiben oder inszenieren, der mit der zunehmenden Digitalisierung und medialen Durchdringung unserer Lebenswelt einhergeht, beziehungsweise Werke, die sich inhaltlich mit der Veränderung von Wahrnehmungsmöglichkeiten durch die neuen Medien beschäftigen oder die Erweiterung des ästhetischen Feldes in Angriff nehmen" (Himmelsbach 2013, 38).

Insofern ist es plausibel, dass gerade diese Kunst, die sich in formaler und inhaltlicher Ausrichtung um mediale Gegenwartsbezogenheit bemüht, im Wettlauf mit der Obsoleszenz der für sie notwendigen Formate und Apparate schnell

---

1 Vgl. Daniels 2012.
2 Vgl. Daniels 2011.

ins Hintertreffen gerät. Viel mehr als die traditionellen Kunstgattungen ist die Medienkunst einem unmittelbaren Alterungsprozess ausgesetzt, wenn für die Speicherformate und Programme der Bewegtbilder anhaltend Updates benötigt werden, die Datenträger und Abspielgeräte nach wenigen Jahren bereits untauglich sind und die ursprünglich verwendete Präsentationstechnik deswegen nicht mehr zum Einsatz kommen kann.[3] Das Dilemma der Medienkunst liegt gerade darin, dass sie als kulturelle Äußerung nur dann an kommende Generationen überliefert werden kann, wenn ihre präventive Anpassung an zukünftige Technologien vorbereitet wird. Obwohl die Medienkunst in den jeweils zeitgenössischen Technologien verankert ist, hat sie wie jede andere Kunstform laut Dieter Daniels „den Anspruch, auch wenn sie mit technischen Mitteln arbeitet, die einer schnellen Alterung unterliegen, dennoch einen Moment von Ewigkeit zu erhaschen" (Daniels 2011, 59).

Der Schlüssel für eine solche erstrebenswerte Konstanz und dauerhafte Verbreitung von Medienkunstwerken liegt darin, tragfähige Modelle für die Zugänglichkeit zu den verwendeten Speichermedien und zu gewohnten wie auch innovativen Präsentationswegen zu verfolgen. Einerseits bedeutet dies, die Lesbarkeit der audiovisuellen Speichermedien, deren Wahrnehmung erst über eine Apparatur zur Sichtbarmachung erfolgen kann, zu konservieren, indem analoge Bestände digitalisiert werden und digitalisierte Bestände in regelmäßigen Abständen stets aufs Neue migriert werden müssen. Andererseits heißt es auch, die öffentliche Sichtbarkeit zu erhöhen und das Internet als Möglichkeit zu eröffnen, eine optionale Gegenwart dieser ephemeren Kunstform anzubieten, die nun vom User von jedem Ort und zu jedem Zeitpunkt aktiviert werden kann. Diese Vorgehensweise bedeutet jedoch im strengen konservatorischen Sinne, dass jede dieser materiellen Erneuerungen, Modifikationen und neuen Präsentationsweisen mit einem Verlust an Originalität gleichzusetzen ist, wenngleich nur so der Degeneration der materiellen Substanz eines Kunstwerks, das auf Bewegtbildern und anderen audiovisuellen Bestandteilen basiert, vorgebeugt werden kann.

---

3 Zu dieser Thematik gab es in den letzten Jahren auf der Grundlage von Fallstudien mehrere Forschungsprojekte. Siehe u.a. die Websites: DOCAM (Documentation and Conservation of the Media Arts Heritage), http://www.docam.ca/; Inside Installations, http://www.inside-installations.org/home/index.php; EAI (Electronic Arts Intermix), http://www.eai.org/resourceguide/preservation.html; Matters in Media Art, http://www.tate.org.uk/research/tateresearch/majorprojects/mediamatters/; Guggenheim Museum New York, http://www.guggenheim.org/new-york/collections/conservation/time-based-media und The Variable Media Initiative, http://www.guggenheim.org/new-york/collections/conservation/conservation-projects/variable-media. Folgende Bücher sind jüngst erschienen: Blase/Weibel 2010; Scholte/Wharton 2011; Buschmann/Caianiello 2013a; Noordegraaf et al. 2013; Serexhe 2013.

Die Verantwortlichen in Archiven und Sammlungen werden dabei mit zahlreichen Fragen hinsichtlich des Status von solchen ‚Vervielfältigungen' und Online-Veröffentlichungen konfrontiert, die ganz offensichtlich der klassischen Definition des Archivguts und des Originalkunstwerks entgegenstehen: Ist die Originalität der Werke reproduzierbar, auch dann, wenn sich die materielle Ausformung in regelmäßigen Abständen verändert, das heißt digitalisiert und immer weiter migriert werden muss, um eine Darstellbarkeit der künstlerischen Inhalte zu gewährleisten? Ist die Alterung der originalen technischen Substanz des Werkes Grund genug, um aktualisierte Kopien als Substitute für das Original anzuerkennen? Bedeutet Originalität die Verbundenheit des Werkes mit den ursprünglichen Präsentations- und Aufführkonditionen? Ist der Anspruch an eine historische Originalität in der analogen und vor allem in der gegenwärtigen digitalen Medienkunst haltbar? Oder bewegen wir uns in einem Kunstgenre, in dem die digitalisierten Bestände permanente materielle Anpassungen einfordern – und damit in unserem konventionellen Verständnis *nur* Kopien, Reproduktionen oder gar Varianten zum Fortbestehen und zur öffentlichen Zugänglichkeit der Werke beitragen können?

Lange war die Unterscheidung zwischen Original und Kopie in der bildenden Kunst klar definiert. Der Begriff der Originalität und der Wert des Originals waren zwingend verbunden mit der Einmaligkeit der Herstellung des Werkes und der Ursprünglichkeit seines Materials. In der Bewertung von Originalität sind Charakteristika wie künstlerische Autonomie, Innovation, individuelle Autorschaft, Singularität und die direkte Korrelation zwischen Künstler und Werkkörper impliziert. Vor dem Aufkommen der Medienkunst hat Walter Benjamin in seinem inzwischen legendären Aufsatz *Das Kunstwerk im Zeitalter seiner technischen Reproduzierbarkeit* das vorweg genommen, was uns heute beschäftigt. Mit Blick auf die Aufzeichnungsmöglichkeiten von Fotografie und Film hat Benjamin beschrieben, welche Werteverschiebungen stattfinden, wenn von Kunstwerken Abbilder reproduziert werden. Im Unterschied zur Reproduktion besitzt das Original – wie Benjamin es nannte – eine „Aura", deren „Verfall" bei der Reproduktion zu beklagen ist (Benjamin 1977 [1939]). Und im Gegenzug schreibt Benjamin: „Die Echtheit einer Sache ist der Inbegriff alles von Ursprung her an ihr Tradierbaren, ihrer materiellen Dauer bis zu ihrer geschichtlichen Zeugenschaft" (Benjamin 1977 [1939], 13).

Knapp 50 Jahre später hat die für ihre kunstphilosophischen Schriften bekannte Kunstkritikerin Rosalind Krauss in ihrem Aufsatz *Die Originalität der Avantgarde* am Beispiel von autorisierten Abgüssen von Auguste Rodin aufgezeigt, dass die Grundannahme der Moderne, die Genialität an die Singularität der Werke zu koppeln, nicht aufrecht zu erhalten ist. Ihre Schlussfolgerung lautet: „Das Thema der Originalität, das die Vorstellungen von Authentizität,

Original und Ursprung mit einschließt, ist die gemeinsame diskursive Praxis des Museums, des Historikers und des Kunstproduzenten. Und das ganze 19. Jahrhundert hindurch waren alle diese Institutionen in dem Ziel verbunden, das Kennzeichen, die Gewähr, die Beglaubigung des Originals zu finden." (Krauss 2000 [1981], 211)

Die Wertschätzung des Originals ist eine Konvention vergangener Jahrhunderte, die mit der Faktizität des digitalen Zeitalters kaum in Einklang zu bringen ist. Die konservatorische Notwendigkeit zur Digitalisierung analoger Quellen, die Leichtigkeit heutiger Copy-and-Paste-Verfahren und die Erfordernis der digitalen Reproduzierbarkeit haben zwangsläufig in der Medienkunst eine Maschinerie des Migrierens in Gang gesetzt, die die Grenzen zwischen Original und Kopie immer undeutlicher werden lassen. Bei Sicherheits-, Archiv- und Ausstellungskopien, die produziert werden, ist die „Echtheit", so wie Benjamin sie ausdrückte, sicherlich nicht mehr zu konstatieren, denn zumindest hinsichtlich des Datenmaterials fehlen die Merkmale der „materiellen Dauer" und „geschichtlichen Zeugenschaft".

Online-Portale für Videokunst bewegen sich in dem Spagat, einerseits durch die Vervielfältigung und das Medium Internet die historische Materialität und limitierte Originalität zu verlassen, andererseits sich aber der Chance einer unbegrenzten Zugänglichkeit zu bedienen.[4] Einkanalige Videokunstwerke, die sich auf Monitoren abspielen lassen, scheinen wie geschaffen für die Verbreitung über das World Wide Web. Die Anwendung des Internets für Videokunst als Archivierungs- und Vermittlungsinstrument begann zu Beginn der 2000er Jahre und hat somit gut 30 Jahre nach den ersten künstlerischen Videoproduktionen im Nachhinein die medialen Bedingungen geschaffen, um für diese zeit- sowie technologiebasierte Kunstform das Potenzial einer museumsexternen Verbreitung zu nutzen. Eine frühe Initiative im Internet zur Bekanntmachung von Videokunst war der Vorläufer des imai-Videoportals, der seit der Gründung der Düsseldorfer Stiftung imai in *Online-Katalog* umbenannt wurde und bis heute – im Wesentlichen unverändert – abrufbar ist.[5] Anfangs war die Internet-Verfügbarkeit nicht das vorrangige Ziel, sondern ergab sich als naheliegende Konsequenz im Laufe eines fundamentalen Archivierungs- und Konservierungsprozesses des umfangreichen Videokunstbestandes der Kölner Medienagentur 235 Media, der 2006 in den Besitz der Stiftung imai übergangen ist. Seit den frühen 1980er Jahren hatte 235 Media den einzigen Videokunstvertrieb in Deutschland aufgebaut und durch ihre jahrzehntelange Tätigkeit ein beachtliches Archiv internationaler Video-

---

4 Vgl. Buschmann 2013b.
5 Siehe http://www.imaionline-katalog.de.

kunst zusammengetragen. Als in den 1990er Jahren die materielle Gefährdung und begrenzte Lebensdauer von Videospeichermedien erkannt und die Notwendigkeit von Sicherungsverfahren evident wurde, reagierte man mit einem groß angelegten Konservierungsprogramm, mit dem schließlich die Digitalisierung von mehr als 1200 Videos vorgenommen wurde. Um die so entstandene digitale Videodatenbank einer öffentlichen Nutzung zuzuführen, fiel zudem die Entscheidung, zusätzlich eine Internet-Plattform zu entwickeln. 2005 ging das damalige *Medienkunstarchiv* online, bemerkenswerterweise im selben Jahr, in dem auch das inzwischen legendäre Videoportal *YouTube* seinen Anfang nahm. Bis heute dokumentiert der Online-Katalog der Stiftung imai einen Großteil des Sammlungsbestands, dient als Katalog des Videovertriebsprogramms, bietet für Studierende, Lehrende und Wissenschaftler ein Rechercheinstrument zur audiovisuellen Kunst und gibt einen generellen Überblick über Videokünstler und Werke von den 1960er Jahren bis in die Gegenwart.

Obwohl Online-Präsentationen einen immer größeren Zuspruch erfahren, bleibt es für Videokunstarchive ein Balanceakt, das Anliegen der Benutzer nach größt- und bestmöglicher Information zu erfüllen und gleichzeitig Standards in puncto Urheberrecht und Authentizität von Kunstwerken einzuhalten.[6] Trotz aller Faszination für die globale Vermittlungsressource Internet muss reflektiert werden, an welche Grenzen unseres heutigen Verständnisses von Originalität und Rezeption man damit stößt.[7] Gerade beim Abspielen von zweidimensionalen Werken der Videokunst über das Internet bleibt zu fragen, ob die Differenz zwischen dem Sammlungsgut und der nun global verfügbaren digitalen Reproduktion wahrgenommen wird bzw. wahrzunehmen ist. Es ist zu erörtern, ob es auch zukünftig eine Abgrenzung geben muss zwischen dem Ursprungswerk und den Reproduktionen, die nun womöglich bildschirmfüllend und in hoher Bildqualität in jedem Privatraum abgerufen werden können. An die Stelle von Ausstellungsräumen in Sammlungen, Museen und Archiven, wo die Videowerke auf sorgfältig ausgewählten und auf die spezifischen Werke abgestimmten Monitoren abgespielt werden, treten nun private Display-Optionen für die Videos, deren Abspielkonditionen (beispielsweise Kontrast, Helligkeit, Farbigkeit, Lautstärke, Bildformat) nicht mehr durch Künstler und Kuratoren begutachtet, sondern zufällig oder von jedem User individuell und subjektiv vorgenommen werden. Gerade bei historischer analoger Videokunst ist abzuwägen, ob ihre authentische

---

6  Zum Thema Urheberrecht siehe Ortland 2010 und Eigler 2013.
7  Die zweitägige Tagung *Open Access – Konsequenzen und Chancen für Museen und Sammlungen*, veranstaltet von der Konferenz Nationaler Kultureinrichtungen in der Stiftung Bauhaus Dessau (12./13. Dezember 2013), griff dieses Thema umfangreich auf.

Wahrnehmung innerhalb eines technologisch neuen Mediums wie dem Internet überhaupt erfolgen sollte. Ist es bei anderen Kunstgattungen evident, dass es sich um eine online gestellte, digitale Reproduktion zum Beispiel eines Gemäldes und nicht um dessen künstlerisches Pendant handelt, ist diese Differenzierung beim Abspielen von künstlerischen Videos im Netz wesentlich subtiler. Sobald Medienkunst installative Dimensionen umfasst, zum Beispiel mit großen raumgreifenden Projektionen, objekthaften Bestandteilen, komplexen Apparaturen, besuchermotivierenden und interaktiven Interfaces, reduziert sich die Darstellbarkeit dieser Werke im Internet ausschließlich auf eine dokumentarische Art und Weise. Im Gegensatz dazu operiert die eigens geschaffene Internetkunst explizit mit der Herausforderung kollektiver Autorschaft und der Autonomie dieses globalen, autonomen Umfelds und widersetzt sich damit den musealen Grundprinzipien und der Ausstellbarkeit außerhalb eines zugriffgewährenden Internets.[8]

Werke der Medienkunst, gleich welcher Ausprägung, sind einer immensen Alterung unterworfen und ihre digitale Vervielfältigung ist ein unausweichlicher Schritt, um zur Erhaltung und Vermittlung dieses Genres beizutragen. Das Kopieren und Migrieren muss als ein legitimer Vorgang betrachtet werden, um einer sonst unvermeidbaren Destabilisierung der Quellen und Kunstwerke entgegenzuwirken. Für Medienkunst, die dem Prozess des fortgesetzten Kopierens unterworfen ist, ist die Vorstellung ad acta zu legen, dass eine Kopie generell zu einem Wertverlust oder zu Qualitätseinbußen führt. Die stets neu zu erstellenden Sicherungskopien und zu migrierenden Digitalisate besitzen zwar die konservierende Stabilität, schließen damit aber durchaus eine anwachsende Diskrepanz zum Original ein. Um die Zugänglichkeit zu solchen Werken zu sichern, findet immer mehr ein Umdenken statt, in dem das Original eines Werkes durchaus als eine sich im ständigen Prozess befindliche Materialität begriffen werden kann: „Im Zeitalter der Digitalen Medien ist es die Vervielfachung und die breite Distribution, welche das Überdauern von Ideen, Modellen und auch Werken gewährleistet, nicht deren Einmaligkeit" (Schindler 2011, 70). Die Reproduktionen sind vielmehr materielle Etappen, die den inhaltlichen Bezug zum einstigen Material und Konzept wahren und gleichzeitig das Überleben der Werke in Gegenwart und Zukunft sichern müssen.

Auch wenn das Material keine Garantie mehr ist für Ursprünglichkeit und noch weniger für die dauerhafte Zugänglichkeit von Kunstwerken, die auf digitalen Quellen basieren, ist die materielle Ausformung und Umsetzung dennoch nicht außer Acht zu lassen. Die Kulturwissenschaftlerin Aleida Assmann diagnostiziert sogar eine Gegenbewegung, die in der entmaterialisierten digitalen

---

8 Vgl. Dietz 2005.

Gesellschaft dem Materiellen wieder eine größere Aufmerksamkeit schenken wird: „Je mehr unsere Welt digital wird, desto mehr steigt auch unsere Wertschätzung für das Material. Wir wussten gar nicht mehr, wie schön ein Bucheinband sich anfühlt, wie wichtig Schriftbild und Layout sind. Es gibt heute ein fast libidinöses Verhältnis zur Materialität, seitdem wir die Möglichkeit haben uns davon zu verabschieden" (Assmann 2011, 75). In zahlreichen Fallstudien der letzten Jahre haben Konservatoren und Kunsthistoriker untersucht, inwiefern die Authentizität von Medienkunstwerken gebunden ist an die Präsentation dieser Werke mit mittlerweile historischen Apparaten, die aus der Entstehungsepoche des Werkes stammen. Es ist ein kritischer Entscheidungsprozess, in dem bei der Neupräsentation von Medienkunstwerken abzuwägen ist zwischen ihrer historischen Materialität und ihrer gegenwärtigen Funktionalität und Aktualität. Nicht selten treten Bedeutungsverschiebungen und Wahrnehmungsdifferenzen in der Rezeption solcher Kunstwerke auf, wenn technische Neuanpassungen unbedacht vorgenommen werden.[9] Die Verfügbarkeit und Rekonstruktion von künstlerischen Inhalten und dem Wissen darüber, das in Archiven zusammengetragen und gepflegt wird, bekommt seit der Ära des Internets eine immer höhere Priorität. Hinsichtlich der bildenden Kunst nimmt damit aber nicht der Wunsch ab, Kunstwerke in ihren spezifischen Realisationen und in realen Ausstellungsräumen sensuell und kognitiv zu erleben. Je mehr gegenständliche und installative Komponenten ein Kunstwerk besitzt, umso mehr ist die Wahrnehmung seiner plastischen Umsetzung beabsichtigt. Es kann derzeit nur spekuliert werden, inwieweit beispielsweise künstlerische Videos aus den 1970er und 1980er Jahren anders rezipiert werden, wenn sie nicht auf den massiven Röhrenmonitoren jener Epoche, sondern über das Internet transferiert auf modernen Flachbildschirmen erscheinen. Ebenso ungewiss ist, ob die digitale Ära Auswirkungen auf die Rezeptionskompetenz künftiger Generationen haben wird und bei der Sichtung von Kunstwerken über Internetportale das Gespür für Materialität und die Fähigkeit zum räumlichen Denken sensibler ausgebildet werden.

Spricht man bei Medienkunst von Zugänglichkeit, ist zuerst der Aspekt der Erhaltung zu berücksichtigen. Dabei ist festzuhalten, dass für die konservierende Langzeitarchivierung dem Prinzip des Reproduzierens als stabilisierende Maßnahme größte Bedeutung beizumessen ist. Je mehr die Produktion von Werken der bildenden Kunst auf digitalen Verfahren oder gar Internetprojekten basiert, desto mehr wird die digitale Vervielfältigung und damit ihre schrittweise technologische Veränderung zum Begleitphänomen dieser Kunstwerke werden. In der Medienkunst wird sich zunehmend ein erweitertes Verständnis von Originalität

---

9 Siehe hierzu z.B. Phillips 2010.

herausbilden, die, wie es von Claudia Giannetti mit der paradox klingenden, aber treffenden Formulierung beschrieben worden ist, „zwischen variabler Stabilität und variabler Fragilität" anzusiedeln ist (Giannetti 2014). Wenn die vielgestaltige öffentliche Zugänglichkeit für Medienkunst, insbesondere für Videokunst über das Internet als Alternative zum realen Ausstellungsraum hergestellt wird, resultieren daraus ein wünschenswerter Zuwachs an neuen Rezipientenkreisen und eine zielgerichtete Vermittlung dieser Kunstgattung über innovative Kommunikationsmedien. Mit diesem Gewinn an Gegenwartsnähe im digitalen Zeitalter sind aber derzeit unvermeidlich Einbußen an Materialität zu akzeptieren, die die Betrachtung von bildender Kunst nachhaltig beeinflussen werden.

# Literatur

Assmann, A. (2011): „Tontafeln halten länger". In: H. Graber et al. (Hrsg.): Kultur digital. Begriffe. Hintergründe. Beispiele. Basel: Christoph Merian, 73–83.
Benjamin, W. (1977 [1939]): „Das Kunstwerk im Zeitalter seiner technischen Reproduzierbarkeit". In: Ders.: Das Kunstwerk im Zeitalter seiner technischen Reproduzierbarkeit. Drei Studien zur Kunstsoziologie. Frankfurt/Main: Suhrkamp, 7–44.
Blase, C.; Weibel, P. (Hrsg.) (2010): Record ▸ Again! 40jahrevideokunst.de – Teil 2. Ostfildern: Hatje Cantz.
Buschmann, R.; Šimunović, D. (Hrsg.) (2014): Die Gegenwart des Ephemeren. Medienkunst im Spannungsfeld zwischen Konservierung und Interpretation. Wien: Wiener Verlag für Sozialforschung.
Buschmann, R.; Caianiello, T. (Hrsg.) (2013a): Medienkunst Installationen. Erhaltung und Präsentation. Berlin: Reimer.
Buschmann, R. (2013b): „From Archival Model to Exhibition Platform? Video Art As a Web Resource and the imai Online Catalogue". In: J. Noordegraaf et al. (Hrsg.): Preserving and Exhibiting Media Art. Challenges and Perspectives. Amsterdam: Amsterdam University Press, 376–384.
Daniels, D. (2012): „Video – Das unspezifische Medium". In: Bilder gegen die Dunkelheit. Videokunst aus dem Archiv des imai im KIT. Ausstellungskatalog KIT – Kunst im Tunnel und imai – inter media art institute. Düsseldorf: o.V., 31–38.
Daniels, D. (2011): „Was war die Medienkunst? Ein Resümee und ein Ausblick". In: C. Pias (Hrsg.): Was waren Medien? Zürich: diaphanes, 57–80.
Dietz, S. (2005): „Collecting New Media Art: Just Like Anything Else, Only Different". http://www.neme.org/524/collecting-new-media-art.
Eigler, K. (2013): „Die Raubkopie – wenn der Kopierer zum Räuber wird". Das Monatsmagazin von Kulturmanagement Network 84, 9–11. http://www.kulturmanagement.net/frontend/media/Magazin/km1311.pdf.
Giannetti, C. (2014): „Zwischen variabler Stabilität und variabler Fragilität. Präsentation und Dokumentation von Medienkunst". In: R. Buschmann; D. Šimunović (Hrsg.): Die Gegenwart des Ephemeren. Medienkunst im Spannungsfeld zwischen Konservierung und Interpretation. Wien: Wiener Verlag für Sozialforschung, 21–34.

Graber, H. et al. (Hrsg.) (2011): Kultur digital. Begriffe. Hintergründe. Beispiele. Basel: Christoph Merian.

Himmelsbach, S. (2013): „Un-/Mögliche Aufgaben – Anmerkungen zum Sammlungskonzept und Konservierungsfragen im Haus für elektronische Künste Basel". In: B. Serexhe (Hrsg.): Konservierung digitaler Kunst: Theorie und Praxis. Das Projekt digital art conservation. Karlsruhe: AMBRA V und ZKM, 36–48.

Krauss, R. (2000 [1981]): „Die Originalität der Avantgarde". In: H. Wolf (Hrsg.): Die Originalität der Avantgarde und andere Mythen der Moderne. Amsterdam: Verlag der Kunst, 197–219.

Matyssek, A. (Hrsg.) (2010): Wann stirbt ein Kunstwerk? Konservierungen des Originalen in der Gegenwartskunst. München: Verlag Silke Schreiber.

Ortland, E. (2010): „Wie überlebt ein Kunstwerk seinen Urheber? Das postmortale Urheberpersönlichkeitsrecht und die Kontrolle über die Werkintegrität". In: Matyssek 2010, 61–76.

Noordegraaf, J. et al. (Hrsg.) (2013): Preserving and Exhibiting Media Art. Challenges and Perspectives. Amsterdam: Amsterdam University Press.

Phillips, J. (2010): „Kunstmaterial oder Elektroschrott? Über das Sterben und Auferstehen elektronischer Kunstwerke". In: Matyssek 2010, 105–124.

Schindler, A. (2011): „Sammeln von Medienkunst: Nach der Werk-Schöpfung die Wert-Schöpfung?" In: S. Himmelsbach (Hrsg.) (2011): produced@Edith-Russ-Haus für Medienkunst. Berlin: Revolver Verlag, 64–71.

Scholte, T.; Wharton, G. (Hrsg.) (2011): Inside Installations. Theory and Practice in the Care of Complex Artworks. Amsterdam: Amsterdam University Press.

Serexhe, B. (Hrsg.) (2013): Konservierung digitaler Kunst: Theorie und Praxis. Das Projekt digital art conservation. Karlsruhe: AMBRA V und ZKM.

# Erhaltungsprozesse

Cornelius Holtorf, Anders Högberg
# Zukunftsbilder in Erhaltungsstrategien

In diesem Beitrag argumentieren wir, dass Langzeitzugänglichkeit von Informationen maßgeblich von den Zukunftsbildern geprägt wird, die in konkreten Erhaltungsstrategien ihren Ausdruck finden. Wie wir uns heute die Zukunft vorstellen, beeinflusst, auf welche Weise wir etwas bewahren. Die künftige Vergangenheit hängt somit von der gegenwärtigen Zukunft ab. Die Beispiele, die diese These in unserem Artikel entwickeln und illustrieren sollen, haben alle einen Bezug zu dem österreichischen Ort Hallstatt im Salzkammergut. Dadurch wird deutlich, wie an einem einzigen Platz unterschiedliche Zukunftsbilder zusammenspielen und in konkreten Erhaltungsstrategien zu unterschiedlicher Langzeitzugänglichkeit führen.

Wir diskutieren in diesem Beitrag drei unterschiedliche Zukunftsbilder. Sie gehen aus von einer sich fortsetzenden Kontinuität, einem kontrollierbaren Wandel beziehungsweise einem früher oder später kommenden Kontinuitätsbruch. Obwohl man vielleicht erwarten könnte, dass Erhaltungsstrategien und auf ihnen beruhende Langzeitzugänglichkeit von Information desto verlässlicher sein werden, je weniger man davon ausgeht, dass die Dinge bleiben wie sie sind, und je mehr man mit Veränderung rechnet, wird unsere Diskussion zeigen, dass dies nicht unbedingt so ist.

Eine ganz andere Frage ist es natürlich, sich zu überlegen, weshalb man eine bestimmte Information überhaupt für die Zukunft bewahren soll und welchen Nutzen sie in der Zukunft haben kann und haben wird, aber darum soll es in diesem Beitrag nicht gehen (siehe aber Holtorf und Högberg 2014).

## Zukunftsbild Kontinuität

Drei Beispiele aus Hallstatt sollen zunächst illustrieren, wie ein von Kontinuität geprägtes Zukunftsbild eine Langzeitzugänglichkeit von Information über einige Jahrhunderte ermöglichen kann.

Seit 3500 Jahren wird im Hochtal von Hallstatt Salz abgebaut. Archäologische Funde und Befunde dokumentieren das Leben und Arbeiten der prähistorischen Bergleute seit der Jungsteinzeit. Nahe der Bergwerke liegt darüber hinaus das berühmte Gräberfeld von Hallstatt aus der Älteren Eisenzeit, das dieser Epoche den noch heute gebräuchlichen Namen *Hallstattzeit* gab. 1846 begann der Bergmeister Johann Georg Ramsauer mit den ersten systematischen Ausgrabungen im großen eisenzeitlichen Gräberfeld. Andere haben seitdem die Ausgrabungen dort und im Bergwerk weitergeführt. Während die Funde im Salzbergwerk vor allem durch die außergewöhnlichen Erhaltungsbedingungen bemerkenswert sind, die dazu geführt haben, dass sich selbst Holz, Fell, Haut, Bast, Gras, Wolle, Garn, Exkremente und Speisereste über Jahrtausende hinweg erhalten haben, zeichnet sich das Gräberfeld vor allem durch seinen Reichtum an Metallgegenständen, Schmuck und keramischen Gefäßen aus. Seit 1960 arbeitet eine Forschergruppe der Prähistorischen Abteilung des Naturhistorischen Museums Wien vor Ort, heute geleitet von Anton Kern und Hans Reschreiter (vgl. Kern et al. 2008). Die archäologischen Forschungen und deren Ergebnisse werden sowohl im Grabungsquartier im Hochtal als auch im Museum Hallstatt im Tal einer breiteren Öffentlichkeit präsentiert.

Während archäologische Funde und deren Dokumentation in wissenschaftlichen Sammlungen und Archiven für künftige Wissenschaftlergenerationen bewahrt werden, ist es die Aufgabe wissenschaftlicher Bibliotheken, in akademischen Publikationen veröffentlichte archäologische Forschungsresultate für die Zukunft zu erhalten. Wissenschaft arbeitet kumulativ, d.h. jede Forschergeneration baut auf den Ergebnissen der vorigen Generationen auf und arbeitet dort weiter, wo die vorige aufgehört hat. Dieses kontinuierliche Fortsetzen, das natürlich in aller Regel kritisch geschieht und nicht unbedingt die Akzeptanz früherer Resultate bedeuten muss, setzt die Zugänglichkeit älterer Publikationen voraus. In der Archäologie ist es bis heute durchaus üblich, dass sogar bestimmte einschlägige Publikationen aus dem 19. Jahrhundert noch zitiert werden. Diese Art der Zugänglichkeit von wissenschaftlichen Informationen kann so lange fortbestehen, wie es wissenschaftliche Bibliotheken gibt, die akademische Publikationen bewahren und zugänglich machen. Obwohl die ältesten Bibliotheken sehr viel älter sind, hat insbesondere die Etablierung des Buchdruckes und dann die Ausbreitung von Universitäten und Universitätsbibliotheken dazu beigetragen, dass man in der Archäologie mindestens seit dem frühen 19. Jahrhundert von einer Kontinuität des Bewahrens und Anwendens wissenschaftlicher Forschungsresultate in akademischen Publikationen sprechen kann. Es sieht heute alles danach aus und entspricht dem in der akademischen Forschung herrschenden Zukunftsbild, dass diese durchaus stolze Tradition des akademischen Arbeitens sich noch mindestens einige Jahrhunderte in die Zukunft kontinuierlich fortsetzen wird.

Im Ort Hallstatt befindet sich neben der katholischen Kirche unter der Michaelskapelle eine Krypta mit einem Beinhaus (Ossuarium), das seit dem 12. Jahrhundert besteht und ungefähr 1200 Schädel samt dazugehörigen Röhrenknochen beinhaltet (siehe Abb. 1). Vor Ort erhältlicher Information zufolge hat sich hier seit 1720 eine besondere religiöse Tradition erhalten, die noch heute lebendig ist, obgleich sie kaum noch praktiziert wird. Hier liegen nämlich 610 Schädel, die mit dem Namen und Sterbedatum ihres ehemaligen Besitzers sowie

**Abb. 1:** Bemalte Schädel als Informationsträger im Beinhaus von Hallstatt. Foto: Cornelius Holtorf 2013.

mit unterschiedlichen Blumenkränzen und Kreuzen usw. bemalt und nach Familien geordnet sind. Der Ursprung dieser lokalen Tradition liegt offenbar in der Kleinheit des benachbarten Friedhofs begründet, der es erforderlich machte, die Gräber schon nach 10 bis 15 Jahren wieder zu öffnen und die größten Teile des Skeletts anderswo unterzubringen. Die Schädel wurden gereinigt, in der Sonne gebleicht und anschließend von Künstlern, meist Totengräbern, bemalt. Diese religiöse Tradition ist in Hallstatt lange Zeit so umfassend praktiziert worden, dass heute die bemalten Schädel von vielen lokalen Familien über Generationen hinweg vorhanden sind. Obwohl es wegen der stark gestiegenen Anzahl der Feuerbestattungen keine Platznot auf dem Friedhof mehr gibt, können im Prinzip noch heute Verstorbene auf diese Weise im Beinhaus ihre Ruhe finden, sofern sie es zu Lebzeiten testamentarisch so bestimmt haben. Der jüngste Schädel ist der einer 1983 verstorbenen Frau, deren Wunsch, im Beinhaus bestattet zu werden, 1995 erfüllt wurde.

Im Hallstätter Beinhaus wurden auf diese Weise die Namen und Sterbedaten von 610 Einwohnern bis heute überliefert. Die Zugänglichkeit dieser Informationen über bis zu drei Jahrhunderte beruht allein auf der kontinuierlichen Erhaltung

**Abb. 2:** Informationsbewahren durch Kopieren. Hallstattarchitektur in Österreich, kopiert in China. Foto (Hallstatt): Cornelius Holtorf 2013.

der Schädel, die in der Krypta liegen. Die Krypta hat regelmäßige Öffnungszeiten und für einen kleinen Betrag kann sie heute jeder Besucher betreten und die Schädel und andere Knochen aus nächster Nähe studieren. So lange die Krypta als solche besteht und die Schädel bewahrt werden, wird die Information auf den Schädeln erst einmal erhalten bleiben. Die zunehmende Säkularisierung der Gesellschaft und der Umstand, dass seit 1995 offenbar kein Schädel hinzugekommen ist, geben Anlass zur Unruhe, was den Fortbestand dieser Tradition angeht. Man kann aber schon jetzt konstatieren, dass ein lebendiger Glaube an ein kontinuierliches Bewahren in der Krypta unter der Kapelle Informationen über bis zu drei Jahrhunderte erhalten hat.

Unser drittes Beispiel für das Bewahren von Information mit einem von Kontinuität geprägten Zukunftsbild betrifft die chinesische Kultur des Kopierens als Erhaltungsstrategie. Im Sommer 2012 ging die Nachricht durch die internationale Presse[1], dass in der südchinesischen Provinz Guangdong auf einer Fläche von

---

1 Vgl. z.B. Focus 2012; Bosker 2013, 47.

einem Quadratkilometer eine Kopie des österreichischen Ortzentrums von Hallstatt errichtet werde, komplett mit See, Marktplatz, Brunnen und Kirche (siehe Abb. 2). Die Kopie wurde innerhalb kurzer Zeit von der Firma China Minemetals Land als Luxusviertel der 800.000-Einwohner-Stadt Boluo gebaut. Der Hallstatter Bürgermeister Alexander Scheutz soll Presseberichten zufolge bei der Eröffnung vor Ort zu Journalisten gesagt haben: „Man erkennt sofort, das ist Hallstatt". Zunächst war die Reaktion in Hallstatt jedoch weniger positiv gewesen:

> [V]or etwa einem Jahr, als die chinesischen Pläne im österreichischen Vorbild bekannt wurden, herrschte Riesenwirbel in dem populären Tourismusort. Gemeindeverantwortliche und Einheimische erhitzten sich darüber, dass man über das Projekt nicht informiert worden war. Sie beäugten die chinesischen Gäste, die durch die schmalen Gäßchen zogen und mit Fotoapparaten und auf Skizzenblöcken jedes Detail des malerischen Ortes festhielten, mit Mißtrauen. (Focus 2012)[2]

Die chinesische Hallstattkopie ist kein Einzelfall, sondern Beispiel einer ganzen Reihe von Kopien ausländischer Architektur und Stadtplanung in China (vgl. Bosker 2013). Aus europäischer Sicht lassen sich derartige Bauten leicht als Kopien oder Fälschungen abtun, die das Gegenteil von Erhaltungsstrategien originaler Kulturdenkmale sind. Anstatt das echte Hallstatt zu bewahren und zugänglich zu halten, wurde hier an anderer Stelle und mit anderem Zweck eine kommerzielle Kopie geschaffen. Aus chinesischer Sicht sind historisierende Kopien allerdings nicht unbedingt weniger wert als historische Originale. Bianca Bosker (2013, Kapitel 2) zufolge ist in China vielmehr seit Langem die Fähigkeit, für neue Zwecke eine gute Kopie herzustellen, als Zeichen technischer und kultureller Überlegenheit angesehen worden. Auf diese Weise haben sich bestimmte Formen in China über Jahrhunderte hinweg erhalten können, sodass man die Kultur des Kopierens als eine erfolgreiche Erhaltungsstrategie ansehen muss. Man kopiert nicht, um sich eine Vergangenheit zu erfinden, sondern vielmehr, um auf typisch chinesische Art die andauernde Kraft der eigenen Kultur für die Zukunft zum Ausdruck zu bringen. Das chinesische Hallstatt muss somit keineswegs als ein kurzlebiger, kommerzieller Abklatsch des historisches Ortes in Österreich gesehen werden, sondern kann auch als die Manifestation einer nach wie vor zukunftsfähigen, langen Tradition des Bewahrens gelten. Denn solange das Abbild von Hallstatt Chinesen attraktiv erscheint und es an gleicher oder anderer Stelle auch in der Zukunft neu aktualisiert wird, wird Information bewahrt werden.

---

[2] Siehe auch Bosker 2013, 49.

## Zukunftsbild kontrollierbarer Wandel

In unserem zweiten Abschnitt steht nicht mehr ein von Kontinuität geprägtes Zukunftsbild im Vordergrund, sondern vielmehr ein Bild von ständigem Wandel, den man durch politische Übereinkommen oder auf andere Art (zum Beispiel testamentarisch) zu kontrollieren sucht. Es soll dabei anhand dreier Beispiele aus Hallstatt unter anderem um die Frage gehen, inwiefern Erhaltungsstrategien, die für die Zukunft einen kontrollierbaren Wandel annehmen, eine längere Zugänglichkeit von Information gewährleisten als solche, die schlichtweg von Kontinuität ausgehen und sich mit Erhaltung über einige Jahrhunderte zufriedengeben.

Seit 1997 ist die Region Hallstatt – Dachstein – Salzkammergut von der UNESCO als eine von heute etwa tausend Welterbestätten anerkannt. Die zugrunde liegende Welterbekonvention von 1972 entstand „in der Erwägung, daß Teile des Kultur- oder Naturerbes von außergewöhnlicher Bedeutung sind und daher als Bestandteil des Welterbes der ganzen Menschheit erhalten werden müssen" (Welterbekonvention 1972, Präambel). Artikel 4 der Konvention enthält die zentrale Übereinkunft, dass jeder Vertragsstaat anerkennt, dass es seine Aufgabe ist, „Erfassung, Schutz und Erhaltung in Bestand und Wertigkeit des in seinem Hoheitsgebiet befindlichen [...] Kultur- und Naturerbes sowie seine Weitergabe an künftige Generationen sicherzustellen." Die Welterbekonvention ist ein Versuch, durch internationale Übereinkunft und Selbstverpflichtung der mittlerweile 189 Mitgliedsstaaten der Konvention zu gewährleisten, dass die ausgewählten Welterbestätten langfristig erhalten werden und somit u.a. als Informationsquellen zugänglich bleiben. Hier wird von einem Zukunftsbild ausgegangen, das nicht schlichtweg auf andauernde Kontinuität setzt, sondern vielmehr von einem politisch kontrollierbaren Wandel und der Möglichkeit eines Bewahrens des Welterbes im Rahmen der Denkmalpflege ausgeht.

Dabei ist die fortbestehende Existenz der Welterbestätten kein Selbstzweck, sondern ihrerseits ein Mittel, um die Zukunft zu beeinflussen und damit ein Stück weit zu kontrollieren. Im Fall von Hallstatt dient die Auszeichnung der Region als Welterbe nämlich nicht nur als Ausdruck eines ohnehin bestehenden Bewahrungsprozesses, sondern vielmehr als Mittel, einen politisch gewollten und als notwendig erachteten Veränderungsprozess voranzutreiben. Auf einer prominenten Informationstafel (siehe Abb. 3), die den Fußgänger oberhalb des Ortes in Hallstatt empfängt, steht entsprechend zu lesen, dass die Auszeichnung als UNESCO-Welterbe ein Ausdruck dafür sei, „dass es sich um eine ‚fortdauernde', keine ‚fossile' oder ‚relikte' Region handelt, wo nach wie vor ein Entwicklungsprozess stattfindet."

UNESCO Welterbe bewahrt hier also Information durch politisches Übereinkommen und als politisches Mittel. Ziel ist es, auf diese Weise die Zukunft mit-

**Abb. 3:** Informationstafel Welterbe Hallstatt. Foto: Cornelius Holtorf 2013.

zugestalten, und zwar selbst wenn – und gerade weil – diese von Veränderungen geprägt ist. Die Ironie ist jedoch, dass auch diese Strategie selbst stark politischen Veränderungen ausgesetzt ist und nur so lange Bestand hat, wie es dafür eine politische Mehrheit gibt. Die UNESCO hat keine Möglichkeiten, Mitgliedsstaaten zum Einhalten der Welterbekonventionen zu zwingen, und es ist zudem einfach für einen Staat, die Konvention wieder zu verlassen und etwa die Rolle der Denkmalpflege in der eigenen Kulturpolitik grundlegend zu schwächen. Es bedarf lediglich einer nationalen politischen Mehrheit in den relevanten Gremien. Die Konvention besteht mittlerweile seit mehr als vier Jahrzehnten und es scheint wahrscheinlich, dass sie zumindest noch einige weitere Jahrzehnte bestehen wird. Ob ihre Lebensdauer ein Jahrhundert erreichen wird, ist jedoch offen.

Eine eng verwandte Erhaltungsstrategie mit ähnlicher Motivation und im Grunde der gleichen Langzeitproblematik ist die Haager Konvention von 1954 zur Kennzeichnung von geschütztem Kulturgut. Dieser völkerrechtliche Vertrag soll das mit dem charakteristischen blau-weißen Symbol gekennzeichnete Kulturgut während eines Krieges oder bewaffneten Konfliktes vor Zerstörung oder Beschädigung sowie Diebstahl, Plünderung und anderen Formen einer widerrechtlichen Inbesitznahme schützen. Ein solches Kulturgut ist die evangelische Kirche im Ort

**Abb. 4:** Grab von Christoph Eyssl von Eysselsberg (gest. 1668) unter der katholischen Kirche in Hallstatt. Foto: Cornelius Holtorf 2013.

Hallstatt, ein anderes der Rudolfsturm im Hochtal. Obwohl bestimmte Übertritte seit Inkrafttreten eines Zusatzprotokolls von 1999 strafrechtlich verfolgt werden können, ist eine Mitgliedschaft in der Konvention nicht obligatorisch und so sind derzeit nur 64 Staaten der Konvention und ihren beiden Protokollen beigetreten.

Ein ganz anderes Beispiel für den Versuch, Information in einer als veränderlich angesehenen, aber zumindest teilweise kontrollierbaren Zukunft langfristig zu bewahren, wird nicht durch einen politischen Prozess getragen, sondern durch ein religiöses Testament.

Als der reiche und mächtige Salzverweser Christoph Eyssl von Eysselsberg im Jahre 1668 starb, fand er seine letzte Ruhestätte in einer eigens gestifteten Kapelle unter der katholischen Pfarrkirche von Hallstatt (siehe Abb. 4). Um langfristig in Erinnerung zu bleiben, legte er testamentarisch ein Ritual fest, das alle fünfzig Jahre an seinem Todestag durchgeführt werden sollte. Eyssl von Eysselsbergs Sarg sollte zu diesem Anlass aus der Gruft geholt, einmal um die Kirche getragen und dann mit einem Boot über den Hallstätter See zu dem ihm einst gehörenden gegenüberliegenden Schloss Grub und zurück gefahren werden. Im Internet erhältlichen Informationen zufolge soll dieses Ritual tatsächlich bis in die

Mitte des 19. Jahrhunderts, also maximal viermal durchgeführt worden sein. Eine solche Langlebigkeit, wenn sie denn stimmt, ist sicherlich zum Teil auf den religiösen Kontext zurückzuführen, der ja eine Vielzahl von Traditionen und Ritualen bewahrt. Heute ist das kuriose Vermächtnis des Salzverwesers zwar nicht in vollständige Vergessenheit geraten, wird jedoch nicht mehr durchgeführt.

Die Grabstätte als solche ist noch heute erhalten und bewahrt den Namen und die Überreste von Christoph Eyssl von Eysselsberg. Hierin spiegelt sich ein von Kontinuität geprägtes Zukunftsbild, das sich u.a. auf das Erhalten der zugehörigen Kapelle stützt. Eyssl von Eysselsberg traute dieser Erhaltungsstrategie allein jedoch nicht, sondern verfügte darüber hinaus, dass eben alle zwei Generationen ein eigenes, recht aufwändiges Ritual durchgeführt werden sollte, das die Erinnerung an ihn auch über Zeiten der Veränderung hinweg am Leben halten sollte. Ironischerweise hat es sich erwiesen, dass das Grab zwar noch an alter Stelle erhalten ist, das Ritual jedoch schon lange nicht mehr durchgeführt wird. Das Testament hatte also am Ende eine weniger lange Wirkung als die kontinuierlich bestehende Kapelle mit Gruft. Mit den Jahrzehnten und Jahrhunderten wird ein testamentarisch festgelegtes, aber im Grunde nicht mehr verstandenes Ritual selbst in einem religiösen Kontext kaum mehr als bindend empfunden. Nach einigen Generationen wurde das Testament nicht mehr respektiert und das Ritual fallengelassen.

## Zukunftsbild Kontinuitätsbruch

Unser letztes Beispiel steht für ein drittes Zukunftsbild, das weder Kontinuität noch kontrollierbaren Wandel annimmt, sondern vielmehr von einem nicht mehr kontrollierbaren Wandel und Kontinuitätsbruch ausgeht. Dieser Vorstellung von der Zukunft zufolge wird es – aus welchen konkreten Gründen auch immer – langfristig dazu kommen, dass Informationen verloren gehen und zurückgewonnen werden müssen.

Der österreichische Keramiker Martin Kunze plant seit einigen Jahren im Hallstätter Salzbergweg ein *Memory of Mankind* einzulagern. Sein Zukunftsbild macht er sehr explizit (Kunze n.d.): „In einigen Jahrzehnten wird jede Spur unserer digitalen Fotos, Emails oder Blogs verblassen und in ein paar Jahrhunderten wird niemand mehr wissen, wer wir waren, wie und wofür wir heute gelebt haben." Das *Memory of Mankind* will deshalb in einem ehemaligen Salzstollen des Salzbergwerks in Hallstatt ein Archiv einrichten, in dem jeder auf Keramiktafeln (Steinzeug) gebrannte Information über Hunderttausende von Jahren für die ferne Zukunft bewahren lassen kann (siehe Abb. 5). Auch einige namhafte

**Abb. 5:** Martin Kunze bei Filmaufnahmen mit Teilen des provisorischen *Memory of Mankind* im Salzbergwerk von Hallstatt. Foto: Cornelius Holtorf 2013.

Institutionen hat Kunze bereits für seine Idee gewinnen können, z.B. das Naturhistorische und das Kunsthistorische Museum in Wien sowie die Universität Wien, die Abbildungen und Beschreibungen eines Teils ihrer Sammlungsbestände auf den Keramiktafeln verewigt haben. Die Zugänglichkeit des *Memory of Mankind* in der fernen Zukunft wird teilweise durch die Beständigkeit und Flexibilität des Salzgebirges gewährleistet, das die Keramiktafeln langsam vollständig und sicher einschließen wird, und teilweise durch eine große Anzahl von einfachen Keramikplaketten, die die exakte Lage des Stollens beschreiben und auf der Erdoberfläche weit verbreitet werden sollen. Die Notwendigkeit, die geographische Information auf diesen Plaketten korrekt zu entschlüsseln und dann das Archiv in einem im Salzberg offen gelassenen und über die Jahrhunderte zugewachsenen Stollen zu finden und freizulegen, soll sicherstellen, dass eine zukünftige Gesellschaft nur dann Zugang zur bewahrten Information gewinnt, wenn sie diese auch verstehen kann. Eine offene Frage ist allerdings, wie künftige Menschengenerationen beurteilen können, ob der richtige Zeitpunkt gekommen ist, um das Archiv zu öffnen; es kann ja nicht ohne Weiteres in seinen ursprünglichen Schlummerzustand zurückversetzt werden. Wird das *Memory of Mankind* zu früh geöffnet, steht aber genau die Langzeitzugänglichkeit der in ihm enthaltenen Informationen in Frage, da es nicht sicher ist, dass das Archiv nach Einsichtnahme wieder sicher und funktionsfähig verschlossen wird.

Im Gegensatz zu den vorigen Beispielen soll hier Information nicht kontinuierlich zugänglich gehalten, sondern vielmehr für einen späteren Zeitpunkt sicher verwahrt werden. Kunzes Zukunftsvision mag dabei etwas dystopisch erscheinen. Das *Memory of Mankind* soll nämlich Informationen auch über eine gesellschaftliche Flaschenhalssituation hinaus bewahren können, selbst für den Fall dass die Menschheit auf ein paar tausend Individuen reduziert und viele wichtige Informationen verloren gegangen sein sollten. Kunze spricht von einem *back-up* ausgewählter heutiger Information, die im Salzstollen eingelagert und so in der fernen Zukunft auch nach einem Kontinuitätsbruch mit Hilfe der Lokalisierungsplaketten zurückgewonnen werden können soll. Ob dies gelingen und die Information dann tatsächlich zugänglich gemacht werden kann und in ausreichendem Umfang verständlich sein wird, ist unsicher, aber durchaus möglich, selbst wenn dieser Zeitpunkt erst in Hunderttausenden von Jahren kommen sollte. Der Planungszeitraum ist in diesem Beispiel sehr lang, aber je länger die Zeitspanne ist, desto wahrscheinlicher wird ein solcher Kontinuitätsbruch tatsächlich.

## Zwischendiskussion

Unsere Beispiele zeigen am Fall von Hallstatt, wie eine Reihe unterschiedlicher Zukunftsbilder an einem Ort zusammenkommen und in ganz unterschiedlichen Erhaltungsstrategien von Information resultieren (siehe Tabelle 1). Die Beispiele wissenschaftlicher Bibliotheken, des Beinhauses und der chinesischen Hallstattkopie zeigen, dass lebende Traditionen, die eine gesellschaftliche und kulturelle Kontinuität voraussetzen, durchaus über einige Jahrhunderte hinweg bestehen können. An geeignete lebende Praktiken geknüpfte Information kann über Zeiträume von zumindest einigen Generationen zugänglich sein. Wenn man eine solche Kontinuität nicht voraussetzen mag und stattdessen an sicherer Stelle eine Art schlafender Tradition schafft, die darauf wartet, in der Zukunft zum Leben erweckt zu werden wie im Fall des *Memory of Mankind*, kann man prinzipiell mit einer Zugänglichkeit der Information in vielen Tausenden von Jahren rechnen, selbst nach einem zivilisatorischen Flaschenhals. Hier wird Langzeitzugänglichkeit also gerade durch das Fehlen von Kurzzeitzugänglichkeit garantiert. Ein besonders interessantes Ergebnis unserer Überlegungen ist es, dass ein durchaus realistisches Zukunftsbild, das davon ausgeht, dass die Zukunft in einem bestimmten Umfang kontrollierbar und beeinflussbar ist, vielleicht die schlechtesten Aussichten auf lange Zugänglichkeit von Information generiert. Die Diskussion der Beispiele Welterbe, Haager Konvention und Testament zeigte, dass die Akzeptanz einzelner Beschlüsse für die Zukunft nicht unbedingt lange Bestand zu haben braucht und dass schon eine Akzeptanz über zwei Jahrhunderte hinweg eher ungewöhnlich scheint.

**Tab. 1:** Erhaltungsstrategien, Zukunftsbilder und Langzeitzugänglichkeiten von Informationen anhand unterschiedlicher Beispiele in Hallstatt.

|  | Erhaltungsstrategie | Zukunftsbild | Langzeit-zugänglichkeit | Zeitraum in Jahren |
|---|---|---|---|---|
| Archäologische Diskussion | Akademische Publikationen in Bibliotheken | Kontinuität | So lange Bibliotheken bestehen | 200, andauernd |
| Beinhaus | Ausstellen bemalter Schädel | Kontinuität | So lange das Beinhaus besteht | 300, andauernd |
| Hallstattkopie in China | Kopieren von Vorbildern | Kontinuität | So lange kopiert wird | 100e, andauernd |
| Welterbe, Haager Konvention | Politischer Beschluss, Denkmalpflege | Kontrollierbarer Wandel | So lange politischer Willen besteht | 40+, andauernd |
| Grab in Kapelle | Testamentarisch verfügtes Ritual | Kontrollierbarer Wandel | So lange Testament respektiert wird | max 200, beendet |
| Memory of Mankind | Einlagerung im Salzstollen, Plaketten | Kontinuitätsbruch | Unsicher, nach Kontinuitätsbruch | 100.000e, geplant |

Natürlich darf man diese Ergebnisse nicht ohne Weiteres generalisieren. So manche Informationen in scheinbar sicher verwahrten Zeitkapseln werden aus unterschiedlichen Gründen wohl nie viel Information in die ferne Zukunft senden. Nicht alle lebenden Traditionen bestehen in ihrem Kern unverändert über Jahrhunderte. Und es mag auch politische Beschlüsse und testamentarische Verfügungen geben, die länger als zwei Jahrhunderte Bestand haben. Die besten Chancen, Langzeitzugänglichkeit von Information zu gewährleisten, haben im Lichte unserer begrenzten Diskussion von Hallstätter Beispielen jedenfalls Erhaltungsstrategien, die sich auf Zukunftsbilder stützen, die entweder die Kontinuität einer lebenden und stolzen Tradition voraussetzen – selbst wenn sie einfach ist (Beispiel Beinhaus) – oder die von einem größeren Kontinuitätsbruch ausgehen und Information deshalb sehr unzugänglich, z.B. in einem Berg, archivieren. Während erstere über einige Jahrhunderte fortbestehen können, mögen letztere sogar nach vielen Tausenden Jahren noch vorhanden sein, wenn auch möglicherweise unbekannt oder unbegreiflich. Es wäre interessant, die Triftigkeit dieser Einsichten künftig anhand umfangreicherer Analysen und anderer Fallbeispiele weiter zu untersuchen.

Die Frage der Langzeitzugänglichkeit von Information ist in Bereichen, in denen das Risiko des Vergessens besonders groß ist, besonders heikel, aber auch besonders interessant. Unsere bisherige Diskussion soll deshalb hier noch kurz auf zwei Beispiele außerhalb von Hallstatt ausgeweitet werden, die in besonderem Maße auf gute Lösungen angewiesen sind.

## Langzeitzugänglichkeit von Information über Endlager von Atommüll

Radioaktiver Kernabfall entsteht als Restprodukt der Erzeugung von Kernenergie. Mittlerweile gibt es weltweit etwa 300.000 Tonnen hoch-radioaktiv strahlender Abfälle und jährlich kommen 12.000 Tonnen dazu. Sie müssen über hunderttausend Jahre oder länger sicher verwahrt bleiben, bis sie keine Gefahr mehr darstellen. Dazu wird gegenwärtig weithin die Methode der geologischen Endlagerung favorisiert, nach der die Abfälle einige hundert Meter unter der Oberfläche permanent in Stollen eingelagert werden, die in stabile geologische Formationen eingetrieben worden sind (siehe Abb. 6). Damit diese Methode Sicherheit gibt, bedarf es zusätzlicher Strategien an der Oberfläche, die die Erhaltung und Langzeitzugänglichkeit von Informationen über den genauen Inhalt und davon ausgehende Gefahren über entsprechend lange Zeiträume in die Zukunft gewährleisten (vgl. Hora et al. 1991; Drack 2013).

Es gibt keine verlässlichen Erfahrungen für Kommunikation über derartige Zeiträume, sodass geeignete Strategien ganz neu entwickelt werden müssen. Wichtige Prinzipien sind dabei inhaltliche Redundanz, das heißt das mehrfache Übermitteln identischer Informationen, und formale Diversität, das heißt das parallele Anwenden unterschiedlicher Kommunikationsmedien. Über kürzere Zeiträume von einigen Jahrzehnten müssen wichtige Unterlagen in relevanten Firmen und politischen Aufsichtsinstitutionen selbst bewahrt werden. Für darüber hinaus liegende Zeitperioden ist das Bewahren teilweise identischer Informationen auch in anderen Archiven erforderlich und, was ganz lange Zeiträume angeht, in gewissem Umfang auch am Ort atomarer Endlager sowie an anderen Plätzen, an denen die Langzeitzugänglichkeit von Information wahrscheinlich oder jedenfalls möglich erscheint (wie etwa dem Hallstätter Salzbergwerk). Über die Jahrhunderte und Jahrtausende wird manches verloren gehen, z.B. durch drastische Umweltveränderungen oder gesellschaft-

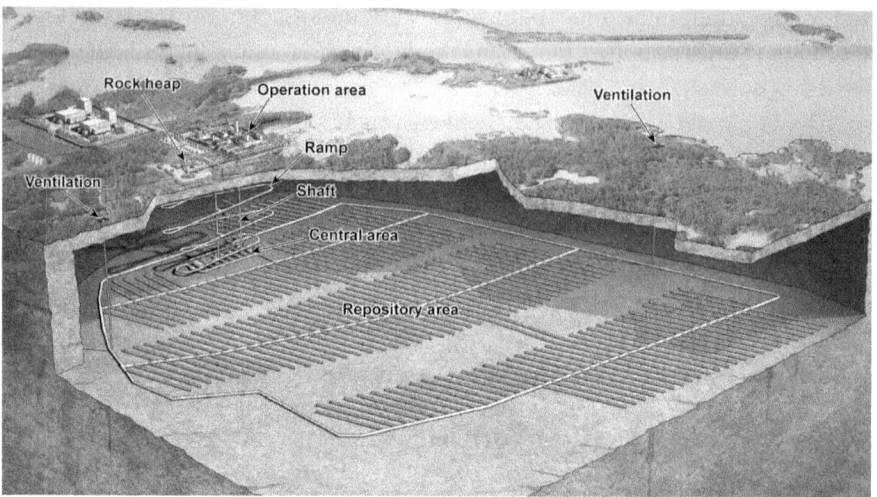

**Abb. 6:** Geplantes Endlager für Atommüll in Forsmark, Schweden. Grafik: SKB.

liche Umwälzungen, aber anderes wird sich vermutlich erhalten und hoffentlich zu entziffern und verstehen sein. Das Problem der Verständlichkeit ist dabei alles andere als trivial, schließlich wissen wir weder, welche Sprachen und Symbole in hunderttausend Jahren verstanden werden können, noch ob wir es dann überhaupt mit der Art Homo sapiens zu tun haben, die heutigen Erkenntnissen zufolge selbst erst zweihunderttausend Jahre alt ist (Schade/Wenk 2011: Kap. 1).

Was Informationsbewahrung über lange Zeiträume angeht, sind Zukunftsbilder auch in diesem Beispiel von entscheidender Bedeutung (vgl. Human Interference Task Force 1984; Hora et al. 1991). Wer von einer Kontinuität ausgeht, setzt auf fortdauernde kulturelle Traditionen, zum Beispiel dem sogenannten Hüte-Konzept (vgl. Buser 1998). Wie die obige Diskussion gezeigt hat, können lebende Traditionen ohne weiteres über einige Jahrhunderte bestehen und dadurch Informationen bewahren. Es ist also nicht die schlechteste Idee, entsprechende Inhalte mit langlebigen, lebenden Traditionen in Verbindung zu bringen, ob das nun bestimmte akademische Diskussionen oder etwa die katholische Kirche sind. Wer hingegen mit einem Kontinuitätsbruch rechnet, versucht an sicherer Stelle die wichtigsten Informationen zu erhalten, unter anderem am Platz des atomaren Endlagers selbst (vgl. Trauth et al. 1993; Benford 1999, Teil 1). Tief unter der Erdoberfläche eingelagert oder in der Form langlebiger Monumente wird sich sicherlich manche Information über lange Zeiträume erhalten lassen. Es ist jedoch alles andere als sicher, dass diese Information auch im richtigen Augenblick gefunden und genutzt werden wird. Im Zwischenbereich liegen politische Beschlüsse und Übereinkommen unterschiedlicher Art, die auf einen künftig kontrollierbaren Wandel setzen, aber auch im Bereich des Kernabfalls kaum als verlässlich angesehen werden können. Eine entsprechende UN-Weltkonvention beispielsweise würde das Problem der langfristigen Informationsbewahrung nicht lösen können. Am Ende wird man am sichersten gehen, wenn man unterschiedliche Zukunftsbilder gleichermaßen als Möglichkeiten in Betracht zieht und entsprechend unterschiedliche Strategien gleichzeitig verfolgt. Diese Strategie ist natürlich selbst eng verknüpft mit einem Zukunftsbild, das wenig für vorbestimmt und viele unterschiedliche Alternativen für möglich hält.

## Langzeitzugänglichkeit von Information über den Holocaust

Die Frage der Erhaltungsstrategie von Information steht unter ganz anderen Vorzeichen, aber ist ähnlich brisant, was die Erinnerung an den Holocaust angeht. Während des Zweiten Weltkrieges wurden rund sechs Millionen Juden und Roma von den Nazis aus rassistischen Gründen systematisch umgebracht. Die Erinnerung daran soll die Gefahr abzuwenden helfen, dass sich ähnliches Denken und Handeln jemals wiederholen könnte. Heute, siebzig Jahre nach Kriegsende, gibt es kaum noch Überlebende. Die Erinnerung muss daher neue Formen finden, zum Beispiel Mahnmale. Vor einigen Jahren berichtete die BBC, dass die materiellen Überreste des großflächigen Vernichtungslagers von Auschwitz-Birkenau dringend umfassender Konservierungsmaßnahmen bedürften, für die jedoch zu großen Teilen das Geld fehle. Zwei Drittel der Baracken seien aus Sicherheitsgründen bereits für die Öffentlichkeit geschlossen worden, obwohl die Anlage UNESCO-Welterbe sei und immer mehr Besucher kämen – weit mehr als eine Million pro Jahr.

In einem Streitgespräch diskutierten deshalb der Historiker Robert Jan van Pelt und der Auschwitz-Überlebende und Vorsitzende des Internationalen Auschwitzrates Władysław Bartoszewski die Frage, ob die materiellen Reste als wichtige Informationsquelle über den Holocaust durch finanzielle Investitionen langfristig erhalten werden sollten oder nicht (vgl. BBC 2009). Bartoszewski argumentierte, dass wir die Erhaltung den vielen Opfern und der Notwendigkeit schuldeten, die Wahrheit darüber, was hier geschah, an künftige Generationen weiterzugeben. Wenn es keine Überlebenden mehr gäbe, müssten die Überreste als eine offene Wunde weiterhin sprechen, da sonst die Erinnerung ganz zu verschwinden und ähnliches Übel von Neuem zu entstehen drohe. Bartoszewski hält die Zukunft also durch denkmalpflegerische und vielleicht auch andere politische Beschlüsse für langfristig beeinflussbar. Van Pelt auf der anderen Seite war der Ansicht, dass die Überreste alleine wenig erzählten, wenn man nicht selbst auch eigene Erinnerungen aus der schlimmen Zeit habe, beziehungsweise mit den Erinnerungen anderer konfrontiert werde. Sobald uns die letzten Augenzeugen verlassen haben, sei es daher am besten, dass die Vegetation den Platz wieder in Besitz nehme und gewissermaßen die Erinnerung an den Platz langsam auslösche. Van Pelt glaubte also nicht, dass sich in der Zukunft die Erinnerung an den Holocaust durch irgendwelche Beschlüsse auf angemessene Art über das Zeitalter der Überlebenden hinaus erhalten lassen könne. Er zog deshalb ein graduelles Vergessen vor.

Für beide Kommentatoren bedeutete der Tod der letzten Überlebenden einen massiven Einschnitt, da die Kontinuität der Erinnerung dadurch gebrochen werde und so auch bisherige Erhaltungsstrategien in Frage gestellt würden. Es gibt jedoch seit Kurzem eine neue Strategie, die ihrerseits die Wichtigkeit dieses Einschnittes in Frage stellt und eine neue Kontinuität der Erinnerung schafft – womit wir hier aber nicht die akademischen und nicht-so-akademischen Diskussionen über den Holocaust als ein historisches Geschehen meinen. Unlängst gingen Presseberichte um die Welt, denen zufolge eine Reihe junger Leute damit begonnen hat, die tätowierten Häftlingsnummern ihrer Großeltern, die den Holocaust überlebten, stolz auf ihren eigenen Körper zu kopieren (z.B. Rubin 2012). Ziel sei es, die Erinnerung an den Holocaust Teil einer neuen, lebenden Tradition werden zu lassen, die kontinuierlich von den Überlebenden an künftige Generationen weitergegeben werde. Diese unlängst entstehende Tradition ist nicht unproblematisch, unter anderem, da nicht alle Häftlinge derartige Tätowierungen bekamen, der jüdische Glaube selbst Tätowierungen ablehnt und nicht alle Überlebenden ihre Nummern mit Stolz tragen. Die neuen Tätowierungen sind aber interessant, weil sie ein Beispiel dafür sind, wie sich Erhaltungsstrategien genau dann ändern, wenn Zukunftsbilder, wie die der kontinuierlichen Erinnerung der Überlebenden, fraglich werden.

## Schluss

In diesem Beitrag haben wir anhand unterschiedlicher Beispiele diskutiert, wie langfristige Erhaltungsstrategien von Informationen eng mit bestimmten Zukunftsbildern der jeweiligen Gegenwart zusammenhängen. Entscheidend für gewählte Strategien sind nicht so sehr die spezifischen Prozesse oder Ereignisse der Vergangenheit, die erinnert werden sollen, noch die Wichtigkeit, die wir diesen Erinnerungen heute zuerkennen, sondern vielmehr, welches Bild wir in der Gegenwart von der Zukunft haben. Diese Einsicht entspricht der bislang nur selten diskutierten Bedeutung von Zukunftsbildern in der Denkmalpflege, die wir an anderer Stelle ausführlich behandelt haben (vgl. Holtorf/Högberg 2013).

Wir haben in diesem Artikel konkret zwischen drei unterschiedlichen Kategorien von Zukunftsbildern unterschieden, die die Langzeitzugänglichkeit von Informationen entscheidend beeinflussen. Ein von Kontinuität geprägtes Zukunftsbild führt zu Erhaltungsstrategien, die direkt an lebende Traditionen der Gegenwart anknüpfen und durchaus über einige Jahrhunderte hinweg Bestand haben können. Geht man hingegen von einem früher oder später bevorstehenden Kontinuitätsbruch aus, sind Erhaltungsstrategien zu bevorzugen, die Information weniger zugänglich, dafür aber sicher und auch für sehr lange Zeiträume verwahren. Im Zwischenbereich liegen Erhaltungsstrategien, die von einem kontrollierbaren Wandel in der Zukunft ausgehen und sich auf politische Beschlüsse, testamentarische oder andere Übereinkommen stützen. Obwohl hier Wille und Engagement zur Erhaltung hoch sind, ist das Ergebnis nicht unbedingt verlässlich.

Welche Erhaltungsstrategie oder Kombination von Erhaltungsstrategien in welchem Einzelfall die beste ist, lässt sich nicht pauschal beantworten. Unser wichtigstes Anliegen in diesem Artikel war es, dafür zu werben, sich stärker für die Zukunftsbilder zu interessieren, die alle Erhaltungsstrategien maßgeblich prägen.

## Literatur

BBC (2009): Cash-Crisis Threat at Auschwitz. BBC News, 26 Jan 2009. http://news.bbc.co.uk/2/hi/europe/7842671.stm.

Benford, G. (1999): Deep Time. How Humanity Communicates Across Millennia. New York, NY: Avons.

Bosker, B. (2013): Original Copies. Architectural Mimicry in Contemporary China. Honolulu: University of Hawai'i Press.

Buser, M. (1998): „Hüte"-Konzept versus Endlagerung radioaktiver Abfälle: Argumente, Diskurse und Ausblick. Expertenbericht. Zürich: Selbstverlag.

Drack, M. (2013): Ent-sorgt? Überlegungen zur Kommunikation betreffend radioaktiver Abfälle und zu den Ideen für die Markierung geologischer Tiefenlager. Master Thesis in Communication Design, Hochschule der Künste Bern.

Focus (2012): Kopie mit kleinen Fehlern: Hallstatt in China. Online Focus, 3. Juni 2012. http://www.focus.de/panorama/welt/tourismus-kopie-mit-kleinen-fehlern-hallstatt-in-china_aid_761918.html.

Holtorf, C.; Högberg, A. (2013): „Heritage Futures and the Future of Heritage." In: S. Bergerbrant; S. Sabatini (Hrsg.): Counterpoint: Essays in Archaeology and Heritage Studies in Honour of Professor Kristian Kristiansen. BAR Int. Ser. 2508. Oxford Archaeopress, 739–746.

Holtorf, C.; Högberg, A. (2014): „Communicating with Future Generations: What Are the Benefits of Preserving for Future Generations? Nuclear Power and Beyond." European Journal of Post-Classical Archaeologies 4, 315–330.
Hora, S.C. et al. (1991): Expert Judgment on Inadvertent Human Intrusion into the Waste Isolation Pilot Plant. Albuquerque, NM: Sandia National Laboratories. http://large.stanford.edu/courses/2011/ph241/dunn2/docs/SAND90-3063.pdf.
Human Interference Task Force (1984): Reducing the Likelihood of Future Human Activities That Could Affect Geologic High-Level Waste Repositories. Technical Report Prepared for the Office of Nuclear Waste Isolation. http://www.osti.gov/scitech/servlets/purl/6799619.
Kern, A. et al. (Hrsg.) (2008): Salz-Reich. 7000 Jahre Hallstatt. Veröffentlichungen der Prähistorischen Abteilung, 2. Wien: Naturhistorisches Museum.
Kunze, M. (n. d.): Memory of Mankind. Webseiten. http://www.memory-of-mankind.com/.
Rubin, E. (2012): „Passing on Holocaust Tattoos". Deutsche Welle. http://dw.de/p/16ngf.
Schade, S.: Wenk, S. (2011): Studien zur visuellen Kultur. Bielefeld: transcript.
Trauth, K.M. et al. (1993): Expert Judgement on Markers to Deter Inadvertent Human Intrusion into the Waste Isolation Pilot Plant. Sandia National Laboratories. http://www.osti.gov/scitech/biblio/10117359.
Welterbekonvention (1972): Übereinkommen zum Schutz des Kultur- und Naturerbes der Welt. UNESCO. http://www.unesco.de/welterbe-konvention.html.

# Danksagung

Für Gastfreundschaft in Hallstatt und Gmunden während eines Arbeitsbesuches im Oktober 2013 dankt Cornelius Holtorf Hans Reschreiter, Kerstin Kowarik und dem archäologischen Team sowie Martin Kunze. Wir sind Martin Kunze und Kerstin Kowarik ebenfalls dankbar für Kommentare und Verbesserungsvorschläge zu einer ersten Fassung dieses Textes.

Ursula Hartwieg
# Neue Wege für den bundesweiten Originalerhalt

Praxisbericht aus der Koordinierungsstelle für die Erhaltung des schriftlichen Kulturguts (KEK)

Dieser Beitrag öffnet keine theoretische Perspektive auf den bundesweiten Originalerhalt des schriftlichen Kulturerbes in Archiven und Bibliotheken, vielmehr formuliert sich hier eine Sicht aus der Praxis – die Praxis der „Koordinierungsstelle für die Erhaltung des schriftlichen Kulturguts (KEK)". Die KEK arbeitet gemäß ganz konkreter, für ihre Konzeption entwickelter Vorgaben. Die Spezifika resultieren aus der Gründungskonstellation, die nicht nur durch fachliche Empfehlung, sondern auch durch politischen Willen geprägt ist.

## Einrichtung und Auftrag der KEK

Um die spezifischen Rahmenbedingungen der KEK darzulegen, ist zuerst ein Blick auf die Genese erforderlich. Den Gedanken zu einer bundesweit koordinierten Sicherung des schriftlichen Kulturguts in Deutschland formulierte die Enquete „Kultur in Deutschland" bereits 2007 in sehr deutlicher Form. Diese durch den Deutschen Bundestag 2003 als Beratungsgremium eingesetzte Enquete-Kommission erhielt den Auftrag, mittels einer aktuellen Bestandsaufnahme und Analyse der deutschen Kulturlandschaft „Empfehlungen zum Schutz und zur Ausgestaltung" dieser Landschaft „sowie zur weiteren Verbesserung der Situation der Kulturschaffenden zu erarbeiten; soweit Bedarf besteht, sind Vorschläge für gesetzgeberisches oder administratives Handeln des Bundes vorzulegen."[1] Im Rahmen des Schwerpunktthemas „Die öffentliche und private Förderung und Finanzierung von Kunst und Kultur – Strukturwandel" empfiehlt sie in ihrem Schlussbericht aus dem Jahr 2007 „dem Bund und den Ländern, gemeinsam eine nationale Bestandserhaltungskonzeption für gefährdetes schriftliches Kulturgut zu erarbeiten."[2]

---

[1] „Einsetzung einer Enquete-Kommission ‚Kultur in Deutschland'" – Antrag der Fraktionen SPD, CDU/CSU, BÜNDNIS 90/DIE GRÜNEN und FDP. BT Dr.-S. 15/1308, 1.
[2] „Schlussbericht der Enquete-Kommission ‚Kultur in Deutschland'". BT Dr.-S. 16/7000, 132.

Wenig später positioniert sich auch die Fachcommunity der Archive und Bibliotheken mit dieser Empfehlung: „Der Bund sollte in Abstimmung mit den Ländern die Federführung für eine nationale Konzeption zur Erhaltung des schriftlichen Kulturguts übernehmen." (Allianz 2009, 14) Die 2001 von elf Archiven und Bibliotheken mit umfangreichen historischen Beständen gegründete Allianz Schriftliches Kulturgut Erhalten versteht sich als Lobbygruppe für den Originalerhalt der Schriftkultur. Die Allianz will „die in ihrer Existenz gefährdeten Originale der reichen kulturellen und wissenschaftlichen Überlieferung in Deutschland sichern und diese Überlieferung als nationale Aufgabe im öffentlichen Bewusstsein verankern." (Allianz 2009, 3) Ihre Adressaten sind demzufolge sowohl die breite Öffentlichkeit als auch die Politik. Im Jahr 2008 verabschiedet die Allianz ihr politisches Strategiepapier, die Denkschrift *Zukunft Bewahren*, mit dem Ziel, „den Originalerhalt im digitalen Zeitalter effizienter zu organisieren und nachhaltig zu fördern." (Allianz 2009, 4) Ganz ausdrücklich wendet sie sich damit an die politischen Entscheidungsträger auf Bundes- und Länderebene. In diesem Sinne überreichte die Allianz am 28. April 2009 – also wenige Wochen nach dem Einsturz des Kölner Stadtarchivs am 3. März 2009 – dem damaligen Bundespräsidenten Horst Köhler ihre Denkschrift und erreichte mit diesem offiziellen Akt ein entsprechendes Medienecho.

Durch die Katastrophen in Weimar 2004 und kurz zuvor in Köln waren das Thema Originalerhalt schriftlichen Kulturerbes und der damit verbundene Handlungsdruck derart präsent, dass sich in Bernd Neumann, dem damaligen Bundesbeauftragten für Kultur und Medien, schnell ein weiterer politischer Fürsprecher auf Bundesebene fand. Auf seine Einladung trafen sich am 26. August 2009 im Kanzleramt Bibliothekare und Archivare großer Einrichtungen aus ganz Deutschland zu einem Gespräch über die Bestandserhaltung von schriftlichem Kulturgut: Unter der Leitung des Kulturstaatsministers wurde eine Arbeitsgruppe, an der Bund, Länder, Gemeinden, das Archiv- und Bibliothekswesen sowie Verbände beteiligt waren, damit beauftragt, eine Konzeption für Maßnahmen der Bestandserhaltung zu entwickeln. „Dabei soll auch über die Einrichtung einer nationalen Koordinierungsstelle nachgedacht werden."[3]

Das Jahr 2009 bot aus einem weiteren Grund eine günstige Konstellation für den nun angestoßenen politischen Prozess: Im Koalitionsvertrag vom 26. Oktober 2009 formulierten die in der Bundestagswahl im September gewählten Parteien CDU, CSU und FDP ihre gemeinsamen Ziele für die kommende Legislaturperi-

---

3 „Kulturstaatsminister Bernd Neumann: Bestandserhaltung von schriftlichem Kulturgut ist gesamtstaatliche Aufgabe". Pressemitteilung des Presse- und Informationsamts der Bundesregierung vom 27. August 2009.

ode. Eines davon lautete: „Gemeinsam mit den Ländern wollen wir ein nationales Bestandserhaltungskonzept für gefährdetes schriftliches Kulturgut erarbeiten. Zum verstärkten Schutz schriftlichen Kulturgutes wird eine Koordinierungsstelle eingerichtet."[4] Diese Absichtserklärung war eine gute Voraussetzung für die Verhandlungen zwischen Bund, Ländern und Kommunen, denn daraufhin wurden „erstmals im Bundeshaushalt 2010 bis auf weiteres 500.000 Euro jährlich bereitgestellt." (Olbertz 2012, 197) Nach drei Runden Tischen war sich die Arbeitsgruppe einig, als Dach für eine Koordinierungsstelle die Stiftung Preußischer Kulturbesitz (SPK) zu wählen: Nicht nur ist sie Ausdruck für spartenübergreifendes Agieren, da sie die Staatlichen Museen, die Staatsbibliothek zu Berlin und das Geheime Staatsarchiv Preußischer Kulturbesitz in sich vereint. Die SPK ist überdies eine von Bund und Ländern getragene Einrichtung – sie ist also in der Form mischfinanziert, die für die finanzielle Ausstattung der zukünftigen Koordinierungsstelle zwingend erforderlich werden würde. Am 13. Oktober 2010 schließlich stellte der Kulturstaatsminister dieses Konzept den für Kultur zuständigen Ministern der Länder erfolgreich vor. Die Kulturstiftung der Länder (KSL) trug für die Länder weitere 100.000 Euro bei, sodass Mitte Oktober 600.000 Euro für Projekte zur Behandlung von gefährdetem schriftlichem Kulturgut bereit standen. Trotz des überaus knappen Bewilligungszeitraums bis zum 31. Dezember 2010 konnten bundesweit 31 Modellprojekte in Archiven und Bibliotheken erfolgreich durchgeführt werden – im Vorgriff auf die zu gründende Koordinierungsstelle wurden dazu Kapazitäten der Stiftung Preußischer Kulturbesitz genutzt, konkret von der Staatsbibliothek zu Berlin.

Die Verhandlungen zwischen Bund und Ländern liefen währenddessen kontinuierlich weiter; am 26. Mai 2011 stimmte schließlich der Kulturausschuss der Kultusministerkonferenz (KMK) dem Konzept für eine gemeinsame Koordinierungsstelle zu. Nach Berufung des die KEK unterstützenden, die Sparten Archiv und Bibliothek repräsentierenden Fachbeirats am 22. Juni 2011 wurde die Koordinierungsstelle für die Erhaltung des schriftlichen Kulturguts (KEK) am 1. August 2011 gegründet, vorerst für fünf Jahre mit einer Option auf Verstetigung. Aufgaben und Ausstattung legt ein zwischen BKM und KSL abgestimmtes Konzept fest. Bis auf weiteres stehen der KEK 600.000 Euro jährlich zur Verfügung, die auch die Kosten der konzeptgemäßen 2,5 Stellen abdecken müssen.

Zwei Jahre Verhandlungszeit für die Gründung der KEK: Die Diskussionen zwischen Bund, Ländern und Kommunen wurden deshalb so ausgiebig geführt,

---

[4] Koalitionsvertrag von CDU, CSU und FDP für die 17. Wahlperiode des deutschen Bundestages vom 26. Oktober 2009, „Wachstum. Bildung. Zusammenhalt", 96.

weil bei jeder finanziellen Beteiligung des Bundes in Sachen Kultur grundsätzlich die Kulturhoheit der Länder zu berücksichtigen ist:

> So sind laut Grundgesetz generell die Bundesländer für die Kulturförderung verantwortlich; nach dem Recht auf kommunale Selbstverwaltung auch die Kommunen. [...] Der Bund sorgt einerseits dafür, dass die rechtlichen Rahmenbedingungen für Kultur und Medien über die Bundesgesetzgebung günstig gestaltet werden. Zum anderen fördert er Kultureinrichtungen und Projekte von nationaler Bedeutung. (Bundesregierung 2012, 5)

Ein gemeinsames Engagement von Bund, Ländern und Kommunen für eine Koordinierungsstelle zum verstärkten Schutz schriftlichen Kulturguts war also nur durchführbar, sofern man die KEK mit Aufgaben von bundesweiter Tragweite ausstattete – und um diese wurde zäh verhandelt. Im Konzept der KEK ist das Ergebnis festgehalten, es handelt sich vor allem um folgende Aufgaben:
- finanzielle Unterstützung von Modellprojekten
- Vermittlung von Best Practice-Methoden
- Vertretung in (inter-)nationalen Fachgremien
- Öffentlichkeitsarbeit
- Entwicklung einer deutschlandweiten Gesamtstrategie zur Erhaltung des schriftlichen Kulturguts und die Koordinierung der ersten Schritte zu ihrer Umsetzung.

Eine von Beginn an besonders sichtbare Aufgabe ist die Modellprojektförderung, jährlich ausgeführt seit 2010, seit 2011 mit dem Aufruf zu einem Themenschwerpunkt verbunden. Von 2010 bis 2013 wurden bundesweit über 130 Modellprojekte für die Förderung mit einem Gesamtbetrag von über 1,7 Mio. Euro vorgesehen, also mehr als 70 Prozent der Mittel, die der KEK in diesen vier Jahren zur Verfügung standen. Wie verträgt sich diese Förderung von Archiven, Bibliotheken und anderen schriftliches Kulturgut verwahrenden Häusern durch die Bund-Länder-Mittel der KEK mit der Pflicht der Unterhaltsträger? Trägt doch zuallererst der Unterhaltsträger die Verantwortung für die Erhaltung des kulturellen Schrifterbes, das er in seinen Magazinen verwahrt. Aus dieser wird er über die Förderung durch die KEK allerdings keineswegs entlassen, denn er muss einen substanziellen Eigenanteil für die beantragte Maßnahme beisteuern. Der prinzipiellen Einsicht folgend, dass die Unterhaltsträger in weiten Teilen mit der Verantwortung des Originalerhalts finanziell überfordert sind, wird einerseits der Etat des Unterhaltsträgers bei dieser spezifischen Modellprojektmaßnahme der Bestandserhaltung ganz punktuell entlastet, andererseits wird seine originäre Verantwortung für den Originalerhalt auf besondere Weise ausgezeichnet. Das Thema Bestandserhaltung erfährt einrichtungsintern eine spürbare Aufwertung – extern übernimmt die Einrichtung eine Vorbildfunktion für andere Unterhaltsträger.

Die Fördermittel der KEK sind nicht nur mit den Pflichten der Unterhaltsträger, sondern auch mit der Kulturhoheit der Länder in Einklang zu bringen. Dafür wurde bei den Verhandlungen zwischen Bund, Ländern und Kommunen um das Konzept für die KEK Vorsorge getroffen:

> Im Ergebnis wurde Einigkeit darüber erzielt, dass zwar eine Förderung von Modell- und Vorzeigeprojekten möglich und sinnvoll ist, aber eine flächendeckende Förderung nicht Aufgabe der Koordinierungsstelle sein kann. Das entspräche nicht der Verantwortung von Ländern und Kommunen für ihre Bibliotheken und Archive und würde auch die finanziellen Voraussetzungen sprengen. (Olbertz 2012, 197)

Tatsächlich lassen sich mit 600.000 Euro jährlich – abzüglich Personal- und anderer infrastruktureller Kosten der KEK – für den bundesweiten Bestandserhalt in Archiven und Bibliotheken kaum mehr als einzelne Impulse setzen. Dies geschieht auf dem Weg der spezifischen Ausrichtung der geförderten Maßnahme als ausgesprochen modellhaft, innovativ oder öffentlichkeitswirksam. Denn um die Förderkompetenz des Bundes zu begründen, sind Projektanträge zu bewilligen, die Maßnahmen von länderübergreifendem Charakter oder bundesweiter Bedeutung beabsichtigen und ohne diese Förderung nicht zu erfüllen sind. Die Modellprojekte können sich beispielsweise als vorbildlich, strukturbildend oder auf andere Maßnahmen übertragbar auszeichnen. So wurden bei der Modellprojektförderung von vornherein „bewusst unterschiedliche Schadenskategorien (Säureschäden, Schimmelpilzschäden, mechanische Schäden) und Erhaltungsmaßnahmen (Massenentsäuerung, Restaurierung, Ankauf von Schutzverpackungen etc.) berücksichtigt." (Olbertz 2012, 197) Der jährliche Themenschwerpunkt („Feuer und Wasser" im Jahr 2011, „Nationales Erbe allein auf weiter Flur: Schutz im Verbund" 2012, „Vorsorge im Großformat" 2013, „Verblassende Schrift – Verblassende Farbe" 2014) ermöglicht eine zusätzliche Gruppierung nach verwandten Schadensbildern. Durch die Modellprojektförderung hat sich die KEK in der Archiv- und Bibliothekswelt, auf Seiten der Politik und der Medien einige Aufmerksamkeit verschafft – ganz im Sinne der Sensibilisierung der Öffentlichkeit für die Gefährdungen des schriftlichen kulturellen Erbes.

## Überlieferung im Verbund

In der bisherigen Modellprojektförderung der KEK kam vor allem kleineren und regionalen Einrichtungen eine besondere Bedeutung zu. Das erklärt sich einerseits mit der dort häufig fehlenden Fachkenntnis und Infrastruktur in Sachen Bestandserhaltung – speziell dort sollten die Fördermittel wirksam werden.

Andererseits spiegeln die Anträge auf Originalerhalt des schriftlichen Kulturerbes gerade aus kleinen Einrichtungen die in Deutschland sehr stark regional geprägte Überlieferung. Sowohl das Archiv- als auch das Bibliothekswesen sind überaus dezentral strukturiert. Der negative Ausdruck dieser Struktur ist das Fehlen eines deutschen Nationalarchivs und einer deutschen Nationalbibliothek, die in anderen europäischen Ländern wie Großbritannien, Frankreich oder Polen üblich sind und dort entsprechend zentrale Funktionen übernehmen. Positiv ausgedrückt liegt genau hier der Schatz der historisch bedingten Vielfalt der deutschen Kulturlandschaft, die sich in solch epischer Breite ausdifferenziert, wie es in Bernhard Fabians *Handbuch der historischen Buchbestände in Deutschland* (Fabian 1992–2000) detailliert für die Überlieferung der historischen Druckschriften abgebildet wird: Einträge zu historischem Buchbestand in über 1400 allgemein zugänglichen Bibliotheken, Archiven, Museen und anderen Druckschriften verwahrenden Einrichtungen in Deutschland belegen eindrucksvoll die Tatsache, dass die schriftliche Überlieferung in Deutschland über Streubesitz breitflächig verteilt ist. Dabei befolgen die Sparten Archiv und Bibliothek unterschiedliche Überlieferungs- und damit ebenso Erhaltungsregeln.

Die Archive legen ihre Überlieferung durch die archivische Bewertung und die damit verbundene Kassation von durchschnittlich über 95 Prozent des angebotenen Schriftguts fest. Das übernommene Schriftgut ist durch das jeweilige Archiv nicht nur zu erschließen, sondern überdies – so in den deutschen Archivgesetzen seit den 1990er Jahren als eine der zentralen Archivaufgaben formuliert (vgl. Glauert 2012, 110) – zu erhalten. Wobei auch im Archivbereich die Idee der Kooperation und Abstimmung bei der Überlieferungsbildung zwischen Archiven verschiedener Archivsparten und -träger diskutiert wird, wie das Positionspapier des Arbeitskreises „Archivische Bewertung" im Verband deutscher Archivarinnen und Archivare (VdA) aus dem Jahr 2011 signalisiert. Darin heißt es unter anderem: „Durch eine bessere Abstimmung von Archiven lassen sich die Gesamtüberlieferungsmenge reduzieren und eine wirtschaftlichere Lösung der Archivierung erzielen. Eine abgestimmte, verdichtete und gebündelte Überlieferungsbildung kann Redundanzen vermeiden und Kosten verringern." (Pilger 2012, 7)

Ist Archivgut von komplett unikalem Charakter, sind in Bibliotheken lediglich Teile der Bestände unikal, beispielsweise Handschriften, handgemalte Karten oder Musikautographen. Für den Großteil des Bibliotheksguts gilt dagegen das Prinzip der Mehrfachüberlieferung, denn Druckwerke sind aufgrund ihres Produktionsprozesses nicht nur einmal vorhanden. Umso mehr sind hier Absprachen für eine abgestimmte Überlieferung vonnöten. Der regionale Aspekt der Überlieferung wird durch das Prinzip der Pflichtexemplarbibliotheken abgedeckt, also insbesondere durch die Staats- und Landesbibliotheken. Da in deutschen Bibliotheken dennoch rund ein Drittel der im deutschen Sprachraum erschienenen

Drucke fehlt, initiierte Bernhard Fabian die Sammlung Deutscher Drucke: Für die Zeit von Beginn des Buchdrucks bis zur Gründung der Deutschen Bücherei in Leipzig, also von 1450 bis 1912, stellen fünf Bibliotheken gemeinsam eine verteilte Nationalbibliothek nach Zeitscheiben dar und ergänzen ihre Bestände für das jeweilige Zeitsegment systematisch. Diese nach regionalem und chronologischem Prinzip sammelnden Bibliotheken sind die „großen Archivbibliotheken" (vgl. DBI 1994, 11) – sie werden ergänzt durch die fachlich ausgerichteten, bis 2013 DFG-geförderten Sondersammelgebietsbibliotheken.

Trotz des Unterschieds im Bereich der Unikalität der jeweiligen Bestände obliegt beiden Sparten, Archiven und Bibliotheken, gleichermaßen eine Überlieferungsentscheidung: Im Bereich der Archive wird sie auf dem Weg von Übernahme und Kassation umgesetzt, bei den Bibliotheken über die Erwerbungsentscheidung bzw. die Deaquisition. In beiden Sparten stellt also bereits die Überlieferungsbildung eine Form der Priorisierung dar – ein existenzielles Prinzip, da nicht alles überliefert werden kann und die Nichtüberlieferung folglich eine unverzichtbare Entlastung darstellt. Ausschluss aus der Überlieferung stellt sich hier als Form der Bestandserhaltung dar: Es muss etwas verloren gehen, damit etwas anderes überliefert werden kann.

## Originalerhalt der schriftlichen Überlieferung: Erfordernis der bundesweiten Koordinierung

Priorisierung ist in den Sparten Archiv und Bibliothek nicht nur beim Bestandsaufbau, sondern auch bei den Maßnahmen für den Originalerhalt der jeweiligen Überlieferung erforderlich. Zur Bestandserhaltung des stets unikalen Archivguts formuliert die Allianz Schriftliches Kulturgut Erhalten in ihrer Denkschrift: „Dies hat zur Folge, dass alles in den Archiven Überlieferte erhalten werden muss. Wegen der großen Mengen müssen bei der Bestandserhaltung jedoch Prioritäten festgelegt werden. Diese haben den regionalen und den übergreifenden, den exemplarischen und den allgemeinen Wert der Überlieferung zu beachten." (Allianz 2009, 7)

Auf Seiten der Bibliotheken ist nicht nur eine zeitliche Priorisierung bei der Behandlung der Mengen erforderlich – priorisiert werden müssen die dezentralen Bestände ebenso aufgrund der Mehrfachüberlieferung. In der Denkschrift heißt es dazu: „Mehrfachüberlieferungen innerhalb eines Bundeslandes können durch landesinterne Regelungen koordiniert werden." (Allianz 2009, 16) Solche Regelungen bestehen bereits in Form verschiedener Programme für Bestandserhaltung auf Länderebene. Beispielsweise regelt das 1998 vorgelegte Landesprogramm für die Erhaltung gefährdeter Bibliotheksbestände im Freistaat Sachsen die Mehrfachüberlieferung über den Begriff des „besonders schutzwürdigen" Bestands: Dieser umfasst sowohl Literatur, für die dem Freistaat eine besondere Fürsorgepflicht obliegt (Saxonica, Unica, Rara etc.), als auch solche, die zur Absicherung von Lehre, Forschung und Verwaltung unverzichtbar ist (Dissertationen, für Wissenschaftsbetrieb bedeutsame geschlossene Sammlungen etc.) (vgl. Frühauf 2000, 30). Als jüngstes Beispiel übernimmt gleichfalls das Landeskonzept für Schleswig-Holstein aus dem Jahr 2012 den Begriff der „schutzwürdigen Literatur", um in arbeitsteiliger Kooperation der Länder das jeweils eigene kulturelle Erbe hinsichtlich der durch Bibliotheken überlieferten Bestände zu sichern (vgl. Erhaltung 2012, 21).

„Nur in dem Bewußtsein über die Notwendigkeit der Erhaltung gefährdeter Literaturbestände kann ein nationales, kooperatives Bestandserhaltungsprogramm entwickelt werden. Dieses wiederum kann nur auf bestehenden dezentralen Strukturen des deutschen Bibliothekswesens aufsetzen." (DBI 1994, 15) Bereits 1994 zog eine zentrale Studie – die DFG-geförderte Studie „Bestandserhaltung in wissenschaftlichen Bibliotheken" – diese Schlussfolgerung. Warum wurde in den letzten 20 Jahren kein „nationales, kooperatives Bestandserhaltungsprogramm" konzipiert und umgesetzt? Zwar gab es in den 1990er Jahren spartenbezogene Aktivitäten auf länderübergreifender Ebene: Die Kultusministerkonferenz veröffentlichte 1993 und 1995 Beschlüsse zur Verbesserung der Erhaltung von Bibliotheks- und Archivbeständen.[5] Dem Bibliotheksbereich empfahl sie, mindestens ein Prozent des Erwerbungsetats für Verfilmungsmaßnahmen zu verwenden. Die Archive sollten jährlich ein Prozent des Archivguts konservatorisch bearbeiten oder verfilmen. In der ebenfalls von der KMK initiierten „Bestandsaufnahme über die Maßnahmen der Länder zur Erhaltung des schriftlichen Kulturguts" musste sie 2009 allerdings subsummieren, dass diese relativen Richtgrößen im Gesamtergebnis offenkundig nicht eingehalten wurden.[6]

Aber es gab keine Konzepte, die wie die KEK gemeinsam von Bund, Ländern, Kommunen und der Fachcommunity des Archiv- und Bibliothekswesens entwickelt und anschließend genauso mit Bund-Länder-Mitteln umgesetzt wurden. Die Grundidee dieses Konzepts lässt der Name der KEK bereits erkennen: Sie wurde

---

5 Vgl. die „Empfehlungen der Kultusministerkonferenz zur Erhaltung der vom Papierzerfall bedrohten Bibliotheksbestände" (1993) sowie die „Empfehlung der Kultusministerkonferenz zur Erhaltung der vom Papierzerfall bedrohten Archivbestände (Beschluß der Kultusministerkonferenz vom 17. 2. 1995)".
6 Konkret hat beispielsweise „das Bundesarchiv trotz großer finanzieller und personeller Anstrengungen bisher nur eine Quote von 0,47 % erreicht." (Bundesarchiv 2010, 12)

maßgeblich zum Zwecke der Koordinierung einer deutschlandweiten Gesamtstrategie zur Erhaltung des schriftlichen Kulturguts gegründet. Dieser bundesweite Koordinierungsbedarf erwächst aus der Überlieferungssituation in Deutschland, die sich auf verschiedene Gedächtnisinstitutionen verteilt – vor allem auf Archive, Bibliotheken, Museen und andere schriftliches Kulturgut verwahrende Einrichtungen. Der erforderliche spartenübergreifende Ansatz auf länderübergreifender Ebene blieb zuvorderst aufgrund der Kulturhoheit der Länder in den vergangenen Jahrzehnten ein Desiderat, aber mit der KEK wurde gemeinsam von Bund, Ländern und Kommunen die dafür erforderliche Arbeitsebene geschaffen. Deshalb gilt es nun, die Erhaltung dieser verteilten Überlieferung über entsprechende Absprachen abzustimmen und bundesweite Handlungsempfehlungen zur Erhaltung des schriftlichen Kulturguts zu entwickeln.

Einerseits muss erreicht werden, dass der Erhalt des Schrifterbes flächendeckend in allen Ländern und von allen Unterhaltsträgern als Daueraufgabe erkannt wird. Dazu ist mittels einer entsprechenden finanziellen Ausstattung die Sicherheit für längerfristige Planungsrhythmen herzustellen. Andererseits zwingt das Wissen um die enormen Kosten der bundesweiten Bestandserhaltung, Einsparmöglichkeiten zu erkennen und auszugestalten. Das finanzielle Potenzial beispielsweise einer arbeitsteiligen, länderübergreifenden Sicherung der Mehrfachüberlieferung im Druckschriftenbereich ist klar erkennbar. Das bayerische „Konzept zur Bestandserhaltung in den staatlichen Bibliotheken Bayerns 2010" ermittelte den finanziellen Aufwand von 189 Mio. Euro für die zur Bestandserhaltung einzusetzenden Maßnahmen bei einer „autonomen" Lösung, also bei der Sicherung des gesamten in den staatlichen Bibliotheken Bayerns vorhandenen Bestands (vgl. Griebel 2012, 139f.). Diese autonome Lösung geht aber

> über den Verantwortungsbereich hinaus, den die in der Denkschrift „Zukunft Bewahren" formulierte nationale Strategie der Bestandserhaltung den staatlichen Bibliotheken Bayerns zuweist. […] Sofern sich künftig Bund, Länder und Kommunen auf eine nationale arbeitsteilige Strategie verständigen, die den Grundsätzen der Denkschrift „Zukunft Bewahren" folgt, und sofern erkennbar wird, dass diese auch tatsächlich konkret zur Umsetzung gelangt, stellt sich die Frage, ob und inwieweit eine Anpassung des bayerischen Konzepts sinnvoll und vertretbar ist. (Griebel 2012, 140)

Die durch bundesweite Koordinierung eines vollständig ausgebauten Netzes von Landesprogrammen für die Bestandserhaltung zu erreichenden Synergieeffekte, gerade hinsichtlich der Mehrfachüberlieferung gedruckter Werke in der Sparte Bibliothek, im Sinne einer deutlich spürbaren Verringerung der finanziellen Aufwände liegen auf der Hand.

Eine weitere Form der Kostenminimierung, die sich für Archive und Bibliotheken gleichermaßen anbietet, ist die Abstimmung der für den Originalerhalt einzusetzenden Verfahren. Bis zum Ende des 20. Jahrhunderts wurden schwerpunktmäßig Restaurierungen, also teure Einzelverfahren, durchgeführt. Nicht nur die schwindenden Etats der letzten zehn, zwanzig Jahre erzwangen in den Einrichtungen einen wirtschaftlicheren Umgang mit den Haushaltsmitteln, sondern auch die wachsende Menge des bedrohten schriftlichen Kulturguts in Archiven und Bibliotheken ließ sich durch aufwendige Einzelrestaurierungen nicht mehr bewältigen. Gefordert war eine Verlagerung auf konservatorische Mengenverfahren, ein Wechsel „Von der Hand zur Maschine" – wie 2010 eine Fachtagung zu den Perspektiven moderner Konservierungsmöglichkeiten von Archiv- und Bibliotheksgut titelte (vgl. Nabrings 2011). Auch zukünftig müssen Kriterien wie Alter, Wertigkeit und Material der Objekte die Wahl des Einzel- oder Mengenverfahrens der Bestandserhaltung bestimmen. Handelt es sich aber um vergleichsweise große Schadensmengen, die akut und dringend zu behandeln sind – bestes Beispiel dafür sind die vom Papierzerfall bedrohten Bestände in Archiven und Bibliotheken –, lohnt sich die Investition in die Weiterentwicklung kostengünstiger Mengenverfahren in interdisziplinärer Zusammenarbeit mit Verfahrenstechnikern und Ingenieuren. Das beweist letztlich die Behandlung der in der Herzogin Anna Amalia Bibliothek 2004 und im Historischen Archiv der Stadt Köln 2009 stark geschädigten Bestände. Ein Innovationsschub bei den konservatorischen Mengenverfahren ist dringend erforderlich, um bei der spartenübergreifenden Koordinierung des Originalerhalts Synergien zu schaffen.

Gegenwärtig werden in der Fachwelt zwei Wege der Bestandssicherung diskutiert, der analoge und der digitale, also die konservierende und die digitale Bestandserhaltung. Dabei ist aber zu berücksichtigen, dass Digitalisierung lediglich den Informationsgehalt eines Objekts ‚erhält' und den intrinsischen Wert eines Objekts kaum zu transportieren vermag (vgl. z.B. Menne-Haritz/Brübach 1997). Ob Digitalisierung letztlich tatsächlich zur Schonung des Originals beiträgt oder erst recht das Augenmerk von Wissenschaft und Öffentlichkeit auf das Original lenkt und dadurch seine Benutzung erhöht – darüber lassen sich bisher kaum dauerhaft belastbare Aussagen treffen. Unbestritten stellt der Vorgang der Digitalisierung selbst keine bestandserhaltende Maßnahme am Original dar. Und eine Erkenntnis drängt sich auf: Der Technologiesprung, den die Industrialisierung der Papierherstellung in der Mitte des 19. Jahrhunderts markierte, wurde außerordentlich begrüßt, da er die Buch-, Zeitschriften- und Zeitungsproduktion preiswerter verfügbar machte und damit eine Demokratisierung des Wissens erleichterte. Der Technologiesprung der Digitalisierung als neues Verfahren der Herstellung von Sekundärformen wurde Ende des 20. Jahrhunderts sehr begrüßt, da sie gegenüber der Mikroverfilmung den Vorteil der weltweiten Verfügbarkeit bietet, die wiederum eine Demokratisierung des Wissens erleichtert. Aber beiden Technologien wohnt ein Risikofaktor inne: ‚Saures' Papier produziert immense

Folgekosten, da es mit dem teuren Verfahren der Entsäuerung behandelt werden muss. Digitalisate produzieren hohe Folgekosten, da sie eine extreme Pflegeintensität generieren (Migration, Emulation etc.). Beide Technologien fanden schnell quasi weltumspannende Anwendung, obwohl ihre geringe Alterungsbeständigkeit schon offenkundig war.

In den kommenden Jahren wird der Begriff der Überlieferungssicherung immer mehr in den Fokus rücken müssen. Denn die von Thomas Bürger und Michael Vogel bereits 2009 angemahnte gründlichere Diskussion „über das Verhältnis von Originalerhalt, technischer Substitution und Aussonderung als sich ergänzende Bestandteile nachhaltiger Sicherung der wissenschaftlichen und kulturellen Überlieferung" ist lange noch nicht abgeschlossen: „Am Ende muss nicht nur die Zunft der Bibliothekarinnen und Bibliothekare, sondern auch die Gesellschaft verstehen, wie, warum und in welchem Umfang die schriftliche Überlieferung als Teil des Gedächtnisses der Menschheit bewahrt werden soll." (Bürger/Vogel 2009, 141)

## Stärkung der Strukturen für den Originalerhalt

Trotz aller noch offenen Fragen zu Möglichkeiten und Grenzen der Erhaltungsprozesse: Die Koordinierungsstelle für die Erhaltung des schriftlichen Kulturguts (KEK) hat einen klaren Auftrag. Sie setzt die Empfehlung der Allianz Schriftliches Kulturgut Erhalten um, „den Originalerhalt im digitalen Zeitalter effizienter zu organisieren und nachhaltig zu fördern." (Allianz 2009, 4) Der bundesweite Originalerhalt soll nachhaltige Perspektiven und eine adäquate Finanzierung erhalten. Die bisherige Modellprojektförderung der KEK konnte zwar bereits einzelne Schadensbilder und Erhaltungsmaßnahmen in Archiven und Bibliotheken schlaglichtartig beleuchten und Lösungsansätze im Kleinen erproben. Aber für den bundesweit abgestimmten und flächendeckenden Originalerhalt muss nach den ersten Jahren dieser Modellprojektförderung eine neue Stufe erreicht werden: Die zukünftige Förderung modellhafter, innovativer und öffentlichkeitswirksamer Projekte als einzelner Impuls ist in eine Struktur zu betten, die durch die finanzielle Absicherung der Bestandserhaltung als Daueraufgabe gerahmt wird. Ein solcher Rahmen böte eine gute Ausgangslage, um die Gesamtheit des schriftlichen, also mobilen Kulturguts in den Blick zu nehmen, seinen dauerhaften Schutz zu regeln und damit diesen Teil der kulturellen Überlieferung in öffentlich-wirksamer Form als regional oder national wertvoll auszuzeichnen.

Um die Strukturen für den Originalerhalt des Schrifterbes zu stärken, muss die KEK die erforderlichen Organisations- und Infrastrukturen beschreiben: Auf

Grundlage einer aktualisierten Schadens- bzw. Gefährdungsbilanz – die anhand einer bundesweiten spartenübergreifenden Expertenbefragung erarbeitet wurde – werden Vorschläge für ein gezieltes koordiniertes Vorgehen erarbeitet, Prioritäten benannt und Ziele definiert. Gemäß dem von Bund und Ländern abgestimmten Konzept der KEK würde deren Umsetzung dann in übergreifenden Programmen erfolgen.

Der Bundesregierung hat die Enquete-Kommission „Kultur in Deutschland" in ihrem Abschlussbericht 2007 geraten, ein solch übergreifendes Programm umzusetzen: „Die Enquete-Kommission empfiehlt weiterhin der Bundesregierung, ein Förderprogramm zur physischen Rettung, digitalen Erfassung und digitalen Sicherung von bedrohtem schriftlichem Kulturgut von nationaler und europäischer Bedeutung aufzulegen".[7]

Da die Kulturhoheit aber bei den Ländern liegt, ist grundsätzlich ein noch größeres Engagement auf Seiten der Länder erforderlich. Dafür würde ein übergreifendes Programm sicherlich besten Anreiz bieten. Resümiert doch die 2009 von der KMK initiierte „Bestandsaufnahme über die Maßnahmen der Länder zur Erhaltung des schriftlichen Kulturguts", dass für die Bestandserhaltung auf Landesebene mehr Mittel bereitgestellt werden, wenn dafür übergreifende Programme bestehen. Unabhängig von den teils umfangreichen Ressourcen, die für existierende Landesprogramme für Bestandserhaltung in den letzten Jahren bereitgestellt wurden, ist sichtbares Indiz für die bisherige Zurückhaltung der Länder beim Engagement für eine bundesweite Abstimmung des Originalerhalts die Tatsache, dass der Länder-Anteil der Mittel für die KEK in Höhe von jährlich insgesamt 100.000 Euro bisher nicht direkt aus den Landeshaushalten fließt, sondern über die Kulturstiftung der Länder (KSL) bereitgestellt wird. Freilich hat – wie zu erwarten war – nach vier Jahren Modellprojektförderung jedes Land merklich mehr KEK-Fördermittel erhalten, als der jeweilige Landesanteil an viermal jährlich 100.000 Euro gemäß Königsteiner Schlüssel betragen hätte.

Für die Verhandlungen zwischen Bund, Ländern und Kommunen, die mit Ablauf der befristeten, fünfjährigen Laufzeit der KEK wieder aufzunehmen sind, bietet der aktuelle Koalitionsvertrag der Regierungsparteien auf Bundesebene eine gute Ausgangsbasis. CDU, CSU und SPD geben dort folgende Absichtserklärung:

> Die Erhaltung des schriftlichen Kulturgutes ist eine gesamtstaatliche Aufgabe. Die entsprechende Koordinierungsstelle bei der Staatsbibliothek zu Berlin wird auf Basis einer bereits geplanten Evaluierung und in Abstimmung mit den

---

7 „Schlussbericht der Enquete-Kommission ‚Kultur in Deutschland'". BT Dr.-S. 16/7000, 132.

Ländern, gegebenenfalls über ein Bund-Länder-Förderprogramm, über 2015 hinaus fortgeführt.[8]

Bevor der Bund eine Förderzusage in Sachen Kultur geben kann, muss die nationale Dimension des Engagements deutlich erkennbar sein. Die Deutung der Erhaltung des schriftlichen Kulturgutes als eine gesamtstaatliche Aufgabe ist hier ein wichtiger Schritt. Beispielgebend für die künftigen Debatten zwischen Bund, Ländern und Kommunen könnten Denkmalschutz und Denkmalpflege sein, die originär zum Hoheitsgebiet der Länder zählen. Dennoch wurden nach der Wende 1989 aus dem Etat der Beauftragten der Bundesregierung für Kultur und Medien stattliche Fördersummen für die Rettung und Sanierung gefährdeter Baudenkmäler eingesetzt:

> Der entscheidende Schub für die gegenwärtig sich entwickelnde Diskussion über Konzeptionen und Aufgaben von Länderkulturpolitik ist von der deutschen Einigung ausgegangen. [...] In Artikel 35 des Einigungsvertrages, der so genannten „Kulturstaatsklausel", wonach die kulturelle Substanz in den neuen Bundesländern erhalten bleiben soll, war die gesamtstaatliche Verantwortung dafür kodifiziert worden. (Wagner 2009, 58)

Nicht nur für das immobile, auch für das mobile Kulturerbe muss eine solche kulturpolitische Orientierung gefunden werden. Der kooperative Kulturföderalismus spiegelt die historisch gewachsene Struktur der deutschen Kulturlandschaft – er sollte gleichfalls den Rahmen für die Erhaltung ihrer Vielfalt bieten. Das Engagement aller beteiligten Unterhaltsträger – Bund, Länder und Kommunen – ist unbedingt erforderlich, denn nur gemeinsam kann das schriftliche Kulturgut, das die Gedächtniseinrichtungen in öffentlicher Trägerschaft in ihren Magazinen verwahren, bundesweit erhalten werden.

# Literatur

Allianz (2009): Zukunft bewahren. Eine Denkschrift der Allianz zur Erhaltung des schriftlichen Kulturguts. Hrsg. v. Barbara Schneider-Kempf. Berlin: Staatsbibliothek zu Berlin – Preußischer Kulturbesitz.

Altenhöner, R. et al. (Hrsg.) (2012): Eine Zukunft für saures Papier. Perspektiven von Archiven und Bibliotheken nach Abschluss des KUR-Projekts „Nachhaltigkeit der Massenentsäuerung von Bibliotheksgut". Frankfurt/Main: Klostermann.

---

8 Koalitionsvertrag zwischen CDU, CSU und SPD für die 18. Legislaturperiode des deutschen Bundestages vom 27. November 2013, „Deutschlands Zukunft gestalten", 131.

Bürger, T.; Vogel, M. (2009): „Editorial". Zeitschrift für Bibliothekswesen und Bibliographie 56:3/4 (2009), 140–141.
Bundesarchiv (Hrsg.) (2010): Tätigkeitsbericht 2009/2010. Wissen bereitstellen. Quellen erschließen. Geschichtsverständnis fördern. Koblenz: Landesamt für Vermessung und Geobasisinformation Rheinland-Pfalz.
Bundesregierung (Hrsg.) (2012): Im Bund mit der Kultur. Kultur- und Medienpolitik der Bundesregierung. Berlin: Presse- und Informationsamt der Bundesregierung.
DBI (1994): Bestandserhaltung in wissenschaftlichen Bibliotheken. Verfahren und Maßnahmen zur Rettung der vom Papierzerfall bedrohten Bibliotheksbestände. Management Summary des Unterausschusses für Bestandserhaltung der Deutschen Forschungsgemeinschaft zur Studie der Bayerischen Staatsbibliothek. Berlin: Deutsches Bibliotheksinstitut.
Erhaltung (2012): Erhaltung des kulturellen Erbes in Schleswig-Holstein: Landeskonzept zur Bestandserhaltung in den Archiven und Bibliotheken 2013–2022. Im Auftrag des „Beirats für Wissenschaftliche Bibliotheken des Landes Schleswig-Holstein" erarbeitet durch die Unterarbeitsgruppe „Bestandserhaltung" für die für Kultur und Wissenschaft zuständigen obersten Landesbehörden. Kiel.
Fabian, B. (Hrsg.) (1992–2000): Handbuch der historischen Buchbestände in Deutschland. 28 Bde. Hildesheim: Olms-Weidmann.
Frühauf, W. (2000): Gefährdete Bibliotheksbestände und ihre Erhaltung in Sachsen. Dresden: Lausitzer Druck- und Verlagshaus.
Glauert, M. (2012): „Strategien der Bestandserhaltung". In: Archive in Bayern 7, 109–127.
Griebel, R. (2012): „Das Konzept zur Bestandserhaltung in den staatlichen Bibliotheken Bayerns 2010". In: Altenhöner et al. 2012, 130–141.
Menne-Haritz, A.; Brübach, N. (1997): Der intrinsische Wert von Archiv- und Bibliotheksgut. Kriterienkatalog zur bildlichen und textlichen Konversion bei der Bestandserhaltung. Ergebnisse eines DFG-Projektes. Marburg: Archivschule. (Veröffentlichungen der Archivschule Marburg, Hochschule für Archivwissenschaft; 26).
Nabrings, A. (2011): Von der Hand zur Maschine. Sachstand und Perspektiven moderner Konservierungsmöglichkeiten von Archiv- und Bibliotheksgut. Beiträge zur gleichnamigen Tagung am 22. und 23. April 2010 im LVR-Kulturzentrum Abtei Brauweiler. Bonn: Habelt.
Olbertz, S. (2012): „Die Einrichtung einer Koordinierungsstelle zum Erhalt des schriftlichen Kulturguts". In: Altenhöner et al. 2012, 195–198.
Pilger, A. (2012): „Ein neues Positionspapier des VDA-Arbeitskreises ‚Archivische Bewertung' zur Überlieferungsbildung im Verbund". Archivar. Zeitschrift für Archivwesen 65:1, 6–11.
Wagner, B. (2009): „Die Rolle der Länder in der deutschen Kulturpolitik". In: Kulturpolitische Mitteilungen 124 (2009), 55–58.

Andrea Hänger
# Digitale Langzeiterhaltung

Langzeiterhaltung ist „[d]ie langfristige Erhaltung von Information in einer für die vorgesehene Zielgruppe unmittelbar verstehbaren Form und mit Evidenznachweisen, die ihre Authentizität langfristig unterstützten" (Nestor-AG OAIS 2013, 13). Diese knappe Definition findet sich im *Referenzmodell für ein offenes Archiv-Informationssystem*.[1] Das Modell ist der weltweit anerkannte Standard für die Beschreibung der Prozesse eines Archivs, das abstrahiert von der konkreten technischen Umsetzung als Zusammenspiel von Menschen und Systemen begriffen wird. Als Archiv werden dabei nicht nur die klassischen Archive bezeichnet, sondern alle Institutionen, deren Aufgabe es ist, Informationen zu erhalten.

Die Definition aus dem OAIS-Modell enthält in ihrer Kürze die kompletten Herausforderungen, die der digitale Langzeiterhalt für Archive in diesem weiten Sinn bedeutet:
- den Aspekt der Dauerhaftigkeit und damit der Unabhängigkeit von einer bestimmten, zeitgebundenen Technologie,
- den Aspekt der Verfügbarkeit im Sinne einer dauerhaften syntaktisch-semantischen Interpretierbarkeit,
- den Aspekt einer dezidierten inhaltlichen Auswahl für mögliche zukünftige Zielgruppen und
- den Aspekt der Vertrauenswürdigkeit des archivierten Objektes.

Die Norm in ihrer aktuellsten Fassung ist das Ergebnis einer mehr als vierzigjährigen Fachdiskussion, deren wichtigste Inhalte im Folgenden dargestellt werden sollen. Dabei liegt der Schwerpunkt auf den Konzepten der klassischen Archive.

---

[1] Das OAIS-Modell wurde vom Consultative Committee of Space Data Systems (CCSDS) seit den 1990er Jahren erarbeitet, 2002 als Empfehlung veröffentlicht und 2003 zum ISO Standard 14721:2003 erklärt. Seit 2012 liegt eine erweiterte Version vor, welche die Grundlage des aktuellen ISO-Standards 14721:2012 bildet.

## Erste Schritte: Erhalt des informatorischen Wertes

Die ersten Schritte auf dem Gebiet der digitalen Langzeiterhaltung machten amerikanische und kanadische Archivare in den 70er Jahren.[2] Sie bemühten sich um die Erhaltung von Daten aus Großrechneranwendungen. Dabei handelte es sich zum ganz überwiegenden Teil um statistische Erhebungen oder um Datensammlungen, die in ihrem Charakter und ihrer Struktur den Karteien in der analogen Welt entsprachen: So wie jede Karteikarte für eine Informationseinheit steht und ein Objekt repräsentiert, steht auch jeder einzelne Datensatz für eine solche Informationseinheit.[3] Die Informationen waren aus Platzgründen zum größten Teil kodiert. Bewertungs-, Übernahme- und Erhaltungsprozesse waren am Datenträger, in der Regel dem Magnetband, festgemacht. Übergeben wurden die Master-Files, also die Daten, die einen definierten Stand beinhalteten. Mitübergeben werden mussten zwingend die Datensatzbeschreibung und die dazugehörenden Codelisten.

Für die Erhaltung wurde eine Sicherungskopie erstellt. Zentral war die Konvertierung, um die Daten in einem ‚software-unabhängigen Status' zu bewahren, heute würde man von nicht-proprietären Umgebungen sprechen. Erhalten wurden die Daten als so genannte *flat files*, d.h. einfache, für sich allein stehende Datenstrukturen ohne Beziehungen zu anderen Daten. Formate waren EBCDIC (Electronic Binary Coded Decimal Interchange Code) oder ASCII (vgl. Wallace 1993, 91).

Die Datendokumentation fokussierte auf die Daten selbst, weniger auf den Entstehungs- oder Überlieferungskontext. In der Überzeugung, dass dem Großteil der Daten kein rechtlicher oder Evidenzwert zukam, weil nur wenige Daten Entscheidungsprozesse der Verwaltung dokumentierten, stand der informatorische Wert im Vordergrund. Nach Charles Dollar lag der Wert dieser Daten darin, „that the information can be analyzed in ways and for purposes other than those for which the agency originally collected them" (Dollar 1978, 424). Diese Daten dienten damit nicht dem Nachvollzug des Verwaltungshandelns, sondern sollten so erhalten werden, dass sie für spätere, noch unbekannte Fragestellungen und Auswertungen genutzt werden konnten, die vollkommen unabhängig vom Entstehungszweck sein könnten. Hoher Wert wurde der archivischen Bewertung

---

[2] Ein Rückblick bis in das Jahr 1946 findet sich bei Fishbein 2003. Zur technischen Entwicklung s. Bearman 1987.

[3] Diese Daten entsprechen denen, die das Bundesarchiv in den 1990er Jahren von Stellen der ehemaligen DDR übernommen hat. Die Daten wurden zwar erst 20 Jahre nach der oben beschriebenen Diskussion bearbeitet, stammen aber aus der Frühzeit der EDV, s. Rathje 2003.

zugemessen, die neben den fachlichen Fragen immer auch die Kosten der Langzeiterhaltung mit im Blick behalten müsse.

Dieser Ansatz findet sich auch noch in dem 1984 erschienenen Standardwerk *Archives and Manuscripts. Machine-Readable Records* von Margaret L. Hedstrom. Hier werden die frühen Grundsätze noch einmal festgeschrieben: Datendokumentation, Speicherung in nicht-proprietären Formaten, regelmäßiges Refreshment, d.h. Austausch der Datenträger durch Umkopierung, Konzentration auf den informatorischen Wert. Hedstroms Werk markiert aber schon den Übergang zu den elektronischen Unterlagen der zweiten Generation. Sie nimmt bereits das Büro der Zukunft in den Blick und formuliert die Fragen nach dem Evidenzwert digitaler Unterlagen aus den ersten Anwendungen der Büroautomation, deren Quellenwert ungewiss bleiben muss, weil aus der Datei selbst nicht hervorgeht, ob es sich um offizielle oder individuelle Meinungen handelt, ob sie an einen, hundert oder auch gar keinen Empfänger gerichtet waren.

# Digitale Unterlagen der zweiten Generation: Die Bedeutung der Evidenz

Diese Fragen bestimmten dann auch die folgende Diskussion. Die anfängliche Fokussierung auf den informatorischen Wert der Daten stieß auf große Kritik bei den Experten, die sich ab Ende der 1980er Jahre um die elektronischen Unterlagen der „zweiten Generation" bemühten (s. Cook 1991/1992). Bei diesen Daten handelte es sich um relationale Datenbanken, Bilder und Töne ebenso wie um erste elektronische Vorgänge aus Dokumentenmanagementsystemen. Maschinenlesbare Daten waren nicht mehr nur begrenzt auf eine sehr spezielle Überlieferungsart, sondern der immer breitere Einsatz des PCs führte dazu, dass fast die Gesamtheit archivischer Überlieferungsformen auch in digitaler Form entstand. Deren technische Komplexität überstieg die der Datensammlungen der frühen Jahre bei Weitem. Die Strukturen konnten nicht über isolierte *flat files* abgebildet werden. Im Mittelpunkt standen die Recordmanagement-Systeme als „locus of the evidential significance of records" (Bearman 1993, 16). Um die technische Komplexität überhaupt beherrschen zu können, wurde es immer wichtiger, beim Design von Systemen die spätere Aussonderung gleich mitzubedenken und damit Archivaren schon vor der Entstehung der Unterlagen Möglichkeiten zu geben, Einfluss zu nehmen. Das bis heute fortwährende große Engagement von Archiven weltweit im Bereich der Definition von funktionalen Anforderungen an diese Systeme nahm hier seinen Ausgang.[4] Das neue Medium wurde auch als Chance für die Archive gesehen, zum einen ihren Einfluss auf die Entstehung der Unterlagen zu vergrößern oder überhaupt erstmals auszuüben und zum anderen die fachlichen Grundlagen der Zunft neu zu beleben. „Reinforcing the contextual heart of the profession" (Cook 1991/1992, 207) lautete die Devise der Archivwissenschaftler, die vor allem die Rückbesinnung auf das Provenienzprinzip forderten (vgl. Bearman/Lytle 1985/86). Im Mittelpunkt der Diskussion stand damit nun nicht mehr der informatorische, sondern der Evidenzwert der digitalen Unterlagen, d.h. Inhalt, Struktur und Kontext (vgl. Bearman 1993a, 24). Das Konzept des Evidenzwertes entstammt der angelsächsischen Tradition und ist eng mit dem Konzept des *record* verknüpft, für den es im Deutschen keine adäquate Übersetzung gibt.[5] Evidenzwert ist definiert als die „Aussagekraft von Unterlagen über Abläufe und Verfahren in der Ursprungsstelle anhand von nicht geplanten formalen Merkmalen sowie von Verfügungen und Vermerken [...], die im Entscheidungsprozess für seine Steuerung entstanden sind, wie Zuschreibungen, Aktenzeichen, Erledigungsvermerke, Datierungen, Ab- und Mitzeichnungen, Absender und Adressat externer Schreiben" (Menne-Haritz 1999, 65). Er ist damit eng mit den Unterlagen aus Dokumentenmanagementsystemen verbunden und bezieht sich auf die textbasierte Überlieferung der Archive.

## Integrität, Authentizität und Vertrauenswürdigkeit

Einer der wesentlichen Unterschiede zwischen analoger und digitaler Überlieferung liegt in den unbegrenzten Möglichkeiten der unbemerkten Manipulation digitaler Quellen. Um den Evidenzwert von digitalen Unterlagen zu erhalten, mussten daher Voraussetzungen geschaffen werden, dass ein Vorgang seinen Evidenzwert behält. An der Universität von British Columbia begann 1994 ein erstes Forschungsprojekt zur zunächst theoretischen Klärung der Methoden zur Erhaltung der *Integrität* digitaler Unterlagen (vgl. Duranti/MacNeil 1997). Die Archivwissenschaftlerin Luciana Duranti hatte bereits zuvor die Begriffe der

---

4 Vgl. Bearman 1993a, 27–32. Im europäischen Raum ist hier vor allem das in den 1990er Jahren gestartete Moreq-Projekt zu nennen, das bis heute fortgeschrieben wird (http://www.moreq2.eu/). Vergleichbare Standards gibt es auf Ebene der ISO und des Internationalen Archivrates (ICA), s. Brumm/Carlisle 2007. Zum Beginn der Standardisierung in Deutschland s. Hänger 2003.
5 Angelika Menne-Haritz definiert *record* als „document created or received and maintained by an agency, organization, or individual in pursuance of legal obligations or in the transaction of business" und übersetzt ihn als *Aufzeichnung* (Menne-Haritz 2004).

*Vertrauenswürdigkeit (reliability)* und *Authentizität* in die Fachdiskussion eingebracht. Bei ihren Definitionen bediente sie sich der Methoden der Diplomatik.[6] Vertrauenswürdigkeit beschrieb sie folgendermaßen: „A record is considered reliable when it can be treated as a fact in itself, that is, as the entity of which it is evidence" (Duranti 1995, 6). Das bedeutet zum Beispiel, dass eine vertrauenswürdige Staatsbürgerschaftsurkunde als Tatsache dafür genommen werden kann, dass ihr Besitzer ein Staatsbürger ist. Vertrauenswürdigkeit hat zunächst nichts mit technischen Vorkehrungen zu tun, sie ist an den Entstehungsprozess eines Dokumentes gebunden, an die Form und den Ablauf der Entstehung. Je vollständiger die jeweils geltenden Formanforderungen, die in jeder administrativen Tradition unterschiedlich sein können, erfüllt sind und je kontrollierter der Entstehungsprozess gewesen ist, desto vertrauenswürdiger ist ein Dokument. Damit ist die Vertrauenswürdigkeit letztendlich die Grundlage des Evidenzwertes eines Dokumentes.

Der Vertrauenswürdigkeit stellt Duranti den Begriff der Authentizität gegenüber. Ein authentisches Dokument ist das Dokument, was es vorgibt zu sein. Authentizität bedeutet die Garantie der Unverfälschtheit eines Dokumentes *nach* dem Entstehungsprozess, wobei ein authentisches Dokument nicht zwangsläufig auch ein vertrauenswürdiges sein muss, da zum Beispiel sein Entstehungsprozess inkorrekt gewesen sein könnte. Der Begriff der Authentizität ist von besonderer Bedeutung in der elektronischen Welt, in der die klare Unterscheidung von Original und Kopie unmöglich geworden ist. *Integrität* schließlich als letzter wichtiger Begriff in dieser Diskussion ist die Bewahrung der Authentizität über die Zeit. Während Authentizität und Integrität technisch lösbar sind, ist die Erhaltung der Vertrauenswürdigkeit ein organisatorischer Prozess (s. auch Hänger/Lupprian 2005).

## „Klassische" Methoden des Langzeiterhalts

Bei aller theoretischen Einstimmigkeit über die zentrale Rolle von Kontext und Strukturen gab es keine allgemein akzeptierte Strategie des Langzeiterhalts. Jeff Rothenberg formulierte 1997 in einem Interview seine bis heute viel zitierte düstere Prognose: „Digital information lasts forever – or five years, whichever comes first" (Rothenberg 1998, Kap. 6). Mit diesem plakativen Ausspruch wollte

---

[6] Zusammengefasst in Duranti 1998. Dieses Buch enthält eine Folge von fünf Zeitschriftenartikeln, die zwischen 1989 und 1992 erschienen sind.

er seiner Sorge Ausdruck verleihen, dass das zunehmend digital werdende kulturelle Erbe in Gefahr ist, wenn nicht bald bessere Erhaltungsmethoden zum Einsatz kämen.

Anschub hatte die Debatte um die richtige Form der Langzeiterhaltung durch ein Gerichtsverfahren in den Vereinigten Staaten bekommen. Die amerikanische Regierung wurde verklagt, in der Amtszeit Ronald Reagans elektronische Unterlagen vor allem aus E-Mail-Systemen vernichtet zu haben, obwohl sie anbietepflichtig gewesen wären. Im Laufe des Verfahrens, das erst 1993 abgeschlossen wurde, rechtfertigte das Weiße Haus die Löschung mit dem Argument, die gelöschten Dateien seinen keine anbietepflichtigen Dokumente (*records*) gewesen. Es handele sich nur um Gebrauchskopien und überhaupt sei die E-Mail nicht mit einem schriftlichen Medium gleichzusetzen, da sie eher als Telefonsurrogat und damit als Form der Mündlichkeit zu betrachten sei (vgl. Bearman, 1993b, Baron 2003). Im Verfahren ging es aber nicht nur darum, ob die Daten hätten angeboten werden müssen, sondern auch auf welche Weise. Es wurde die Forderung aufgestellt, dass ein *record* nur mitsamt seiner Ursprungsumgebung, dem „Live-Desktop" (MacNeil 2000, 81), als vollständig anzusehen ist, damit der künftige Nutzer ihn genauso ansehen kann, wie es der Datenproduzent und der ursprüngliche Nutzer konnten. Die Debatte um dieses Verfahren warf zentrale Fragen nach den Methoden des Langzeiterhalts digitaler Daten auf, die Forderung nach dem Erhalt des *Look and Feel* war damit formuliert, ging allerdings weit über den Stand der Technik hinaus.

Für die Erhaltung der Daten gab es bis Mitte der 1990er Jahre vier verschiedene Ansätze (vgl. Rothenberg 1998, Kap. 6):
- den Ausdruck auf Papier,
- die Standardisierung,
- das Computermuseum sowie
- die Migration.

Der Ausdruck auf Papier war eine immer mitdiskutierte Rückfallposition, deren gravierende Nachteile zunehmend als inakzeptabel angesehen wurden (vgl. Bearman 1993b). Dabei ging es nicht nur um den bildlichen Ausdruck auf Papier, sondern es wurde auch versucht, den Bitstream, d.h. die Folge von Nullen und Einsen auf Papier für immer zu stabilisieren. Bereits 1993 wurden in diesem Zusammenhang die „uniquely digital attributes and capabilities" (Rothenberg 1998, Kap. 6) diskutiert, die bei einem Ausdruck auf Papier unwiederbringlich verloren gehen könnten. Als wesentliche Eigenschaften wurden ihre Maschinenlesbarkeit und Verknüpfbarkeit angesehen.

Standardisierung als weitere Langzeiterhaltungsstrategie bedeutete die Überführung von Daten aus ihren Ursprungssystemen in offene, d.h. nicht-proprietäre

Umgebungen. Dies bezog sich zunächst auf relationale Datenbanken. Die Idee war, dass alle Daten aus relationalen Datenbanken problemlos in ein anderes relationales Datenbankmanagementsystem überführt werden könnten, da alle relationalen Datenbanken auf dem gleichen mathematischen Code aufgebaut sind und damit in jedem Datenbankmanagementsystem die gleichen Grundfunktionalitäten vorhanden sind (vgl. Thibodeau 1991). Die rapide technologische Entwicklung zeigte aber bald, dass vor allem die Datenbankmanagementsysteme marktfähig waren, die neben den allgemeinen Grundfunktionalitäten über proprietäre Zusatzfunktionen verfügten. Nachdem bereits dieser erste Ansatz gescheitert war, erschien es den damaligen Akteuren unvorstellbar, dass für die Welt der Office-Dokumente ein solcher Weg überhaupt gangbar sein könnte.

Ein weiterer Ansatz war der des Hardwareerhalts im Sinne eines Computermuseums, um auf alten Rechnern obsolet gewordene Datenformate in der ursprünglichen Software ansehen zu können. Vor allem vor dem Hintergrund sich ständig ändernder Laufwerke und der rasanten Entwicklung des PCs mag dieser Ansatz aus der Zeit heraus verständlich und nachvollziehbar erscheinen. Angesichts der begrenzten Lebenszeit von Datenträgern und auch der Maschinen selbst lässt sich allerdings kaum von einer nachhaltigen Langzeitstrategie sprechen, auch wenn diese Strategie noch immer in der einschlägigen Fachliteratur als die authentischste präsentiert wird (vgl. Borghoff et al. 2003, 16–18; Huth 2010, 8–25). Darüber hinaus ist dieser Ansatz nicht geeignet, digitale Unterlagen einer großen Menge von Nutzern zugänglich zu machen.

Der verbreiteste Ansatz der Langzeiterhaltung war der der Migration. Während heute Migration und Standardisierung in der Regel als eine Strategie gesehen werden, bei der es darum geht, von Obsoleszenz bedrohte Software oder Dateiformate in wenige, offene und standardisierte Umgebungen oder Formate zu transportieren (vgl. Funk 2010, 8–10), bedeutete Migration zunächst nur bei Software oder Formaten die Übertragung in die nächst höhere, aktuelle Version der Software oder des Formates. So würde zum Beispiel ein Word-Dokument im Format Word verbleiben und bei jedem Versionswechsel auf die nächst höhere, dann aktuelle Version migriert werden. Es ist verständlich, dass bei dieser Interpretation von Migration angesichts der Vielzahl von Formaten und auch der anfallenden Lizenzkosten Rothenberg 1998 zu dem kritischen Urteil kam, dass Migration zwar die weitverbreitetste Methode der Langzeiterhaltung sein möge, aber keine gute, sondern lediglich besser als gar keine Strategie zu haben oder das Problem der Langzeiterhaltung zu ignorieren. Die Hoffnungslosigkeit des Ansatzes vergleicht er mit einem Beispiel aus der Philologie: Eine Datei immer weiter von einer Version in die nächst höhere zu migrieren würde bedeuten, einen Text von Homer aus der Originalsprache ins moderne Englisch über jede dazwischenliegende Sprache zu übersetzen (vgl. Rothenberg 1998, Kap. 6.4).

Die Unzulänglichkeiten der Migration wurden nach Rothenberg vor allem an den neu entstehenden digitalen Objekten im Internet und im Multimediabereich deutlich. Schon bei der Diskussion um das E-Mail-System des Weißen Hauses waren Anforderungen formuliert worden, die über den bis dahin postulierten Evidenzwert hinausgingen. Nun sollten oder mussten nicht nur Inhalt, Struktur und Kontext, sondern auch das Verhalten (*behaviour*) einer Datei nachgestellt werden können. *Behaviour* lässt sich dabei als originäre Funktionalität zusammen mit dem ursprünglichen *Look and Feel* beschreiben.

## Die Anfänge der Emulation

Vor dem Hintergrund dieses umfassenden Anspruchs formulierte Rothenberg die Kriterien für eine ideale Langzeiterhaltungsstrategie: „a single, extensible, long-term solution that can be designed once and for all and applied uniformly, automatically, and in synchrony (for example, at every future refresh cycle) to all types of documents and all media, with minimal human intervention" (Rothenberg 1998, Kap. 7). Geeignet dafür erschien ein ganz neues Verfahren: die Emulation, eine Methode, die erstmals 1992 von ihm skizziert wurde (vgl. Michelson/Rothenberg 1992). Die Emulation (von lat. *aemulator*: Nacheiferer) soll die originale Umgebung nachbilden. Anders als beim Ansatz des Computermuseums soll nicht die Hardware über die Zeit gebracht werden, sondern die Software. Um diese lauffähig zu halten, muss mithilfe der jeweils aktuellen Technologie die ursprüngliche Umgebung simuliert werden. Emulation kann auf der Ebene der Anwendungssoftware, des Betriebssystems oder der Hardware-Plattform stattfinden. Dazu werden die nötigen Informationen eingekapselt. In die ‚Kapsel' gehören die zu archivierende Datei im Originalformat, die zum Lesen der Datei erforderliche Originalsoftware als ausführbarer Code sowie das für das Ausführen des Programms notwendige Betriebssystem. Außerdem muss der notwendige Emulator beschrieben werden. Er kann nicht als ausführbares Programm gespeichert werden, sondern nur als Beschreibung, da die zukünftige Umgebung, in der er laufen soll, nicht vorhergesehen werden kann. Als drittes enthält die Kapsel Beschreibungen zum Wiederfinden der Inhalte und zum Umgang mit den Objekten.

Während das theoretische Konzept bei vielen Fachkollegen schnell Anerkennung fand,[7] dauerte es noch einige Jahre, bis erste Forschungsprojekte sich an die praktische Umsetzung wagten. Das Projekt CAMiLEON an der Universität Leeds entwickelte erste Praxisbeispiele (vgl. Holdsworth/Weatley 2001). Obwohl die Projektmitglieder selbst zu dem Schluss kamen, dass Emulation nicht in jedem Fall der Migration vorzuziehen sei, und letztlich die Emulation auch als Form der Migration auf einer anderen Ebene bezeichneten, kam es in der Folge zu einer regelrechten Lagerbildung, bei der beide Ansätze zu Gegensätzen stilisiert wurden.[8] Studien von IBM zur Universal Virtual Machine (vgl. Lorie 2001) sowie von der Königlichen Bibliothek der Niederlande brachten die Emulation weiter voran (vgl. van der Hoeven et al. 2007).

Der Ansatz der Emulation brachte zwei Aspekte auf den Punkt, die zu den tragenden Säulen der Langzeiterhaltung geworden sind: den Wert von Metadaten und die Definition von signifikanten Eigenschaften.

## Metadaten

Metadaten, allgemein definiert als Daten über Daten, wurden zunächst als eine Art Mittel zum Zweck gesehen, um die als unüberschaubar empfundenen Mengen an digitalen Unterlagen bewältigen zu können. Sie sollten vor allem die Bewertung unterstützen, um nicht unzählige Einzeldokumente in Augenschein nehmen zu müssen. „Contemporary records are too voluminous, their interrelationship too complex, and the time to appraise them too short, to allow archivists to review all potentially archival records on a case-by-case basis. Unless archivists refine and implement new appraisal techniques to shape the historical record as it is being created, appraisal will be limited to evaluating the remnants of record-keeping systems that someone forgot to erase or destroy" (Hedstrom 1989, 20–21, zitiert nach Erlandsson 1996, 24). Das Angewiesensein auf Metadaten bei der archivischen Bewältigung der Überlieferung machte aber schon sehr bald deutlich, dass die Bemühungen um digitale Überlieferungsbildung im besten Fall schon vor der Entstehung der Unterlagen ansetzen sollten, nämlich beim Systemdesign. Wie oben beschrieben nahmen die zahlreichen Initiativen, Anforderungskataloge für elektronische Unterlagen zu erstellen, hier ihren Ausgang.

---

7  Vgl. Erlandsson 1996, 91. Es handelt sich um eine Studie des Committee on electronic records des Internationalen Archivrats. Im Committee waren alle im Bereich der digitalen Langzeitarchivierung führenden Nationalarchive vertreten.
8  So bezeichnete Bearman die Emulation als gefährliche Chimäre (vgl. Bearman 1999).

Neben der Unterstützung bei der Bewertung stand der strukturelle Wert von Metadaten im Mittelpunkt der Diskussion, da sie wichtige Auskunft über die Art der Organisation der Informationen beim Datenproduzenten gaben. „It provides the means for representing the data as it was originally seen by its creators and users." (Wallace 1993, 93) Prozessbezogene im Sinne von vorgangsbezogenen Metadaten sollten überliefert werden, um den Entstehungsprozess eines Dokumentes abbilden zu können und nicht nur das Dokument selbst als Endergebnis dieses Prozesses. Anders als bei papiergebundenen Dokumenten bilden bei elektronischen Unterlagen Inhalts- und Prozessinformationen (wie Datumsangaben, Genehmigungen etc.) nur eine logische Einheit, aber nicht zwingend eine physische. Relevante Informationen zu einem Dokument befinden sich oft nicht in der das Dokument abbildenden Datei, sondern in den zur Datei zugehörigen Metadaten. Sie konnten damit als probates Mittel gelten, die *Vertrauenswürdigkeit* eines Dokumentes zu belegen. Dabei wurde ihnen zum Teil größere Relevanz zugemessen als dem Dokument selbst, weil nur sie den Evidenzwert bewahrten, während das Dokument lediglich den informatorischen Wert repräsentiere (vgl. Kesner 1993, 114–115). Auch Charles Dollar konstatierte den fundamentalen Wandel in der Arbeit der Archive: das Bemühen um den Erhalt des informatorischen Werts der Unterlagen wurde nun von dem Bemühen um den Erhalt des Evidenzwerts in den Hintergrund gedrängt (vgl. Dollar 1992, 59). Wallace fasste 1993 den Diskussionsstand zu Metadaten zusammen und listete 7 Funktionsbereiche von Metadaten auf.

1. capture and preservation of record context (evidence)
2. preservation of systems and record structure
3. generation and retention of relevant descriptive information
4. incorporation of appraisal and disposition data
5. life cycle management of records
6. preservation and migration of system functionality
7. creation of inventory/locator systems for organizational information resources. (Wallace 1993, 101)

Der Punkt 6, Metadaten auch für die Erhaltung der Daten zu nutzen, war jedoch noch wenig ausgefüllt. Zunächst konzentrierte sich die Diskussion auf die Metadaten, die bereits beim Datenproduzenten entstanden. Spätestens aber die Idee der Emulation brachte die Bedeutung von Metadaten in der digitalen Bestandserhaltung hervor, von Metadaten, die nicht vom Datenproduzenten geliefert, sondern vor allem vom Archiv ergänzt werden (vgl. auch Duff 2004). Der Schwerpunkt liegt dabei auf der technischen Beschreibung der digitalen Objekte. Das 1998 gestartete CEDARS-Projekt unterschied dabei zwei Arten von Metadaten: Technische Metadaten, die dafür sorgen sollen, dass der intellektuelle Inhalt eines Objektes zugänglich bleibt, auch wenn die originäre Umgebung nicht mehr verfügbar ist, sowie Erhaltungsmetadaten, die Provenienzinformationen und weitere beschreibende Informationen enthalten (vgl. Jenkins 2002, 3).

## Signifikante Eigenschaften

In der Diskussion um Erhaltungsstrategien allgemein und um Metadaten im Speziellen wurde zunehmend deutlich, dass zunächst zu entscheiden war, welche Informationen und Eigenschaften von und über digitale Objekte überhaupt zu erhalten waren. Bereits Rothenberg hatte von den „core digital attributes" (Rothenberg 1998, Kap. 6.1) gesprochen, die sich allerdings zunächst auf die Eigenschaft der Maschinenlesbarkeit bezogen, die ein digitales von einem analogen Objekt unterscheiden: die Möglichkeit einer exakten Kopie, der digitalen Übermittlung, der computergestützten Recherche und Auswertung. Im bereits angesprochenen CAMiLEON-Projekt wurde die Beschreibung signifikanter Eigenschaften digitaler Objekte als Grundlage der Emulation beschrieben (vgl. Holdsworth/Weatley 2001). Gleiches versuchte das CEDARS-Projekt für den Bereich der Bibliotheken. Jede mögliche signifikante Eigenschaft musste dabei hinsichtlich ihrer Erhaltungsmöglichkeit analysiert werden. Das CEDARS-Projekt führt zahlreiche Beispiele von Entscheidungen über signifikante Eigenschaften auf: Groß- und Kleinschreibung von Dateinamen bei der Übertragung von Daten aus UNIX in Windowsumgebungen, Schriftgrößen, Fonts und Farben, das Layout von Tabellen und Diagrammen etc. (vgl. Jenkins 2002, 12–13. S. auch Hedstrom/Lee, 2002).

Gleiche Überlegungen führten das Australische Nationalarchiv 2002 dazu, das *performance*-Modell zu entwickeln. Hier lag der Schwerpunkt auf der Beschreibung der *performance*. Diese wird abstrakt verstanden als Zusammenspiel von Quelle und Prozess. Die Quelle ist die zu erhaltende Datei, der Prozess die Software, die den Inhalt der Datei zu einem Ausgabegerät übermittelt. Auf dem Ausgabegerät entsteht die *performance*. Nur diese ist für den Menschen intellektuell begreifbar. Um die *performance* zu bewahren, ist eine exakte Beschreibung eines Objektes notwendig. Hierfür prägten die Australier den Begriff der *essence*, welche als formaler Mechanismus definiert wurde, um die Eigenschaften zu bestimmen, die erhalten werden müssen, um die Bedeutung eines *record* dauerhaft zu bewahren (vgl. Heslop et al. 2002, 13).

## Das OAIS-Modell als Kumulations- und Ausgangspunkt

Das bereits erwähnte, 2002 veröffentlichte OAIS-Referenzmodell markiert einen nicht zu überschätzenden Meilenstein in der Diskussion um Langzeiterhaltungsstrategien (vgl. CCSDS 2002). Die Stärke des Modells liegt in seiner terminologischen Präzision wie in seiner vollkommenen Unabhängigkeit von konkreten technischen Lösungen. Es besteht aus drei Modellen:
- Geschäftsmodell,
- Funktionenmodell und
- Informationsmodell.

Das Geschäftsmodell beschreibt die Anspruchsgruppen und Verantwortlichkeiten des Archivs sowie den Informationsfluss zwischen Datenproduzenten und dem Archiv, zwischen den verschiedenen Komponenten des Archivs und zwischen dem Archiv und seinen Benutzern.

Das Funktionenmodell unterscheidet 6 Funktionsblöcke der digitalen Archivierung: *Ingest* (Übernahme), *Data Management* (Datenverwaltung), *Archival Storage* (Archivspeicher), *Access* (Zugriff), *Administration* (Administration) und *Preservation Planning* (Erhaltungsplanung) – mit insgesamt über 50 Teilfunktionen und rund 40 Interaktionen zwischen den Gruppen.

Das Informationsmodell definiert schließlich die grundlegenden Informationsobjekte und -komponenten und ihre Beziehungen untereinander.

Mit dem Funktionenmodell wurden erstmals die Relationen zwischen den bisher separat betrachteten Bereichen Übernahme, Erhaltung und Zugang her- und dargestellt. So sind Erhaltung und Zugang als komplementär anzusehen: Erhaltung zielt darauf, Zugang über die Zeit möglich zu machen, und Zugang hängt ab von der Erhaltung zu einem bestimmten Zeitpunkt.

Das Modell brachte die wesentlichen theoretischen Ansätze zusammen und bestimmt bis heute die Diskussion. Eine Neuerung, die erstmals mit dem Modell in die Diskussion eingebracht wurde, war der Begriff der *designated community*, d.h. eine genauere Reflexion darüber, für wen eigentlich welche digitalen Objekte erhalten werden sollten und mit welchen Eigenschaften.

## Das OAIS-Modell in der Praxis

Für den Bereich der Bestandserhaltung wurden die konzeptionellen Vorgaben des OAIS-Modells vom Projekt PREMIS (Preservation Metadata: Implementation

Strategies), das 2005 die erste Version des *Data Dictionary for Preservation Metadata* vorlegte, von der theoretischen auf die praktische Ebene übertragen. Erhaltungsmetadaten werden hier umfassend als die Informationen definiert, die ein Archiv nutzt, um den Erhaltungsprozess zu unterstützen (vgl. PREMIS 2005, IX). Dazu gehören neben administrativen Informationen technische und strukturelle Metadaten sowie Informationen zur Provenienz, hier umfassend verstanden als Geschichte des Objekts.

Das abstrakte Datenmodell von PREMIS erlaubt es, jedes einzelne digitale Objekt, egal ob es sich um ein Dokument, ein Video oder ein Computerspiel handelt, unabhängig von seinem Inhalt zu beschreiben. Jedem Objekt können Ereignisse (Übernahme, Migration etc.), Handelnde (Menschen, Softwareprogramme) und auch Rechte zugewiesen werden. Dabei ist es nicht notwendig, Ereignisse, die viele Objekte in einem Archiv betreffen, wie zum Beispiel eine Migration, für jedes einzelne Objekt zu beschreiben, sondern das einmal beschriebene Ereignis kann mit allen Objekten, für die es ausgeführt wurde, verknüpft werden.

Für jedes Objekt müssen auch die signifikanten Eigenschaften festgelegt werden, die im *Data Dictionary* definiert sind als „[c]haracteristics of a particular object subjectively determined to be important to maintain through preservation actions." (PREMIS 2005, 39)[9] Es geht also um eine letztlich subjektive Entscheidung einer bestandserhaltenden Institution, welche Eigenschaften eines Objektes über die Zeit gebracht werden sollen oder können. Es macht aber auch deutlich, wie sehr Bestandserhaltung neben aller Technik auch und vor allem eine Frage menschlicher Kompetenzen, Analysen und Entscheidungen ist (vgl. Abrams et al. 2009a, 13).

Um diese Entscheidungen nachhaltig zu dokumentieren, wird in einer Weiterentwicklung des Formaterkennungs- und -validierungswerkzeuges JHOVE (JSTOR/Harvard Object Validation Environment)[10] die *characterization* als Grundprinzip jeder Objekttransformation genannt. Die Beschreibung des Zustandes vor und nach der Transformation wird als einzig wirkungsvolles Instrument dafür gesehen, Transformationsverluste zu erkennen. *Characterization* soll die zentralen Fragen der Bestandserhaltung beantworten:

- What is it?
- What is it, really?
- What are its salient characteristics?
- What should be done about it?
- Or even more reductively, What? and So What? (Abrams et al. 2009b, 125)

---

**9** Im OAIS-Modell wird der Begriff der signifikanten Eigenschaften nicht genannt. Hier wird von *representation information* gesprochen. S. dazu auch Dappert 2009.
**10** Vgl. http://jhove.sourceforge.net/index.html.

Die Festlegung von signifikanten Eigenschaften kann nicht abstrakt erfolgen, sondern muss mit den – vermuteten – Nutzungsinteressen und damit mit der *designated community* in Einklang gebracht werden: „Significance is in the eye of the stakeholder" (Dappert/Faquhar 2009).

Die Definition der Zielgruppen ist daher ein wichtiger Aspekt bei der digitalen Langzeiterhaltung, da die Maßnahmen zur Bestandserhaltung im Allgemeinen und die zu erhaltenden signifikanten Eigenschaften eines Objektes im Speziellen auch dadurch bestimmt werden, wer sie zukünftig nutzen wird. Die Zielgruppen können wiederum durch die Definition von Nutzungszielen pro Objekttyp detailliert werden (vgl. Nestor-AG Digitale Bestandserhaltung 2013, 18). Selbstverständlich können auch diese Entscheidungen zu keinem Zeitpunkt absolut gesetzt werden, sondern werden in regelmäßigen Abständen einer kritischen Prüfung und ggf. Revision zu unterziehen sein.

Auch heute hat sich keine der vorgestellten Erhaltungsstrategien durchgesetzt.[11] Emulation und Migration sind keine Gegensätze mehr, sondern unterschiedliche Strategien, die für unterschiedliche Objekte und unterschiedliche Nutzungszwecke eingesetzt werden können. Bei beiden Methoden hat es erhebliche technische Fortschritte gegeben. Emulation ist das Mittel der Wahl bei dynamischen oder interaktiven Inhalten, aber auch bei hochproprietären Anwendungen, wie sie zum Beispiel im Bereich der Forschungsdaten verstärkt anfallen. Technische Probleme scheinen weitgehend gelöst, schwierig bleiben Fragen der Skalierbarkeit und der Kosten.[12]

Besonders die hohen Kosten veranlassten die California Digital Library (CDL) zu einem radikalen Gegenansatz mit der Methode der *desiccation*, die sich am besten als ‚künstliche Trocknung' ins Deutsche übertragen lässt. Sie bedeutet die radikale Konzentration auf den Informationserhalt, um überhaupt Informationen in Form von einfachen Textdateien über die Zeit zu retten. Mit geringem technischem und finanziellem Aufwand könne so unverzichtbarer kultureller Wert erhalten werden (vgl. Kunze 2005).

Migration ist wie bereits erwähnt heute eng mit Standardisierung verknüpft. Die Bemühungen um Standardisierung von Schnittstellen und Dateiformaten oder Austauschformaten sind auch heute noch aktuell und waren zumindest im Bereich der textbasierten Überlieferung deutlich erfolgreicher, als es die Akteure in den 1990er Jahren vermutet hätten. Hier ist vor allem das Format PDF/A zu

---

[11] Ein umfassender Forschungsüberblick zu den Entwicklungen der letzten Jahre durch Auswertung von 122 Fachbeiträgen der Jahre 2002–2012 findet sich bei Burda/Teutenberg 2013.
[12] Vgl. von Suchodoletz et al. 2013. Erfolgreiche Emulationsprojekte wurden auch im Rahmen des EU-Projektes PLANETS durchgeführt: http://www.planets-project.eu/.

nennen,[13] das eine zuverlässige Langzeitspeicherung erlaubt. Standardisierungsansätze führen aber nur dort zum Erfolg, wo entweder, wie bei PDF/A, ein genügend großes Interesse des Marktes an Einheitlichkeit besteht, oder eine Stelle mit genügend Autorität ausgestattet ist, verbindliche Forderungen aufzustellen und die Einhaltung der Vorgaben auch sanktionieren zu können. Der Vorteil solcher Lösungen besteht nicht nur in ihrer Wirtschaftlichkeit, sondern auch darin, dass der Datenproduzent bei der Übergabe der Daten die Verantwortung für ihre Veränderung übernimmt. Sie können unterstützt werden durch frühzeitige Interventionen der bestandserhaltenden Institutionen in den Entstehungsprozess der digitalen Unterlagen.

Für Überlieferung, die in einem standardfreien Raum entsteht, müssen die bestandserhaltenden Institutionen eigene Werkzeuge entwickeln.[14] Vertrauenswürdigkeit bleibt hier ein Schlüsselbegriff, der heute zwar weiterhin für den Entstehungsprozess wichtig ist, dessen theoretische Ausgestaltung aber vor allem im Bereich der Archive fortentwickelt wurde. Vertrauenswürdigkeit ist nach wie vor ein primär organisatorisches Konzept, das den verantwortlichen Umgang mit archivierten Objekten zum Ziel hat. In einer gemeinsamen Initiative amerikanischer Institutionen und des deutschen Kompetenznetzwerks nestor wurden 2007 die zehn wichtigsten Anforderungen an vertrauenswürdige Archive formuliert, die sich alle auf den organisatorischen Bereich beziehen. Es geht hierbei um Verantwortungsübernahme, dokumentierte Entscheidungen, transparente Richtlinien.[15] Es erscheint sinnvoll, diese Grundsätze mit Leben zu füllen und sie zur Grundlage digitaler Archive zu machen. Nur in einem festen organisatorischen Rahmen werden die immer neuen Herausforderungen bei veränderten technischen Anforderungen und sich ändernden Nutzererwartungen beherrschbar.

Für die eingangs genannten vier Aspekte der Langzeiterhaltung – technische Unabhängigkeit, Verfügbarkeit, Ausrichtung auf bestimmte Zielgruppen und Vertrauenswürdigkeit – ist eine Planung für die Ewigkeit unmöglich. Langzeit ist als „Umschreibung eines nicht näher fixierten Zeitraumes, währenddessen wesentliche nicht vorhersehbare technologische und soziokulturelle Veränderungen eintreten, die sowohl die Gestalt als auch die Nutzungssituation digitaler Ressour-

---

13 Vgl. ISO 19005-1:2005, Document Management – Electronic Document File Format for Long-Term Preservation – Part 1: Use of PDF 1.4 (PDF/A-1) und ISO 19005-2:2011, Document Management – Electronic Document File Format for Long-Term Preservation – Part 2: Use of ISO 32000-1 (PDF/A-2).
14 Interessante Fallstudien zur Archivierung von Videokunst bei Weisser 2013 sowie zur Archivierung von Literatennachlässen bei Enge et al. 2013.
15 Vgl. Nestor AG Zertifizierung 2008, 55. Der deutsche Kriterienkatalog ist zwischenzeitlich zur DIN-Norm 31644 „Kriterien für vertrauenswürdige digitale Langzeitarchive" geworden.

cen in rasanten Entwicklungszyklen vollständig umwälzen werden" (Schwens/ Liegmann 2005, 1), zu verstehen. Eine verantwortungsvolle Planung sollte zwar langfristig angelegt sein, aber langfristig kann sie sich nie auf einen konkreten Zeitraum von 5, 50 oder 100 Jahren beziehen, sondern muss nur „lange genug" sein, „um sich mit den Auswirkungen des Technologiewandels inklusive der Unterstützung neuer Datenträger und Datenformate oder mit einer wechselnden Benutzergruppe zu befassen" (Nestor-AG OAIS 2013, 2). Diese Perspektive macht die Aufgabe der Langzeiterhaltung wesentlich planbarer und realistischer, als die Erwartung, Daten *für immer* zu sichern. In der Praxis sind in den letzten Jahrzehnten beachtliche Fortschritte bei der Erhaltung digitaler Daten erzielt worden. Die Tatsache, dass neue technologische Herausforderungen eine beständige Weiterentwicklung und damit auch immer neue Investitionen erfordern, sollte nicht den Blick darauf verstellen, was viele bestandserhaltenden Institutionen bereits geleistet haben. Exemplarisch werden im Anhang die Lösungen der Deutschen Nationalbibliothek sowie des Bundesarchivs vorgestellt. Nicht immer entsprachen die Methoden allen theoretischen Anforderungen, aber in den meisten Fällen ist noch nichts verloren, weil durch die Sicherung der Originaldatei noch immer die Chance besteht, zu einem späteren Zeitpunkt ggf. bessere Ergebnisse zu erzielen. Verloren gehen Daten vor allem dann, wenn nicht gehandelt wird.

Langzeiterhaltung ist selbst ein Prozess, der ständigen Veränderungen unterworfen ist. Getroffene Entscheidungen sind von ihrer Zeit bedingt und aus ihr heraus zu verstehen. Das gilt für die eingesetzte Technik ebenso wie für die Bestimmung der signifikanten Eigenschaften und der Konzentration auf informatorischen Wert, Evidenzwert oder die *performance*. Aus heutiger Sicht erscheint die starke Konzentration auf den Evidenzwert nicht immer am Interesse des Nutzers ausgerichtet, sondern manchmal auch dem Bedürfnis der Zunft (der Archivwissenschaft) nach Selbstvergewisserung zu entspringen. Bei aktuellen Diskussionen um Zielgruppen und Nutzungsinteressen wäre vielleicht ein Rückblick auf die oben zitierte Forderung der 1970er Jahre durchaus hilfreich: Digitale Objekte so zu erhalten, dass sie künftigen Nutzern für heute ggf. noch unbekannte Zwecke offenstehen.

# Fallstudie Bundesarchiv[16]

| | |
|---|---|
| Auftrag des Archivs | Das Bundesarchiv hat den gesetzlichen Auftrag, das Archivgut des Bundes auf Dauer zu sichern, nutzbar zu machen und wissenschaftlich zu verwerten. |
| Erhaltungsstrategie | Migration |
| Übernahmeverfahren | In der Regel werden mit den abgebenden Stellen Übergabeformate vereinbart, die nicht zwingend standardisiert sein müssen. |
| Beschreibung der Daten | Daten aus Großrechneranwendungen der 1970/80er Jahre<br>Elektronische Akten aus Bundesbehörden (seit 2004)<br>Daten aus unstrukturierten Fileablagen (Beispiele: Gesundheitsministerkonferenz, militärische Dienststellen)<br>Daten aus Datenbanken<br>Daten privater Nachlasser (Texte, Bilder, E-Mails, Webseiten)<br>Ersatzdigitalisate verlorener Papierüberlieferung (Beispiel: Nachlass Joseph Wirth, Scans vernichteter Akten) |
| Systembeschreibung | Das jetzige System befindet sich seit 2008 im Produktivbetrieb und wird fortwährend weiterentwickelt. Die Komponenten *Ingest*, *Data Management*, *Administration* und *Archival Storage* werden mit Standardprodukten der Firma SER betrieben. Für den *PreIngest* und das *Preservation Planning* wurde spezielle Software mit der Firma Hewlett Packard entwickelt. Der *Access* erfolgt zur Zeit provisorisch über die SER-Software, eine vollständige Anbindung an das Recherchesystem des Bundesarchivs ist geplant.<br>Im *PreIngest* besteht die Möglichkeit, unstrukturierte Daten zu strukturieren und die ‚Baupläne' für die späteren AIPs festzulegen. Über eine Formatanalyse können fehlerhafte oder nicht-archivierbare Dateien gefunden und protokolliert gelöscht werden. Metadaten können ergänzt werden.<br>Im *Ingest* erfolgt das *Mapping* auf das Datenmodell des Bundesarchivs (XBArch). Die abgebenden Stellen können elektronische Akten mit ihren spezifischen Metadatenschemata abliefern, die Einhaltung eines vorgegebenen Standards ist nicht erforderlich. Außerdem erfolgt im *Ingest* die Formatvalidierung und ggf. -konvertierung. Am Ende des Ingestprozesses steht das fertige AIP, das alle für seine Interpretation notwendigen Informationen enthält.<br>Die Speicherung (*Archival Storage*) erfolgt vierfach auf Bändern, die georedundant gelagert werden. |

---

16 Vgl. Hollmann 2010, Hänger/Ernst 2010 und Zahnhausen 2012.

|     |     |
| --- | --- |
|     | Für das *Preservation Planning* wurde ein eigenes System entwickelt, in dem themenbezogen Status Quo, *Monitoring*, Pläne und ihre Umsetzung verwaltet werden. Hierein fließen auch die Ergebnisse der *Technology* und *Community Watch*. |
| Metadatenschema | Die digitalen Objekte werden mit XBArch, einer Eigenentwicklung des Bundesarchivs beschrieben. XBArch besteht aus einem administrativen Bereich für Informationen zur Datenlieferung, einem inhaltlichen Bereich, der für alle Objekttypen unterschiedliche Beschreibungen enthält, und einem technischen Teil. Der technische Teil entspricht dem Metadatenschema PREMIS (vgl. Huth/Schroeder 2009). |

## Fallstudie Deutsche Nationalbibliothek

| | |
|---|---|
| Auftrag des Archivs | Die Deutsche Nationalbibliothek hat den gesetzlichen Auftrag, deutsche und deutschsprachige Publikationen sowie Auslandsveröffentlichungen mit Bezug zu Deutschland ab 1913 zu sammeln, dauerhaft zu archivieren, umfassend zu dokumentieren und bibliografisch zu verzeichnen sowie der Öffentlichkeit zur Verfügung zu stellen. Der Sammlungsauftrag umfasst explizit auch digitale Medien auf Datenträgern und in öffentlichen Netzen. |
| Erhaltungsstrategie | Migration und Emulation. Die jeweiligen Maßnahmen werden für Bestandsgruppen, nicht für einzelne Objekte geplant und bewertet. |
| Ablieferungsverfahren | Die Ablieferung durch die datenproduzierenden Stellen läuft über standardisierte Verfahren (vgl. Brodersen 2009). Bei automatisierten Verfahren kommen *Harvesting*- und *Hotfolder*-Verfahren zum Einsatz, andere Ablieferungen erfolgen über Webformulare. |
| Beschreibung der Daten | Digitalisate (vor allem der ca. 500.000 gesammelten CDs) <br> Musik <br> E-Paper <br> Online-Hochschulprüfungsarbeiten <br> Ausgewählte Webseiten |
| Systembeschreibung | Die Deutsche Nationalbibliothek hat seit 2004 zusammen mit Partnern im Projekt kopal ein kooperativ nutzbares Langzeitarchiv aufgebaut. Dazu gehört auch die Verwaltung von Informationen zur Unterstützung von Migration und Emulation im Format LMER (Langzeitarchivierungsmetadaten für elektronische Ressourcen). Zudem entstand mit der Open-Source-Software koLibRi (kopal Library for Retrieval and Ingest) ein nachnutzbarer Rahmen für den Aufbau von Formatmigrationsabläufen. Auf der Grundlage der Ergebnisse von kopal wird in dem Projekt DP4lib (Digital Preservation for Libraries) eine so weit wie möglich nachnutzbare und flexible Infrastruktur für die Langzeitarchivierung entwickelt. Im Rahmen weiterer Projekte wird unter anderem eine Emulationsplattform entwickelt, die durch flexible Zugriffswerkzeuge und Speicherung einer großen Bandbreite von digitalen Objekten die Langzeitverfügbarkeit des kulturellen Erbes gewährleisten soll.[17] |

---

[17] Die einzelnen Services sind beschrieben in der Studie *Long-Term Preservation Services*, welche die DNB gemeinsam mit anderen europäischen Nationalbibliotheken erarbeitet hat. Vgl. http://www.dnb.de/SharedDocs/Downloads/DE/DNB/netzpub/kbLongtermPreservation.pdf;jsessionid=1A545F5E4F528F13115ACABA9A885B72.prod-worker2?__blob=publicationFile. Vgl. auch Schrimpf/Steinke 2013.

| Metadatenschema | Die technischen Metadaten werden mit LMER (Langzeitarchivierungsmetadaten für elektronische Ressourcen) beschrieben. Das Metadatenschema ist eine Eigenentwicklung der DNB, das auf dem „Preservation Metadata: Metadata Implementation Schema" der National Library of New Zealand beruht. Die inhaltliche Beschreibung erfolgt mit Dublin Core. |
|---|---|

# Literatur

Abrams, S. et al. (2009a): „Preservation Is Not a Place". The International Journal of Digital Curation 4:1, 8–21.
Abrams, S. et al. (2009b): „What? So What: The Next-Generation JHOVE2 Architecture for Format-Aware Characterization". The International Journal of Digital Curation 4:3, 123–136.
Baron, J.R. (2003): „The PROFS-Decade: NARA, E-mail and the Courts". In: B.L. Ambacher (Hrsg.): Thirty Years of Electronic Records. Washington, DC: Scarecrow Press, 105–134.
Bearman, D. (1999): „Reality and Chimeras in the Preservation of Electronic Records". D-Lib Magazine 5:4. http://www.dlib.org/dlib/april99/bearman/04bearman.html.
Bearman, D. (1993a): „Record Keeping Systems". Archivaria 36, 16–36.
Bearman, D. (1993b): „The Implication of Armstrong versus Executive of the President for the Archival Management of Electronic Records". American Archivist 56:4, 674–689.
Bearman, D. (1990): „Collecting Software: a New Challenge for Archives & Museums". Archives & Museum Informatics. http://testing.archimuse.com/publishing/col_soft/col_soft.Ch1.pdf.
Bearman, D.; Lytle, R.H. (1985/1986): „The Power of the Principle of Provenance". Archivaria 21, 14–27.
Becker, C. et al. (2009): „Adding Quality-Awareness to Evaluate Migration Webservices and Remote Emulation for Digital Preservation". In: M. Agosti et al. (Hrsg.): ECDL 2009, LNCS 5714. Berlin: Springer, 39–50.
Bischoff, F. et al. (2004) (Hrsg.): Metadata in Preservation. Selected Papers from an ERPANET Seminar at the Archives School Marburg, 3–5 September 2003. Marburg: Archivschule.
Brodersen, M. (2009): „Automatisiertes Abliefern von Netzpublikationen über Harvesting-Verfahren". Dialog mit Bibliotheken 21:2, 16–18.
Brumm, E.; Carlisle, D.K. (2007): Standards for Digital Records Programs. ARMA Baltimore. http://www.moreq2.eu/papers.
Burda, D.; Teuteberg, F. (2013): „Sustaining Accessibility of Information through Digital Preservation: A Literature Review". Journal of Information Science 39:4, 442–458.
Borghoff, U. et al. (2003): Langzeiterhaltung. Methoden zur Erhaltung digitaler Dokumente. Heidelberg: dpunkt.
CCSDS [Consultative Committee for Space Data Systems] (2002): Open Archival Information System (OAIS). http://public.ccsds.org/publications/archive/650x0b1.pdf.
Cook, T. (1991/1992): „Easy to Byte, Harder to Chew: the Second Generation of Electronic Records". Archivaria 33, 202–216.

CRL, OCLC/RLG-NARA Task Force on Digital Repository Certification (2007): Trustworthy Repositories Audit & Certification: Criteria and Checklist (TRAC). http://www.crl.edu/PDF/trac.pdf.
Dappert, A. (2009): Deal with Conflict, Capture the Relationship: the Case of Digital Object Properties. http://www.ifs.tuwien.ac.at/dp/ipres2010/papers/dappert-05.pdf.
Dappert, A.; Farquhar, A. (2009): „Significance Is in the Eye of the Stakeholder". In: M. Agosti et al. (Hrsg.): ECDL 2009, LNCS 5714. Berlin: Springer, 297–308. http://www.planets-project.eu/docs/papers/Dappert_SignificantCharacteristics_ECDL2009.pdf.
Dollar, C.M. (1978): „Appraising Machine Readable Records". The American Archivist 41:4, 423–430.
Dollar, C.M. (1992): Archival Theory and Information Technologies: The Impact of Information Technologies on Archival Principles and Methods. Macerata: University of Macerata.
Duff, W. (2004): Metadata in Digital Preservation: Foundation, Functions and Issues. In: F. Bischoff et al. (Hrsg.): Metadata in Preservation. Selected Papers from an ERPANET Seminar at the Archives School Marburg, 3–5 September 2003. Marburg: Archivschule, 27–38.
Duranti, L. (1998): Diplomatics: New Uses for An Old Science. Chicago, IL: SAA, ACA and Scarecrow Press.
Duranti, L.; MacNeil, H. (1997): „The Preservation of the Integrity of Electronic Records: an Overview of the UBC-MAS Research Project". Archivaria 42, 46–67.
Duranti, L. (1995): „The Concepts of Reliability and Authenticity and Their Implications". Archivaria 39, 5–10.
Enge, J. et al. (2013): „Ordnungsstrukturen von der Floppy zur Festplatte. Zur Vereinnahmung komplexer digitaler Datensammlungen im Archivkontext". In: M. Horbach (Hrsg.): INFORMATIK 2013. Informatik angepasst an Mensch, Organisation und Umwelt. Bonn: Köllen, 520–535.
Erlandsson, A. (1996): Electronic Records Management: A Literature Review. International Council on Archives (ICA) Study. http://www.ica.org/10820/studies-and-case-studies/ica-study-n10-electronic-records-literature-review.html.
Fishbein, M.L.: „Recollections of an Electronic Records Pioneer". In: B.L. Ambacher (Hrsg.): Thirty Years of Electronic Records, Washington: Scarecrow Press, xiii–xix.
Funk, S.E. (2010): „Migration". In: H. Neuroth et al. (Hrsg.): nestor Handbuch: Eine kleine Enzyklopädie der digitalen Langzeitarchivierung. Version 2.3. http://www.nestor.sub.uni-goettingen.de/handbuch/index.php, 8:10–8:15.
Hänger, A.; Ernst, K. (2010): „Ein System – zwei Lösungen. Digitale Archivierung im Bundesarchiv und im Stadtarchiv Stuttgart". In: H. Schmitt (Hrsg.): Archive im digitalen Zeitalter: Überlieferung – Erschließung – Präsentation. 79. Deutscher Archivtag in Regensburg. Fulda: Selbstverl. des VdA, 77–84.
Hänger, A.; Lupprian, K.-E. (2005): „Archivierung elektronischer Unterlagen der Verwaltung: Aussonderungskriterien, Langzeitstabilität und Authentizität". Zeitschrift für Bibliothekswesen und Bibliographie 52:3–4, 137–142.
Hänger, A. (2004): „Electronic Records Management Metadata: The DOMEA-Concept in Germany". In: F. Bischoff et al. (Hrsg.): Metadata in Preservation. Selected Papers from an ERPANET Seminar at the Archives School Marburg, 3–5 September 2003. Marburg: Archivschule, 169–183.
Hedstrom, M.; Lee, C. (2002): „Significant Properties of Digital Objects: Definitions, Applications, Implications". In: European Commission (Hrsg.): @ccess and Preservation

of Electronic Information – Best Practices and Solutions. Proceedings of the DLM Forum Barcelona. Luxemburg: Office for Official Publications of the European Communities, 218–227.

Hedstrom, M.L. (1989): „New Appraisal Techniques: The Effect of Theory on Practice". Provenance 7, zitiert nach Erlandsson (1996).

Hedstrom, M.L. (1984): Archives and Manuscripts. Machine-Readable Records. Chicago, IL: Society of American Archivists.

Heslop, H. et al. (2002): An Approach to the Preservation of Digital Records. Canberra: National Archives of Australia. http://www.naa.gov.au/Images/An-approach-Green-Paper_tcm16-47161.pdf.

Holdsworth, D.; Wheatley, P. (2001): „Emulation, Preservation, and Abstraction". RLG DigiNews 5:4. http://webdoc.gwdg.de/edoc/aw/rlgdn/preserv/diginews/diginews5-4.html.

Hollmann, M. (2010): „Das ‚Digitale Archiv' des Bundesarchivs – Die Archivierung genuin elektronischer Unterlagen im Bundesarchiv." In: A. Menne-Haritz; R. Hoffmann (Hrsg.): Archive im Kontext – Öffnen, Erhalten und Sichern von Archivgut in Zeiten des Umbruchs. Festschrift für Prof. Dr. Hartmut Weber zum 65. Geburtstag. Düsseldorf: Droste, 323–344.

Horbach, M. (2013) (Hrsg.): INFORMATIK 2013. Informatik angepasst an Mensch, Organisation und Umwelt. Bonn: Köllen.

Huth, K. (2010): „Computermuseum". In: H. Neuroth et al. (Hrsg.): nestor Handbuch: Eine kleine Enzyklopädie der digitalen Langzeitarchivierung. Version 2.3, 8:24–8:32. http://www.nestor.sub.uni-goettingen.de/handbuch/index.php.

Huth, K.; Schroeder, K. (2009): „Das Metadatenkonzept des Digitalen Archivs des Bundesarchivs". Archivar 62:3, 248–254.

Jenkins, C. (2002): Cedars Guide to: Digital Preservation Strategies. http://www.webarchive.org.uk/wayback/archive/20050410120000/http://www.leeds.ac.uk/cedars/guideto/dpstrategies/dpstrategies.html.

Kesner, R.M. (1993): „The Changing Face of Office Documentation: Electronic/Optical Information Technologies (IT)". In: A. Menne-Haritz (Hrsg.): Information Handling in Offices and Archives. München: Saur, 112–119.

Kunze, J. (2005): Future-Proofing the Web: What We Can Do Today. iPRES presentation. http://de.slideshare.net/jakkbl/jak-future-proofingipres.

Lorie, R.A. (2001): „Long Term Preservation of Digital Information". In: Proceedings of the 1st ACM/IEEE-CS joint conference on Digital libraries, Roanoke, Virginia, United States. 24–28 June 2001. New York, NY: Association of Computing Machinery, 346–352.

MacNeil, H. (2000): Trusting Records: Legal, Historical and Diplomatic Perspectives. Dordrecht: Kluwer.

Menne-Haritz, A.; Hoffmann, R. (2010) (Hrsg.): Archive im Kontext – Öffnen, Erhalten und Sichern von Archivgut in Zeiten des Umbruchs. Festschrift für Prof. Dr. Hartmut Weber zum 65. Geburtstag. Düsseldorf: Droste.

Menne-Haritz, A. (2004): Dictionary on Archival Terminology. DAT III English (Draft). http://staff-www.uni-marburg.de/~mennehar/datiii/engterm.html.

Menne-Haritz, A. (1999): Schlüsselbegriffe der Archivterminologie. Lehrmaterialien für das Fach Archivwissenschaft. Marburg: Archivschule.

Menne-Haritz, A. (Hrsg.): Information Handling in Offices and Archives. München: Saur.

Michelson, A.; Rothenberg, J. (1992): „Scholarly Communication and Information Technology: Exploring the Impact of Changes in the Research Process on Archives". American Archivist 55:2, 236–315.

Nestor-Arbeitsgruppe Digitale Bestandserhaltung (2013): Leitfaden zur digitalen Bestandserhaltung. Vorgehensmodell und Umsetzung. Version 2.0. Frankfurt/Main: nestor c/o Deutsche Nationalbibliothek. http://files.d-nb.de/nestor/materialien/nestor_mat_15_2.pdf.

Nestor-Arbeitsgruppe OAIS-Übersetzung/Terminologie (Hrsg.) (2013): Referenzmodell für ein Offenes Archiv-Informations-System – Deutsche Übersetzung, Version 2.0. Frankfurt/Main: nestor c/o Deutsche Nationalbibliothek. http://files.d-nb.de/nestor/materialien/nestor_mat_16-2.pdf.

Nestor-Arbeitsgruppe Vertrauenswürdige Archive – Zertifizierung (2008): nestor-Kriterien, Kriterienkatalog vertrauenswürdige digitale Langzeitarchive, Version 2. Frankfurt/Main : nestor c/o Deutsche Nationalbibliothek. http://files.d-nb.de/nestor/materialien/nestor_mat_08.pdf.

Neuroth H. et al. (Hrsg.): nestor Handbuch: Eine kleine Enzyklopädie der digitalen Langzeitarchivierung. Version 2.3. http://www.nestor.sub.uni-goettingen.de/handbuch/index.php

PREMIS Data Dictionary for Preservation Metadata. Version 2.2 (2012). http://www.loc.gov/standards/premis/v2/premis-2-2.pdf.

Rathje, U. (2003): „Archivierung von DDR-Daten im Bundesarchiv – ein Rückblick auf zehn Jahre". Historical Social Research 28:1/2, 57–72.

RLG, Working Group on Digital Archive Attributes (2002): Trusted Digital Repositories: Attributes and Responsibilities. An RLG-OCLC Report. Mountain View, CA. http://www.oclc.org/programs/ourwork/past/trustedrep/repositories.pdf.

RLG-NARA Task Force on Digital Repository Certification (2005): Audit Checklist for Certifying Digital Repositories. Draft for Public Comment. http://worldcat.org/arcviewer/1/OCC/2007/08/08/0000070511/viewer/file2433.html.

Rothenberg, J. (1998): Avoiding Technological Quicksand: Finding a Viable Technical Foundation for Digital Preservation. http://www.clir.org/pubs/reports/rothenberg/contents.html.

Schrimpf, S.; Steinke, T. (2013): Langzeitarchivierungs-Policy der Deutschen Nationalbibliothek (Version 1.0, Stand: 15. Februar 2013). http://d-nb.info/103157140X/34.

Schwens, U.; Liegmann, H. (2004): Langzeitarchivierung digitaler Ressourcen. http://files.d-nb.de/nestor/berichte/digitalewelt.pdf.

Thibodeau, K. (1991): „To Be Or Not to Be: Archives for Electronic Records". In: D. Bearman (Hrsg.): Archival Management of Electronic Records. Pittsburgh, PA: Archives and Museum Informatics, 1–13.

van der Hoeven, J. et al. (2007): „Emulation for Digital Preservation in Practice". The International Journal of Digital Curation 2:2, 123–132.

von Suchodoletz, D. et al. (2013): „Emulation as an Alternative Preservation Strategy – Use-Cases, Tools and Lessons Learned". In: M. Horbach (Hrsg.): INFORMATIK 2013. Informatik angepasst an Mensch, Organisation und Umwelt. Bonn: Köllen, 592–606.

Wallace, D.A. (1993): „Metadata and the Archival Management of Electronic Records. A Review". Archivaria 36, 87–110.

Weisser, A. (2013): „Digitale Archivierung von Videokunst". In: M. Horbach (Hrsg.): INFORMATIK 2013. Informatik angepasst an Mensch, Organisation und Umwelt. Bonn: Köllen, 567–578.

Zahnhausen, V. (2012): „Das Digitale Archiv des Bundesarchivs – ein aktueller Überblick". Mitteilungen aus dem Bundesarchiv 20:1, 31–35.

**Auswahlprozesse**

Andreas Pilger
# Überlieferungsbildung in Archiven

## Motive und Ziele der archivischen Überlieferungsbildung

Archive haben begrenzte Ressourcen. Das betrifft Magazinflächen und Serverkapazitäten. Vor allem aber betrifft es die Sach- und Personalmittel, die notwendig sind, um Unterlagen fachgerecht zu erhalten, zu erschließen und bereitzustellen. Nur wenn möglichst wenig Archivgut übernommen wird, kann auch der Zugang gewährleistet werden. Dies ist das Hauptanliegen der Nutzerinnen und Nutzer. Denn auch deren Ressourcen sind begrenzt. Über die Qualität archivischer Nutzung entscheidet nicht die Menge der im Archiv verwahrten Unterlagen, sondern die Chance, einschlägige Unterlagen in kurzer Zeit und unter möglichst komfortablen Bedingungen auffinden und auswerten zu können. Archivische Überlieferungsbildung, die Auswahl und Akquise von Archivgut, ist mithin ein fachlich begründetes Steuerungsinstrument, um bei knappen (und vermutlich tendenziell noch weiter abnehmenden) Ressourcen den Wirkungsgrad archivischer Informationen zu optimieren. In diesem Sinne hat die archivische Überlieferungsbildung weitreichende und vor allem irreversible Konsequenzen für alle archivischen Aufgabengebiete. Sie bestimmt den Rahmen für die spätere Zugänglichkeit und ist deshalb zu Recht als eine der verantwortungsvollsten Aufgaben des Archivars beschrieben worden (vgl. Meinert 1956, 285).

Archivische Überlieferungsbildung zielt darauf ab, ein angemessenes Bild der Gesellschaft (oder gesellschaftlicher Teilbereiche) für die Zukunft zu bewahren. Dieses Bild wird nie ein objektives sein. Einzelne Unterlagen und Überlieferungskomplexe reflektieren immer nur Wahrnehmungen der Gesellschaft durch Organisationen oder Einzelpersonen; diese Wahrnehmungen sind perspektivisch gefiltert. Trotzdem richtet sich das Interesse der Überlieferungsbildung nicht auf Einzelperspektiven, sondern auf eine Zusammenschau unterschiedlicher Sichtweisen, die sich zu einem multiperspektivischen Gesamtbild ergänzen. In diesem Gesamtbild müssen die gesellschaftsprägenden Strukturen und Ereignisse enthalten sein; gleichzeitig aber müssen Informationen auch verdichtet werden. Gesellschaftliche Realität sollte umfassend, aber nicht zwangsläufig immer auch intensiv dokumentiert werden. Bei dem Blick auf die Vielgestaltigkeit gesellschaftlichen Lebens gilt es, gleiche oder ähnliche bzw. wiederkehrende Elemente zu erkennen und als Ansatzpunkt für eine „planmäßige Komprimierung des zu archivierenden Stoffes" (Rohr 1957, 237) zu nutzen. Datentechnisch könnte man diesen negativen Ausschluss redundanter Information als „Kompression" beschreiben. Archivarinnen und Archivare haben diese Handlungsebene der Überlieferungsbildung in der Vergangenheit oft mit dem Begriff der ‚Kassation' umschrieben. Im Ergebnis zielen die Kassation und die ihr zugrunde liegenden Grundsätze auf die Bildung eines „modellgerechten Ausschnittes", der „gleichsam in einem Relief in maßstabgerechter Verkleinerung ein zwar lückenhaftes, aber nicht bruchstückhaftes dokumentarisches Abbild des historischen Geschehens zu geben" vermag (Zechel 1965, 13). Was das im Einzelnen bedeutet und welche praktischen Ansätze es für eine solche Komprimierung gibt, wird der erste Teil dieses Beitrags erklären.

Der zweite Teil wird sich mit dem Problem der inhaltlichen Wertung beschäftigen. Der Versuch, den Anteil gleicher oder ähnlicher Informationen in Archivunterlagen zu minimieren, ist für sich genommen als Bewertung nicht ausreichend. Da schriftliche Unterlagen nur selten eine echte Redundanz im informationswissenschaftlichen Sinne aufweisen und Redundanzen wegen der Formierung des Schriftguts in der Regel auch nicht vollständig zu eliminieren sind, müssen Archive inhaltliche Wertmaßstäbe entwickeln. Datentechnisch gesprochen, zielt diese Handlungsebene auf eine *Reduktion* der Information. Die Konzentration auf *wichtige* Ereignisse und Strukturen reduziert das dokumentarische Abbild der Gesellschaft auf ihr Profil. Methodologisch birgt dieser inhaltliche Wertungsprozess bis heute die größten Probleme und den größten Diskussionsbedarf. Nicht nur die Archivwissenschaft gerät bei der Ermittlung von Wertprinzipien an ihre Grenzen und damit auch in den Gefahrenbereich von Dogmen und Ideologien. Das Thema deshalb aus der fachlichen Reflexion auszublenden, wäre zu einfach. Vielmehr muss sich die Archivwissenschaft den gleichen epistemologischen Herausforderungen stellen wie die Geschichtswissenschaft; sie muss (nach bestem Wissen und Gewissen) prägende Strukturen und herausragende Ereignisse ermitteln, auch wenn sie sich der Tatsache bewusst ist, dass die Überlieferungsbildung immer nur zu relativen Entwürfen historisch-gesellschaftlicher Wirklichkeit gelangen kann.

Nicht immer wurden und werden die Handlungsebenen der Überlieferungsbildung systematisch auseinandergehalten. In der Vergangenheit hatte ein erheblicher Teil der archivischen Fachkontroversen zur Bewertungsthematik seine Ursache in dem Versuch, formale oder inhaltliche Bewertungsgrundsätze absolut zu setzen. Tatsächlich aber ergänzen sich beide Handlungsebenen der Überlieferungsbildung und sind sogar komplementär aufeinander angewiesen (vgl. Kretzschmar 2006, 491; Kretzschmar 2009, 35); diese Erkenntnis setzt sich erst langsam durch.

# Die Vermeidung von Redundanzen

## Die vertikale und horizontale Bewertung

Die *Überlieferungsbildung* in Archiven kann methodisch an Grundprinzipien der Verwaltung anknüpfen. Diese Grundprinzipien hat Max Weber idealtypisch analysiert. Auch wenn sich im Laufe der letzten hundert Jahre gerade die öffentliche Verwaltung vielfältig und in einem fast kontinuierlichen Prozess der Verwaltungsreform verändert hat, haben sich dennoch die Wesensmerkmale der Bürokratie gerade in Kernbereichen der öffentlichen Verwaltung erhalten. Zu diesen Wesensmerkmalen gehört zunächst das Prinzip der Arbeitsteilung. Weber spricht vom „Prinzip der festen, durch Regeln [...] geordneten behördlichen Kompetenzen." (Weber 1976, 551) Lebensweltliche Zusammenhänge werden innerhalb der Verwaltung nach Problembereichen zergliedert, die an unterschiedlichen, fachlich spezialisierten Stellen bearbeitet werden. Ebenso wie die Arbeitsteilung gehört auch das Prinzip der „Amtshierarchie" (Weber 1976, 551) zum Wesen der Bürokratie. Es sorgt weiterhin dafür, dass unterschiedliche Stellen innerhalb der öffentlichen Verwaltung mit ein und demselben lebensweltlichen Gegenstand befasst sind. Grundlegende Entscheidungen werden ggf. auf einer unteren Ebene vorbereitet, aber auf einer oberen Ebene getroffen. Im alltäglichen Verwaltungsvollzug steuern und kontrollieren übergeordnete Stellen das Handeln im nachgeordneten Bereich. Durch das Prinzip der Aktenmäßigkeit findet diese bürokratische Zergliederung lebensweltlicher Zusammenhänge (die eine fachkundige und kontrollierte Bearbeitung sichert, aber wegen der Abstraktion von der Alltagserfahrung der Betroffenen oft auch Gegenstand von Bürokratiekritik war und ist) unmittelbar Eingang in das behördliche Schriftgut. Im Idealfall wandern Vorgänge und Akten hin und her und werden an unterschiedlichen Stellen mit Informationen angereichert. Um die Informationen weiterhin vor Ort verfügbar zu halten, ist es aber die Regel, dass die beteiligten Instanzen auch eigene Unterlagen zum jeweiligen Gegenstand führen. Auf diese Weise entstehen instanzenübergreifend Redundanzen, die durch den Kapazitätszuwachs fotografischer und heutzutage elektronischer Reproduktionsmöglichkeiten ein beträchtliches Ausmaß annehmen können. Ein Beispiel: Eine Firma, die in Nordrhein-Westfalen Zuschüsse aus dem Regionalen Wirtschaftsförderungsprogramm (RWP) des Landes erhalten will, muss diese Zuschüsse mit einem Antrag in vierfacher Ausfertigung beantragen.[1] Federführend im Verfahren

---

1 Vgl. Regionales Wirtschaftsförderungsprogramm NRW 2011 (RWP.NRW 2011). Richtlinie für die Gewährung von Finanzierungshilfen zur Förderung der gewerblichen Wirtschaft einschließ-

ist die NRW-Bank, die Landesbank für den Mittelstand. Sie koordiniert das Verfahren und holt vor allem die gesetzlich vorgeschriebenen Stellungnahmen ein, bei der Bezirksregierung, bei der Industrie- und Handelskammer bzw. Handwerkskammer, bei der Agentur für Arbeit und den Gewerkschaften. Zu diesem Zweck reicht sie den ursprünglichen Antrag weiter. Aus ihm erwachsen bei allen beteiligten Stellen eigene Unterlagen, die im Zweifelsfalle durch Kopien anderer Stellungnahmen, durch verteilte Informationen zum Verfahrensstand und zur abschließenden Entscheidung komplettiert werden. In welchem Umfang jeweils eigene Unterlagen geführt werden, lässt sich nicht für alle Stellen sicher ermitteln. Die Bezirksregierungen und das Ministerium verfügen in jedem Fall über eigene Akten. Da im Prinzip alle Informationen bei der NRW-Bank zusammenfließen (sollten), könnte man die Archivierung pars pro toto auf dieser Ebene konzentrieren. Allerdings ist die Federführung nicht gleichbedeutend mit der Entscheidungskompetenz. Die NRW-Bank ist vielmehr in ihrer Entscheidung auf das Einvernehmen mit der Bezirksregierung bzw. mit dem Ministerium angewiesen. Im Sinne eines vertikalen Abgleichs könnte man also die Archivierung (mit Blick auf das hierarchische Verwaltungsgefüge) auch an dieser Stelle ansetzen. Dafür spräche nicht zuletzt, dass das Ministerium ggf. auf gleicher Ebene noch weitere Konsultationen einholt. So ist im Antragsverfahren vorgesehen, dass bei Förderverfahren „aus den Bereichen Ernährungswirtschaft, Verwendung nachwachsender Rohstoffe oder Abfallwirtschaft" das Wirtschaftsministerium die Stellungnahme des Ministeriums für Umwelt und Naturschutz, Landwirtschaft und Verbraucherschutz einzuholen hat.

Das Beispiel macht deutlich, dass ein vertikaler Abgleich zwischen unterschiedlichen Verwaltungsebenen und ein horizontaler Abgleich zwischen unterschiedlichen Stellen derselben Verwaltungsebene Redundanzen bei der Archivierung eliminieren und damit die Überlieferungsmenge zum Teil erheblich reduzieren kann. In der archivischen Bewertung von Verwaltungsschriftgut ist deshalb heute die sogenannte vertikal-horizontale Methode ein anerkanntes und weithin etabliertes Steuerungsinstrument.[2] Allerdings funktioniert dieses Instrument nur, solange Verwaltung tatsächlich bürokratisch arbeitet. In diesem Fall lässt sich sogar das Prinzip der vertikal-horizontalen Bewertung weitgehend unverändert auf die Welt der elektronischen Akten übertragen, die zwar medial

---

lich des Tourismusgewerbes. RdErl. des Ministeriums für Wirtschaft, Energie, Bauen, Wohnen und Verkehr vom 15.07.2011 – IV A 2 – 31–01. http://www.nrwbank.de/foerderlotse-dokumente/Binary-richtlinie-15072011.pdf.pdf?contentType=application/x-pdf&pfad=/7/4/6374/.
2 Vgl. Schäfer 1997; wichtige Vorüberlegungen zur horizontal-vertikalen Bewertung bei Kahlenberg 1972, 59 und Ottnad 1972, 38.

neu, in ihrer Struktur aber oftmals klassisch sind. In den bereits erwähnten Kernbereichen der öffentlichen Verwaltung, die auch historisch am Anfang des Aufbaus staatlicher Strukturen standen, hat sich bis heute der Idealtypus bürokratischer Herrschaft, so wie Weber ihn zu Beginn des 20. Jahrhundert beschrieben hat, am ehesten erhalten. Zu diesen Kernbereichen zählen vor allem weite Teile der Eingriffsverwaltung, also beispielsweise Polizei, Justiz und Finanzverwaltung, sowie der Leistungsverwaltung, z.B. die Sozialleistungs- und Arbeitsverwaltung. Es ist kein Zufall, dass gerade für diese Verwaltungszweige in den letzten Jahren verstärkt Archivierungsmodelle auf vertikal-horizontaler Basis entstanden sind.

Anders sieht es in Verwaltungsbereichen aus, in denen ein rascher gesellschaftlicher Wandel ein stärker flexibles Agieren erfordert und deren Arbeitsabläufe deshalb oft weniger stark normiert sind. Dies ist beispielsweise in der Planungsverwaltung, z.B. in der Umwelt- und Energieverwaltung, der Fall. Gerade in diesen Verwaltungsbereichen zeichnen sich früh und deutlich Veränderungen des staatlichen Selbstverständnisses ab. Der Wandel vom Rechts- und Sozialstaat klassischer Prägung zum kooperativen oder gar deliberativen Staat verändert das Erscheinungsbild der Verwaltung (vgl. z.B. Zürn 2008, 569f.; Cook 2013, 110). Administrative Entscheidungsprozesse vollziehen sich nicht mehr zwangsläufig entlang einer festen konditionalen Programmierung, sondern als Aushandlungsprozesse mit hohem kommunikativem Aufwand.

Schon im vorliegenden Beispiel aus dem Bereich der nordrhein-westfälischen Wirtschaftsförderung sind bei genauerer Betrachtung die Verhältnisse komplizierter, als es auf den ersten Blick scheint. Nur ein Teil der beteiligten Stellen sind Behörden; ein anderer Teil sind gesellschaftliche Institutionen wie Banken oder Kammern. Nur wenige der beteiligten Stellen stehen in einem klaren Über- bzw. Unterordnungsverhältnis. Der Versuch, in diesen und ähnlichen Fällen einen vertikal-horizontalen Abgleich entlang der Organisationsstrukturen vorzunehmen, kann schwierig werden. Zumindest sind neben öffentlichen auch nicht-öffentliche Stellen und deren Archive in die Überlieferungsbildung mit einzubeziehen. Komplexe administrative Strukturen, die sich noch zudem flexibel gestalten, haben überdies direkte Auswirkungen auf die Schriftgutverwaltung. Die Akte ist als Informationsmedium für einheitliche und fest definierte Arbeitsprozesse optimiert. Dort wo Kommunikationsprozesse eher offen und über die Grenzen der öffentlichen Verwaltung hinaus verlaufen – wo vielleicht auch die Anforderungen an Nachvollziehbarkeit und Überprüfbarkeit des Verwaltungshandelns schwächer und dafür der Bedarf an rascher und aktueller Information stärker ausgeprägt sind –, tendiert auch die Schriftgutverwaltung zu flexiblen und amorphen Formen; elektronische Medien schaffen hierfür die technische Infrastruktur. Sinnzusammenhänge werden in vielen Fällen nicht mehr über die Struktur des Aktenplans, sondern über semantische Verknüpfungen z.B. in Gestalt von Schlagwortlisten hergestellt. An die Stelle einer Sicherung in Akten tritt die Verschriftlichung im Vorgang und Einzeldokument.[3] Es ist davon auszugehen, dass mit dem Bedeutungszuwachs der Zivilgesellschaft, dem damit einhergehenden Wandel im staatlichen Selbstverständnis und den sich weiterentwickelnden technischen Möglichkeiten die Veränderungen in der administrativen Schriftgutverwaltung, die sich jetzt schon in großen Teilbereichen der öffentlichen Verwaltung abzeichnen, weiter fortschreiten werden. Das alles macht den vertikal-horizontalen Ansatz nicht obsolet. Die Entwicklungen zwingen allerdings bei der Erstellung von Bewertungsmodellen dazu, im Vorhinein genau zu überlegen, mit welchem Grad an Detailliertheit Informationsbereiche in ihrem inhaltlichen Zuschnitt prospektiv sicher abzugrenzen sind. Zu erwarten ist, dass eine fortschreitende Entbürokratisierung dazu führen wird, dass formale Bewertungsinstrumente, die an fest definierten Strukturen der Organisation und Schriftgutverwaltung ansetzen, an Wirkungskraft und ‚Treffsicherheit' einbüßen werden. Je weniger die Erwartungen an den Inhalt von Informationsmedien auf Dauer generalisierbar sind, desto unsicherer wirken schematische Bewertungsentscheidungen und desto größer können umgekehrt die Aufwände der Archive werden, wenn wieder mehr Unterlagen im Wege der Einzelautopsie geprüft werden müssen.

## Sample-Bildung bei Fallakten und Auswahlentscheidungen bei elektronischen Fachverfahren

Redundanzen im Verwaltungsschriftgut entstehen nicht nur aus einer parallelen Bearbeitung eines Gegenstandes an unterschiedlichen Stellen der Verwaltung; sie resultieren auch aus einer Vergleichbarkeit oder Parallelität der Gegenstände, die im administrativen Zugriff auf die Lebenswelt (nach allgemeinen Kriterien des Gesetzes) noch verstärkt wird: „Wie persönlich oder eigenartig ein Schicksal oder Anliegen sein mag, es wird mit vielen anderen zu demselben Zweck an die Behörde gebracht." (Stehkämper 1965, 132) Am Beispiel der Wirtschaftsförderung lässt sich auch diese Aussage anschaulich illustrieren: Betriebe, die zu einem bestimmten Zeitpunkt, in einer bestimmten Region und einer bestimmten Branche tätig sind, finden grundsätzlich ähnliche Rahmenbedingungen vor. Natürlich variiert die individuelle Betriebsstruktur und damit auch die Art und Weise, in der ein Betrieb auf die äußeren Rahmenbedingungen reagiert. Trotzdem

---

[3] Vgl. Kluttig 2000, 25; Schneider 2001, 205–206; die grundsätzliche Beobachtung bereits bei Sante 1956, 238.

gibt es, auf die Gesamtheit gesehen, ähnliche und quasi typische Konstellationen. Als in den 1970er und 1980er Jahren im Ruhrgebiet die Strukturkrise des Bergbaus zunehmend durch Probleme auch in der Stahlindustrie überlagert und verschärft wurde, standen viele mittlere Betriebe, die bislang einseitig auf ihre Großkunden in der Montanindustrie ausgerichtet waren, vor der Aufgabe, ihre Produktion neu auszurichten. Die Förderakten, die in diesem Zusammenhang in den großen Förderprogrammen des Landes Nordrhein-Westfalen entstanden sind, wird man nie vollständig aufheben wollen und können. Viele Fälle wirken vergleichbar. In diesem wie in anderen Beispielen sind die feinen Unterschiede, die es in der Realität sicher gegeben hat, in der Akte oft gar nicht greifbar, weil die Verwaltungsstellen sie gerade in stark formalisierten Massenverfahren im Interesse einer leichteren Handhabung und rascheren Entscheidbarkeit bewusst ausgeblendet haben. Gerade in den Fällen, in denen lebensweltliche Informationen weitgehend über standardisierte Formulare erhoben werden, kann die Formalisierung ein so großes Ausmaß annehmen, dass die Übernahme von Einzelfallakten verzichtbar ist und sich die Überlieferungsbildung stattdessen ganz auf aggregierte Daten der entsprechenden Statistiken konzentrieren kann. In anderen Fällen, in denen zwar ebenfalls Ähnlichkeiten feststellbar sind, die in den Akten enthaltenen Informationen zugleich aber auch einen qualitativen Eigenwert besitzen, wird im Zuge der Bewertung ein exemplarischer Querschnitt, ein sogenanntes Sample, gebildet. Die methodischen Grundlagen dafür hat die Archivwissenschaft in den letzten zehn Jahren optimiert und dabei auch Erkenntnisse der Statistik einbezogen (vgl. Buchholz 2002, 196). Dabei wurden vor allem die Schwächen einer Samplebildung entlang einer Buchstabenauswahl deutlich, die lange Zeit aus pragmatischen Gründen von den Archiven bevorzugt wurde. Das Ziel der Repräsentativität ist nur über eine Zufallsstichprobe zu erreichen, die allerdings wegen der Ordnungsmuster der Aktenaufbewahrung in der Behörde nicht immer einfach zu realisieren ist. Bei der repräsentativen Auswahl bleibt der Archivar gegenüber seinem Material neutral und gewährleistet auf diese Weise die in der Bewertungsdiskussion vielfach beschworene Auswertungsoffenheit. Die inhaltliche Qualität eines komprimierten Abbildes liefert allerdings die repräsentative Stichprobe (bei hinreichender Größe) nur dann, wenn das Verfahren stark formalisiert, das heißt die in den Akten enthaltene Information auf ein von vornherein begrenztes Set an Merkmalen und Ausprägungen reduziert ist. Dort wo Verwaltung den Sachverhalt *manuell* interpretierend aus den Tatsachen erst ermittelt, weisen die Inhalte der entsprechenden Fallakten einen großen Variantenreichtum (und oft auch einen entsprechend größeren Umfang) auf. Die Bildung einer Zufallsstichprobe würde in diesen Fällen Gefahr laufen, nicht Redundanz zu eliminieren, sondern einen willkürlichen Ausschnitt zu überliefern. Diese Gefahr lässt sich umgehen, wenn man vorab die Fülle der Einzelfälle zu Typen gruppiert und erst im zweiten Schritt (bei Bedarf) zusätzlich noch eine Zufallsstichprobe ansetzt (geschichtete Stichprobe) (vgl. Pilger/Pilger 2003, 116). Bezogen auf das Beispiel der Wirtschaftsförderungsakten, könnte man beispielsweise daran denken, Gemeinden mit ähnlicher Wirtschaftsstruktur nur exemplarisch zu überliefern. Dabei wird unterstellt, dass sich z.B. die Situation in einer von der Textilindustrie dominierten Gemeinde des Westmünsterlandes zwar grundsätzlich von der einer schwerindustriell geprägten Stadt im Ruhrgebiet unterscheidet, aber nur unwesentlich von der Situation in der Nachbarstadt mit ähnlicher Wirtschaftsstruktur. Zahlreiche Bewertungsmodelle basieren auf diesem Prinzip und unterscheiden z.B. industriell und agrarisch geprägte Regionen, auch unterschiedliche Stadt- und geographische Typen (vgl. z.B. Schäfer/Treffeisen 1997, 206). Sie verdichten die Überlieferung durch die Bildung von geschichteten Stichproben, die z.B. am Beispiel eines Ortes die Strukturmerkmale eines ganzen Typus zu erfassen versuchen. Dabei fließen natürlich in starkem Maße inhaltliche Vorannahmen mit ein, die im Grunde erst bei Auswertung aller Akten verifiziert werden könnten. Insofern ist eine Überlieferungsbildung, die exemplarisch zu verfahren versucht, bereits tief verfangen im hermeneutischen Zirkel. Sie markiert damit zugleich die Grenze methodischer Verfahren, die sich um neutrale Verdichtung bemühen, aber ohne inhaltliche Wertungen in den seltensten Fällen auskommen.

In die Diskussion zur Bewertung von Serien- oder Fallakten kommt seit einiger Zeit zusätzliche Bewegung durch die Einführung elektronischer Fachverfahren in den Verwaltungen. Diese Fachverfahren, die auf Datenbanken basieren, unterstützen die klassische Papieraktenverwaltung, lösen sie aber in vielen Fällen auch ab.[4] Die Chancen sowie die Herausforderungen, die sich damit für die archivische Überlieferungsbildung ergeben, können an dieser Stelle nicht erschöpfend dargestellt werden; sie sind vermutlich in ihrem vollen Umfang auch noch gar nicht absehbar. Dort, wo elektronische Verfahren die Papieraktenverwaltung unterstützen, ermöglichen sie dem Archiv einen gezielteren Zugriff durch eine Auswahl nach bestimmten, auch kombinierbaren Kriterien. Sie können damit die Bildung von Stichproben wesentlich erleichtern. Auf diese Weise nutzt zum Beispiel das Landesarchiv NRW das Verfahren MESTA der Justiz, um Akten zu Strafverfahren nach differenzierten Kriterien des Bewertungskataloges (besonders schwere Fälle, bestimmte Delikte) zu ermitteln. Zusätzlich zu den Akten können

---

4 Vgl. Keitel 2010. Der Arbeitskreis „Archivische Bewertung" im Verband deutscher Archivarinnen und Archivare erarbeitet derzeit ein Positionspapier zur Bewertung elektronischer Fachverfahren. Eine Entwurfsfassung dieses Positionspapiers wurde im Herbst 2013 auf einem Workshop im Hauptstaatsarchiv Stuttgart vorgestellt (vgl. Renz 2014). Vgl. grundsätzlich zur Bewertung elektronischer Unterlagen jetzt auch Tiemann 2013.

dann auch noch Daten aus dem Fachverfahren selbst übernommen werden, um zum Beispiel statistische Auswertungen zu ermöglichen oder im Sinne einer informationellen ‚Grundsicherung' Basisdaten zu allen Verfahren zu sichern. Prinzipiell neue Herausforderungen stellen sich für die Archive, wenn Fachverfahren die klassische Schriftgutverwaltung in Form von Papierakten nicht nur unterstützen, sondern ganz ersetzen. Durch die Aufhebung der festen Struktur, die bei Papierakten durch den materiellen Träger vorgegeben ist, ermöglichen Fachverfahren die Formierung ganz unterschiedlicher und gleichermaßen authentischer Informationseinheiten, die vom Archiv ausgewählt und überliefert werden können. Was das konkret bedeutet, kann das Beispiel der seit 2006 in Hessen eingeführten Lehrer- und Schüler-Datenbank (LUSD) verdeutlichen (vgl. Schieber 2010). Anders als bei den analogen Schülerakten lassen sich die in den 400 untereinander verknüpften Tabellen der Datenbank enthaltenen Informationen zur Biografie der Schülerinnen und Schüler, zum Erziehungsumfeld und zur Schullaufbahn im Zuge der Bewertung weitgehend frei filtern und formieren. Dabei lassen sich Falltypen gezielt auswählen und umgekehrt vermeintlich belanglose Einzelinformationen wie die Handynummer eines Schülers problemlos ausblenden, die in der Papierakte immer mit hätten übernommen werden müssen. Überlegungen zur Binnenkassation, die bei analogen Akten nur äußerst selten (z.B. bei der Auswahl von Personalbögen aus Personalakten) angestellt wurden, können im digitalen Kontext neu aufgegriffen werden. Die Möglichkeiten, die sich dadurch für die Bewertung ergeben, sind völlig neue. Sie zeigen, dass trotz aller Traditionslinien der Schriftgutverwaltung, die Amtsbücher und Karteien mit den Datensätzen der Gegenwart verbinden, elektronische Unterlagen eine eigene Qualität besitzen. Für die Überlieferungsbildung ist es wichtig, sich diese Besonderheiten und ihre Potenziale im Kontext der Bewertung bewusst zu machen. Archive sind aufgefordert, elektronische Überlieferungsformen von Anfang an konsequent in ihre Bewertungsmodelle mit einzubeziehen und einen Abgleich zwischen analogen und elektronischen Unterlagen herzustellen; bei der praktischen Umsetzung dieser Aufgabe stehen sie derzeit noch am Anfang.

## Die Auswahl des Wichtigen

Die Überlegungen, innerhalb von Fallaktenserien oder Fachverfahren Informationskomplexe gezielt auszuwählen, verweisen bereits auf die Notwendigkeit von inhaltlichen Bewertungskriterien. Ein Versuch, die Überlieferungsbildung ganz oder auch nur weitgehend auf das formale Prinzip der Datenkompression zu reduzieren, wäre von vornherein zum Scheitern verurteilt, weil bei aller Formalisierung die Verwaltung viel Ähnliches und Vergleichbares, aber vergleichsweise wenig Identisches kommuniziert. Kein Fall ist genau wie der andere; jede Bearbeitung eines Themas an einer neuen (gleich-, über- oder untergeordneten) Stelle offenbart neue Perspektiven auf den Gegenstand. Eine informationelle Verdichtung im Zuge der Bewertung wird deshalb behutsam vorgehen müssen; sie erfordert weitgehende Kenntnisse des Verwaltungshandelns und wird im Zweifelsfall eher mehr als weniger überliefern. Gerade dadurch aber büßt die formale Bewertung, die Redundanzreduktion als Instrument der Bewertung, an Schärfe ein. Sowohl der vertikale und horizontale Abgleich als auch die Samplebildung bei Massenakten reichen für sich nicht aus, um die Menge des Materials so weit zu reduzieren, dass sie den räumlichen (oder technischen) Kapazitäten des Archivs und der Verarbeitungsfähigkeit späterer Nutzerinnen und Nutzer entspricht.

Eine Reduzierung des Schriftguts auf eine in den Archiven übliche Größenordnung von 1 bis 5 % der Ausgangsmenge ist nur zu erreichen, wenn die Archivarinnen und Archivare auch inhaltliche Wertmaßstäbe an das Schriftgut anlegen.[5] Die Diskussion über diese inhaltlichen Wertmaßstäbe ist in der Archivwissenschaft besonders kontrovers und lange Zeit auch erfolglos geführt worden. Im Jahr 1990 resümierte Bodo Uhl, dass bislang „keiner der [...] Vorschläge, die versucht haben, inhaltliche Maßstäbe zu setzen, tatsächlich weitergeführt" hätte, „daß aber alle Vorschläge, die das Problem mit [...] formalen Kriterien in den Griff zu bekommen versucht haben, sich in der gegenwärtigen Bewertungspraxis irgendwo zumindest in Teilen wiederfinden" (Uhl 1990, 535). Als Konsequenz aus diesem Befund formulierte Uhl seinerzeit die Forderung: „Bemühen wir uns nicht weiter vergeblich um eine schlüssige Archivwerttheorie! Eine solche hätte ja eine allgemeinverbindliche oder anerkannte Werttheorie zur Voraussetzung, die in einer pluralistischen Gesellschaft aber nicht denkbar ist." (Uhl 1990, 535) Mit aller Deutlichkeit formuliert Uhl hier das alte Relativismus-Problem; es betrifft die Archivwissenschaft genauso wie die Geschichtswissenschaft. Anstatt sich aber diesem Relativismus-Problem zu stellen, hat die Archivwissenschaft in den 1990er Jahren mit viel Aufwand und in starken Kontroversen um die Professionalisierung des Faches versucht, das Problem zu umgehen. Uhl selbst machte dazu den Auftakt, indem er schrieb: „Wir sollten uns in aller Bescheidenheit nur die Aufgabe stellen, die Tätigkeit der verschiedenen Registraturbildner unserer jeweiligen Archivträger in den wesentlichen Zügen zu dokumentieren und nicht vorrangig versuchen, auf von wem auch immer als bedeutend erkannte Fakten, Ereignisse, Entwicklungen abzuheben." (Uhl 1990, 536) Angelika Menne-Haritz hat später die Überlegungen von Uhl aufgegriffen und konzeptionell weiter aus-

---

5 Grundlegend und zur Begründung der Notwendigkeit inhaltlicher Wertmaßstäbe immer noch maßgebend Booms 1972.

gebaut. Anknüpfend an Theodore R. Schellenberg unterschied sie zwischen einem Primär- und einem Sekundärwert von Verwaltungsschriftgut. Der Primärwert beschreibt den Wert der Unterlagen „für die Behörde selbst", der Sekundärwert den Wert für einen späteren Nutzer (Menne-Haritz 1994, 248). Für die Bewertung ist der Sekundärwert entscheidend, der in zwei Aspekte zerfällt: den Evidenzwert und den Informationswert. Ersterer besteht – vereinfacht formuliert – in der Aussagekraft der Akten über Arbeitsweisen der Verwaltungen, letzterer in den „Inhalte[n] von Texten in Verwaltungsunterlagen, die Fakten über Personen, Dinge und Phänomene liefern" (Menne-Haritz 1994, 249). Für die Überlieferungsbildung konzentrierte sich Menne-Haritz in erster Linie auf den Evidenzwert von Verwaltungsunterlagen und betonte insbesondere die Bedeutung der Verwaltungsprozesse, die als Kontexte die Information erst interpretierbar machten (vgl. Menne-Haritz 1991, 105; Menne-Haritz 1990, 18–19). Diese Bemerkung war zweifellos wichtig. Die Einsicht in die Prozessbedingtheit archivischer Information diente auch dazu, das Profil der Archive gegenüber anderen historischen Informationsdienstleistern zu schärfen. Um Informationen bewerten zu können, muss man wissen, wie sie entstanden sind. Auch als späterer Nutzer darf man keine falschen Erwartungen an die Informationen aus Verwaltungsschriftgut haben. Akten der Wirtschaftsförderung enthalten z.B. Informationen zur Geschichte, zur Organisation und auch zu den Produkten einzelner Firmen. Aber sie enthalten diese Informationen nur in sehr konzentrierter, knapper Form. Sie enthalten genau so viel an Information, wie für die Verwaltung notwendig war, um entscheiden zu können, nicht mehr und nicht weniger. Dies muss auch ein späterer Wirtschaftshistoriker wissen und berücksichtigen. Die Kenntnis der Verwaltungsabläufe ist also eine wichtige Voraussetzung der späteren Quellenkritik, aber sie taugt nicht als Bewertungskriterium. Der Grund dafür ist, dass der Evidenzwert im Prinzip mit dem Primärwert der Akten übereinstimmt: Eine Verwaltung produziert Akten, um ihre Aufgaben und Tätigkeiten zu dokumentieren; die Verschriftlichung ist nach Art und Umfang genau so ausgelegt, dass sie diesen Zweck erfüllt, nämlich nach innen und ggf. auch nach außen Transparenz zu schaffen. Die Konzentration auf die Evidenz übernimmt diese primäre Zwecksetzung der Aktenführung und führt den Bewertungsdiskurs in eine tautologische Falle. Eine Bewertung, konzentriert auf die „Aussagekraft von Unterlagen über die Prozesse, in denen sie entstanden sind" (Menne-Haritz 1994, 249), findet gegenüber dem ursprünglichen Zweck der Aktenführung kein zusätzliches Selektionskriterium. Es sei denn, man verengt den Begriff der Verwaltungsprozesse auf die Selbstreflexion der Verwaltung, indem man vor allem diejenigen Unterlagen übernimmt, die Auskunft über Aufbau- und Ablauforganisation der Verwaltung geben. Damit würde man aber nur die Norm und nicht deren Vollzug dokumentieren, obwohl ja die Verwaltung gerade im Vollzug der Normen ihre Rechtmäßigkeit unter Beweis stellen muss.

Wenn sich die Archive bei der Überlieferungsbildung als autonome Instanzen etablieren wollen, die gegenüber der Praxis und den Relevanzkriterien der Verwaltung ein kritisch-distanziertes Beobachterverhältnis einnehmen, dann müssen sie bei der Bewertung eigene, von der Verwaltung unabhängige Kriterien der Archivwürdigkeit entwickeln und an das Schriftgut anlegen. Nur so lässt sich auch eine saubere funktionale Differenzierung zwischen Altregistratur und Archiv gewährleisten. Solange Akten verwahrt werden, um Ansprüche und Rechte der Bürger zu dokumentieren und zu sichern, beobachtet die Verwaltung sich selbst und sorgt auf diese Weise für interne Transparenz. Das ist der Primärzweck von Akten; Zugangsrechte der Bürger sind in diesem Fall durch die Informationsfreiheitsgesetze in den letzten Jahren erheblich gestärkt worden.[6] Sobald das Archiv die Akten bewertet, verliert der Aspekt der Rechtssicherung an Bedeutung. Zwar haben Archive in der Vergangenheit häufig versucht, mit dem Argument der Rechtssicherung ihre Legitimation gegenüber den Archivträgern zu festigen; gleichzeitig haben sie aber – schon allein aus pragmatischen Gründen – immer eine klare Grenze gegenüber behördlichen Aufgaben gezogen, indem sie Zwischenarchivfunktionen gesondert ausgewiesen und sich beispielsweise gegen eine automatische Archivwürdigkeit dauernd aufzubewahrender Unterlagen zur Wehr gesetzt haben. Die Rechtssicherung ist damit mehr ein Kollateralnutzen der Bewertung als ihr eigentlicher Zweck. Der eigentliche Zweck der Bewertung liegt darin, über das Schriftgut der Verwaltung und ergänzende Unterlagen anderer Registraturbildner ein umfassendes, aber auch auf das Wesentliche konzentriertes Bild der Gesellschaft an die Nachwelt zu überliefern. Mit dieser Aufgabe ist der Archivar grundsätzlich nicht weit von der Aufgabe des Historikers entfernt. Archivische Überlieferungsbildung ist gewissermaßen Geschichtsschreibung in nuce. In älteren Beiträgen zur Bewertung ist dieser Bezug häufig thematisiert worden (vgl. z.B. Meinert 1956, 284). Er galt vielen Archivaren der älteren Generation als selbstverständlich. Und auch heute noch begegnet nicht selten die Forderung, die Historiker stärker in die Überlieferungsbildung mit einzubeziehen (vgl. z.B. Kretzschmar 2006, 506). Auch wenn sich die Umsetzung dieser Forderung in der Praxis schwierig gestaltet und die Diskussion zwischen Archivaren und Historikern gerade in diesem Punkt bislang nicht immer erfolgreich verlaufen ist,[7] zeugt

---

6 Vgl. zur grundsätzlichen Unterscheidung zwischen einem Zugang zu Verwaltungsunterlagen nach Informationsfreiheitsrecht und Archivgesetz Wiech 2013, 49.
7 In den letzten Jahren wurde wiederholt die Entstehung einer ‚Kluft' zwischen den Archiven und der historischen Forschung beobachtet. Um den Austausch zu intensivieren und teilweise

doch schon allein das fortgesetzte Bemühen um einen intensiveren Austausch von einem Bedürfnis der Archive nach historisch-wissenschaftlichen Impulsen bei der Überlieferungsbildung. Ganz davon abgesehen, ist schon aufgrund der wissenschaftlichen Sozialisation für die meisten Archivarinnen und Archivare davon auszugehen, dass ganz selbstverständlich Fragestellungen und Schwerpunkte der Historikerinnen und Historiker die Bewertung erheblich mitbestimmen. Diese Prozesse laufen bewusst, vielfach aber auch unbewusst ab. Überlagert werden sie durch mediale Deutungen der Gesellschaft, die an Einfluss gewinnen, je jünger die zu bewertenden Verwaltungsunterlagen sind. Für die Auswahl bedeutender Fälle ist in vielen Bewertungsmodellen die mediale Berichterstattung als Kriterium aufgeführt; zum Teil führen Archive – mehr oder weniger förmlich – Vormerkbücher, in die sie bedeutende Ereignisse und Entwicklungen aus den Tagesmedien als Merkposten für die spätere Aktenüberlieferung festhalten. Diese Arbeitsinstrumente aus der Praxis verdeutlichen auch im Bereich der Überlieferungsbildung die Wirkungskraft der Massenmedien, „die jeden Abend und jeden Morgen beschließen, was gewesen ist und was man sich für die Zukunft zu erwarten hat, was vergessen wird und was erinnert werden soll" (Esposito 2002, 262). Als Funktionsgedächtnis stellen die Massenmedien jederzeit eine aktuelle „Selbstbeschreibung der Welt und der Gesellschaft" (Esposito 2002, 267) bereit, die fast zwangsläufig auch auf die archivische Überlieferungsbildung abfärbt.

In der Alltagspraxis der Archive und selbst bei der systematischen Erstellung von Bewertungsmodellen bilden historisch-wissenschaftliche Erkenntnisse, mediale Beschreibungen und populäre (auch politische) Aneignungen sozialwissenschaftlicher Deutungsmuster häufig ein komplexes Amalgam, das die Überlieferungsbildung steuert. Den Aufwand, diesen Komplex an Argumenten analytisch zu entwirren und transparent zu machen, scheuen viele Archive. Die Angst, durch Transparenz angreifbar zu werden, spielt dabei sicherlich eine Rolle, ebenso die Sorge um den Aufwand. Allerdings ist die Offenlegung inhaltlicher Bewertungsmaßstäbe der einzige Weg, um dem Relativismus-Problem im Sinne einer radikalen Historisierung ernsthaft die Stirn zu bieten. Indem die eigenen Bewertungsentscheidungen und ihre Begründungen festgehalten werden, hat auch der spätere Nutzer im Rahmen der Quellenkritik Gelegenheit, zeitbedingte Sichtweisen zu identifizieren und kulturelle Prägungen der archivischen Überlieferungsbildung zu erkennen (vgl. Treffeisen 2000, 180). Die Dokumentation

---

auch neu zu beleben, haben inzwischen mehrere Veranstaltungen stattgefunden (vgl. Boden 2005 sowie Archive und historische Forschung 2011); insbesondere bemühen sich die Archive, regelmäßig Präsenz auf den Deutschen Historikertagen zu zeigen und dabei auch für ein Interesse an Fragen der Überlieferungsbildung zu werben (vgl. zuletzt Andre 2012).

der Bewertungsentscheidung ermöglicht neben der nach zeitbedingten Anschauungen gebildeten Überlieferung immer auch einen Einblick in das inhaltliche Dispositiv der Überlieferungsbildung. Das ist die Voraussetzung dafür, dass sich auch aus der späteren Rückschau noch in „Schichtungen" erkennen und auch hinterfragen lässt, was zu unterschiedlichen Zeiten „wie in den Blick genommen wurde" (Breidbach 2011, 196).

Ein sehr umfassendes und damit auch ambitioniertes Programm, inhaltliche Kriterien für die archivische Überlieferungsbildung zu bestimmen und zu ordnen, wird derzeit in den Niederlanden entwickelt. Auch dort dominierte mit dem sogenannten PIVOT-Konzept lange Zeit ein eher formal-funktionaler Ansatz der Bewertung, anknüpfend an eine Analyse der Verwaltungsstellen (vgl. Hol 1994). Das PIVOT-Konzept hat nicht zuletzt auch die Entwicklung funktionaler Bewertungsansätze in Deutschland befruchtet. Nicht ganz anders als in Deutschland hat allerdings dieser Ansatz auch in den Niederlanden Kritik von Seiten einer eher inhaltsorientierten Bewertung erfahren; die Kritik kam dort erstaunlicherweise gerade von den Historikern, die durch die Konzentration auf das Regierungshandeln den Verlust von wichtigen Quellen zur Geschichte der Gesellschaft befürchteten (vgl. Hol 1994, 59). Diese Kritik aufnehmend, hat das niederländische Nationaal Archief im Jahr 2010 eine neue Grundlage der Überlieferungsbildung entwickelt. Unter Beteiligung von Historikern und Fachleuten aus anderen Disziplinen hat es mit einer groß angelegten Analyse gesellschaftlicher Trends im Zeitraum von 1976 bis 2005 begonnen.[8] Die Analyse nimmt nach und nach einzelne gesellschaftliche Bereiche (Politik, Wirtschaft, Arbeit, Natur und Umwelt usw.) in den Blick und bestimmt pro Bereich dokumentationswürdige Trends in der niederländischen Gesellschaft. Mit der Trendanalyse sind thematische Schwerpunkte der Überlieferungsbildung klar benannt; das vermeintlich Wichtigere ist vom Unwichtigeren klar geschieden. Die Trendanalyse benennt jedoch nicht nur Schwerpunkte der Überlieferungsbildung, sondern konstruiert mit den Trends langfristige historische Entwicklungslinien, die sich leicht zu geschlossenen Geschichtsbildern verfestigen können. Eine an den Trends orientierte Überlieferungsbildung läuft damit Gefahr, Unterlagen nur mehr als Belegmaterial für eine bestimmte, vorgegebene Anschauung von Geschichte und Gesellschaft zu übernehmen. In diesem Fall könnte der hermeneutische Zirkel aus dem Gleichgewicht geraten, wenn die Vorannahmen so stark wirken, dass weite Teile der Überlieferung von Vornherein außer Acht bleiben. Dieser Gefahr ließe sich ver-

---

[8] Das Projekt ist auf den Internetseiten des Niederländischen Nationalarchivs ausführlich dokumentiert: http://www.nationaalarchief.nl/onderwerpen/waardering-selectie/projecten/maatschappijbrede-trendanalyse-1976-2005.

mutlich nur begegnen, wenn zwei Voraussetzungen erfüllt wären, die miteinander zusammenhängen: Zum einen müsste die Verständigung auf zentrale historische Entwicklungstendenzen auf breiter Basis erfolgen. Hierzu sind wiederholt Vorschläge gemacht worden, wie auch auf dem Feld der archivischen Bewertung partizipative Ansätze realisiert werden können (vgl. Rehm 2002; Cook 2011, 182; Cook 2013, 116); das Thema hat gegenwärtig vor dem Hintergrund eines Ausbaus der Zivilgesellschaft Konjunktur. Ob die damit verbundenen Forderungen und Erwartungen realistisch sind, wird sich zeigen müssen. Zum Zweiten ist es wichtig, dass bei der Formulierung inhaltlicher Wertmaßstäbe eine angemessene Balance zwischen Bestimmtheit und Offenheit gefunden wird. Wertmaßstäbe müssen klare Prioritäten erkennen lassen; nur so können sie eine Auswahlentscheidung steuern. Die Prioritäten dürfen aber nicht so eng gefasst sein, dass nur der gesellschaftliche Mainstream eine Chance auf archivische Überlieferung hat.

Die Entwicklung inhaltlicher Bewertungsmaßstäbe in Deutschland ist seit den 1990er Jahren eng mit dem Begriff des Dokumentationsprofils verbunden (vgl. Weber 2001; Becker 2010). Die Geschichte des Begriffs hat dabei die Diskussion zeitweise stark belastet und die Auseinandersetzungen innerhalb der Fachgemeinschaft teilweise unnötig verschärft. In der DDR wurde Mitte der 1980er Jahre der Versuch unternommen, alle relevanten gesellschaftlichen Entwicklungen und Themen im Sinne des marxistisch-leninistischen Geschichtsbildes in einem Rahmendokumentationsprofil zu erfassen (vgl. Stahlberg 2011). Gegner des Dokumentationsprofils haben daraus die grundsätzliche Kritik abgeleitet, dass die Entwicklung eines Gesamtsystems wertender Annahmen nur auf der Basis totalitär-ideologischer Denkmuster realisierbar sei, nicht aber in einer pluralen Gesellschaft. Tatsächlich hat die weitere Diskussion des Ansatzes um das Jahr 2000 deutlich gezeigt, dass die Überlegungen zur Konzeptionalisierung von Dokumentationsprofilen – ganz anders als in der DDR – weder von einem umfassenden gesellschaftlichen Gesamtplan ausgingen, noch die Wertmaßstäbe aus einem fest gefügten Weltbild abzuleiten versuchten. Auch wenn die übergreifende Intention der Dokumentationsprofile auf ein Abbild der Gesellschaft gerichtet ist, konzentrierten diese sich in der Umsetzung doch zunächst auf abgegrenzte Kategorien der Lebenswelt (z.B. Politik),[9] die den Gliederungsprinzipien der Verwaltung durchaus nicht unähnlich sind. Diese Kategorien der Lebenswelt werden in einem ersten Schritt weiter untergliedert in Einzelbereiche bzw. Sub-

---

9  Vgl. Becker 2009. Der Abdruck der „Arbeitshilfe zur Erstellung eines Dokumentationsprofils für Kommunalarchive" enthält im 4. Kapitel ein Musterdokumentationsprofil zur Kategorie „Politik". Die nachfolgenden Erläuterungen nehmen Bezug auf die Arbeitshilfe und die exemplarische Umsetzung im Musterdokumentationsprofil.

kategorien (z.B. innerhalb der Politik: politische Gruppen, Politikerpersönlichkeiten, politische Ereignisse und Grundlagen des politischen Handelns). Mindestens bis zu diesem Punkt der Analyse bleibt der Archivar ein weitgehend neutraler Beobachter, der zunächst einmal das inhaltliche Feld der Überlieferungsbildung sauber absteckt. Schon dies ist ein Fortschritt gegenüber einer theorielosen Bewertungspraxis, weil sich der Wert einer Überlieferung nicht nur absolut zur Geschichte, sondern auch relativ zu anderen Themen und Unterlagen bemisst. Wertungen kommen im Dokumentationsprofil vor allem zur Geltung, wenn für die einzelnen Themenbereiche über die Intensität der Dokumentation entschieden wird; hierbei werden idealtypisch drei Stufen unterschieden: eine Basissicherung, eine ausführlichere und eine umfassende Dokumentation. Anders als bei der Trendanalyse in den Niederlanden trifft das Dokumentationsprofil an dieser Stelle keine teleologischen, sondern vor allem Relevanzurteile;[10] die Subkategorien sind nicht Bausteine eines Geschichtsbildes. Trotzdem bedarf es auch bei der Entscheidung über die Dokumentationsintensität leitender Gesichtspunkte. Die bislang vorgelegten Dokumentationsprofile oder Vorarbeiten dazu offenbaren auch hier – ähnlich wie die funktionalen Bewertungsmodelle – noch immer eine gewisse argumentative Lücke. Diese Lücke ist auszufüllen; dabei sind die im Prinzip bereits benannten Leitgesichtspunkte der Überlieferungsbildung konkret zu benennen, also vor allem die gegenwärtigen Forschungstrends der Geschichts- und angrenzenden Kulturwissenschaften, die mediale Aufmerksamkeit als Spiegel einer breiten öffentlichen Wahrnehmung sowie die Interessen der privaten Nutzer. Das Augenmerk ist in diesem Zusammenhang sowohl auf die in der Praxis durchaus zu beobachtenden langfristig konstanten Erwartungen archivischer Nutzerinnen und Nutzer zu richten (im Themenfeld der Politik z.B. Erwartungen zur Überlieferung zentraler politischer Gremien; durch diese langfristigen Interessen ergibt sich in den Archiven ein hohes Maß an Stabilität der Überlieferung) als auch auf neue Trends und Fragestellungen (z.B. auf politischem Gebiet das Interesse an neuen Formen der Bürgerbeteiligung). Ausgehend von den priorisierten Themen(feldern) kommt auch das Dokumentationsprofil am Ende zu den Registraturbildnern und weist spätestens an diesem Punkt enge Berührungspunkte mit den funktionalen Bewertungsansätzen auf. Das Doku-

---

[10] Vgl. Rickert 1986, 114: „Der Historiker als Historiker [vermag] nicht zu entscheiden, ob die Französische Revolution Frankreich oder Europa gefördert oder geschädigt hat. Das wäre eine Wertung. Dagegen wird kein Historiker im Zweifel darüber sein, daß die unter diesem Namen zusammengefaßten Ereignisse für die Kulturentwicklung Frankreichs und Europas bedeutsam und wichtig gewesen sind, und daß sie daher [...] als wesentlich in die Darstellung der europäischen Geschichte aufgenommen werden müssen."

mentationsprofil ermittelt die Registraturbildner, die für ein Themengebiet einschlägig sind. Der Blick richtet sich dabei sowohl auf die amtliche als auch auf die nichtamtliche Überlieferung (z.B. von Verbänden, Vereinen und Einzelpersonen) und beschränkt sich nicht nur auf die ‚eigenen' Registraturbildner. Der Ansatz ist gelegentlich als Verstoß gegen den archivischen Grundsatz der Zuständigkeit kritisiert worden. Dieser Kritik haben die Vordenker des Dokumentationsprofils selbst Vorschub geleistet, indem sie teilweise Ansprüche auf Überlieferungen außerhalb des eigenen Zuständigkeitsbereichs erhoben haben. Insbesondere der Disput über eine Abgabe staatlicher Unterlagen an Kommunalarchive hat die Diskussion in Gang gehalten und dabei von den grundsätzlichen methodischen Fragen der Bewertung abgelenkt. Denn im Prinzip ist der Blick über die Grenzen der Verwaltung und den eigenen Zuständigkeitsbereich hinaus notwendig, um einer Überlieferungsbildung Kontur zu verleihen, die den Vorzug einer vielfältig differenzierten Archivlandschaft nutzen will. Genauso wie sich bei der horizontal-vertikalen Bewertung zwangsläufig Bezüge zu anderen Archiven ergeben, wenn bestimmte Verwaltungsaufgaben im föderalen Staatsaufbau übergreifend bearbeitet werden, so ergeben sich aus dem themengeleiteten Blick auf die Verwaltungslandschaft Dokumentationsinteressen, die an andere Archive kommuniziert und (idealerweise) mit diesen abgestimmt werden können. Auf diese Weise entstehen Perspektiven für eine Überlieferungsbildung im Verbund.[11]

Der Prozess einer Verständigung auf Überlieferungsziele bietet Chancen eines arbeitsteiligen Vorgehens. Insbesondere auf lokaler Ebene wird dieses Vorgehen bereits vielfach erfolgreich praktiziert (vgl. Mauer 2012). Die Weiterentwicklung von Verbundansätzen ist – gerade für kleinere Archive – mit großen Investitionen verbunden, die sich vermutlich erst auf lange Sicht auszahlen werden. Vor allem stellt sie größere Anforderungen an Dokumentation und Transparenz, die aber im Kontext eines Ausbaus der Bürgergesellschaft sowieso an Bedeutung gewinnen werden. Eine Überlieferungsbildung im Verbund wird sich sicherlich erst schrittweise entwickeln; sie setzt auf lokaler und regionaler Ebene an und konzentriert sich zunächst auf ausgewählte Themen. Sie verspricht dort die größten Erfolge, wo bereits Dokumentationsprofile und Bewertungsmodelle vorliegen oder aber aktuell zeitlich parallel entwickelt werden. In langfristiger Perspektive ist die Überlieferungsbildung im Verbund nicht nur geeignet, den fachlichen Austausch zwischen den Archiven und damit auch die grundsätzliche Reflexion über archivische Bewertung zu fördern, sondern auch den Dialog der Archive mit anderen

---

**11** Vgl. früh bereits Kretzschmar 1998 und zuletzt das Positionspapier des VdA-Arbeitskreises „Archivische Bewertung" (Pilger 2012).

Gedächtnisinstitutionen zu unterstützen, die ebenfalls an einer Überlieferungsbildung im Verbund partizipieren.

## Schlussbemerkung

Formal-funktionale und inhaltliche Ansätze sind lange Zeit als Gegensätze in der archivischen Überlieferungsbildung angesehen worden; eine an den Aufgaben der Verwaltung orientierte horizontal-vertikale Bewertung wurde dabei gegen das Dokumentationsprofil ausgespielt und umgekehrt. Mit der zeitweisen Verschärfung dieser Kontroverse wurden Parallelen und auch Nahtstellen in beiden Konzepten weitgehend ausgeblendet. Erst in den letzten zehn Jahren sind die gemeinsamen Interessen und Berührungspunkte stärker in den Blick gekommen; insbesondere die Überlegungen zur Überlieferungsbildung im Verbund haben zu einer deutlichen Entspannung der Diskussion geführt und die Bewertungsdiskussion auf eine neue Stufe gehoben. Sehr deutlich haben die Vertreter der Dokumentationsprofile anerkannt, dass im Rahmen der „Wertanalyse [...] andere überlieferungsbildende Gesichtspunkte wie etwa Primärwert, Informationsdichte, Redundanzvermeidung, Unikatcharakter [...] ebenfalls zu berücksichtigen sind" (Weber 2001, 211). Klassische Elemente einer funktionalen Bewertung, die auf Verdichtung der Information zielen, lassen sich somit auf der untersten Stufe der Dokumentationsprofile, also bei der Einzelanalyse der Registraturbildner, aufgreifen und integrieren. Wenn dies im Einzelfall dazu führt, dass die Antwort auf die Frage, ob es sich noch um ein Dokumentationsprofil oder schon um ein Bewertungsmodell handelt, verschwimmt (vgl. Treffeisen 2009), dann ist dies ein positives Zeichen für den Fortschritt der Bewertungsdiskussion. Es wäre zu wünschen, dass auch die Vertreter verwaltungsorientierter Bewertungsansätze und damit insbesondere die Archivarinnen und Archivare aus den staatlichen Archiven ihre Überlieferungsziele noch einmal kritischer reflektieren würden. Allgemein anerkannt ist inzwischen, dass auch staatliche Archive auf dem Gebiet der nichtamtlichen Ergänzungsüberlieferung auf Dokumentationsprofile angewiesen sind; teilweise liegen solche Dokumentationsprofile auch bereits vor (vgl. Wiech 2011). Dass inhaltliche Überlegungen auch bei der funktional orientierten Bewertung von Verwaltungsschriftgut notwendig sind, nämlich dann, wenn die Möglichkeiten der Verdichtung durch horizontal-vertikalen Abgleich oder Stichprobenverfahren erschöpft sind, ist noch nicht Allgemeingut in der fachlichen Diskussion. Im Gegenteil: Die Berufung auf die Dokumentation von Verwaltungsaufgaben führt unbewusst zu einer Ausblendung und Verdrängung der Motive, die eigentlich die Bewertung steuern. Akten aus der Wirtschaftsförderung werden

– um das Beispiel ein letztes Mal zu bemühen – nicht übernommen, weil sich Verwaltung mit Aufgaben der Wirtschaftsförderung beschäftigt; Verwaltung hat sich auch mit anderen Aufgaben beschäftigt, die nicht dokumentiert werden. Die grundsätzliche Entscheidung, ob und in welchem Umfang Akten der Wirtschaftsförderung in die Archive übernommen werden, bemisst sich nach einer inhaltlichen Einschätzung zum Stellenwert der Wirtschaft innerhalb der Gesellschaft im Allgemeinen und zur Bedeutung struktureller und konjunktureller Umbruchphasen in der Wirtschaftsgeschichte einer Region oder eines Ortes. Für den weiteren Fortgang der Bewertungsdiskussion ist es unbedingt notwendig, dass die methodischen Ansätze – funktional oder inhaltsorientiert – auf möglichst vielen Gebieten konsequent umgesetzt werden. Momentan haben in der Praxis die Vertreter der horizontal-vertikalen Methode einen gewissen Vorsprung, weil sie bereits eine große Zahl an Verwaltungsbereichen bearbeitet haben. Wenn für die entsprechenden Themen- oder Lebensweltbereiche auch Dokumentationsprofile erstellt werden, können viele Erkenntnisse aus den Bewertungsmodellen übernommen werden. Umgekehrt kann vor allem in der Überlieferungsbildung im Verbund die explizite Zieldefinition der Dokumentationsprofile dazu führen, dass auch in den Bewertungsmodellen die inhaltlichen Motive deutlicher benannt und begründet werden.

## Literatur

Andre, E. (2012): Bericht zur Sektion „Zeitgeschichte, Archive und Geheimschutz – Ressourcen und Konflikte bei der Nutzung von Quellen" auf dem 49. Deutschen Historikertag. http://hsozkult.geschichte.hu-berlin.de/tagungsberichte/id=4474.
Die Archive und die historische Forschung – Eine Podiumsdiskussion zwischen Archivaren und Historikern (2011). Archivar 64:4, 370–385.
Becker, I.C. u.a. (Hrsg.) (2011): Neue Strukturen – bewährte Methoden? Was bleibt vom Archivwesen der DDR. Beiträge zum 15. Archivwissenschaftlichen Kolloquium der Archivschule Marburg. Marburg: Archivschule.
Becker, I.C. (2010): „Dokumentationsprofile als Grundlage kommunalarchivarischer Bewertung". Vortrag beim Workshop „Aktuelle Ziele und Methoden archivischer Bewertung" des Landesarchiv Baden-Württemberg am 01.12.2010. http://www.landesarchiv-bw.de/sixcms/media.php/120/52523/Workshop_Becker_Dokumentationsprofile.pdf.
Becker, I.C. (2009): „Arbeitshilfe zur Erstellung eines Dokumentationsprofils für Kommunalarchive. Einführung in das Konzept der BKK zur Überlieferungsbildung und Textabdruck". Archivar 62:2, 122–131.
Boden, R. u.a. (2005): „Die Geschichtswissenschaften und die Archive. Perspektiven der Kooperation. DFG-Workshop im Westfälischen Landesmuseum Münster". Der Archivar 58:1, 43–46.

Booms, H. (1972): „Gesellschaftsordnung und Überlieferungsbildung. Zur Problematik archivarischer Quellenbewertung". Archivalische Zeitschrift 68, 3–40.
Breidbach, O. (2011): Radikale Historisierung. Kulturelle Selbstversicherung im Postdarwinismus. Berlin: Suhrkamp.
Brübach, N. (Hrsg.) (2000): Der Zugang zu Verwaltungsinformationen – Transparenz als archivische Dienstleistung. Marburg: Archivschule.
Buchholz, M. (2002): „Stichprobenverfahren bei massenhaft gleichförmigen Einzelfallakten. Eine Fallstudie am Beispiel von Sozialhilfeakten". Historical Social Research 27:2/3, 100–223.
Cook, T. (2013): „Evidence, Memory, Identity, and Community: Four Shifting Archival Paradigms". Archival Science 13:2-3, 95–120.
Cook, T. (2011): „'We Are What We Keep; We Keep What We Are': Archival Appraisal Past, Present and Future". Journal of the Society of Archivists 32:2, 173–189.
Drüppel, C.J.; Rödel, V. (Hrsg.) (1998): Überlieferungssicherung in der pluralen Gesellschaft. Stuttgart: Kohlhammer.
Esposito, E. (2002): Soziales Vergessen. Formen und Medien des Gedächtnisses in der Gesellschaft. Frankfurt/Main: Suhrkamp.
Hol, R. (1994): „Die Zergliederung der Handlungsträger. PIVOT: Die Umstellung der Bewertung von Papier auf die Bewertung von Handlungen durch die zentralen Staatsarchive in den Niederlanden nach 1940". In: A. Wettmann (Hrsg.): Bilanz und Perspektiven archivischer Bewertung. Beiträge eines Archivwissenschaftlichen Kolloquiums. Marburg: Archivschule, 47–61.
Kahlenberg, F.P. (1972): „Aufgaben und Probleme der Zusammenarbeit von Archiven verschiedener Verwaltungsstufen und Dokumentationsbereichen in Bewertungsfragen". Der Archivar 25, 57–70.
Keitel, C. (2010): „Eine andere Art der Dokumentation. Anmerkungen zur Bewertung umfassender Informationssysteme". Vortrag beim Workshop „Aktuelle Ziele und Methoden archivischer Bewertung" des Landesarchiv Baden-Württemberg am 01.12.2010. http://www.landesarchiv-bw.de/sixcms/media.php/120/52529/Workshop_Keitel_andere_Art.pdf.
Kellerhals, A. (Hrsg.) (2009): Mut zur Lücke – Zugriff auf das Wesentliche. Methoden und Ansätze archivischer Bewertung. Zürich: Chronos.
Kluttig, T. (2000): „Akten, Vorgänge, Dokumente – Tendenzen in der behördlichen Schriftgutverwaltung". Der Archivar 53:1, 22–26.
Kretzschmar, R. (2009): „Eine archivische Bewertung der Politik und gesellschaftlicher Phänomene? Überlegungen zu möglichen Instrumentarien aus staatlicher Sicht". In: A. Kellerhals (Hrsg.): Mut zur Lücke – Zugriff auf das Wesentliche. Methoden und Ansätze archivischer Bewertung. Zürich: Chronos, 35–46.
Kretzschmar, R. (2006): „Handlungsebenen bei der archivischen Bewertung. Strategische Überlegungen zur Optimierung der Überlieferungsbildung". Archivalische Zeitschrift 88, 481–509.
Kretzschmar, R. (1998): „Historische Gesamtdokumentation? Überlieferungsbildung im Verbund?". In: C.J. Drüppel; V. Rödel (Hrsg.): Überlieferungssicherung in der pluralen Gesellschaft. Stuttgart: Kohlhammer, 53–69.
Kretzschmar, R. (Hrsg.) (1997): Historische Überlieferung aus Verwaltungsunterlagen. Zur Praxis archivischer Bewertung in Baden-Württemberg. Stuttgart: Staatliche Archivverwaltung Baden-Württemberg.

Mauer, B. (2012): „‚Brauche ich das?' – Zur Distribution und Erschließung von Sammlungsgut in einer Stadt mit dichter Archiv- und Bildungslandschaft". Archivpflege in Westfalen-Lippe 75, 20–24.
Meinert, H. (1956): „Von archivarischer Kunst und Verantwortung". Der Archivar 9, 281–286.
Menne-Haritz, A. (1994): „Das Provenienzprinzip – ein Bewertungssurrogat". Der Archivar 47, 229–252.
Menne-Haritz, A. (1990): „Vorwort". In: T.R. Schellenberg: Die Bewertung modernen Verwaltungsschriftguts. Übers. und hg. v. Angelika Menne-Haritz. Marburg: Archivschule, 7–22.
Ottnad, B. (1972): „Registraturgut einer Landesregierung und ihrer Landesverwaltung". Der Archivar 25, 27–40.
Pilger, A. (2012): „Ein neues Positionspapier des VdA-Arbeitskreises ‚Archivische Bewertung' zur Überlieferungsbildung im Verbund". Archivar 65:1, 6–11.
Pilger, A.; Pilger, K. (2003): „Die Bewertung von Verwaltungsschriftgut als Beobachtung zweiter Ordnung". Der Archivar 56:2, 111–118.
Rehm, C. (2002): „Kundenorientierung. Modewort oder Wesensmerkmal der Archive. Zu Transparenz und Partizipation bei der archivischen Überlieferungsbildung". In: H. Schadek (Hrsg.): Zwischen Anspruch und Wirklichkeit. Das Dienstleistungsunternehmen Archiv auf dem Prüfstand der Benutzerorientierung. Stuttgart: Kohlhammer, 17–27.
Renz, J. (2014): „Bericht vom VDA-Workshop Bewertung elektronischer Fachverfahren". Archivar 67:1, 117–119.
Rickert, H. (1986): Kulturwissenschaft und Naturwissenschaft. Hg. v. Friedrich Vollhardt. Stuttgart: Reclam.
Rohr, W. (1957): „Zur Problematik des modernen Aktenwesens". Der Archivar 10, 236–238.
Sante, W. (1956): „Alte Taktik und neue Strategie". Der Archivar 9, 238–239.
Schadek, H. (Hrsg.) (2002): Zwischen Anspruch und Wirklichkeit. Das Dienstleistungsunternehmen Archiv auf dem Prüfstand der Benutzerorientierung. Stuttgart: Kohlhammer.
Schäfer, U. (1997): „Ein Projekt zur vertikalen und horizontalen Bewertung". In: R. Kretzschmar (Hrsg.): Historische Überlieferung aus Verwaltungsunterlagen. Zur Praxis archivischer Bewertung in Baden-Württemberg. Stuttgart: Staatliche Archivverwaltung Baden-Württemberg, 61–71.
Schäfer, U.; Treffeisen, J. (1997): „Zur Bewertung der Akten und maschinenlesbaren Daten der Arbeitsverwaltung". In: R. Kretzschmar (Hrsg.): Historische Überlieferung aus Verwaltungsunterlagen. Zur Praxis archivischer Bewertung in Baden-Württemberg. Stuttgart: Staatliche Archivverwaltung Baden-Württemberg, 195–209.
Schellenberg, T.R. (1990): Die Bewertung modernen Verwaltungsschriftguts. Übers. und hg. v. Angelika Menne-Haritz. Marburg: Archivschule.
Schieber, S. (2010): „LUSD archivieren – die Lehrer- und Schülerdatenbank in Hessen". Vortrag beim Workshop „Aktuelle Ziele und Methoden archivischer Bewertung" des Landesarchivs Baden-Württemberg am 01.12.2010. http://www.landesarchiv-bw.de/sixcms/media.php/120/52525/Workshop_Schieber_LUSD_archivieren.pdf.
Schneider, K. (2001): „Das Ende der Aktenzeit? Eine Herausforderung für die Archive". Der Archivar 54:3, 203–206.
Stahlberg, I. (2011): „Bewertungsinstrumente in Ost und West – ein Methodenvergleich". In: I.C. Becker u.a. (Hrsg.): Neue Strukturen – bewährte Methoden? Was bleibt vom Archivwesen der DDR. Beiträge zum 15. Archivwissenschaftlichen Kolloquium der Archivschule Marburg. Marburg: Archivschule, 291–304.

Stehkämper, H. (1965): „Massenhafte gleichförmige Einzelsachakten". Der Archivar 18, 131–138.
Tiemann, K. (Hrsg.) (2013): Bewertung und Übernahme elektronischer Unterlagen – Business as usual? Beiträge des Expertenworkshops in Münster am 11. und 12. Juni 2013. Münster: LWL-Archivamt für Westfalen.
Treffeisen, J. (2009): Rezension zu Thomas Becker u.a., Dokumentation für Archive wissenschaftlicher Hochschulen (2009). Der Archivar 62:4, 430.
Treffeisen, J. (2000): „Die Transparenz der Archivierung – Entscheidungsdokumentation bei der archivischen Bewertung". In: N. Brübach (Hrsg.): Der Zugang zu Verwaltungsinformationen – Transparenz als archivische Dienstleistung. Marburg: Archivschule, 177–197.
Uhl, B. (1990): „Bewertung von Archivgut". Der Archivar 43, 530–547.
Weber, M. (1976): Wirtschaft und Gesellschaft. Grundriss der verstehenden Soziologie. 5., rev. Aufl. Hg. v. Johannes Winckelmann. 2. Halbband. Tübingen: Mohr-Siebeck.
Wiech, M. (2013): „Informationsfreiheit. Eine Erwiderung aus archivischer Sicht zum Beitrag von Stephan Lehnstaedt und Bastian Stemmer". Archivar 66:1, 49–50.
Wiech, M. (2011): „Überlieferungsprofil für das nicht-staatliche Archivgut im Landesarchiv Nordrhein-Westfalen". Archivar 64:3, 336–340.
Zechel, A. (1965): „Werttheorie und Kassation". Der Archivar 18, 1–16.
Zürn, M. (2008): „Governance in einer sich verändernden Welt – eine Zwischenbilanz". In: Zürn/Schuppert 2008, 553–580.
Zürn, M.; Schuppert, G.F. (Hrsg.) (2008): Governance in einer sich wandelnden Welt. Wiesbaden: VS.

Gerhard Stumpf
# Problemfelder der Bestandsaussonderung in deutschen Bibliotheken[1]

## Aussondern als bibliothekarische Aufgabe und praktische Notwendigkeit

„Bewahren" und „zugänglich machen" sind traditionelle Pflichtaufgaben der Bibliotheken, wenn auch der Stellenwert des Bewahrens stark differiert und z.B. für Öffentliche Bibliotheken marginal ist. Angesichts dieser Tradition verwundert es nicht, dass das Aussondern (auch „Deakquisition", ein Fremdwort, das die Revidierung der Erwerbung hervorhebt, oder „Ausscheiden") von Medien aus ihrem Besitz das Selbstverständnis von Bibliotheken, besonders aber das von Bibliothekarinnen und Bibliothekaren stets in eigentümlicher Weise berührt. Es ist eines der Themen bibliothekarischer Praxis, die sich am leichtesten emotional aufladen, obwohl längst ein sachlicher Diskurs entlang des Konsenses möglich ist, dass das planmäßige Aussondern zu den Pflichten nahezu aller Bibliotheken gehört.[2] Zweifellos ist dabei auch heute noch ein gewisses Unbehagen zu spüren oder zumindest erklärbar.[3]

Es geht um die „planvolle und dauerhafte Entfernung eines Mediums aus dem Bestand einer Bibliothek (eines Bibliothekssystems)".[4] Der im Englischen gängige, auf eine umfassende und kontinuierliche Bestandspflege abhebende Begriff *weeding* (dt. etwa „Bestandssichtung") umfasst auch die Umstellungen innerhalb des Verfügungsraums eines Bibliothekssystems.[5] Vor allem geht es

---

[1] Vorbemerkung: Zur Aussonderung in Bibliotheken erscheint ein Beitrag von R. Plappert im „Praxishandbuch Bibliotheksmanagement" (Plappert 2014). Zu den Fragen der Planung und Durchführung innerhalb einer Bibliothek kann generell auf die dortige Darstellung verwiesen werden. Der vorliegende Aufsatz legt den Akzent auf grundsätzliche Probleme und Perspektiven im Kontext der diachronen Verfügbarkeit des publizierten Wissens.
[2] Die lange zurückreichende Auseinandersetzung über „tote Literatur" und ihre Entfernung aus dem Bestand spiegelt am besten der Aufsatz von Jürgen Babendreier (Babendreier 2010).
[3] „The extensive list of euphemisms suggests the degree to which librarians are uncomfortable getting rid of materials." (Johnson 2009, 151) Wie stark in Deutschland heute noch die NS-Bücherverbrennungen und die Aussonderung ideologisch unerwünschter Schriften im totalitären Staat diese Scheu beeinflussen, ist kaum belegbar.
[4] Umlauf/Gradmann 2011, 192.
[5] Johnson 2009, 151–152 definiert: „Weeding is the process of removing materials from the active collection for withdrawal or transfer" und unterscheidet davon: „Withdrawal is the physical

um das Aussondern von Medien, die einmal als greifbare Objekte zur Nutzung bereitgestellt und dazu in verschiedenen Prozessen inventarisiert, transportiert, ausgestattet, funktionsfähig gemacht und erhalten und vor allem an bestimmten Plätzen dauerhaft aufgestellt bzw. abgelegt wurden – ein Prozess, dessen einzelne Schritte beim Aussondern rückgängig zu machen sind. Das Buch ist nicht das einzige dieser Medien, aber das paradigmatische und auch das relevanteste Objekt für die Option Aussonderung. Betroffen sind auch andere physische Medien, z.B. Sekundärformen und AV-Materialien. Letztere unterliegen in besonderer Weise den innovationsbedingten Medienbrüchen, die in gewissen Abständen die Überspielung auf andere Datenträger oder Neubeschaffung von Bild- und Tonaufzeichnungen nötig machen, aber auch mangels Ersatzmöglichkeit den Verlust der Inhalte für den lokalen Bestand bedeuten können. Dass die Aussonderung von Mikroformen keine sonderliche Relevanz hat, ergibt sich daraus, dass diese zum einen ein sehr platzsparender Informationsträger sind und zum anderen auch sehr haltbar und zur Archivierung eigentlich prädestiniert.[6] Dass es auch eine Aussonderung unkörperlicher Online-Ressourcen gibt, bei der Platzprobleme keine Rolle spielen, die aber andere Fragen aufwirft, sollte nicht vergessen werden.

Freilich gilt der aktuelle Befund, wonach im *Age of Access*[7] nicht mehr ohne nähere Definition vom traditionellen Bestandsbegriff der Bibliotheken ausgegangen werden kann. Der soziologische Wandel weg von Eigentum und dauerhaftem Besitz physischer Ressourcen, hin zu Dienstleistungen, die *on demand* genutzt werden, ist Teil einer durchaus problematischen Ökonomisierung der Kultur und in manchen Bereichen schon weit fortgeschritten. Vor diesem Hintergrund konstatiert man allerdings in Bibliotheken einen noch wenig gebremsten Drang zur Beschaffung von Büchern, der für die Auseinandersetzung mit dem Thema Aussonderung ähnliche real-praktische Voraussetzungen schafft wie noch vor zwanzig oder dreißig Jahren.

Bücher sollen dort angeschafft werden, wo es vor Ort, ungeachtet aller daneben bestehender Möglichkeiten des Fernzugriffs und der Fernleihe, einen aktuellen Bedarf für ihre Nutzung gibt. Stimmt man diesem Grundsatz zu, so folgt daraus, dass ein lokaler Bestandsaufbau und eine lokale Bestandspflege

---

process of pulling materials from the collection and removing the descriptive records from the catalog."

6  Das Ausscheiden von Mikrofilmen z.B. als Sekundärform alter Drucke, die inzwischen digitalisiert zugänglich wurden, kann seine Berechtigung vor allem darin haben, dass Katalogaufnahmen entfernt und unnötige Hinweise auf die nur umständlich nutzbaren Datenträger vermieden werden.

7  Dieser Begriff wurde eingeführt von Rifkin 2000.

erforderlich sind. Ein wesentlicher Teil der Pflege eines Bestandes ist dessen Aktualisierung. Diese erzwingt letztlich auch eine Aussonderung, zumindest nach der Konzeption von „Gebrauchsbibliotheken".[8] Im Prozess der Bestandsaktualisierung durch Zuerwerb sollte der Gedanke an entsprechende Reduzierung an anderer Stelle nicht fehlen: „For every item we put on the library shelves, we should at least be considering whether there are items that need to be removed." (CREW 2008, 11)

Ein gewichtiges Kriterium für die Notwendigkeit des Aussonderns ist die Art und Weise der Präsentation und Zugänglichmachung. In modernen Bibliotheken ist dies durchwegs die Freihandaufstellung, bei der die Benutzer sich innerhalb der in der Regel systematisch geordneten Bücher selbstständig orientieren und die, mit denen sie arbeiten wollen, selbst entnehmen. Zur Bestandspflege gehört es dann, für eine größtmögliche Übersichtlichkeit zu sorgen. Dies steht oft im Gegensatz zur großen Menge der Werke, die an einem Standort bereitgehalten werden sollen, woraus auch immer dieses quantitative Bedürfnis resultiert. Übersichtlichkeit ist jedenfalls neben dem schon optisch vermittelten Eindruck eines aktuellen Medienangebots ein wichtiger Faktor, um eine Bibliothek einladend wirken zu lassen und zum eigenen, zeitsparenden Arbeiten mit ihren Beständen wirklich anzuregen. Dieser Aspekt rückt in der heutigen hybriden Bibliothek, die sich als Arbeitsort empfehlen will und deutlich mehr Platz für Arbeitsplätze und Einrichtungen zur Nutzung digitaler Ressourcen benötigt, in den Vordergrund.

Dass viele Bücher veralten und damit nicht mehr benützt werden, ist ein Gemeinplatz. Sie werden gern explizit gegen die aktuelleren Werke ausgespielt, und ihre völlige Entfernung aus dem Bestand wird gefordert, besonders aus Sicht der Verwaltung und der Kostenträger:

> [...] wäre es unverantwortlich, durch die Aufbewahrung von Büchern, die offensichtlich nicht mehr gebraucht werden und völlig veraltet sind, die Möglichkeit einzuschränken, neue – notwendig gebrauchte – Literatur aufzustellen oder für die veraltete Literatur Erweiterungsbauten zu erstellen.[9]

---

[8] Gebrauchsbibliothek nennt das Gutachten des Wissenschaftsrats zum Magazinbedarf der Bibliotheken (1986) u.a. den Typ der Hochschulbibliothek ohne Archivaufgaben. Eine grundlegende Kritik am Konzept des Veraltens von Literatur und der Gebrauchsbibliothek übte wiederholt Uwe Jochum. Er kommt u.a. zu der Feststellung: „Ausgliederung von Literatur zeigt sich damit als Erschwerung – wenn nicht gar Verhinderung – geisteswissenschaftlicher Forschung." (Jochum 1992, 29)

[9] Ministerielle Stellungnahme zur parlamentarischen Anfrage im rheinland-pfälzischen Landtag über „Büchervernichtung an der Johannes Gutenberg-Universität" vom 10. März 2005, zitiert bei Anderhub 2008, 2. Man beachte aber auch hier die interpretationsfähige Formulierung „völlig veraltet".

Im Jahre 2005 empfahl eine Studie der HIS GmbH, allerdings auf zweifelhafter Datengrundlage, u.a. ein Netto-Nullwachstum für reine Gebrauchsbibliotheken (s. Vogel/Cordes 2005).

Kontrovers betrachtet wird allerdings die Auffassung, dass Bücher irgendwann so weit veralten, dass sie in der Bibliothek keine Existenzberechtigung mehr haben, in der Regel mit dem empirisch messbaren Makel, dass sie kaum noch benutzt werden. Das generelle Veralten gedruckter Publikationen bis zur Grenze einer (wie auch immer definierten) Überflüssigkeit wird teilweise bestritten. Auch wenn ein Buch seine Aktualität eingebüßt hat, gewinnt es vielfach neuen Wert als Quelle:

> Bibliotheken, die sehr kurzsichtig bloß auf „Informationsversorgung" ihrer gegenwärtigen Leser schielen, werden es bitter bereuen, wenn sie vermeintlich veraltete Literatur einfach entsorgen, bloß weil die ein paar Jahrzehnte niemand mehr ausgeliehen hat. (Steinhauer 2013)

Die kulturkritische Sicht eines Nicholson Baker, der in *Double Fold* (2001) u.a. die vorschnelle Vernichtung der letzten Originale amerikanischer Regionalzeitungen wegen ihres schlechten Papierzustandes anprangerte (s. Baker 2001), hat in den ersten Jahren dieses Jahrhunderts die Bibliothekswelt beunruhigt und zu heftigen Diskussionen geführt. Zur Zeit deutet vieles darauf hin, dass das Resultat eher eine forcierte Digitalisierung des noch Vorhandenen als eine generelle Zurückhaltung bei seinem physischen Ausscheiden ist. Zumindest verfolgen viele deutsche Bibliotheken, z.B. an Hochschulen für angewandte Wissenschaften (Fachhochschulen), bereits eine Bestandsstrategie, die auf Nullwachstum setzt, nach dem Motto „Ein nicht vorhandener Bestand ist besser als ein veralteter Bestand." (Hannemann 2012) Dort geht Nutzung eindeutig vor Inhalt.

## Bibliotheksinterne Widerstände und objektive Gefahren

In der Praxis werden grundsätzliche Gegenargumente wie die aus geisteswissenschaftlich-historischer Perspektive kaum dazu führen, dass sich eine Bibliothek dem Aussondern prinzipiell verweigert. Ebenso selten wird sich der Sammlungsgedanke, wonach jeder mit der Zeit gewachsene Bestand als integres Ensemble gilt, in der Realität vor Ort durchsetzen. Man wird der Bedeutung wirklicher historischer (Provenienz-)Sammlungen als standortgebundenes Kulturgut nicht gerecht, wenn man ihre Spezifika auf fachliche Kollektionen überträgt, die in den letzten Jahrzehnten durch die aktuell bedarfsbezogene Arbeit, vermengt mit diversen okkasionellen Zugängen, zusammenkamen. Vielfach wird aber gewartet, bis Handlungsdruck entsteht, in der Regel durch Raumnot, etwa nach der Kompromiss-Maxime „Wenn genügend Raum vorhanden ist, sollte nicht ausgesondert werden." (Plieninger 2007, 8)

Als wichtigste Beweggründe von Bibliothekaren und für Bibliotheken verantwortlichen Wissenschaftlern, Aussonderungen zu vermeiden, werden häufig genannt: die Wertschätzung der Bestandsgröße als Kennzahl; der Mangel an Personalressourcen und Zeit für diese Gründlichkeit erfordernde Arbeit;[10] die Scheu vor der Revision eigener Kaufentscheidungen (vgl. Slote 1997, 4–6). Gerade der letzte Punkt berührt das berufsethische Selbstverständnis von Bibliothekaren, das übrigens in Deutschland traditionell stark von dem der Wissenschaftler geprägt ist.[11] Es ist jedoch keine Schande, sondern eher ein Zeichen von Professionalität, die einst nach bestem Wissen unter bestimmten Umständen getätigte Bestandsvermehrung aufgrund der späteren Erkenntnis, dass etwas in neuem Nutzungskontext vor Ort entbehrlich geworden ist, zu revidieren. Überdies können Erwerbungsentscheidungen objektiv falsch gewesen sein.[12]

Wo Aussonderung durchgeführt wird, ist ein planmäßiges, aber durchaus nicht zu schematisches Vorgehen erforderlich. Vor allem gilt es sich bewusst zu machen, dass die eigenen Handlungsgrundlagen und aktuelle Umstände zu irreversiblen Entscheidungen führen können, die jederzeit nach dem objektiven Urteil Außenstehender kritisierbar sein werden und auch nicht vorschnell mit den angeblich anderen Bedürfnissen künftiger Generationen gerechtfertigt werden sollten. Wird Aussonderung durch Beteiligte und Betroffene als unsystematischer, ja willkürlicher Verknappungsprozess wahrgenommen, ist dies i.d.R. ein Zeichen für Mängel beim Planen und Gestalten.

Aussondern bedeutet immer Kompromisse zu schließen zwischen gegenläufigen Prinzipien, Zielen und möglichen Effekten. Einige Probleme seien genannt: Zum einen besteht die Gefahr, dass subjektive Urteile über die inhaltliche Obsolet-

---

10 Daher auch die Forderung: „Die Zweckbindung von Mitteln zur Beschaffung von neuer Literatur für Hochschul-Studium und Hochschul-Lehre muss automatisch auch die Zweckbindung zur Personalfinanzierung für Aussonderung nicht mehr benötigter Literatur mit einschließen." (Anderhub 2008, 4)

11 Paul Raabe, ein Protagonist dieser Spezies, sah beispielsweise ein Hauptproblem in der „Aufhebung eines bibliothekarischen Grundsatzes, nämlich der Bewahrung und Erhaltung erworbenen Bibliotheksgutes" und warnte vor einer „Diskriminierung bisheriger Anschaffungspolitiken der betroffenen Bibliotheken" (Raabe 1989, 2865–2866).

12 „Wir korrigieren Missstände, die ihre Ursache in der unkontrollierten Magazinierung oder Archivierung von Beständen haben." (Bauer/Lazarus 2007, [5])

heit von Publikationen aus der Sicht einer jeweiligen Gegenwart einer objektiven Betrachtung unter Würdigung der diachronen Verfügbarkeit von Quellen nicht standhalten. Zum anderen läuft der täglich direkt mit der momentanen Nichtbenutzung großer Bestandsteile konfrontierte Praktiker Gefahr, im Arbeitsumfeld einen latenten, vielleicht irrationalen Drang nach Aussonderung zu verinnerlichen und die langfristige Nutzungsperspektive eines langlebigen Informationsträgers zu verkennen. Liegen die Gründe im äußeren Zustand von Büchern, so fallen hier gewiss zahlreiche Entscheidungen zu Gunsten des Ausscheidens, weil eine durchaus sinnvolle Reparatur bzw. ein neuer Einband teurer käme. Sich (d.h. die Personen, denen diese Alternative Mühe bereiten würde) von solchen „Problembüchern" endgültig zu befreien, erscheint dann als ebenso billige wie bequeme Lösung.

Die Kostenplanung muss alle Kosten berücksichtigen, die das Aussondern verursacht, auch die einer eventuellen Wiederbeschaffung ausgeschiedener Medien, wenn sie später wieder nachgefragt werden (vgl. Johnson 2009, 154). Die Kosten des Nichtstuns resultieren dem gegenüber z.B. aus der Pflege eines größeren Bestandes und aus dessen mangelnder Aktualität und Übersichtlichkeit, die durch intensivere Auskunftstätigkeit und Beratung kompensiert werden muss.

Viel zu oft werden Aussonderungsaktionen wegen kurzfristigen Platzbedarfs so forciert, grob und schlampig vollzogen, dass Entscheidungen später explizit bedauert oder implizit durch Lücken im reibungslosen Literaturzugang gebüßt werden müssen (vgl. Plieninger 2007, 8). In solchen Situationen – von Katastrophen ganz zu schweigen – bleiben sachgerechte Gründlichkeit und Transparenz des Vorgehens oft auf der Strecke. Dazu gehören auch rechtliche Implikationen, das Entwidmen der Bücher durch Ungültigmachen der Eigentumsstempel, ggf. eine gute Öffentlichkeitsarbeit und die rechtzeitige Kommunikation mit Wissenschaftlern und Trägern, damit Bibliotheken nicht unkontrollierter Wegwerfaktionen beschuldigt werden. Bei Bibliotheksbenutzern ist die Ansicht noch weit verbreitet, dass jedes einmal angeschaffte Werk dauerhaft im Bestand bleiben müsse. Oft erregt auch nur das Entfernen einzelner Werke Anstoß, die einzelne Nutzer nachträglich für unentbehrlich halten. Es ist die Aufgabe des Bibliotheksmanagements, ein solches Konfliktpotenzial einzuschätzen und vorausschauend zu agieren. Je kritischer die Beurteilung ist, auf desto höherer Ebene muss das Aussondern verantwortet werden, i.d.R. durch die Bibliotheksleitung.

Schließlich ist davor zu warnen, Aussonderung als ein „schmutziges Geschäft" von den Aktivitäten, die eine Bibliothek sich zu Gute hält, systematisch und organisatorisch abzutrennen. Wenn routinemäßig und in eingeführten Geschäftsgängen laufend ausgesondert wird, beeinflusst dies andere Betriebsbereiche vom Bestandsaufbau bis zur Freihandpräsentation und zum Umgang mit Gebrauchsschäden und -verlusten. In der Regel führt ein überlegter Umgang mit

Aussonderungen zu einem insgesamt besseren Bestandsmanagement. Außerdem ist gegen Imageprobleme besser gerüstet, wer auf nachvollziehbarer Entscheidungsgrundlage planvoll aussondert (s. Plieninger 2007, 12; vgl. a. Plappert 2014, 289).

## Aussondern und die Literaturversorgung der Wissenschaft

Betrachtet man die Orte und Einrichtungen, wo in den letzten Jahrzehnten viel ausgesondert wurde, so sind es überwiegend Hochschulen mit ehemals stark zweischichtigen Bibliothekssystemen, die eine Strategie der Zusammenlegung kleiner Lehrstuhl-, Instituts- und Zweigbibliotheken verfolgen. Oder generell sind es Standorte, wo die Aussonderung von Medien zugleich deren Nichtaufnahme in eine neue oder bestehende andere Bibliothek bedeutet. Bei der Zusammenlegung dislozierter Streubestände in großen Teilbibliotheken oder einer Zentralbibliothek fallen Dubletten an. Zugleich fallen durch die Auflösung von Standorten auch große Flächen für die Unterbringung von Büchern und Zeitschriften weg, so dass Aussonderungen in großem Umfang unumgänglich sind. Die Tatsache, dass viele dieser Werke nicht lange zuvor mit erheblichen Kosten in Eigenverantwortung von Instituten, Lehrstühlen bzw. Zweigbibliotheken erworben und eingearbeitet worden waren, ändert nichts an der Zweckmäßigkeit der Bestandsbereinigung, denn die verbliebenen Exemplare sind nun weit besser zugänglich. Allerdings zeigt die Erfahrung, dass die für neu einzurichtende Bibliotheken geplanten Stellräume oft erheblich weniger Platz bieten als für eine optimale Bestandsgröße notwendig wäre.

Hinzu kommt seit einiger Zeit, dass vor allem Zeitschriften in elektronischer Form erworben werden, was die Aussonderung der gedruckten Jahrgänge – mit i.d.R. erheblichem Platzgewinn – nahelegt, wenn die dauerhafte Verfügbarkeit der Online-Version gesichert ist. Letzteres trifft bis heute nur bei Open Access und bei Nationallizenzen einigermaßen zu, während die Finanzierbarkeit kostenpflichtiger Lizenzen normalerweise nicht auf viele Jahre im voraus feststeht. Deshalb ist eine konsequente E-only-Politik, die das Ausscheiden älterer gedruckter Zeitschriftenjahrgänge einschließt, keineswegs risikolos. Im Bereich der Buch-Monographie ist I. Sieberts Prognose von 2008 weiterhin zuzustimmen,

> [...] dass die konventionelle Monografie in den Geistes-, Sozial- und Rechtswissenschaften weiterhin das primäre Medium zur Verbreitung und Rezeption der eigenen Forschungs-

ergebnisse sein wird. Prognosen, die von einer unumkehrbaren, linearen Verdrängung alles Gedruckten ausgehen, erscheinen wenig plausibel. (Siebert 2008, 645)

Folgt der Bestandsaufbau im Wesentlichen der fachlich-wissenschaftlichen Bedarfsentwicklung vor Ort, so wird es immer wieder Themen- und Forschungsgebiete geben, die aus dem Fokus geraten, während andere verstärktes Interesse finden. Für Hochschul- und Forschungsbibliotheken ist es nicht neu, dass das Kommen und Gehen von Lehrstuhlinhabern, die wissenschaftliche „Schulen"bildung und längerfristige Forschungs- und Editionsprojekte die Erwerbungsprofile der Fächer beeinflussen, indem Neuerscheinungen mit wechselnden Schwerpunkten erworben und oft auch Lücken bei der älteren Literatur geschlossen werden müssen. (Allerdings überlagert, was die Relevanz betrifft, die fortschreitende Digitalisierung von wissenschaftlicher Arbeit und Kommunikation nach und nach den profilierten Buchbestand.) Die Frage liegt nahe, ob und inwieweit die vorübergehende oder dauernde Vernachlässigung bestimmter Themen, Teildisziplinen und ganzer Fächer zur Aussonderung der entsprechenden Literatur führen muss, angesichts der Möglichkeit, dass sich das Forschungsinteresse später wieder umkehren und das Vernachlässigte wieder entdeckt werden könnte. Die Antwort – aus rein wissenschaftlicher Sicht – lässt sich nur aus den Gegebenheiten des Wissenschaftsstandortes und den Erfahrungen der Bibliothek mit der Entwicklung ihrer Hochschule (bzw. Forschungseinrichtung) sowie ihrer Kenntnis von deren Zielen geben. Löst diese ganze Fachrichtungen im Rahmen ihres Entwicklungskonzepts auf, besteht jedenfalls regelmäßig auch Grund zur Auflösung bzw. Ausdünnung der zugehörigen Bestände.

Natürlich gehen die Erfüllung eines wissenschaftlichen Bedarfs und das fachbezogene „Sammeln" ohne langfristige Ziele oft in einander über. Der Impuls kann von Bibliothekaren, aber auch von Wissenschaftlern ausgehen. In manchen Disziplinen gilt eine quantitativ gut ausgestattete Bibliothek per se als wissenschaftsfördernder Faktor. Hier unterscheiden sich oft die Interessen von Lehrenden und Forschenden, Studierenden und Bibliotheken. Hat ein Bestand Jahre und Jahrzehnte eines durch üppige Finanzmittel, große Geschenke o.ä. ermöglichten Wachstums erlebt, kann dennoch eines Tages, meist aus Platznot, ein Bestandsabbau zwingend notwendig werden. Sowohl bei fachlichen als auch bei überfachlichen Kollektionen ist die absolute Größe ein zweifelhaftes Qualitätskriterium (was natürlich auch für Online-Ressourcen gilt).

Jedenfalls kann eine wissenschaftliche Bibliothek nicht nur ein Spielball der Wissenschaftler sein, die sie zu unterstützen hat, sondern unterliegt eigenen betriebswirtschaftlichen Rahmenbedingungen. Diese stark zu beachten, wenn nicht zum leitenden Maßstab ihres Handelns zu machen, gilt heute vielfach als Überlebensfrage für Bibliotheken. Sie müssen sich innerhalb der Hochschule durch Kostenbewusstsein als effiziente Einrichtung beweisen. Kostenbewusstes Handeln ist außerdem eine Voraussetzung, um beim Träger die Durchführung für erforderlich gehaltener Baumaßnahmen zu erreichen. Bauerweiterungen gelten heute eher der Schaffung zeitgemäßer Arbeitsräume und Serviceeinrichtungen (Gruppenarbeitsräume, Flächen für Mediennutzung, aber auch für Angebote zur Erhöhung des Aufenthaltskomforts und zur Kommunikation). Früher waren dem gegenüber vor allem Ausbauten für Bücherstellflächen und Magazine gefragt. Falls heute noch solche anstehen, müssen in aller Regel zuvor sämtliche Anstrengungen unternommen werden, um den vorhandenen Platz effizient zu nutzen. Dazu gehört nun zuvorderst ein Bestandsabbau. Der wirtschaftliche Betrieb einer Bibliothek ist heute eine Selbstverständlichkeit, gegen die sich auch berechtigte Forderungen nach einer wissenschaftsfreundlichen, quantitativ großzügigen Literaturausstattung ohne das Einbringen von Dritt- oder zusätzlichen Fördermitteln nur schwer durchsetzen lassen.

## Was aussondern?

Die Frage, was mit welcher Priorität ausgesondert werden soll, ist zweifellos eine Kernfrage. Selbstverständlich ist nur, dass Unbenutzbares entfernt und Verlorenes aus Inventar und Katalog gelöscht werden kann. Oft werden solche Verluste durch Ersatzbeschaffung kompensiert. Für Bibliotheken ohne Archivaufgaben lässt sich generell auch sagen, dass veraltete Lehrbücher und auch Monographien aus dem Bestand entfernt werden, wenn neuere Ausgaben bzw. Auflagen an ihrer Stelle beschafft worden sind (oft auch als E-Books). Schließlich besitzen Bibliotheken von etlichen Titeln Mehrfachexemplare und scheiden sie bei nachlassender Nachfrage bis auf ein Exemplar aus, das dauerhaft aufbewahrt wird. Solche Bestandsbereinigungen sind üblich und die Publikation bleibt als solche in einer aktuellen Fassung weiterhin im lokalen Bestand greifbar.

Sehr schwierig ist es – über das Kriterium des Veraltens hinaus –, den Bestand zu einem Zeitpunkt in (dauerhaft) wichtige und minder wichtige Literatur einzuteilen. In den Geisteswissenschaften wird dieser Versuch eher als inadäquat angesehen, da neben Primärquellen auch jede wissenschaftliche Publikation als Quelle der Erkenntnisgeschichte wertvoll sein und in vielen Kontexten relevant werden kann. Literatur-„Entdeckungen" können hier ein Forschungsmotor sein. Wo sich dagegen der Bestand auf eine sogenannte *core collection* beschränken soll, wird in der Praxis vor allem auf die Benutzungshäufigkeit geachtet, wenn keine anderen Kriterien Vorrang haben. Eine äußerst schwache Nutzung innerhalb eines gewissen Zeitraums gilt als Indiz dafür, dass auch in Zukunft keine starke Nutzung zu erwarten ist. Evaluationen sind leicht bei Ausleihbeständen, weniger einfach in Freihandbereichen. Zu den Vorgehensweisen gibt es zahlreiche Fachpublikationen.[13] Sie zeigen einen Konsens darin, dass Medien im Bestand bleiben sollen, so lange sie öfters nachgefragt und benutzt werden:[14] „If weeding is contemplated, the books should be tested in the marketplace of normal use." (Slote 1997, 31) Das heißt, wenn die Nutzungsfrequenz als Kriterium dient, sollte die Nutzung auch gleichmäßig erleichtert werden, sonst liegt es nahe, dass sie bei leichter zugänglichem Material höher ausfällt als bei geschlossen aufbewahrtem.

Immer wenn es um die Gewinnung größerer Stellflächen mit geringstmöglichem Aufwand geht, ist es verlockend, Zeitschriften und ganze Schriftenreihen zu entfernen, anstatt das Für und Wider für einzelne Bücher abzuwägen. Das Ausscheiden ganzer Serien nach formalen Kriterien kann aber dazu führen, dass Einzelpublikationen mit abhanden kommen, die als solche nicht im Blick waren und nicht hätten entfernt werden dürfen. Andererseits können beim punktuellen Auswählen einzelner Bücher verstreut aufgestellte Werke aus bestimmten Reihen abhanden kommen, ohne dass geprüft wird, ob nicht die ganze Reihe aussonderungswürdig ist. Es kann sein, dass diese komplett einmal wertvoll war, später jedoch mit dem zufälligen Aufbewahren einzelner „vergessener" Teile keinem gedient ist.

Stanley J. Slote (Slote 1997, 14) stellte eine quantitative Faustregel für eine Aussonderungspraxis auf, die spürbare Schäden für die Literaturversorgung vermeidet: nach der Aussonderung sollte der verbleibende Bestand weiterhin 95–99% der Nachfrage befriedigen, verglichen mit dem größeren Bestand vor der Aussonderung. Bei solchen Evaluationen ist ein qualitativer Faktor zu bedenken: geht die Nachfrage nach bestimmten Publikationen, die ausgeschieden wurden, ins Leere und werden ersatzweise andere, weniger relevante Bücher benutzt, so ist die Nutzungsfrequenz des Bestandes gleich, der qualitative Ertrag jedoch eventuell geringer. Deshalb sind die Bibliotheken gefordert, sowohl den Zugriff auf die ausgesonderten Titel etwa per Fernleihe oder Digitalisierung zu erleichtern als auch den Bestand durch neue, aktuellere Werke zu ergänzen, die dem vermuteten Bedarf mindestens ebenso dienen wie die entfernten. Auf diese Weise kann es gelingen, die Stellflächen zu entlasten und doch zugleich die Literaturversorgung fast ohne Niveauverlust zu gewährleisten. Diesem Ziel dient vor allem auch eine

---

[13] Z.B. Slote 1997 und die dort angegebene Literatur, zuletzt zusammenfassend Plappert 2014, 285–287.
[14] „Viel genutzte Bestände sind grundsätzlich in der besitzenden Bibliothek zu belassen." (Richtlinien für die Aussonderung / Bayern 1998)

planmäßige Einbindung der eigenen Institution in regionale und überregionale Systeme des Nachweises und der Verfügbarkeit.

## Archivierung und überlokale Konzepte der Bewahrung und Zugänglichkeit

In den meisten Fällen, in denen die Aussonderung noch brauchbarer Medien, und zwar des letzten vor Ort vorhandenen Exemplars, erwogen wird, kommt die Frage der überlokalen Verfügbarkeit und der überregionalen Literaturversorgung ins Spiel.

Die eigentlichen Archivbibliotheken haben einen gesetzlichen Auftrag (in der Regel gehen ihnen Pflichtexemplare zu); größere Bibliotheken können aber auch aus anderen Gründen teilweise archivierungspflichtig sein, z.B. aufgrund von Verträgen.[15] Hochschulbibliotheken bewahren auf Dauer die an der Hochschule entstandenen Veröffentlichungen. Hinzu kommen regionale Sammelaufträge oder aufgrund fachlicher Schwerpunkte, z.T. auch in Kooperation eingerichtete Archive.

Im deutschen Bibliothekswesen gibt es zwar eine Reihe von Archivbibliotheken, nämlich die Deutsche Nationalbibliothek für das neuere deutschsprachige Schrifttum, die großen Staatsbibliotheken in Berlin und München, für bestimmte Wissenschaftsfächer sodann die von der Deutschen Forschungsgemeinschaft (DFG) mit Sondersammelgebieten bzw. (seit 2013) dem Betrieb von Fachinformationsdiensten beauftragten Einrichtungen. Das sind vor allem die Zentralen Fachbibliotheken, etliche Universitätsbibliotheken und einige Spezialbibliotheken; mit allen zusammen verfügt Deutschland über eine Art verteilter Nationalbibliothek – auch für die älteren Drucke[16] sowie die Nicht-Buch-Medien, Digitalisate und Netzressourcen.

---

**15** So erhält z.B. die UB Augsburg aufgrund des Erwerbs der Bibliothek des Cassianeums (Donauwörth) die gesamte Produktion des früher hierzu gehörigen Auer-Verlags vertragsgemäß mit der Verpflichtung zur Archivierung.
**16** Sammlung Deutscher Drucke: „In der Arbeitsgemeinschaft Sammlung Deutscher Drucke (AG SDD) kooperieren sechs Bibliotheken, um eine umfassende Sammlung der gedruckten Werke des deutschen Sprach- und Kulturraums vom Beginn des Buchdrucks bis in die Gegenwart aufzubauen, zu erschließen, der Öffentlichkeit zur Verfügung zu stellen und für künftige Generationen zu bewahren. Dadurch entsteht eine verteilte Nationalbibliothek, in der die beteiligten Bibliotheken für einzelne Zeitsegmente verantwortlich sind." (Arbeitsgemeinschaft Sammlung Deutscher Drucke, http://www.ag-sdd.de/Subsites/agsdd/DE/Home/home_node.html)

Es ist jedoch kennzeichnend für die deutsche Bibliothekenstruktur, dass in der Praxis der wissenschaftlichen Literaturversorgung die Zugriffsmöglichkeit auf die Bestände der genannten Archivbibliotheken – als Ergänzung eines lokal beschafften „Gebrauchsbestands" – in keiner Weise ausreicht bzw. ausreichen würde. Sowohl relativ seltene als auch stark nachgefragte Ressourcen, die nur diese besitzen, sind nicht so leicht erhältlich – es gibt kostenpflichtige Dienste; Digitalisate müssen *on demand* angefertigt werden – wie diejenigen, die sich auch in den Beständen anderer Bibliotheken befinden; diese stehen über die regionalen Leihverkehrssysteme leichter zur Verfügung, und sei es auch nur in Reproduktion. Vor einer Überlastung des Fernleihverkehrs wurde als Reaktion auf die Empfehlungen des Wissenschaftsrats von 1986 schon gewarnt (s. Michel 2006, 11). Das Regionalsystem der Leihverkehrs- bzw. Verbundregionen spielt in das System der „verteilten Nationalbibliothek" stark hinein. Der Freistaat Bayern z.B. kennt den „kooperativen Leistungsverbund", ein Konvergenzkonzept zur Stärkung der Leistungsfähigkeit des Gesamtsystems der bayerischen Bibliotheken, insbesondere der Hochschulbibliotheken im Zusammenwirken mit der Bayerischen Staatsbibliothek (BSB). Der Leistungsverbund sieht die Inanspruchnahme der Ressourcen der BSB als Rückgrat der landesweiten Literaturversorgung vor. Ein Teil dieses Konzepts ist, dass die BSB als *last resort* Archivbibliothek für Bayern ist, zumal sie das Pflichtexemplarrecht besitzt. Auf ihrer Homepage heißt es unter „Bestandsaufbau":

> Die Aufgaben der Bayerischen Staatsbibliothek als zentrale Landes- und Archivbibliothek, als Teil der sog. virtuellen deutschen Nationalbibliothek und als eine der führenden internationalen Forschungsbibliotheken sowie ihre wachsende Bedeutung als *last resort* im kooperativen Leistungsverbund der bayerischen staatlichen Bibliotheken bestimmen auch ihre Erwerbungsgrundsätze. [...] Eine hohe Priorität misst die Bayerische Staatsbibliothek der Pflege und dem weiteren Ausbau ihres Zeitschriftenbestandes bei. Nach den Grundsätzen des Konzepts einer regional abgestimmten Zeitschriftenerwerbung versucht sie in ihrer Funktion als zentrale Landesbibliothek und *last resort* gerade im Bereich des wissenschaftlichen Spitzenbedarfs zunehmend die wachsenden Defizite im universitären Bereich zumindest partiell auszugleichen. [...] Im Monographienbereich, insbesondere in den Geistes- und Sozialwissenschaften, hält die Bayerische Staatsbibliothek z. T. hoch spezialisierte Forschungsliteratur bereit und gleicht damit auch in diesem Bereich zunehmend die an den Universitätsbibliotheken wachsenden Bestandslücken aus. (Bayerische Staatsbibliothek 2013)

Ein solches Verbundkonzept dürfte den unterschiedlichen Anforderungen von Archiv-, Hochschul- und sonstigen Forschungsbibliotheken am ehesten gerecht werden. Archivbibliotheken haben andere Bestandsprofile als Hochschulbibliotheken. Die von ihnen erworbenen Exemplare wissenschaftlicher Neuerscheinungen, auch von Zeitschriften und andern Medien, müssen in erster Linie gesichert werden; gewisse unumgängliche, z.B. konservatorische Beschränkungen bei der Benutzung sind die Folge. Dagegen sind die Bibliotheken, deren Hochschulen im Wettbewerb stehen, zur möglichst intensiven Förderung ihrer eigenen Wissenschaftler in Form einer bedarfsgemäßen, Standortvorteile sichernden Literaturversorgung verpflichtet. Dabei ist es nicht einfach, den wirklichen Bedarf vom momentanen, flüchtigen Wunsch zu unterscheiden. Das gilt aber nicht nur für die Bibliothek, sondern auch für den Forscher. Erfolge in der Forschung verdanken sich oft auch nicht-linearen Erkenntnisprozessen und gedanklich-diskursiven Umwegen, die sich in der Ressourcenbeschaffung widerspiegeln können. Nachhaltige Erfolge können aus ungewissen Anfängen entstehen. Deshalb ist auch eine Hochschulbibliothek weniger als eine reine bzw. idealtypische Archivbibliothek in der Lage, ein umfassendes und langfristig gültiges Erwerbungsprofil stringent anzuwenden. Für Hochschul- und Forschungsbibliotheken kann ein festes Erwerbungsprofil die Basis sein, die aber von mehr oder weniger Okkasionellem und Redundantem überlagert wird.

Die Wissenschafts- und Bibliotheksstruktur im deutschsprachigen Raum lässt es also jedenfalls problematisch erscheinen, fachwissenschaftliches Material nur in Einrichtungen mit explizitem Archivierungsauftrag sammeln zu lassen. An relativ vielen Standorten, vor allem an Universitätsbibliotheken, werden deshalb aus einem aktuellen Bedarf heraus i.d.R. gedruckte Materialien erworben, die wegen ihrer Spezialisierung, Seltenheit bzw. eines wahrscheinlich längerfristigen Nutzwertes aufbewahrenswert erscheinen. Nicht selten sind auch Ankäufe und Schenkungen ganzer Sammlungen, die entweder durch Auflagen oder wegen eines fachlich-inhaltlich begründeten Ensemblewertes dazu tendieren, auf Dauer aufbewahrt zu werden. So lange nicht unabweisbare Unterbringungsprobleme bestehen oder sich das Bestandsprofil grundlegend ändert, werden Bibliothekare die einmal betriebene Aufnahme in den Bestand nicht leicht revidieren.

Vielerorts sind dislozierte Magazine für weniger benutzte Literatur in Gebrauch. Die Stellflächenkapazitäten eines Bibliothekssystems insgesamt werden dadurch differenzierter ausgelastet. Weiter geht die Archivierung im Rahmen eines regionalen Konzepts. Im Hinblick auf die Platznöte zahlreicher Hochschulbibliotheken wurden im letzten Quartal des 20. Jahrhunderts in einigen Bundesländern regionale Speicherbibliotheken geplant und gebaut (vgl. als zeitgenössische Quelle Fuhlrott/Schweigler 1982). Einen weiteren Anstoß gab das Gutachten des Wissenschaftsrats von 1986 (s. Wissenschaftsrat 1986). Ein wichtiger Beweggrund war, die kostbaren Stellflächen der Bibliotheken für die „arbeitenden" Bestände zu erhalten und damit ihre Operationabilität zu wahren (Hardeck 1992, 10). Wenig benutzte Bücher in Ausweichmagazine und Speicherbibliotheken zu stellen, kann auch Kostenvorteile bringen; so ist diese Unterbringung konservatorisch meist günstiger und die Aufstellung leichter in Ordnung zu halten (vgl.

Johnson 2009, 161–162). Was als Archivierung gedacht war, kann letztlich Zwischenstation zum endgültigen Ausscheiden sein. Von den in der Speicherbibliothek Karlsruhe gelagerten 100.000 Bänden der UB Konstanz wurden innerhalb von 8 Jahren nur etwa 3% bestellt. Diese Bände wurden wieder in den Bestand zurückgeholt, während der Rest nach Auflösung der Speicherbibliothek makuliert wurde (s. den Bericht von A. Kirchgäßner, zitiert bei Bahrs 2013, 41, Anm. 4). In Bayern entstanden Speicherbibliotheken für die BSB in München / Garching (Inbetriebnahme zweier Bauabschnitte 1988 und 2005) und in der UB Regensburg 1999 als Magazinerweiterung mit regionaler Speicherbibliothekskomponente, ohne dass die regionale Funktion wirklich umgesetzt wurde.

Bereits in den 1990er Jahren wuchsen aber die Zweifel an der Wirtschaftlichkeit eines solchen Konzepts (vgl. z.B. Jochum 1992, 30), das an die Bedarfsentwicklung vor Ort schwer anpassbar und im Umfeld von Digitalisierung und überregionaler Online-Fernleihe innerhalb großer Versorgungsräume nicht mehr die optimale Lösung war. Die großen Wellen der Standortbereinigung in mehrschichtigen Bibliothekssystemen ebbten ab. Je mehr bereits lokale Bestandspflege betrieben wurde, desto weniger gibt es Bestandsgruppen mit so schwacher Benutzungserwartung, dass eine Auslagerung ohne Weiteres zu rechtfertigen ist. Zwar ist diese reversibel, aber die Verfügbarkeit ausgelagerter Bestände für Fernleihe und Dokumentlieferung bleibt eingeschränkt, und es hat sich gezeigt, dass es sehr aufwändig ist, größere Bestände fernab der Benutzungsorte zu verwalten, auch wenn die Benutzung relativ schwach ist. Solche Überlegungen müssen in die heutige fachlich ausgewogene Betrachtung des Problems einfließen.

Für die wissenschaftliche Spezialliteratur, die nach dem System der Sondersammelgebiete wenigstens an einer Stelle in Deutschland vorhanden sein soll, sollte das Postulat gelten: „Das Ensemble der SSG-Bibliotheken ist angesichts des erreichten Ausbaustands und ihrer guten Recherchierbarkeit und Verfügbarkeit bibliotheksplanerisch gleichzusetzen mit lokalen Beständen an Forschungsliteratur." (Anderhub 2008, 5)[17]

Es ist dennoch nicht sinnvoll und eher gefährlich, generell ganz auf die Archivierung eines letzten Exemplars an einer Stelle zu setzen. Wo aber eine Publikation in Bibliotheken extrem rar geworden ist, ist heute die Digitalisierung der beste Weg, um die Zugänglichkeit zu sichern. Wenn Digitalisierungen durch die besitzenden Bibliotheken in Absprache rechtzeitig erfolgen würden, wäre es zu vermeiden, dass Fälle extremer Verknappung der gedruckten Exemplare häufiger

---

[17] Allerdings ist offen, ob nicht die Auflösung der DFG-Sondersammelgebiete in nicht mehr alle Wissenschaftsdisziplinen abdeckende Fachinformationsdienste ab 2013 der Versorgung mit (auch deutscher) Spezialliteratur schaden wird.

eintreten. Gerade im Hinblick auf das *Print-on-demand*-Publizieren ist zu fordern, die überregionale Verfügbarkeit rarer oder rar gewordener Publikationen in öffentlicher Zuständigkeit zu sichern, nicht etwa in ausschließlicher Verfügungsgewalt von Verlagsarchiven.

## Aussonderungsrichtlinien und -koordinierung

Erhaltungs- und Aussonderungsabsprachen fehlen noch weithin. In verschiedenen Bundesländern wurden Aussonderungsrichtlinien als Rechtsgrundlage erlassen,[18] aber in den seltensten Fällen regelmäßig überprüft und an die Veränderungen im digitalen Umfeld angepasst. Ansatzweise versuchen solche Richtlinien, einer forcierten und unkontrollierten Vernichtung von Büchern und Zeitschriften entgegen zu wirken, indem als erste Option zur Verwertung die Abgabe an andere Bibliotheken vorgesehen wird. Praktisch ist die Abgabe und damit der Verbleib des betreffenden Exemplars im Zugriffsbereich von Bibliotheken nur an Archivbibliotheken möglich, da andere die Annahme solcher Geschenke im Rahmen der eigenen Bestandskontrolle eher ablehnen werden. Auch die Verwertung durch Verkauf an Antiquare, Bibliotheksnutzer oder Private gelingt bei Gebrauchsliteratur selten. So bleibt neben dem Verschenken oft das Makulieren als Ergebnis der Aussonderung von Gebrauchsliteratur (s. Plappert 2014, 285).

Insbesondere für Regionen, in denen historische Bestände auf viele Standorte verteilt sind, bedarf der Umgang mit älteren, inzwischen digitalisierten Werken (vor allem aus dem 19. Jahrhundert) dringend einer überlokalen Richtlinie. Dass geschlossene historische Sammlungen von Aussonderungen nicht tangiert werden dürfen, ist einsichtig. Weniger klar ist jedoch, wie es mit einzelnen Werken zu halten ist, die etwa vor 1850 – oder auch vor 1900 – erschienen sind und auf die Kriterien zutreffen, die bei neueren Werken zur Aussonderung führen würden. Richtlinien der Länder und Maßgaben einzelner Häuser sind für diese Bestände unverzichtbar. Darüber hinaus wird es immer Einzelfallentscheidungen geben. Da das Kriterium des inhaltlichen Veraltens auf Werke vergangener Jahrhunderte aufgrund ihres Quellenwertes nicht angewandt werden kann und der Status der Unbenutzbarkeit eher in konservatorische Maßnahmen münden muss, werden im Wesentlichen Dubletten in Frage stehen. Bei mehreren inhaltlich gleichen Ausgaben, die nicht doppelt im Bestand sein sollen, sind immer auch die äußeren Besonderheiten der Exemplare wie z.B. unterschiedliche Ein-

---

**18** Vgl. Kommission des EDBI für Erwerbung und Bestandsentwicklung 2000.

bände zu würdigen. Da sich ein routinemäßiges Makulieren bei alten Drucken verbietet, wird die von den Richtlinien geforderte angemessene Verwertung (Abgabe, Verkauf) zum Teil so aufwändig sein, dass es besser ist, Dubletten im Bestand zu belassen.

## Aussonderung und Digitalisierung

Das „digitale Zeitalter" bringt eine rasante Veränderung der Zugänglichkeit. Dass durch die Massendigitalisierung urheberrechtsfreie Altbestände über das Netz frei einsehbar werden, führt zu einer – aus konservatorischer Sicht erfreulichen – schwächeren Nutzung der archivierten Originale.[19] Bei Massenliteratur vergangener Jahrhunderte stellt sich aber sogleich die Frage, ob dann nicht die in zahlreichen Nicht-Archivbibliotheken vorhandenen Exemplare entbehrlich seien. In der Tat sollte nach den Kriterien, ob lokal ein besonderer Bedarf besteht, ob eine historische Sammlung tangiert ist, wie es um die Integrität und Qualität der Digitalisate steht und ob die verteilt nachweisbaren gedruckten Exemplare auch per Fernleihe zur Verfügung stehen, geprüft werden, ob eine Aussonderung möglich ist.

Ist die erfolgte bzw. zu erwartende Digitalisierung einer gedruckten Ausgabe ein ausreichender Grund, im regionalen und nationalen Rahmen mehr Exemplare auszusondern als wenn es keine Digitalisierung gäbe? Dies hängt großenteils von der Dauerhaftigkeit und Sicherheit der Langzeitarchivierung und vom ungehinderten Zugang ab (vgl. Plappert 2014, 288). Bei nicht frei zugänglichen Ressourcen ist vor der zu schematischen Annahme zu warnen, die frühere Präsenzbenutzung sei durch den Online-Zugriff auf eine elektronische Fassung z.B. nur im Campusbereich verlustfrei ersetzt und die Verfügbarkeit sogar optimiert. Gibt es Platzreserven etwa im Magazin, so kann die Verlagerung der Printausgaben die zusätzliche Option der Ausleihe und damit den Mehrwert einer Nutzung auch außerhalb des Campus schaffen. Freilich sind solche Hybridlösungen mit bestehenden Möglichkeiten der Fernleihe und Dokumentlieferung abzuwägen.

Die Möglichkeiten zum Nachweis, welche Ressourcen wo vorhanden bzw. digital verfügbar sind, wurden zuletzt erfreulicherweise optimiert, sowohl durch bibliothekarische Initiativen (Retrokatalogisierung, Metakataloge, Online-Fern-

---

**19** Die Digitalisierung (ebenso wie die Mikroverfilmung) als letzte Rettung für ab ca. 1840 erschienene Bestände gewinnt besondere Bedeutung, weil die Originale nach Prognose mancher Experten in 40–50 Jahren wegen Papierzerfalls überhaupt nicht mehr existieren werden.

leihsysteme, WorldCat, Open Data usw.) als auch durch die Aktivität anderer Anbieter (etwa Google Books, Fachdatenbanken, Discovery-Systeme). Generelle Verlässlichkeit des Nachweises ist aber angesichts der raschen Veränderungen noch ein Desiderat.

Bestandserhaltung im weiten Sinn ist im Bereich der Netzressourcen kaum möglich. Ansätze zu einem nationalen oder internationalen Hosting kommerzieller E-Ressourcen, um für Serverausfälle oder Insolvenzen von Anbieterfirmen gerüstet zu sein, stecken noch in den Anfängen. Noch fehlt aber auch jeder Konsens über das Ziel, dass alle lizenzierten Inhalte einer Institution für den bezahlten Zeitraum dauerhaft zur Verfügung stehen sollten. Zu viele Lizenzen kennen keine oder nur kaum nutzbare Archivrechte.

Digitalisieren sollte oder könnte zumindest heißen, das Buch vom Gebrauch in die Archivierung zu überführen, weil das Digitalisat benutzt werden kann. So wird es vielfach im angloamerikanischen Raum gesehen. Dagegen scheint es eine vorwiegend deutsche Tendenz zu sein, das Digitalisat zur Archivversion und das Buch dann ohne große Skrupel für entbehrlich zu erklären. Der Gedanke der Speicherbibliothek findet sich also auf den Speicherort des Digitalisats umgemünzt und in fragwürdiger Weise dahingehend umgedeutet, dass dieses als Archivexemplar verstanden wird. Für die Bayerische Staatsbibliothek diente somit das Leibniz-Rechenzentrum, auf dessen Servern über eine Million digitalisierter Titel liegen, als neuer Speicher mit nicht mehr nur regionaler, sondern globaler Nutzung. Zwar sondert diese Archivbibliothek die Originale nicht aus, wohl aber könnten ihre Digitalisate anderen Besitzern originaler Exemplare den Grund dazu liefern.

Die Bedenken, dass forcierte Aussonderung von Gedrucktem der kulturellen Überlieferung nachhaltig schaden könnte, sind durch die Entwicklung des letzten Jahrzehnte keineswegs entkräftet worden. Zur praktischen Realisierung von Uwe Jochums Forderung (s. Jochum 1992, 29) führt zwar kein Weg, so lange die gesellschaftlichen und ökonomischen Prioritäten sich nicht ändern. Dennoch erscheint es noch zu unsicher, auf die Langzeitverfügbarkeit der elektronischen Substitute zu bauen. Die Konsequenz heißt, vorsichtig zu sein mit radikalen Entsorgungen grundsätzlich erhaltungsfähiger Bücher und den Blick auf das große Ganze der Überlieferung gedruckten Wissens zu schärfen. Im Fall wirklich großer Katastrophen wäre das weltweite und auch nationale Vorhandensein mehrerer oder vieler Exemplare eines Werkes sicher eine bessere Voraussetzung zur Erhaltung der Wissens- und Literaturüberlieferung als die Speicherung des digitalen Abbilds auf einigen gleichsam störungsanfälligen Servern.

Während digitale Publikationen auf Datenträgern ebenso wie anderes Non-Book-Material analog zu Büchern ausgesondert werden können, ist die Frage des Ausscheidens von Online-Ressourcen insofern anders gelagert, als es sich hier nicht um physische Objekte mit Platzbedarf in den Bibliotheksräumen handelt.

Aussonderungen erfolgen hier nur in dem Sinn, dass eine Lizenz zum Zugriff erlischt, weil sie nicht mehr benötigt wird, nicht mehr bezahlt werden kann oder das Angebot eingestellt wird.[20] Das Problem der Rechtfertigung der Entscheidung stellt sich also nicht in der gleichen Schärfe. Einzig im Fall von Online-Ressourcen kommt es vor, dass die Aussonderung der Bibliothek und ihren Nutzern von einer externen Instanz aufgezwungen werden kann, die als Host die Kontrolle über die physische Seite des Angebots, den Server und die Präsentationsplattform, besitzt. Mit zunehmender Verbreitung von E-Books etc. kommen solche Verluste an Zugriffen vermehrt vor, wenn sie auch, da i.d.R. vertragswidrig, nicht ohne weiteres hingenommen werden müssen.

In einer Zeit, da immer mehr Inhalte entweder nur noch online verfügbar oder die gedruckten Versionen wegen der üblichen Bevorzugung der elektronischen Form bis zur Gefährdung der überregionalen Versorgung verknappt sind, kann es riskant sein, ganz auf das Überleben der Anbieterfirmen und die Bezahlbarkeit der Lizenzen zu setzen. Solche Probleme und technische Lösungen[21] werden im Kontext der Langzeitarchivierung und der Archivrechte diskutiert. Ihnen haben sich aber auch normale Gebrauchsbibliotheken zu stellen, die eine Aussonderungsstrategie unter der Devise *E-only* verfolgen.

## Fazit

Unter einer benutzerorientierten Bibliothek – eines der meist verfolgten Ideale – stellt man sich gewöhnlich eine einladende und übersichtliche Bereitstellung von Ressourcen vor, mit starker Ausrichtung auf *Just-in-time-* und *On-demand*-Angebote. Hierin liegt ein wichtiger Impuls zur Bestandsbereinigung. Zur Orientierung am Nutzer gehört es aber auch, diesen nicht durch Ressourcenverknappung zu bevormunden und zu belasten. Bibliothekarische oder fremdbestimmte Aktivitäten im Bestandsmanagement, die zu Aussonderungen führen, müssen durch-

---

20 Deakquisitionsarbeiten im Erschließungs- und Präsentationsbereich fallen beim Aussondern von Online-Ressourcen ebenso an wie bei anderen Medien.
21 Z.B. CLOCKSS, organisiert durch die Bibliothek der Stanford University, ein Zusammenschluss wissenschaftlicher Bibliotheken und Verlage, der eine global verteilte, sichere Langzeitarchivierung publizierter digital vorliegender wissenschaftlicher Inhalte schaffen will. Jedes Dokument wird an mindestens 7 verschiedenen Orten gespeichert, wobei die Open-Source-Software LOCKSS die Integrität der Dokumente durch den Vergleich ihrer Hashwerte sichert. Die wissenschaftlichen Verlagsprodukte sollen spätestens 3 Jahre nach Erscheinen durch CLOCKSS frei zur Verfügung stehen (vgl. http://www.clockss.org).

aus nicht immer stärker den Nutzerbedürfnissen entsprechen als die gegenteilige Haltung des „Bewahrens", die das „Nicht-Aussondern" zur Maxime erhebt. Zum ehrlichen Umgang mit dem Thema gehört es, die unabweisbaren Herausforderungen betriebswirtschaftlicher Zwänge anzuerkennen und zu benennen, ohne ihre oft für die Zugänglichkeit von Medien negativen Konsequenzen zu verschweigen. Von den zahlreichen in Deutschland verfolgten Ansätzen zur Sicherung dauerhafter Verfügbarkeit aller Publikationen zur Nutzung für alle möglichen Zwecke – von Speichermagazinen bis zur Digitalisierung – kann keiner für sich allein die Lösung bringen. Die im digitalen Umfeld nahe liegende und um sich greifende Tendenz zum Abbau physischer Bestände muss rechtzeitig in Bahnen gelenkt werden, die mit Augenmaß nicht einseitig zentralistische Versorgungsszenarien favorisieren. Vielmehr ist eine der Realität wissenschaftlicher Information und Forschung adäquate, differenzierte und in diesem Rahmen ggf. auch redundante Ressourcenverteilung, im Rahmen so weit wie möglich abgestimmter Bestandspolitik, erforderlich. Das Versorgungsnetz muss engmaschig genug sein, um nicht nur die Publikationen der Vergangenheit irgendwo zu konservieren, sondern auch die Forderungen der Nutzer nach vielfältigen und parallelen Zugriffen auf Publikationen aller Zeiten und Bedeutung zu erfüllen.

# Literatur

Anderhub, A. (2008): „Aussonderung in Bibliotheken: Notwendiges Übel oder Chance?". Vortrag auf der Frühjahrssitzung der Sektion IV des Deutschen Bibliotheksverbandes am 14./15.5.2008 in Mainz. http://www.bibliotheksverband.de/fileadmin/user_upload/Sektionen/sektion4/Tagungen/2008-05_Anderhub.pdf.
Babendreier, J. (2010): „Wie die Axt im Walde ...". Vortrag auf dem 4. Leipziger Kongress für Information und Bibliothek, 17.03.2010. http://www.akribie.org/berichte/2010babendreier.pdf.
Bahrs, U. (2013): „Fortbildung ‚Bestandsentwicklung durch Aussonderung' am 6. Nov. 2012 an der Universität Mannheim". VdB-Mitteilungen 1, 40–42.
Baker, N. (2001): Double Fold. Libraries and the Assault on Paper. New York, NY: Random House.
Bauer, C.; Lazarus, J. (2007): „Aussonderung und Retrokatalogisierung". https://www.opus-bayern.de/bib-info/frontdoor.php?source_opus=390.
Bayerische Staatsbibliothek (2013): „Erwerbungsgrundsätze und Erwerbungsprofile". http://www.bsb-muenchen.de/Erwerbungsgrundsaetze-und-Erwerbungsprofile.335.0.html.
CREW (2008): A Weeding Manual for Modern Libraries. Revised and updated by Jeannette Larson. Austin, TX.: Texas State Library and Archives Commission. https://www.tsl.state.tx.us/ld/pubs/crew/index.html.
Fuhlrott, R.; Schweigler, P. (1982): Speicherbibliotheken. Bau – Organisation – Planung. Berlin: Deutsches Bibliotheksinstitut.

Hannemann, B. (2012): Bestandsentwicklung durch Aussonderung. Hochschulbibliothek HTWG Konstanz. http://www.vdb-online.org/veranstaltungen/583/bernd_hannemann.pdf.
Hardeck, E. (1992): „Die Speicherbibliothek Bochum des Hochschulbibliothekszentrums NRW". In: U. Jochum (Hrsg.): Der Baden-Württembergische Landesspeicher. Vorträge zum Thema Speichermagazin anläßlich der Jahresversammlung des Landesverbands Baden-Württemberg des VDB am 10. April 1992 in Konstanz. Konstanz: Universität, 4–10. (Bibliothek aktuell, Sonderheft 10).
Jochum, U. (1992): „Farewell to Alexandria?" In: Jochum, U. (Hg.): Der Baden-Württembergische Landesspeicher. Konstanz: Universität, 23–30. (Bibliothek aktuell, Sonderheft 10).
Kommission des EDBI für Erwerbung und Bestandsentwicklung (2000): „Aussonderungen aus dem Bibliotheksbestand. Eine Arbeitshilfe". Bibliotheksdienst 34:12, 1993–1999. http://deposit.ddb.de/ep/netpub/89/96/96/967969689/_data_stat/www.dbi-berlin.de/dbi_pub/bd_art/bd_2000/00_12_06.htm.
Michel, A. (2006): Die Empfehlungen des Wissenschaftsrates zum deutschen Bibliothekswesen: eine kritische Betrachtung. Hausarbeit an der Bayerischen Bibliotheksschule. http://www.bib-bvb.de/bib_schule/Michel-Wissenschaftsrat-Server-veroeffentlichung.pdf.
Plappert, R. (2014): „Deakquisition von Medien – ein Baustein modernen Bestandsmanagements in wissenschaftlichen Bibliotheken". In: R. Griebel et al. (Hrsg.): Praxishandbuch Bibliotheksmanagement. Berlin: de Gruyter, 280–292.
Plieninger, J. (2007): „Aussonderung in Instituts- und Spezialbibliotheken". AKMB-news 13:2, 8–12. http://nbn-resolving.de/urn:nbn:de:bsz:16-akmb-5583.
Raabe, P. (1989): „Den Bibliotheken endlich das geben, was sie benötigen". Börsenblatt für den deutschen Buchhandel 77, 26.9.1989, 2865–2868.
Richtlinien für die Aussonderung, Archivierung sowie Bestandserhaltung von Bibliotheksgut in den Bayerischen Staatlichen Bibliotheken (1998). Bibliotheksforum Bayern 26:2, 194–199.
Rifkin, J. (2000): The Age of Access. London: Penguin.
Siebert, I. (2008): „Elektronische Medien in der Informationsversorgung der Universitäts- und Landesbibliothek Düsseldorf". Jahrbuch der Heinrich-Heine-Universität Düsseldorf 2007/2008, 639–649. http://www.uni-duesseldorf.de/Jahrbuch/2007/PDF/Siebert.pdf.
Slote, S.J. (1997): Weeding Library Collections. Library Weeding Methods. 4. ed. Englewood, CO: Libraries Unlimited.
Steinhauer, E.W. (2013): Beitrag zur Mailingliste InetBib, 11.9. (Thread „Schlechte Bücher?"). http://www.ub.uni-dortmund.de/listen/inetbib/msg51415.html.
Umlauf, K.; Gradmann, S. (Hrsg.) (2011): Lexikon der Bibliotheks- und Informationswissenschaft. Bd. 1: A–J. Stuttgart: Hiersemann.
Vogel, B.; Cordes, S. (2005): Bibliotheken an Universitäten und Fachhochschulen. Organisation und Ressourcenplanung. Hannover: HIS. (Hochschulplanung 179). http://www.his.de/pdf/pub_hp/hp179.pdf.
Wagner, R. (2012): Aussonderungen an Universitätsbibliotheken. Ein Literaturüberblick und eine explorative Fallstudie zum agrarwissenschaftlichen Bestand der Bibliothek der Humboldt-Universität zu Berlin. Berlin: Institut für Bibliotheks- und Informationswissenschaft der Humboldt-Universität zu Berlin, 2012. (Berliner Handreichungen zur Bibliotheks- und Informationswissenschaft 333).
http://edoc.hu-berlin.de/series/berliner-handreichungen/2012-333/PDF/333.pdf.
Wissenschaftsrat (1986): Empfehlungen zum Magazinbedarf wissenschaftlicher Bibliotheken. Köln. http://digital.ub.uni-paderborn.de/ihd/content/titleinfo/465047.

Reinhard Altenhöner, Sabine Schrimpf
# Lost in tradition?

Systematische und technische Aspekte der Erwerbung von Internetpublikationen in Archivbibliotheken

## Sammlung und Auswahlprozesse im Kontext einer Archivbibliothek: Status quo und Herausforderungen

Eine Kernaufgabe bibliothekarischen Handelns ist wie in vielen anderen Kulturerbeeinrichtungen auch die Auswahl von Objekten für die Sammlung. Diese Aufgabe gehört typologisch in das Aufgabenfeld der Erwerbung, die durchaus nicht nur Kaufprozesse, sondern auch andere „Methoden der Erwerbung wie den Tausch oder Geschenk und, heute immer wichtiger werdend, die Lizenzierung kennt. Ein wesentliches Element in diesem Prozess investiven Handelns in Bibliotheken" (Rösch 2012, 94ff.) ist die Auswahlentscheidung. Sie ist an bestimmte Bedingungen und allgemeine Kriterien geknüpft, die maßgeblich die Ergebnisse des Auswahlprozesses bestimmen, genannt werden – idealerweise festgelegt in dem Erwerbungsprofil der Bibliothek:
- die Erwartungen der Benutzer
- die Qualität der Publikation
- die aktuelle Bedeutung der Publikation
- der zukünftige Wert der Publikation
- das Anschaffungsbudget der Bibliothek (vgl. Gantert/Hacker 2008, 125f.; Kaufer 2008).

Obschon sich viele der genannten Kenngrößen nicht unmittelbar auf Nutzer beziehen, leiten doch die meisten Bibliotheken ihren Versorgungsauftrag für Information und Dokumente aus den Anforderungen eines definierten Nutzerkreises ab. Nicht unbedingt systematisch erhoben und dokumentiert werden Anforderungen dieser Nutzergruppen ermittelt, der Grad, in dem sie durch die Bibliothek erfüllt werden, wird gemessen – dies kann über das Ausleihverhalten, aber auch proaktiv durch Abfragen, Sammlung von Wünschen usw. geschehen (vgl. Dorfmüller 1989, 36ff.). Gesammeltes Material wird den Nutzern im Allgemeinen so lange angeboten, wie es nachgefragt wird; erlischt das Interesse, werden die Informationsobjekte aus dem unmittelbaren Angebot herausgenommen, verlagert oder ggf. sogar vernichtet – so jedenfalls die Theorie. Eine auf Dauer angelegte, archivische Funktion mit dem Anspruch, das gesammelte Material langfristig auch über einen absehbaren Bedarf hinaus zu erhalten, gilt für einen definierten Kreis von Bibliotheken.

In einer reinen Form gilt dieses Prinzip der zeitgebundenen Nutzerorientierung für das Sammlungsprofil der meisten Öffentlichen Bibliotheken, grundsätzlich aber auch für viele wissenschaftliche Bibliotheken, die Forschung und Lehre mit Information und Dokumenten versorgen. Da allerdings Forschung in hohem Maße nicht selbstreferentiell erfolgt, sondern sich auf frühere Publikationen bezieht, werden viele Erwerbungen in wissenschaftlichen Bibliotheken aufbewahrt, ggf. an einem schwerer zugänglichen Ort, aber durchaus noch verfügbar. Dennoch besteht hier der Anspruch ihrer dauerhaften, zeitlich unbestimmten Sicherung nicht, im Vordergrund steht der Gebrauchsaspekt (vgl. Gantert/Hacker 2008, 17f., 27ff.).

Eine demgegenüber kleinere Gruppe bilden die Archivbibliotheken[1] (oder auch Pflichtbibliotheken, die – mit entsprechenden Rechten ausgestattet – eine Teilmenge der Archivbibliotheken bilden), Bibliotheken also, die (häufig zusätzlich zu einem anderen Auftrag, aber meist deutlich davon abgrenzbar) den Auftrag haben, Publikationen in und außerhalb des Verlagsbuchhandels zu sammeln und auf unbestimmte Zeit zugänglich zu halten. Hinter solchen Sammelaufträgen, für deren Erfüllung der Gesetzgeber die Bibliotheken mit dem Recht ausstattet, die Abgabe der Publikationen in der Regel kostenfrei von den Publizierenden einzufordern, steht jedenfalls in Deutschland die Vorstellung des Gesetzgebers, die entsprechenden Inhalte müssten möglichst vollständig dokumentiert sein und der Nachwelt ungeschmälert überliefert werden. Zumeist explizit in einer gesetzlichen Mandatierung formuliert, folgt aus diesem Anspruch, dass diese Einrichtungen keine Auswahlentscheidungen treffen, zumindest jedenfalls keine, die inhaltlich bestimmt sind.

Sehr deutlich ist diese Absicht im *Gesetz über die Deutsche Nationalbibliothek* (DNBG 2009) manifestiert, wo die Bibliothek darauf verpflichtet wird, „die ab 1913 in Deutschland erschienenen Medienwerke" sowie „die ab 1913 im Ausland veröffentlichten deutschsprachigen Medienwerke, Übersetzungen deutschsprachiger Medienwerke in andere Sprachen und fremdsprachigen Medienwerke über

---

[1] Der Begriff wird nicht immer eindeutig verwandt: Mal sind die Bibliotheken gemeint, die überhaupt Sammlungsgut aufbewahren und so eine Archivfunktion übernehmen, manchmal und begrifflich eindeutiger sind es die Bibliotheken, die diese Aufgabe auf Dauer übernehmen (vgl. Rehm 1991, 12; s.a. Rösch 2012, 96). Wir verwenden den Begriff in seiner engeren Bedeutung.

Deutschland im Original zu sammeln, [...] auf Dauer zu sichern und für die Allgemeinheit nutzbar zu machen" (DNBG 2009, § 2).

Eine grundsätzliche Einschränkung dieser Regel einer vollständigen, ausnahmslosen Sammlung ist nur dann vorgesehen, wenn der Bibliothek ein nicht vertretbarer Aufwand entsteht: In diesem Fall können bestimmte Gattungen von Medienwerken ausgeschlossen werden, für deren Sammlung „kein öffentliches Interesse besteht". Darüber hinaus können im Verordnungswege Festlegungen zur Beschaffenheit der Medienwerke (bei Erscheinen in verschiedener Form) und zum Ablieferverfahren selbst bzw. zum Zuschussverfahren getroffen werden (DNBG 2009, § 20).

Auf diese Weise sind die Druckerzeugnisse des vergangenen Jahrhunderts weitgehend vollständig im Sinne eines definierten Kanons des kulturellen Erbes überliefert worden und stehen der Wissenschaft und Forschung sowie anderen Interessierten zur Verfügung. Allen Regelungen dieser Art – die Bestimmungen für Bibliotheken auf Länder- bzw. Regionalebene ähneln sich – ist also gemeinsam, dass wertende oder gar qualitätsgewichtende Differenzierungen nicht stattfinden. In der Praxis sind es Aufwandsgesichtspunkte, die – wie etwa im Fall der DNB ausdrücklich benannt – insofern zum Tragen kommen, als der Umfang dessen, was gesammelt wird, in formaler Hinsicht begrenzt wird und zum Beispiel bestimmte Publikationstypen ausgeschlossen werden. Beispiele sind – niedergelegt in der Verordnung über die Pflichtablieferung von Medienwerken an die Deutsche Nationalbibliothek (PflAV) – „Akzidenzen, die lediglich gewerblichen, geschäftlichen oder innerbetrieblichen Zwecken, der Verkehrsabwicklung oder dem privaten, häuslichen oder geselligen Leben dienen", oder auch formale Vorgaben wie der Ausschluss von Druckschriften mit einem Umfang unter vier Druckseiten oder einer Auflage von unter 25 Stück (Pflichtablieferungsverordnung 2008, § 4).[2] Konkret gefasst und an Beispielen erläutert werden diese Regelungen in den Sammelrichtlinien der DNB (Matthias/Wiechmann 2014, 14ff.), die so – eingebettet in die Hierarchie Gesetz über die DNB – Pflichtablieferungsverordnung – Sammelrichtlinien – einen konkreten Katalog dessen, was die DNB sammelt und was nicht gesammelt wird, abbilden. Wie die genannten Beispiele zeigen, stehen im Vordergrund formale oder gattungstypologische Gesichtspunkte; andere Aspekte werden durch den Adressatenkreis der jeweiligen Publikation oder durch ihren Ge- und Verbrauchswert abgesteckt, beispielsweise für ausgeschlossene Materialien wie Veranstaltungsprogramme, Wahlwerbung oder Gebrauchsanweisungen.

---

2 Vgl. als knapp gehaltene Übersicht http://www.dnb.de/DE/Erwerbung/FAQ/faq.html.

Der Regelungskatalog für die DNB basiert zunächst auf der Vorstellung, dass das, was in gedruckter Form publiziert wird, grundsätzlich sammlungswürdig ist. Zwar ist die Herstellung eines Druckerzeugnisses historisch gesehen immer einfacher und billiger geworden, ist aber noch immer mit nennenswerten Kosten verbunden und grundsätzlich als bewusster Akt des Verbreitungswillens durch seinen jeweiligen Urheber anzusehen. In dieser Form produziert und publiziert wird das, was sich finanzieren lässt, sei es als Ergebnis einer abgeschlossenen Willensentscheidung eines Einzelnen oder einer Korporation oder aber als Investition, von der sich der Finanzier einen Rückfluss erhofft. Diese grundlegende Schranke – also der Kosten- und Arbeitsaufwand, der mit der Produktion einer Druckpublikation verbunden ist – verschiebt sich mit der zunehmenden Präsenz des digitalen Publizierens: Im Zeitalter des digitalen Publizierens im Internet ist es sehr viel einfacher und billiger, zu publizieren und damit potenziell weltweit lesbar zu werden.

Die schrittweise Transformation des Publikationsmarktes in der digitalen Welt und die damit verknüpften vielfältig erleichterten Wege zur Publikation durch Autoren, aber auch beim Zugriff für Leser / Nutzer haben in den letzten Jahren zu einer ungeheuren Ausweitung und Auffächerung von Publikationen und Formen geführt, deren Gefäß das Internet bzw. genauer das World Wide Web (WWW) ist. Hier entstehen einerseits traditionelle, druckbildähnliche Publikationen, aber andererseits auch Ausdrucksformen, die dem kulturellen Erbe im digitalen Zeitalter zuzurechnen sind und es in seiner Gesamtheit erweitern, zum Beispiel Netzliteratur, aber auch interaktive Kommunikationsformen und Informationsplattformen mit vielen Beteiligten. Dabei handelt es sich ohne Zweifel um Material, das einen wichtigen Teil des kulturellen Erbes unseres Zeitalters abbildet. Wie reagieren darauf die Archivbibliotheken?

Im Fall der DNB wurde die zunehmende Bedeutung digitalen Publizierens und des Internets als Träger veränderter wissenschaftlicher und nichtwissenschaftlicher Kommunikation in einer Neufassung ihres gesetzlichen Auftrags reflektiert: 2006 trat die Gesetzesänderung in Kraft, die vor allem die Einbeziehung der sogenannten Netzpublikationen in den Sammel- und Bewahrungsauftrag der Nationalbibliothek zum Inhalt hat (DNBG 2009).[3] Die Neuregelung basiert formal und inhaltlich im Wesentlichen auf einer Übertragung der bisherigen Sammlungsprinzipien auf die digitale Welt und behält so auch für das digitale Publikationsschaffen den weitreichenden Vollständigkeitsanspruch der Sammlung bei.

---

3 In der Fassung von 2009, in der einige redaktionelle Anpassungen durchgeführt wurden.

Beschränkungen für die Erfüllung dieses Auftrags ergeben sich also auch nach der Ausdehnung auf die Netzpublikationen aus dem öffentlichen Interesse, das gegeben sein muss und zu dem insbesondere die Aufwandsabwägung zählt: So kann die „Die Bibliothek [...] auf die Ablieferung verzichten, wenn technische Verfahren die Sammlung und Archivierung nicht oder nur mit beträchtlichem Aufwand erlauben" (Pflichtablieferungsverordnung 2008, § 8 Abs. 2 Satz 1).

Eine wesentliche Neuerung stellt die Möglichkeit der Vereinbarung einer Umkehrung der Lieferrichtung dar: Die „Pflicht zur Ablieferung besteht nicht, wenn die Ablieferungspflichtigen [...] mit der Bibliothek vereinbaren, die Netzpublikationen zur elektronischen Abholung bereitzustellen" (Pflichtablieferungsverordnung 2008, § 7 Abs. 1 Satz 2). Allerdings ist auch hier eine aktive Kontaktaufnahme zwischen der Bibliothek und dem Ablieferungspflichtigen eine entscheidende Voraussetzung, also eine entsprechende, auf konkrete Sammelobjekte bezogene Vereinbarung. Darüber hinaus enthält die Pflichtablieferungsverordnung auch die Regelung, dass die Bibliothek nicht sammelpflichtige Netzpublikationen archivieren kann, „wenn zur Sammlung eingesetzte automatisierte Verfahren eine Aussonderung solcher Netzpublikationen nicht oder nur mit beträchtlichem Aufwand erlauben" (Pflichtablieferungsverordnung 2008, § 8 Abs. 2 Satz 2). Hier wird also indirekt die Nutzung von Massenverfahren angedacht, die eine differenzierte Prüfung einzelner Objekte nicht vorsehen oder bei denen eine Ausfilterung der entsprechenden Publikationen zu aufwändig ist.

Diese Aussage bestätigt so indirekt noch einmal den umfassenden Sammlungsanspruch der Archivbibliothek, sie betont aber gleichzeitig die Bedeutung des Aufwandsprinzips: Es ist Aufgabe der Bibliothek, beide, unter Umständen gegenläufige Prinzipien miteinander zu vereinbaren. Gleichzeitig ergibt sich daraus in der Konsequenz auch die Differenzierung zwischen einem (Einzel-) objektbezogenen Verfahren und einem automatisierten (Massen)verfahren; die Sammelrichtlinien greifen nur, wenn die Sammlung auf Einzelobjektebene erfolgt (vgl. Matthias/Wiechmann 2014, 50).

Der gesetzliche Rahmen erlaubt also explizit den Verzicht auf den aufwändigen nachträglichen Ausschluss von Sammlungsobjekten aus der Sammlung, er besagt aber nicht, dass hierzu keine Anstrengungen unternommen werden sollen. Es stellt sich also die Frage, wie solchen Ausschlusskriterien genügt werden kann. Ein Problem bei der Sammlung von webspezifischen Publikationen ist die Tatsache, dass der Steuerungseffekt durch formale Kriterien bei der Festlegung auf Sammelobjekte weitgehend ausbleibt: Der formale Charakter einer Publikation, der in der gedruckten Welt hinsichtlich des Umfangs oder der Auflagengröße objektiv abgesteckt werden kann, funktioniert im Internet nicht – dies sieht auch die Pflichtablieferungsverordnung. Darüber hinaus greifende andere Kriterien, die häufig bereits in der traditionellen Publikationswelt über die Sammelrichtlinien nur durch sehr feindifferenzierende, in der Umsetzung aufwändige Beschreibungen angewendet werden konnten, eignen sich nicht, wenn automatische Verfahren zum Einsatz kommen sollen.

Neben technischen Restriktionen – für viele Publikationsformen des Netzes wie insbesondere die dynamischen Publikationen (z.B. Blogs oder Nachrichtenportale) mit hoher Änderungsfrequenz fehlen geeignete Sammel- und Übernahmeverfahren – ist es die schiere Menge, die eine gezielte Übernahme des ganzen Publikationssegments Internet limitiert.

Ein völliger Verzicht auf Selektionsmechanismen würde zu einem Datenvolumen führen, das derzeit für die DNB schon technisch und finanziell, noch weniger aber in der weiteren Bearbeitung sinnvoll beherrschbar ist, wenn der Anspruch über das bloße Aufhäufen eines großen Datenvolumens hinausreicht:[4] Zur Sammlung gehört auch die Zugänglichmachung und die Nutzbarkeit der Sammlung; das bedeutet, dass die DNB geeignete Zugangs- und Erhaltungswege aufbauen muss – für alle Objekte der Sammlung. Dies erfordert über technische Vorkehrungen hinaus zum Beispiel im Fall von Internetpublikationen auch Kontext- und Verknüpfungsinformationen, ohne die langfristig die digitalen Objekte nicht verständlich bleiben. Auch ihre Auffindbarkeit im Ozean des Angebots muss angemessen durch Erschließungsinformation in der erforderlichen semantischen Granularität unterstützt werden. Die Erstellung und Pflege solcher Informationen ist – auch wenn sie automatisiert entsteht – aufwendig und tiefgehend nur für einen Ausschnitt der Publikationen zu leisten.

Aus diesen Beobachtungen folgt, dass sich Archivbibliotheken zunehmend dem Gebot der Selektion stellen müssen, sie wählen aus, zumindest hinsichtlich der Bearbeitungsintensität, die sie einzelnen Objekten angedeihen lassen. Und wenn sie dies tun: Wie erfolgt die Auswahl, welche Kriterien sind anzulegen, wenn eingespielte Filter wie der Dokumenttyp oder das Format einer Publikation als Kenngröße entfallen? Und wenn eine Einrichtung Festlegungen solcher Art trifft: Wie werden sie legitimiert? Wie stellt sie sicher, dass sie ihren Auftrag angemessen erfüllt und einen relevanten Ausschnitt des Sammlungsgutes bearbeitet? Ergeben sich im Rahmen der Bearbeitungskette weitere Faktoren, die für die digitale Sammlung spezifisch sind und Konsequenzen haben?

Die Bibliothek sammelt heute also nach einem Anspruch, den sie rein quantitativ immer weniger für alle Publikationen einlösen kann. Auch in der Vergangenheit, also in der Welt der gedruckten Publikationen, entstanden Lücken, weil es zum Beispiel nicht immer gelang, den Anspruch auf die Pflichtabgabe durch-

---

4 Ein einmaliger Crawl der Domain .de umfasst nach vorläufiger Schätzung mindestesns 200 TB an Datenvolumen und müsste regelmäßig erfolgen.

zusetzen, oder weil die Bibliothek von einer Publikation schlicht keine Kenntnis erhielt. Solche Fehlstellen wurden und werden aber häufig im Nachhinein geschlossen, sei es, dass die entsprechenden Publikationen der Bibliothek gezielt angeboten werden, oder sei es, dass aufgrund anderer Nachweismöglichkeiten eine gezielte Nachbeschaffung durchgeführt wird – der Auftrag bleibt bestehen. Die Bibliothek arbeitet in einem Netz kooperativer Sammlungsaktivitäten mit anderen Bibliotheken, die mit regionalem Bezug vergleichbare Aufgaben (oft mit engmaschigeren formalen Regeln) wahrnehmen und sicherstellen, dass zum Beispiel spezielles Kleinschrifttum in die öffentlichen Sammlungen gelangt – die Bibliothek als Teil eines verteilten Archivs.

Im digitalen Zeitalter aber – und dieses beginnt ja in gewissem Sinne erst, denn die Transformation der wissenschaftlichen Arbeitsmethodik in eine neue, nun digital geprägte Kommunikations- und Publikationsinfrastruktur läuft gerade erst richtig an – ist der Vollständigkeitsanspruch von der Praxis überholt und wohl auch nicht mehr in traditioneller Weise einlösbar. Er mag nach wie vor identitätsstiftende Funktionen übernehmen können und müssen, verliert aber an Strahlkraft und wirkt, je überzeugter er vorgetragen wird, umso unglaubwürdiger. In der Praxis bedeutet dies, dass Selektionsschritte auch für Pflichtbibliotheken unvermeidbar sind, ja praktisch ständig stattfinden, in Abwandlung des Grundtheorems der Kommunikationswissenschaften: Man kann nicht nicht auswählen (vgl. Watzlawick 2011).

Hinzu kommt, dass die verlässliche Speicherung der digitalen Information und die Sicherung ihrer dauerhaften Nutzbarkeit zunehmend eine Herausforderung darstellen, die die Dimension der Sammlungsaufgabe für Archivbibliotheken nochmals vergrößert[5].

Nun ist es sicherlich möglich, mit dieser Herausforderung insofern pragmatisch umzugehen, als das Bestmögliche zum Maßstab erhoben wird: Der Grundsatz der vollständigen Sammlung bleibt unverändert und erreicht wird davon das, was zu einem bestimmten Zeitpunkt erreichbar ist – bei gleichzeitigem kontinuierlichen Bemühen um eine Verbesserung des Erreichungsgrades. Jenseits der unmittelbaren Zufälligkeit, die ein solches Verfahren kennzeichnet, sind aber Priorisierungen zu treffen und Entscheidungen zu fällen; dies macht es erforderlich, die Verortung der Bibliothek und ihrer Handlungsprinzipien in einem breiteren Kontext zu diskutieren unter der Maßgabe, Selektionsmechanismen systematisch beschreib- und handhabbar machen zu wollen.

---

5 Vgl. hierzu den Abschnitt „Zugänglichkeit heute und morgen" und die folgenden Abschnitte dieses Beitrags.

Vor diesem Hintergrund lohnt sich der Versuch, der Funktion und Bedeutung von Gedächtniseinrichtungen und ihres archivischen Auftrags vertiefter nachzugehen: Was erwartet die Gesellschaft von ihren Archivbibliotheken und deren Umgang mit dem kulturellen Erbe?

## Archivbibliotheken als Bewahrer des kulturellen Gedächtnisses

Überlegungen zum (gesellschaftlichen) Gedächtnis und zum Erinnern (und übrigens auch zum Vergessen) spielen in den Kulturwissenschaften seit rund 30 Jahren eine große Rolle und haben unter dem Stichwort Erinnerungskultur auch eine wichtige gesellschaftliche und politische Dimension erreicht. Neben anderen Motivationssträngen spielen in dieser Diskussion auch der Wandel der Medientechnologien und die Wirkung der Medien eine gewichtige Rolle (vgl. Erll 2011, 3). Zu der schwierigen definitorischen Auseinandersetzung um das exakte Verständnis des Begriffs des „kollektiven Gedächtnisses" als einer wesentlichen Grundkonstituente gehört auch die Frage nach der Rolle der Erinnerungseinrichtungen, die zwar nicht umfänglich, aber doch immer wieder benannt wird. Dies hängt damit zusammen, dass am Beginn der Überlegungen zum gesellschaftlichen Gedächtnis die Erkenntnis steht, dass Kultur und ihre Überlieferung Produkte menschlicher Tätigkeit sind (vgl. Erll 2011, 21); in J. und A. Assmanns Konzept als „kulturelles Gedächtnis", als ein Bündel von Merkmalen, die aus „Wiedergebrauchs-Texten, -Bildern und -Riten" bestehen, „in deren ‚Pflege' sie [die Gesellschaft] ihr Selbstbild stabilisiert und vermittelt, ein kollektiv geteiltes Wissen vorzugsweise (aber nicht ausschließlich) über die Vergangenheit, auf das eine Gruppe ihr Bewusstsein von Einheit und Eigenart stützt" (J. Assmann 1988, zitiert nach Erll 2011, 31). In diesen Kontext hinein – Aleida Assmann ergänzte das Konzept später um die Differenzierung des Funktionsgedächtnisses, des kontext-/alltagsbezogenen Teils, von dem tradierenden Speichergedächtnis – erhalten Kulturerbeeinrichtungen ihre Funktion als notwendige Speicher, aus denen dieser Teil des kulturellen Gedächtnisses abgerufen werden kann.

Insbesondere in der Geschichtswissenschaft wird die Frage nach der „Erfindung von Traditionen" in Zusammenhang mit Archiven im wörtlichen Sinne kritisch diskutiert – das Archiv verstanden als das Gedächtnis der Herrschaft und der Macht (Erll 2011, 49). Für Aleida Assmann (1999, 345) klärt sich das Archiv offener „als institutionalisiertes Gedächtnis der Polis [...] zwischen Funktionsgedächtnis und Speichergedächtnis [...], je nachdem, ob es eher als Herrschaftsinstrument oder als ausgelagertes Wissensdepot organisiert ist".

Wie materialisiert sich nun die Erinnerungskultur und wer sind ihre Träger? Denn erst „durch die Kodierung in kulturellen Objektivationen, seien dies Gegenstände, Texte, Monumente oder Riten, werden Inhalte des kollektiven Gedächtnisses für die Mitglieder der Erinnerungsgemeinschaft zugänglich" (Erll 2011, 115). Produktion, Speicherung und Abruf werden von Personen und gesellschaftlichen Institutionen getragen, also eben auch Bibliothekaren und Archivaren, die Teil dieser Erinnerungskultur sind. Gerade der Buchdruck hat das Erinnern revolutioniert, liefert die Voraussetzung in Form kodierter Medien, in der Regel Texte, die als Gedächtnismedien gespeichert werden können (vgl. Erll 2011, 151f.). Sie können prinzipiell unlesbar oder unverständlich werden, sie sind aber Konstanten. Im 19. Jahrhundert entstehen dann Archive, Museen und Bibliotheken sowie Institutionen zur Ausbildung der entsprechenden Spezialisten (vgl. Erll 2011, 141). Wie arbeiten diese nun?

Wenn Aleida Assmann in ihrem 2013 erschienenen Buch *Das neue Unbehagen an der Erinnerungskultur* in einer Art Zusammenfassung ihrer vielen Beiträge zum Thema darauf abhebt, dass „Kommunikation und Teilnahme an gemeinsamen Überlieferungsbeständen […] Gruppengedächtnisse" aufbauen, die in Museen oder anderen Einrichtungen aufbewahrt werden, um weitergegeben zu werden, beschwört sie nichts anderes als eben die Rolle der Gedächtniseinrichtungen. Diese schaffen gemeinsame Bezugspunkte in die Vergangenheit und Orientierungsformen und helfen, sich als Teil einer größeren Einheit zu begreifen (vgl. Assmann 2013a, 16ff.). Nähere Bestimmungen finden sich bei Assmann an anderer Stelle (Assmann 2013b, 42ff.) unter dem Stichwort Kanonisierung „vergangener Künstler, Werke und geistiger Autoritäten", die eine Werte- und Gedächtnisgemeinschaft vermitteln. Hier schreibt sie (Assmann 2013b, 45):

> Über die kurzatmigen Konjunkturzyklen des Kommens und Gehens, des Werdens und Vergehens hinweg schaffen Akte der Auswahl und Institutionen des kulturellen Gedächtnisses in der Geschichte gegenwärtige Vergangenheit. Dazu gehört der Kanon als Liste von Kunstwerken ohne Ablaufdatum, aber auch das Archiv als Voraussetzung der Möglichkeit immer wieder neuer, überraschender Zugriffe auf Vergangenes und Reinszenierungen in der Gegenwart.

Dabei schreckt sie die Masse des heute Speicher- und prinzipiell Überlieferbaren nicht, denn die ihr durchaus bewusste These von der Überflutung verkenne die

> komplexen Selektionsmechanismen des kulturellen Gedächtnisses. Denn um überhaupt etwas gegenwärtig zu halten, dazu bedarf es beträchtlicher Energien von Aufmerksamkeit und großer kultureller Anstrengungen. Was nicht von Menschen in gemeinsamer Anstrengung ausgewählt, bewertet, hervorgehoben, inszeniert, reklamiert und wiederholt re-präsentiert wird, fällt von selbst immer wieder zurück in den Zustand der Latenz, des Vergessens und der uns reichlich umgebenden Watte. (Assmann 2013b, 45)

Die Rolle des Archivs verdeutlicht Assmann, wenn sie zwischen Funktions- und Speichergedächtnis differenziert. Das Archiv führt in dieser Sicht zu einer potenziellen Sichtbarkeit von Material, aber eben auch nicht mehr (Assmann 2006, 54f.):

> Was seinen Platz in Museen, Bibliotheken und Archiven gefunden hat und dort gesammelt, konserviert und katalogisiert wird, hat die Chance einer außergewöhnlichen Existenzverlängerung. [...] Denn ein kulturelles Gedächtnis entsteht nicht nur im Nachhinein durch Einsammeln und Konservieren, sondern auch zielstrebig als Auswahl einer Botschaft und Sammlung eines Erbes für die Nachwelt einer unbestimmten Zukunft [...].

Aus dem Zusammenhang heraus ist ziemlich klar, dass Assmann dabei zumindest nicht nur an die Bibliothekare oder Archivare denkt, die diese Aufgabe wahrnehmen, sondern an die Gesellschaft allgemein oder die Kulturwissenschaftler. Das kulturelle Archiv bewahrt jedenfalls einen „gewissen Anteil der materiellen Überreste vergangener Epochen" und sorgt für „eine institutionell etablierte Langzeitstabilität der Artefakte"; deren Interpretation übernehmen andere (Assmann 2006, S. 56).

Was sich vordergründig wie eine wundersame Apologetik der Rolle und Bedeutung von Bibliotheken (und anderen Einrichtungen) für das gesellschaftliche Fundament des kollektiven Gedächtnisses liest, eröffnet aber auch die Möglichkeit pragmatischer Fragestellungen. Die Frage nämlich, welches Material konkret in die Archive und Bibliotheken gelangt, ist offenbar kein Thema für Assmann, auch für die Disziplin bis auf Randnotizen nicht; offensichtlich besteht hier ein Vertrauensvorschuss in die Arbeit derjenigen, die als Spezialisten in Bibliotheken diese Auswahlentscheidungen treffen. Dabei ist natürlich das, was ggf. nicht vorhanden ist, in der Regel weniger im Fokus als das, was zur Verfügung gestellt werden kann. Man kann annehmen, dass ein grundsätzliches Vollständigkeitspostulat schon deshalb nicht greift, weil Informations- und Verteilstrukturen eng ineinandergreifen – der Zugang auf Material wird von denen eingerichtet und ermöglicht, die das Material selbst vertreiben, bevorraten oder zur Verfügung stellen.

Jedenfalls greift die Auswahlleistung von Bibliotheken auf eingeführte und erprobte traditionelle Mechanismen im Lebenszyklus von Dokumenten zurück, die entstehen, in Bibliotheken gelangen und über sie verteilt und genutzt werden. Aber genau auch hier setzen wie gesehen Änderungen an der Materialität an, die vor der Folie des kulturellen Gedächtnisses einen veränderten Umgang mit Medien nach sich ziehen.

Für die modernen Kulturwissenschaften sind hier vor allem die Massenmedien im Blick, die eine globale Erinnerungskultur entstehen lassen, bei der der früher stärkere regionale Bezugsrahmen an den Rand rückt. Gleichzeitig entwickeln sich neue Möglichkeiten individueller Gedächtnisse, die sich in kollektive größere Zusammenhänge einpassen. Die sozialen Medien spielen bei dieser Form der Erinnerungskultur eine herausragende Rolle; gleichzeitig verschieben sich auch die Vorstellungen vom Archiv: Dieses verliert seinen exklusiven Macht-Charakter, es wird partizipativ (vgl. Erll, 156).[6]

Eine Antwort auf die Frage, was denn in die Bibliothek gelangt oder gelangen muss, gibt es im Sinne einer Handlungsanleitung aber nicht. Dass die Bibliotheken schon heute in einem Kontext stehen, in dem zunehmend nur das, was in digitaler Form vorhanden oder in sie übersetzbar ist, wahrgenommen wird, ist in diesem Zusammenhang ein interessanter Aspekt (vgl. Münker 2011, 32), an dem sie selber durch die Digitalisierungsprogramme intensiven Anteil haben. Das Internet als Massenphänomen wird zwar reflektiert, aber eher zwischen den kulturpessimistischen Polen des totalen Vergessens bzw. der höchstens zufälligen Bewahrung einerseits und der Utopie der universellen Erinnerung, in der alles überall und jederzeit verfügbar ist – das Internet als ein kontinuierliches mitlaufendes Gedächtnis (vgl. Burkhardt 2010, 23ff.; Hagen 2011, 244ff.) –, anderseits. Beide Pole sind unrealistisch bzw. schon technisch nicht einlösbar, Burkhardt selbst (Burkhardt 2010, 33) verweist auf die traditionelle Unvollständigkeit der Archive und zu Recht darauf, dass im Vergleich zum Sammeln und Speichern schon heute die Zugriffsmöglichkeiten auf die Datenmengen die größere Herausforderung darstellen. Grundsätzlich sieht Dreier die Frage danach, was bewahrt werden soll, angesichts der technischen Möglichkeiten der Komplettspeicherung abgelöst durch die Frage, was nicht aufbewahrt werden solle – hier bedürfe es entsprechender Regeln (vgl. Dreier 2005, 11) –, eine Theorie des digitalen Gedächtnisses sei aber noch zu entwickeln. Gegenläufig gibt es Programme wie *Memory of the World*, in denen die UNESCO explizit eine sorgfältig reflektierte globale Auswahl der wichtigsten Dokumente verfolgt – also als bewusst reduktionistisches Programm (Unesco 1992) – und ihre digitale Verfügbarkeit anstrebt – originär digitale Objekte kommen hier aber nicht vor.

Es mag zwar trösten, wenn Didi-Huberman durchaus positiv gemeint eine grundsätzliche Skepsis gegenüber Archiven formuliert, da sie doch nur „Ergebnis willkürlicher oder unbewusster Zensuren, Zerstörungen, Aggressionen oder Autodafés" seien (Didi-Huberman 2007, 7). In diesem Sinn sei das Archiv eben nicht stabil, sondern werde immer wieder neu durch den Forscher gelesen, unabhängig von der Frage, was die es Anlegenden damit intendierten.[7]

---

6 Es könnte sein, dass sich der Charakter des Speichers verändert, dazu später.
7 Das von Didi-Huberman zitierte Archiv der Lagerinsassen von Auschwitz und Buchenwald, das diese anlegten, um Zeugnis abzulegen von dem Geschehen in den Konzentrationslagern,

Resümieren wir kurz: Eher traditionellen Vorstellungen folgend wird von einer Archivbibliothek erwartet, dass sie – im Zusammenspiel mit anderen Einrichtungen – den Gedächtnisspeicher der Gesellschaft bildet und damit den Ausgangspunkt für kollektives kulturelles Erinnern über einen langen Zeitraum und mehrere Generationen hinweg. Mechanismen der Kanonbildung sind dabei ein wichtiges Merkmal, denn eine Sammlung kann prinzipiell nicht oder immer weniger vollständig sein. Die Mechanismen aber, die zu einer solchen Auswahl führen, sind dabei grundsätzliche Konstituenten bibliothekarischen Handelns, vor allem auch deshalb, weil die traditionellen Abläufe des Publizierens und der Verteilungsmechanismen in der gedruckten Welt dafür sorgen, dass große Teile des Publizierten auch verfügbar blieben. Dies ist unter anderem deswegen der Fall, weil Bibliotheken als Verbund auftreten: Was die eine nicht hat, hat vielleicht die andere.

Die neuen Medien und das Internet lassen nun neue Fragen nach dem kulturellen Gedächtnis und dem, was dort eingeht, entstehen, auf die Bibliotheken und Archive keine selbstverständlichen Antworten haben.

Wenn die Archivbibliotheken und insbesondere die DNB den Anspruch, das Gedächtnis der Nation zu sein (s. Matthias/Wiechmann 2014, 5), weiterhin erfüllen wollen, kommt allerdings zur Schwierigkeit des (vollständigen) Sammelns digitaler Objekte eine weitere Herausforderung hinzu: Das einmal gesammelte Material soll ja nicht nur bewahrt, sondern auch benutzbar gehalten werden. Was bedeutet das im digitalen Zeitalter?

## Zugänglichkeit heute und morgen

Sammeln, Erschließen und Archivieren ist, wie oben ausgeführt wurde, nie ein Selbstzweck, sondern dient in allen Bibliotheken mit Archivfunktion dazu, die dauerhafte Nutzbarkeit der Bestände zu ermöglichen. Voraussetzung für die Nutzung ist, dass die Bestände und die in ihnen enthaltenen Informationen für die Nutzer zugänglich sind. Um Benutzung und Zugänglichkeit von gedruckten Publikationen zu gewährleisten, haben Bibliotheken im Lauf der Jahrhunderte gewisse Konventionen entwickelt. In der Regel setzt die Benutzung von Bibliotheksbeständen die Registrierung der Nutzer voraus, die mit meist überschaubaren Kosten verbunden ist. Die Bestände werden entweder im Lesesaal oder

---

stellt allerdings ein beeindruckendes Zeugnis des Antriebes, das Grauen zu dokumentieren und möglichst dauerhaft (durch Duplizierung) zu archivieren (Didi-Huberman 2007, 21ff.) dar.

Freihandmagazin frei zugänglich zur Verfügung gestellt oder sie können aus geschlossenen Magazinen zur Benutzung angefordert werden. Dadurch ist die Benutzung zumindest ein Stück weit ortsgebunden; der Nutzer muss die Bibliothek aufsuchen, um die Bestände entweder vor Ort einzusehen oder sie dort auszuleihen. Die in Publikationen enthaltenen Informationen kann der Nutzer in aller Regel unmittelbar durch bloßes Ansehen wahrnehmen. Je nach Inhalt der Publikation und persönlichen Voraussetzungen benötigt er ggf. noch Hilfsmittel wie Fachwörterbücher, um sich den Inhalt intellektuell zu erschließen.

Um die Zugänglichkeit der Bestände und der in ihnen enthaltenen Informationen auf Dauer zu sichern, müssen sie in der Bibliothek zuallererst vor Verlust und Verfall geschützt werden. Der Erhalt des Bestandes gewährleistet gleichzeitig den Erhalt der darin enthaltenen Informationen. Denn selbst wenn sich die Voraussetzungen der Nutzer und der historische Rezeptionskontext ändern, bleiben die Informationen in gedruckten Werken unmittelbar les- und interpretierbar.

Die Nutzbarkeit und Zugänglichkeit digitaler Publikationen unterliegen anderen Voraussetzungen. Das Prinzip der Ortsgebundenheit löst sich zumindest grundsätzlich auf. Je nach Verwertungs- und Lizenzierungsmodellen sind die unterschiedlichsten Zugangsmodelle – kostenpflichtig oder nicht, über digitale Netze oder aus rechtlichen Gründen nur an bestimmten Endgeräten im Bibliothekslesesaal – denkbar. Allerdings sind die Inhalte der Publikation dem Nutzer nicht mehr unmittelbar zugänglich. Während dem gedruckten Buch seine Informationen – Verständnis und Fähigkeit des Benutzers vorausgesetzt – unmittelbar entnommen werden können, ist der Zugang zu digitalen Informationen nur mittels technischer Hilfsmittel möglich. Es braucht immer ein Ausgabegerät mit passender Hard- und Software, auf dem die digitale Publikation angezeigt wird. Um die Zugänglichkeit digitaler Publikationen zu sichern, reicht es nicht mehr, sie vor Verlust und Verfall zu sichern. Vor allen Dingen muss ihre Interpretierbarkeit durch dem ständigen technischen Wandel unterworfene Ausgabegeräte sichergestellt werden. Tatsächlich stellt die enorme Abhängigkeit von technischen Hilfsmitteln die größte Herausforderung im Umgang mit digitalen Publikationen dar.

Im Vergleich mit analogen Publikationen sind digitale also äußerst fragil, was ihre Haltbarkeit betrifft. Die gespeicherte Information ist nicht untrennbar und unveränderlich mit dem Datenträger verknüpft, so wie es etwa die gedruckte Schrift mit der Buchseite ist. Digitale Informationen sind binär als Datenstrom codiert und auf einem Datenträger gespeichert. Im ungünstigsten Fall genügt schon die Veränderung weniger oder auch nur eines einzigen Bits, um den gesamten gespeicherten Inhalt dem Zugriff zu entziehen. Die erste Voraussetzung, um die langfristige Zugänglichkeit digitaler Publikationen zu erhalten, ist daher die Sicherung des Datenstroms.

Doch sie allein garantiert noch nicht, dass die digital gespeicherten Publikationen auch dauerhaft zugänglich bleiben. Da der Zugriff nur vermittelt durch Anwendungsprogramme und Ausgabegeräte, also durch Soft- und Hardware, möglich ist, ist es essenziell, dass jeweils zum Datenstrom passende Programme und Geräte verfügbar sind, die die gespeicherten Informationen auslesen und zur Anzeige bringen können. Die schnellen Innovationszyklen der Computerindustrie machen dies zu einer besonderen Herausforderung. Ganze Generationen von Hardware und Software veralten und drohen damit Dateien, die für die Anwendung in diesen Umgebungen programmiert waren, der unmittelbaren Zugänglichkeit zu entziehen. Die Abwärtskompatibilität vieler Anwendungsprogramme sorgt zumindest dafür, dass die letzte Generation von dafür vorgesehenen Dateiformaten noch erkannt wird. Je größer der Abstand zwischen der Ursprungsumgebung einer Datei und der aktuellen technischen Umgebung wird, desto größer wird das Risiko, dass die Datei unbenutzbar wird. Mit der Fülle von Dateiformaten und Anwendungsprogrammen potenziert sich das Problem.

Strategien wie Migration und Emulation eignen sich grundsätzlich, um digitale Publikationen auch über wechselnde Hard- und Softwaregenerationen hinweg zugreifbar und nutzbar zu halten. Die Migration setzt bei der digitalen Publikation oder, genereller, dem digitalen Objekt an. Droht das Dateiformat zu veralten, wird es in ein aktuelleres Format konvertiert. Emulation setzt bei der technischen Betriebs- und Anwendungsumgebung an. Kann ein bestimmtes Dateiformat in einer Systemumgebung nicht mehr verarbeitet werden, wird in ihr eine andere Systemumgebung nachgeahmt, die das Dateiformat verarbeiten kann. Beide Strategien verursachen nicht zu unterschätzende Aufwände. Deswegen kann es eine weitere Strategie sein, bereits bei der Sammlung von digitalen Publikationen darauf zu achten oder gar darauf zu bestehen, dass möglichst standardisierte, offen dokumentierte Formate in die Bibliothek gelangen. Die Wahrscheinlichkeit, dass solche Formate über viele Hard- und Softwaregenerationen hinweg unterstützt werden, wird von Experten als relativ hoch eingeschätzt (vgl. Ludwig 2010a). So kann der Handlungsbedarf in den Bereichen Migration und Emulation ggf. eingedämmt werden. Das Dateiformat kann somit zum Auswahlkriterium werden.

## Technische Selektionskriterien

Aus der Perspektive einer Archivbibliothek ist es sinnvoll, bei der Erwerbung digitaler Publikationen strenge technische Maßstäbe anzulegen. Kann zwischen mehreren technischen Versionen ausgewählt werden, so ist diejenige mit der

besten Eignung für die Langzeitarchivierung zu bevorzugen. Als Kriterien können dabei herangezogen werden (vgl. Ludwig 2010b):
1. Die Verbreitung des Formats: Weit verbreitete Formate, die in vielen Programmen unterstützt werden, neigen dazu, weniger schnell zu veralten.
2. Seine Stabilität: Je seltener neue Formatversionen einander abwechseln und je geringer die Veränderungen zwischen Versionen sind, desto länger bleiben alte Dateien lesbar.
3. Seine Interoperabilität: Die Wahrscheinlichkeit, dass Formate, die bereits heute in unterschiedlichen Systemwelten funktionieren, auch langfristig in erneuerten Systemumgebungen genutzt werden können, ist relativ hoch.
4. Seine Komplexität: Je komplizierter das Format ist, desto schwieriger wird auch seine fehlerfreie Entschlüsselung.
5. Seine Eignung zur Selbstdokumentation: Mit Hilfe integrierter Metadaten kann das Verständnis des digitalen Objekts verbessert werden.
6. Seine Dokumentation: Ein mittels frei verfügbarer Formatdokumentation offen dokumentiertes Format erlaubt es, Dateien besser lesbar zu halten.

Bei Textdokumenten gelten heute PDF/A und andere PDF-Versionen sowie strukturierte Auszeichnungssprachen wie XML als langzeittauglich (s. Library of Congress 2014). Bei Audiodateien werden von der Internationalen Vereinigung der Schall- und audiovisuellen Archive (IASA) das WAVE-Format von Microsoft, das davon abgeleitete Broadcast WAVE-Format (BWF) und das Audio Interchange File Format (AIFF) für die Archivierung empfohlen (IASA 2009). Für Bilddateien empfehlen Experten des deutschen Kompetenznetzwerks für digitale Langzeitarchivierung das TIFF-Format (s. Bergmeyer et al. 2009), die Library of Congress empfiehlt darüber hinaus JPEG 2000, PNG, GIF und BMPfile (s. Library of Congress 2014). Für Filmdateien hat sich noch kein Standard herausgebildet; die Library of Congress bevorzugt derzeit die von der Moving Picture Experts Group entwickelten und ISO-standardisierten MPEG-Formate (s. Library of Congress 2014).

Neben dem Dateiformat muss die In-sich-Geschlossenheit digitaler Publikationen beachtet werden. Diese Bedingung macht, unter anderem, die Archivierung von Webseiten so schwierig: Die Abgeschlossenheit kann nur durch die mehr oder weniger willkürliche Festlegung hergestellt werden, welche verlinkten Objekte als Bestandteile betrachtet werden und welche verlinkten Objekte verzichtbar sind. Damit die Langzeitverfügbarkeit eines digitalen Objekts gewährleistet werden kann, darf keines seiner Bestandteile untrennbar mit der Ursprungsumgebung verwoben sein. Das schließt einerseits aus, dass einzelne Inhalte zur Bereitstellung ad hoc aus externen Datenhaltungssystemen abgerufen werden. Es schließt andererseits auch die Verwendung von Systemen zum digitalen Rechtemanagement aus, bei denen Zugriffsrechte über einen externen Lizenzserver verwaltet werden. Das in sich geschlossene digitale Objekt muss also als logische Einheit mitsamt aller seiner Bestandteile vorliegen, um eigenständig archivierungsfähig zu sein.

Das Vorhandensein von digitalem Rechtemanagement stellt unabhängig von seiner technischen Umsetzung ein Risiko für die Langzeitverfügbarkeit digitaler Publikationen dar. Digitales Rechtemanagement geht häufig mit Zugriffs- und Nutzungsbeschränkungen einher, die notwendige Erhaltungsmaßnahmen wie Umkopieren oder Migrieren verhindern können.

Es ist deutlich geworden, dass nur Objekte, die gewisse technische Voraussetzungen erfüllen, eine Chance haben, zu überdauern. Für Bibliotheken ergibt sich daraus die Notwendigkeit, diese Voraussetzungen bereits bei der Erwerbung zu überprüfen. Der Gestaltung des sogenannten *Ingest*-Prozesses, des Prozesses, in dem Informationen vom externen Anbieter übernommen werden, kommt daher eine besondere Bedeutung zu. Im Folgenden wird exemplarisch der *Ingest*-Prozess der Deutschen Nationalbibliothek beschrieben.

Seit der Neufassung des Gesetzes über die Deutsche Nationalbibliothek im Juni 2006 und der Ausweitung des Sammelauftrags auf „unkörperliche Medien", d.h., „Darstellungen in öffentlichen Netzen" (DNBG 2009, § 3), steigt die Menge der abgelieferten digitalen Publikationen stetig an. Der monatliche Zugang wuchs von anfangs wenigen hundert Objekten im Monat auf 25.000 bis 30.000 Objekte pro Monat im Jahr 2013. Dass diese Mengen nur mit Hilfe automatischer, massentauglicher Verfahren beherrscht werden können, liegt auf der Hand. So hat die Bibliothek neben einem Webformular zur manuellen Ablieferung einzelner Publikationen zwei automatische Ablieferverfahren für größere Objektmengen implementiert: die automatisierte Lieferung von Publikationen durch den Produzenten über ein Hotfolder-Verfahren und die automatisierte Abholung der Objekte durch die Bibliothek via *OAI-Harvesting*.

In den automatisierten Verfahren ist eine Reihe von Prüfschritten integriert, mit dem Ziel, die technische Qualität der digitalen Objekte auf Grundlage der Dateiformate festzustellen. Insbesondere technische Restriktionen oder sonstige Einschränkungen, die die langfristige Erhaltung der Objekte behindern und ihre Zugänglichkeit beeinträchtigen können, sollen hierbei erkannt werden. Die Ergebnisse dienen innerhalb der DNB als wesentliches Entscheidungskriterium, ob ein Objekt in der vorliegenden Form angenommen oder zurückgegeben wird.

Fünf Prüfschritte bauen in einem mehrstufigen Verfahren aufeinander auf. Zunächst wird mit Hilfe einer Checksummenprüfung die Dateiintegrität festgestellt. So wird gewährleistet, dass sich die Daten im Zuge der Übertragung vom Ablieferer an die Bibliothek nicht verändert haben. Als nächstes wird mit Hilfe von im Objekt enthaltenen technischen Informationen das Dateiformat identifiziert. Dann wird das Objekt auf Beschränkungsfreiheit überprüft, d.h. ob Zugangs-

oder Nutzungsbeschränkungen wie z.B. ein Passwortschutz oder Kopierschutz bestehen. Im vierten Schritt wird geprüft, ob alle für die Langzeitarchivierung benötigten Metadaten generiert werden können; sie werden analysiert, normalisiert und zusammengefasst. Abschließend werden gängige Dateiformate mit Hilfe der gewonnenen technischen Metadaten gegen die Dateiformatspezifikation auf Validität geprüft.

In der derzeit gültigen Dateiformat-Policy (Hein et al. 2012) ist die Erfüllung der ersten drei Prüfschritte, also die Feststellbarkeit von Dateiintegrität, Dateiformat und Beschränkungsfreiheit, als Voraussetzung definiert dafür, dass ein Objekt in das Archivsystem der DNB aufgenommen wird. Publikationen, die eines dieser ersten drei Prüfkriterien nicht erfüllen, weist die Prüfroutine der Deutschen Nationalbibliothek ab mit dem Ziel, eine neue, korrigierte Version zu erhalten. Im Fall der Ablehnung setzt sich die DNB allerdings mit der abliefernden Stelle in Verbindung, um die Neuablieferung der (technisch optimierten) Dateien zu erreichen. Obgleich auch für Dateien, die die Prüfkriterien drei, vier und fünf, also Beschränkungsfreiheit, Generierung technischer Metadaten und Formatvalidität erfüllen, keine unbeschränkte Lebensdauer garantiert werden kann, ist die Wahrscheinlichkeit doch relativ hoch, dass für sie geeignete Erhaltungsmaßnahmen getroffen werden können. Mit der Zurückweisung von Dateien unterhalb des definierten technischen Mindeststandards reduziert die Bibliothek das Risiko, einen Bestand aufzubauen, den sie nicht oder nur unter großen Schwierigkeiten erhalten kann.

## Erhaltungsprozesse als kontinuierlicher Auswahlprozess

Erhaltungsprozesse für digitale Publikationen erfordern aktives und vorausschauendes Handeln und implizieren damit eine kontinuierliche schrittweise Selektion. Denn mit jeder Entscheidung, die im Erhaltungsprozess getroffen werden muss (z.B. für oder gegen Erhaltungsmaßnahmen, für oder gegen bestimmte Zielformate) werden alternative Handlungspfade ausgeschlossen. So verkürzt sich das zur Verfügung stehende Handlungsrepertoire stetig. Deswegen ist es von grundlegender Bedeutung, dass Erhaltungsprozesse solide geplant und gründlich dokumentiert werden sowie langfristig nachvollziehbar bleiben.

Die Erhebung technischer Metadaten im Ingest-Prozess ist dafür eine erste und wichtige Voraussetzung. Neben technischen Metadaten erleichtert das Vorhandensein von weiteren Metadaten die Planung von Erhaltungsstrategien. Dazu gehören strukturelle und kontextuelle Informationen (Bedeutung und

Reihenfolge von Dokumentteilen, (persistente) Identifier, ...) sowie administrative (Herkunft, Rechteinformationen, ...) und deskriptive Metadaten (Urheber, Erscheinungsjahr, ...). Insbesondere die Dokumentation von „signifikanten Eigenschaften" („significant properties"; vgl. z.B. Knight 2009), also denjenigen Charakteristika oder Merkmalen eines digitalen Objekts, die auf jeden Fall dauerhaft erhalten werden sollen, gilt als wichtige Voraussetzung für die erfolgreiche Langzeitarchivierung. Die Festlegung, ob in einer Datei beispielsweise nur der (unformatierte) Text erhalten werden muss oder auch das dazugehörige Layout, beeinflusst nicht zuletzt die Wahl der geeigneten Erhaltungsstrategie bzw. im Fall der Migration das geeignete Zielformat.

Genauso, wie Übernahmeprozesse massentauglich und automatisierbar sein müssen, muss auch die Planung von Erhaltungsstrategien massentaugliche Verfahren antizipieren. Aus pragmatischen Gründen bietet sich die gemeinsame, automatisierte Behandlung gleichartiger Objekte an. Ein Instrumentarium hierzu stellt der nestor-Leitfaden *Digitale Bestandserhaltung* zur Verfügung (nestor 2012). Er geht von der Prämisse aus, dass Langzeitarchivierung finanzierbar sein muss, was ein pragmatisches Vorgehen impliziert, mit dem im Zweifel nicht für alle Objekte alle Erhaltungsziele erreicht werden können, weil zum Beispiel nur eine bestimmte Anzahl von Archivierungsformaten unterstützt wird oder nur bestimmte Emulationsumgebungen zur Verfügung stehen. Die Festlegung von signifikanten Eigenschaften soll daher gruppenweise nach „Informationstypen" (Gruppen von Objekten mit weitgehend gleichen Eigenschaften wie z.B. Text, Bild, Audio, ...) und anhand angenommener „Nutzungsziele" der Objekte (welche funktionalen Möglichkeiten müssen in Zukunft vorhanden sein) erfolgen. Gleichartige Informationstypen mit übereinstimmenden Nutzungszielen bilden „Erhaltungsgruppen", deren Objekte von denselben signifikanten Eigenschaften charakterisiert werden und die durch dieselben Prozesse erhalten werden können.

So könnten beispielsweise für Dokumente des Informationstyps „Text" die Nutzungsziele „Lektüre", „Recherche" und „Weiterverarbeitung" unterschieden werden. Für die reine Lektüre könnten zum Beispiel bei Digitalisierung entstehende TIFF-Dateien ausreichend sein. Soll im Text auch recherchiert werden können, muss zusätzlich eine OCR-Datei vorhanden sein und archiviert werden. In originär digitalen Dateien ist in aller Regel die Durchsuchbarkeit des Textes gegeben. Bei etwaigen Migrationen ist bei einer Erhaltungsgruppe mit dem Nutzungsziel „Recherche" darauf zu achten, dass kein Zielformat gewählt wird, in dem diese Funktionalität verloren geht.

Es kann sein, dass aufgrund technischer Restriktionen Nutzungsziele aufgegeben werden müssen oder bestimmte Nutzungsziele gegen andere priorisiert werden müssen. Bei speicherintensiven Bildersammlungen und begrenztem Speichervolumen im Archiv kann es zum Beispiel dazu kommen, dass abgewogen werden muss zwischen dem Bestreben, Bilder möglichst hochauflösend für alle denkbaren künftigen Nutzungsarten zu erhalten, und der Notwendigkeit, Bilddateien für eine effizientere Speicherausnutzung zu komprimieren. In solchen Fällen ist im Interesse künftiger Nutzer zu dokumentieren, aus welcher Motivation heraus bzw. unter welchen Einschränkungen welche Entscheidungen getroffen wurden, warum bestimmte Nutzungsziele ausgewählt und andere verworfen wurden.

## Typologie der Auswahlschritte – Bibliothekarisches Sammlungshandeln als kontinuierlicher Auswahlprozess

Wenn nach dem bisher Gesagten Auswahlprozesse implizit schon bei der Sammlung selbst, aber auch kontinuierlich bei der Bewahrung der Verfügbarkeit in Archivbibliotheken stattfinden und stattfinden müssen, stellt sich die Frage, ob gängiges bibliothekarisches Handlungswissen zur Auswahl von Materialien, das in Gebrauchsbibliotheken zum Einsatz kommt, auch in Archivbibliotheken genutzt werden kann. Hilft also das klassische, aus dem Bereich der Erwerbung von Druckwerken stammende Handlungsrepertoire und lassen sich für digitale Sammlungen relevante Ansätze identifizieren?

Die entsprechende Hand- und Basisliteratur bezieht sich überwiegend auf gedrucktes Material bzw. allgemeiner gesprochen auf Objekte auf physischen Trägern. Dorfmüller bezieht sich bei der Auftragsbestimmung grundsätzlich auf die Benutzerschaft; ob die Literaturauswahl letztlich durch den Gesetzgeber oder unmittelbar durch den Benutzer bestimmt wird, sei nur ein gradueller Unterschied, da jede Form der Erwerbungspolitik einer konkreten operativen Umsetzung durch vor Ort handelnde Personen bedürfe (Dorfmüller 1989, 36). Neben diesen äußeren Kräften sieht Dorfmüller bibliotheksinterne Tendenzen, für deren Durchsetzung die Unabhängigkeit der Bibliothek (und ihrer Entscheidungsträger) entscheidend sei, mit dem Ziel, die Bibliothek als organisch gewachsenes Ganzes zu gestalten (s. Dorfmüller 1989, 37). Die wichtigsten Grundsätze sind die inhaltlich-thematische und die materielle Vollständigkeit, die Kontinuität und schließlich die Ausgewogenheit. Während bei letzterer wirtschaftliche Gesichtspunkte zum Tragen kommen, die einzelne Entscheidungen beeinflussen, ist es beim Prinzip der Vollständigkeit eher eine Gesamtausrichtung; da diese aber selbst in den größten Bibliotheken praktisch nicht verwirklicht sei, greife hier die „funktionale Universalität" (Dorfmüller 1989, 37), die alle Wissensgebiete im

Sinne von Informations- und Einstiegsmöglichkeiten berücksichtige. Die materielle Vollständigkeit habe dagegen nur Sinn innerhalb abgegrenzter Bereiche eine Sicht, die auch auf die DNB insofern zutrifft, als ihre Sammlung letztlich einem national-geographischen Prinzip folgt. Die genannten „Tendenzen" beziehen sich nach Dorfmüller auf Bibliotheken mit längerfristig stabilen Aufgaben und bedingen eine kontinuierliche Überprüfung von Erfüllungsgrad und weiter bestehender Gültigkeit.

Diese grundsätzliche Beschreibung findet sich in ähnlicher Weise auch bei Wiesner (vgl. Wiesner et al. 2004, 166ff.), auch wenn hier die Metrik und entsprechende Planbarkeitsaspekte eine deutlich größere Rolle spielen. Bei näherem Hinsehen erweisen sich viele der Mechanismen zur Auswahl als wenig systematisierbar und schwer von außen oder nachträglich bewertbar. Vor dem Hintergrund ihres jeweiligen Auftrags existiert ein oft nicht verschriftlichtes fachlich ausdifferenziertes Sammlungsprofil der Bibliothek, das von auswahlberechtigten Personen gepflegt und mittels eines entsprechenden Geschäftsgangs und durch den Einsatz verschiedener Hilfsmittel umgesetzt wird (s. Dorfmüller 1989, 156ff.).

Als „auswahlberechtigte Person" hat sich der Fachreferent durchgesetzt, der Fachgebiete und Bestand kennt und vor allem auch die Sacherschließung vornimmt (Dorfmüller 1989, 38ff.); dass dies in der Praxis oft anders erfolgt, ist auch Dorfmüller bewusst. Festhalten lässt sich, dass die Selektionsentscheidung ihrem Kern nach eine individuelle ist, für die definierte Instrumente herangezogen werden, die aber in der Regel nicht begründet werden (s. Dorfmüller 1989, 49ff.). Faktoren sind die Zugehörigkeit einer Publikation zu einem Fachgebiet, Raum und Sprache, der bibliographische Wert (gemeint im Sinne einer bibliographischen Referenz), der Quellenwert (der schwierigste Bereich, hier besonders benannt die Authentizität; auszumessen ist hier nach Dorfmüller auch die Wertbeständigkeit oder der zukünftige Wert einer Quelle), ferner die Menge und Darbietung des Stoffs sowie die Aktualität und schließlich der Anlass (herausgebende Stellen), materielle Kriterien und die Nachfrage bzw. Nachfrageerwartung. Dorfmüller ist sich dabei über die Bedeutung der Nachfrage und der Konzentrations- und Verengungsmechanismen einer eingeführten Publikationswelt völlig im Klaren (s. Dorfmüller 1989, 64).

Neuere Ansätze widmen sich ausführlich der operativen Umsetzung und Planung, etwa der Etatmodellierung und Budgetverwaltung, Markt- und Materialanalysen sowie Mediengruppen (vgl. Wiesner et al. 2004, 167ff.). Als grundsätzliche Gesichtspunkte der Auswahl werden im Wesentlichen aber die gleichen herangezogen wie von Dorfmüller (s. Wiesner et al. 2004, 185ff.). Digitale Produkte in Bibliotheken werden verhältnismäßig breit berücksichtigt, soweit E-Books, E-Journals und andere Publikationstypen mit Entsprechung im Printbereich betroffen sind. Allerdings geht es hier nicht so sehr um die Auswahl, die sich ja in der Tat auch zumindest dann nicht grundlegend verändert, wenn es um digitale Publikationen geht, die ihrem Charakter und Typ nach aus der gedruckten Welt abstammen, sondern um die operative Abwicklung in genossenschaftlichen Kontexten von Konsortien (s. Wiesner et al. 2004, 202ff.). Auch in aktuellen Überlegungen werden von bibliothekarischer Seite die Auswahlabläufe im Wesentlichen als unverändert angesehen (vgl. Hammerl et al. 2009, 308; Göttker/Wein 2014).[8] Aussagen zur Auswahl von webspezifischen Publikationen oder eine Reflektion von Kriterien für ihre Auswahl gibt es nicht. Abweichungen und neue Entscheidungsbedarfe gegenüber der gedruckten Welt ergeben sich vor allem aus unterschiedlichen Lizenzierungs- und Vertriebsmodellen. Allerdings rückt die Frage, wie die einzelnen Dokumente genutzt werden, aufgrund der besseren Datenlage wesentlich mehr in den Blick und wird als Entscheidungsfaktor bedeutsamer. Ein neues Element stellen schließlich die Lizenzpakete dar, die von Verlagsseite geschnürt die Bibliothek einer konkreten titelbezogenen Auswahl entheben und sich vor allem auch unter Kostengesichtspunkten durchgesetzt haben. Die erweiterte Typologie digitaler Ressourcen, die für den Bestandsaufbau von Interesse ist, bezieht auch Open Access-Publikationen ein. Während hier also die druckbildähnlichen Publikationen im Netz und daran angepasste Erwerbungsverfahren ausführlich gewürdigt werden, bleiben die Internetpublikationen weitgehend außerhalb der Betrachtung. Entsprechend beschäftigen sich aktuell publizierte Erwerbungsprofile wie das der Bayerischen Staatsbibliothek konkret nur mit den lizenzpflichtigen E-Medien (s. Hammerl 2009, 311). Explizite Beiträge zum *Harvesting* von Webpublikationen heben auf thematische Einschränkungen ab, also zum Beispiel landeskundliche Aspekte oder aber auf die Urheber: Repräsentative Websites von Ministerien werden gesammelt, Angebote von lokaler Bedeutung nur in strenger Auswahl, private Websites nur exemplarisch (s. Jendral 2012, 6f.). Für die Schweiz, in der ein Konsortium von rund 30 Institutionen zusammen agiert, werden „relevante Websites mit Bezug zu Schweiz" gesammelt (Signori 2012, 25). Auch der zusammenfassende Blick auf internationale Ansätze, den Ravenwood (Ravenwood et al. 2012, 297ff. und 302f.) vornimmt, ergibt uneinheitliche Vorgehensweisen und Definitionen bei der Bewertung des Wertes von Publikationen und mangelnde Klarheit bei der Verantwortung für die Auswahl von digitalem Material für die Bewahrung.

Resümiert man den Überblick zu systematischen Vorgehensweisen in Bibliotheken im Bereich Sammlung und Auswahl unter der Fragestellung, was daraus für Archivbibliotheken mit Pflichtexemplarrecht ableitbar ist, die ihren Sammel-

---

[8] Die Auswahl von Internetpublikationen spielt in dem von verschiedenen Autoren gestalteten Kapitel keine Rolle.

auftrag möglichst umfassend, aber zumindest zurzeit eben nicht mehr vollständig erfüllen können, ergeben sich nur wenige Ansatzpunkte. Was im Bereich der druckbildähnlichen Publikationen noch mehr oder weniger stark adaptiert an traditionelle Arbeitsweisen unter neuen technischen Bedingungen und Distributionsoptionen funktioniert, wird für die webspezifischen Internetpublikationen nicht diskutiert. Dies mag zum Teil auch daran liegen, dass dieser Dokumenttyp bislang ganz generell wenig im Fokus steht.

Eine Typologie des Auswahlhandelns wäre bestimmt durch sich wiederholende Abläufe, die implizit oder explizit erkennbar definierten Regeln folgen und dadurch ein gleichgerichtetes Verfahren mit vorhersagbaren, klaren Ergebnissen beschreiben. Nur unter diesen Voraussetzungen würde es sich lohnen, von einer Typologie zu sprechen. Zusammenfassend lässt sich daher sagen, dass das klassische Auswahlhandeln nicht als Typologie begreifbar ist, die verlässlich und wiederholbar erfolgt. Insgesamt wachsen zwar die Auswahlmöglichkeiten auf der Angebotsseite stark an, auf der anderen Seite sinkt aber der Anteil des Budgets, der für eine Auswahl zur Verfügung steht. Immer häufiger ersetzen vorkonfektionierte Pakete die Entscheidungen eines Fachreferenten, immer einfacher ist es, Fehlendes *on demand*, direkt durch den Nutzer ausgelöst zu beschaffen, wenn es überhaupt noch eines expliziten Beschaffungsschrittes bedarf. Das Publikationsmodell des Open Access verlagert das Handlungsfeld der Auswahl vollends von der Bibliothek weg auf den Nutzer – die Bibliothek stellt allenfalls geeignete Mechanismen bereit und unterstützt die Suche, sie ist als auswählende Instanz obsolet, ist allenfalls als Finanzier von Publikationen beteiligt, ohne inhaltlich darüber entscheiden zu können. Das mag erklären, warum die Reflektion der Auswahlentscheidung gegenüber Fragen der Organisation konsortialen Erwerbens in den Hintergrund tritt. Insofern lässt sich resümierend sagen, dass in einer Zeit, in der Auswahlentscheidungen für Archivbibliotheken an Bedeutung zunehmen, die Relevanz bibliothekarischen Auswahlhandelns in der Breite schwindet.

Traditionelle Auswahlverfahren haben wie gezeigt eine hochgradig individuelle Prägung; die auswählende Person bildet aufgrund ihrer (fachlichen) Entscheidungen das Gesicht der Sammlung aus. Eingebettet in eine technisch angepasste Arbeits- und Organisationsstruktur sind es auch solche Ansätze, die als Impulse die Ausgestaltung der Sammlungen von Archivbibliotheken in Zukunft mehr bestimmen werden – neben anderen wichtigen Ansätzen, die den Bibliotheken auch heute ihre Relevanz sichern und helfen, die sich wandelnden Aufgaben wahrzunehmen (vgl. Halle 2004). Ein ganz wesentlicher Unterschied zu früheren Auswahlabläufen in Bibliotheken besteht allerdings darin, dass Entscheidungen über gleiche Objektgruppen immer wieder getroffen werden müssen, und sie fallen nicht unbedingt als Ausschlussentscheidungen, sondern als Entscheidungen über eine geminderte oder veränderte Qualität, in der eine digitale Publikation nach einer abgeschlossenen Migration zur Verfügung steht, also zum Beispiel in einer veränderten typographischen Gestalt.

## Sammlung in Pflichtbibliotheken

Wenn auch für die Bibliotheken, die explizit auf Vollständigkeit hin sammeln, der formale Erfüllungsgrad in quantitativer Hinsicht immer schwieriger zu erreichen und zu messen ist, so entfällt ein wesentliches Bestimmungsmerkmal ihres Erfolgs. Solange keine Typologie des Auswählens oder etwas ähnliches vorhanden ist, auf die diese Bibliotheken sich bei ihren notwendig werdenden Auswahlentscheidungen beziehen (und berufen) können, und gleichzeitig auch das Konzept der formal bestimmten Begrenzung immer schlechter greift (wir sammeln keine Werbung, aber: der Datei sieht man das nicht an), geraten diese Bibliotheken in einen stärkeren Erklärungsnotstand. Wenn diese Bibliotheken nun unter den oben beschriebenen Rahmenbedingungen bewusst Schwerpunkte für ihre Sammlung setzen müssen und sich auf bestimmte Segmente / Objektgruppen konzentrieren, müssen sie sehr viel expliziter erklären, was sie tun. Nur wenn sich für künftige Nutzergenerationen nachvollziehen lässt, nach welchen Kriterien Auswahlentscheidungen getroffen wurden, und sich nicht willkürliche Sammlungslücken auftun, bleibt die Archivbibliothek ein vertrauenswürdiger Hüter des kulturellen Gedächtnisses.

Natürlich lässt sich auch die selbstreferentielle Funktion des Internets als kultureller Speicher auffassen, schon weil dort die Gedächtniseinrichtungen selbst mit ihren Inhalten präsent sind (vgl. Hagen 2011, 269), allerdings ist dieser Speicher extrem volatil und eine fixe Kanonisierung findet kaum statt – hier liegen auch im Assmannschen Sinne die Grenzen. Aber auch andere Schranken wie die des Nicht-Vergessen-Könnens schieben sich vor die Funktion des Gedächtnisspeichers (vgl. Mayer-Schönberger 2010; Ernst 2007, 264ff.).

Wenn also Bibliotheken hier eintreten, dann beschreiben den Pflichtbibliotheken die Sammelrichtlinien das Vorgehen, indem sie differenziert festlegen, welche Publikationen unter dem Sammlungsmandat unter formalen Gesichtspunkten zu sammeln sind und welche nicht. Die Sammelrichtlinien der DNB wurden nach der Neufassung des gesetzlichen Auftrags aktualisiert und widmen sich in einem eigenen Kapitel den „Medienwerken in unkörperlicher Form (Netzpublikationen)" (Matthias/Wiechmann 2014, 49ff.). Dort ist festgelegt, welche Medienarten die DNB in Entsprechung zu den körperlichen Medienwerken sammelt: „Gesammelt werden wissenschaftliche, fachliche und literarische Netzpublikationen, die der Öffentlichkeit zugänglich gemacht werden und im öffentlichen Interesse stehen. Unter den Sammelauftrag fallen somit z. B. E-Books, elektronische Zeitschriften und Hochschulprüfungsarbeiten, Audiodateien und Digitalisate." (Matthias/Wiechmann 2014, 50) Ferner sind Ein- und Ausschlusskriterien erläutert. So sind beispielsweise Websites des Bundes und der Länder zu sammeln, Websites von Kreisen, Gemeinden und Gemeindeverbänden jedoch nicht, oder Darstellungen zur Geschichte von Institutionen oder öffentlichen Verbänden und Vereinen sind zu sammeln, Netzpublikationen, die reine Öffentlichkeitsarbeit darstellen, jedoch nicht, usw.

Die Sammelrichtlinien sind praxisnah formuliert und dokumentieren damit die täglichen Erwerbungsentscheidungen, die in der Bibliothek getroffen werden. Durch die Beteiligung der Beiräte und des Verwaltungsrates der DNB repräsentieren sie gleichzeitig einen breiten Konsens des deutschen Bibliothekswesens, des Verlagswesens und der Tonträgerindustrie darüber, was zum Veröffentlichungszeitpunkt für überlieferungswürdig gehalten wurde. Wie in der Einleitung ausgeführt, greifen die Sammelrichtlinien jedoch nur, wenn die Sammlung auf Einzelobjektebene erfolgt. Angreifbar macht sich die Pflichtbibliothek insbesondere in den Bereichen, wo a) Massenverfahren zum Einsatz kommen, sie b) aufgrund des technischen Aufwands auf die Ablieferung bestimmter Objektgruppen verzichtet oder c) neue Publikationsgattungen in den Sammelrichtlinien noch nicht berücksichtigt sind.

Alle Kriterien treffen auf die Deutsche Nationalbibliothek zu: Tatsächlich hat sich die DNB in der praktischen Umsetzung des neu gefassten gesetzlichen Auftrags seit 2006 zunächst auf den Aufbau von Verfahren zur Sammlung von druckbildähnlichen Publikationen konzentriert, die inhaltlich und formal weitgehende Entsprechungen in der Druckwelt haben, also Online-Hochschulschriften, E-Books, E-Journals und andere statische Textdokumente. Der wissenschaftliche Kommunikations- und Publikationsbetrieb funktioniert noch heute sehr stark nach diesen Prinzipien. Bei den hier entstehenden Objekten kann davon ausgegangen werden, dass ihre Urheber prinzipiell ein Interesse daran haben, dass die Publikationen auch langfristig zur Verfügung stehen. Das bedingt Anforderungen an Erschließung, Verknüpfung usw. Hier muss die Bibliothek Schritt halten mit den Veränderungen, die diesen Bereich des Publikationsschaffens ausmachen, sie muss klären, welche Bedeutung Vorstufen, der wissenschaftliche Austausch zu einer Publikation auf Kommentierungsplattformen, ausgelagerte (Forschungs)daten und Methodenbeschreibungen haben usw. Mehr als sieben Jahre nach Inkrafttreten des Gesetzes hat die Nationalbibliothek hier große Fortschritte gemacht und sammelt mittlerweile wichtige Teile des Publikationsmarktes für digitale Publikationen. Seit Mitte 2011 werden auch Noten in elektronischer Form als PDF gesammelt. Bei der Sammlung von digitalen Audiodateien im Bereich Musik wird auf die Zusammenarbeit mit Partnern und Aggregatoren aus der Musikindustrie gesetzt sowie auf die Einrichtung von Schnittstellen zu Musikplattformen. Digitalisate – von deutschen Bibliotheken, Archiven, Verlagen und sonstigen Einrichtungen – sind prinzipiell sammelpflichtig. Geschäftsgänge hierzu sind 2014 noch im Aufbau begriffen.

Webspezifische Publikationen wie Blogs, Nachrichtenseiten im Internet und sonstige Webinhalte unterscheiden sich technisch und konzeptionell gravierend von den zuerst genannten Publikationsformen. Im Gegensatz zu druckbildähnlichen Publikationen, Musikdateien und Digitalisaten handelt es sich bei ihnen nicht um abgegrenzte, statische Objekte, sondern um hochvernetzte, dynamische, ständigem Wandel unterworfene Gebilde. So unterscheidet sich auch der Sammlungsansatz für Webseiten radikal von dem für die anderen Publikationsarten. Die DNB setzt auf eine Mischung aus selektivem *Harvesting* (aus dem Internet wird regelmäßig eine Auswahl von Websites gecrawlt und archiviert, am ehesten mit dem traditionellen Ansatz vergleichbar) und breitflächigen, unselektierten Momentaufnahmen des deutschen Webs (ein testweiser Crawl der .de-Domäne erfolgte 2014). Es dürfte klar sein, dass hiermit höchstens eine ‚repräsentative Vollständigkeit' erreicht wird. Für viele der neu entstehenden Publikationsformen gibt es – je experimenteller sie sind – keine geeigneten Sammel- und Übernahmeverfahren. Und für eine voraussichtlich eher zunehmende Zahl von Internetpublikationen wird die Sicherung der Langzeitverfügbarkeit nicht möglich sein. So müssen dann Einzelobjekte aus der Sammlung ausgeschlossen werden: z.B. DRM-geschützte, oder ganze Materialgruppen wie bestimmte Arten von Forschungsdaten.

Dass die Sammelrichtlinien angesichts der großen Zahl der sich stetig weiterentwickelnden Publikationsgepflogenheiten im Web nur Fragment bleiben können bzw. auch ihrerseits stetig weitergeschrieben werden müssen, liegt auf der Hand. So gehen die Sammelrichtlinien erst seit ihrer Neufassung in 2014 explizit auf Forschungsdaten ein, die im Wissenschaftsbetrieb schon länger als Veröffentlichungen eigenen Ranges gewertet werden (vgl. Lawrence et al. 2011) – und schließen „selbstständig veröffentlichte Primärdaten, Forschungsdaten, Rohdaten" von der Sammelpflicht aus (Matthias/Wiechmann 2014, 50). Die Frage, ob Online-Anteile von Druckpublikationen, wie sie zum Beispiel als Ergänzung zu Lehrbüchern und Reiseführern als Downloads zur Verfügung gestellt werden, um nur ein weiteres Beispiel für eine unabsehbare Menge neu entstehender Publikationsgattungen zu nennen, zu sammeln sind oder nicht, wird dagegen in den Sammelrichtlinien bislang nicht beantwortet. Zu solchen und anderen neuen Publikationsgattungen muss die Bibliothek eine Haltung entwickeln. Hierzu ist zum einen Erfahrung vonnöten, um den Umfang der Materialien, ihre Bedeutung und die Aufwände, die bei der Sammlung anfallen würden, einschätzen zu können. Zum anderen ist ein intensiver Fachdiskurs mit den betroffenen Interessensgruppen zu führen: Wie wird die, gerade auch langfristige, Bedeutung des Materials von Produzenten, heutigen Nutzern, Auftraggebern eingeschätzt? Welche Verantwortungsstrukturen bestehen, gibt es Möglichkeiten zur Kooperation und aufgabenteiligem Vorgehen?

Die DNB setzt organisatorisch auf abteilungsübergreifende Strukturen, bei denen sich Erwerbung und IT-Experten eng über als neu erkannte Publikationsgattungen und -fälle abstimmen. Entscheidungen werden zunächst intern in Arbeitsanweisungen dokumentiert. Ergänzend engagiert sich die Bibliothek in spartenübergreifenden Kooperationen sowie in Projekten und Kollaborationen mit externen Partnern und dem Kompetenzzentrum für digitale Langzeitarchivierung nestor mit dem Ziel, den Fachdiskurs zu pflegen, Ideen und Vorstellungen aus anderen Bereichen zu verstehen und Lösungswege zu reflektieren und exemplarisch zu erproben.

Alle diese Aktivitäten haben zum Ziel, im Diskurs mit gesellschaftlichen Themen und Gruppen die Sammelaktivitäten abzusichern und transparent zu halten. Wo manches vielleicht einer späteren Generation nicht mehr erklärbar ist, soll zumindest dokumentiert werden, wie eine Entscheidung für oder gegen eine Aktivität zustande kam.

Die intensive Diskussion des kulturellen Erinnerns und die immer wieder beschworene Erinnerungsfähigkeit einer Gesellschaft, die auf funktionierende Kulturerbeeinrichtungen angewiesen ist, zeigt die Relevanz der Frage, was durch Überlieferungsprozesse kanonisiert wird. Das prinzipiell nahezu unbegrenzte primäre Archivierungspotenzial (alles ist erst einmal gespeichert) und der zunehmende Erhaltungsaufwand, der auf die lange Sicht zu einer zunehmenden Ausdünnung dessen führen wird, was erhalten wird, bedürfen daher mehr als früher der gesellschaftlichen Rückkoppelung.

Wie dies konkret ausgestaltet wird, ist durchaus noch offen und Gegenstand eines kontinuierlichen Prozesses der Weiterentwicklung. Es wird jedoch stark darauf ankommen, über Prozesse zu verfügen, die sicherstellen, dass aus dem Netz ein für das kulturelle Erinnern relevanter Teil herausgezogen wird und dass neben digitalen Publikationen mit Entsprechung im Printbereich auch neuartige, webspezifische Publikationsformen angemessen repräsentiert sind. Für diesen Teil gelten prinzipiell die gleichen Anforderungen, die auch für andere einzelobjektgetriebene Aktivitäten gelten: Die Objekte werden im Prozess des Einsammelns in Zusammenarbeit mit ihrem Urheber / Distributor validiert, um ihre Langzeitverfügbarkeit sicherzustellen. Die Zahl der in ein solches Programm einbezogenen Seiten kann gesteigert werden, bleibt aber immer endlich und angesichts der Zahl der Sites im (deutschen) Web klein. Hier werden also Auswahlprozesse wirksam, derer sich die Bibliothek bewusst bedienen muss: Das entsprechende Profil muss beschrieben, die Auswahl entsprechend rückgekoppelt werden. Die Urheber der Seiten sind gewissermaßen ein Teil des Archivierungsprozesses. Sie treten in einen Dialog mit bibliothekarischen Partnern, die im Bewusstsein des bislang Gesammelten und der bereits erreichten Repräsentativität an der Ausweitung der Sammlung arbeiten.

Diese dialogische Konstellation sollte in verschiedenen Formen programmatisch weitergeführt werden:

1. Das bisher überwiegend von Websites etablierter Einrichtungen geprägte *Harvesting*-Programm könnte ausgeweitet werden auch auf Websites anderer Initiativen, die ihrem Charakter nach weniger stabil sind. Zwar besteht das Wesen des Webs gerade in seiner stetigen Veränderung und die DNB dokumentiert dieses mit den regelmäßig gesammelten Websites. Aber auch Websites, die einfrieren und irgendwann abgeschaltet werden, sind relevant und könnten ein weiteres Programm bilden. Auch hier ist die Mitwirkung der Urheber von großer Bedeutung.
2. Die Bibliothek zielt insbesondere bei reinen Internetpublikationen auf eine repräsentative statt absolute Vollständigkeit: Hier können nach dem Vorbild der Library of Congress Befragungen ausgewählter Panels oder repräsentative Gruppen – zum Beispiel im K12-Programm, wo Schüler populäre Websites zur Archivierung auswählen (https://archive-it.org/k12/) – weiterhelfen.
3. Die Auswahl einzelner Websites bzw. Web-Auftritte berücksichtigt die Popularität der Seiten und zieht Rückschlüsse auf ihre vermutete Relevanz; zum Einsatz kommen Verfahren aus dem Bereich der Suchmaschinen, wo Verlinkungshäufigkeiten ausgezählt werden. Ergänzt werden können solche automatischen Verfahren zur Bewertung von Relevanz/Popularität durch Programme, in denen Seiten durch die Öffentlichkeit nominiert werden (s. Hagen 2011, 266ff.).
4. Ein weiterer Ansatz liegt im bewussten Ausbalancieren von Breite und Tiefe: Wenn zum Beispiel beim *Harvesting* einerseits die Breite durch einen einzelnen Domaincrawl abgedeckt wird, kann demgegenüber die Tiefe nur mit häufiger wiederholten Einzelcrawls erreicht werden. Vielleicht lässt sich dieser Ansatz auch auf andere Materialgattungen übertragen, sodass definierte Kennzahlen oder aber auch festgelegte Aufwände, die in eine Materialgattung eingehen, umgesetzt werden, um so neu entstehende Publikationsformen abzudecken.
5. Auch definierte Patenschaften sind denkbar: So wie schon heute die Mitwirkung derjenigen, die hinter einzelnen Websites stehen, eine große Bedeutung hat, ist auch vorstellbar, dass eine ggf. auch rein virtuell organisierte Gruppe bei Auswahlentscheidungen berät und gleichzeitig Aufgaben im Bereich der kontinuierlichen Überwachung der Teilsammlung und ihrer permanenten

technischen Verfügbarkeit nebst Bereitstellung der erforderlichen Kontextinformationen übernimmt. Aber auch ganz fachgebundene Themenkonstellationen und entsprechende formative Zusammenhänge sind hier vorstellbar.

Bei allen Bemühungen muss die Bibliothek stets folgende Leitsätze beachten:
1. Je höher der Aufwand, der in Erwerbung und Erschließungsaktivitäten pro Objekt gesteckt wird, desto geringer ist die Breite, die gesammelt werden kann.
2. Wenn etwas gesammelt wird, kostet dies kontinuierlich weiter hohe Aufwände – die Kapazität, diese Aufwände über einen langen Zeitraum hinweg zu erbringen, muss vorhanden bzw. gesichert sein.
3. Das was die Bibliothek tut, wird transparent gehalten. In den Sammelrichtlinien spiegelt sich das Profil der Archivbibliothek, in dem dargelegt wird, welche Publikationen unter das Sammlungsmandat formal fallen und welche nicht. Mehr noch: Sie regeln so primär die Verfahrensweisen der Einrichtung auf der operativen Ebene, sind aber gleichzeitig auch das Versprechen der Bibliothek an die Gesellschaft, dass sie das hier Ausgedrückte auch einlöst. Daran wird sich die Archivbibliothek letztlich auch messen lassen müssen – gerade in einer Zeit, in der die digitale Revolution auch Verunsicherungen auslöst und offene Fragen zur Nachhaltigkeit dieses Transformationsprozesses im Raum stehen. Insofern müssen die Sammelrichtlinien – insbesondere was die Internetpublikationen angeht – ständig angepasst werden.
4. Über das Vorgehen der Bibliothek gibt es einen Konsens. Das bedeutet, dass sie darlegen kann, was sie tut – dass sie also auch die Typologie dessen was sie tut – hier verstanden als die Prozesse, die sie nutzt – kennt und beschrieben hat.
5. Über das, was die Bibliothek tut, spricht sie mit Externen, sie tauscht sich letztlich mit der Gesellschaft aus und kommuniziert darüber. Sie muss sich immer wieder neu rückversichern. Gleichzeitig muss sie Verfahren entwickeln, die ihre Entscheidungen und Entscheidungsvorschläge auf eine begründete Grundlage bringen, also zum Beispiel bibliometrische Dienste zur Ermittlung der Häufigkeit von Zitationen nutzen.
6. Eine weitere Option liegt in der teilautomatisierten Anlage von reinen Verzeichnisdiensten: Objekte, die noch nicht oder nie gesammelt werden können, werden mit der Webadresse, unter der sie im Netz erreicht werden können, verzeichnet. Der Verzeichnisdienst dient so einerseits als Desideratenliste, andererseits als Dokumentation der Sammlungswürdigkeit. Ressourcen, die, auch wenn sie gesammelt werden, nicht oder irgendwann nur noch unvollständig zugänglich sind, könnten so einem Nachweis darüber

zugeführt werden, dass es eine Seite oder ein Angebot einmal gab, von dem nur noch ein Screenshot erhalten ist.

Wenn es früher einen erheblichen Aufwand kostete, etwas zu erwerben, und der nachträgliche Aufwand zum Erhalt des Objekts überschaubar blieb, so haben wir heute eine Situation, in der die Sammlung selbst oft nur einen überschaubaren und damit beherrschbaren Aufwand erzeugt; die dauerhaft zu erbringende Überwachungs- und Archivierungsleistung ist dagegen aber sehr viel aufwändiger. In den Abläufen der Bibliotheken spiegelt sich dies insofern, als sehr bewusst zwischen dem selektiven *Harvesting* von Informationsressourcen mit hohen Anforderungen an die Qualität der begleitenden Metadaten und dem Breitenansatz des massenhaften *Harvesting* unterschieden wird. Das Insistieren der Bibliothekare auf vollständigen, differenziert erhobenen Metadatensets wirkt dabei zuweilen anachronistisch, bezeugt eigentlich aber nichts anderes als die berechtigten Skrupel vor einer ungeprüften und nicht mehr beherrschbaren massenhaften Übernahme von Objekten, über deren zukünftige Verfügbarkeit nichts gesagt werden kann.

Eines der wesentlichen Probleme ist, dass die traditionellen Erschließungsleistungen, die im Bereich des klassischen Publikationssektors als Teil der Vertriebsleistungen existieren, im Web nicht zur Verfügung stehen. Zwar gibt es dazu Ansätze wie schema.org, aber der Verbreitungsgrad ist noch sehr überschaubar.[9] Noch immer gilt, dass das, was nicht erschlossen oder auf anderem Wege greifbar ist, nicht existiert. Nur das, was eine Suchmaschine indexieren kann, ist greifbar, aber die schiere Menge limitiert hier die Möglichkeiten und versperrt letztlich den Weg ins Archiv. Je mehr Objekte vorhanden sind, umso bedeutungsloser wird das einzelne (vgl. Jochum 1998, 14ff.; Ernst 2007, 86ff., 148).

Im Zeitalter des Netzes kann eine Bibliothek nicht mehr autonom ihre Entscheidungen fällen und umsetzen, sondern ist von vielen externen Faktoren abhängig. Sie muss sich ihres Tuns in ganz anderer Weise als früher versichern und an einer neuen Typologie der Auswahl arbeiten.

Überall da, wo der Topos der Vollständigkeit noch eine Rolle spielt, stehen Veränderungen an. Dies gilt auch für das Sondersammelgebietssystem der DFG: Ursprünglich auf Vollständigkeit angelegt wird das kooperativ getragene System nun mit Blick auf die digitalen Publikationen reformiert, explizit dazu gehört die Forderung nach einer schärferen Definition des Terminus Vollständigkeit (s. DFG 2011a, 5), der fachspezifisch neu gefasst wird (s. DFG 2011b, 7).

---

9 Vgl. http://www.schema.org.

Eindeutige, alle Facetten abdeckende Antworten auf diese grundsätzliche Fragestellung gibt es sicherlich nicht, aber die DNB versucht, im Dialog mit Einrichtungen und Experten inner- und außerhalb der engeren Bibliothekscommunity Lösungsansätze und -grundsätze zu formulieren und Absprachen für ein gemeinsam getragenes und breit abgesichertes Verständnis des kulturellen Erbes im digitalen Zeitalter zu gewinnen und in den Dialog mit ihren Aufsichtsgremien einzubringen. Ziel ist es, einen politisch-gesellschaftlich akzeptierten und regelmäßig vergewisserten Konsens zu Sammlungsprinzipien im digitalen Zeitalter herzustellen, zu dokumentieren und dadurch die Arbeit der DNB im Bereich der Sammlung und ggf. Auswahl repräsentativer digitaler Quellen fachlich und rechtlich zu legitimieren. Aktivitäten, die sich auf die Erfüllung der repräsentativen oder qualitativen Vollständigkeit richten, bedürfen daher des kontinuierlichen Dialogs mit gesellschaftlichen Gruppen: Entscheidungen über Sammelaktivitäten – seien es neu hinzunehmende oder seien es ausschließende – unterliegen dieser auseinandersetzenden Bewertung und der kontinuierlichen Diskussion und anschließenden Dokumentation. Daher bereitet die DNB solche Entscheidungen nicht im Verborgenen vor, sondern sucht den Dialog mit der Fachwelt und der Öffentlichkeit, führt Veranstaltungen und Workshops durch und hält diese Aktivitäten transparent (vgl. Kett 2014).

# Literatur

Assmann, A. (2013a): Das neue Unbehagen an der Erinnerungskultur. Eine Intervention. München: Beck.
Assmann, A. (2013b): Ist die Zeit aus den Fugen? Aufstieg und Fall des Zeitregimes der Moderne. München: Hanser.
Assmann, A. (2006): Der lange Schatten der Vergangenheit. Erinnerungskultur und Geschichtspolitik. München: Beck.
Assmann, A. (1999): Erinnerungsräume. Formen und Wandlungen des kulturellen Gedächtnisses. München: Beck.
Assmann, J. (1998): Moses der Ägypter. Entzifferung einer Gedächtnisspur. München: Hanser.
Burkhardt, M. (2010): „Archive des Digitalen. Medienphilosophische Überlegungen zu Utopie, Dystopie und Realität digitaler Archivierung". In: Archivierung von digitaler Literatur: Probleme – Tendenzen – Perspektiven. Frankfurt/Main: Peter Lang, 21–36. (= Siegener Periodicum zur Internationalen Empirischen Literaturwissenschaft SPIEL 29:1/2).
Bergmeyer W. et al. (Hrsg.) (2009): „Digitale Bilder". In: Langzeiterhaltung digitaler Daten in Museen. Tipps zur dauerhaften Bewahrung digitaler Daten. http://files.dnb.de/nestor/sheets/10_bilder.pdf.
DFG (2011a): Deutsche Forschungsgemeinschaft: infobrief. Zahlen und Fakten zur Forschungsförderung 02/2011. Bonn: DFG. http://www.dfg.de/download/pdf/dfg_im_profil/evaluation_statistik/programm_evaluation/ib02_2011.pdf.

DFG (2011b): Deutsche Forschungsgemeinschaft: Evaluierung des von der Deutschen Forschungsgemeinschaft geförderten Systems der Sondersammelgebiete. Empfehlungen der Expertenkommission SSG-Evaluation auf Grundlage der Ergebnisse der Evaluierungsuntersuchung der Prognos AG. Bonn: DFG. http://www.dfg.de/download/pdf/dfg_im_profil/evaluation_statistik/programm_evaluation/studie_evaluierung_sondersammelgebiete_empfehlungen.pdf.

Didi-Huberman, G.; Ebeling, K. (2007): Das Archiv brennt. Berlin: Kulturverlag Kadmos.

Dimbath, O.; Wehling, P. (Hrsg.) (2011): Soziologie des Vergessens: Theoretische Zugänge und empirische Forschungsfelder. Konstanz: UVK.

DNBG (2009): Gesetz über die Deutsche Nationalbibliothek (DNBG) vom 22. Juni 2006 (BGBl. I, S. 1338), das durch Artikel 15 Absatz 62 des Gesetzes vom 5. Februar 2009 (BGBl. I, S. 160) geändert worden ist. http://www.gesetze-im-internet.de/dnbg/index.html.

Dorfmüller, K. (1989): Bestandsaufbau an wissenschaftlichen Bibliotheken. Frankfurt/Main: Klostermann.

Dreier, T. (2005): „Kulturelles Gedächtnis – Digitales Gedächtnis. Eine Einführung". In: T. Dreier; E. Euler (Hrsg.): Kulturelles Gedächtnis im 21. Jahrhundert. Tagungsband des internationalen Symposions 23. April 2005. Karlsruhe: Universitätsverlag, 3–17.

Erll, A. (2011): Kollektives Gedächtnis und Erinnerungskulturen. 2. Aufl. Stuttgart: Metzler.

Gantert, K.; Hacker, R. (2008): Bibliothekarisches Grundwissen. München: Saur.

Göttker, S.; Wein, F. (Hrsg.) (2014): Neue Formen der Erwerbung. Berlin: de Gruyter.

Hagen, W. (2011): „Medienvergessenheit. Über Gedächtnis und Erinnerung in massenmedial orientierten Netzwerken". In: O. Dimbath; P. Wehling (Hrsg.): Soziologie des Vergessens: Theoretische Zugänge und empirische Forschungsfelder. Konstanz: UVK, 243–274.

Halle, A. (2004): „Medium und Gedächtnis aus bibliothekarischer Sicht". In: F. Sick (Hrsg.): Medium und Gedächtnis. Von der Überbietung der Grenze(n). Frankfurt/Main: Europäischer Verlag der Wissenschaften, 31–42.

Hein, S. et al. (2012): Spezifikation der Dateiformat-Policy für die Sammlung von Netzpublikationen der Deutschen Nationalbibliothek. Erläuterungen zur Handhabung. urn:nbn:de:101-2012102408.

IASA Technical Committee (2009): Guidelines on the Production and Preservation of Digital Audio Objects. Hg. v. K. Bradley.

Jendral, L. (2013): „Die elektronische Pflicht in den Bundesländern". Bibliotheksdienst 47:8-9, 592–596.

Jendral, L. (2012): „Das Beispiel edoweb des Landesbibliothekszentrums Rheinland-Pfalz". In: Arbeitsgemeinschaft für wirtschaftliche Verwaltung (Hrsg.): Informationen Special: Webarchivierung. Eschborn: Selbstverlag, 6–8.

Jochum, U. (1998): „Die Bibliothek als locus communis". In: A. Assmann (Hrsg.): Medien des Gedächtnisses. Stuttgart: Metzler, 14–30.

Kaufer, M. (2008): Erwerbungsprofile in wissenschaftlichen Bibliotheken. Eine Bestandsaufnahme. Graz: Neugebauer.

Kett, J. (2014): „Dynamisches Bewahren!? – Ein Veranstaltungsrückblick". Dialog mit Bibliotheken 26:1, 72–73.

Knight, G. (2009): InSPECT Framework Report. http://www.significantproperties.org.uk/inspect-framework.pdf.

Lawrence, B. et al. (2011): „Citation and Peer Review of Data: Moving Towards Formal Data Publication". International Journal of Digital Curation 6:2, 4–37. http://dx.doi.org/10.2218/ijdc.v6i2.205.

Library of Congress (2014): Sustainability of Digital Formats. Planning for Library of Congress Collections. http://www.digitalpreservation.gov/formats/index.shtml.

Ludwig, J. (2010a): „Formate". In: H. Neuroth et al. (Hrsg.) (2010): nestor-Handbuch: Eine kleine Enzyklopädie der digitalen Langzeitarchivierung (Version 2.3). http://nestor.sub.uni-goettingen.de/handbuch/.

Ludwig, J. (2010b): „Auswahlkriterien". In: H. Neuroth et al. (Hrsg.) (2010): nestor-Handbuch: Eine kleine Enzyklopädie der digitalen Langzeitarchivierung (Version 2.3). http://nestor.sub.uni-goettingen.de/handbuch/.

Matthias, A.; Wiechmann, B. (2014): Sammelrichtlinien. http://nbn-resolving.de/urn/resolver.pl?urn:nbn:de:101-2012022707.

Mayer-Schönberger, V. (2010): Delete: Die Tugend des Vergessens in digitalen Zeiten. Berlin: Berlin University Press.

Münker, S. (2011): „Philosophie der Digitalisierung – Digitalisierung der Philosophie". In: C. Haug; V. Kaufmann (Hrsg.): Die digitale Bibliothek. Wiesbaden: Harrassowitz, 31–41.

nestor-Arbeitsgruppe Digitale Bestandserhaltung (Hrsg.) (2012): Leitfaden zur digitalen Bestandserhaltung. Vorgehensmodell und Umsetzung (Version 2.0). http://nbn-resolving.de/urn/resolver.pl?urn:nbn:de:0008-2012092400.

Neuroth, H. et al. (Hrsg.) (2010): nestor-Handbuch: Eine kleine Enzyklopädie der digitalen Langzeitarchivierung (Version 2.3). http://nestor.sub.uni-goettingen.de/handbuch/.

Pflichtablieferungsverordnung vom 17. Oktober 2008 (BGBl. I S. 2013) (2008). http://www.gesetze-im-internet.de/pflav/index.html.

Ravenwood, C. et al. (2012): „Selection of Digital Material for Preservation in Libraries". Journal of Librarianship and Information Science 45:4, 294–308.

Rösch, H. (2012): „Die Bibliothek und ihre Dienstleistungen". In: K. Umlauf; S. Gradmann (Hrsg.): Handbuch Bibliothek. Geschichte, Aufgaben, Perspektiven. Stuttgart: Metzler, 89–110.

Signori, B. (2012): „Erschließung am Beispiel des Webarchivs Schweiz". In: Arbeitsgemeinschaft für wirtschaftliche Verwaltung (Hrsg.): Informationen Special: Webarchivierung. Eschborn: Selbstverlag, 25–29.

UNESCO (1992): Memory of the World. http://www.unesco.org/new/en/communication-and-information/flagship-project-activities/memory-of-the-world/homepage/.

Watzlawick, P. (2011): Man kann nicht nicht kommunizieren. Bern: Huber.

Dieter Dörr
# Die Verweildauerkonzepte bei Internetangeboten der öffentlich-rechtlichen Rundfunkanstalten

## Einleitung

Seit am 1. Juni 2009 der Zwölfte Rundfunkänderungsstaatsvertrag in Kraft getreten ist, enthalten der Rundfunkstaatsvertrag (RStV) und die auf dieser Grundlage ergangenen Telemedienkonzepte der ARD-Landesrundfunkanstalten und des ZDF klare Vorgaben, welche Abrufangebote öffentlich-rechtliche Rundfunkanstalten im Internet bereitstellen und wie lange diese dort verweilen dürfen. Hintergrund der Regelungen im Rundfunkstaatsvertrag war eine Einstellungsentscheidung der Europäischen Kommission vom 24. April 2007,[1] in der förmlich unterbreitete Zusagen Deutschlands festgeschrieben worden waren. Diese Zusagen sahen vor, dass Deutschland innerhalb von zwei Jahren verschiedene „zweckdienliche Maßnahmen" – durch Umsetzung im Rundfunkstaatsvertrag – ergreifen musste, die nach Ansicht der Kommission dazu geeignet waren, die beihilfenrechtlichen Bedenken gegen die bisherige Ausgestaltung der Rundfunkgebühr auszuräumen.[2] Diese Bedenken der Kommission bezogen sich gerade auch auf die Onlineangebote des öffentlich-rechtlichen Rundfunks, die in Deutschland als *Telemedien* bezeichnet werden. Insoweit sagte Deutschland zu, präziser als bisher zu regeln, welche Angebote der öffentlich-rechtliche Rundfunk in diesem Bereich machen darf. Insbesondere legte die Kommission Wert darauf, dass die Angebote *journalistisch-redaktionell* veranlasst und gestaltet sind.

Die entsprechenden förmlichen Zusagen Deutschlands waren nach Maßgabe der Einstellungsentscheidung bis zum 24. April 2009 umzusetzen. Der Entwurf der entsprechenden Rechtsvorschriften musste der Kommission rechtzeitig vorgelegt werden. Auch die endgültige ratifizierte Fassung des Rundfunkstaatsvertrages war der Kommission zu unterbreiten, damit diese die Einhaltung der Zusagen prüfen konnte. Die Umsetzung der Zusagen erfolgte durch den 12. Rund-

---

[1] Entscheidung der Kommission vom 24.04.2007, K(2007) 1761 endg., teilweise abgedruckt in epd medien 39/2007, 3ff.; vgl. dazu auch epd medien 32/2007, 12f.; MMR 2007, XIVf.
[2] Vgl. Pressemitteilung IP/07/543 und MEMO/07/150 zu den Details der Einigung im Rahmen der Entscheidung v. 24.04.2007, K(2007) 1761 endg., tw. abgedr. in epd medien 39/2007, Ziff. 7.4.ff.

funkänderungsstaatsvertrag zum 1. Juni 2009. Die Kommission sah durch den Erlass dieser Rechtsvorschriften die Zusagen als erfüllt an.

Zunächst haben die Länder in § 11a RStV eindeutig klargestellt, dass die öffentlich-rechtlichen Rundfunkanstalten neben Hörfunk- und Fernsehprogrammen auch Telemedien, also Abrufangebote im Internet, verbreiten dürfen. Damit zählen nicht mehr nur der klassische Rundfunk, sondern auch die Telemedien zum Auftrag der öffentlich-rechtlichen Sender. Allerdings dürfen diese Telemedien nur nach Maßgabe des Rundfunkstaatsvertrages anbieten. Insoweit verlangt § 11d Abs. 1 RStV, dass die Angebote journalistisch-redaktionell veranlasst und gestaltet sein müssen. Überdies sollen die Angebote bestimmten Zielen dienen. Dazu zählen gemäß § 11d Abs. 3 RStV die Teilhabe aller Bevölkerungsgruppen an der Informationsgesellschaft, das Angebot von Orientierungshilfe und die Förderung von technischer und inhaltlicher Medienkompetenz aller Generationen und von Minderheiten.

Zudem enthält die Anlage zu dem Staatsvertrag die zugesagte *Negativliste* von Angebotsformen, die seitens des öffentlich-rechtlichen Rundfunks nicht stattfinden dürfen. In der Negativliste sind etwa die von der Kommission besonders kritisch eingeschätzten Online-Kontaktdienste und Online-Spiele ohne Sendungsbezug aufgenommen worden. Bei der Ausgestaltung der Negativliste im Einzelnen hatten die Länder durchaus Gestaltungsspielräume. Sie waren lediglich verpflichtet, eine solche Verbotsliste aufzustellen und in diese kostenpflichtige Spiele, elektronischen Geschäftsverkehr und unmittelbare Verweisungen zu direkten Kaufaufforderungen aufzunehmen. Nunmehr enthält die Liste, die dem 12. Rundfunkänderungsstaatsvertrag als Anlage zu § 11d Abs. 5 Satz 4 RStV beigefügt ist, siebzehn Positionen, die dem öffentlich-rechtlichen Rundfunk als Telemedienangebote verwehrt sind, und geht damit weit über die Zusagen, die der Kommission gemacht wurden, hinaus.[3]

Schließlich trägt der Rundfunkstaatsvertrag den Vorgaben der Einstellungsentscheidung auch insoweit Rechnung, als *Sponsoring und Werbung* und eine *flächendeckende lokale Berichterstattung* in Telemedien gemäß § 11d Abs. 5 Satz 1 und 3 RStV nicht stattfinden dürfen.

Außerdem sind *nichtsendungsbezogene presseähnliche Angebote* des öffentlich-rechtlichen Rundfunks nach § 11d Abs. 3 Nr. 3 RStV unzulässig. Gerade diese nicht durch die Einstellungsentscheidung vorgegebene Begrenzung hat praktisch eine große Bedeutung. Sie führte dazu, dass eine Reihe von bisher vorliegenden Telemedienangeboten nicht mehr verbreitet werden durften. So kündigte das ZDF

---

3 Vgl. zu den Einzelheiten Hartstein et al. (2013), § 11d Rn. 14, 37.

an, sein Internetangebot drastisch zu reduzieren,[4] und handelte entsprechend. Zwar wird in § 2 Abs. 2 Nr. 20 RStV definiert, was unter einem presseähnlichen Angebot zu verstehen ist: Dort ist ausdrücklich festgehalten, dass presseähnliche Angebote nicht nur *elektronische Ausgaben von Printmedien*, also die unveränderte Wiedergabe von gedruckten Zeitschriften und Zeitungen im Internet, sind. Vielmehr sollen darunter alle journalistisch-redaktionell gestalteten Angebote zu verstehen sein, die nach Gestaltung und Inhalt Zeitungen oder Zeitschriften entsprechen. Dabei hilft das Merkmal des Inhaltes nahezu gar nicht weiter. Zeitungen oder Zeitschriften weisen mannigfaltige Inhalte auf, die von Information über Kultur und Bildung bis hin zur Unterhaltung reichen. Damit unterscheiden sie sich in nichts von klassischen Hörfunk- und Fernsehangeboten. Als einziges aussagekräftiges Merkmal verbleibt demnach die Gestaltung. Bei Zeitungen und Zeitschriften stehen einmal stets das Wort und das unbewegte Bild deutlich im Vordergrund. Zudem enthalten sie meist Meldungen und Kommentare. Die stärkere Verwendung von Bewegtbildern spricht dagegen, dass ein presseähnliches Angebot vorliegt. Man muss auf das Gesamtbild des jeweiligen Online-Angebots abstellen. Wenn dieses der Gestaltung nach einer Tageszeitung oder einer Zeitschrift nahekommt, liegt ein presseähnliches Angebot vor. Dies wird man allerdings nicht bei denjenigen Angeboten bejahen können, bei denen herkömmliche Elemente aus Zeitungen und Zeitschriften einerseits sowie Fernsehen andererseits gemischt oder ganz neue Präsentationsformen gewählt werden. Die Einzelheiten sind aber weiterhin umstritten und Gegenstand andauernder Rechtsstreitigkeiten zwischen Zeitungsverlegern und öffentlich-rechtlichen Rundfunkanstalten.[5]

Darüber hinaus wird der Auftrag des öffentlich-rechtlichen Rundfunks, bezogen auf alle von ihm gemachten Angebote, auch allgemein präzisiert, obwohl dies die Kommission nicht verlangt hat. Bemerkenswert ist dabei, dass § 11 Abs. 1 Satz 6 RStV vorschreibt, dass auch die *Unterhaltung* einem öffentlich-rechtlichen Angebotsprofil entsprechen soll. Dies ist keineswegs, wie Kritiker eingewandt haben, eine im Hinblick auf die Programmautonomie problematische Gängelung des öffentlich-rechtlichen Rundfunks, sondern eine Selbstverständlichkeit. Mit all seinen Angeboten, gerade auch mit der Unterhaltung, haben die öffentlich-rechtlichen Anstalten ihren besonderen Auftrag zu erfüllen.

---

4 Vgl. epd medien 41/2009, 10.
5 Vgl. dazu OLG Köln, Urteil vom 20. Dezember 2013 – I-6 U 188/12, 6 U 188/12, Magazindienst 2014, 141–151; LG Köln, Urteil vom 27. September 2012 – 31 O 360/11 –, juris.

# Die Notwendigkeit einer konkreten Betrauung der öffentlich-rechtlichen Rundfunkanstalten mit bestimmten Online-Angeboten

## Allgemeines

Im Beihilfeverfahren ging es der Europäischen Kommission in erster Linie darum, dass der öffentlich-rechtliche Rundfunk mit bestimmten Aufgaben betraut sein muss. Nur unter dieser Voraussetzung ist es nach ihrer Vorstellung zulässig, dass er zur Erfüllung dieser hinreichend klar umrissenen Aufgaben aus öffentlichen Mitteln, also durch Rundfunkgebühren bzw. seit dem 1. Januar 2013 durch Rundfunkbeiträge, finanziert wird. Diese Sichtweise stützt die Kommission auf das grundsätzliche *Beihilfeverbot* des Art. 107 Abs. 1 des Vertrages über die Arbeitsweise der Europäischen Union (AEUV) und Art. 106 Abs. 2 AEUV, der Ausnahmen vom Beihilfeverbot zulässt, wenn ein Unternehmen mit Dienstleistungen von allgemeinem wirtschaftlichen Interesse betraut ist, soweit die Anwendung des Beihilfeverbots die Erfüllung der ihnen übertragenen besonderen Aufgabe rechtlich oder tatsächlich verhindert. Dazu müssen die übertragenen besonderen Aufgaben klar und eindeutig vom Staat definiert sein. Zur Präzisierung der Aufgabe, die öffentlich-rechtliche Rundfunkanstalten erfüllen, sagte die Bundesrepublik Deutschland ein besonderes Beauftragungsverfahren, den sogenannten *Drei-Stufen-Test*, zu, das die Kommission als angemessen akzeptierte. Obwohl die Länder in den Verhandlungen mit Brüssel diesen Drei-Stufen-Test als „Königsweg" vorgeschlagen hatten, machten sie davon auch im Bereich der Telemedien nur teilweise Gebrauch. Sie entschieden sich für eine Mischung aus einem geschlossenen und einem offenen System.[6]

Mit bestimmten Telemedien werden die öffentlich-rechtlichen Anbieter durch den Staatsvertrag selber, also durch das Gesetz, betraut, ohne dass es eines Drei-Stufen-Tests bedarf. Diese Angebote sind in § 11d Abs. 2 Nr. 1, 2 RStV aufgeführt. Danach sind die öffentlich-rechtlichen Anbieter ohne Weiteres berechtigt, Sendungen auf Abruf bis zu sieben Tage, bei Großereignissen im Sinne des § 4 Abs. 2 RStV und Fußballbundesligaspielen bis zu 24 Stunden bereitzustellen. Zudem dürfen sie auf eine konkrete Sendung bezogene Telemedien bis zu sieben Tage ebenfalls anbieten, ohne einen Drei-Stufen-Test zu durchlaufen. Bei diesen Online-Angeboten ist also die Verweildauer durch Gesetz begrenzt, nämlich auf

---

6  Vgl. dazu Badura (2009), 259–261.

sieben Tage bzw. bei Großereignissen, wozu ausschließlich Sportveranstaltungen wie Olympische Spiele, Fußball-Europa- und -Weltmeisterschaften sowie Spiele der 1. und 2. Fußballbundesliga zählen, auf bis zu 24 Stunden

## Der Drei-Stufen-Test

Nur für diejenigen neuen oder veränderten Online-Angebote (Telemedien) des öffentlich-rechtlichen Rundfunks, die nicht schon kraft Gesetzes nach Maßgabe des § 11d Abs. 2 Nr. 1, 2 RStV dem öffentlich-rechtlichen Rundfunk als Aufgabe übertragen worden sind, findet der Drei-Stufen-Test Anwendung. Daher ist der Drei-Stufen-Test gemäß § 11d Abs. 2 Nr. 3 RStV durchzuführen, wenn der öffentlich-rechtliche Rundfunk nichtsendungsbezogene Telemedien anbieten will. Zudem findet der Drei-Stufen-Test nach § 11d Abs. 2 Nr. 3 RStV auch dann statt, wenn die Verweildauer von Sendungen auf Abruf bzw. von sendungsbezogenen Telemedien über die in § 11 Abs. 2 Nr. 1, 1. Halbsatz und Nr. 2 vorgesehenen Fristen hinaus verlängert werden soll. Dagegen ist eine Verlängerung der Verweildauer von Abrufsendungen bei Großereignissen sowie bei Spielen der 1. und 2. Fußballbundesliga nicht möglich. Zudem hat bei allen nicht-sendungsbezogenen Telemedien ein Drei-Stufen-Test stattzufinden. Wegen der überaus engen Definition der sendungsbezogenen Telemedien stellen die meisten Online-Angebote des öffentlich-rechtlichen Rundfunks nicht sendungsbezogene Telemedien dar und mussten daher den Drei-Stufen-Test erfolgreich durchlaufen. Dies galt auch für den ‚Altbestand', also die Angebote, die über den 31. Mai 2009 hinaus fortgeführt werden sollten. Grund dafür war die Übergangsbestimmung des Art. 7 Abs. 1 des Zwölften Rundfunkänderungsstaatsvertrags. Danach galten die Anforderungen des § 11d RStV auch für alle bestehenden Telemedien. Dieser Bestand war, wenn er fortgeführt werden sollte, zunächst in Telemedienkonzepten den Ländern darzulegen und hatte sodann das Drei-Stufen-Verfahren zu durchlaufen. Allerdings hatten die Länder eine Übergangszeit eingeräumt. Die Verfahren waren bis zum 31. August 2010 abzuschließen. Bis zum Abschluss des Verfahrens war die Fortführung bestehender Angebote zulässig.[7]

Fraglich ist nach der Gesetzesformulierung, ob ein Drei-Stufen-Test greift, wenn zeitlich unbefristet Archive mit zeit- und kulturgeschichtlichen Inhalten ins Netz gestellt werden. Gemäß § 11d Abs. 2 Nr. 4 RStV darf dies nach Maßgabe der zu erstellenden Telemedienkonzepte, die die Zielgruppen, Inhalte, Ausrichtungen und Verweildauer der geplanten Angebote konkretisieren, erfolgen. Was

---

[7] Eingehend zur Bedeutung der Übergangsbestimmung Schmidt/Eicher (2009), 6.

dieser Verweis auf die Telemedienkonzepte und damit auf § 11f Abs. 1 RStV bedeutet, bleibt nach dem Wortlaut der Bestimmung unklar. Die Formulierung scheint dafür zu sprechen, dass ein Fall der gesetzlichen Beauftragung vorliegt und die Angebote lediglich in den zu erstellenden Telemedienkonzepten aufgeführt werden müssen. Dafür lässt sich auch die amtliche Begründung zu § 11d Abs. 2 Nr. 4 RStV ins Feld führen, die wie folgt lautet:

> Absatz 2 Nr. 4 umfasst den Auftrag zeitlich unbefristeter Archive mit zeit- und kulturgeschichtlichen Inhalten nach Maßgabe der gemäß § 11f zu erstellenden Telemedienkonzepte. Diese Regelung berücksichtigt die Tatsache, dass die öffentlich-rechtlichen Rundfunkanstalten jeweils seit ihrer Gründung Archive mit Ton- und Bilddokumenten angelegt haben, deren Zurverfügungstellung in Form von Telemedien den demokratischen, sozialen und kulturellen Bedürfnissen der Gesellschaft entspricht [...]. Telemedien der Rundfunkanstalten, die sich mit Inhalten dieses Charakters befassen, entsprechen der Beauftragung.

Anders fällt die Bewertung aus, wenn man den Wortlaut und die Systematik des § 11f Abs. 1 u. 4 RStV berücksichtigt. Danach erfasst § 11f Abs. 1 sowohl die Angebote nach § 11d Abs. 2 Nr. 3 als auch nach § 11d Abs. 2 Nr. 4 RStV. Für alle nach Abs. 1 geplanten neuen oder veränderten Angebote ist nach dem eindeutigen Wortlaut des § 11f Abs. 4 RStV ein Drei-Stufen-Test durchzuführen. Dies gilt auch für die Archive mit zeit- und kulturgeschichtlichem Inhalt. Zwar mag es sein, dass dies dem historischen Willen des Gesetzgebers nicht entspricht und dieses Ergebnis, das durch den Verweis des § 11f Abs. 4 RStV auf § 11f Abs. 1 RStV bedingt ist, nicht beabsichtigt war. Aber der historische Wille ist nur ein Auslegungskriterium, dem zudem gegenüber der systematischen und teleologischen Auslegung nur eine untergeordnete Bedeutung zukommt. Hinzu kommt, dass sich der Wille des Gesetzgebers aus der Begründung zu § 11d Abs. 2 Nr. 4 RStV allein nicht eindeutig ergibt, zumal bei der Begründung zu § 11f Abs. 4 RStV jegliche Erläuterungen zu dieser Problematik fehlen. Demnach bleibt im Ergebnis festzuhalten, dass auch bei zeitlich unbefristeten Archiven mit zeit- und kulturgeschichtlichen Inhalten ein Drei-Stufen-Test durchzuführen ist.[8]

Das Drei-Stufen-Verfahren ist zwar dem *Public-Value-Test* nachgebildet, weist aber deutliche Unterschiede auf.[9]

Zu Beginn des Verfahrens steht die Frage, ob ein neues bzw. verändertes Angebot vorliegt. Nach dem Staatsvertrag ist dies insbesondere dann der Fall, wenn die inhaltliche Gesamtausrichtung des Angebots oder die angestrebte Ziel-

---

[8] So auch Kops et al. (2009), 126f.; ebenso Hain (2009), 110–111.
[9] Das Verfahren wird instruktiv erläutert von Henle (2007), 3–6; Peters (2009) 26–34; Sokoll (2009), 885–889; dagegen die Rolle des Gesetzgebers unterschätzend Wiedemann (2007), 30.

gruppe verändert werden. Im Übrigen müssen die öffentlich-rechtlichen Rundfunkanstalten in Satzungen oder Richtlinien die Kriterien übereinstimmend festlegen. Liegt nach diesen Kriterien ein neues oder geändertes Vorhaben vor, ist zwingend der Drei-Stufen-Test durchzuführen, der in der Hand des Rundfunk- bzw. Fernsehrates liegt.

Auf der ersten Stufe muss geprüft werden, ob das neue bzw. geänderte Angebot zum *öffentlichen Auftrag* gehört, also den demokratischen, sozialen und kulturellen Bedürfnissen der Gesellschaft sowie den oben erläuterten präzisierten materiell-rechtlichen Anforderungen für Telemedien entspricht und nicht unter die Negativliste fällt.

Ist dies der Fall, ist auf der zweiten Stufe zu untersuchen, ob das Angebot in *qualitativer Hinsicht* zum Wettbewerb beiträgt. Dabei sind Umfang und Qualität der vorhandenen Angebote sowie die marktrelevanten Auswirkungen des geplanten Angebots und die meinungsbildende Funktion des vorgesehenen Angebots angesichts bereits vorhandener Angebote zu berücksichtigen. Diese zweite Stufe bildet das Herzstück des Verfahrens.

Auf der dritten Stufe geht es schließlich um den *finanziellen Aufwand* für die Erbringung des geplanten Angebots. Richtig verstanden bedeutet dies, dass der finanzielle Aufwand in einem angemessenen Verhältnis zu dem öffentlichen Nutzen, also dem publizistischen Mehrwert stehen muss.

Damit ist das Verfahren aber noch nicht abgeschlossen. Vielmehr ist bei einer positiven Entscheidung des zuständigen Gremiums, die mit der Mehrheit von zwei Dritteln der anwesenden Mitglieder, die mindestens die Mehrheit der gesetzlichen Mitglieder bilden müssen, getroffen werden muss, das Ergebnis der Prüfung der *Rechtsaufsicht* vorzulegen. Nach der Prüfung der für die Rechtsaufsicht zuständigen Behörde mit positivem Ausgang ist die Beschreibung des neuen bzw. veränderten Angebots in den amtlichen Verkündungsblättern der betroffenen Länder zu veröffentlichen. Erst in dieser Bestätigung durch die Rechtsaufsicht, die einen Verwaltungsakt darstellt,[10] und der Veröffentlichung sieht die Europäische Kommission den nach ihrer Auffassung nach Maßgabe des Art. 86 Abs. 2 EG erforderlichen *Betrauungsakt*.

---

10 Dörr (2009), 904; Hain (2012), 322; Hain/Brings (2012), 1497; so auch OLG Köln, Urteil vom 20. Dezember 2013 – I-6 U 188/12, 6 U 188/12, Magazindienst 2014, 141–151.

## Die gesetzlichen Vorgaben für die Verweildauer

Die Bestimmung des § 11d Abs. 2 Nr. 3 RStV verlangt zwingend, dass in den *Telemedienkonzepten* angebotsabhängig eine Befristung für die Verweildauer vorzunehmen ist. Dies gilt auch in den Fällen, in denen die in § 11d Abs. 2 Nr. 1, 1. Halbsatz (Sendungen auf Abruf) und Nr. 2 (sendungsbezogene Telemedien) RStV vorgesehene Verweildauer der geplanten Angebote verlängert werden soll.[11] Demnach ist stets eine Befristung vorzunehmen, eine unbefristete Bereitstellung von Angeboten ist grundsätzlich ausgeschlossen.

## Die zeitlich unbefristeten Archive

Eine Ausnahme gilt lediglich für die *Archive* mit zeit- und kulturgeschichtlichen Inhalten, die gemäß § 11d Abs. 2 Nr. 4 RStV nach einem erfolgreichen Drei-Stufen-Test *unbefristet* angeboten werden dürfen. Daher ist für die Verweildauer sehr bedeutsam, was unter Archiven zu verstehen ist. Die Vorschrift darf nicht dazu dienen, die zeitlichen Beschränkungen für Sendungen auf Abruf zu umgehen. Entscheidend ist dabei, dass zeit- und kulturgeschichtliche Inhalte vorliegen müssen, die allgemein in der Gesellschaft als prägend oder herausragend empfunden werden. Dabei wird, worauf auch die Begründung hinweist, unter Zeitgeschichte allgemein der geschichtliche Zeitraum, der der Gegenwart unmittelbar vorausgeht, verstanden. Den Gegenstand von Kulturgeschichte bilden nach allgemeiner Ansicht die Entwicklungen und Wandlungen im Bereich des geistig-kulturellen Lebens sowie deren Erforschung und Darstellung. Betrachtet wird das Handeln von Personen, Gesellschaften und Staaten im Hinblick auf kulturelle Muster und Orientierungen sowie deren institutionelle Verfestigung. Kulturgeschichte in diesem Sinn hinterfragt die individuellen und gruppenspezifischen Erfahrungen und Wahrnehmungen, Symbole, Wertesysteme und Sinndeutungen. Die Kulturgeschichte umfasst also den Ablauf und die Wandlung des gesellschaftlichen, geistigen, künstlerischen und wissenschaftlichen Lebens und ist damit Teil der Bildung. Nach Sinn und Zweck der Vorschrift können Inhalte dann unbefristet angeboten werden, wenn sie besondere Bedeutung für das Verstehen des Zeitgeschehens und der Kulturgeschichte haben.[12] Es ist für jedes Angebot im

---
11  Vgl. auch Hain (2009), 94–95.
12  Vgl. Held, in Hahn/Vesting (2012), § 11d Rn. 73.

Einzelfall nachzuweisen, dass ein solcher zeit- bzw. kulturgeschichtlicher Inhalt gegeben ist.[13]

## Die Verlängerung der Verweildauer für Programme auf Abruf sowie für auf eine konkrete Sendung bezogene Telemedien und die gesetzlich vorgesehene Frist von sieben Tagen

Fraglich ist aber, wie sich die gesetzlich vorgesehene Verweildauer von sieben Tagen für *Programme auf Abruf* und *auf eine konkrete Sendung bezogene Telemedien* zu der Möglichkeit verhält, diese Fristen nach Durchführung eines Drei-Stufen-Tests zu verlängern. Man könnte das Zusammenspiel der Bestimmungen des § 11d Abs. 2 Nr. 1, 1. Halbsatz, Nr. 2 RStV einerseits und § 11d Abs. 2 Nr. 3 RStV andererseits so verstehen, dass sie lediglich regeln, wann ein Drei-Stufen-Test durchzuführen ist. Wenn also die sieben Tage Verweildauer beachtet werden, ist der öffentlich-rechtliche Rundfunk nach dieser Ansicht mit diesen Telemedienangeboten bereits gesetzlich betraut. Will er solche Angebote über die Frist von sieben Tagen hinaus verbreiten, ist dies, folgt man dieser Auffassung, nach einem erfolgreichen Drei-Stufen-Test zulässig, ohne dass Besonderheiten zu beachten sind.

In einem solchen Verständnis erschöpft sich die Bedeutung der in § 11d Abs. 2 Nr. 1, 2 RStV verankerten Fristen allerdings nicht. Sie regeln im Zusammenspiel mit § 11d Abs. 2 Nr. 3 RStV nicht nur, wann ein Drei-Stufen-Test durchzuführen ist. Vielmehr lassen sich ihnen auch gesetzgeberische Leitbilder entnehmen, wie die Verweildauer eines solchen Angebots regelmäßig zu gestalten ist, um einen sachgerechten Ausgleich zwischen den publizistischen Belangen und den marktlichen Auswirkungen herbeizuführen. In diesem Sinne hat die Vorschrift des § 11d Abs. 2 Nr. 1, 2 RStV eine *Leitbildfunktion* bei der Anwendung von § 11f Abs. 4 RStV. Das Merkmal, in welchem Umfang durch das Angebot in qualitativer Hinsicht zum publizistischen Wettbewerb beigetragen wird, erfordert eine Gesamtbetrachtung aller relevanten Umstände unter maßgeblicher Berücksichtigung der Vorgaben des § 11d Abs. 2 Nr. 1, 2 RStV. Dem Leitbild des § 11d Abs. 2 Nr. 1, 2 RStV ist zu entnehmen, dass solche Angebote bei einer Verweildauer von sieben Tagen aus Sicht des Gesetzgebers regelmäßig in qualitativer Hinsicht zum publizistischen Wettbewerb beitragen. Längere Fristen wollte der Gesetzgeber also nur ausnahmsweise gestatten. Der Gesetzgeber geht demnach davon aus, dass bei einer längeren Verweildauer regelmäßig erhebliche marktliche Auswirkun-

---

**13** Vgl. Hartstein et al. (2013), § 11d Rn. 34.

gen drohen und wohl auch ein bedeutender finanzieller Aufwand erforderlich ist, auch wenn diese Annahmen im Drei-Stufen-Test widerleglich sind.

Dies bedeutet für den Rundfunk- bzw. Fernsehrat, dass es einer besonderen Begründung dafür bedarf, dass eine Verlängerung der in § 11d Abs. 2 Nr. 1, 2 RStV gesetzlich vorgesehenen Verweildauer für die dort genannten Angebote auch unter Berücksichtigung der marktlichen Auswirkungen in qualitativer Hinsicht zum publizistischen Wettbewerb beiträgt und im Hinblick auf den finanziellen Aufwand zu verantworten ist. Es muss also ein *Ausnahmefall* vorliegen. Nur dann kann die Verweildauer von sieben Tagen verlängert werden. Jedenfalls ist es nicht zulässig, die Fristen des § 11d Abs. 2 Nr. 1, 2 RStV über das Drei-Stufen-Testverfahren regelmäßig auszudehnen und auf diese Weise das gesetzgeberische Leitbild zu konterkarieren.[14]

## Die Verweildauer für die übrigen Abrufangebote

### a) Gesetzliche Rahmenbedingungen

Bei den übrigen Angeboten, also den *nicht-sendungsbezogenen Telemedien*, richtet sich die Verweildauer nach dem *Telemedienkonzept*. In diesen Telemedienkonzepten ist gemäß § 11d Abs. 2 Nr. 3, 2. Halbsatz RStV angebotsabhängig eine Befristung für die Verweildauer des jeweiligen Angebots vorzunehmen. Damit scheidet ein unbefristetes nichtsendungsbezogenes Telemedienangebot aus, wenn man von der bereits dargestellten Sonderregelung für Archive absieht. Die Bestimmung enthält aber keine Vorgaben, welche Kriterien bei der Festlegung der Verweildauer entscheidend sind. Insoweit enthält aber die Vorschrift des § 11f Abs. 4 RStV wertvolle Hinweise. Diese gibt, wie bereits dargestellt, die Kriterien vor, die beim Drei-Stufen-Test zu beachten, also für die Frage entscheidend sind, ob ein Telemedienangebot überhaupt erfolgen soll. Danach kommt es zunächst darauf an, ob das neue bzw. geänderte Angebot zum öffentlichen Auftrag gehört, also den demokratischen, sozialen und kulturellen Bedürfnissen der Gesellschaft entspricht. Darüber hinaus ist zu untersuchen, ob das Angebot in qualitativer Hinsicht zum Wettbewerb beiträgt. Dabei sind wiederum drei Aspekte von Bedeutung. Einmal sind Umfang und Qualität der vorhandenen, frei zugänglichen Angebote zu berücksichtigen. Zudem sind die marktrelevanten Auswirkungen des geplanten Angebots in Betracht zu ziehen. Auch ist die meinungsbildende Funktion des vorgesehenen Angebots angesichts bereits vorhandener, vergleich-

---

14  So Dörr (2009), 901; s.a. Held, in: Hahn/Vesting (2012), § 11d Rn. 54.

barer Angebote auch des öffentlich-rechtlichen Rundfunks in die Bewertung einzubeziehen. Schließlich ist neben diesen drei Aspekten der finanzielle Aufwand zu berücksichtigen.

Diese Kriterien lassen sich sinngemäß für die Frage nutzbar machen, für welchen Zeitraum Telemedienangebote zur Verfügung gestellt werden sollten. Dabei hat man sich daran zu orientieren, ob und inwieweit eine Bereitstellung über einen längeren Zeitraum zur Erfüllung der demokratischen, sozialen und kulturellen Bedürfnisse der Gesellschaft beiträgt. Entscheidend kommt es sodann darauf an, inwieweit eine längere Bereitstellung einen publizistischen Mehrwert mit sich bringt, also in qualitativer Hinsicht zum Wettbewerb beiträgt. In die Bewertung einzubeziehen sind insoweit marktliche Auswirkungen auf konkurrierende private Angebote. Schließlich spielen auch die möglichen Mehrkosten einer längeren Bereitstellung eine Rolle. Zusätzlich sind auch das Nutzerverhalten sowie die journalistische Relevanz zu berücksichtigen. Bei der Abwägung dieser Kriterien kommt dem Rundfunk- bzw. Fernsehrat, der über die Telemedienkonzepte und damit auch die darin enthaltenen Verweildauerfestlegungen zu befinden hat, ein weiter *Beurteilungsspielraum* zu. Es ist seine Aufgabe, die zu berücksichtigenden Kriterien angemessen miteinander in Einklang zu bringen.

### b) Das Telemedienkonzept des WDR als Beispiel

So weist das Telemedienkonzept des WDR[15], das im Folgenden als Beispiel erläutert wird, zutreffend darauf hin, dass die bisherige Erfahrung mit der Nutzung von Telemedien und von audiovisuellen Inhalten auf Abruf es nahelegt, dass es für bestimmte Genres und im Rahmen des gesellschaftlichen Diskurses zu bestimmten relevanten Themen einer mittleren oder längeren Verweildauer im Netz bedarf, um relevante Nutzergruppen erreichen und damit den meinungsbildenden Auftrag erfüllen zu können.

Auf dieser Grundlage hält der WDR wie die anderen Landesrundfunkanstalten eine zeitlich abgestufte Beschreibung der Verweildauer von Inhalten und Elementen in den Telemedien für erforderlich. Dazu hat er ein ebenso differenziertes wie kategorisierendes Schema vorgelegt, das im Folgenden erläutert wird.

---

15 Telemedienkonzept für das Internetangebot des WDR, 25, abrufbar unter http://www1.wdr.de/unternehmen/gremien/rundfunkrat/telemedienkonzept102.pdf.

Für Sendungen auf Abruf, deren regelmäßige Verweildauer im Gesetz vorgegeben ist,[16] sieht das Telemedienkonzept des WDR[17] vor, dass aktuelle Sendungen (z.B. Lokalzeit, Aktuelle Stunde), wie es die gesetzliche Regelfrist des § 11d Abs. 2 Nr. 1 RStV vorsieht, nur sieben Tage vorgehalten werden. Dagegen verbleiben Magazine, Dokumentationen und Reportagen grundsätzlich bis zu zwölf Monate in den Mediatheken. Für serielle Angebote und Mehrteiler ist eine Verweildauer von bis zu sechs Monaten nach Ausstrahlung der letzten Folge vorgesehen. Sendungen, Sendungsbeiträge und andere audiovisuelle Inhalte zu Programm- und Themenschwerpunkten sowie zu jährlich wiederkehrenden Ereignissen sollen wiederum bis zu zwölf Monate abrufbar sein. Auch für ausgewählte Unterhaltungssendungen (z.B. Kabarett), Interview- und Talkformate sowie Sendungsbeiträge zu ausgewählten Themen ist eine Verweildauer von bis zu zwölf Monaten vorgesehen. Für Sendungen und Sendungsbeiträge aus dem Bereich Bildung und für andere audiovisuelle Bildungsinhalte gilt eine Verweildauer von bis zu fünf Jahren.

Auch für originäre und sendungsbezogene Inhalte und Angebotsteile, die die Inhalte mehrerer Sendungen bündeln, wie Dossiers, Specials oder Themenschwerpunkte, (Bewegt-)Bild-, Text-, Tonkombinationen, interaktive Anwendungen (z.B. Spiele) sowie integrierte Audios und Videos enthält das Telemedienkonzept des WDR detaillierte Vorgaben.[18] Danach dürfen auf Sendungen bezogene und programmbegleitende Inhalte und Elemente (einschließlich Foren und Chats) bis zu zwölf Monate angeboten werden. Für Angebotsteile, die die Inhalte mehrerer Sendungen bündeln, (Bewegt-)Bild-, Text- und Tonkombinationen, interaktive Anwendungen, redaktionelle Themenschwerpunkte zu jährlich wiederkehrenden Ereignissen sowie für ausgewählte Inhalte der Berichterstattung gilt ebenfalls eine Verweildauer von bis zu zwölf Monaten. Dagegen sieht das Telemedienkonzept für Inhalte und Elemente zu seriellen Angeboten und Mehrteilern eine Verweildauer von bis zu sechs Monaten nach Ausstrahlung der letzten Folge vor. Inhalte und Angebotsteile aus dem Bereich Bildung dürfen bis zu fünf Jahre bereitgestellt werden. Nach dem Telemedienkonzept richtet sich die Verweildauer der Berichterstattung über Wahlen nach der Legislaturperiode, also der dem Berichtsgegenstand immanenten Frist. Dies gilt nach dem Konzept auch für vergleichbare wiederkehrende Ereignisse und Themen, die einem anderen Rhythmus unterliegen (zum Beispiel Kulturevents wie die Ruhr-Triennale, Jubiläen, Sportereignisse). Tabellen, Statistiken, Ergebnisse und interaktive Module

---

16 Vgl. oben.
17 Vgl. dazu Telemedienkonzept für das Internetangebot des WDR, 28f.
18 Vgl. dazu Telemedienkonzept für das Internetangebot des WDR, 30f.

zum Beispiel zu Wahlen oder Sportereignissen können im zeitlichen Umfeld oder bis zur Wiederkehr des Ereignisses angeboten werden. Das betrifft auch historische Daten, soweit sie für die aktuelle Berichterstattung relevant sind.

Schließlich sieht das Telemedienkonzept vor, dass die Verweildauer in den einzelnen Angebotsbeschreibungen auf der Grundlage dieser allgemeinen Vorgaben noch konkretisiert wird. Diese detaillierten Vorgaben sind keine Besonderheit des WDR-Telemedienkonzepts. So weist auch das ARD-Telemedienkonzept,[19] das für die gemeinschaftlichen Angebote der ARD maßgeblich ist, darauf hin, dass unter der Maßgabe der vom Gesetzgeber für alle Angebotsinhalte geforderten Festlegung einer Verweildauer im ARD-Verbund zwischen verschiedenen Kriterien abgewogen wird, mit dem Ziel, dem öffentlichen Interesse an einer möglichst nutzerfreundlichen Bereitstellung meinungsrelevanter Inhalte zu entsprechen, ohne weitere Einflussfaktoren auf die Verweildauer von Inhalten außer Acht zu lassen. Dazu zählen nach dem Konzept zum Beispiel das Persönlichkeitsrecht, das Urheberrecht, lizenzrechtliche Bestimmungen oder Kosten zur Abgeltung dieser Rechte sowie die Kosten für Bereithaltung und Verbreitung. Tatsächlich wirken sich nach dem Konzept diese zusätzlichen Faktoren so aus, dass in vielen Fällen die im Folgenden angegebenen Richtgrößen deutlich unterschritten werden bzw. bestimmte Inhalte nicht angeboten werden können.[20] Auf dieser Grundlage werden dann einzelne Fristen für Sendungen auf Abruf[21] sowie für Bild-, Text- und multimediale Inhalte[22] festgelegt. Danach sind die aktuellen Sendungen *Tagesschau* (außer die 20-Uhr-Ausgabe), *Morgenmagazin*, *Mittagsmagazin* und *Nachtmagazin* sieben Tage abrufbar. Über die Dauer von sieben Tagen hinaus verbleiben Sendungen, Sendungsbeiträge und andere audiovisuelle Inhalte wie folgt in den Mediatheken: Magazine, Dokumentationen und Reportagen bis zu zwölf Monate, Fernsehfilme und Spielfilme, die nicht angekauft werden, bis zu drei Monate, serielle Angebote und Mehrteiler bis zu sechs Monate nach Ausstrahlung der letzten Folge, Sendungen, Sendungsbeiträge und andere audiovisuelle Inhalte zu Programm und Themenschwerpunkten sowie zu jährlich wiederkehrenden Ereignissen bis zu zwölf Monate, ausgewählte Unterhaltungssendungen (z.B. Kabarett), Interview- und Talkformate sowie Sendungsbeiträge zu ausgewählten Themen bis zu zwölf Monate sowie Sendungen und Sendungsbeiträge aus dem Bereich Bildung und andere audiovisuelle Bildungs-

---

19 Abrufbar unter http://www.ndr.de/unternehmen/organisation/rundfunkrat/telemedienkonzept100.pdf.
20 ARD, Telemedienkonzepte der gemeinschaftlichen Angebote der ARD, 35.
21 ARD, Telemedienkonzepte der gemeinschaftlichen Angebote der ARD, 37f.
22 ARD, Telemedienkonzepte der gemeinschaftlichen Angebote der ARD, 38f.

inhalte bis zu fünf Jahre. Angebotsteile, die Inhalte zum Beispiel aus verschiedenen Sendungen bündeln, wie Dossiers, Specials oder Themenschwerpunkte, originäre Inhalte, Bild-, Text- und Tonkombinationen, interaktive Anwendungen (z.B. Spiele, Animationen) sowie integrierte Audios und Videos verbleiben grundsätzlich bis zu zwölf Monate in den Telemedien der ARD. Für Inhalte und Angebotsteile aus dem Bereich Bildung gilt eine Verweildauer von bis zu fünf Jahren. Die Verweildauer der Berichterstattung über Wahlen orientiert sich an der Legislaturperiode, also einer dem Berichtsgegenstand immanenten Frist. Dies gilt nach dem ARD-Telemedienkonzept auch für vergleichbare wiederkehrende Ereignisse und Themen, die einem anderen Rhythmus unterliegen (zum Beispiel Kulturevents, Jubiläen, Sportereignisse). Tabellen, Statistiken, Ergebnisse und interaktive Module zum Beispiel zu Wahlen oder Sportereignissen dürfen im zeitlichen Umfeld oder bis zur Wiederkehr des Ereignisses angeboten werden. Das betrifft auch historische Daten, soweit sie für die aktuelle Berichterstattung relevant sind. Auch die Telemedienkonzepte des SWR[23] und des MDR[24] sowie der übrigen Landesrundfunkanstalten enthalten entsprechende Regelungen über die Verweildauer.

## Ausblick

Das Verfahren des Drei-Stufen-Tests, dem auch für die Verweildauer regelmäßig große Bedeutung zukommt, stellt eine große Chance dar, sich ernsthaft und bezogen auf konkrete Angebote intensiv damit auseinanderzusetzen, wodurch im Hinblick auf eine längere Verweildauer ein gesellschaftlicher Mehrwert eintritt. Dabei müssen die Gremien die dargestellten Kriterien ernst nehmen und beharrlich auf publizistischer Qualität bestehen. Für die Entscheidung, wie lange Telemedien angeboten werden, ist auch eine Abwägung des publizistischen Nutzens mit möglichen marktlichen Auswirkungen maßgeblich. Auch bei Telemedien und deren Verweildauer ist also stets der spezifische öffentlich-rechtliche Auftrag zu berücksichtigen. Wenn der öffentlich-rechtliche Rundfunk sein Telemedienangebot tatsächlich den kommerziellen Angeboten zunehmend angleichen würde, liefe er Gefahr, seinen Auftrag zu verfehlen und somit auch seine Legitimation zu verlieren. Der öffentlich-rechtliche Rundfunk muss besonders in der Zeit der

---

[23] Telemedienkonzept des SWR vom Juni 2010, 33ff., abrufbar unter http://www.swr.de/-/id=9323594/property=download/nid=4224/5hl92o/tk_swr.pdf.
[24] Telemedienkonzept MDR-online vom 18. Juni 2010, 9ff., abrufbar unter http://www.mdr.de/unternehmen/download1856.html.

Digitalisierung und der wachsenden technischen Möglichkeiten ein Kontrastangebot zur Verfügung stellen, mit welchem der klassische Rundfunkauftrag erfüllt wird. Wenn ihm dies auch im Bereich der Telemedienangebote gelingt, wofür gute Gründe sprechen, besteht keinerlei Anlass die Verweildauer besonders restriktiv zu gestalten.

## Literatur

Badura, P. (2009): „Die öffentlich-rechtlichen Rundfunkanstalten bieten Rundfunk und Telemedien an". Archiv für öffentliches Recht 134, 240–267.
Dörr, D. (2009): „Aktuelle Fragen des Drei-Stufen-Tests". ZUM 2009, 897–906.
Hahn, W.; Vesting, T. (2012): Beck'scher Kommentar zum Rundfunkrecht. 3. Aufl. München: Beck.
Hain, K.E. (2012): „Medienmarkt im Wandel: Technische Konvergenz und Anbieterkonkurrenz als Herausforderung an Verfassungsrecht und Regulierung". AfP 2012:4, 313–328.
Hain, K.E. (2009): Die zeitlichen und inhaltlichen Einschränkungen der Telemedienangebote von ARD, ZDF und Deutschlandradio nach dem 12. RÄndStV. Baden-Baden: Nomos.
Hain, K.E.; Brings, T. (2012): „Die Tagesschau-App vor Gericht". WRP 2012:58, 1495–1500.
Hartstein, R. et al. (2013): Rundfunkstaatsvertrag Kommentar. Heidelberg: rehm.
Henle, V. (2007): „Wie testet man Public Value?". epd medien 2007:92, 3–7.
Kops, M. et al. (2009): Rahmenbedingungen für die Durchführung des Drei-Stufen-Tests. Köln: Institut für Rundfunkökonomie. (= Arbeitspapiere des Instituts für Rundfunkökonomie, Heft 252).
Peters, B. (2009): „Der ‚Drei-Stufen-Test': Die Zukunft der öffentlich-rechtlichen Onlineangebote". K&R 2009, 26–34.
Schmidt, H.; Eicher, H. (2009): „Drei-Stufen-Test für Fortgeschrittene. Zur Umsetzung des Staatsvertrages". epd medien 2009:45/46, 5–11.
Sokoll, K. (2009): „Der neue Drei-Stufen-Test für Telemedienangebote öffentlich-rechtlicher Rundfunkanstalten". Neue Juristische Wochenschrift 2009:13, 885–889.
Wiedemann, V. (2007): „Dynamische Auftragsdefinition. Zur Beilegung des Streits mit der EU-Kommission". epd medien 2007:95, 28–35.

# Wiedergewinnungsprozesse

Katrin Janis
# Die Bewahrung von Kulturgütern als authentische Informationsquellen

Grundsatzfragen der Konservierung und Restaurierung

Kunst und Kulturgut sind einzigartige Zeugnisse der Menschheitsgeschichte und Menschheitsentwicklung von künstlerischem, religiösem, wissenschaftlichem, kulturellem, sozialem und ökonomischem Wert. Die Originale sind zugleich authentische Informationsquellen der Vergangenheit, denen die Gesellschaft heute und künftig jene Bedeutung beimisst, die sie erst zu schützenswertem Kulturgut macht und die alle Anstrengungen rechtfertigt, sie für spätere Generationen zu bewahren.

Die Wanderausstellung „Restaurieren heißt nicht wieder neu machen"[1] verfolgt seit 1994 das Ziel, das breite Publikum über ein im Wandel befindliches Tätigkeitsfeld zu informieren. Knapper lassen sich die Grenzen restauratorischer Kunst kaum fassen, und diese Erkenntnis entspringt durchaus einer längeren Geschichte der kritischen Reflexion des Umgangs mit Kunst und Kulturgut. Bereits 1805 urteilte der Kunsttheoretiker Johann Dominicus Fiorillo in seiner *Geschichte der zeichnenden Künste* über seine Zeit und zielte dabei auf wesentliche Aspekte bei Erhaltungs- und Wiederherstellungsmaßnahmen an Kulturgut:

> An einem Kunstwerk ist nichts abgesondert vorhanden; alle einzelnen Theile stehen in durchgängigem Zusammenhang, ihre innerliche Bestandheit und Einheit bewirkt, daß es ein Ganzes wird. Ist also irgend ein Theil desselben zerstört, so bleibt es ein Fragment, und kann auf keinem Wege seine Vollständigkeit wieder erhalten. Ja würde es selbst von seinem eignen Urheber wieder restaurirt, so würde es dennoch nicht als ein vollkommenes Product wieder aufleben können, weil es unmöglich ist, daß es noch einmal organisch entstehe, und unter völlig gleichen Bedingungen von neuem erschaffen werden könne.[2]

Vor allem an der Wende zum und im Verlauf des 20. Jahrhunderts wurden bestehende Konzepte für die Erhaltung von Kunst- und Kulturgut einer kritischen Prüfung unterzogen. Die Bemühungen um die Gewinnung verallgemeinerbarer Maßstäbe resultierten hauptsächlich aus den bisherigen Erfahrungen in der Denkmalpflege und Restaurierung beweglicher Kunstwerke. Beispielhaft sei hier

---

[1] Informationen zum Ausstellungsprojekt unter http://www.homann-guener-blum.com/projekte/47/restaurieren-heisst-nicht-wieder-neu-machen.
[2] Fiorillo 1805, 405–406, online abrufbar unter: http://reader.digitale-sammlungen.de/de/fs1/object/display/bsb10447514_00424.html.

auf die Einlassungen zweier bedeutender Protagonisten des sogenannten Denkmalstreits um das Heidelberger Schloss um 1900 verwiesen.³ Der Kunsthistoriker Georg Dehio kommt, wie zuvor schon Fiorillo, zu der Erkenntnis, dass nichts Zerstörtes oder Verlorenes wieder gewonnen werden könne, und gründet darauf seine wegweisende Forderung „nicht restaurieren – wohl aber konservieren". Dehio sieht als Aufgabe der Denkmalpflege, neben der generellen Pflicht zum respektvollen Umgang mit Denkmälern, in erster Linie die Konservierung des vorhandenen Bestandes, wobei er keineswegs für Untätigkeit plädiert. Er lässt sehr wohl die Restaurierung⁴ gelten, wenn auch als letztmögliche Maßnahme. Dafür empfiehlt er die vorsorgliche Anlage einer detaillierten Dokumentation: „Man bereite beizeiten alles auf diese Möglichkeit vor, durch Messungen, Zeichnungen, Photographie und Abguß" (Dehio 1905, 142).

Sein österreichischer Kollege Alois Riegl entwirft 1903 die erste geschlossene theoretische Darstellung zum impliziten Wert und zur Qualität von Denkmälern (vgl. Riegl 1903, 131–139). Mit der Entwicklung verschiedener Wertkategorien schafft er die Basis für eine differenzierte Analyse und Rezeption des Denkmals in seiner Gesamtheit, die gleichzeitig eine Voraussetzung für die Objektivierung denkmalpflegerischer Entscheidungen ist. Riegl differenziert grundsätzlich zwischen dem Erinnerungswert und dem Gegenwartswert eines Denkmals, wobei er für beide Ebenen weitere Untergliederungen vornimmt. So unterteilt er den Erinnerungswert in den historischen Wert und in den Alterswert. Mit Bezug auf den Gegenwartswert unterscheidet er in Gebrauchswert und Kunstwert. Insbesondere mit dem von Riegl zugeschriebenen *historischen Wert* wird das Denkmal zum Dokument, das eine bestimmte Entwicklungsstufe des menschlichen Schaffens repräsentiert. In dieser Perspektive nimmt das Denkmal den Charakter einer historischen Urkunde an, die es unversehrt zu bewahren gilt. Der historische Wert eines Denkmals ist umso höher, je weniger Veränderungen des ursprünglichen Zustandes vorliegen. Demnach seien Wiederherstellungsarbeiten und Hinzufügungen nicht zulässig. Konservatorische Arbeiten heißt er jedoch gut, wenn es darum geht, künftige mögliche Veränderungen an Denkmälern (z.B. durch Verwitterung) zu verhindern (vgl. Hubel o.J., 3). In der von Riegl geforderten Erhaltung der Fülle von Informationen im Interesse der Steigerung des historischen Wertes eines Denkmals lassen sich erste Ansätze der Maxime der Bewahrung der Authentizität erkennen, wie sie später in der Charta von Venedig fixiert und im

---

3 Der Streit um das Heidelberger Schloss hat zu einem kompletten Umdenken und zu einer Neuorientierung in der Denkmalpflege geführt. Ausführlich dazu Hellbrügge 1991.
4 Zu diesem Zeitpunkt war allerdings mit dem Begriff ‚Restaurierung' eher die Wiederherstellung im Sinne einer Rekonstruktion in der Denkmalpflege gemeint.

Dokument von Nara präzisiert wurde (s.u.). Beiden Kritikern der geübten Denkmalpflegepraxis gemeinsam ist die Erkenntnis, dass ästhetische Vorstellungen bzw. kunsthistorische Urteile aufgrund ihrer Wandelbarkeit nicht als Maßstab des Handelns in der Denkmalpflege geeignet sind, wodurch nicht zuletzt auch Kulturgut Denkmalwürdigkeit haben kann, die nicht primär in der ästhetischen Dimension gründet (vgl. Hubel 1995, 167).

In der Folge äußerten sich eine Reihe von Autoren zur Theorie und Praxis des Umgangs mit Kunst- und Kulturgütern, dem hier im Einzelnen nicht nachgegangen werden kann.[5] Dennoch mögen zwei Beispiele die Diskussion schlaglichtartig beleuchten. Ähnlich wie schon Riegl schlägt der Philosoph und Kunstkritiker Cesare Brandi als Ausgangspunkt für jegliche Restaurierungsentscheidung eine differenzierte Analyse der ästhetischen und der historischen Dimension des zu behandelnden Objekts vor. Demnach gründe dessen ästhetische Ausstrahlung auf der Artistik, die das Kunstwerk erst zu einem solchen mache. Seine Historizität hingegen entspringe der Tatsache, dass es sich um ein menschliches Produkt handelt, das zu einer bestimmten Zeit an einem bestimmten Ort entstanden ist, und sich nun nach einiger Zeit möglicherweise an anderem Ort findet (vgl. Brandi 1977, 6). Unter der historischen Dimension wird dabei das Kunstwerk als Dokument seiner Entstehungszeit wie auch als Dokument seiner Entwicklung mit allen Spuren seiner Vergangenheit verstanden (doppelte Historizität). In Brandis Verständnis ergibt sich daraus als allgemeines Ziel jeder Erhaltungsmaßnahme die Wiederherstellung der potenziellen Einheit des Kunstwerkes ohne jedoch eine artistische oder historische Fälschung zu begehen und ohne Spuren der Vergänglichkeit am Kunstwerk zu verleugnen.[6] Vergleichbar argumentiert Ernst Willemsen, der langjährige Chefrestaurator des Rheinischen Landesamtes für Denkmalpflege. Insbesondere in Abgrenzung zu individuellen Vorstellungen von Restauratoren und Publikum konstatiert er 1960, dass neben der ursprünglichen Erscheinung eines Kunstwerks, die als unantastbar gelte, „allein die natürliche Alterung der Materie, deren Kennzeichen unserer Vorstellung vom Kunstwerk untrennbar innewohnen, [...] nicht nur als berechtigte Veränderung des Ursprungszustandes anerkannt, sondern geradezu als ästhetisches Aktivum gewertet" werde (Willemsen 1960, 323).

Im Zentrum der weitgehend übereinstimmenden Kritik von Vertretern verschiedener Disziplinen stand eine bestimmte Auffassung, eine bestimmte Kultur

---

5 Darstellung und Würdigung ausgewählter Beiträge zur Restaurierungstheorie in: Janis 2005, 18–61.

6 „[...] il restauro deve mirare al ristabilimento della unità potenziale dell'opera d'arte, purché ciò sia possibile senza commettere un falso artistico o un falso storico, e senza cancellare ogni traccia del passaggio dell'opera d'arte nel tempo" (Brandi 1977, 8).

des Umgangs mit unbeweglichem und beweglichem Kulturgut, die gemeinhin als rekonstruierende Restaurierung bezeichnet wird und die die Wiederherstellung von Unversehrtheit und Vollständigkeit zum Ziel hat, ganz gleich wie aussichtslos dieses Unterfangen bzw. wie unzureichend die Befundlage im Einzelfall sein mag. Als Reaktion und gewissermaßen als Gegenentwurf zieht sich wie ein roter Faden daher die Hauptforderung nach Respekt gegenüber dem Original und den Spuren seiner individuellen Geschichte mehr oder weniger deutlich durch alle Texte. Die Anerkennung der historischen Dimension, d.h. die Bewahrung des Originals in seinem historischen Gewordensein wird zum bestimmenden Kriterium für den Umgang mit ihm erhoben.

## Chartas und Berufsrichtlinien

Parallel zur angerissenen Debatte einzelner Akteure wurden im Bestreben nach Systematisierung, Differenzierung und Angleichung von Maßnahmen zur Kulturguterhaltung insbesondere in der zweiten Hälfte des 20. Jahrhunderts die für das Fachgebiet maßgeblichen Grundsätze und Normen auf nationaler, europäischer und internationaler Ebene in Chartas und Berufsrichtlinien fixiert. Darin sind ethische Standards und die wichtigsten Prinzipien auf den Gebieten der Denkmalpflege wie auch der Restaurierung beweglicher Kulturgüter teils länderübergreifend zusammengefasst. Diese sogenannten normativen Papiere sind das Ergebnis intensiver Diskussionen zwischen Denkmalpflegern und Architekten, Museums-, Bibliotheks- und Archivmitarbeitern sowie Konservatoren und Restauratoren über die ihr Handeln leitenden Werte und Normen. Als Dokumente, die den ausgehandelten und vereinbarten Konsens der Beteiligten repräsentieren, besitzen sie einen hohen Grad an Verbindlichkeit und sind Richtschnur für allgemein akzeptiertes, moralisches Handeln bezogen auf die Erhaltung von Kulturgut. Darüber hinaus beinhalten sie Definitionen der behandelten Gegenstände und Integritätskonzepte, darauf bauende Regeln für den praktischen Umgang mit Kulturgut sowie Richtlinien für Forschung und interdisziplinäre Kooperation. In einer Reihe von unterschiedlich ausgerichteten und adressierten Papieren können die Charta von Venedig sowie die E.C.C.O.-Berufsrichtlinien[7]

---

7 E.C.C.O. = Vereinigung der europäischen Restauratorenverbände mit Mitgliedern aus Dänemark, Deutschland, Finnland, Frankreich, Italien, Norwegen, Österreich, Schweden, Spanien, den Niederlanden und der Schweiz.

als anerkannte Referenzdokumente der Denkmalpflege und Restaurierung im 20. Jahrhundert gelten.

Die Charta von Venedig von 1964[8] umfasst insgesamt sechzehn Artikel, in denen die Grundsätze der Denkmalpflege und Restaurierung in einer bis heute gültigen Form zusammengefasst und kodifiziert wurden. Das zentrale Anliegen der Denkmalpflege findet sich in der Präambel:

> Als lebendige Zeugnisse jahrhundertealter Tradition der Völker vermitteln die Denkmäler in der Gegenwart eine geistige Botschaft der Vergangenheit. Die Menschheit, die sich der universellen Geltung menschlicher Werte mehr und mehr bewusst wird, sieht in den Denkmälern ein gemeinsames Erbe und fühlt sich kommenden Generationen gegenüber für die Bewahrung gemeinsam verantwortlich. Sie hat die Verpflichtung, ihnen die Denkmäler im ganzen Reichtum ihrer Authentizität weiterzugeben.

Mit dieser Formulierung wird nicht nur die gesamtgesellschaftliche Dimension denkmalpflegerischer Verantwortung deutlich. Zugleich wird der integritäts- und authentizitätsbewahrende Umgang mit Kulturgütern zum übergeordneten Bezugspunkt für jegliche denkmalpflegerische Maßnahme erhoben. Allerdings sucht man vergeblich eine Definition, was die schwierige Auseinandersetzung mit dem vielschichtigen Begriff ‚Authentizität' und seine Klärung nicht gerade erleichtert (vgl. Stovel 1995, XXXIII). Das Authentizitätsgebot wird durch die Forderung ergänzt, den überlieferten Bestand als einzig gültigen Maßstab für die Konservierungs- und Restaurierungsentscheidungen zu respektieren. Dazu gehören auch die Grundsätze, jeglichen Eingriff auf das absolut notwendige Maß zu beschränken (Ausnahmecharakter der Restaurierung) und Ergänzungen in deutlicher Unterscheidung zum Original im heutigen Stil vorzunehmen. Alle am Denkmal vorhandenen Merkmale vergangener Epochen sind ferner zu respektieren, Stilreinheit ist kein Restaurierungsziel. Obgleich die Charta für den Bereich der (Bau-)Denkmalpflege konzipiert wurde, lassen sich aufgrund der offenen Definitionen und Formulierungen ihre Prinzipien auf den Umgang mit beweglichen Kunstdenkmälern übertragen.

Die E.C.C.O.-Berufsrichtlinien von 1993/94[9] stellen den aktuell gültigen Stand der Berufsethik für Restauratoren dar und definieren Inhalte und Ziele von Kon-

---

[8] Verabschiedet vom II. Internationalen Kongress der in der Denkmalpflege tätigen Architekten und Techniker. Weitere Informationen und vollständiger Text abrufbar unter http://www.restauratoren.de/index.php?id=78.

[9] Die jüngere Version der Berufsrichtlinien von 2002/04 enthält nur geringfügige Änderungen und behält die wesentlichen Aussagen unverändert bei. Die Zitate dieses Abschnitts sind dem Dokument von 1993/94 entnommen. Weitere Informationen und vollständiger Text abrufbar unter: http://www.restauratoren.de/index.php?id=78.

servierung und Restaurierung. Konservatorische Maßnahmen werden erstmals in „vorbeugende Konservierung", die lediglich ein indirektes Eingreifen erfordert, und in „praktische Konservierung", die ein unmittelbares Arbeiten am Kulturgut bedeutet, unterschieden. Beide verfolgen das Ziel, den weiteren Verfall des Kulturgutes aufzuhalten und Schäden zu verhindern. Der vorbeugenden Konservierung allein wird Priorität eingeräumt. Sie richtet sich auf die optimale Gestaltung der Bedingungen, unter denen das Kulturgut aufbewahrt, genutzt, transportiert und präsentiert wird. Daraus folgt, dass es ein unmittelbares Eingreifen in das Kulturgut möglichst zu vermeiden gilt. Allerdings folgt der einschränkende Zusatz „soweit sich dies mit dessen öffentlicher Nutzung in Einklang bringen läßt". Wenn eine Restaurierung erforderlich ist, dann müsse das „unmittelbare Tätigwerden am beschädigten Kulturgut" darauf abzielen, dessen Lesbarkeit zu verbessern.

Besonders strenge Maßstäbe gelten für die Auswahl von Materialien und Techniken bei konservatorischen und restauratorischen Maßnahmen. Diese sollen „dem Kulturgut, der Umwelt und dem Menschen nicht schaden". Die verwendeten Materialien müssen möglichst leicht entfernbar sein und dürfen künftige Untersuchungen und Behandlungen des Kulturgutes nicht stören. Die Möglichkeit für künftige Untersuchungen und Analysen, aber auch des Einsatzes neuer, heute noch unbekannter Verfahren, soll erhalten bleiben. Integraler Bestandteil jeder Konservierung und Restaurierung ist die umfassende Untersuchung bzw. die Erforschung des Kulturgutes. Sie hat vor allen anderen Maßnahmen zu erfolgen und dient dazu, das Material, die Struktur und den Zustand des Kulturgutes sowie die Ursachen seines Verfalls zu ermitteln und zu erfassen. In Artikel 10 wird die ausführliche Dokumentation als zum Kulturgut gehörig ausgewiesen. Sie soll alle relevanten Informationen beinhalten, z.B. Untersuchungsbefunde und Aufzeichnungen aller durchgeführten Maßnahmen, verwendeter Materialien und Verfahren.

Das Integritätskonzept des E.C.C.O.-Papieres sieht als oberstes Gebot die Respektierung der ästhetischen und historischen Bedeutung und die Wahrung der ästhetischen, historischen und materiellen Unversehrtheit vor, die nach Möglichkeit bei einer Restaurierung zu sichern sind. Der Forderung nach Erhaltung der Integrität trägt das Verbot Rechnung, jegliche Materialien vom Kulturgut zu entfernen, es sei denn, „das Material stünde in grundlegendem Widerspruch zu dem historischen und ästhetischen Wert des Kulturgutes". In diesem Fall muss es aber verwahrt und der Vorgang umfassend dokumentiert werden. Generell gilt, dass alle Maßnahmen „auf das Notwendige" zu beschränken sind. Insgesamt geht das Integritätskonzept im E.C.C.O.-Dokument hinter den Stand in der Charta von Venedig mit der Forderung nach Erhaltung von Kulturgütern *im ganzen Reichtum ihrer Authentizität* zurück.

## Authentizität

Jenseits allgemeiner Begriffsdefinitionen ist es das Verdienst der Konferenz von Nara (Japan), sowohl zu einer definitorischen Präzisierung als auch zu einer kulturellen und inhaltlichen Erweiterung des Begriffes ‚Authentizität' beigetragen zu haben. Sie thematisierte damit zum ersten Mal im Jahre 1994 länderübergreifend die Bedeutung des Konzeptes der Authentizität im Zusammenhang mit Konservierung und Restaurierung in einer sich globalisierenden, kulturell heterogenen Welt. Als Ergebnis der Konferenz wurde das *Nara Document on Authenticity*[10] explizit im Geist der Charta von Venedig konzipiert und in französischer und englischer Sprache verabschiedet. Neben der grundlegenden Achtung anderer Kulturen und ihres Erbes misst das Dokument dem Erkennen und Verstehen aller „Informationsquellen im Zusammenhang mit den originalen und nachfolgenden Charakteristika des kulturellen Erbes" (§ 9) besondere Bedeutung bei. Das gilt insbesondere für die Konservierungs- und Restaurierungsplanung. Aufgrund der Differenziertheit der Kulturen ist es jedoch nicht möglich, „Urteile über Wert und Authentizität auf feststehende Kriterien zu gründen. Im Gegenteil, der allen Kulturen geschuldete Respekt erfordert, daß das kulturelle Erbe innerhalb des kulturellen Kontextes, zu dem es gehört, betrachtet und bewertet wird" (§ 11). Besonders bedeutsam ist Paragraph 13 des Dokumentes, in dem die spezifischen Informationsquellen über die Authentizität von Kulturgut benannt werden:

> In Abhängigkeit von dem Charakter des Denkmals oder seiner Umgebung und seinem kulturellen Kontext ist die Bewertung über die Authentizität an eine Vielzahl von Informationsquellen gebunden. Diese umfassen Konzeption und Form, Materialien und Substanz, Gebrauch und Funktion, Tradition und Techniken, Ort und Anlage sowie Geist und Wirkung, Originalzustand und historisches Werden.[11]

Kunst und Kulturgut enthalten eine Gesamtheit von Informationen, die sich in Gänze nicht unmittelbar erschließen lassen, sondern möglicherweise erst zu

---

10 Nara Document on Authenticity und Document de Nara sur l'authenticité. In: Larsen 1995, Proceedings, XXI–XXXI. Die Zitate dieses Abschnitts sind dem Dokument entnommen.
11 „Dépendant de la nature du monument ou du site de son contexte culturel, le jugement sur l'authenticité est à une variété de sources d'informations. Ces dernières comprennent conception et forme, matériaux et substance, usage et fonction, tradition et techniques, situation et emplacement, esprit et expression, état original et devenir historique." (Document de Nara sur l'authenticité. In: Larsen 1995, XXIX) Offenkundig gingen die Meinungen der Tagungsteilnehmer in bestimmten Punkten auseinander, denn sie gelangten zu keiner vollkommen einheitlichen Auffassung. So unterscheiden sich die französische und die englische Version in verschiedenen Punkten voneinander.

einem späteren Zeitpunkt entschlüsselt bzw. ausgewertet werden können. Die Analyse und Bewertung der Authentizität speist sich aus zahlreichen, ganz unterschiedlichen Informationsquellen, die sowohl im Ursprung als auch im Gewordensein der verschiedenen Ebenen und Dimensionen des Kulturgutes und seines Umfeldes angelegt sind. Hierin drückt sich letztlich die Echtheit eines Objektes aus, im Unterschied zur Kopie oder Nachbildung.[12] Der Auftrag der Charta von Venedig, Denkmäler im ganzen Reichtum ihrer Authentizität weiterzugeben, wird in seiner ganzen Tragweite nun erst wirklich anschaulich. Bei jeder Konservierung und Restaurierung ist noch intensiver darauf zu achten, alle Aspekte der Authentizität eines Kunstwerkes zu erkennen, richtig zu bewerten und, auch im Respekt des jeweiligen kulturellen Kontextes, die Wirkungen der Maßnahmen mit Blick auf ihre Notwendigkeit in Bezug auf die Erhaltung des Kulturgutes abzuwägen. Denn die Restaurierung ist heute weniger praktische als vielmehr kritische Tätigkeit. Vor dem Handanlegen müssen der Gegenstand definiert und Werte identifiziert werden, die es zu bewahren gilt. Im Fehlen eines kritischen Denkansatzes besteht ein wesentlicher Grund für die Bedrohung der Authentizität, deren Erhaltung jedoch das unverzichtbare Ziel jeder Restaurierung ist (vgl. Philippot 1991, 14).

Es stellt sich die Frage, ob die formulierten Ziele der Konservierung/Restaurierung realistisch sind und in der beruflichen Praxis eingelöst werden können. Denn letztlich bedeutet jede praktische Konservierung und Restaurierung einen Eingriff in die Substanz und Erscheinung des Kulturgutes, ob es sich um eine Reinigung, Festigung, Stabilisierung, Freilegung, Retusche oder Ergänzung handelt. Dabei wird in aller Regel Material entfernt, hinzugefügt oder modifiziert, die äußere Erscheinung mehr oder weniger verändert, auch Funktion, Ort und Wirkung können sich ändern. Sei es die Behandlung einer Beschädigung oder einer aus heutiger Sicht störenden Reparatur, einer Retusche oder einer Übermalung, die Restaurierungsentscheidung stellt unweigerlich und in jedem Fall eine Interpretation dar, und sie richtet sich in der Regel an den individuellen Maßstäben und Wertvorstellungen des jeweiligen Restaurators aus. Besonders leicht kann die historische Dimension beeinträchtigt werden, wenn z.B. der oberflächliche Eindruck entsteht, dass ein früherer, unversehrter Vorzustand zurückgewonnen werden konnte. Abgesehen davon, dass diese Hoffnung illusorisch ist,

---

[12] Hier ist das idealtypische Verhältnis von Original und Kopie bzw. Nachbildung angesprochen. Darüber hinaus kann durchaus die Situation entstehen, dass eine Kopie bzw. Nachbildung den Status eines Originals mit eigener Geschichte, möglicherweise auch Rezeptionsgeschichte, erlangt.

könnte das Kulturgut eines Teils seiner Geschichte, vielleicht einer ungeliebten, beraubt und möglicherweise sogar für die Forschung unbrauchbar werden.

Die Beschränkung auf das notwendige Maß und die Heraushebung der Prävention, deren Vorrang gegenüber der aktiven Konservierung und Restaurierung in den E.C.C.O.-Berufsrichtlinien deutlich herausgearbeitet wird, kann als eine Antwort auf die Probleme des Integritätskonzeptes sowie der Forderung nach Erhaltung der Authentizität verstanden werden. Obgleich auch präventive Maßnahmen das Objekt beeinflussen, wird doch ein unmittelbarer Eingriff vermieden. Es besteht ein unauflöslicher Zusammenhang zwischen Materialität, Historizität, Ästhetik und weiteren Charakteristika eines Kulturgutes, deren gleichberechtigte Wahrung bei jeder Restaurierung ins Wanken gerät. Allerdings sollte das keinesfalls dazu verleiten, den Grundsatz der Erhaltung der Authentizität selbst in Frage zu stellen. In der Restaurierungspraxis muss unter Einbeziehung aller verfügbaren Informationen im Sinne einer kritischen Güterabwägung eine Lösung gefunden werden, die nach Möglichkeit noch nach Jahren Bestand hat. Das bedeutet, das Kulturgut muss mit all seinen Facetten, eben im ganzen Reichtum seiner Authentizität mit allen Alterungsspuren und Veränderungen gesehen, erkannt und verstanden werden. Es muss vor jeder Intervention sicher beurteilt und entschieden werden, welchen Einfluss konservatorische und restauratorische Maßnahmen auf die Bewahrung dieser Charakteristika haben können und ob dies akzeptabel ist.

## Beispiel Massenrestaurierung

Besonders augenfällig sind die angerissenen Probleme in der Massenrestaurierung von Bibliotheks- und Archivmaterialien, die zu den jungen Restaurierungsgebieten zählt. Sie bildet einen eigenen, in sich differenzierten und gleichzeitig komplexen Bereich, der sich in Bezug auf die zu behandelnden Schäden und die bisher entwickelten Lösungsansätze in erheblichem Maße von der Einzelobjektrestaurierung unterscheidet.[13] Gleichwohl muss sich auch die Massenrestaurie-

---

**13** Die Einzelobjektrestaurierung geht strikt von der Individualität und Einzigartigkeit des jeweils zu behandelnden Kulturgutes aus. Gegenstand der Restaurierung ist jeweils ein Objekt (mitunter auch ein Konvolut bzw. Ensemble) mit meist mehreren Schädigungsrisiken bzw. Schadensphänomenen. Die Restaurierung selbst stellt primär einen manuellen Prozess dar, der von einer wissenschaftlich-methodischen Herangehensweise geprägt ist und von umfangreichen Untersuchungen und Recherchen flankiert wird. Maßgebend für das konkrete Restaurierungsziel und dessen Umsetzung sind der jeweilige Erhaltungszustand des Kulturgutes und rung an den gültigen ethischen Prinzipien und Richtlinien im Bereich der Kulturguterhaltung messen lassen.

Die säurebedingte Zerstörung von Papier zählt weltweit zu den größten Gefahren für Kulturgut in Bibliotheken und Archiven.[14] Mit der sogenannten Massenentsäuerung, als Teilgebiet der Massenrestaurierung, wird seit Jahrzehnten versucht, hier eine Lösung zu finden. Die Ursachen des gleichzeitigen und massenhaften, scheinbar unaufhaltsamen Verfalls liegen hauptsächlich in veränderten Materialien und Herstellungsverfahren der industriellen Papierproduktion im 19. Jahrhundert.[15] In der Folge nimmt die Papierfestigkeit der betroffenen Bücher und Akten so rasch und vor allem autogen ab, dass sie bei entsprechender mechanischer Belastung schnell unter die Benutzbarkeitsgrenze absinkt und das Papier in letzter Konsequenz vollständig zerfällt. Davon sind alle Schriftträger gleichermaßen betroffen, die zur selben Zeit und unter annähernd gleichen Bedingungen hergestellt wurden. Untätigkeit aufgrund mangelnder Behandlungsmöglichkeiten oder Kapazitäten, auch kombiniert mit einem Benutzungsverbot, würde das Problem nicht hinausschieben. Denn ist die Festigkeit der Papiere erst einmal

---

sein Kontext. Der gesamte Vorgang wird detailliert dokumentiert. Die Realisierung liegt in der Hand wissenschaftlich und ethisch angeleiteter, individuell verantwortlicher Experten (Restauratoren) mit breit gefächerter Methodenkenntnis. In der Massenrestaurierung hingegen wird das einzelne Objekt als Teil einer gemeinsamen Risiko- bzw. Schadenskategorie betrachtet und behandelt. Ziel ist die möglichst effiziente, d.h. kosten- und zeitsparende Behebung bzw. Stabilisierung eines einzigen, jeweils eindeutig definierten Schadensbildes. Dazu werden im Vorhinein festgelegte, klar umrissene Konservierungs- bzw. Restaurierungsmethoden innerhalb eines einheitlichen Behandlungsmodus auf eine große Menge von Objekten gleichzeitig angewendet. Dabei kann im deutlichen Unterschied zur Einzelobjektrestaurierung die individuelle Beschaffenheit der Objekte naturgemäß nicht oder nur ganz eingeschränkt berücksichtigt werden. Die Massenrestaurierung verläuft weitgehend vereinheitlicht und nach vorgegebenen, genormten Ablaufmustern und Technologien. Betriebswirtschaftliche Erwägungen werden zu einem integralen Bestandteil des Gesamtprozesses. In der Dokumentation rücken produktionsspezifische Aspekte wie Durchlaufgeschwindigkeit, Ausschussquote oder Kosten-Nutzen-Relation stärker in den Mittelpunkt. Das Berufsbild des individuell verantwortlichen Restaurators wird durch das des betriebswirtschaftlich handelnden Ingenieurs ergänzt, im schlechteren Fall ersetzt.

**14** Zum Ausmaß der Zerstörung von Kulturgut in Archiven und Bibliotheken sowie zur Dynamik des Prozesses finden sich in der einschlägigen Fachliteratur zahlreiche Angaben. So prognostizierte beispielsweise die Bund-Länder-Arbeitsgruppe „Papierzerfall" in ihrem 1992 erstellten Abschlussbericht, dass ca. 70 bis 90 % des Archivmaterials in Deutschland eine Lebensdauer von 100 bis 200 Jahren aufweisen, also in relativ absehbarer Zeit zerstört sein werden (vgl. Plache 2000, 54).

**15** In der industriellen Papierproduktion wurde seit 1807 saure Alaun-Harz-Leimung und seit 1845 Holzschliff verwendet statt wie bis dahin Lumpen. Zu den Säureschäden am Papier ist ebenfalls der sogenannte Tintenfraß, verursacht durch Eisengallustinte, zu zählen.

unter die Benutzbarkeitsgrenze abgesunken, wären zusätzlich zur Entsäuerung äußerst aufwendige Stabilisierungsmaßnahmen erforderlich. Die Zerstörung lässt sich spürbar nur verlangsamen, wenn relativ schnell wirksame Maßnahmen ergriffen werden, woraus ein relativ großer Handlungsdruck für viele Institutionen resultiert.

Zur Lösung des Problems zielte eine jahrzehntelange Forschungsarbeit auf die nachhaltige Neutralisierung der im Papier enthaltenen Säuren, um so die Zerstörung aufzuhalten. Die entwickelten Verfahren müssen die gleichzeitige Behandlung möglichst großer Mengen von Büchern und Archivalien gewährleisten, mit allen vorkommenden Materialien (diversen Papiersorten, Bucheinbänden, Druckfarben, Schreibstoffen usw.) verträglich sein und dabei unerwünschte Nebenwirkungen so gering wie möglich halten. Mit einer hohen Durchlaufgeschwindigkeit und dem Verzicht auf eine Vorauswahl sollen möglichst geringe Kosten garantiert werden (vgl. Nowak 1989, 12–13). Inzwischen bieten eine Reihe von spezialisierten Unternehmen Massenentsäuerung als Dienstleistung für Bibliotheken und Archive auf dem deutschen und internationalen Restaurierungsmarkt an.[16]

In Anbetracht ihrer Bedeutung für die Bestandserhaltung und der hochgesteckten Anforderungen kann es nicht verwundern, dass die Massenentsäuerung schon früh im Zentrum kritischer Auseinandersetzungen stand. So initiierte Anfang der 1990er Jahre die Library of Congress in Washington und etwas später das Canadian Conservation Institute (CCI) in Ottawa Evaluierungen der bis zu diesem Zeitpunkt verfügbaren Verfahren der Massenentsäuerung. Im Ergebnis wurde deutlich, dass keines der Verfahren optimal ist. Alle Methoden haben ihre Vor- und Nachteile, und es ist in keinem Fall möglich, die Bücher wahllos, d.h. ohne vorherige Sortierung, zu behandeln. Das CCI kam jedoch auch zu dem Schluss, dass es in „jedem Fall besser ist zu entsäuern, als nichts zu tun".[17]

In Deutschland kommen unabhängige Untersuchungen, wie die des Bundesarchivs Koblenz 1996 und des Staatsarchivs Münster 1997, zu dem Ergebnis, dass die angestrebte nachhaltige Neutralisierung der sauren Papiere mit der Massenentsäuerung erfolgreich verläuft (vgl. Knackstedt 2000, 13; Fuchs 2000, 25). Gleiches gilt für einen 1998 erfolgten Probelauf des Sächsischen Staatsarchivs

---

[16] Z.B. Battelle-Ingenieurtechnik GmbH in Eschborn, Neschen AG in Bückeburg, Zentrum für Bucherhaltung GmbH in Leipzig und die Schweizer Firma Nitrochemie Wimmis AG. In der Zwischenzeit hat sich die Battelle-Ingenieurtechnik GmbH zur Firma *Papersave* mit Sitz am gleichen Ort umbenannt. Weitere Dienstleister abrufbar unter http://www.uni-muenster.de/Forum-Bestandserhaltung/exec/neutral.php.

[17] „In any way it is better to deacidify than to do nothing at all" (Burgess/Kaminska 1991, zit. nach: Bansa 1999, 142).

Leipzig (vgl. Keimer 2000a, 68–69). Wie schon erwähnt, besteht eine Hauptforderung für die Praktikabilität und Effektivität der Behandlung darin, jegliche negative Beeinträchtigung für alle Bestandteile der Bücher und Archivalien auszuschließen und so auf ein Auseinandernehmen der Objekte bzw. sogar auf eine Vorsortierung verzichten zu können. Angesichts der Vielgestaltigkeit von Bibliotheks- und Archivbeständen wird die besondere Schwierigkeit dieser Aufgabe vorstellbar. So verließen im Jahr 1997 den Angaben der Betreiber zufolge ca. 0,1 % der Objekte die Behandlungskammer der Pilotanlage der Deutschen Bücherei in Leipzig mit unterschiedlichen Schäden, die auf die Entsäuerung zurückzuführen sind.[18] Diese Quote ist für Kulturgut höchst problematisch, vor allem wenn man sich die enormen Stückzahlen, die die Anlage jährlich durchlaufen sollen, und die möglichen bzw. nachgewiesenen Beeinträchtigungen vor Augen führt. Dazu zählen beispielsweise Gelbfärbungen des Papiers, weiße Ablagerungen auf dem Druckbild und Randbildungen sowie das „Ausbluten" von Farben, Schreibmitteln und Stempeln.[19] Weitere Untersuchungen an Bibliotheken und Archiven bestätigen diese Erfahrungen und belegen Schäden wie Verfärbungen und Deformationen an Bucheinbänden aus Leder und Pergament.[20]

Der sensible Punkt der geforderten Verträglichkeit der eigentlichen Entsäuerung mit allen Materialien könnte sich als Achillesferse des gesamten Verfahrens herausstellen. Gelingt es nicht, diese Aufgabe zu lösen, und will man Beschädigungen weitgehend vermeiden, ist weiterhin eine sehr aufwendige Vorsortierung durch speziell geschultes Personal notwendig. Aber selbst dann kann die Empfindlichkeit vieler Materialien im Vorhinein nicht immer zweifelsfrei abgeschätzt werden. Der Probelauf im Sächsischen Staatsarchiv lieferte entsprechend ernüchternde Ergebnisse, denn sogar trotz intensiver Sichtung und Sortierung des Archivgutes konnten „die Menge und Stärke von negativen Begleiterscheinungen nicht oder nur unwesentlich minimiert werden" (Keimer 2000b, 8). Letzt-

---

**18** Freundliche mündl. Mitteilung von Dr. Joachim Liers, Zentrum für Bucherhaltung, Leipzig, September 1997.
**19** Im Rahmen der vom Bundesarchiv Koblenz beauftragten Evaluierung wurde festgestellt, dass insbesondere rote Stempelfarben und grüne Filzstifte ausbluten bzw. ihre Farbe verändern (vgl. Fuchs 2000, 20).
**20** Die mit der Entsäuerung verbundene drastische Erhöhung des pH-Wertes führt zur Zerstörung der Ledergerbung und damit zur Destabilisierung und in der Folge zum Zerfall des Materials. Vgl. Keimer 2000a, 69–70; Fuchs 1999, 17ff.; Bansa 1999, 134. Untersuchungen an der Bayerischen Staatsbibliothek, am Staatsarchiv Münster und am Sächsischen Staatsarchiv bestätigen die genannten Erfahrungen mit Entsäuerungsverfahren. Vgl. Bansa 2000, o.S.; Knackstedt 2000, 14; Fuchs 2000, 25; Keimer 2000b, 4–5.

lich könnten nur individuelle Tests sicher Aufschluss darüber geben, wie beständig die zu behandelnden Materialien sind.

## Perspektive der Restaurierungsethik

Die über Jahrzehnte entwickelten und weitgehend etablierten Standards der Konservierung/Restaurierung erfüllt die Massenentsäuerung (noch) nicht. So dürfen die Auswahl von Produkten, Materialien und Verfahren „dem Kulturgut [...] nach aktuellem Wissensstand nicht schaden" (E.C.C.O.-Berufsrichtlinien, Artikel 9). Da zu Gunsten der Wirtschaftlichkeit der Verfahren in der Massenentsäuerung auf die in der Einzelobjektrestaurierung übliche eingehende Untersuchung und individuelle Beurteilung jedes Objektes weitgehend verzichtet wird, können gefährdete Materialien nicht aussortiert werden und nach entsprechenden Behandlungen sind diverse Beschädigungen am Kulturgut zu verzeichnen. Zudem besteht die Forderung, dass alle verwendeten Materialien leicht und vollständig wieder zu entfernen sein müssen und „möglichst einer künftigen Untersuchung, Behandlung oder Analyse nicht im Wege stehen" (E.C.C.O.-Berufsrichtlinien, Artikel 9) sollen. Allerdings verbleiben nach der Behandlung Fremdsubstanzen irreversibel im Objekt, deren Langzeitwirkungen noch nicht genügend erforscht sind. Die heute selbstverständliche, ausführliche Dokumentation, die „Aufzeichnungen über die Eingriffe zur Untersuchung, Konservierung und Restaurierung sowie weitere relevante Informationen umfassen" (E.C.C.O.-Berufsrichtlinien, Artikel 10) soll, unterbleibt weitgehend. Dieser an sich unverzichtbare Arbeitsschritt ist zeitaufwendig und würde die Massenbehandlung deutlich verteuern. Wenn jedoch der Vorzustand im Einzelnen nicht festgehalten wurde, lässt sich der Erfolg einer Behandlung nur eingeschränkt beurteilen.

Wie oben bereits angerissen, stellt sich auch hier die Frage, wie und vor allem ob das Kulturgut als Informationsträger in Gänze und ohne Beeinträchtigungen erhalten werden kann. Nach einer aufwändigen vergleichenden Untersuchung der Leistungsfähigkeit unterschiedlicher Verfahren der Massenentsäuerung kommt Barbara Keimer zur Schlussfolgerung, dass die individuelle Betrachtung jedes einzelnen Buches bzw. Blattes eines Archivkonvolutes vor der eigentlichen Entsäuerung zwar wünschenswert wäre, es jedoch wohl akzeptiert werden müsse, „daß beim Einsatz von Massenverfahren eine Differenzierung und ‚Einzelbewertung' nur noch sehr eingeschränkt umsetzbar sind" (Keimer 2000b, 8). Diese Analyse verweist auf das eigentliche Dilemma. Eine individuelle Betrachtung ist einerseits notwendig, um die restauratorischen Ziele einlösen zu können und Beschädigungen und damit Informationsverluste weitgehend auszuschließen. Andererseits wird dadurch der Aufwand extrem erhöht und für eine Massenbehandlung letztlich fragwürdig, weil zu teuer. Anscheinend müsse wohl gelernt werden, „die unterschiedlichen Informationsebenen eines Originals bewußter wahrzunehmen und zu bewerten. Dies berücksichtigend sollten sich Archivare und Restauratoren gemeinsam mit der Frage auseinandersetzen, welche Nebenwirkungen gegebenenfalls hingenommen werden können und welche nicht. (Und dies hängt eben auch von der Beurteilung von Art und Gewicht des intrinsischen Wertes des jeweiligen Originals ab)" (Keimer 2000b, 8).

Das differenzierte Resümee zum oben genannten Probelauf versteht die Massenentsäuerung keineswegs als Allheilmittel und schon gar nicht als eine Möglichkeit preiswerter Bestandserhaltung, denn ihr Einsatz wäre ohne umfangreiche vorbereitende und begleitende Arbeiten nicht vertretbar. Diese müssen in den Bibliotheken und Archiven selbst durchgeführt werden. Die Vergabe der Vorbereitungsaufgaben und Qualitätsprüfung an Dritte hält Keimer nicht für sinnvoll. Mit Blick auf die erheblichen Nebenwirkungen dürften aus finanziellen Gründen keine Qualitätseinbußen hingenommen bzw. in „blinden Aktionismus" verfallen werden. Sie plädiert vielmehr für den Ausbau fachlicher Kompetenzen und personeller Ressourcen in den öffentlichen Institutionen. Private Dienstleistungsfirmen sieht sie in der Pflicht, die Verfahren in Zusammenarbeit mit Forschungsinstituten weiterzuentwickeln. Eine vordringliche Aufgabe bestehe darin, Öffentlichkeit und Geldgeber über die Komplexität der massenhaften Bestandserhaltung aufzuklären und um Verständnis für deren Möglichkeiten und Grenzen zu werben (vgl. Keimer 2000b, 11–12).

Da bei großen Beständen von Bibliotheks- und Archivgut unzweifelhaft Gefahr in Verzug besteht und sich der Zustand der Objekte hauptsächlich bei den Säureschäden unablässig verschlechtert, sind die bisher erarbeiteten Lösungsstrategien und vor allem deren Beweggründe nur zu verständlich. Wegen des Zeitdrucks kann gerade nicht auf die Behandlung verzichtet werden, obgleich (noch) keine völlig ausgereiften bzw. fehlerfreien Verfahren zur Verfügung stehen. Es spricht für die Realitätsnähe und Praktikabilität der E.C.C.O.-Papiere, dass sie das „Tätigwerden an beschädigten oder verfallenen Kulturgütern" (E.C.C.O.-Berufsrichtlinien, Abschnitt: Aufgaben des Restaurators) zur Herstellung einer besseren Lesbarkeit zwar mit der Wahrung ihrer ästhetischen, historischen und materiellen Unversehrtheit verknüpfen, diese Forderung aber zugleich relativieren, indem sie diese an den zum Zeitpunkt der Restaurierung bestehenden Möglichkeiten („so weit wie möglich") messen. Auf die Massenentsäuerung übertragen, zeigt sich hier ein gangbarer Weg aus dem Dilemma, und daraus ließe sich die Rechtfertigung für den Einsatz technisch (noch) nicht völlig ausgereifter Verfahren ableiten. Allein der drohende massenhafte Verfall könnte als stichhaltige Begründung für den Übergang zu Verfahren der Massenrestaurierung angeführt werden. Zugleich bestünde damit die Möglichkeit, wirtschaftliche Erwägungen zur Rechtfertigung der Behandlung sehr großer Mengen von Kulturgut heranzuziehen. Zuvor müssen jedoch alle möglichen Konsequenzen dieses Weges aufgezeigt werden, und es muss eingehend geprüft werden, welche Alternativen bestehen.

Nichtsdestotrotz bedeutet die Forderung nach Bewahrung des Originals und seiner Authentizität auch für die Massenentsäuerung, zunächst einmal alle Maßnahmen an der individuellen Beschaffenheit und am Zustand des Kulturguts zu orientieren. Hier wird einer der sensibelsten Punkte angesprochen. Denn die Massenverfahren sind bisher gerade dadurch gekennzeichnet, dass eine möglichst große Menge von Objekten mit einem identischen Schadensbild gleichzeitig und in derselben Weise behandelt wird, und zwar ohne die Individualität und Einzigartigkeit des Kulturgutes wie sonst üblich zu berücksichtigen. In der Konsequenz droht die Gefahr einer Ent-Individualisierung des Restaurierungsobjektes. Welche Gründe auch immer dafür sprechen könnten, die Suche nach einem vertretbaren Kompromiss darf nicht dahingehend missverstanden werden, dass auf die individuelle Betrachtung jedes einzelnen Objekts verzichtet wird und unterschiedliche Maßstäbe für die Beurteilung des Wertes von Kulturgütern eingeführt werden. Folgte man dieser Logik, würde daraus die Konsequenz erwachsen, Beschädigungen von Objekten im Ergebnis von Massenbehandlungen mit immer größerer Selbstverständlichkeit hinzunehmen, ja sie von vornherein als unumgänglich zu akzeptieren.

Jedes einzelne Objekt ist durch seine Erscheinung und Struktur, durch seine Materialität und Funktion, durch seinen Ort und Kontext sowie durch die Spuren seiner Herstellung und Geschichte charakterisiert. Mit diesem weit gefassten Authentizitätsbegriff wird es möglich, alle Dimensionen und vor allem Informationsebenen des Kulturgutes differenziert abzubilden. Die analytische Trennung der verschiedenen Quellen von Informationen über die Authentizität eines Objekts ist die Voraussetzung dafür, die Auswirkungen jeglicher Erhaltungsmaßnahmen auf das Kulturgut überhaupt erst einschätzen zu können. Da jede Restaurierungsmaßnahme zwangsläufig zu Veränderungen am Objekt führt, muss immer wieder neu, und sinnvollerweise für jedes einzelne Objekt individuell, entschieden werden, welche Veränderungen bzw. Beeinträchtigungen der Authentizität im Interesse der Erhaltung insgesamt gebilligt werden können. Erst wenn dieser Standard im Umgang mit Kulturgütern auch in der Massenentsäuerung akzeptiert wird, kann davon ausgehend über das weitere Vorgehen und möglicherweise notwendige Einschränkungen diskutiert werden. Entscheidend ist hier der Perspektivwechsel von einer vorrangig von technischen Parametern und Kosten geprägten Problemlösungsstrategie hin zur konsequenten Ausrichtung aller Maßnahmen am Respekt vor dem Original im ganzen Reichtum seiner Authentizität.

## Resümee

Wie gezeigt wurde, kann sich die Auseinandersetzung über den Umgang mit Kunst und Kulturgut auf eine lange Tradition stützen. Einen Höhepunkt und zugleich Wendepunkt stellt der Denkmalstreit um den Wiederaufbau des Heidelberger Schlosses um 1900 dar. Mit Dehio und Riegl gelang es, das Denkmal als historisches Dokument und Ausdruck einer bestimmten Stufe der menschlichen Entwicklung zu begreifen. Die historische Dimension von Denkmälern wie auch von mobilen Kulturgütern, ihre Anerkennung und Erhaltung treten zunehmend in den Mittelpunkt der Betrachtung. Während bis in die erste Hälfte des 20. Jahrhunderts Einzelne die Reflexion über den Umgang mit dem kulturellen Erbe prägen, ist nun eine deutliche Tendenz zur Systematisierung, Differenzierung und Angleichung der für die Denkmalpflege bzw. Konservierung und Restaurierung gültigen Prinzipien und Normen auf europäischer und internationaler Ebene sichtbar. Insbesondere die Charta von Venedig führte maßgeblich zur Vereinheitlichung denkmalpflegerischer Prinzipien. Ihre herausragende Bedeutung lässt sich daran ablesen, dass sie als Grundlage für Denkmalpflegegesetzgebung in vielen Ländern, auch in der Bundesrepublik Deutschland, diente.

    Gleichzeitig wird von Seiten der Restauratoren mehr und mehr die Notwendigkeit gesehen, ihren Beruf genauer zu bestimmen, seine Grundsätze des Handelns, allgemeine Ziele und Anforderungen an eine wissenschaftliche Ausbildung unabhängig von der Denkmalpflege zu formulieren. Sowohl auf internationaler als auch auf nationaler Ebene entstand zu diesem Zweck eine Reihe von Grundsatzpapieren, die sowohl berufsständische Richtlinien als auch Ehrenkodizes enthalten. Sie bilden die maßgebliche Basis für den praktischen Umgang mit Kunst und Kulturgut sowie für die Forschung in der Disziplin. Die Papiere spiegeln zum einen eine zunehmende Sensibilisierung gegenüber der eigenen ethischen Verantwortung im Beruf und zum anderen eine bestimmte Selbstwertvorstellung wider. Denn eine Verletzung der in den Dokumenten formulierten speziellen Moral der Berufsgruppe der Restauratoren schadet nicht nur dem eigenen Ansehen, sondern dem ganzen Stand. Obgleich die Ehrenkodizes kein einklagbares Recht im Sinne eines staatlichen Gesetzes darstellen, besitzen sie einen hohen Grad an Verbindlichkeit. Die Berufsrichtlinien dienen zugleich der institutionellen Absicherung der Restauratoren gegenüber Ansinnen, die nicht primär auf die Erhaltung des Kulturgutes gerichtet sind.

    Trotz der etablierten ethischen Standards in der Konservierung/Restaurierung bleibt die Aufgabe, neue Herausforderungen der Kulturguterhaltung wie beispielsweise die Massenrestaurierung zu meistern. Obgleich es angesichts der alarmierenden Zahlen aus Bibliotheken und Archiven absolut notwendig erscheint, eine große Menge von Objekten in kurzer Zeit zu bearbeiten, wäre es äußerst problematisch, Restaurierungsprozesse im Wesentlichen mit Blick auf verfahrenstechnische und betriebswirtschaftliche Erwägungen und Zwänge zu beurteilen. Vielmehr müssen sich diese unbedingt restauratorischen Belangen und Zielen unterordnen. Dazu gehört es beispielsweise, dass der Auslastungsgrad von Maschinen nicht das alleinige Kriterium für ihren Betrieb sein darf (vgl. Bansa 2000). Maßstab ist ausschließlich die sinnvolle Behandlung eines bestimmten Schadensphänomens. In die Kostenbilanz müssen überdies die Folgeaufwendungen für die Behebung von Beschädigungen und Umweltbelastungen einbezogen werden, um ein realistisches Bild im Vergleich zur Einzelobjektrestaurierung zu gewährleisten. Der für die Massenrestaurierung charakteristische Trend zu technischen Lösungen, industriellen Verfahren und zur einseitigen Berücksichtigung ökonomischer Zwänge bedarf auch in Zukunft stets einer besonders aufmerksamen und kritischen Auseinandersetzung.

Wichtige restaurierungsethische Maximen wie das Streben nach materieller Unversehrtheit, die Einhaltung maximaler Qualitätsstandards, der Vorrang der Prävention, die Notwendigkeit der interdisziplinären Zusammenarbeit und die Verbesserung der fachlichen Kompetenzen sowie die Pflicht zur Dokumentation bilden entscheidende Bezugspunkte auch für das Vorgehen bei der Massenentsäuerung. Ansonsten würden bislang als unumstößlich geltende Grundwerte des Umgangs mit Kulturgut nachhaltig ins Wanken geraten. Mit dem Verweis auf die Logik und die Zwänge der großen Zahl würden Behandlungsschäden als unvermeidlich letztlich in Kauf genommen. Noch folgenschwerer wäre, dass einzig und allein aus wirtschaftlichen Motiven zwischen Objekten hinsichtlich ihrer Bedeutung und ihres Informationsgehaltes unterschieden wird. Mit einer diesbezüglichen Bewertung von Kulturgut bestünde die Gefahr eines Dammbruchs, der früher oder später zu einer ausschließlich kommerziellen Bewertung und Selektion von Archivkonvoluten, Bibliotheksbeständen und Sammlungen führen könnte. Damit ist aus restaurierungsethischer Perspektive ein zentraler Punkt der massenhaften Erhaltung von Kulturgut berührt. Werden dem Kulturgut tatsächlich unterschiedliche Wertigkeiten beigemessen, muss man sich darüber im Klaren sein, dass dies den Abschied von einer einheitlichen Restaurierungsprofession und -disziplin bedeuten könnte.

Die Massenrestaurierung wird nur dann den gültigen Ansprüchen des Kulturgutschutzes gerecht, wenn sie sich an den hohen Standards ausrichtet, die in den vergangenen Jahrzehnten im Feld der Denkmalpflege sowie Konservierung/ Restaurierung erarbeitet wurden und die sich inzwischen weithin durchgesetzt haben. Mehr noch: Es sollten sogar besonders strenge Maßstäbe gelten. Denn schon allein aufgrund der großen Anzahl von Kulturgütern, die in Massenentsäuerungsverfahren gleichzeitig bearbeitet werden, wirken sich Fehler und Beeinträchtigungen ungleich schwerwiegender aus. Auch die Massenentsäuerung muss in erster Linie dem Ziel der Erhaltung des Originals im ganzen Reichtum seiner Authentizität verpflichtet bleiben.

# Literatur

Althöfer, H. (Hrsg.) (1985): Restaurierung moderner Malerei. Tendenzen Materialien Techniken. München: Callwey.
Bansa, H. (2000): „Massenrestaurierung – Wirkung und negative Nebenwirkungen". In: Abstrakt zur Konferenz „Massenentsäuerung in der Praxis" vom 18.–19.10.2000 in Bückeburg, Deutschland.
Bansa, H. (1999): „Massenneutralisierung von Bibliotheks- und Archivgut". Zeitschrift für Bibliothekswesen und Bibliographie 46:2, 127–146.
Brandi, C. (1977): Teoria del Restauro. Turin: Einaudi.
Burgess, H.; Kaminska, E. (1991): Evaluation and Comparison of Commercial Mass-Deacidification Progresses: Part 1 – Project Planning and Selection of Materials. Progress Report No. 1 Submitted to Chairman's Committee for Preserving Documentary Heritage.
Dehio, G. (1996) [1905]: „Denkmalschutz und Denkmalpflege im neunzehnten Jahrhundert". In: Huse 1996, 139–146.
Fiorillo, J.D. (1805): Geschichte der zeichnenden Künste. Bd. 3. Göttingen: Rosenbusch.
Fuchs, R. (2000): „Evaluierung der beiden Massenentsäuerungsverfahren Libertec/Battelle". Arbeitsblätter des Arbeitskreises der Nordrhein-Westfälischen Papierrestauratoren 7, 18–29.
Fuchs, R. (1999): Gutachten über die mit dem Battelle-Verfahren entsäuerten Materialien des Brecht-Archivs im Auftrag der Fa. Battelle Ingenieurtechnik GmbH. Köln. (Das unveröffentlichte Gutachten wurde der Verfasserin von Prof. Dr. R. Fuchs, FH Köln, für die vorliegende Studie freundlicherweise zur Verfügung gestellt).
Hellbrügge, C.-F. (1991): Konservieren, nicht restaurieren. Bedeutungswandel und Anwendungspraxis eines Prinzips der Denkmalpflege im 20. Jahrhundert in Deutschland. Dissertation. Bonn: Rheinische Friedrich-Wilhelms-Universität.
Hubel, A. (1995): „Denkmäler als Geschichtsdokumente: Irritationen für die Ästhetik einer heilen Welt?". In: A. Hubel; H. Wirth (Hrsg.): Denkmal und Gedenkstätten. Dokumentation der Jahrestagung des Arbeitskreises Theorie und Lehre der Denkmalpflege e.V. 1994 in Weimar. Weimar: Hochschule für Architektur u. Bauwesen Weimar, 167–178.
Hubel, A. (o. J.): Alois Riegl, Georg Dehio und der Denkmalbegriff um 1900. Unveröffentlichtes Manuskript, Otto-Friedrich Universität Bamberg, Institut für Denkmalpflege und Bauforschung.
Huse, N. (1996): Denkmalpflege. Deutsche Texte aus drei Jahrhunderten. München: Beck.
Janis, K. (2005): Restaurierungsethik im Kontext von Wissenschaft und Praxis. München: Meidenbauer.
Keimer, B. (2000a): „Massenentsäuerung von Archivgut. Erfahrungsbericht des Sächsischen Staatsarchivs Leipzig". In: Landesverband Sächsischer Archivare (Hrsg.): Bestandserhaltung heute – Einsatz moderner Technik zur Pflege und Sicherung der Originale,

8. Sächsischer Archivtag Oktober 1999 in Oschatz. Tagungsbeiträge und Mitteilungen aus Sächsischen Archiven. Leipzig: Landesverband Sächsischer Archivare, 65–73.

Keimer, B. (2000b): „Bestandserhaltung zum kleinen Preis – Massenentsäuerung von Archivgut". Vortrag zur Konferenz „Massenentsäuerung in der Praxis" vom 18.–19.10.2000 in Bückeburg. Unveröffentlichtes Vortragsmanuskript.

Knackstedt, W. (2000): „Entsäuerung von Archiv- und Bibliotheksgut – Ergebnisse eines nordrhein-westfälischen Versuchs mit unterschiedlichen Verfahren". Arbeitsblätter des Arbeitskreises der Nordrhein-Westfälischen Papierrestauratoren 7, 10–17.

Larsen, K.E. (Hrsg.) (1995): Nara Conference on Authenticity in Relation to the World Heritage Convention, Nara, Japan, 1–6 November 1994, Proceedings. Trondheim: Tapir.

Nowak, K. (Hrsg.) (1989): Massenkonservierung für Archive und Bibliotheken. Ergebnisse einer im Auftrag der Deutschen Bibliothek vom Battelle-Institut durchgeführten Untersuchung. Zeitschrift für Bibliothekswesen und Bibliographie, Sonderheft 49.

Philippot, P. (1991): „Histoire et actualité de la restoration". In: Geschichte der Restaurierung in Europa. Akten des internationalen Kongresses zur Restaurierungsgeschichte. Bd. 1. Worms: Wernersche Verlagsgesellschaft, 7–14.

Plache, R. (2000): „Wie sind unsere Archive zu retten? – Strategien und Methoden einer zeitgemäßen Bestandserhaltung". In: Landesverband sächsischer Archivare (Hrsg.): Bestandserhaltung heute – Einsatz moderner Technik zur Pflege und Sicherung der Originale, 8. Sächsischer Archivtag Oktober 1999 in Oschatz. Tagungsbeiträge und Mitteilungen aus Sächsischen Archiven. Leipzig: Landesverband Sächsischer Archivare, 54–64.

Riegl, A. (1996) [1903]: „Der moderne Denkmalkultus. Sein Wesen und seine Entstehung". In: N. Huse (Hrsg.): Denkmalpflege. Deutsche Texte aus drei Jahrhunderten. München: Beck, 131–139.

Stovel, H. (1995): „Working Towards the Nara Document". In: K.E. Larsen (Hrsg.): Nara Conference on Authenticity in Relation to the World Heritage Convention, Nara, Japan, 1–6 November 1994, Proceedings. Trondheim: Tapir, XXXIII–XXXVI.

Willemsen, E. (1960): „Die Restaurierungswerkstatt – Aufgaben und Probleme". Jahrbuch der Rheinischen Denkmalpflege XXIII, 323–324.

Uwe M. Borghoff, Nico Krebs, Peter Rödig

# Der Museumsansatz bei der digitalen Langzeitarchivierung in Theorie und Praxis

## Überblick

Dieser Beitrag beschreibt, welche Rolle der Museumsansatz bei der Erhaltung und Wiedergewinnung digitaler Informationen spielen kann. Für das Verständnis dieses Ansatzes wollen wir eine kurze Einführung in die digitale Langzeitarchivierung geben, die sich auf die technischen Kernaspekte konzentriert. Diese Aspekte umfassen die physische Speicherung der Repräsentation binärer Zustände und deren Interpretation, sodass sich daraus Nullen und Einsen und darauf aufbauend Daten und Informationen ergeben. Zur besseren Einordnung der Museumslösung skizzieren wir die beiden wichtigsten Erhaltungsmethoden *Migration* und *Emulation*. Dann erläutern wir den Museumsansatz und zeigen, wie dadurch andere Erhaltungsmethoden grundsätzlich unterstützt werden können. Schließlich stellen wir die *datArena* vor und beschreiben die Nutzung der dort vorhandenen Infrastruktur anhand von zwei Projekten zur Erhaltung und Wiedergewinnung digitaler Informationen, nämlich die *Medienmigration* und als alternative Erhaltungsmethode den *Universellen Virtuellen Computer*.

## Eine kleine technische Einführung in die digitale Langzeitarchivierung

Um den Museumsansatz besser einordnen zu können, wollen wir eine kurze Einführung in die Problemstellungen und Lösungsansätze der digitalen Langzeitarchivierung vor allem aus technischer Sicht geben, wohl wissend, dass auch rechtliche, wirtschaftliche, politische und kulturelle Aspekte eine gewichtige Rolle spielen. Im Gegensatz zu den üblichen analogen Formen der Informationsübermittlung und -speicherung, wie Klarschrifttexten, Grafiken oder Bildern auf Trägern wie Pergament, Papier oder Mikrofilm, ist für die Erfassbarkeit durch den Menschen ein mehr oder weniger komplexer Interpretationsprozess der binären Codierung nötig. Fehlen das Wissen und die Instrumente für diesen Prozess, ist eine Wiedergewinnung von Informationen im Allgemeinen aussichtslos. Diesen Sachverhalt behandelt auch das Referenzmodell OAIS (*Open Archival Information System*). Der breit anerkannte und genutzte ISO-Standard zeigt in seinem konzeptionellen Informationsmodell auf, wie reine Bitsequenzen mit zusätzlichen Informationen anzureichern sind, um die Wiedergewinnung der eigentlichen Inhalte langfristig sicherzustellen (vgl. ISO 2012, Kap. 4.2). Eine Schlüsselrolle in den so gebildeten *Informationspaketen* spielen dabei sogenannte *Repräsentationsinformationen*. Sie sorgen dafür, dass die Strukturen und Bedeutungen der gespeicherten Bitsequenzen wieder erkannt und somit digitale Objekte in Informationsobjekte umgewandelt werden können.

Was kann man sich nun unter *Repräsentationsinformationen* vorstellen? Zuerst ist festzustellen, dass solche Informationen in unterschiedlichen Ausprägungen auftreten. Als Spezifikation beschreiben sie mehr oder weniger formal die Regeln, nach denen eine bestimmte Bitsequenz zu interpretieren ist, und dienen somit als Implementierungsvorlage. Als ausführbare Software, auch *Executables* genannt, sind sie direkt in der Lage, die Interpretation und eine Darstellung durchzuführen, sofern die Plattform zur Verfügung steht, für die die Software entwickelt wurde. Dies erfordert u.a., dass die prozessorspezifischen Maschinenbefehle verstanden werden und die angeforderten Softwarebibliotheken bereitstehen. Ein PDF-Betrachter wie der *Adobe Reader* für ein bestimmtes Betriebssystem verkörpert ein Beispiel für diese Ausprägung von *Repräsentationsinformationen*. Um die Abhängigkeiten von den einzelnen Plattformen zu vermindern und um somit die Portierbarkeit von Software zu erhöhen, kommen Konzepte der Virtualisierung zum Einsatz. Eine Ausprägung davon sind virtuelle Maschinen, die wohl populärste davon ist die *Java Virtual Machine* (JVM), die jeweils die maschinenspezifische Abarbeitung des für diese virtuelle Maschine erzeugten *Zwischencodes* übernimmt. Solch ein Code kann eine Anwendung repräsentieren, z.B. einen PDF-Betrachter.

Wie läuft nun die Interpretation von Bitsequenzen konkret ab? Üblicherweise erfolgt dieser Prozess in mehreren Stufen. Die ersten Schritte umfassen die Erkennung elementarer Strukturen wie *Bytes* (i.d.R. die kleinste adressierbare Einheit in einem Rechnersystem), *Datenwörter* oder kurz *Wörter* (Gruppierungen von Bytes) und deren weitere Zusammenfassung zu *Blöcken* für die technische Handhabung z.B. für einen möglichst schnellen Transfer von Peripheriegeräten in den Hauptspeicher. Im Weiteren sind diesen Strukturen elementare Typen zuzuordnen wie Buchstaben, Sonderzeichen oder Ziffern. *Bytes* und *Wörter* können auch nicht druckbare Zeichen repräsentieren wie Maschinenbefehle oder für eine bestimmte Anwendung speziell codierte Daten. Das Auftreten derartiger Zeichen ist charakteristisch für sogenannte *Binärdateien*. Weitergehende Interpretationen betreffen u.a. das Erkennen einzelner Dateien mit ihren Metadaten wie Zugriffsrechte oder Erstellungsdatum sowie ihrer Zusammenhänge mit anderen Dateien, wie die Zugehörigkeit zu einem gemeinsamen Ordner oder eine explizite Verlinkung. Die bisher aufgeführten Prozesse erledigen im Allgemeinen die Komponenten des Betriebssystems, während die Interpretation von Dateiinhalten oft den Anwendungsprogrammen überlassen wird, die über das nötige Wissen über die Anordnung und Bedeutung von Elementen verfügen, wie es vordefinierte bzw. selbstdefinierte Dateiformate festlegen. Bezüglich des Grades an Semantik sind Dateiformate breit gestreut. So gibt es Formate, die lediglich eine Folge von Behältern definieren, die beliebige Inhaltsdaten aufnehmen können und mit einem Index versehbar sind. Andere Formate spezifizieren hingegen den Typ der Inhalte, wie Audiodaten in einer bestimmten Codierung. Weitere Formate versuchen, die Bedeutung einzelner Elemente mittels formaler Sprachen vorab so genau wie möglich festzulegen. Solche Formate finden sich vor allem in eng abgegrenzten Anwendungsdomänen, häufig in den Natur- oder Ingenieurwissenschaften. Eine weitere Möglichkeit der semantischen Anreicherung ist die *Auszeichnung* (*Markup*) von Formatelementen. Zahlreiche Lösungen stehen zur Verfügung und sie reichen von einfachen Attribut-Wert-Paaren bis zu äußerst umfangreichen Auszeichnungsoptionen wie sie z.B. für Texte das *Text Encoding Consortium* unter dem Namen TEI (*Text Encoding Initiative*)[1] entwickelt hat. Eine weitere wichtige Art von *Repräsentationsinformationen* bilden Verfahren zur Decodierung verschlüsselter und komprimierter Daten.

Das OAIS-Informationsmodell setzt das Vorhandensein einer symbolischen Repräsentation von Bits voraus. Diese Zeichen müssen jedoch erst aus einer physikalischen Darstellung wiedergewonnen werden. Mit wenigen Ausnahmen, wie Aussparungen in Lochkarten oder Lochstreifen, sind die binären Zustände auf den Datenträgern für den Menschen ohne technische Hilfsmittel nicht erkennbar, da sie z.B. durch elektrische Ladungen in Transistoren, mikroskopisch kleine Vertiefungen (*Pits*), Magnetisierungen oder künftig möglicherweise durch Nukleotidsequenzen in DNA-Molekülen repräsentiert werden (vgl. Goldmann 2013). Bei einer Interpretation ist zu beachten, dass bestimmte Bitsequenzen ausschließlich der Handhabung der Bits auf einem spezifischen Datenträgertyp dienen, z.B. um die Lage von Nutzbits – im Sinne der darauf aufbauenden Interpretationsstufe – auf der Scheibe eines Magnetspeichers, die aus technischen Gründen nicht perfekt rotieren kann, zuverlässig erkennen zu können.

Die Kernaufgabe der Langzeitarchivierung besteht also in der physischen Erhaltung der Bitsequenzen und der Sicherstellung der dauerhaften Durchführbarkeit der oben skizzierten Interpretationsprozesse. Der folgende Abschnitt beschreibt Strategien, die diese Aufgabe lösen können. Zu den wichtigsten Vertretern zählen die *Migration* und die *Emulation*.

---

[1] Siehe http://www.tei-c.org.

Abb. 1: 8-Zoll-Diskette.

Die *Migration* ist die Übertragung digitaler Objekte von einer Hard- bzw. Softwarekonfiguration auf eine meist neuere Konfiguration, um die Integrität und Interpretierbarkeit der Daten sicherzustellen oder zu verbessern. Das OAIS-Referenzmodell unterscheidet vier Arten der *Migration*: *Auffrischung (Refreshment)*, *Replikation (Replication)*, *Neuverpackung (Repackaging)* und *Transformation* (vgl. ISO 2012, Kap. 5.1.3). Werden Daten z.B. aufgrund der begrenzten Lebensdauer von Datenträgern auf einen neuen aber gleichartigen Datenträger kopiert, nennt man diesen Vorgang *Auffrischung*. Droht die technische Überalterung eines Datenträgers, z.B. weil schnellere und billigere Produkte mit deutlich höherer Kapazität erhältlich oder die benötigten Geräte nicht mehr verfügbar sind, müssen die Daten auf aktuellere Datenträger repliziert werden, daher der Name *Replikation*. Muss zudem die Paketstruktur für die zu archivierenden Daten geändert werden, z.B. weil verwendete Archivierungsformate, wie TAR oder ZIP, oder Dateisysteme zu veralten drohen, nennt man diesen Prozess *Neuverpackung*. Die vierte und tiefgreifendste Form der *Migration*, die *Transformation*, betrifft schließlich die Inhaltsdaten selbst. Die Überführung in neue Formate ist nötig, wenn die erforderliche Soft- und Hardware nicht mehr zur Verfügung stehen.

Der große Vorteil der *Migration* liegt in der Nutzbarkeit der digitalen Objekte in aktuellen Umgebungen. Sie sind normalerweise zuverlässiger, funktionell umfangreicher und bieten bekannte Bedienkonzepte. Dafür ist es jedoch nötig, jedes einzelne Objekt zu behandeln. Problematisch ist dieses Vorgehen beim *Neuverpacken* und vor allem bei der *Transformation*, weil das Risiko des Informationsverlustes besteht, die Automatisierbarkeit an Grenzen stößt und die Qualitätssicherung hohen Aufwand erfordert. Darüber hinaus ist dieser Ansatz schwer zu generalisieren, da u.a. die Leistungsfähigkeit von *Transformationen* im Einzel-

**Abb. 2:** Commodore-Laufwerk 1570 für 5,25-Zoll-Disketten.

fall zu bewerten ist. Weitergehende Ausführungen finden sich z.B. in Borghoff et al. 2003, Kap. 3.

Eine weitere grundlegende Möglichkeit des Informationserhalts bietet die *Emulation*. Der Begriff stammt aus dem Lateinischen und bedeutet Nachahmung bzw. Nachbildung. Dieser Ansatz gestattet im hohen Maße die originalgetreue Wiedergabe digitaler Objekte, da er die Ausführungsumgebungen, die zum Zeitpunkt der Erstellung der archivierten Objekte zum Abspielen benutzt wurden, auf aktuellen Systemen nachbildet. Die *Repräsentationsinformationen* sitzen bei diesem Ansatz in Teilen in *den Emulatoren*. Ein *Emulator*, der z.B. ein Dateisystem nachahmt, weiß, wie man einzelne Dateien und deren Metadaten erkennt. Auch bei dieser Methode lassen sich grundsätzliche Arten unterscheiden, nämlich auf der Ebene der Anwendungssoftware, der Betriebssysteme und schließlich der Hardware. Die *Emulation* genau einer Anwendung ermöglicht die Wiedergabe nur der jeweils unterstützten (wenigen) Datenformate. Die *Emulation* der Hardware hingegen ermöglicht die Wiedergabe aller archivierten Objekte, die mit dieser Hardware wiedergegeben werden konnten, vorausgesetzt die jeweiligen Betriebssysteme und die dazugehörigen Anwendungen sind ebenfalls archiviert worden.

Der große Vorteil der *Emulation* liegt darin, dass die ursprünglichen Daten nicht mehr transformiert werden müssen, d.h. ein Informationsverlust durch fortwährende *Migration* der Inhalte ist ausgeschlossen. Dagegen ist der Aufwand für die Entwicklung und wiederholte Portierung eines *Emulators* im Allgemeinen vergleichsweise sehr hoch. Soll ein *Emulator* entwickelt werden, ist eine genaue Spezifikation der Hard- bzw. Software zwingend erforderlich. Zusätzlich verlangt die *Emulation* von der Hardware eine hohe Performanz, die um einiges höher als bei der nachzubildenden Hardware sein muss. Nur durch eine kontinuierliche Weiterentwicklung immer leistungsfähigerer Hardware bleibt eine *Emulation* in der Zukunft realisierbar. Damit sich dieser Ansatz auch lohnt, bedarf es eines bestimmten Umfangs und Wertes an archivierten Beständen. Außerdem laufen Aktivitäten, die Portierbarkeit von *Emulatoren* zu erhöhen, wie im Projekt KEEP (*Keeping Emulation Environments Portable*).[2] Eine ausführliche Darstellung und Diskussion zur Emulation findet der interessierte Leser in Borghoff et al. 2003, Kap. 4.

## Der Museumsansatz

Eine weitere grundsätzliche Möglichkeit zur Wiedergewinnung digitaler Information bietet der Museumsansatz. Darunter wollen wir im Kontext der Langzeitarchivierung die Aufrechterhaltung der Funktions- und Bedienfähigkeit von

**Abb. 3:** Bedienkonsole des Röhrenrechners IBM 705 aus dem Jahre 1956 in der *datArena*.

Hard- und Software verstehen, was die Aufbewahrung zugehöriger Dokumentation, wie etwa von Handbüchern zur Installation, Konfiguration, Wartung und Anwendung, einschließt. Auf den ersten Blick mag diese Strategie, bei der die

---

2 Siehe http://www.keep-project.eu.

*Repräsentationsinformationen* in musealer Hard- und Software stecken, etwas verwundern. Dennoch sind für die Theorie und Praxis verschiedene Anwendungsszenarien gegeben. Häufig befinden sich Daten noch auf obsoleten Datenträgern, ggf. mit obsoleten medienspezifischen Formaten für Dateisysteme. Um in diesem Fall *Informationspakete* überhaupt aufschnüren zu können, z.B. durch das Erkennen einzelner *Blöcke* oder Dateien auf einem Träger, sind die entsprechenden Geräte einschließlich Programmen erforderlich. Des Weiteren kann ein Rückgriff auf alte Hard- und Software die Entwicklung bzw. Validierung von *Emulatoren* oder Werkzeugen zur *Migration* unterstützen oder durch eine Dokumentation erst ermöglichen. Um den Ansprüchen einer wissenschaftlichen Nutzung digitaler Informationen gerecht zu werden, können sich z.B. hohe Anforderungen an die visuelle oder auditorische Treue von Objekten ergeben. Nicht dokumentierte Imperfektionen und Verfälschungen, die z.B. bei einer Digitalisierung analoger Objekte entstanden sind, können durch den Zugriff auf alte originale Hard- und Software erkannt und ggf. sogar korrigiert werden, sofern entsprechende digitale oder analoge Referenzobjekte zur Verfügung stehen. Der Museumsansatz ist zwar als Standardmethode für die digitale Langzeitarchivierung aufgrund des hohen Aufwands nicht geeignet, aber in Sonderfällen und bei der Erforschung und Entwicklung anderer Erhaltungsmethoden durchaus nützlich. Auf alle Fälle gewährleistet dieser Ansatz das perfekte *Look-and-feel*.

## Die *datArena* an der Universität der Bundeswehr München

Auf dem Gelände der Universität der Bundeswehr München entsteht ein neuartiges Forschungs-, Lehr- und Ausstellungszentrum, das auf dem Gebiet der digitalen Informations- und Kommunikationstechnologie zwischen Technik-, Kultur- und Sozialgeschichte vermittelt und zugleich ein Forum für Begegnung bietet. Die *datArena* ist Labor, Forschungs-, Ausstellungs- und Kommunikationszentrum für Wissenschaftler, Studierende und die Öffentlichkeit. Herausragende Merkmale sind nicht nur der außerordentliche Umfang und die repräsentative Zusammensetzung der Sammlung an historischen Rechnern und Peripherie, sondern auch die Tatsache, dass sich nahezu alle Geräte in einem lauffähigen Zustand befinden. Darüber hinaus steht eine umfassende Sammlung an Software und an Dokumentation zu Bedienung, Wartung und Aufbau der Geräte sowie an Sekundärliteratur zur Verfügung. Damit ist nicht nur der Betrieb historischer Rechner gewährleistet, sondern sogar der Bau von Rechnern oder Komponenten realisiert worden z.B. zu Studienzwecken oder um den Betrieb alter Rechner zuverlässiger oder einfacher zu gestalten (vgl. Zabolitzky 1998). Ein Fernsehbericht des Bayerischen Rundfunks mit dem Titel „Vom Drahtgehirn zum PC" gibt einen Einblick in die Arbeit der *datArena*; er zeigt hierzu einen historischen Großrechner in Aktion und weist auf das Risiko des Informationsverlusts hin.[3]

Die geschilderten Voraussetzungen gepaart mit dem Know-how der Beteiligten können nicht nur die Ansprüche des Museumsansatzes, wie oben beschrieben, erfüllen, sondern auch die eines Lehr- und Forschungszentrums. So erlaubt der Rückgriff auf unterschiedliche Rechnerarchitekturen und deren zahlreiche lauffähige Vertreter den Wissenschaftlern die Durchführung von quantitativen Untersuchungen und Vergleichsstudien sowie die Evaluierung von Programmiermethoden und Algorithmen, z.B. im Bereich des *High Performance Computing* (HPC). Die vorhandene Infrastruktur bietet auch die Voraussetzungen für Studien zur energieeffizienten Informationsverarbeitung, zum Entwurf kontrollierter Kühlsysteme oder zur Stabilität und Verlässlichkeit der Stromversorgung für Hardware. Dem Studierenden können vertiefte Grundlagenkenntnisse vermittelt werden, was anhand moderner Hardware aufgrund ihrer hohen Integration und der teilweise fehlenden Dokumentation nicht mehr anschaulich möglich ist. Das historische Material der *datArena* erklärt nicht nur das *Wie* technischer Lösungen, sondern auch das *Warum*, was die Bewertung und Entwicklung neuer Lösungen fördert.

Die *datArena* soll auch als Forum für die Begegnung unterschiedlicher Disziplinen und gesellschaftlicher Gruppen dienen. Beispielsweise können historische Rechner aus der DDR bzw. deren Dokumentation demonstrieren, welche IT-Instrumente dem Staatssicherheitsdienst, der Industrie und der Wissenschaft zur Verfügung standen. Natürlich liefern sie auch die Mittel, digitale Informationen aus dem Bereich der ehemaligen DDR wiederzugewinnen. Mit den Exponaten der *datArena* lässt sich außerdem veranschaulichen, wie seit den 1950er-Jahren die Informationstechnologie zuerst die Arbeitswelt und dann den privaten Bereich immer mehr durchdringt. Die Lebendigkeit der Exponate ist auch in der Lage, die emotionale Ebene einer breiteren Öffentlichkeit anzusprechen. Der Besucher hat z.B. die Möglichkeit, dem Rattern eines Lochkartenlesers zu lauschen, einen der ersten kommerziellen portablen Rechner zu schleppen, das Arbeiten des Präzisionswerks einer Bandmaschine zu beobachten oder sich einfach nur von den Dimensionen und dem Design alter Rechner beeindrucken zu lassen. Darüber hinaus kann Besuchern ein Zugang zu alten Systemen geboten werden, um sich

---

[3] Siehe http://www.computermuseum-muenchen.de/video/Aus%20Schwaben%20und%20Altbayern%20-%20DatArena-Beitrag%2002-05-2010%20WEBVERSION.mp4.

**Abb. 4:** Commodore-Datasette für Compact Cassetten.

an einem Textsystem der 1980er-Jahre zu versuchen oder persönliche Informationen auf ihren alten privaten Floppies oder Datencassetten wiederzugewinnen.

Die Umsetzung einer Vision wie der *datArena* erfordert viele helfende Hände. Eine herausragende Stellung nimmt hierbei die Gesellschaft für historische Rechenanlagen e.V. (GfhR)[4] ein, die u.a. das Großprojekt *Computermuseum München*[5] vorantreibt und deren Leihgaben, Expertise und unermüdliches ehrenamtliches Engagement wesentlich zum breiten Spektrum der *datArena* beitragen. Die GfhR bildet auch einen Ankerpunkt für das Unterprojekt *Vintage Computer Festival Europa* (VCFe),[6] das Themen präsentiert wie Computermuseen, die Integration von historischer und aktueller Hardware oder die Datenrettung mit DDR-Rechnern der Marke Robotron. Um die Lebendigkeit der Maschinen in der *datArena* sicherzustellen und um die Materialien für die Forschung und Lehre sowie die Öffentlichkeit aufzubereiten, sind weitere personelle Ressourcen erforderlich, die ohne Unterstützung Dritter nicht finanzierbar wären. Die Universität möchte sich an dieser Stelle ausdrücklich für die Zuwendungen von Frau Christina S. Rohde bedanken. Die weltweit tätige Firma Rohde & Schwarz zählt zu den Pionieren in der Kommunikationstechnologie.

---

4 Siehe http://www.gfhr.de.
5 Siehe http://www.computermuseum-muenchen.de.
6 Siehe http://www.vcfe.org.

In den folgenden Abschnitten wollen wir zwei Aktivitäten an der *datArena* näher vorstellen, die sich der Wiedergewinnung und Erhaltung von Informationen widmen. Das erste Vorhaben umfasst die Evaluation und Weiterentwicklung von Konzepten und Implementierungen zur Loslösung digitaler Objekte von obsoleten Datenträgern, kurz *Medienmigration*. Das zweite Vorhaben betrifft die Evaluation und Weiterentwicklung der Nutzung des *Universellen Virtuellen Computers* (UVC) zur Langzeitnutzung digitaler Informationen.

# Medienmigration

Die Basis für die Erhaltung und Wiedergewinnung digitaler Informationen ist die Interpretierbarkeit der aufgezeichneten physischen Repräsentationen der zugrunde liegenden Bitsequenzen. Zahlreiche Faktoren gefährden jedoch eine dauerhafte Interpretierbarkeit. Zuerst ist die beschränkte physische Haltbarkeit der digitalen Datenträger zu nennen, z.B. durch den Verlust an Magnetisierung oder elektrischer Ladung, das Aufquellen des Trägermaterials aufgrund von Feuchtigkeit oder den Verschleiß durch häufige oder unsachgemäße Nutzung. Eine weitere Bedrohung stellt das oft schleichende Verschwinden der erforderlichen Lesegeräte, Schnittstellen und Software dar. Eine weniger offensichtliche Gefährdung besteht in der Überalterung medienspezifischer Formate, was sowohl die digitale Codierung der Nutzinformationen als auch die physische Aufzeichnung der einzelnen Bits betrifft. Erschwerend kommt hinzu, dass eine Vielzahl medienspezifischer Formate existiert und dass augenscheinlich gleiche Trägertypen mit unterschiedlichen Aufzeichnungsverfahren beschrieben sind. Außerdem zeichnen sich insbesondere die Einführungsphasen neuer Medien durch fehlende oder konkurrierende Standards aus. In den Endphasen findet auch ein Ausreizen der Technologie statt, was zu Abweichungen von Standards führt oder zu höheren Speicherdichten und einer damit verbundenen größeren Fehlerquote. Als nachteilig erweist sich außerdem der teilweise unzureichende Schutz gegen Viren, versehentliches Überschreiben, mechanische Beschädigungen oder Verschmutzungen. Spezielle Probleme bringen Kopierschutzmechanismen mit sich, da sie neben technischen Fragen auch rechtliche aufwerfen. Eine Studie zur *Medienmigration*, die bereits vor über zehn Jahren in Zusammenarbeit mit der Bayerischen Staatsbibliothek durchgeführt wurde, hat gezeigt, dass die Praxis weitere Überraschungen bereithält (vgl. Borghoff et al. 2002). So waren beispielsweise handgelochte Disketten im Einsatz, was auf die Nutzung nicht qualitätsgesicherter Rückseiten hinweist. Ebenso waren Disketten zu finden, die wegen Übergröße nur in ausgesuchte Geräte passten. Um all die genannten

Risiken zu beseitigen, sind *Migrationen* wie *Auffrischungen* oder *Replikationen* unvermeidbar. Teilweise ist mit der Medienmigration auch die Durchführung einer *Neuverpackung* zweckmäßig oder notwendig, z.B. bei hybriden Medien.

**Abb. 5:** 1/2-Zoll-Magnetband mit dem wegweisenden Finite-Element-Programm ASKA.

In vielen Fällen erfordern diese Prozesse historische Hard- und Software sowie spezielle Expertise. Zwar bietet der Markt inzwischen Lösungen, die es auch technisch weniger Geübten gestatten, die Problematik zumindest in Teilen zu beherrschen. Beispielsweise erkennen spezielle Diskettencontroller wie *Catweasel*[7] oder *KryoFlux*[8] eine Vielzahl von Formaten mit einem für das jeweilige physische Format (z.B. 5,25-Zoll-Disketten) einzigen, an aktuellen Rechnern anschließbaren Laufwerk. *KryoFlux* bietet zusätzlich die Option, Low-level-Formate, also die physische Repräsentation von Bits in Form von *Flusswechseln*, aufzuzeichnen. Außerdem beschäftigen sich Institutionen aus dem Bereich der digitalen Langzeitarchivierung mit dem Aufbau von Verzeichnissen mit Beschreibungen zu Datenträgern, Formaten und Software, wie die *Mediapedia*[9] der Australischen

---

7 Siehe http://www.jschoenfeld.com/products/catweasel_e.htm.
8 Siehe http://www.kryoflux.com.
9 Siehe http://mediapedia.nla.gov.au/home.php.

Nationalbibliothek oder TOTEM (*Trustworthy Online Technical Environment Metadata*).[10] Aber bisher decken diese Aktivitäten nicht das gesamte Spektrum ab. So geben die verwendeten Schemata der Verzeichnisse nicht alle erforderlichen technischen Aspekte wieder, z.B. für eine Reparatur bzw. Wartung oder für den Anschluss an alternative Rechner zur Vereinfachung der *Medienmigration*. Die bisherigen Verzeichnisse können daher die technischen Unterlagen nicht ersetzen. Große Lücken zeigen sich zudem im Bereich der Mini- und Großcomputer. Diesbezüglich kann die *datArena* dazu beitragen, das nötige Know-how und Equipment auch längerfristig bereitzustellen. Mit Sicherheit befinden sich noch zahlreiche Daten aus der Wirtschaft und Wissenschaft auf technisch veralteten Trägern wie Magnetbändern oder Wechselplatten, die es wert sind, wiedergewonnen zu werden.

# Der Universelle Virtuelle Computer (UVC)

## Die Rolle des UVC bei der Wiedergewinnung elektronischer Daten

Sowohl die Archivierungsmethode der *Migration* als auch die der *Emulation* haben wie bereits geschildert Nachteile. Gravierend sind bei der *Migration* die stets zu überführenden Dateiformate (*Transformationen*) und die damit verbundene Gefahr des schleichenden Authentizitäts- und Informationsverlusts. Die *Emulation* leidet wahlweise an hohen Kosten oder ebenfalls an schleichenden Verlusten, sobald *Emulatoren* aufeinander angewiesen sind. Solche *Emulationsketten* bergen sogar das Risiko eines Totalverlusts, wenn sich kleinere, scheinbar unvermeidliche Fehler (vgl. Dinaburg et al. 2008; Paleari et al. 2009) potenzieren (vgl. Funk 2010).

## Der UVC als zuverlässige Alternative

Der UVC ist eine Entwicklung der Firma IBM (vgl. Lorie/van Diessen 2005). Im Gegensatz zu den bislang genutzten Verfahren der *Emulation* und *Migration* wurde der UVC speziell für die Langzeitarchivierung mit dem Ziel entwickelt, die Probleme der beiden anderen Verfahren zu lösen. Der UVC stellt eine Maschine

---

10 Siehe http://keep-totem.co.uk.

dar, die nicht dazu bestimmt ist, jemals als eigenständige Hardware zu existieren. Sie unterliegt damit keinen Beschränkungen, was sich deutlich in der unbegrenzten Anzahl an *Registern* und der unbegrenzten Anzahl der Bits in einem *Register* zeigt. Mit den *Segmenten* des Speichers verhält es sich ähnlich. Der *Befehlssatz* dagegen ist gegenüber gewöhnlichen Prozessoren deutlich reduziert, was sich wiederum bei der Entwicklung eines *Emulators* für den UVC als hilfreich erweist. Wobei die Verwendung des Begriffs *Emulator* nicht den Vergleich mit bekannten Varianten assoziieren möchte, denn der UVC besitzt keine Möglichkeit zur Nutzerinteraktion, also insbesondere keine grafische Ausgabe. Lediglich ein Ein- und ein Ausgabekanal für Bitströme sind spezifiziert. Um nun die kombinierten Vorteile der beiden anderen Verfahren zu erkennen, ist auf die Details zu achten. Der UVC ist deutlich weniger komplex spezifiziert als real existierende Computer und daher ist ein *Emulator* mit erheblich geringerem Aufwand erstellbar. Auf dem UVC können Anwendungen (Decoder) ausgeführt werden, die sich wie bei der *Emulation* um die korrekte Interpretation der verschiedensten Dateiformate kümmern. Dabei werden die enthaltenen Informationen nicht wie bei der *Migration* (*Transformation*) in andere Dateiformate gespeichert, sondern direkt ausgegeben. Für Bilddaten beispielsweise wären dies Breite, Höhe und Farbtiefe, gefolgt von den jeweiligen Koordinaten und Farbwerten einzelner Pixel.

**Abb. 6:** UVC-Methode am Beispiel der Archivierung von Bildern im JPEG-Format.

Sind Text enthaltende Dateien wie das *Binärformat* PDF zu öffnen, könnten auch in ASCII oder Unicode codierte Zeichenfolgen ausgegeben werden. Für die weitere Interpretation und Darstellung dieser derart aufbereiteten Informationen ist spätestens zum Zeitpunkt des Aushebens für die dann aktuellen Systeme eine separate Anwendung (Betrachter) zu implementieren, die jedoch sehr einfach ausfallen wird, da die schwierigste Aufgabe der Extraktion bzw. der Dekomprimierung der enthaltenen Information bereits die UVC-Anwendung leistet. Der Vorgang an sich entspricht dem Gedanken der *Migration auf Anforderung* (vgl. Mellor et al. 2002), ohne sich jedoch auf ein Zielformat festlegen zu müssen. Wird bei der Aufnahme in ein Archiv stets gefordert, dass für eine digitale Datei auch eine entsprechende UVC-Anwendung vorhanden sein muss, besteht die Aufgabe eines Archivs lediglich in der Erhaltung der archivierten Bitsequenzen. Erst mit einem

Zugriff auf die Dateien wird ein UVC-*Emulator* nötig. Aufgrund seiner Eigenschaft der Universalität gelingt es innerhalb einiger Tage, diesen für ein beliebiges System zu erstellen. Die den UVC nutzende Archivierungsmethode gestattet aufgrund der unveränderlich zu archivierenden Bitsequenzen eine äußerst kostengünstige Erhaltungsphase. Je nach gewähltem Datenträger sind längere Phasen des Nichtstuns während der Erhaltung verzeihlich. Dass dieses Vorgehen funktioniert, lehrt uns die noch junge Geschichte der Computer. Babbage entwickelte 1837 Konstruktionspläne seiner *Analytical Engine*, die mehr als ein Jahrhundert später mittels eines *Emulators* zum Leben erweckt wurde (vgl. Walker 1998). Ebenfalls erhaltene Programme von Ada Lovelace aus dem Jahr 1843 konnten erfolgreich ausgeführt werden (vgl. Fuegi/Francis 2003).

Mit dem UVC scheinen Probleme gelöst – aber auch neue geschaffen worden zu sein. So drängen sich folgende Fragen auf: Ist der Aufwand, extra eine UVC-Anwendung für ein zu archivierendes Dateiformat zu entwickeln, vertretbar? Wie kann sichergestellt werden, dass die vom UVC erzeugte Bitsequenz korrekt interpretiert wird? Kann der UVC-*Emulator* fehlerfrei implementiert werden? Ist die Universalität tatsächlich vorhanden? Können auf Systemen in der fernen Zukunft UVC-*Emulatoren* wirklich mit vertretbarem Aufwand erstellt werden? Gerade bei der Suche nach Antworten auf die letzten beiden Fragen konnte ein Computermuseum in der Erscheinungsform einer Hardwaresammlung bislang beispiellos helfen.

## Die Großrechner der *datArena*

Mit der *datArena* steht uns auf dem Campus der Universität der Bundeswehr München eine Sammlung historisch relevanter und vor allem voll funktionsfähiger Computer zur Verfügung, darunter vielfältige Großrechner, die eine breite Verwendung in den verschiedensten Rechenzentren fanden. In der aktuellen Ausbaustufe der *datArena*, die sich nach wie vor im Aufbau befindet, ist der älteste voll funktionsfähige Großrechner von der Firma Control Data Corporation. Der CDC Cyber 180/860A-DP aus dem Jahr 1982 ist aufgrund seiner Wasserkühlung und der damit verbundenen aufwendigen Installation noch nicht aufgebaut. Mit dem CDC Cyber 180/960-31 aus dem Jahr 1988 steht jedoch ein Nachfolgemodell mit ähnlichen Eigenschaften bereit zur Nutzung. Wichtig anzumerken ist der *abwärtskompatible* Arbeitsmodus dieser Maschinen, die damit *binärkompatibel* zum CDC 6600 aus dem Jahr 1964 sind. Dieser Typ prägte erstmals den Begriff des Großrechners (vgl. Ceruzzi 2003). Lochkartenleseeinheiten kennzeichnen diese Rechnergeneration ebenso wie 60 Bit große *Speicherworte* und einige Besonderheiten mehr. Den skalaren Großrechnern folgten die Vektorrechner. Auch hiervon verfügt die *datArena* über einige funktionsfähige Systeme namhafter Firmen wie Cray, Fujitsu und Bull, die jedoch aufgrund der im Umbau befindlichen Infrastruktur noch auf eine Aufstellung warten müssen. Nutzbar dagegen sind Parallelrechner, die dicht auf die Vektorrechner folgten und mit mehreren Prozessoren aufwarten. Mit nur zwei Prozessoren ist der CDC 4680-MP aus dem Jahr 1990 mit einer aus heutiger Sicht ungewöhnlichen Wortbreite von nur 32 Bit voll einsatzbereit montiert. Die neuesten Großrechner der *datArena* stammen aus der Zeit um die Jahrtausendwende. Die Bewertung, ob ein System computergeschichtlich relevant ist, bedarf zeitlicher Distanz. Unter den jüngsten installierten Großrechnern sind der Origin 2000 der Firma Silicon Graphics und der Enterprise 10000 der Firma Sun, beide mit dem Baujahr 1997 und einer Wortbreite von 64 Bit.

**Abb. 7:** Blick auf montierte Großrechner in der *datArena*.

Diese knappen Ausführungen können nicht der umfangreichen Sammlung und den Leistungen des Vereins für historische Rechenanlagen gerecht werden, sondern sollen lediglich auf die Diversität der verfügbaren Systeme aufmerksam machen, die im nächsten Abschnitt relevant wird.

## Die Idee einer Zeitreise

Die Entwickler des UVC versprechen Universalität in dem Sinne, dass ein *Emulator* für den UVC auf allen erdenklichen Hardwareplattformen implementierbar ist (vgl. Lorie/van Diessen 2005). Dazu gehört auch ein nahezu gleichbleibender Aufwand (vgl. Krebs et al. 2011). Dieser Aspekt wird von den Entwicklern nur argumentativ belegt und basiert auf der praktischen Seite lediglich auf der gezeigten Implementierbarkeit in der Programmiersprache *Java* (vgl. van der Hoeven et al. 2005). Die zugehörige *Java Virtual Machine* (JVM) ist tatsächlich sehr weit verbreitet auf den aktuell genutzten Systemen, die sich aber alle sehr ähneln. Echte Diversität ist bei den heutigen Rechnern nicht zu finden. Zwar verspricht die nahe Zukunft höhere Leistungsdaten, aber keine grundsätzlichen Veränderungen. Für die fernere Zukunft jedoch zeichnen sich Veränderungen ab, die jetzt noch nicht zu fassen sind, nämlich Quantencomputer oder neuronale Netze. Die funktionsfähig erhaltenen Großrechner der *datArena* hingegen bieten genau die gesuchte Diversität an Prozessoren, Wortbreiten, Betriebssystemen und Programmiersprachen. Deren Einfluss ist es, der sich auf die Universalität auswirken könnte.

Die Idee war es somit, experimentell jeweils einen UVC für je einen relevanten Vertreter seiner Zeit zu implementieren, den verbundenen Aufwand möglichst genau zu erfassen und mögliche Einflüsse zu dokumentieren (vgl. Krebs 2012). Zum Einsatz kamen drei Großrechner: der CDC Cyber 180/960-31 ausschließlich im *abwärtskompatiblem* Modus 170, der mit der verfügbaren Programmiersprache FORTRAN IV die größte Zeitspanne beginnend ab 1964 abdeckt. Um das Stanzen von Lochkarten und das Einlegen und Spulen von Magnetbändern kommt man heute aber herum. Stattdessen erledigen eine Festplatte mit einem entsprechenden Controller, der sich so verhält wie mehrere Bandlaufwerke, die eigentlichen Arbeiten. Der CDC 4680-MP selbst deckt mit seinen 32-Bit-Prozessoren einen nur kleinen Zeitraum ab. Zu schnell nach seiner Einführung orientierten sich Großrechner an 64 Bit großen *Worten*. Jedoch war die Programmiersprache FORTRAN 77 sehr weit verbreitet und viele Jahre aktiv im Einsatz. Bei dem neuesten verwendeten Großrechner, dem Sun Enterprise 10000, verhält es sich ähnlich. Er wurde 1997 gebaut und bereits 2005 durch ein leistungsfähigeres System ersetzt. Für die genutzte Programmiersprache FORTRAN 95 hingegen gibt es selbst für heutige PCs noch Compiler, die den älteren Programmcode lauffähig übersetzen können.

Die Nutzung einer Hardwaresammlung zur Überprüfung eines speziellen Verfahrens auf Universalität scheint beispiellos. Uns ist im Bereich der Langzeitarchivierung keine ähnlich in die Vergangenheit projizierte Experimentsammlung bekannt, aus der Rückschlüsse für die Zukunft gewonnen wurden.

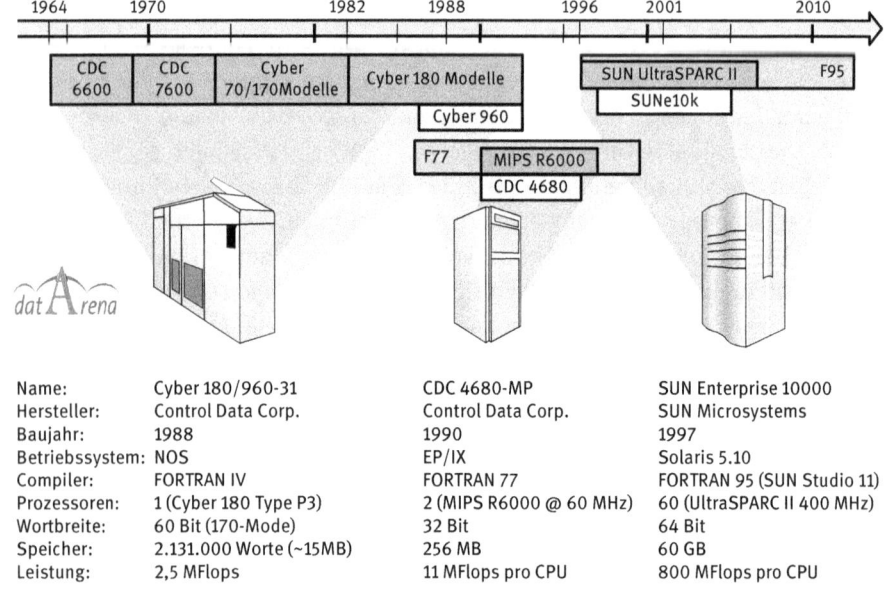

**Abb. 8:** Für die Zeitreise genutzte Großrechner der *datArena*.

# Die Erkenntnisse aus der Zeitreise

Die Zeitreise brachte zahlreiche Erkenntnisse, auch über die oben aufgezeigten Fragestellungen hinaus. Für alle genutzten Systeme konnte ein *Emulator* für den UVC implementiert werden. Getestet wurde der UVC jeweils mit einer Anwendung zur Interpretation von Bilddateien im JPEG-Format. Dieses nicht triviale Bildformat bedarf u.a. einer rechenintensiven *inversen diskreten Cosinustransformation*. Die Anwendung selbst liefert die oben beschriebenen Pixelinformationen, wenn auch mit erheblichen Laufzeitunterschieden auf den genutzten Großrechnern.

Die Implementierungen der jeweiligen *Emulatoren* ähneln sich in ihrer Struktur sehr. Es ist zu erwarten, dass zukünftige Implementierungen einen vergleichbaren Aufbau haben werden. Die Ausprägungen einzelner Teile wiederum unterscheiden sich mitunter stark. So liegt der Schwerpunkt der ersten Implementierung klar bei der Speicherverwaltung. Das Betriebssystem der genutzten *Cyber* unterstützt noch keine für den UVC maßgebliche dynamische Speicherverwaltung. Ein Großteil des Programmcodes sorgt somit für eine solche. Die Implementierung für den CDC 4680-MP dagegen konzentriert sich auf eine effiziente Registerarithmetik. Eine geplante Implementierung in der Programmiersprache

*Scala* wird auf beides sehr wenig achten müssen, denn sie bietet mit den Datentypen *BigInt* und *Collections* genau die benötigten Bausteine. Einen Untersuchungsschwerpunkt könnte hier die Effizienz der Befehlsabarbeitung bilden, um Programme mit vertretbaren Laufzeiten auszuführen.

Mit den Experimenten, also mit den Implementierungen der in der *datArena* gesammelten Erfahrungen, lassen sich erstmals konkrete Aussagen zur Universalität und dem damit verknüpften Implementierungsaufwand treffen. Für alle Systeme dauerte eine Implementierung maximal sechs Wochen. Diese Erkenntnis ist nicht nur für den jeweiligen Programmierer wichtig, sondern insbesondere für die Archive, deren Leitung mit einer Integration dieser auf dem UVC basierenden Archivierungsmethode liebäugelt. Erstmals lassen sich die Kosten zuverlässig abschätzen.

Die letzten Tage einer jeden Implementierungsphase waren der Optimierung und einer Testphase gewidmet. Zumindest die Testphase kann in Zukunft kürzer ausfallen, da eine große, systematisch geordnete Sammlung von UVC-Testanwendungen erarbeitet wurde. Bislang musste ein jeder Programmierer selbst solche Testprogramme entwickeln, um seine Implementierung zu überprüfen. Die entwickelte Testsammlung wird zukünftig die Spezifikation des UVC begleiten.

Die Experimente deckten auch kleine Unstimmigkeiten in der Spezifikation des UVC auf. Als Beispiel sei die Bitfolge erwähnt, die eine UVC-Anwendung speichert. Schließt diese auf dem jeweiligen System nicht bündig mit einem *Record* oder einem *Speicherwort* ab, so sind die übrigen Bits nun eindeutig festgelegt. Diese Vervollständigung der Spezifikation bringt auch für den Archivar Handlungssicherheit, falls Bitfolgen auf ein anderes Dateisystem zu *migrieren* sind.

Die den UVC nutzende Archivierungsmethode eignet sich, um über große Zeitspannen hinweg digital gespeicherte Daten aufzubewahren. Die Implementierungszeiten und der Aufwand erweisen sich als stabil über die Zeit hinweg. Probleme während der Implementierung eines *Emulators* für den UVC sind nur vereinzelt und systemabhängig aufgetreten – für alle konnten wir in kurzer Zeit Lösungen finden. Die Untersuchungen identifizierten und verbesserten unzureichend spezifizierte Anteile und die überarbeitete Spezifikation wird im Rahmen weiterer Forschungsarbeiten getestet.

Die beschriebene Experimentreihe und der damit generierte Erkenntnisgewinn zeigen deutlich den Nutzen einer funktionsfähigen Hardwaresammlung, der über eine häufig damit assoziierte Rettung bedrohter Datenbestände auf obsoleten Trägern hinausgeht. Neben diesem Wissenszuwachs wurde offensichtlich, dass neben der funktionsfähigen Hardware andere Bedingungen essenziell waren. So bedurfte es regelmäßig der Referenz noch erhaltener Anleitungen. Dass Entwicklungsumgebungen mit entsprechend dokumentierten Programmiersprachen für die beschriebenen Experimente vorhanden sein mussten, erklärt sich von selbst. Dass diese aber grundsätzlich zu jedem funktionsfähig bereitgestellten System einer Hardwaresammlung gehören sollten, ergibt sich erst mit der Frage, wie auf dem System aufbereitete Daten dieses wieder verlassen sollen. Oftmals reicht die *Migration* auf neuere Datenträger. Können jedoch die Daten ausschließlich mit der Software des Systems interpretiert werden, kann die Fähigkeit, eigene Werkzeuge zu entwickeln, entscheidend sein.

Nun wollen wir unsere Zeitreise beenden, die illustrieren sollte, wie nützlich Experimente an lebendigen Objekten sein können und wie wichtig eine Verzahnung von theoretischen Überlegungen und praktischen Versuchen in der Informationstechnologie ist. Künftig werden sich solche Zeitreisen auf neue Gegenstände und zusätzliche Aspekte erstrecken, wie *CommunityMirrors*,[11] mobile Rechner aller Art oder computergesteuerte Prothesen, die schon jetzt das Sammlungsgebiet der *datArena* erweitern.

# Literatur

Borghoff, U.M. et al. (2002): DFG-Projekt Langzeitarchivierung digitaler Medien, Schlussbericht. Neubiberg. http://www.unibw.de/inf2/getFILE?fid=1283777.

Borghoff, U.M. et al. (2003): Langzeitarchivierung – Methoden zur Erhaltung digitaler Dokumente. Heidelberg: dpunkt.verlag.

Ceruzzi, P.E. (2003): A History of Modern Computing. Cambridge, MA: MIT Press.

Dinaburg, A. et al. (2008): „Ether: Malware Analysis via Hardware Virtualization Extensions". In: Proceedings of the 15th ACM Conference on Computer and Communications Security – CSS '08, 51–62.

Fuegi, J.; Francis, J. (2003): „Lovelace, Babbage and the Creation of the 1843 'Notes'". Annals of the History of Computing 25:4, IEEE, 16–26.

Funk, S.E. (2010): „Emulation". In: H. Neuroth; A. Oßwald; R. Scheffel; S. Strathmann; K. Huth (Hrsg.): nestor Handbuch: Eine kleine Enzyklopädie der digitalen Langzeitarchivierung. Göttingen: nestor-Kompetenznetzwerk Langzeitarchivierung, 8:16–8:23.

Goldman, N. (2013): DNA als Datenspeicher. Keine Alternative zur Festplatte. Interview in: futurezone.at. http://futurezone.at/science/dna-als-datenspeicher-keine-alternative-zur-festplatte/26.590.685.

ISO (2012): ISO14721:2012 Space Data and Information Transfer Systems – Open Archival Information System (OAIS) – Reference Model. Genf.

Krebs, N. (2012): Universeller Virtueller Computer, Weiterentwicklung der Spezifikation zur effizienteren und vielseitigeren Verwendung in der Langzeitarchivierung. Dissertation. Neubiberg: Universität der Bundeswehr München.

---

11 Siehe http://www.communitymirrors.net.

Krebs, N. et al. (2011): „Implementing the Universal Virtual Computer". In: R. Moreno-Díaz; F. Pilcher; A. Quesada-Arencibia (Hrsg.): Proceedings of the 13th International Conference on Computer Aided Systems Theory: Part I. Berlin: Springer, 153–160.
Lorie, R.A.; van Diessen, R.J. (2005): UVC: A Universal Virtual Computer for Long-Term Preservation of Digital Information. Yarktown Heights, NY: IBM Res. rep. RJ 10338.
Mellor, P. et al. (2002): „Migration on Request: a Practical Technique for Digital Preservation". In: M. Agosti; C. Thanos (Hrsg.): Research and Advanced Technology for Digital Libraries, 6th European Conference, Lecture Notes in Computer Science, 2458. Berlin: Springer, 516–526.
Paleari, R. et al. (2009): „A Fistful of Red-Pills: How to Automatically Generate Procedures to Detect CPU Emulators". In: Proceedings of the 3rd USENIX Conference on Offensive Technologies – WOOT '09. http://static.usenix.org/event/woot09/tech/full_papers/paleari.pdf.
Van der Hoeven, J.R. et al. (2005): „Development of a Universal Virtual Computer (UVC) for Long-Term Preservation of Digital Objects". Journal of Information Science 31:3, 196–208.
Walker, J. (1998): The Analytical Engine. http://www.fourmilab.ch/babbage.
Zabolitzky, J.G. (1998): Preliminary Report on MUNIAC. A Newly Designed Digital Computer Employing Vacuum-Tube Technology. München. http://static.cray-cyber.org/Hardware/PaperMUNIAC.pdf.

Ivo Hajnal
# Die Entzifferung untergegangener Schriften
Wie sich verlorene Informationen wiedergewinnen lassen

## Schriftverlust ist Informationsverlust

Dass eine Gesellschaft das Medium der Schrift aufgibt und einer schriftlosen Epoche entgegensteuert, ist aus Sicht der heutigen Informationsgesellschaft nur schwer verständlich. Dennoch ist der Verlust von Schrift in antiken Kulturen ein wohl bekannter Prozess. Er ist vor allem durch eine geringe Verankerung von Schrift im privaten Bereich bedingt. Beziehungsweise umgekehrt formuliert: Überall dort, wo der Einsatzbereich von Schrift auf die politischen oder ökonomischen Erfordernisse einer zentralen Verwaltung beschränkt bleibt, droht bei einer Änderung der Machtverhältnisse jegliches Wissen um die Verschriftlichung von Informationen unterzugehen. Ein hierfür repräsentatives Anschauungsbeispiel liefern die frühgriechischen Mykener der ausgehenden Bronzezeit (s. Hajnal 2011). Sie übernehmen nach 1500 v. Chr. zusammen mit der minoischen Palastkultur die entsprechenden Verwaltungspraktiken einschließlich der Linearschrift, die sie an ihre eigene, griechische Sprache adaptieren. Der Schriftgebrauch bleibt in den folgenden drei Jahrhunderten allerdings auf die palatiale Verwaltung beschränkt und erfährt keine Ausbreitung in private Sphären. Der Untergang der mykenischen Paläste bedeutet im zwölften vorchristlichen Jahrhundert das Ende der Schrift. Er markiert den Beginn schriftloser, sogenannt ‚dunkler' Jahrhunderte, die bis zu den ersten Zeugnissen in griechischer Alphabetschrift im achten vorchristlichen Jahrhundert dauern. Dann setzt sich das Medium Schrift auch im privaten Bereich fest.

Die Anbindung von Schrift an politische oder ökonomische Erfordernisse reicht gelegentlich so weit, dass ein Schriftsystem eine im Alltagsleben wenig verankerte Sprache konserviert. In diesen Fällen verläuft der Untergang der Sprache parallel zum Untergang der Schrift. Beispiel hierfür ist das Elamische (s. Black 2008, 62-65). Es ist im Iran zu Beginn der achämenidischen Epoche in Keilschriftzeugnissen noch reichlich bezeugt und scheint als Kanzleisprache in Gebrauch. Doch die Ausbreitung der persischen Machtsphäre sowie der Übergang zur handlichen Alphabetschrift bereiten den elamischen Schrift- wie Sprachzeugnissen ein Ende. Der Verdacht liegt deshalb nahe, dass das Schriftsystem eine wesentliche Triebkraft für das Überleben des Elamischen dargestellt hat.

Wie die hier beispielhaft vorgestellten Fälle des mykenischen Griechischen oder des Elamischen belegen, kann das Verhältnis von Sprach- und Schriftgebrauch von Fall zu Fall unterschiedlich sein. Es bewegt sich, wie die folgende Grafik veranschaulicht, zwischen den Polen ‚lebendiger Sprachgebrauch – konservierter Sprachgebrauch' und ‚eingeschränkter Schriftgebrauch – verbreiteter Schriftgebrauch'.

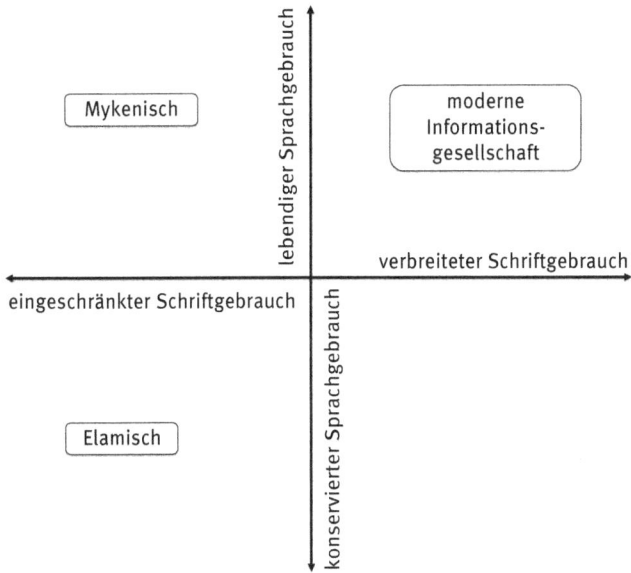

**Abb. 1:** Verhältnis von Sprach- und Schriftgebrauch.

Gleichgültig, wie sich die Situation dabei im Einzelfall präsentiert: Aus Sicht einer modernen Informationsgesellschaft ist der Verlust von schriftlich festgehaltener Information schmerzlich. Umso intensiver sind die Anstrengungen, verloren gegangene Information wiederherzustellen und nicht mehr lesbare Dokumente neu zu erschließen. Die dabei beschrittenen Wege sollen im Folgenden beschrieben werden.

# Drei Voraussetzungen für eine erfolgreiche Entzifferung

Im Umgang mit alten Informationsträgern ist zunächst die folgende Frage zu beantworten: Enthält der vorliegende Informationsträger (etwa der gravierte Stein oder das zeichentragende Siegel) echte Schriftzeichen? – Die Frage mag trivial klingen, ist in der Praxis aber relevant. Von einer Schrift kann so nur die Rede sein, wenn die einzelnen Zeichen nicht nur lesbare Informationen vermitteln, sondern einen klaren Sprachbezug besitzen. Dieser Sprachbezug besteht im Einzelnen darin, dass ein Schriftzeichen jeweils eine sprachliche Struktureinheit (z. B. Wort, Silbe oder Phonem) repräsentiert.[1] Grundsätzlich gilt: Je älter Informationsträger sind, desto eher weisen sie (meist bildhafte) Zeichen auf, die über keinerlei Sprachbezug verfügen. So ist die Debatte, ob die kurzen Inschriften der Indus-Kultur (2600–1900 v. Chr.) als Schriftzeichen zu lesen sind, in vollem Gange.[2] Sie belegt im Übrigen, dass es in der Praxis schwer fällt, den Schriftcharakter gewisser Zeichen sicher zu belegen bzw. auszuschließen. Oft sind kulturelle und chronologische Vergleiche erforderlich, um Informationsträgern einer bestimmten Kultur und Epoche die Möglichkeit eines Sprachbezugs zuzuerkennen. Zwar existieren Versuche, mittels statistischer Methoden – etwa Erhebungen des Informationsgehalts (der Entropie; s. u.) von zwei- oder mehrteiligen Zeichensequenzen – systematisch sprachliche von nichtsprachlichen Zeichen zu unterscheiden. Doch diese Versuche erweisen sich als wenig zuverlässig.[3]

Erweisen sich Zeichen auf einem Informationsträger – zumindest mit einiger Sicherheit – als Schriftzeichen, gelten zwei Voraussetzungen, auf die sich auch die klassische Kryptographie stützt: Die Textmenge muss erstens ausreichend sein, um eine Entzifferung zu ermöglichen. Zweitens müssen die entsprechenden Texte in einwandfreier Qualität zugänglich sein.

Diese beiden Voraussetzungen sind im Umgang mit alten Informationsträgern – etwa Inschriften auf Steinmonumenten oder Tontafeln – meist nicht gegeben:
- Erstens bleiben antike Schriftzeugnisse in der Regel nur aufgrund günstiger Umstände oder gar durch Launen des Zufalls erhalten: Beispielsweise haben sich die aus weichem Ton hergestellten mykenischen Linear B-Tafeln für die Nachwelt bewahrt, weil sie im Verlaufe der Zerstörung der mykenischen Paläste durch Feuer gebrannt und so konserviert worden sind. Die Entzifferung antiker Schriftzeugnisse muss folglich meist mit unvollständigen, nicht repräsentativen Textcorpora arbeiten.
- Zweitens sind antike Schriftzeugnisse über die Jahrhunderte oft nur in beschädigter Form erhalten. So hinterlässt die Witterung auf Steininschriften ihre Spuren, und Texte auf weniger dauerhaftem Material (etwa auf brüchigen Tontafeln) sind gerne nur fragmentarisch erhalten. Voraussetzung für

---
1 Siehe die Diskussion bei Coulmas 1994, 258–259.
2 Siehe den skeptischen Beitrag von Farmer et al. 2004.
3 Eine kritische Zusammenstellung liefert zuletzt Sproat 2014.

eine erfolgreiche Entzifferung sind in diesem Fall sorgfältige Editionen der Informationsträger und Texte (beziehungsweise Texteinträge gemäß § 5), die Fehllesungen ausschließen und in Zweifelsfällen Alternativen zur Lesung einzelner Schriftzeichen vorschlagen.[4]

Die zweite Voraussetzung entspricht einer qualitativen Vorgabe. Der Blick zurück zeigt, dass erfolgreiche Entzifferungen stets auf sorgsam edierten Informationsträgern beziehungsweise Texten beruhen. Was die erste Voraussetzung betrifft, so stellt sich in der Praxis die Frage, wie viel Textmenge für eine geglückte Entzifferung erforderlich ist. Eine Antwort bzw. einen Annäherungswert liefert die sogenannte Unizitätsdistanz (‚unicity distance') $U$. Sie berechnet sich nach folgender Formel:[5]

$$U = \frac{H(k)}{D}$$

Hierbei steht $H(k)$ für den Informationsgehalt (die Entropie) eines Entzifferungsschlüssels $k$ (= $log_2$ |k!|) in Bits – wobei $k$ im Falle einer Schrift jeweils der Anzahl an Zeichentypen des Schriftsystems entspricht. $D$ ist das Maß für die Redundanz eines Texts. Es berechnet sich aus dem absoluten Informationsgehalt eines Zeichens $R$ (= $log_2$ |n|) in Bits abzüglich des mittleren Informationsgehalts $r$ eines Zeichens in einem Text, wobei jeweilige Redundanzen (also der Umstand, dass

**Tab. 1:** Unizitätsdistanz als Maß für die Textmenge, die zur Entzifferung eines einfach verschlüsselten englischen Texts erforderlich ist.

| | |
|---|---|
| Entzifferungsschlüssel $k$ | = 26 (entsprechend der Zeichentypen des Alphabets) |
| Informationsgehalt des Entzifferungsschlüssels $H(k)$ | = $log_2$ |26!| = 88,4 |
| absoluter Informationsgehalt eines Zeichens $R$ | = $log_2$ |26| = 4,7 |
| mittlerer Informationsgehalt eines Zeichens $r$ | Erfahrungswert im Englischen = 1,5 |
| Redundanz eines Texts $D$ | = $R$ (4,7) – $r$ (1,5) = 3,2 |
| Unizitätsdistanz $U$ | = $H(k)$ (88,4)/$D$ (3,2) = 28 |
| | → Zur Entzifferung eines einfach verschlüsselten englischen Texts ist eine Textprobe von mindestens 28 Zeichen erforderlich! |

---

4 Vgl. die Hinweise bei Duhoux 2000, 597.
5 Nach Shannon 1948, 660.

gewisse Zeichen deutlich häufiger als andere auftreten) berücksichtigt sind. Die Tabelle 1 oben veranschaulicht die Unizitätsdistanz anhand eines mit einfacher Verschiebung verschlüsselten englischen Texts.[6]

Was sich in der Praxis moderner Sprachen bewährt hat, ist allerdings nur bedingt auf die Entzifferung alter Schriftzeugnisse anzuwenden. Denn der Annäherungswert *U* ist einzig unter der Voraussetzung repräsentativ, dass hinter der zu entziffernden Schrift eine bereits erschlossene, sprich bekannte, Sprache steht. Genau diese Voraussetzung ist bei der Entzifferung einer verschollenen Schrift oft nicht erfüllt.

Daher trägt *U* dazu bei, die Chancen einer Entzifferung abzuschätzen, bietet jedoch keine verlässliche Richtgröße. Grundsätzlich lehrt die Praxis, dass sich die Chancen des Entzifferungserfolgs erhöhen, je mehr Text zur Verfügung steht. Denn die morphologische wie semantische Eindeutigkeit einer Sprache steigt mit der Größe des zur Verfügung stehenden Textcorpus.[7] Je umfassender ein Textcorpus ist, desto eher ist es folglich geeignet, falsche Entzifferungen auszuschließen.

# Entzifferung versus Erschließung nicht lesbarer Schriftzeugnisse: drei Szenarien

Sind die im vorigen Abschnitt genannten Voraussetzungen erfüllt, so gilt die – konsequenterweise im Titel dieses Beitrags genannte – Entzifferung als einschlägiges Instrument, nicht lesbaren Schriftzeugnissen Informationen zu entlocken. Hinter dem Begriff der Entzifferung verbergen sich durchaus unterschiedliche, situationsspezifische Methoden. Konkret lassen sich im Umgang mit nicht lesbaren Dokumenten und im Rahmen einer Situationsanalyse drei, in Tabelle 2 angeführte Szenarien unterscheiden:
Szenario 1 und Szenario 2 verlangen jeweils eine Entzifferung der nicht lesbaren Schrift, in Szenario 3 ist hingegen die Schrift durchwegs lesbar. Ein Beispiel für Szenario 3 stellt das Hethitische dar. Dessen seit Ende des 19. Jahrhunderts zu Tage getretene Texte waren bei ausreichender Vertrautheit mit der akkadischen Keilschrift phonetisch umgehend lesbar, eine eigentliche Entzifferung war also

---

6 Siehe Menezes et al. 1997, 245-247.
7 Siehe die Überlegungen von Householder 1962. Je mehr Textmenge vorhanden ist, desto eindeutiger lassen sich morphologisch relevante Sequenzen feststellen: „We noted that as the length of the text increased, strings of consecutive hapaxes (or first encounters) became shorter and less frequent and strings of recurrences became longer and more frequent." (ibid., 184)

**Tab. 2:** Szenarien bei nicht-lesbaren Dokumenten.

| Schrift \ Sprache | Sprache erschlossen/ bekannt (+) | Sprache nicht erschlossen/ unbekannt (–) |
|---|---|---|
| Schrift lesbar (+) | + + | – Szenario 3 + |
| Schrift nicht lesbar (–) | + Szenario 1 – | – Szenario 2 – |

nicht erforderlich.[8] Vielmehr bestand die Herausforderung darin, die lexikalischen und grammatischen Strukturen einer bisher nicht erschlossenen Sprache zu entschlüsseln. Analog verhält es sich mit dem Etruskischen. Seine Inschriften sind, da in einer Weiterentwicklung des westgriechischen Alphabets abgefasst, durchwegs lesbar. Ihr Inhalt ist jedoch nur bedingt über bilinguale Texte oder durch kombinatorische Schlüsse zugänglich.[9] Bis heute ist die etruskische Sprache deshalb nur partiell erschlossen. In ihrem Fall wie im Falle des Hethitischen sowie generell bei Szenario 3 sollte somit nicht von einer Entzifferung die Rede sein, sondern einzig von der Erschließung einer Sprache, sprich: ihres Lexikons und ihrer Grammatik. Der Begriff ‚Entzifferung' muss umgekehrt Szenario 1 und 2 vorbehalten sein.

Diese Typologie der einzelnen Szenarien scheint trivial. In der Praxis kann jedoch die Zuordnung einer Ausgangslage zu einem der drei Szenarien ihre Tücken haben. Diese Behauptung lässt sich am Beispiel des Karischen illustrieren. Das Karische, die Sprache der antiken südwest-kleinasiatischen Landschaft Karien, ist vom siebten bis vierten vorchristlichen Jahrhundert auf Inschriften aus Ägypten und Karien bezeugt. Die Schrift ist wie andere Schriften der Region

---

**8** Vgl. Beckman 1996, 25: „The first successful modern reading of a Hittite cuneiform document was not really a decipherment in the strict sense, since the script in which the relevant texts were inscribed had long since yielded most of its secrets to scholars studying Akkadian texts".
**9** S. Rix 2008, 142: „Moreover, in reading an Etruscan text, one must first attempt to determine a text's message from its context, and then to correlate the elements of content in the message with the structural elements in the text. Hereby glosses, loanwords, and above all texts in the better-known languages of the same cultural area (Latin, Greek, and so on) can help. From the results, a grammar and a lexicon can be constructed tentatively; these serve to test hypotheses and require continual amendment."

vom griechischen Alphabet abgeleitet. Allerdings ist die Ähnlichkeit – anders als bei verwandten kleinasiatischen Schriften – trügerisch. Denn eine Vielzahl von Zeichentypen ist im Karischen durchwegs anders verwendet als im griechischen Vorbild. So werden von 27 griechischen Buchstaben im Karischen nur fünf mit ihrem griechischem Wert verwendet.[10]

Tab. 3: Trügerische Übereinstimmungen zwischen griechischem und karischem Alphabet.

| Nummer | Buchstabe/Zeichentyp | griechischer Wert | karischer Wert (in aktueller Transkription) |
|---|---|---|---|
| 3 | C < ⌐ | /g/ | d |
| 5 (+41) | E ⴹ 'I' Ψ | /e/ | ý (w) |
| 9 | ⊕ ⊙ | /tʰ/ | q |
| 10 | Γ Γ Λ | /g/ | b |
| 11 | N ⋁ | /n/ | m |
| 14 | Ϙ P | /k/ | t |
| 20 | Φ | /pʰ/ | ñ |

Erst die vollständige Loslösung von den vermeintlichen Vorbildern des griechischen Alphabets hat im Falle des Karischen zum Erfolg geführt.[11] Konkret war es die konsequente Auswertung der karisch-ägyptischen Bilinguen, welche die korrekte Lesart ermöglichte. Die Ausgangslage war einfach: Die Grabsteine in Ägypten tätiger karischer Söldner waren oft zweisprachig gehalten. Dabei wies der lesbare ägyptische Teil vieler Inschriften Namen aus, die nicht ägyptischer Herkunft sein konnten. Die Vermutung lag nahe, dass diese in Ägypten fremden Namen aus Karien stammten. Sie mussten deshalb erst recht im karischen Teil der Inschrift zu finden sein. Umgekehrt war analog denkbar, dass karische Söldner während ihrer Tätigkeit im Ausland ägyptische Namen angenommen hatten. Abbildung 2 illustriert anhand des Beispiels der karischen Inschrift E.Sa 2 (= MY M), wie sich anhand der zweiten Hypothese unter anderem die Lautwerte für /p/, /d/, /n/ und /t/ im karischen Alphabet feststellen lassen.

---

10 Siehe Adiego 2007, 232–233; 2013, 17–18.
11 Siehe zur Entzifferungsgeschichte des Karischen die Darstellung bei Adiego 2007, 166–204.

> A) Ägyptischer Text: *P3-dỉ-Nỉt s3 K3rr* „P., Sohn des Q."
> B) Karischer Text: *pdnejt qýriśki* „P., (Sohn des) Q."
>
> | ⲇ | + | ⲟ | ⲇ | Ϝ | ᛩ | ⊕ | ᛩ | ⊢⊣ | ⏅ | ⵦ | ⊂ | ⋈ |
> |---|---|---|---|---|---|---|---|---|---|---|---|---|
> | l | Ḱ | Ś | l | R | Ý | Q | T | J | E | N | D | P |

**Abb. 2:** Die ägyptisch-karische Bilingue E.Sa 2 (= MY M) und ihr Wert für die Entzifferung des karischen Alphabets (in Anlehnung an Hajnal 1996, 26).

Die Entzifferung des Karischen lehrt, dass eine vorschnelle Festlegung auf eines der drei oben genannten Szenarien in die Irre führen kann. Eine unvoreingenommene Prüfung des zugrundeliegenden Szenarios bietet somit die erste Voraussetzung für eine erfolgreiche Entzifferung. Im Einzelnen können sich hinter Szenario 3 (Schrift lesbar/Sprache nicht erschlossen) die folgenden Unterszenarien verbergen:[12]

**Tab. 4:** Unterszenarien von Szenario 3 bei ganz oder teilweise ,lesbaren' Schriften.

| Szenario | Zeichentypen/Zeichenformen | Lautwerte |
|---|---|---|
| 3.1 | alle übernommen | alle übernommen |
| 3.2 | alle übernommen | teils übernommen, teils geneuert |
| 3.3 | alle übernommen | alle geneuert |
| 3.4 | teils übernommen, teils geneuert | teils übernommen, teils geneuert |
| 3.5 | teils übernommen, teils geneuert | alle geneuert |

Im oben diskutierten Falle des Karischen liegt Szenario 3.4 vor. Denn das karische Alphabet weist wie die meisten kleinasiatischen Alphabete neben den griechischen Zeichentypen eigenständig entwickelte Zeichentypen auf.

# Festlegung des Schrifttyps

Auf die Bestimmung des zugrundeliegenden Szenarios folgt als nächster elementarer Schritt die Festlegung des Schrifttyps. Eine nützliche Hilfestellung bieten die folgenden Erfahrungswerte, die jeweils von der Anzahl der in den Zeugnissen unterscheidbaren Zeichentypen ausgehen[13]:

---

[12] So nach Gelb 1961, 143–144, sowie Barber 1974, 97.
[13] Siehe etwa Barber 1974, 93–96, und Robinson 2002, 42.

**Tab. 5:** Anzahl an Zeichentypen und mutmaßlicher Schrifttyp.

| Anzahl unterscheidbarer Zeichentypen | mutmaßlicher Schrifttyp |
|---|---|
| 2500 bis > 5000 Zeichentypen | rein logographische[14] Schrift |
| > 500 Zeichentypen | syllabische Schrift mit logographischen Elementen |
| 40 bis 150 Zeichentypen | rein syllabische Schrift |
| 20 bis 40 Zeichentypen | phonologische Schrift |

Diese Werte erlauben eine erste Annäherung an die zu entziffernde Schrift. Einen zusätzlichen Hinweis liefert die durchschnittliche Anzahl Zeichen, die für die Darstellung eines Worts benötigt wird (sofern Worttrenner vorhanden sind). Eine geringe Zeichenanzahl (weniger als fünf Zeichen) deutet so tendenziell auf eine Silbenschrift.

Eine solche Annäherung kann jedoch nur rudimentär sein, denn in der Praxis mindert die hohe Individualität eines jeden Schriftsystems die Aussagekraft der oben genannten Werte. Diese Individualität resultiert u. a. aus der Struktur der zugrundeliegenden Sprache, der mehr oder weniger detaillierten Adaption der Schrift an die Sprache oder dem Grad der Normierung. Hinzu kommen die Menge und Qualität der Schriftzeugnisse, die je nach archäologischer Fundlage deutlich divergiert (s. bereits die Hinweise weiter oben zur erforderlichen Textmenge). Im Hinblick auf die Festlegung des Schrifttypus ergeben sich so die folgenden Herausforderungen:

- Es besteht keinerlei Gewissheit, dass die erhaltenen Schriftzeugnisse die ganze Vielfalt des Zeichenrepertoires abbilden. So stellt sich etwa beim berühmten Diskos von Phaistos – einem kretischen Unikat aus mittelminoischer Zeit – die Frage, ob die darauf bezeugten 45 Zeichentypen das gesamte Zeichenrepertoire dieser Schrift repräsentieren.
- Schriftsysteme weisen eine unterschiedliche Komplexität beziehungsweise graphematische Transparenz auf.[15] In Systemen mit hoher Transparenz lässt sich zu jedem Graphem eine eindeutige phonologische Realisierung zuordnen; in Systemen mit geringerer Transparenz können einzelne Grapheme phonologisch auf mehr als eine Weise realisiert werden. Letzteres lässt sich gut anhand von Silbenschriften illustrieren: Idealerweise enthält eine Silbenschrift Schriftzeichen für offene Silben des Typs /CV/, die gegebenenfalls durch Zeichen für geschlossene Silben (/VC/ und /CVC/) und/oder für spe-

---

[14] Der Begriff ‚logographisch' steht hier bedeutungsgleich mit ‚ideographisch und ‚piktographisch'.
[15] Siehe zum Begriff der graphematischen Transparenz Neef/Balestra 2013.

zielle Anlautgruppen (/*CCV*/) ergänzt werden. Darüber hinaus muss sie in der Regel über gewisse Schreibkonventionen verfügen, um alle Lautsequenzen einer Sprache auszudrücken. Beispielsweise tun sich Silbenschriften, die nur Zeichentypen für offene Silben beziehungsweise nur eine begrenzte Anzahl von Zeichentypen für geschlossene Silben kennen, schwer, Silben- oder Wortauslaute zu bezeichnen. Sie behelfen sich stattdessen gerne mit Zusatzzeichen und sogenannten ‚stummen Vokalen', die im Übrigen nicht standardisiert sein müssen.[16] Dies führt beispielsweise dazu, dass ein dreisilbiger hethitischer Begriff wie /*spikusta*-/ „Haarnadel; Stylus" mit insgesamt sechs Silbenzeichen als <še-pí-ik-ku-uš-ta->, <ši-pí-ik-ku-uš-ta-> oder < ša-pí-ik-ku-uš-ta-> erscheint. Analog führen die Konventionen der mykenischen Linearschrift B dazu, dass ein zweisilbiges Wort durch zwei bis vier Zeichen ausgedrückt sein kann: vgl. so <pe-ma> /sper.ma/ „Saatgut" versus <ke-se-nu-wo> /ksen.wos/ „fremd; Gast". Die graphematische Transparenz ist also in beiden Schriftsystemen beschränkt.
- In der Praxis existieren Mischformen unterschiedlicher Schrifttypen: etwa Silbenschriften, die zusätzlich mit Logogrammen und Determinativen bzw. Klassifikatoren ergänzt sind. Je nach Gepflogenheiten sind dabei der syllabische und der logographische Teil sichtbar getrennt (so auf den mykenischen Linear B-Tafeln) oder miteinander vereint (so in den vorderasiatischen Keilschriften). Logogramme können im Übrigen auch anderen Sprachen entstammen: So stammen Logogramme auf hethitischen Texten aus dem Akkadischen und Sumerischen.

Es existieren Möglichkeiten, diesen drei Erschwernissen bei der Bestimmung des Schrifttyps wie folgt zu begegnen:[17]
- Die Anzahl aller Zeichentypen einer Schrift lässt sich gemäß folgender Formel abschätzen:[18]

$$\frac{L^2}{L-M} - L$$

*L* steht hierbei für die Gesamtanzahl der Zeichen in einem Textsample, *M* für die Anzahl der unterscheidbaren Zeichentypen. Der bereits genannte Diskos von Phaistos beispielsweise belegt $L = 241$ Zeichen, die sich $M = 45$ Zeichentypen zuordnen lassen. Die Formel ergibt eine Zahl von ca. 55 – und

---

**16** Eine exakte Typologie von Silbenschriften liefern Rogers 2005, 276–277, sowie Gnanadesikan 2011.
**17** Vgl. für weitere günstige Rahmenbedingungen die Auflistung bei Fuls 2009, 2–3.
**18** Nach Mackay 1964; vgl. ferner Robinson 2002, 310.

bringt damit die Erkenntnis, dass das Schriftsystem 10 weitere Zeichentypen aufweisen muss, die nicht auf dem Diskos belegt sind. Daraus lässt sich wiederum schließen, dass der Text auf dem Diskos von Phaistos in einer Silbenschrift verfasst ist.
- Die Komplexität einer Schrift bzw. die Existenz individueller Schreibregeln fallen nur bedingt ins Gewicht, wenn die zugrundeliegende Sprache und damit ihre phonologische Struktur erschlossen ist (Szenario 1 gemäß der oben in Tabelle 2 skizzierten Typologie). In diesem Fall lässt sich in Kombination mit der Anzahl an Zeichentypen abschätzen, welche Komplexität das Schriftsystem aufweist bzw. mit welchen Zusatzregeln für stumme Vokale oder Konsonantenverbindungen allenfalls zu rechnen ist. – Ist die zugrundeliegende Schrift hingegen nicht lesbar (Szenario 2), können derartige Schreibregeln die Entzifferung wie die Interpretation der zugrundeliegenden Sprache deutlich erschweren.
- An Mischformen von Schrifttypen ist in der Regel ein logographischer Typus beteiligt. Um den logographischen Teil vom anderen Schrifttypus zu trennen, ist – neben der Analyse der Distribution einzelner Zeichen (s. die Angaben weiter unten) eine intensive Beschäftigung mit dem Textträger selbst erforderlich.[19] Diese Beschäftigung betrifft in erster Linie das Layout des Textes. Beispielsweise haben die mykenischen Griechen das Medium der Tafel gegenüber ihren minoischen Vorgängern hinsichtlich seiner Funktionalität weiterentwickelt.[20] Im Sinne einer optimalen Lesbarkeit sind auf den mykenischen Linear B-Tafeln Silbenzeichen und Logogramme strikt voneinander getrennt. Dies führt dazu, dass mykenische Logogramme am Ende einer Zeile den in Silbenzeichen festgehaltenen Inhalt nochmals aufnehmen (sog. ‚double writing'). Von dieser optischen Klarheit haben nicht nur die Mitarbeiter der palatialen Verwaltung, sondern dreieinhalb Jahrtausende später auch die Entzifferer der Linearschrift profitiert.

Die Festlegung des Schrifttypus und das Bewusstsein, dass dabei jede Situation individuell beurteilt werden muss, bilden die Basis für den nächsten Schritt: die Analyse der Texte, die idealerweise zur Entzifferung führt.

---

[19] Siehe hierzu die generellen Hinweise bei Davis 2011, 120–149.
[20] Siehe zuletzt Pluta 2011, 232–239.

## Die interne Datenanalyse

Die interne Analyse von nicht lesbaren Texten teilt sich in vorbereitende Schritte und die eigentliche lexikostatistische Analyse.

Die vorbereitenden Schritte umfassen ...[21]
- das Erstellen eines homogenen Corpus von Texteinträgen: Der Begriff Texteintrag bringt zum Ausdruck, dass ein einzelner Textträger – z. B. eine Tontafel – innerhalb seiner physikalischen Grenzen nicht zwingend einen vollständigen Text enthalten muss. Vielmehr kann ein Textträger bzw. der auf ihm enthaltene Text nur fragmentarisch erhalten sein oder sich ein Text über mehrere Textträger erstrecken. – Idealerweise unterliegen die einzelnen Texteinträge in einem Corpus ferner analogen Produktionsbedingungen, sprich: stammen aus gleichen oder ähnlichen Fundkontexten, sind auf identischen oder vergleichbaren Textträgern belegt, gleich gestaltet usw. Dies garantiert ein homogenes Corpus, das in ein- und derselben Sprache abgefasste Texteinträge enthält. Beispielsweise hat die strikte Trennung der in Linearschrift abgefassten Inschriften Kretas nach geographischen und chronologischen Gesichtspunkten verhindert, dass sich Zeugnisse der Sprache von Linear A unter die frühgriechischen Sprachzeugnisse in Linear B mischen – was die Entzifferung massiv erschwert hätte.
- das Feststellen der Schriftrichtung: Die Schriftrichtung kann wie folgt variieren: einerseits linksläufig, rechtsläufig oder mit zeilenweise wechselnder Schreibrichtung (‚boustrophēdon'), andererseits von oben nach unten beziehungsweise umgekehrt. Hinweise auf die Schreibrichtung liefern in der Regel nicht ausgefüllte Zeilen beziehungsweise Leerräume auf dem Textträger. Beispielsweise deutet ein Leerraum rechts unten auf einer Steininschrift oder einer mehrzeiligen Tontafel auf eine Schreibrichtung von links oben nach rechts unten.
- das Feststellen von Wortgrenzen: Wortgrenzen manifestieren sich durch Grenzzeichen, die ein Einzelwort oder eine Wortgruppe markieren. Hierzu gehören Interpunktionen (z. B. klassische Worttrenner), aber auch Zahlen oder bewusst gesetzte Leerräume. Allerdings enthalten gerade antike Inschriften oft keine oder nur unsystematische Worttrennungen. Wortgrenzen lassen sich in solchen Fällen nur im Verlauf der unten genannten lexikostatistischen Analyse festlegen.
- das Isolieren einzelner Zeichen: Das Isolieren einzelner Zeichen kann sich gerade im Falle komplexer Zeichentypen oder Ligaturen als schwierig erwei-

---

**21** Siehe hierzu im Folgenden Barber 1974, 83–143.

sen. Es geht von isoliert verwendeten Schriftzeichen oder von Minimalpaaren aus. Beispielsweise erweist sich in einer Sequenz <α | βγ> (mit Worttrenner <|>) <α> als isoliertes Zeichen. Gleiches gilt im Vergleich der Sequenzen <αβ> versus <αγ>, die ein Minimalpaar bilden.
- das Erstellen einer Liste der distinktiven Zeichentypen: Eine Liste der unterschiedlichen Zeichentypen beruht idealerweise auf einem homogenen Corpus (s. o.) und berücksichtigt sorgsam mögliche Zeichenvarianten. Dies stellt sicher, dass geographische oder individuelle Varianten einzelner Verfasser in der Folge richtig zugeordnet werden können.

Die vorbereitenden Schritte bilden die Basis für die folgende lexikostatistische Analyse. Diese beruht im Kern …
- einerseits auf den zählbaren Elementen pro Corpus oder Texteintrag: konkret der Gesamtanzahl an Zeichen; der Anzahl unterschiedlicher Zeichentypen; der generellen Häufigkeit eines einzelnen Zeichentypus beziehungsweise der Häufigkeit in einer gewissen Position.
- andererseits auf der Kombination einzelner Elemente: konkret der Gesamtanzahl von $n$-konsekutiven Zeichen; der Anzahl unterschiedlicher $n$-konsekutiver Zeichentypen; der generellen Häufigkeit eines einzelnen $n$-konsekutiven Zeichentypus beziehungsweise der Häufigkeit in einer gewissen Position (wobei $n$ für eine beliebige Zahl steht).

Die lexikostatistische Analyse führt zu einer Vielzahl linguistisch relevanter Ergebnisse. Um einige Beispiele zu nennen:
- Zeichentypen, die vermehrt zu Beginn eines Eintrags (oder eines isolierten Worts) vorkommen, sind mit erhöhter Wahrscheinlichkeit als Vokale zu bestimmen. Zudem unterstützen sie – im Zusammenspiel mit vermehrt im Inneren eines Eintrags vorkommenden Zeichentypen – die Segmentierung von Texteinträgen, die keine grafische Worttrennung aufweisen.
- Erscheint ein Zeichentyp vermehrt zu Beginn eines Eintrags (oder eines isolierten Worts), wird aber regelmäßig von einem anderen Zeichentyp gefolgt, liegt der Schluss nahe, dass es sich um ein im Corpus vermehrt auftretendes Lexem handelt. Ein Rückschluss auf einen vokalischen Anlaut ist in diesem Fall nicht mehr statthaft. Beispielsweise findet sich im mykenischen Corpus der Zeichentyp 08 𐀀 auffällig oft zu Wortbeginn, was für einen Vokal spricht.[22] Tatsächlich hat die Entzifferung den Lautwert /a/ ergeben. Relativ häufig erscheint ebenso der Zeichentyp 70 𐀒 zu Wortbeginn, wird dabei aller-

---

22 Nach Barber 1974, 121–123.

dings gerne von 42 𐀒 gefolgt. Hier ist nicht auf einen Vokal zu schließen, sondern auf ein zahlreich auftretendes Lexem – was die Entzifferung bestätigt. Denn hinter <70-42> 𐀒 𐀒 verbirgt sich *ko-wo* /korwos/ „Junge", das auf Personallisten häufig verwendet wird. Das Beispiel illustriert gleichzeitig, dass ein statistisch relevantes Auftreten *n*-konsekutiver Zeichentypen auf ein Lexem deutet.

– Zeichentypen, denen eine Vielfalt unterschiedlicher Zeichentypen folgen kann, stellen mit erhöhter Wahrscheinlichkeit Morphemgrenzen dar. Denn Übergänge zwischen Silben an Wortgrenzen sind weit weniger vorhersehbar (weisen also eine höhere Entropie auf) als Übergänge zwischen Silben innerhalb eines Worts[23]. Um ein konkretes Beispiel zu nennen: Eine englischer Satz *he's quicker* wird als Lautsequenz [hɪyzkwɪkər] realisiert. Die Statistik zeigt, dass im Englischen auf [hɪ-] oder [hɪyzkw-] nur 9 beziehungsweise 6 mögliche Phoneme (entsprechend Zeichentypen) folgen können. Hinter [hɪy-], [hɪyz-] und [hɪyzkwɪk-] ist die Vielfalt mit 29 beziehungsweise 28 möglichen Phonemen hingegen weitaus höher. Dies weist korrekt auf die morphologische Segmentierung [hɪy.z.kwɪk.ər]. Die Vermutung liegt dabei nahe, dass es sich bei kürzeren Segmenten um Morpheme, bei längeren Segmenten um Lexeme handelt.

– Variationen derselben Zeichenfolge deuten auf Morpheme. Im Vorfeld der Entzifferung der Linearschrift B stellte Alice Kober fest, dass gewisse Zeichenfolgen in identischen Positionen auf vergleichbaren Listen jeweils in drei unterschiedlichen Erscheinungsformen (‚Fällen') auftreten (s. Kober 1946). Die als ‚Kober's triplets' in die Fachliteratur eingegangenen Gruppierungen lieferten den Beleg, dass die Sprache von Linear B Flexionssuffixe aufweist. Nach der Entzifferung erwiesen sich die ‚Fälle' als Toponyme (‚Fall 3') beziehungsweise als die davon abgeleiteten Ethnika in maskuliner (‚Fall 2') und femininer (‚Fall 1') Form (s. Tabelle 6 unten).

Die hier beschriebene lexikostatistische Analyse führt gesamthaft zu einer abstrakten Skizze der Sprache beziehungsweise ihrer phonologischen, morphemischen und lexikalischen Struktur.

---

23 So nach Harris 1955.

**Tab. 6:** ‚Kober's triplets'.

|  | vor der Entzifferung | | | nach der Entzifferung | |
|---|---|---|---|---|---|
|  | Wort A | Wort B |  | Wort A | Wort B |
| Fall 1 | <26-67-37-57> ʎ-ᐁ-ᐱ-目 | <70-52-41-57> ꟼ-⁂-ᵮ-目 | Ethnikon feminin („Frau aus …") | ru-ki-ti-ja /Luktiā/ | ko-no-si-ja /Knōssiā/ |
| Fall 2 | <26-67-37-36> ʎ-ᐁ-ᐱ-ㄒ | <70-52-41-36> ꟼ-⁂-ᵮ-ㄒ | Ethnikon maskulin („Mann aus …") | ru-ki-ti-jo /Luktios/ | ko-no-si-jo /Knōssios/ |
| Fall 3 | <26-67-05> ʎ-ᐁ-ㅜ | <70-52-12> ꟼ-⁂-ᵹ | Toponym (Grundform) | ru-ki-to /Luktos/ | ko-no-so /Knōssos/ |

# Die externe Evidenz

Die abstrakte Skizze einer Sprache gemäß dem vorigen Abschnitt bietet die Grundlage zur eigentlichen Entzifferung. Hierbei können zwei Faktoren die Arbeit erleichtern:

– Hinter der nicht lesbaren Schrift verbirgt sich eine erschlossene Sprache (Szenario 1 gemäß der Typologie oben in Tabelle 2): Wie moderne Verfahren zur automatisierten Spracherkennung belegen, reicht die abstrakte Skizze einer Sprache zumindest theoretisch zur Identifikation einer Sprache aus: konkret die Erkennung häufiger Zeichensequenzen, einzigartiger Zeichensequenzen sowie grundsätzlich bi- und trigrapher Sequenzen.[24]

– Die nicht lesbare Schrift ist gemäß den oben genannten Kriterien als Silbenschrift identifiziert: Silbenschriften bieten für die Entzifferung den entscheidenden Vorteil, dass die einzelnen Zeichen miteinander in einer Korrelation stehen. Ergibt die Datenanalyse funktionsgleiche Wortpaare aus Grundform und offenkundig abgeleiteter (flektierter) Form (wie etwa ‚Kober's triplets' in Tabelle 6), dann lässt sich, wie in Abbildung 3.1 und 3.2 dargestellt, ein Silbenrost bilden.

---

24 Siehe Souter et al. 1994, 183–187, sowie zu den Voraussetzungen Botha et al. 2007.

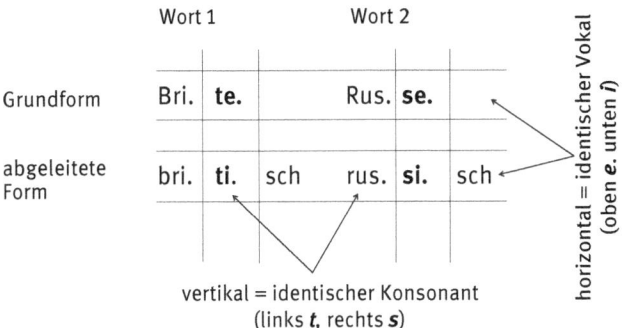

**Abb. 3.1:** Funktionsweise eines Silbenrosts anhand der fiktiven Annahme, deutsche Wörter seien in einer Silbenschrift codiert.²⁵

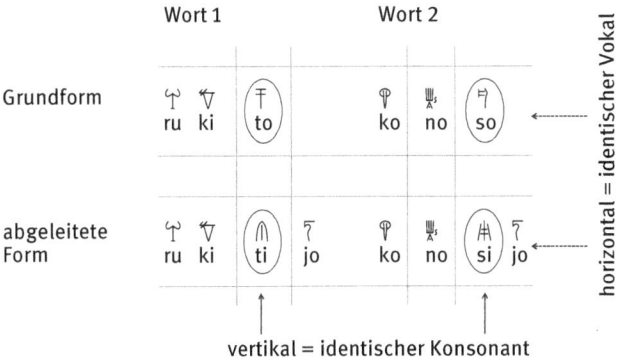

**Abb. 3.2:** Silbenrost mit den Beispielen aus Tab. 6.

Die bisherige Analyse ist als intern zu bezeichnen. Denn sie beruht gänzlich auf sprachlichen Daten – genauer gesagt Metadaten, da die aus den Textträgern gewonnene Sprachstruktur auf Grund der nicht lesbaren Schrift nur in abstrakter Form greifbar wird. Bereits im o. g. Falle des Silbenrostes kommt allerdings – wenn auch unmerklich – ein externes Kriterium hinzu: Wortpaare, bei denen äußerliche Anhaltspunkte wie etwa dieselbe Position in Listeneinträgen auf eine vergleichbare Funktion deuten. Um eine Entzifferung abzuschließen, sind derartige externe Daten unerlässlich.

---

25 Nach Hajnal 1996, 18.

Zu den externen Daten gehören beispielsweise ...
- sprachstrukturelle Vergleichswerte, die auf die Struktur der zugrundeliegenden Sprache (etwa als analytisch oder synthetisch) weisen.
- Parallelfassungen in bi- oder trilingualen Textträgern, die auf das Vorhandensein gewisser Begriffe im nicht lesbaren Textteil deuten.
- Erfahrungswerte, die sich aus lesbaren Texteinträgen gleicher oder ähnlicher Funktion gewinnen lassen.
- inhaltliche Rückschlüsse, die sich aus dem historischen und archäologischen Kontext der Texteinträge ergeben.

Erfolgreiche Entzifferungen belegen den Beitrag, den externe Daten jeweils im entscheidenden Zeitpunkt leisten. Um einige Beispiel zu nennen:[26]
- Die Entzifferung der ägyptischen Hieroglyphenschrift wurde durch die Trilingue auf dem Stein von Rosetta ermöglicht. Ferner lag ihr die Annahme zugrunde, die Ovale („Kartuschen') enthielten phonetisch geschriebene Königsnamen.
- Die Entzifferung der altpersischen Keilschrift basierte wesentlich auf der Annahme, die Einleitungspassagen unterschiedlicher Inschriften seien formelhaft: enthielten also Königsnamen und die aus jüngeren iranischen Sprachzeugnissen bekannte Intitulatur „König der Könige".
- Die Entzifferung der mykenischen Linearschrift B stützte sich einerseits auf ähnliche Zeichen in der kyprischen Silbenschrift, in der die Dialektinschriften Zyperns im ersten vorchristlichen Jahrtausend festgehalten wurden; andererseits auf die Annahme, dass auf den Texteinträgen kretische Toponyme zu finden seien (vgl. Tabelle 6).
- Die Entzifferung der Maya-Glyphen schritt entscheidend durch die Annahme voran, die Zeichenangaben auf einem Alphabet aus dem 16. Jahrhundert seien syllabisch zu verstehen; ferner durch die Vermutung, gewisse Steininschriften aus Piedras Negras erzählten die Lebensgeschichte einzelner Individuen.

Externe Daten haben den Rang von Arbeitshypothesen und bieten daher oft Anlass zu Kontroversen. Sie sind aber unverzichtbar, um der abstrakten Skizze einer Sprache Gestalt zu verleihen. Damit schließt sich der Kreis zum Beginn dieses Beitrags. Denn derartige Arbeitshypothesen sind stark vom kulturellen Umfeld einer Schrift und ihrer Textzeugnisse abhängig.

---

[26] Die folgenden Beispiele sind ausführlich bei Pope 1999 dargestellt.

## Fazit – die einzelnen Schritte der Entzifferung

Die bisherigen Darlegungen belegen, dass die Entzifferung nicht lesbarer Schriften auf einem komplexen Prozess beruht. Dessen wesentliche Schritte lauten wie folgt:
1. Prüfung des Schriftcharakters
2. Schätzung der für eine Entzifferung erforderlichen Textmenge
3. Bereitstellung eines ausreichend verifizierten Textcorpus
4. Situationsanalyse durch die Festlegung des Szenarios
5. Feststellung des Schrifttyps anhand der Anzahl an unterschiedlichen Zeichentypen
6. Interne Datenanalyse und Erkennung lexikostatistischer Muster
7. Heranziehen von externen Daten im Sinne von Arbeitshypothesen

Können all diese Schritte abgearbeitet werden, ist die Rückgewinnung verlorener Informationen möglich. Eine Garantie für den Entzifferungserfolg besteht aber nicht, da der letzte Schritt – die Suche nach sinnvollen Arbeitshypothesen – stets eine glückliche Hand erfordert.

## Literatur

Adiego, I.J. (2007): The Carian Language (Handbook of Oriental Studies. Section One. The Near and Middle East. Volume Eighty-Six). Leiden: Brill.
Adiego, I.J. (2013): „Unity and Diversity in the Carian Alphabet". In: P. Brun (Hrsg.): Euploia. La Lycie et la Carie antiques. Dynamiques des territoires, échanges et identités (Actes du colloque de Bordeaux 5, 6, 7 novembre 2009). Bordeaux: Ausonius, 17–28.
Barber, E.J.W. (1974): Archaeological Decipherment. A Handbook. Princeton, NJ: Princeton University Press.
Beckman, G. (1996): „The Hittite Language and Its Decipherment". Bulletin of the Canadian Society for Mesopotamian Studies 31, 23–30.
Black, J. (2008): „The Obsolescence and Demise of Cuneiform Writing in Elam". In: J. Baines et al. (Hrsg.): The Disappearance of Writing Systems. Perspectives on Literacy and Communication. London: Equinox, 45–72.
Botha, G. et al. (2007): „Text-Based Language Identification for South-African Languages". South African Institute of Electrical Engineers 98:4, 141–146.
Coulmas, F. (1994): „15. Theorien der Schriftgeschichte". In: H. Günther et al. (Hrsg.): Schrift und Schriftlichkeit/Writing and its Use (= Handbücher zur Sprach- und Kommunikationswissenschaft. 1. Halbband). Berlin: de Gruyter, 256–264.
Davis, W. (2011): A General Theory of Visual Culture. Princeton, NJ: Princeton University Press.
Duhoux, Y. (2000): „How Not to Decipher the Phaistos Disc: A Review". American Journal of Archaeology 104:3, 597–600.

Farmer, S. et al. (2004): „The Collapse of the Indus-Script Thesis: The Myth of a Literate Harappan Civilization". Electronic Journal of Vedic Studies (EJVS) 11:2, 19–57.
Fuls, A. (2009): „Methoden zur Entzifferung von Schriftsystemen". MegaLithos 3, 1–7.
Gelb, I.J. (1963): A Study of Writing. Revised Edition. Chicago, IL: The University of Chicago Press.
Gnanadesikan, A.E. (2011): „Syllables and Syllabaries: What Writing Systems Tell Us About Syllable Structure". In: C.E. Cairns; E. Raimy (Hrsg.): The Handbook of the Syllable. Leiden: Brill, 397–414.
Hajnal, I. (1996): Die Entzifferung unbekannter Schriften. Drei Fallstudien – ein Szenario (= Arbeitspapier 35). Bern: Universität Bern, Institut für Sprachwissenschaft.
Hajnal, I. (2011): „Dunkle Jahrhunderte statt Archive – warum Schriften untergehen". In: R. Rollinger; G. Schwinghammer (Hrsg.): Gegenwart und Altertum. 125 Jahre Alte Geschichte in Innsbruck. Akten des Kolloquiums Innsbruck 2010 (= IBK: Neue Folge; 3). Innsbruck: Innsbrucker Beiträge zur Kulturwissenschaft, 35–53.
Harris, Z.S. (1955): „From Phoneme to Morpheme". Language 31, 190–222.
Householder, F.W. (1962): „On the Uniqueness of Semantic Mapping". Word 18, 173–185.
Kober, A.E. (1946): „Inflection in Linear Class B: 1–Declension". American Journal of Archaeology 50, 258–276.
Mackay, A. (1964): „On the Type-Fount of the Phaistos Disk". Statistical Methods in Linguistics 4, 15–25.
Menezes, A.J. et al. (1997): Handbook of Applied Cryptography. Boca Raton, FL: CRC Press.
Neef, M.; Balestra, M. (2013): „Measuring Graphematic Transparency: German and Italian Compared". In: S. Borgwaldt; T. Joyce (Hrsg.): Typology of Writing Systems. Amsterdam: John Benjamins, 113–145.
Pope, M. (1999): The Story of Decipherment. From Egyptian Hieroglyphs to Maya Script. Revised Edition. London: Thames and Hudson.
Pluta, K.M. (2011): Aegean Bronze Age Literacy and Its Consequences. Dissertation, University of Texas at Austin.
Rix, H. (2008): „Chapter 7. Etruscan". In: R.D. Woodard (Hrsg.): The Ancient Languages of Europe. Cambridge: Cambridge University Press, 141–164.
Robinson, A. (2002): Lost Languages. The Enigma of the World's Undeciphered Scripts. New York, NY: McGraw-Hill.
Rogers, H. (2005): Writing Systems: A Linguistic Approach. Malden, MA: Blackwell.
Shannon, C.E. (1948): „Communication Theory of Secrecy Systems". Bell Systems Technical Journal 28, 656–715.
Souter, C. et al. (1994): „Natural Language Identification Using Corpus-Based Models". Hermes, Journal of Linguistics 13, 183–203.
Sproat, R. (2014): „A Statistical Comparison of Written Language and Nonlinguistic Language Systems". Language 90:2, 457–482.

Thomas Riesenweber
# Die Wiedergewinnung des Originals mit den Mitteln der Textkritik*

## Vorbemerkung

Übersichtsdarstellungen und Einführungen in die Textkritik gibt es wie Sand am Meer – sei es in Buchform, sei es als Beitrag zu Handbüchern, Lexika oder Companions. Das ist erstaunlich, denn man hat den Eindruck, dass die Zahl derjenigen, die kritische Editionen antiker, mittelalterlicher oder frühneuzeitlicher Texte herstellen, wenigstens in Deutschland immer geringer wird. Einführungen erfüllen offenbar ein Bedürfnis an leicht verständlichem, überblicksartigem Handbuchwissen in einer Disziplin, die man selbst nicht mehr beherrscht, auf die man aber noch nicht vollständig verzichten zu können glaubt. Der Verfasser einer weiteren Einführung fühlt sich freilich dem Druck ausgesetzt zu begründen, weshalb er der langen Reihe von Vorgängerarbeiten eine weitere hinzufügt, und das umso mehr, als einige dieser Arbeiten von Meistern unseres Faches geschrieben wurden, Philologen, die ihre jahrzehntelange Erfahrung als Herausgeber antiker Texte in ihre Darstellungen haben einfließen lassen.[1] Ich möchte daher zu Beginn hervorheben, dass sich die folgenden Seiten nicht in erster Linie an den Klassischen Philologen, sondern an den interessierten Vertreter anderer Fächer wenden. Mit den Klassikern textkritischer Theorie konkurrieren kann und will ich nicht. Vielmehr möchte ich dem Nicht-Philologen eine Einführung in die Aufgabe der Textkritik und ihre Methoden geben, am Ende auch auf einige Schwierigkeiten hinweisen und einen kurzen Ausblick versuchen. Dabei habe ich hier und da auf meine eigenen Erfahrungen als Herausgeber eines spätantiken Textes, der *Commenta in Ciceronis Rhetorica* des C. Marius Victorinus aus dem 4. Jh. n. Chr. (Berlin/Boston 2013), zurückgegriffen, was die folgenden Ausführungen vielleicht auch für den Kenner nicht ganz unnütz macht. Grundsätzlich habe ich

---

* Ich danke meinem Bonner Kollegen Heinz-Lothar Barth für die gründliche Durchsicht des Manuskripts und viele wertvolle Hinweise und Verbesserungsvorschläge.
1 Um nur wenige Beispiele aus den letzten 65 Jahren zu nennen: Maas ⁴1960; Erbse 1965; Reynolds & Wilson 1968; Willis 1972; West 1973; Tarrant 1995; Delz 1997; Dover 1997; Reynolds 2000; hinzu kommt die Aufsatzsammlung von Reeve 2011. Über die Geschichte der Textkritik handeln Kenney 1974 und vor allem Timpanaro ²1971.

mich aber bei den Beispielen bemüht, einen Querschnitt durch alle Epochen der antiken Literatur zu geben.[2]

## Aufgabe der Textkritik

Wer auch immer sich mit den lateinischen oder griechischen Texten der Antike oder des Mittelalters beschäftigt, muss sich, was auch immer er mit ihnen anzufangen gedenkt, der Tatsache bewusst werden, dass die Texte, die er liest, Rekonstruktionen sind, die sich dem Original höchstens annähern, es aber so gut wie nie völlig erreichen können; jedenfalls haben wir keine Möglichkeit, das zu überprüfen. Denn von den literarischen Erzeugnissen des Altertums haben sich keine Autographe, also vom Autor selbst hergestellte Manuskripte, erhalten,[3] und auch bei den Schriftstellern des Mittelalters bleibt deren Zahl überschaubar; nennenswert beginnt sie erst ab dem 11./12. Jh. zu werden, durchbricht aber nur selten den engen Rahmen historischer und hagiographischer Traktate (vgl. Lehmann 1920/1941; Petrucci 1984). Was wir in den meisten Fällen haben, sind einzelne ‚Momentaufnahmen' eines manchmal über 2000-jährigen Überlieferungsprozesses, der bis zur Erfindung und Verbreitung des Buchdrucks in der Mitte des 15. Jh.s durch ständiges Abschreiben in Gang gehalten werden musste, wobei notwendigerweise jedes Mal neue Fehler in die Texte gelangten, auch wenn die Kopisten noch so sorgfältig vorgingen.

Wie groß der Anteil der erhaltenen Abschriften an allen jemals angefertigten Kopien ist, kann nur geschätzt werden, doch dürfte sie den Promillebereich kaum überschreiten.[4] Gab es doch Gefahren genug für die empfindlichen Bücher: In

---

**2** Als Klassischer Philologe werde ich mich im Folgenden v.a. auf die lateinische und griechische Antike und (wenigstens am Rande) auf das Mittelalter beschränken; das Gesagte gilt aber *mutatis mutandis* auch für alle anderen handschriftlich überlieferten Texte.
**3** Eine Ausnahme stellen die Papyri dar, doch sind nur die wenigsten von ihnen literarisch und von letzteren wiederum fast alle nicht Autographe, sondern spätere Abschriften. Über einige Autographe auf Papyrus handelt Dorandi 1991, 16–21.
**4** Allein die berühmte Bibliothek von Alexandria dürfte in den Jahrzehnten nach ihrer Gründung Anfang des 3. Jh.s v. Chr. schon mehr als 40.000 griechische Papyrusrollen enthalten haben; manche Quellen sprechen gar von 700.000 zur Zeit Caesars (dazu zuletzt Nesselrath 2013, 77f.; zum Buch in der Antike allgemein Blanck 1992). – Die gut 2000 erhaltenen lateinischen Handschriften, die vor dem 9. Jh. angefertigt wurden, sind beschrieben von Lowe in den *Codices Latini antiquiores*. Die etwa 7000 erhaltenen Handschriften der Karolingerzeit sind z.T. beschrieben bei Bischoff, *Katalog der festländischen Handschriften des 9. Jahrhunderts*, von dem allerdings bisher nur die ersten beiden Bände (Aachen – Paderborn) aus dem Nachlass herausgegeben wurden.

der Antike diente vorwiegend die fragile Papyrusrolle als Beschreibstoff, der fast ausschließlich im warmen Klima Ägyptens die Zeiten überdauern konnte. Erst im 4. Jh. n. Chr. setzte sich der haltbarere Pergamentkodex durch (vgl. Bischoff ²1986, 22; Mazal 1986, 44), aber auch er war anfällig gegenüber Kriegswirren, Brandstiftungen und Wasserschäden. Schließlich dürfte die Auflösung der Klosterbibliotheken im Zuge von Reformation, französischer Revolution und Säkularisation zu manchen Verlusten geführt haben. Mittelalterliche Bibliothekskataloge[5] lassen immerhin noch erahnen, wie viel verloren gegangen ist. Das Phänomen der Zensur hat schon in der Antike zu Bücherverlusten geführt: Der Fall des Cremutius Cordus (Tac. ann. 4,35,4) ist nur ein Beispiel von vielen; dass kaum etwas von der antichristlichen Polemik der Spätantike erhalten geblieben ist, dürfte ebenfalls nicht auf Zufall beruhen. Doch auch weitaus weniger spektakuläre Faktoren wie Mode und Zeitgeschmack führten dazu, dass Älteres in Vergessenheit geriet, seltener kopiert wurde und irgendwann verschwand, ein Schicksal, das z.B. einen Großteil der hellenistischen Literatur oder der republikanischen lateinischen Dichtung ereilt hat.

Aus diesen Voraussetzungen ergibt sich für die Textkritik die Aufgabe, mit Hilfe der erhaltenen Reste fehlerhafter Abschriften das Original möglichst getreu zu rekonstruieren. Im Folgenden sollen daher drei Fragen im Zentrum stehen: Was ist ein Original? Welchen Veränderungen waren die Texte im Laufe der Überlieferung ausgesetzt? Welche Mittel stehen der Textkritik zur Verfügung, diese Veränderungen wieder rückgängig zu machen?

# Was ist ein Original?

## Antike Buchproduktion

Die Frage nach dem Original führt uns zwangsläufig zu den Abläufen antiker und mittelalterlicher Buchproduktion. Verallgemeinernde Aussagen sind natürlich immer falsch, aber ebenso wie heute stand am Ende der Arbeit eines antiken Autors in der Regel die Publikation (ἔκδοσις, *editio*). Der Weg zum publizierten Original mag im Einzelfall unterschiedlich gewesen sein und mehrere Phasen

---

Das *Handschriftenarchiv Bernhard Bischoff* enthält weitere Informationen aus dem Nachlass zu unzähligen mittelalterlichen Handschriften. Für die lateinischen Klassikerhandschriften bis zum 12. Jh. unerlässlich ist Munk Olsen 1982–1989.
5  Eine Sammlung bietet Becker 1885.

der Konzipierung durchlaufen haben. Dabei sind in der Anfangsphase wie heute auch oft Notizbüchlein (δέλτοι, *pugillares*, *tabellae*) zum Einsatz gekommen, von denen die Autoren selbst hin und wieder berichten; auf die Sammlung des Materials (ὑπομνηματικά) folgte die stilistische Ausarbeitung (ὑπόμνημα, σύνταγμα).[6] In all diesen Phasen bestand die Möglichkeit, das Werk zu überarbeiten; dieser Vorgang war aber in den meisten Fällen mit der Publikation abgeschlossen. So scheint es angemessen, die vom Schriftsteller zur Veröffentlichung bestimmte Fassung seines Textes als das Original zu bezeichnen.

Es gibt freilich eine nicht unerhebliche Zahl von Texten, bei denen wir über die Form der Publikation und die für die weitere Tradierung entscheidende Frühphase der Überlieferung nur unzureichend informiert sind: *Ilias* und *Odyssee* sind wahrscheinlich im Verlaufe des 7. Jh.s schriftlich konzipiert worden,[7] haben aber sicher eine lange mündliche Vorgeschichte gehabt (vgl. West 2011, 15–77). Papyri und Zitate aus voralexandrinischer Zeit weisen z.T. erhebliche Schwankungen im Versbestand auf, die vermutlich durch die Eingriffe von Rhapsoden entstanden sind, die die Gedichte rezitierten (vgl. West 1967, 12–14). Sogar ein ganzer unechter Gesang, die *Dolonie* (Il. 10), ist in dieser Phase in das homerische Epos eingedrungen. Erst durch die Arbeiten (διορθώσεις) der alexandrinischen Philologen Zenodot, Aristophanes von Byzanz und Aristarch im 3. und 2. Jh. v. Chr. stabilisierte sich um 150 v. Chr. ein Text, auf den letztlich auch die rund 200 mittelalterlichen Handschriften (die älteste aus dem 9. Jh. n. Chr.) zurückgehen dürften (vgl. West 2001).

Die Tragödien der drei großen attischen Tragiker Aischylos, Sophokles und Euripides waren schon Ende des 5. Jh.s als Lesetexte zugänglich (Pfeiffer ²1978, 47f.), doch scheint ihr Text durch Schauspielerinterpolationen schon früh, spätestens bei den ab 386 v. Chr. häufiger auftretenden Wiederaufführungen verunstaltet worden zu sein (vgl. Page 1934; West 1972, 16; Conte 2013, 31–35), wobei z.T. auch mit Ersatzinterpolationen zu rechnen ist, die den Text für die Bühne kürzen und dem gewandelten Zeitgeschmack anpassen sollten (vgl. Günther 1996, 19–105). Um der zunehmenden Verwilderung der Texte Einhalt zu gebieten, wurde im letzten Drittel des 4. Jh.s das offizielle athenische Staatsexemplar angefertigt, an das sich die Schauspieler in der Folgezeit zu halten hatten (vgl. [Plut.] mor. 841ᶠ8–12); ein gutes Jahrhundert später mag es nach Alexandria gelangt sein, wo sich schon bald darauf der Philologe Aristophanes von Byzanz der Tra-

---

6 Diese Vorgänge arbeitet Dorandi 1991 aus den Quellen heraus.
7 Für die *Ilias* gibt West den Zeitraum 680–640 v. Chr. an (vgl. 2011, 15–19), für die *Odyssee* nicht lange vor 625 v. Chr. (vgl. 2003, 13).

gödientexte annahm (vgl. Pfeiffer ²1978, 109. 237f.). In welchem Zusammenhang die erhaltenen Handschriften zu diesem Staatsexemplar stehen, ist aber unklar.

Die antiken Papyri bestätigen also, dass die gefährlichste Phase für die Entwicklung eines klassischen Textes in der ersten Zeit nach der Publikation liegt, bevor er in die Hände der Grammatiker gerät und eine kanonische Buchausgabe entsteht.[8] Im Lateinischen begegnen wir denselben Schwierigkeiten bei den plautinischen Komödien, die in der Frühzeit allein durch Aufführung veröffentlicht wurden und erst gegen Ende des 2. Jh.s v. Chr. als Buchausgabe gelesen werden konnten; in der Zwischenzeit aber waren die Texte den Eingriffen der Schauspieldirektoren, die das Manuskript von den Dichtern käuflich erworben hatten, schutzlos ausgeliefert (vgl. Deufert 2002, 20–31, 44–47). All diese Texte von Homer über die attischen Dramatiker bis zu den lateinischen Komödiendichtern haben gemein, dass sie erst nach einer längeren Phase der *Mouvance*[9] in einer kanonischen Ausgabe schriftlich fixiert wurden.

Andere Autoren haben ein Leben lang an ihren Werken gearbeitet und sie nicht selten in mehreren ‚Auflagen' veröffentlicht: So publizierte der alexandrinische Dichter Kallimachos die ersten beiden Bücher seiner berühmten *Aitia* vermutlich um 270 v. Chr., arbeitete aber an dieser Sammlung von Ursprungsgeschichten kontinuierlich weiter und fügte gegen Ende seines Lebens (nach 246/245 v. Chr.) zwei weitere Bücher hinzu, wobei er der Sammlung einen neuen Prolog (frg. 1) und Epilog (frg. 112) gab (vgl. Harder 2012, I 2–23); manches deutet darauf hin, dass einzelne Gedichte der Bücher 3–4 zuvor auch schon separat veröffentlicht worden waren, so etwa die später von Catull ins Lateinische übertragene *Locke der Berenike* (vgl. Harder 2012, II 799, 846–848, 851). Auch der umgekehrte Fall, die Kürzung des Materials, ist bezeugt: Ovid jedenfalls verrät uns in dem Epigramm, das er seiner *Amores*-Sammlung in drei Büchern vorausgeschickt hat, dass er ursprünglich fünf Bücher verfasst, diese aber später gekürzt habe.[10] Manchmal wird der Stoff für eine ‚Neuauflage' vollständig umgearbeitet: Cicero schrieb in den 40er-Jahren des 1. Jh.s v. Chr. eine Dialogtrilogie über die skeptische Philosophie der platonischen (mittleren) Akademie, bestehend aus Einzeldialogen, die nach den Hauptrednern *Hortensius*, *Catulus* und *Lucullus* betitelt waren. Von diesen hat er *Catulus* und *Lucullus* später umgearbeitet in die vier

---

**8** Vgl. Grenfell 1919, 19 (über die alexandrinische Edition Homers): „it is ignored in the papyri of the 3rd cent. B.C., when the text was evidently in a very unsettled condition"; 28 (über Platon): „the text of Plato was in a decidedly unsettled condition in the 3rd cent. B.C."; 30 (über Isokrates): „in the 1st cent. B.C. the text was not settled".
**9** Zum Begriff und seiner Geschichte s. Deufert 2002, 382 mit Anm. 1.
**10** Es sei allerdings zugegeben, dass im Epigramm von ‚Editionen' keine Rede ist; merkwürdig auch, dass sich von der ‚1. Auflage' keine Spur erhalten hat.

Bücher umfassenden *Academici libri*. Der Zufall wollte es, dass der vom jungen Augustinus hochgeschätzte *Hortensius* (conf. 3,4,7; 8,7,17) verloren ging, ebenso der *Catulus*, der *Lucullus* jedoch zusammen mit dem Anfang der *Academici libri* (also wohl dem Anfang des *Catulus*) erhalten blieb. Eusebios hingegen scheint seine Kirchengeschichte überarbeitet zu haben, als Konstantin nach dem Sieg über seinen Mitkaiser Licinius im Sommer 324 die *damnatio memoriae* über diesen verhängt hatte; jedenfalls ist in einer Handschriftengruppe versucht worden, den Namen des Geächteten wo immer möglich zu tilgen. Der letzte Herausgeber der *Historia ecclesiastica*, Schwartz, versuchte sogar vier Auflagen zu unterscheiden; Laqueur hob gleich fünf Schichten voneinander ab, glaubte allerdings nicht an mehrfache Publikation.[11]

Ferner wissen wir von zahlreichen Autoren, dass ihre Werke erst postum veröffentlicht wurden, auch wenn gerade die Nachrichten zu den bekanntesten Fällen (Platons *Nomoi*, Lukrez, Vergil) von der Forschung angezweifelt worden sind (vgl. Mülke 2008, 202 Anm. 620). Einige *philosophica* Ciceros sind gegen Ende seines Lebens neben der tagespolitischen Anspannung in großer Hast geschrieben worden: Von der Schrift *De officiis* wissen wir durch seinen Briefwechsel mit Atticus, dass die ersten beiden Bücher innerhalb einer Woche abgeschlossen waren.[12] Ob er danach viel Zeit gefunden hat, um die Schrift für die Veröffentlichung vorzubereiten, ist ungewiss; die letzten Herausgeber, Atzert und Winterbottom, halten es für möglich, dass die Dubletten des Textes auf Alternativfassungen Ciceros zurückgehen, die nicht mehr beseitigt wurden.

Manche Schriften waren vermutlich von Anfang an gar nicht zur Veröffentlichung in Buchform vorgesehen, z.B. die sogenannten ‚esoterischen', d.h. für den ‚inneren' Schulgebrauch im Peripatos vorgesehenen Schriften des Aristoteles, überhaupt viele für den Unterricht abgefasste Textsorten wie Vorlesungsmanuskripte oder Kommentare.

Bestimmte Gebrauchstexte befanden sich in ständiger Veränderung: Wörterbücher und Grammatiken z.B. mussten immer wieder den Bedürfnissen der jeweiligen Nutzer angepasst werden (vgl. West 1973, 16f.). Das Original, das es irgendwann gegeben haben muss, lässt sich in solchen Fällen kaum noch rekonstruieren, wenn sich nicht zuverlässige Kriterien finden lassen, durch die die ver-

---

[11] Vgl. Emonds 1941, 25–45 (dort auch weitere Beispiele); ferner Pasquali ²1952, 395–465; West 1973, 15.
[12] Er erwähnt das Projekt erstmals in seinem Brief an Atticus vom 28. Oktober 44 v. Chr.: *nos hic* φιλοσοφοῦμεν *(quid enim aliud?) et* τὰ περὶ τοῦ Καθ(ήκ)οντος *magnifice explicamus* προσφονοῦμέν*que Ciceroni* (Att. 15,13a,2). Schon am 5. November meldet er den Abschluss der ersten beiden Bücher: τὰ περὶ τοῦ Καθήκοντος, *quatenus Panaetius, absolui duobus* (Att. 16,11,4; vgl. Dyck 1996, 8–10).

schiedenen Schichten voneinander geschieden werden können. Zu den am stärksten fließenden Texten gehören zwangsläufig Chroniken, die geradezu einladen, sie zu erweitern: Die *Χρονικοὶ κανόνες* des Eusebios wurden durch Hieronymus nicht nur ins Lateinische übersetzt, sondern auch um die Jahre 325–378 bis in seine Gegenwart erweitert. Aber auch das oftmals anonyme Kommentar- und Scholienmaterial zu den Klassikern weist immer Wucherungen auf; Änderungen entstanden nicht zuletzt durch das mehrmalige Umschreiben von selbständigen Kommentaren zu Scholien und die spätere Sammlung von Scholien in Kommentarhandschriften.[13] Die mit der Schulkommentierung einhergehende Kanonbildung trug andererseits zu Stabilisierung der kommentierten Texte bei und begünstigte das Überleben der im Schulbetrieb behandelten ‚Klassiker'.

‚Auswahl' spielt aber natürlich auch eine wichtige Rolle bei der Verunklarung des Originals: Anthologien wie der *Στέφανος* des Meleagros von Gadara (1. Jh. v. Chr.) oder die *Ἐκλογαί* des Stobaios (5. Jh. n. Chr.) stellten die besten Verse antiker Dichtung zusammen, wurden aber nach dem Geschmack der Zeit beständig erweitert und umgeformt oder griffen selbst bereits auf frühere Sammlungen zurück. Die Spätantike ging zumal bei größeren Geschichtswerken wie dem monumentalen Werk des Livius *Ab urbe condita* (142 Bücher) oder der Universalgeschichte *Historiae Philippicae* des Pompeius Trogus (44 Bücher) dazu über, den unübersichtlichen Stoff durch die Anlage von Auszügen (Epitomierungen) zugänglicher zu machen, die die ausführlicheren Vorlagen alsbald verdrängt zu haben scheinen (vgl. Erbse 1961, 234–237; Mülke 2008, 95–108).

Redaktionelle Überarbeitungen konnten den Wortlaut eines Textes z.T. erheblich verändern: Die *Historia Apollonii Regis Tyrii* liegt in drei spätantiken Fassungen vor, die der letzte Herausgeber, Gareth Schmeling, hintereinander abgedruckt hat. Die *Apostelgeschichte* ist in einer alexandrinischen und einer westlichen Redaktion überliefert; ein 2009 publizierter Oxyrhynchus-Papyrus aus dem 5. Jh. (P. Oxy. 4968) bietet eine Mischfassung. In all diesen Fällen mag man zweifeln, was das Original ist, ob sich dieses rekonstruieren lässt und ob es überhaupt rekonstruiert werden soll.

---

**13** Zu den Homer-Scholien s. Erbse 1960, der darauf verzichtete, die antiken Quellen der Homer-Scholien zu rekonstruieren, sondern den Archetypus der byzantinischen Kommentare ApH. und c (bT) herstellte. Zur mittelalterlichen Persius-Kommentierung, die teilweise auf antike Wurzeln zurückgeht, s. Scholz/Wiener 2009, IX–XVII. Zu den mittelalterlichen Martianus Capella-Scholien, die im Laufe des 9. Jahrhunderts stark angewachsen sind, s. Teeuwen 2009.

## Autorenfehler

Wir alle, die wir publizieren, wissen nur zu gut, dass unsere Bücher und Aufsätze sprachliche und sachliche Fehler enthalten, die sich auch bei noch so gründlicher Endredaktion leider nicht restlos beseitigen lassen; es wäre naiv anzunehmen, dass den antiken Autoren Fehler dieser Art niemals unterlaufen wären (vgl. Dover 1997, 45; Reeve 1994). Schon in der Entstehungsphase eines Werkes schleichen sich Fehler ein, zumal bei Prosatexten, die in der Regel im Diktat entstanden (vgl. Dorandi 1991, 22). Dass Autoren auch nach der Veröffentlichung noch Verbesserungen vornahmen, geht aus manchen Briefen hervor, die Cicero an seinen Freund und ‚Verleger' Atticus schickte. So kommt er im Mai 50 v. Chr., ein gutes Jahr nach der Publikation seiner Schrift *De re publica*, auf den Katalog von griechischen Städten zu sprechen, mit dem er zeigen wollte, dass fast alle Siedlungen der Griechen am Meer liegen – ein Umstand, dem er die verfassungsmäßige Unruhe und Wechselhaftigkeit der Griechenstädte zuschreibt (rep. 2,8f.). Diese ganze Stelle habe er, wie er Atticus gesteht, aus einer Schrift des Peripatetikers Dikaiarchos übertragen; dabei sei ihm freilich ein sprachlicher Fehler unterlaufen, als er die Einwohner der Stadt *Phlius* als *Phliuntii* bezeichnet habe:

> ‚Phliasios' autem dici sciebam et ita fac ut habeas; nos quidem sic habemus. Sed primo me ἀναλογία deceperat, Φλιοῦς, Ὀποῦς, Σιποῦς, quod Ὀπούντιοι, Σιπούντιοι; sed hoc continuo correximus (Cic. Att. 6,2,3).

> Daß man (die Einwohner der Stadt *Phlius*) *Phliasii* nennt, wußte ich, und du sorge dafür, dass du das so (in dein Exemplar) übernimmst; ich selbst habe es übernommen. Aber anfangs hatte mich die Analogie getäuscht: *Phlius*, *Opus*, *Sipus*, was *Opuntii*, *Sipuntii* ergibt; aber das habe ich sofort verbessert.

Die Stelle zeigt freilich auch, wie gering die Chancen waren, dass eine solche Änderung nach der Publikation ihren Weg in die Überlieferung fand: Der berühmte Palimpsest Vat. lat. 5757 aus dem 4./5. Jh., der uns bedeutende Reste der ansonsten verlorenen Schrift *De re publica* bewahrt hat, überliefert an der fraglichen Stelle *Phliuntios* (laut Zieglers Apparat verbessert aus *Philuntios*); Ciceros nachträgliche Korrektur hat also offenbar keinen Niederschlag in der direkten Überlieferung gefunden, jedenfalls keinen, der ihr das Überleben gesichert hätte.[14] Es gilt der Satz des Horaz *delere licebit / quod non edideris; nescit*

---

[14] Erfolgreich war hingegen seine Bitte an Atticus, im *Orator* statt *Eupolis* den Komödienschreiber *Aristophanes* einzusetzen (Att. 12,6a,1), denn der Name *Eupolis* taucht dort in der Tat nicht mehr auf, *Aristophanes* hingegen schon (or. 29); war also der *Orator* zum Zeitpunkt des Briefes noch gar nicht publiziert? Anders verhält es sich im Falle der Rede *Pro Ligario*, in der er einen

*uox missa reuerti* ‚streichen darfst du, was du noch nicht herausgegeben hast; ein Wort, das einmal hinausgeschickt wurde, versteht es nicht zurückzukehren' (ars 389f.).[15] Die Gültigkeit dieses Spruches bestand noch in der Spätantike, als Augustinus seine *Retractationes* verfasste (um 427 n. Chr.), in denen er die von ihm publizierten Schriften noch einmal durchging, auf Fehler hinwies und sich gegen Missverständnisse verteidigte, da er die veröffentlichten Werke nicht mehr zurückrufen konnte.[16]

Für die Textkritik erwächst aus fehlerhaften Originalen das Problem, gelegentlich hinterfragen zu müssen, ob der Fehler, den man verbessern möchte, der Überlieferung zuzuschreiben ist oder dem Autor. Kleinigkeiten wird man wohl stillschweigend wegemendieren, ganz ähnlich, wie wir heute mit unbedeutenderen Druckfehlern verfahren, die wir in unseren Büchern anstreichen. Man hüte sich aber davor, aus Properz einen Ovid machen zu wollen, aus Fortunatian einen Cicero.

## Autorenvarianten: Das Problem der zweiten Auflage

Die Existenz von Autorenvarianten lässt sich nicht leugnen: Beispiele dafür sind aus Mittelalter und früher Neuzeit gut dokumentiert (s. Anm. 11). Nicht selten begegnet man aber der Hypothese, dass die Divergenzen unserer handschriftlichen Überlieferung auf Überarbeitungen durch den Autor selbst zurückzuführen seien, der eine ‚zweite Auflage'[17] seines Werkes herausgebracht habe. Diese Hypothese kann unterschiedliche Ausprägungen haben: Während manche

---

Corfidius unter die Anhänger des Ligarius gerechnet hatte: Ligarius selbst machte ihn später darauf aufmerksam, dass Corfidius zu dem Zeitpunkt bereits tot war, weshalb Cicero Atticus in einem Schreiben darum bittet, dies zu verbessern (Att. 13,44,3); freilich führen alle unsere Handschriften Lig. 36 den Namen des Corfidius. Auf diese Stellen und auf Att. 13,21,3 verweist Mülke 2008, 15 mit Anm. 40.

**15** Vgl. dazu Mülke 2008, 14 mit weiterer Literatur.

**16** Mülke 2008, 202 Anm. 619 erinnert an retr. 1 prol. 3 (CCSL 57, p. 6,43–45) *scribere autem ista mihi placuit, ut haec emittam in manus hominum, a quibus ea, quae iam edidi, reuocare emendanda non possum* (‚dies zu schreiben aber beschloss ich, um die vorliegende Schrift in die Hände der Menschen zu entlassen, von denen ich das, was ich publiziert habe, nicht mehr zur Verbesserung zurückrufen kann').

**17** Der Begriff der ‚zweiten Auflage' ist freilich nicht unproblematisch, da er moderne Terminologie aus dem Buchdruck auf die gänzlich unterschiedlichen Verhältnisse der antiken Buchproduktion überträgt. Jede spätere Abschrift vom Autorexemplar musste ja zwangsläufig zur neuen ‚Auflage' werden, da bei diesem Vorgang irrtümliche oder gewollte Änderungen in den Text eingebracht wurden.

lediglich die Ansicht vertreten, dass Varianten irgendwie auf den Autor zurückgehen, gehen andere so weit, dass sie die ‚Hauptfamilien' des Handschriftenstammbaumes auf mehrere vom Autor selbst durchgeführte Redaktionen seines Werkes zurückführen. Grundsätzlich ist ein solcher Vorgang natürlich denkbar: Wir haben oben bereits gesehen, dass manche Schriftsteller über einen längeren Zeitraum mehrere Auflagen ihrer Werke angefertigt haben. Es versteht sich freilich von selbst, dass schon eine kleinere Zahl von sicheren Korruptelen, die in beide Redaktionen eingedrungen sind, auf einen Archetypus,[18] nicht auf den Autor zurückführen.[19] Natürlich kann man nie ausschließen, dass irgendwie auf dunklen Wegen antikes Gut ‚von außen' (durch Kontamination) in die vom Archetyp bestimmte Überlieferung eingedrungen ist, etwa über einen später versiegten und für uns nicht mehr sichtbaren Seitenarm (vgl. Emonds 1941, 6); dann kann man aber nicht mehr mechanisch die einzelnen Zweige der Überlieferung zu Redaktionsstufen des Autors erklären, sondern muss in jedem Einzelfall den Nachweis führen, welche Variante auf welche Redaktionsstufe des Autors zurückgeht.

---

**18** Ich verstehe unter ‚Archetypus' die gemeinsame Vorlage aller erhaltenen Handschriften. Um zu zeigen, dass diese gemeinsame Vorlage nicht das Original, sondern ein Archetypus gewesen ist, genügt der Nachweis eines (Binde-)Fehlers, der in allen Handschriften enthalten ist und nicht auf den Autor zurückgehen kann. Die Existenz eines Archetypus ist also nur nachweisbar, wenn er fehlerhaft gewesen ist (ω corruptum).

**19** Für Tertullians *Apologeticum* ist dies gezeigt von Bühler 1965, für den Roman *Daphnis und Chloe* des Longos von Reeve 1969. Für Ausonius („den Schulfall") hat Jachmann 1941 den Nachweis erbracht, dass die Varianten nicht vom Dichter selbst stammen. In der Frage, ob die dualistischen Zusätze und die Kaiseranreden bei Laktanz auf den Autor selbst zurückgehen, hat Heck 1972, 196–202 gegenüber Emonds zu Recht darauf bestanden, dass die Zahl der signifikanten Bindefehler von Kurz- und Langfassung so groß ist, dass man nicht umhin kommt, einen gemeinsamen Archetypus zu postulieren. Um die Autorschaft des Laktanz für die Langfassung zu sichern, sieht sich Heck daher zu der unwahrscheinlichen Annahme gezwungen, Laktanz habe sich vom (fehlerfreien) Original ein Handexemplar anfertigen lassen, das zahlreiche Fehler enthalten habe, die nicht immer deutlich genug korrigiert worden seien. Bevor er die Zusätze der Langfassung in dieses Handexemplar eingetragen habe, sei von diesem fehlerhaften und missverständlich korrigierten Handexemplar eine Abschrift genommen worden, die zur Vorlage der Kurzfassung geworden sei, nach Abschluss der Redaktion sei der erweiterte Archetypus zur Vorlage für die Langfassung geworden.

## Typen nachträglicher Veränderung des Originals

Während Autorenvarianten, wie wir sahen, nur selten Auswirkungen auf die Überlieferung gehabt haben können, geht die größte Gefahr nachträglicher Veränderung einerseits von den Schreibern aus, die irrtümlich Fehler begehen, weil sie ihre Vorlage kaum lesen können oder ihre Konzentration nachlässt;[20] andererseits von den spätantiken und mittelalterlichen Redaktoren und Diaskeuasten, die in ihrem Streben, die fehlerhafte Überlieferung zu bessern und lesbare Texte herzustellen, den tradierten Text bewusst veränderten.

## Irrtümliche Fehler beim Abschreiben

Abschreibefehler haben meist etwas Individuelles und zugleich Irrationales, das sich jeder vernünftigen Kategorisierung entzieht; dennoch lassen sich gewisse Typen immer wieder auftauchender Fehler abgrenzen. Der Philologe tut gut daran, sich mit diesen Fehlern vertraut zu machen, um ein Gespür für die möglichen Formen der Textverderbnis zu entwickeln. Daher sollen im Folgenden einige Beispiele vorgestellt werden.[21]

Der Vorgang des Abschreibens geschieht zumeist in wenigstens drei Schritten: Lesen, Memorieren des Gelesenen, Niederschrift des Memorierten. Bei allen drei Schritten kann es zu Fehlern kommen.

Was die Lesefehler betrifft, sind zunächst die Vertauschungen einzelner Buchstaben zu nennen. In bestimmten Schriftarten gleichen sich manche Buchstaben so sehr, dass sie leicht verlesen werden können. In der griechischen Majuskel etwa α ⲁ λ, ε ϴ o c oder Γ ι π τ, in der Minuskel ប ʋ (β υ), ɧ ɫ (η κ), μ ρ (μ ν); in der lateinischen Capitalis E F I P T, in der Unziale C E O ⲙ, in der Minuskel z.B. ɩ m n u[22] oder ſ f.[23] Ebenfalls zur Gruppe der Lesefehler gehören Phänomene wie Catull. 64,89 *progignunt* θ: *pergignunt* V: *praecingunt* Baehrens oder Ov. am. 3,1,44 *proueni* PYSω: *praeueni* ς: *perueni* ς, wo sich die Variantenbildung durch fehlerhafte Auflösung von Abbreviaturen erklärt (ꝓ = *pro*; ꝑ = *per*; p̄ = *prae*), oder die ständig begegnende Verwechslung von *quid*

---

20 Manche (phonetische) Fehler könnten auch durch Diktat entstanden sein, s. Skeat 1956.
21 Weiteres findet sich bei Ribbeck 1866, 231–264; Havet 1911; Willis 1972, 47ff.; West 1973, 15–29; Luck 1981, 175–183; Zwierlein 1986, 481–497.
22 Wer jemals versucht hat, in den Handschriften *ius* von *uis* zu unterscheiden, wird den i-Punkt für eine der größten Erfindungen der Menschheit halten.
23 Die paläographischen Zeichensätze stammen von J.-J. Marcos.

(= q̃d) und *quod* (= qd̃). Grundsätzlich sollte man freilich eher vorsichtig sein, Textveränderungen allzu häufig auf die graphische Ähnlichkeit von Buchstaben zurückzuführen. Mindestens ebenso zahlreich dürften Fehler sein, die auf die auch heute noch gültige Lesegewohnheit zurückzuführen sind, ein Wort schon anhand weniger Konsonanten zu identifizieren. Das führt zu den immer wieder auftretenden Buchstabenmetathesen wie *carmina* und *crimina*, *flumina* und *fulmina*.[24]

Nicht vergessen darf man, dass manche Texte in anderen Alphabeten entstanden sind als den heute gebräuchlichen. Das griechische Alphabet unserer modernen Texteditionen wurde z.B. erst 403 v. Chr. in Athen eingeführt; vorher verwendete man etwa statt der Diphthonge ει und ου noch ε und ο. In der Frühzeit war es sogar üblich, von rechts nach links oder βουστροφηδόν (also im Wechsel, so wie man beim Pflügen das Rind wendet) zu schreiben. Bei der Übertragung von einer älteren in eine jüngere Schreibweise (μεταγραμματισμός) wird es nicht selten zu Verwechslungen gekommen sein, wie man schon in der Antike wusste.[25]

Völliges Chaos tritt ein, wenn Schreiber einen Text vor sich haben, der in einer ganz unvertrauten Schrift geschrieben ist. Ein extremes Beispiel sind griechische Fremdwörter in lateinischen Texten, die den mittelalterlichen Kopisten vor unüberwindliche Schwierigkeiten stellten: In Mart. 1,24,8 überliefern die Handschriften am Ende das unsinnige *ita pictoria*; Buecheler erkannte, dass sich dahinter das griechische ἱστορία verbarg, und Housman restituierte das heute allgemein akzeptierte παρ' ἱστορίαν (ΠΑΡΙCΤΟΡΙΑΝ → ΙΤΑΡΙCΤΟRIA). Bei Victorin. comm. 102,13 überlieferte der spätantike Archetypus τῶν πρός τι vermutlich noch als ΤΟΝΠΡΟCΤΙ: Die älteste Handschrift D, ein Unzialkodex aus dem frühen 8. Jh., bot vor der Radierung durch einen Korrektor (*ante rasuram*) etwas wie ΤΑΝΠΡΟCΤΙ, Q, ein junger Vertreter des anderen Überlieferungszweiges, hat ALONTI *pocti*, was beides das Ursprüngliche immerhin noch ganz gut erkennen lässt. Die mittelalterlichen Abschriften aus D machten daraus *toni et puncti*.

Sehr zahlreich sind fehlerhafte Wortabtrennungen, besonders in der Antike selbst, als die Wörter in Majuskelbuchstaben ohne größere Zwischenräume aneinandergereiht wurden und beim lauten Lesen ineinanderflossen. So bezeugt Pindar frg. 59,3 ..π' Ἑλλῶν die alte Variante ἀμφὶ δέ σ' Ἑλλοί anstelle von ἀμφὶ δὲ Σελλοί in Hom. Il. 16,234 (vgl. Leumann 1950, 39f.). Aus dem Lateinischen könnte man Sen. Phaedr. 195 *turpis et uitio* E: *turpi seruitio* A nennen; Catull. 61,219 hat

---

**24** Weitere Beispiele: Men. Dysc. 43 καταβαλόντ'] καταλαβόντ' Π; Catull. 12,15 *muneri*] *numeri* V; 22,5 *palimpsesto*] *palmisepto* V; Verg. Aen. 8,337 *aram*] *arma* MR; 12,916 *letumque* P: *telumque* MRω; Sen. Troad. 799 *rapiet* A: *pariet* E.
**25** Vgl. Mülke 2008, 56 mit Verweis auf Galen.

Scaliger aus der Lesart des notorisch korrupten Veronensis *sed mihi ante* das richtige *semihiante* restituiert, 68,41 aus *quam fallius* das richtige *qua me Allius* hergestellt, wobei in letzterem Fall zu der falschen Wortabtrennung auch noch ein Majuskelfehler (E/F) hinzutritt (QVAMEALLIVS → QVAMFALLIVS → quā falliꝰ); Victorin. comm. 19,23f. *quaedam naturaliter* wird in der ältesten Handschrift D *quae damnatur aliter* abgetrennt. Aber auch in der mittelalterlichen Minuskelüberlieferung findet man Fehler dieser Art zuhauf. Ein amüsantes Beispiel liegt in einem Properzgedicht vor (2,22a,1f.):

> *Scis here mi multas pariter placuisse puellas;*
> *scis mihi, Demophoon, multa uenire mala.*
>
> Du weißt, Demophoon, dass mir gestern viele Mädchen gleichermaßen gefallen haben;
> du weißt auch, dass (dadurch) viel Unheil über mich kommt.

Der mittelalterliche Redaktor der A-Familie unserer Überlieferung, der die einzelnen Gedichte wohl im 13. Jahrhundert mit Überschriften versehen hat, gab der Elegie den Titel *Ad Heremum Demophoontem* ‚An Heremus Demophoon' (so Salutatis Handschrift F), weil *here mi* (‚mir gestern') in den Handschriften zu einem Wort zusammengezogen war und leicht für den Vokativ eines Eigennamens Heremius gehalten werden konnte. Die Stelle zeigt im Übrigen sehr schön, dass die Gedichtüberschriften keinesfalls von Properz selbst stammen können.

Eine weitere Fehlerquelle sind Gedichtabtrennungen. Zwar gab es seit der Alexandrinerzeit die Koronis, um das Ende eines Gedichtes zu markieren, doch pflegen diakritische Zeichen dieser Art oft auszufallen; dann sind die Leser auf ihr eigenes Textverständnis angewiesen, um aufeinanderfolgende Gedichte auseinanderzuhalten. Aber auch die mittelalterliche Überlieferung von Gedichtsammlungen weist Fehler in der Abtrennung von Gedichten auf, zumal wenn alle Gedichte in demselben Versmaß komponiert sind. Die Einteilung der Elegien des Properz geht vermutlich erst auf mittelalterliche Leser zurück, denn sie unterscheidet sich in den beiden Hauptzweigen der Überlieferung teilweise beträchtlich. Aber auch dort, wo die Handschriften in der Gedichteinteilung übereinstimmen, können sie im Unrecht sein: Die fünfte Elegie des 1. Buches ist an einen Gallus gerichtet, wie aus dem Vokativ *Galle* gegen Ende des Gedichtes hervorgeht. Dieser Gallus hatte versucht, Cynthia für sich zu gewinnen, und wird nun von Properz gewarnt, dass sie eine schreckliche Herrin sei und Gallus furchtbare Liebesqualen bevorständen. Das Gedicht beginnt in den Handschriften folgendermaßen:

> *Inuide, tu tandem uoces compesce molestas*
> *et sine nos cursu quo sumus ire pares!*
> *Quid tibi uis, insane? meos sentire furores?*
> *Infelix, properas ultima nosse mala.*

> Du neidischer Mensch! Höre endlich auf, mich mit deinem Gerede zu nerven, und laß uns [Cynthia und Properz?] zusammen den Weg, auf dem wir uns befinden, weitergehen! Was willst du eigentlich, Wahnsinniger? Etwa dasselbe Liebesrasen empfinden wie ich? Unglücklicher, du hast es eilig, äußerstes Unheil kennenzulernen.

Es ist hier nicht der Ort, auf die zahlreichen interpretatorischen Schwierigkeiten dieses Gedichtauftaktes, etwa die Bedeutung von *pares* oder die dem Gedicht zugrundeliegende Gesprächssituation, einzugehen. Heyworth 1995 hat aber zu Recht darauf bestanden, dass *inuide* ‚neidischer, missgünstiger Mensch' nicht zum Folgenden passe: Als neidischer Mensch würde Gallus dem Properz sein Glück nicht gönnen, es vielmehr zu zerstören suchen. Aber von diesem Glück sei gerade nicht die Rede in I 5, und Properz behandele Gallus nicht wie einen neidischen Rivalen, sondern wie einen Freund, den er vor Leid bewahren möchte. Heyworth erinnert aber daran, dass der missgünstige Neid des vermeintlich ersten Distichons von I 5 das Grundmotiv der vorangegangenen Elegie I 4 in treffender Weise zusammenfasst! Diese Elegie ist an den Freund Bassus gerichtet, der versucht hatte, Properz und Cynthia zu trennen, indem er ständig in Properzens Gegenwart die Vorzüge anderer Mädchen lobte. Das scheinen die Worte zu sein, die Properz auf die Nerven gehen, die er endlich nicht mehr hören will, weil er seine Beziehung mit Cynthia bis an sein Lebensende fortsetzen möchte. Das handschriftlich überlieferte erste Distichon der Elegie I 5 ist also in Wahrheit das letzte Distichon der Elegie I 4! Der Fehler musste in einer Gedichtsammlung, deren Stücke dasselbe Versmaß aufweisen, auftreten, sobald die Markierungen verschwunden waren, die die Gedichte voneinander abgrenzten.

Fehler wie der soeben vorgeführte erklären sich aus der Schwierigkeit, das Wortmaterial der Vorlage beim Abschreiben richtig zu disponieren. Dieselbe Krankheit zeigt aber auch weitere Symptome: So wird häufig der Personenwechsel in dramatischen Texten dadurch verunklart, dass die Paragraphoi (–), durch die sie in den Papyri in der Regel gekennzeichnet werden, leicht verloren gehen konnten (vgl. Conte 2013, 22–28). Eine weitere Fehlerquelle dieser Art entsteht schließlich durch die Interpolation von Glossen, vor der schon Hieronymus gewarnt hat:²⁶ So verdrängen Eigennamen gelegentlich die Periphrase,²⁷ Lesehilfen wie über der Zeile hinzugefügtes *o*, das den Vokativ hervorheben soll, werden in den Text integriert,²⁸ Inhaltsangaben und Stichwörter fließen vom Rand in den Haupttext.²⁹ Hinzu kommt die Versprengung von Scholien (vgl. Jakobi 1992) und das Verwischen von Lemma und Paraphrase (Erklärung) in Kommentarliteratur.³⁰

Phonetische Fehler finden sich im Griechischen aufgrund des Lautwandels in großer Zahl: Weil ι η υ ει οι im Laufe der Zeit den Lautwert *i* annehmen, αι wie ε klang, β wie konsonantisches *u* (= *v*) und αυ ευ wie *av ev*, stellen sich häufig Verwechslungen ein.³¹ Seit der Spätantike mehren sich auch im Lateinischen die phonetischen Fehler: *ae* (ursprünglich ~ *ai*) und *oe* (~ *oi*) klingen wie *e* und werden nicht selten verwechselt; ebenso treten Unsicherheiten bei der Unterscheidung von *b* und konsonantischem *u* (= *v*) auf, z.B. in Verg. Aen. 4,130, wo statt des richtigen *iubare* in der alten Handschrift M (5. Jh.) *iuuare* überliefert ist; bei Victorinus vertauscht gerade die älteste Handschrift D ständig *-uit* und *-bit*, in comm. 194,31f. ist m.E. *si uidebunt* aus überliefertem *sibi debebunt* herzustellen. Ein Problem stellt auch der lautliche Schwund des *h* dar, dem die Schreiber oft durch hyperurbanen Zusatz des Hauchlautes bei Wörtern begegnen, wo dieser gar nicht hingehört. Ein besonders dorniger Fall ist die Unterscheidung von *is*, *his*, *iis*, wo auf die Handschriften selten Verlass ist. Ob phonetische Fehler

---

26 Pöhlmann ²2003, I 85, Anm. 84. 85 erinnert an Hier. epist. 106,46,3 *et miror quomodo e latere adnotationem nostram nescio quis temerarius scribendam in corpore putauerit ... 5 si quid pro studio e latere additum est, non debet poni in corpore.*
27 Zu Verg. Aen. 12,178 *et pater omnipotens et tu Saturnia coniunx* schreibt unter anderem der berühmte Mediceus Laurentianus lat. Plut. XXXIX, 1 vom Ende des 5. Jh.s, ferner der Kommentator Servius zu 12,176 statt der Periphrase *coniunx* den Eigennamen *Iuno*. Weitere Beispiele: Axelson 1967,12 f. zu Sen. Herc. f. 460 *rupis exesae* A: *rupis Ideae* E; Zwierlein 1976, 183 Anm. 11 zu Oed. 246 *prohibent* A: *Sphinx et* E; Merkelbach 1967; West 1973, 23.
28 Z.B. bietet Cic. inv. 1,68 *omnes leges, iudices* Achards Handschrift m (Clm 6400) als einzige *o iudices* im Text; in Z₁ (Wien, ÖNB Lat. 116), m.E. die Vorlage von m, findet sich *o* über *iudices* eingetragen, um dem Leser anzuzeigen, dass es sich nicht um einen Nominativ, sondern den gleichlautenden Vokativ handelt.
29 Nach Victorin. comm. 87,5 *difficilis*² bietet D am Rand die Inhaltsangabe *definitio naturae secundum Platonem uel alios sapientes*, die die von D abhängigen mittelalterlichen Handschriften im Text führen.
30 In der Victorinus-Überlieferung scheint z.B. einzig die alte Kölner Handschrift D die ursprüngliche Abgrenzung von Lemma und Paraphrase im Großen und Ganzen richtig bewahrt zu haben (obgleich auch dort Fehler vorkommen); die mittelalterlichen Textzeugen verfahren nach eigenem Gutdünken.
31 West 1973, 20 gibt als Beispiele Mimn. frg. 9,1 IEG αἰπύ] ἐπεί (beides klingt später wie *epí*) und Theocr. 7,112 Ἕβρον] εὗρον (*évron*).

auf Diktat hinweisen oder lautlich zusammenfallende Buchstaben beim Memorieren vertauscht werden, ist unklar.

Beim Memorieren entstandene Fehler sind z.B. die häufigen Wortdreher in den Handschriften. Hierher gehört auch das sogenannte *uitium Byzantinum* im iambischen Trimeter, durch das ein Wort, das den Akzent an vorletzter Stelle trägt, an das Versende gerückt wird, weil den Schreibern diese Anordnung vom byzantinischen Zwölfsilbler bekannt war (vgl. West 1973, 21). Hinzu kommt die große Gruppe der Influenz-, Verdrängungs-, Perseverations- und Antizipationsfehler, wie z.B. Sen. Herc. f. 577, wo das richtige *deflent Eumenides Threiciam nurum* (so B. Schmidt) durch Einfluss des vorhergegangenen Verses 571 *Orpheus Eurydicen dum repetit suam* und des folgenden 581 *flentes Eurydicen iuridici sedent* zu *deflent Eurydicen Threiciae nurus* verfälscht wurde.[32]

Augensprünge führen meist zum Verlust mehrerer Zeilen, wenn das letzte Wort, das sich der Schreiber gemerkt hat, mehrfach im Text vorkommt (am häufigsten ist der Fall, dass mehrere Zeilen auf dasselbe Wort enden). Wird dann das ausgefallene Stück von einem Korrektor am Rand ergänzt, kann es zu größeren Textversprengungen kommen, wenn unklar ist, wo der Randnachtrag eingefügt werden soll.[33]

Ebenfalls durch Fehler des Gedächtnisses dürften manche Interpolationen von Synonyma zustande kommen, z.B. Verg. Aen. 7,330 *uerbis* MVω Serv. DServ. Tib.: *dictis* γRa?n oder 9,722 *cernit* MRω Tib.: *uidit* Pcfvxyy, ferner alle assoziativen Umformulierungen, die vom Tenor einer Stelle beeinflusst sind, z.B. Hor. carm. 1,4,7f.

*alterno terram quatiunt pede, dum grauis Cyclopum*
    *Vulcanus ardens uisit officinas.*

Sie [die tanzenden Nymphen] stampfen mit wechselndem Fuß die Erde, während der glühende Vulcanus die gewaltigen Werkstätten der Cyclopen besucht.

---

**32** Vgl. die ausführliche Besprechung der Verse bei Axelson 1967, 26–28; weitere Beispiele 26–41; ferner Heyworth–Wilson 2002, 231.
**33** Z.B. Sen. Herc. O. 1399–1401, wo die A-Familie Vers 1400 hinter 1401 versetzt, wahrscheinlich nachdem er aufgrund eines Augensprungs ausgefallen war (1399 endet mit *estne adhuc aliquid mali*, 1400 endet mit *ueniat huc – aliquis mihi*).

Hier wird *uisit* ‚besucht' von Ξ überliefert, während Ψ *urit* ‚verbrennt' in den Text setzt, zweifellos auch unter dem Einfluss des ‚glühenden Gottes Vulcanus'.[34] Reine Schreibfehler sind vermutlich nur Dittographien[35] und Haplographien.[36]

## Redaktionelle Eingriffe

Als redaktionelle Eingriffe möchte ich all diejenigen Veränderungen des Textes bezeichnen, die durch die Arbeit an ihm in die Überlieferung eingedrungen sind. Darunter fällt als Erstes die große Gruppe der Interpolationen, die von Tarrant in die drei Spezies *emendation*, *annotation* und *collaboration* unterteilt wird.[37] Auch die Antike kannte die Gefahren des Abschreibens, und wenn man mit schlechten Abschriften zu tun hatte, gab es damals wie heute nur zwei Mittel, die Fehler zu beseitigen: durch Vergleich weiterer Handschriften in der Hoffnung, dass diese einen weniger fehlerhaften Text enthalten (*emendatio ope codicum*), oder durch eigene Vermutung (*emendatio ope ingenii*); beide Verfahren dürften manchmal das Richtige, öfter freilich das Falsche treffen, und die Autoren waren sich der Problematik, die einem Eingriff in die Vorlage innewohnt, durchaus bewusst.[38] Die antiken Subskriptionen, die sich in unseren Handschriften erhalten haben, bezeugen diese Tätigkeit der spätantiken Diaskeuasten;[39] die Emendationsversu-

---

**34** Heyworth-Wilson 2002, 231. Freilich ist paläographisch der Weg von *urit* zu *uisit* nicht weit.
**35** Z.B. Thuc. 1,109,1 ἐπέμενον] ἔτι ἔμενον C: ἔτι ἐπέμενον G (ΕΤΙΕΠΕΜΕΝΟΝ); Cic. rep. 2,16 *condidit*] *condididit* V; Liv. 8,7,9 *concurrissent*] *concucurrissent* HT: *cucurrissent* O; Prop. 1,5,6 *et bibere*] *e bibere et bibere* A; Victorin. comm. 163,25 *ornatur oratio neque* λ: *ornatur oratione neque* Dβ: *ornat orationem neque* γ.
**36** Z.B. Men. Dysc. 14 τετελευτηκότος] τελευτηκότος Π; Liv. 36,23,5 *dedidissent* BV: *dedissent* φNL; Victorin. comm. 140,7 *didicimus* λ: *dicimus* D: *diximus* α.
**37** Vgl. Tarrant 1987; 1989; Deufert 1996, 1–14. Vorweggenommen wurde diese Klassifizierung in gewisser Weise von Ulrich Knoche gut 50 Jahre früher (s. Tarrant 1989, 125 mit Anm. 13).
**38** Berühmt ist die Tirade des Hieronymus gegen die Dummheit der Kopisten, die nicht schreiben, was sie lesen, sondern was sie verstehen, und beim Verbessern von Fehlern anderer ihre eigenen zeigen (epist. 71,5,2 *qui scribunt non quod inueniunt, sed quod intellegunt, et, dum alienos errores emendare nituntur, ostendunt suos*). Dazu Mülke 2008, 27–29; weitere Stellen zur *incuria* der Schreiber sind gesammelt ebd. 271–275.
**39** Z.B. haben einige Persius-Handschriften folgende Subskription aus dem Jahre 402 n. Chr. bewahrt: *Flauius Iulius Tryfonianus Sabinus u(ir) c(larissimus) protector domesticus temptaui emendare sine antigrapho meum et adnotaui Barcellone co(nsulibus) d(ominis) n(ostris) Arcadio et Honorio quintum* („... habe versucht, meine Handschrift ohne Vergleichsexemplar zu verbessern, und Anmerkungen gemacht ..."). Für Martianus Capella existiert eine Subskription aus dem Jahre 498 n. Chr.: *Securus Melior Felix u(ir) sp(ectabilis) com(es) consist(orianus) rhetor urb(is) R(omae) ex mendosissimis exemplaribus emendabam contra legente Deuterio scholastico*

che mittelalterlicher Leser werden durch die Benutzerspuren in den Handschriften selbst dokumentiert. Die zweite Kategorie (*annotation*) gehört eher zu der oben S. 418f. genannten Fehlerquelle missverständlicher Verteilung des Wortmaterials in der Vorlage (Glossen). Die meisten Interpolationen dürften hingegen der dritten Gruppe (*collaboration*) angehören, die zugleich dem heutigen Leser am wenigsten einleuchtet, „because it reflects a way of responding to literature that is no longer natural to us" (Tarrant 1987, 295): Ein antiker Leser versucht, ‚seine' Handschrift zu verschönern, indem er den Text frei mitgestaltet, bekannte Themen variiert, die Vorlage erweitert, weil er sie verstärken oder überbieten möchte, und sentenzenhafte Schlussverse hinzufügt (vgl. Tarrant 1989, 162); ein Schauspieler ‚verbessert' seine Vorlage, indem er das Bühnengeschehen verdeutlicht, Anspielungen des Originals ausweitet, die Gewichtung einzelner Rollen verändert – kurz, die Vorlage an die gewandelte Mode der Zeit anpasst (vgl. Page 1934; Deufert 2002, 29–43).

Zu den redaktionellen Eingriffen zählen aber auch all diejenigen Vorgänge, die wir oben S. 410f. bereits erwähnt haben, d.h. Kürzungen, Epitomierungen, die Anfertigung von Anthologien und das Fortschreiben ‚offener Texte' (z.B. von Chroniken). Verstöße gegen das πρέπον hat man wohl zu allen Zeiten zu beseitigen versucht, etwa wenn Aristophanes den ‚Frauenkatalog' in Hom. Il. 14,317–327 athetierte; v.a. Obszönes wird mitunter entschärft.[40] Gelegentlich begegnet man auch den Auswirkungen christlicher Zensur, z.B. wenn θεοί ‚Götter' durch den Singular θεός ersetzt wird (vgl. West 1973, 18). In den griechischen Handschriften der Εἰσαγωγή des Porphyrios (entstanden um 300 n. Chr.; die älteste Handschrift stammt aus dem 9. Jh.) wird θεοί fast immer durch ἄγγελοι ‚Engel' ersetzt; die lateinische Übersetzung des Boethius (um 500 n. Chr.) und diverse syrische und armenische Übersetzungen haben dagegen das Richtige bewahrt (vgl. Barnes 2003, 198 Anm. 117).

Vom Zeitgeschmack ist vermutlich immer auch die Orthographie abhängig gewesen. Zu manchen Zeiten lassen sich geradezu archaistische Tendenzen

---

*discipulo meo Romae ad portam Capenam cons(ulatu) Paulini u(iri) c(larissimi) sub d(iem) non(um) Martiarum Christo adiuuante* (‚... habe aus sehr schlechten Exemplaren verbessert, wobei mein Schüler Deuterius gegenlas ...'). Reiches Material bei Jahn 1851, 327–372; Zetzel 1984, 211–232.

**40** Ein Beispiel aus Prop. 2,31,3 (*porticus*) *tanta erat in spatium Poenis digesta columnis* (‚die gewaltige Säulenhalle des Apollontempels war mit Punischen Säulen räumlich gegliedert'): Es ist hier nicht der Ort, auf die vielen Probleme dieses Verses einzugehen (*tanta*] *tota* ς; *spatium* Heinsius: *speciem* Ω; *columnis* JK: *columbis* cett.); worauf es hier ankommt: Die Handschriftengruppe Π lässt *Poenis* einfach aus, vermutlich weil das Wort in der Vorlage nicht mit *oe*, sondern mit dem phonetisch gleichwertigen *e* geschrieben wurde.

beobachten; nicht selten begegnet das Streben nach Vereinheitlichung dialektaler Formen im Griechischen (vgl. West 1973, 18f.). In der Spätantike gibt es zwar in der Grammatikerdoktrin und in dem den romanischen Sprachen zugrunde liegenden umgangssprachlichen Latein eine starke Neigung zur extremen Assimilation der lateinischen Vorsilben: Victorin. ars 4,67 empfiehlt z.B. *ouuius* statt *obuius* und *suuuoluere* statt *subuoluere*; die Schreiber hingegen scheinen genau das Gegenteil dieser Maxime befolgt zu haben (vgl. Prinz 1951, 112–115).

Redaktionen sind aber kein Charakteristikum der Spätantike; auch die mittelalterlichen Leser dürfen nicht unterschätzt werden in ihrem Bemühen, den oftmals fehlerhaft überlieferten Texten Sinn abzugewinnen und sie so erst zugänglich und benutzbar zu machen. Zu Konjekturalkritik waren auch mittelalterliche Leser fähig, z.T. auf einem erstaunlichen Niveau, wie ein Beispiel aus Victorin. comm. 161,7f. lehrt, wo die ältesten und besten Handschriften übereinstimmend folgenden Text überliefern:

*quod utique inpugnari non potest per consilium.*

(Das gegnerische Argument, es hätten nicht die nötigen Ressourcen zu einer Tat zur Verfügung gestanden,) kann jedenfalls nicht angefochten werden durch (den Nachweis einer) gründlichen Planung.

Aus dem Kontext geht klar hervor, dass Victorinus genau das Gegenteil gemeint hat: Durch den Nachweis guter Planung könne man dem gegnerischen Argument beikommen. In zwei Handschriftenfamilien des 10. Jh.s sind jeweils unterschiedliche Verbesserungen vorgenommen worden: Die eine Familie lässt die Verneinung *non* weg, die andere fügt hinter *potest* mit *nisi* eine weitere Verneinung hinzu, die das *non* gleichsam aufhebt. Dass eine dieser beiden Verbesserungen durch uns nicht mehr zur Verfügung stehenden Zugang zu besserer Überlieferung vorgenommen wurde, lässt sich nicht völlig ausschließen, ist aber eher unwahrscheinlich: Vielmehr haben sich zwei Leser (unabhängig?)[41] über den Satz gewundert und je unterschiedlich in den überlieferten Text eingegriffen, wobei die Ergänzung von *nisi* besonders kühn erscheint (und vermutlich falsch ist), gleichzeitig aber auch ein ausgeprägtes Sprachgefühl verrät.

---

41 Zwischen beiden Handschriftenfamilien gibt es auch sonst Gemeinsamkeiten, weshalb man nicht ausschließen kann, dass auch in dem hier verhandelten Fall eine Verbindung zwischen den beiden Konjekturen besteht.

## Textverderbnis durch materielle Veränderung der Überlieferungsträger

Eine letzte Gefahrenquelle für die Überlieferung der antiken und mittelalterlichen Texte wird schnell übersehen, weil sie so selbstverständlich ist: Die materielle Veränderung der Überlieferungsträger. Durch Wasser- und Feuerschäden, Tintenkleckse späterer Leser, nicht selten auch durch Würmer oder Mäuse können Teile eines Blattes oder Heftes unleserlich werden; Löcher im Pergament führen manchmal dazu, dass ein späterer Kopist irrtümlich die Buchstaben kopiert, die er durch dieses ‚Fenster' auf dem nächsten unbeschädigten Blatt lesen kann. Bei der Überführung von Papyrusrollen in Kodizes konnte der Text in einer falschen Reihenfolge der Rollen übertragen werden; beim Einbinden der einzelnen Hefte eines Kodex konnte es zu einer falschen Anordnung[42] kommen. Gerade die Anfänge und Enden von Kodizes sind gefährdet und können schnell ein Blatt oder ein ganzes Heft verlieren, aber auch im Inneren von Handschriften begegnet der Ausfall von Heften, Einzelblättern oder der inneren Lage eines Heftes (vgl. Irigoin 1986).

Textverlust am Anfang hatte z.B. der Archetypus der Schrift *De uita Caesarum* Suetons und der *Historiae Alexandri Magni* des Curtius Rufus erlitten, Textverlust am Ende z.B. der Archetypus von Ciceros *Brutus*, des *Bellum Hispaniense* im *Corpus Caesarianum* und der *Historiae* des Tacitus, Textverluste im Inneren z.B. der Archetypus des taciteischen *Dialogus de oratoribus*, von Senecas *Apocolocyntosis* und Ciceros Rede *Pro Murena*; Anfang und Ende fehlen z.B. in Ciceros Rede *Pro Q. Roscio Comoedo*. In diesen Fällen ist der Text unwiederbringlich verloren. Aber in der Überlieferung der lateinischen Klassiker findet man oft auch Handschriftenfamilien von *Mutili*, deren Hyparchetypus Textausfall erlitten hatte und die einer Gruppe von vollständigen *Integri* gegenübertreten, z.B. in Ciceros *De inuentione* und *De oratore*, der *Rhetorica ad Herennium*, im *Bellum Iugurthinum* des Sallust und in der *Institutio oratoria* Quintilians.[43]

Nicht selten ist der Textausfall von den mittelalterlichen Lesern bemerkt worden; einige, wie der karolingische Gelehrte Lupus von Ferrières in der Mitte des 9. Jh.s oder 150 Jahre später Gerbert von Reims (bzw. von Aurillac), der spätere Papst Silvester II., haben sogar versucht, durch Beschaffung besserer Abschriften ihre mutilierten Texte zu bessern, freilich nur selten mit Erfolg. Wenn keine vollständigen Handschriften zur Verfügung standen, wurden die Bruchstellen

---

42 Siehe auch unten S. 430. – Bei einem erneuten Binden wurden die Pergamentblätter nicht selten zurechtgeschnitten, wobei der auf dem Rand platzierte Text verloren gehen konnte.
43 Diese und weitere Beispiele bei Munk Olsen 2003.

manchmal durch Konjektur abgeschliffen: so war im Hyparchetypus λ des Victorinus vermutlich durch Blattverlust das eingeklammerte Stück 207,1–27 *propter fructus ali*[*quos expetatur ... non rerum disputatio con*]*tinetur* verloren gegangen; ein Leser hat das unbrauchbare *ali-* zu *tali* ‚verbessert', *-tinetur* zu *tenetur*. Das 8. Buch des *Bellum Gallicum* bricht 55,2 nach dem Zeugnis der α-Familie mit dem ersten Wort eines neuen Satzes *contendit* ab; in der β-Familie ist das Wort einfach ausgelassen worden.

## Die Rekonstruktion des Originals

Die Rekonstruktion des Originals muss die Veränderungen rückgängig machen, die im Laufe der Jahrhunderte in den Text eingedrungen sind, wobei, wie wir gesehen haben, jede dieser Veränderungen für sich betrachtet werden muss. Housman hat deshalb einmal gesagt, dass Textkritik keine exakte Wissenschaft wie die Mathematik sei, sondern dass der Kritiker den Instinkt eines Hundes benötige, der Flöhe jage; denn jedes Problem, das sich dem Textkritiker stelle, sei vermutlich einzigartig, sodass es feste Gesetzmäßigkeiten nicht geben könne (vgl. Housman 1922, 68f.). Es wäre aber falsch daraus zu folgern, dass die Textkritik ohne jegliche Methode auskomme: Die Anwendung des gesunden Menschenverstandes („application of thought", wie Housman schrieb) reicht nicht aus; man muss es auch verstehen, Ordnung in die handschriftliche Überlieferung zu bringen. Es ist methodisch fragwürdig, sich wahllos ein paar Handschriften, ältere und jüngere, herauszugreifen und auf ihrer Grundlage mit dem Konjizieren zu beginnen. Die Rekonstruktion muss ihren Anfang bei der sorgfältigen Musterung (*recensio*) der Textzeugen nehmen; erst in einem zweiten Schritt kann examiniert werden, ob das Überlieferte als Original gelten darf.

### Die recensio

Zu Beginn der Textrekonstruktion muss also die Befragung der Textzeugen stehen, die man gewöhnlich in direkte und indirekte Zeugen unterteilt. Direkte Zeugen sind die Handschriften und Papyri, indirekte Zeugen umfassen alle Zitate und Imitationen bei späteren Autoren, Anthologien, Übersetzungen,[44] Kommen-

---

**44** Vom Griechischen ins Lateinische, Koptische, Syrische, Armenische, Arabische; seltener vom Lateinischen ins Griechische (Planudes).

tare und Scholien, daneben Inschriften oder Graffiti, wie sie sich z.B. an den Wänden Pompejis⁴⁵ gefunden haben (vgl. Erbse 1961, 211). Bevor man im Verlauf des 19. Jh.s im Sand Ägyptens Papyrusfunde machte, waren manche Autoren, z.b. die Vertreter der frühgriechischen Lyrik Sappho und Alkaios, nur durch die indirekte Überlieferung bekannt. Grundsätzlich gibt es keine Unterschiede im Wert direkter und indirekter Zeugen, doch sind gewisse Eigenheiten indirekter Textzeugen zu berücksichtigen: Zitate bei antiken Autoren bilden einen Zustand der Überlieferung ab, der oftmals viele Jahrhunderte vor dem Einsetzen der handschriftlichen (direkten) Überlieferung liegt und weniger Fehler als diese aufweist. So bezeugen die notorisch unzuverlässigen Catull-Handschriften, deren älteste kaum vor das Jahr 1370 zurückreicht, den Vers 64,23 in der Form *heroes, saluete, deum genus, o bona mater* ‚ihr Heroen, seid gegrüßt, ihr Göttergeschlecht, oh gute Mutter'; die Scholia Veronensia aus dem 5. oder 6. Jh. zitieren zu Verg. Aen. 5,80 denselben Catull-Vers mit *gens* für *genus*, *matrum* für *mater* und einem in den Catull-Handschriften verschwundenen Versfragment 64,23b *progenies, saluete iter⟨um * * *⟩* ‚ihr Heroen, seid gegrüßt, ihr Göttergeschlecht, oh, ihr treffliche Nachkommenschaft eurer Mütter, seid ein zweites Mal gegrüßt * * *', der ohne Zweifel echt ist (vgl. Housman 1922, 74). Manche Korruptel der notorisch schlechten Phaedrus-Überlieferung kann durch Vergleich mit der spätantiken Prosaparaphrase der Fabeln geheilt werden (vgl. Zwierlein 1989). Aber oft genug ist auch Vorsicht geboten: die beim Tode Vergils unvollendete *Aeneis* enthält unter knapp 10.000 Versen 58 unvollständige, sogenannte Halbverse. Wenn Seneca in epist. 94,28 einen von diesen, Verg. Aen. 10,279 *audentis Fortuna iuuat* ‚den Wagemutigen hilft Fortuna', auffüllt mit den Worten *piger ipse sibi obstat* ‚der Träge steht sich selbst im Wege', so liegt nicht bessere Überlieferung, sondern vielmehr ein Beispiel für das schon früh einsetzende, gut bezeugte Bestreben vor, die von Vergil unvollständig hinterlassenen Verse zu vervollständigen (vgl. Zwierlein 1999, 15–17).

Zudem sind natürlich auch die zitierenden Autoren wiederum nur durch Handschriften tradiert, deren Wortlaut durch Abschreibefehler entstellt werden konnte; gelegentlich werden schon im Mittelalter indirekte Textzeugen mit Hilfe von direkten korrigiert und umgekehrt,⁴⁶ sodass Übereinstimmung zwischen

---

45 Als Graffiti an den Wänden Pompejis haben sich z.B. einige Verse des Properz und Ovid erhalten.
46 So ist in Cic. inv. 2,49 *aliquo loco iam certioribus illis [auditoribus] argumentis confirmato* das schon von Manutius 1540 getilgte *auditoribus* vermutlich aus der Erklärung des Victorinus comm. 165,17 CERTIORIBVS ILLIS. *Auditoribus scilicet* in den Cicero-Text eingedrungen (vgl. Richter 1923, 3f.). Umgekehrt weist die γ-Familie des victorinischen *De inuentione*-Kommentares schon im 9. Jh. unzählige Angleichungen an die direkte Cicero-Überlieferung auf.

direkter und indirekter Überlieferung nicht zwangsläufig zu dem Schluss berechtigt, das Richtige vor sich zu haben. Es kommt hinzu, dass Zitate oft der Umgebung angepasst werden mussten, und zwar sowohl im Wortlaut als auch im Gedankengang.[47] Gerade besonders beliebte Texte wie Homer und Vergil wurden meist aus dem Gedächtnis zitiert, und zwar nicht immer zuverlässig; ebenso wenig kann man sich vorstellen, dass es ausgerechnet antike Grammatiker und Philologen waren, die mit kritischen Editionen in der Hand die Wände Pompejis beschmierten.

Was die *recensio* der direkten Überlieferung betrifft, so ist für jede Stelle des Textes zu ermitteln, welchen Wortlaut die (in der Regel verlorene) Handschrift bezeugt haben dürfte, die zur Vorlage aller erhaltenen Textzeugen geworden ist, der sogenannte Archetypus. Dazu muss sich der Herausgeber zunächst einen Überblick über die erhaltenen Handschriften verschaffen, die den Text bewahrt haben. Für die meisten Klassiker dürften die Bestände der größeren Bibliotheken von früheren Herausgebern bereits erfasst sein; es empfiehlt sich jedoch, die Kataloge der weniger bedeutenden Bibliotheken zu prüfen, bei selten edierten Texten auch die der größeren. Neuere Bibliothekskataloge geben auch detaillierte Auskunft über die Textzeugen aus paläographischer oder kodikologischer Sicht (s. auch Anm. 4); zwar geht hier die fleißige Arbeit der Paläographen stetig voran, aber es warten leider immer noch Zehntausende mittelalterlicher und frühneuzeitlicher Handschriften auf ihre Datierung und geographische Verortung.[48]

Als Nächstes müssen die Handschriften kollationiert, also Wort für Wort, Buchstabe für Buchstabe mit dem maßgeblichen Referenztext, in der Regel der letzten kritischen Ausgabe, verglichen und die Abweichungen festgehalten werden. Dies geschieht selten vor Ort, sondern meist mit Hilfe von Mikrofilmreproduktionen, in letzter Zeit immer häufiger auch mit Digitalisaten, wobei letztere den Vorteil einer größeren Auflösung bieten und es ermöglichen, mehrere Handschriften schnell miteinander zu vergleichen. Aber kein Computer wird dem Herausgeber die mühsame, langwierige und entsagungsreiche Kollationstätigkeit in absehbarer Zeit abnehmen können – zu kompliziert ist oft die Entzifferung der Handschriften, zumal wenn Radierungen oder andere Korrekturen manchmal von mehreren Händen im Laufe von Jahrhunderten vorgenommen wurden. Das Kollationieren ist aber kein wertloser Zeitaufwand: es schult den Blick des

---

**47** Für Platon hat Lohse 1961 gezeigt, dass er bei seinen Homerzitaten „nicht gerade pietätvoll" (135) mit der Vorlage umgegangen ist.
**48** Bei Papierhandschriften hilft oft die Auswertung der Wasserzeichen, z.B. mit Hilfe der Sammlungen Briquets (²1968).

Herausgebers für die Fehler, die möglich sind.[49] Man kann eigentlich von jeder Handschrift etwas lernen, am meisten vielleicht von den stemmatisch wertlosen *descripti*, deren Vorlage bekannt ist.

Das Kollationieren der Handschriften liefert Tausende, oft Zehntausende von Abweichungen,[50] von denen nur die wenigsten für einen primär am Text interessierten Leser brauchbar sind. Zwar hat die moderne Computertechnik die Mittel bereitgestellt, große Datenmengen zu speichern und auszuwerten; doch gilt auch heute noch, dass für die Rekonstruktion des Archetypus die Kenntnis der Varianten, also der Lesarten der ersten Aufspaltung des Handschriftenstammbaumes (s. S. 431), genügt – bzw. der Subvarianten, wenn sie sich nicht eliminieren lassen (vgl. Maas [4]1960, 16). Die Beschränkung des Kritischen Apparates am Fuße der Seite einer Edition ist nicht allein den Zwängen des Buchdrucks geschuldet, sondern verfolgt auch das Ziel einer didaktischen Reduktion des unübersichtlichen Materials auf seine für die Rekonstruktion wesentlichen Elemente.

Auch hier gilt natürlich, dass die Überlieferungsgeschichte eines jeden Textes mehr oder weniger einzigartig ist und sich einer starren Systematisierung nicht selten entzieht. Trotzdem ist die stemmatische Methode, die gemeinhin den Namen Lachmanns trägt, auch wenn sie nicht seine Erfindung ist (vgl. Timpanaro [2]1971; Schmidt 1988), das beste Verfahren, um die für die Rekonstruktion des Archetypus entscheidenden Textzeugen zu ermitteln.[51] Sie geht von der Erkenntnis aus, dass es nicht auf die Zahl der Handschriften ankommt, die eine bestimmte Textfassung an einer bestimmten Stelle bezeugen, solange nicht feststeht, dass diese Zeugnisse unabhängig voneinander abgelegt wurden. Wenn z.B. die Handschriften PTCSV in Sen. Herc. f. 8 *tepenti* bieten, die Handschrift E allein jedoch *recenti*, so bedeutet das nicht, dass es 5 : 1 zugunsten von *tepenti* steht; weil PTCSV über eine gemeinsame Vorlage A auf den Archetypus zurück-

---

**49** Mir persönlich hat es zudem beim Kollationieren immer großes Vergnügen bereitet, die Lesarten eines Schreibers vorherzusagen: wenn man eine Vermutung hat über die Position einer Handschrift im Stemma, liegt man eigentlich fast immer richtig mit solchen Prophezeiungen.

**50** Für meine Edition des gut 220 Druckseiten langen *De inuentione*-Kommentares des Victorinus habe ich etwa ein Dutzend der erhaltenen gut 60 Textzeugen vollständig kollationiert, von einem weiteren Dutzend z.T. umfängliche Stichproben genommen und bei allen anderen wenigstens eine Reihe aussagekräftiger Stellen überprüft. Meine Sammlung umfasst nach sieben Jahren Arbeit knapp 360 Seiten mit Abweichungen zu 21.000 Stellen. Für das Kollationieren einer einzigen Handschrift habe ich etwa zwei bis drei Monate benötigt (abhängig von der Zahl der Fehler, die man sich notieren musste).

**51** Ich will im Folgenden versuchen, die wesentlichen Schritte der stemmatischen Methode kurz darzustellen; alle, die sich gründlicher damit beschäftigen wollen, seien auf die klassische Abhandlung *Textkritik* von Paul Maas verwiesen ([4]1960), die in der gedanklichen Komprimierung des komplexen Stoffes unerreichbar ist.

gehen, während E einen von ihnen unabhängigen Überlieferungszweig repräsentiert, lautet das Verhältnis vielmehr 1 : 1 – es steht also in Wirklichkeit Aussage gegen Aussage! Ebenso wenig spielt das Alter einer Handschrift eine Rolle bei der Bestimmung ihres Wertes: eine junge Handschrift hat denselben Wert wie eine Gruppe alter Textzeugen, wenn sie unabhängig von diesen auf den Archetypus zurückgeht. Es gilt die berühmte Feststellung Pasqualis (²1952, Kapitel IV): „Recentiores, non deteriores" (‚jünger, nicht schlechter').[52]

Die erste Aufgabe besteht folglich darin herauszufinden, welche Handschriften unabhängig sind und welche sich zu wie vielen ‚Familien' zusammenschließen; diese Suche führt zum ‚Stammbaum' (dem Stemma) der Handschriftenfamilien. Entscheidend für die genealogischen Verbindungen sind nur die Fehler (vgl. dazu Reeve 1998), wobei die Einschränkung gilt, dass diese Fehler von der Art sein müssen, dass sie nicht mehrfach unabhängig entstanden sein können: Wenn mehrere Handschriften von Ciceros Schrift *De inuentione*, die sogenannten *codices mutili*, zwei größere Textlücken desselben Umfangs aufweisen (1,62–76; 2,170–174), so dürfte das nicht daran liegen, dass sich mehrere Schreiber unabhängig voneinander entschieden haben, jeweils an derselben Stelle mitten im Satz abzubrechen und einige Seiten später an derselben Stelle wieder einzusetzen; wir sind vielmehr zu der Annahme berechtigt, dass ein solch ungewöhnlicher Fehler nur einmal gemacht und von den Handschriften, die ihn aufweisen, ‚ererbt' wurde – sei es, dass die gemeinsame Vorlage verloren ist, sei es, dass eine der erhaltenen Handschriften, die diesen Fehler aufweisen, Vorlage für die übrigen gewesen ist. Gemeinsame Fehler dieser Art binden Handschriften zu Familien zusammen (Bindefehler, *errores coniunctiui*). Ebenso leuchtet ein, dass Handschriften, die Fehler wie die Lücken in der Schrift *De inuentione* nicht aufweisen, unmöglich von Vorlagen abgeschrieben sein können, die diese Fehler enthielten: Fehler können nicht nur Handschriften zusammenbinden, sondern sie können sie auch trennen von Handschriften, die fehlerfrei sind (Trennfehler, *errores separatiui*). Dabei ist zu beachten, dass mittelalterliche Leser sehr wohl in der Lage waren, einfachere Fehler durch Konjektur zu beheben (s.o. S. 423); auch Trennfehler müssen also eine gewisse Signifikanz besitzen.

Mit Hilfe von Trenn- und Bindefehlern lässt sich ermitteln, ob sich Handschriften zu Familien zusammenschließen (Bindefehler) und welche Handschriften(familien) keinesfalls aus anderen Handschriften(familien) abgeschrie-

---

52 In der Victorinus-Überlieferung tritt m.E. der bisher ausschließlich herangezogenen fränkischen Familie μ, die durch einige sehr alte Textzeugen repräsentiert wird (D: 7./8. Jh.; V: Anfang 9. Jh.; LR: 9. Jh.; AE: 10. Jh.; FNBT: 10./11. Jh.), eine italienische λ-Familie gegenüber, von der sich ‚nur' einige *recentiores* erhalten haben (v.a. Q: um 1300; O: um 1460).

ben worden sein können (Trennfehler). Nicht möglich ist auf diesem Wege der sichere Nachweis, ob eine erhaltene Handschrift aus einer anderen erhaltenen abgeschrieben wurde; man kann lediglich eine ‚latente Evidenz' beibringen, wenn sich ein Trennfehler nicht finden lässt.[53] Ein sicherer Nachweis der direkten Deszendenz einer erhaltenen Handschrift aus einer anderen erhaltenen ist dagegen nur möglich, wenn kodikologische oder paläographische Eigentümlichkeiten der Vorlage in der Abschrift übernommen wurden (vgl. Irigoin 1986; Reeve 1989). So konnte Hermann Sauppe zeigen, dass die Heidelberger Lysias-Handschrift Palatinus 88 aus dem 12. Jh. die Vorlage aller anderen erhaltenen Textzeugen sein muss, weil ein umfangreicherer Textverlust, den alle Handschriften aufweisen, auf den Ausfall von elf Folios in Pal. 88 zurückgeht (vgl. Sauppe 1841, 7–9; Timpanaro ²1971, 53). Manchmal reicht schon ein winziges Stück Stroh, um die direkte Abhängigkeit einer Handschrift von einer anderen aufzuzeigen, wie in dem von Zuntz erbrachten Nachweis, dass die Euripides-Handschrift Pal. Gr. 287 (= P) eine Abschrift aus Flor. Laur. 32.2 (= L) ist: Beide Handschriften wiesen Hel. 95 einen rätselhaften Doppelpunkt auf, doch handelte es sich dabei zunächst einmal ‚nur' um einen Bindefehler, der noch nicht die Abstammung einer der beiden Handschriften aus der anderen beweisen konnte; aber unter der Hitze der von Zuntz applizierten Quarzlampe erwies sich der Doppelpunkt in L in Wahrheit als winziges Stück Stroh im Papier, das von P irrtümlich als Doppelpunkt gedeutet worden war (vgl. Zuntz 1965, 13–15). Ein abschließendes Beispiel aus Victorinus: Zwei Handschriften AE aus dem 10. Jh. verschieben Text im Umfang von etwa sechs Folios über eine Distanz von ebenfalls etwa sechs Folios nach hinten; sowohl der verschobene Abschnitt als auch der übersprungene Text entsprechen je einem Quaternio, d.h. einem Heft von Blättern, in der ältesten Handschrift D aus dem frühen 8. Jh., und an diakritischen Zeichen in D sieht man, dass die Quaternionen, die heute in der richtigen Reihenfolge angeordnet sind, früher einmal vertauscht gewesen sein müssen. Da es unwahrscheinlich ist, dass es neben D eine weitere Handschrift mit der identischen Textverteilung und demselben Qua-

---

[53] Maas ⁴1960, 6 schreibt (vgl. das Stemma unten S. 431): „Zeigt ein Zeuge, J, alle Fehler eines anderen erhaltenen, F, und noch mindestens einen eigenen, so muss J von F abstammen." Das läuft de facto auf eine ‚latente Evidenz' hinaus, wenn es immer wieder misslingt, einen Trennfehler von F gegen J zu finden (31). Denkbar wäre es zwar, dass F seine Vorlage δ fehlerlos abgeschrieben hat, so dass J auch aus δ stammen könnte (9); aber in diesem Fall tritt F gleichsam an die Stelle von δ, und J ist immer noch Abschrift aus F und bleibt für das Stemma wertlos. Ohnehin ist dieser Fall rein akademisch, denn es bedarf für den Nachweis einer verlorenen Vorlage δ je eines Trennfehlers von F gegen J und J gegen F. In der Praxis wird man freilich, zumal bei längeren Texten, immer wieder auf kleinere Fehler von F gegen J stoßen und muss in jedem Einzelfall entscheiden, ob J die Fehler von F durch Konjektur beseitigen konnte.

ternionentausch gegeben hat, ist D so gut wie sicher die Vorlage für AE (bzw. für deren gemeinsame Vorlage β) gewesen.[54]

## Geschlossene Überlieferung

Wenn ein Text von mehreren Handschriften überliefert wird, führt die *recensio* oft zu einem Stemma, das sich unter dem Archetyp in zwei, drei oder mehrere Zweige aufspaltet, etwa folgendermaßen (vgl. Maas ⁴1960, 7):

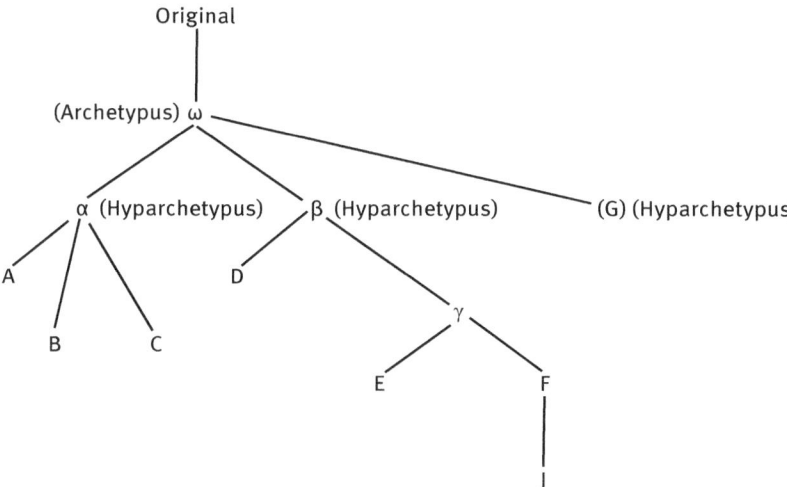

**Abb. 1:** Stemma codicum.

Lateinische Großbuchstaben repräsentieren erhaltene Textzeugen, griechische Kleinbuchstaben verloren gegangene Vorlagen. Es muss nun für jede Stelle des Textes geprüft werden, was der Archetypus ω geboten hat. Diese Überprüfung wird nach folgendem Prinzip durchgeführt: wo E und F übereinstimmen, lässt sich γ sicher rekonstruieren; wo DEF übereinstimmen, lässt sich β sicher rekonstruieren. Aber auch wo DE (oder DF) übereinstimmen, führt dies auf die Lesart von β (und γ) zurück. Die Sonderlesart von F (bzw. E) kann für die Rekonstruktion von β vernachlässigt werden (*eliminatio lectionum singularium*), denn wenn z.B. F die Lesart von βγ bewahrt hätte, müssten D und E je unabhängig voneinander

---

54 D enthält übrigens eine Reihe von Trennfehlern gegen AE, die dort durch Konjektur bzw. den Vergleich mit einem weiteren Exemplar verbessert worden sein müssen.

denselben Fehler gemacht haben. Das lässt sich zwar nicht immer ausschließen: Augensprünge oder der Verlust von Kompendienstrichen können z.B. in unterschiedlichen Zweigen der Überlieferung auftreten; kommt das aber häufiger vor und sind es v.a. ungewöhnlichere Fehlertypen, ist das meist ein Indiz dafür, dass das Stemma falsch ist und die Übereinstimmungen zwischen DE Bindefehler sind. Ist eine Handschrift J als Abschrift aus einer erhaltenen Handschrift F erwiesen, kann man sie für die Rekonstruktion des Archetypus vernachlässigen; denn sie enthält in der Regel alle Fehler von F und darüber hinaus weitere eigene Fehler (*eliminatio codicum descriptorum*).[55]

Aber nicht nur die Übereinstimmung von DEF gibt die Lesart von β: auch wenn z.B. AF oder BE oder CD übereinstimmen, darf der Wortlaut von β (und ωα) mit den genannten Einschränkungen als gesichert gelten. Ferner lässt sich α sicher ermitteln, sooft alle drei Textzeugen ABC oder wenigstens zwei von ihnen übereinstimmen; auch in diesem Fall darf die isolierte Sonderlesart einer der drei Handschriften vernachlässigt werden, sofern die Übereinstimmung der beiden anderen nicht wieder ein Fehler ist, der zweimal unabhängig auftreten konnte. Zudem gilt die Lesart von α (und ωβ) als gesichert, wenn mindestens eines der drei ‚Familienmitglieder' ABC mit einem der ‚Familienmitglieder' von β übereinstimmt.

Der Archetypus ω lässt sich also überall dort mit großer Gewissheit rekonstruieren, wo alle Handschriften übereinstimmen oder wo Übereinstimmungen in beiden Zweigen der Überlieferung vorliegen, die nicht auf Zufall beruhen können. Nur wenn α eine andere Lesart bietet als β, ist die Lesung von ω unsicher, und der Herausgeber muss die Variante, die er für richtig hält, in den Text, und die Variante, die er für falsch hält, in den Kritischen Apparat aufnehmen. Im Stemma tieferstehende Lesungen können vernachlässigt werden, sofern sich die Hyparchetypi (Variantenträger) αβ rekonstruieren lassen; wenn aber z.B. αDγ je Unterschiedliches bieten, lässt sich β nicht bestimmen, und der Herausgeber muss dem Leser auch die Subvarianten Dγ präsentieren.

Tritt zu den Hyparchetypi αβ noch ein dritter G, lässt sich die Lesung des Archetypus ω immer sicher bestimmen, wenn αβG übereinstimmen oder zwei von ihnen gegen den dritten; nur wenn alle drei je Unterschiedliches bezeugen, ist die Lesung von ω unsicher.

---

[55] Ein *descriptus* kann gleichwohl Quelle für gute Konjekturen sein.

## Offene Überlieferung

„Gegen die Kontamination ist kein Kraut gewachsen" lautet das berühmte dictum von Paul Maas (⁴1960, 30). Kontamination tritt immer dann auf, wenn sich ein Leser am Rand seiner Handschrift oder über der Zeile die Varianten der Handschrift einer anderen Familie notiert, die er vergleicht. Wenn dieser annotierte Lesetext zur Vorlage eines Kopisten wird, sieht dieser sich immer wieder der Frage ausgesetzt, ob er dem Haupttext oder der Variante folgen soll, und er wird vermutlich mal die eine, mal die andere Fassung übernehmen.[56] Dadurch werden aber die Überlieferungszweige vermischt: Die Kopie lässt sich nicht mehr eindeutig einem Zweig des Stemmas zuordnen, zumal wenn die Vorlage, die die Annotate enthielt, verloren gegangen ist. Leider ist der Befund der Kontamination mindestens ebenso häufig wie der Maassche Modellfall, bei dem jeder Textzeuge nur auf eine Vorlage zurückgeht. Zwar scheint bei den Klassikern häufiger eine geschlossene Überlieferung vorzuliegen (vgl. Schmidt 1988, 227), aber gerade bei vielgelesenen Autoren wie Homer, Vergil oder bei den Büchern der Bibel lässt sich nur selten ein belastbares Stemma zeichnen. Kontamination kommt wohl bei den meisten reicher überlieferten Texten früher oder später vor; die Überlieferung mancher Texte ist aber so verworren, dass sie nicht einem Stammbaum mit klar voneinander getrennten Ästen gleicht, sondern eher, um ein Bild Housmans zu verwenden, dem Nildelta mit seinem Netzwerk von Verzweigungen und Kanälen, die die Hauptarme miteinander verbinden.[57] Die Papyrologie konnte zeigen, dass manche mittelalterlichen Überlieferungszweige in ganz ähnlicher Form bereits in römischer Zeit existierten und dass viele isolierte Lesarten unserer mittelalterlichen und frühneuzeitlichen Handschriften bereits antik sind (vgl. Parsons 2011, 53). Ob das aber darauf zurückzuführen ist, dass diese Textzeugen irgendwie antikes Gut bewahren konnten, oder vielmehr darauf, dass manche Lesarten mehrfach unabhängig voneinander entstanden sind, sei dahingestellt.

---

**56** West 1973, 12f.: „When a copy furnished with this kind of primitive critical apparatus served in its turn as an exemplar to another scribe, he might do any of four things. He might preserve both the variant in the text (t) and the marginal variant (v) in their places; he might retain t and omit v; he might adopt v in place of t, without mention of t; or he might put v in the text and t in the margin." Ich möchte behaupten, dass ein fünfter Fall mindestens ebenso häufig vorkommt: der Schreiber übernimmt t und v in den Text, z.B. Sen. Phaedr. 277 *et renidens* E: *et acre nitens* A, wo sich die Variante der A-Familie durch die Glossierung von *et* durch das synonyme *ac* erklärt.
**57** Housman 1926, VII zur Überlieferung Lucans: „There were no sequestered valleys through which streams of tradition might flow unmixed, and the picture to be set before the mind's eye is rather the Egyptian Delta, a network of watercourses and canals." An diese Stelle erinnert Parsons 2011, 53.

Auf die mechanische Variantenwahl hat die Kontamination folgende Auswirkungen: Hat der Schreiber von D nicht nur Zugang zu β, sondern auch zu α gehabt, erlaubt die Übereinstimmung von αD gegen γ nicht mehr ohne Weiteres die Rekonstruktion von βω; denn in β könnte durchaus die Lesart von γ gestanden haben, D hingegen mag seine Lesart aus α bezogen haben. Die Lesart von γ, die ohne Kontamination hätte eliminiert werden müssen, wird zur Präsumptiv-Variante. Der Herausgeber, der es mit einer stark kontaminierten Überlieferung zu tun hat, wird also meist eklektisch unter einer Vielzahl von Varianten wählen müssen.

## Examinatio

Sind die Überlieferungszusammenhänge geklärt, muss in einem zweiten Schritt geprüft werden, ob das Überlieferte als Original zu gelten hat. Dabei sind zwei Fälle denkbar: Entweder ist die Überlieferung einhellig oder gespalten. In letzterem Fall geht es um die richtige Variantenwahl, in ersterem um die Konjekturalkritik. Die Kriterien sind in beiden Fällen im Wesentlichen dieselben, nämlich die sprachlichen Tugenden (*uirtutes elocutionis*) ἑλληνισμός/*latinitas* (grammatikalische Richtigkeit), σαφήνεια/*perspicuitas* (Klarheit), πρέπον/*aptum* bzw. *decorum* (Angemessenheit) und κόσμος/*ornatus* (Redeschmuck), wobei ich der Reihenfolge auch eine Gewichtung beimessen möchte.[58] Entscheidend ist zuallererst die grammatikalische Richtigkeit: Wenn nicht ein Grund denkbar ist, weshalb der Autor von der Grammatik der griechischen bzw. lateinischen Sprache bewusst abgewichen sein soll,[59] oder es sich um einen Schriftsteller handelt, der es nicht besser konnte,[60] darf man erwarten, dass er sich an die Regeln der Grammatik hält; bei einem Dichter kommen die strengen Vorschriften der Metrik hinzu. Da es sich dabei eher um Gewohnheitsrecht handelt als um festgeschriebene Gesetze, sollte man freilich die Grenzen des Erlaubten nicht allzu eng ziehen, zumal wenn sich zeigt, dass sich ein Schriftsteller immer wieder gewisse Freiheiten nimmt oder bestimmte Sprachgewohnheiten hat. Der Herausgeber muss

---

**58** Vgl. Mart. 2,8,1–3 *si qua uidebuntur chartis tibi, lector, in istis / siue obscura nimis siue Latina parum, / non meus est error: nocuit librarius illis* ‚wenn dir, Leser, auf diesen Seiten manches allzu dunkel vorkommen wird (~ *perspicuitas*) oder zu wenig Lateinisch (~ *Latinitas*), so ist das nicht mein Fehler: geschadet hat ihnen der Schreiber'.
**59** Z.B. um eine Figur als besonders ungebildet darzustellen, wie Petron dies im Falle Trimalchios tut.
**60** Man darf an Gregor von Tours natürlich nicht dieselben grammatikalischen Maßstäbe anlegen wie an Cicero oder Caesar.

also seinen Autor gut kennen, muss sich mit dessen Stil vertraut machen, dessen Texte immer wieder lesen, und zwar langsam lesen, als ob er selbst den Griffel führen würde, und sich in seinen Autor und dessen Gedankengänge hineinfühlen.[61] Dabei gilt die alte Faustregel ‚einmal ist keinmal, zweimal ist immer': Ist ein bestimmter Sprachgebrauch singulär, entsteht leicht der Verdacht, dass es sich um einen Überlieferungsfehler handelt, findet man dagegen Parallelen beim Autor selbst oder bei anderen, steigt die Wahrscheinlichkeit, dass das Überlieferte richtig ist. Es sollte freilich betont werden, dass es sich um eine Faustregel handelt: Eine Singularität allein deutet nicht zwangsläufig auf einen Überlieferungsfehler hin; es muss eine Anomalie vorliegen, die der Schriftsteller nicht beabsichtigt haben kann: „Das Vereinzelte ist an und für sich ganz unverdächtig" (Maas ⁴1960, 10). Umgekehrt können sich solche Anomalien in den Handschriften durchaus mehrfach einstellen, ohne darum gleich richtig zu werden: Victorinus z.B. benutzt nach den *uerba dicendi* statt des AcI gerne einen *quod*-Satz mit Konjunktiv, hunderte Male findet man diese für die Spätantike typische Konstruktion (manchmal auch mit anderen Konjunktionen); da darf man es nicht dem Autor anlasten, wenn die Handschriften dreimal den bloßen Konjunktiv bieten (152,13; 189,29; 205,10), zumal sich an allen Stellen der Ausfall der Konjunktion leicht erklären lässt oder der Konjunktiv aus einem anderen Grund gerechtfertigt ist. Es versteht sich von selbst, dass Untersuchungen dieser Art zuverlässiger sind, je größer das Textkorpus ist, das ein Autor hinterlassen hat: Was man Ovid sprachlich zutrauen kann und was nicht, lässt sich relativ gut sogar für verschiedene Abschnitte seines Wirkens ermitteln; bei einem anonymen Epigramm ist Gewissheit meist unmöglich.

An zweiter Stelle steht die Klarheit der Sprache, zu der ich auch die Klarheit der Gedanken zählen möchte. Dunkle Anspielungen, die komplizierte Interpretationen nötig machen, deuten häufig auf einen Überlieferungsfehler.[62] Auch hier

---

**61** Maas ⁴1960, 10 schreibt: „Für das Sachliche ist der Philologe sehr oft auf die Hilfe anderer Wissenszweige (Fachwissenschaften usw.) angewiesen; für das Stilistische ist er allein verantwortlich, und sein Gefühl hierfür zu vervollkommnen, wird zeitlebens sein eifrigstes Streben bleiben müssen, auch wenn er einsieht, dass ein Menschenleben nicht ausreicht, um eine wirkliche Meisterschaft auf diesem Gebiete reifen zu lassen." Vgl. Shackleton Bailey 1964, 104 mit Verweis auf Bentley. – Völlige Sicherheit ist freilich auch so nicht immer zu erreichen: „If I was right ..., I have made Sallust a little more Sallustian than previous editors; if wrong, I have made him more Sallustian than he ever was" (Reynolds 2000, 12). Aber wer nur nach sicheren Wahrheiten sucht, sollte Theologie studieren.
**62** Nisbet 1991, 77: „It is indeed a merit in a conjecture if it gets rid of an overcomplicated interpretation; in some of the passages that I marked as a student because I found it difficult to remember the translation, I now regard the text as corrupt."

steigt die Wahrscheinlichkeit, dass eine Anomalie vorliegt, wenn der Autor nicht dafür bekannt ist, seine Gedanken allzu kryptisch zu verklausulieren.

Damit sind wir schon bei der dritten *uirtus elocutionis* angelangt, dem *aptum* oder *decorum*, das der Kritiker mit der Frage verbinden sollte, ob das Überlieferte dem Anliegen und der Absicht des Autors gerecht wird und ob es sich zu einem sinnvollen Ganzen fügt. Nachdenklich stimmen sollte das bei konservativen Philologen beliebte Verfahren, Unsinn als lustig zu verkaufen[63] und ‚Späße' dieser Art dem Autor selbst zuzuschreiben – als ob der Literaturbetrieb des Altertums aus lauter Spaßvögeln bestanden hätte, die nicht anders konnten, als unter ernste Gedanken beständig Unsinn zu mischen. Umgekehrt sollte man sich davor hüten, die Gesetze der Logik rigoros und unterschiedslos auf alle Autoren zu jeder Zeit anzuwenden: Manchmal schläft Homer (Hor. ars 359), und auch der sorgfältigste Verfasser ist nicht immer gleich gut. Emotionale Sprünge in der Elegie wird man gelegentlich zu ertragen haben, im Epos wird man sie sich seltener gefallen lassen. Mit dem *ornatus* sollte der Kritiker schließlich die Frage verbinden, ob das Überlieferte der Stilhöhe des Textes gerecht wird.

Alle genannten Kriterien müssen an den Text unabhängig von der Überlieferungslage angelegt werden. Gleichwohl empfiehlt es sich, zwischen beiden Fällen zu unterscheiden und mit der Variantenwahl zu beginnen, da hier das Richtige zumeist nicht erst erdacht werden muss, sondern handschriftlich bewahrt geblieben ist.

---

[63] Der Humor in der Antike ist leider nicht besonders gut erschlossen (vgl. immerhin Eberle 1966; Süss 1969; Weeber 2006; aus der Feder Ciceros liegt eine Darstellung von Witz und Humor in de or. 2,216–290 vor), aber nach meiner Erfahrung spielen intelligenter, feinsinniger Wortwitz (Cic. fam. 9,15,2 *sal Atticus*) und derber Spott (Hor. sat. 1,7,32 *Italum acetum*) die Hauptrollen; purer Unsinn soll eigentlich selten lustig sein. – Eine Schwierigkeit für jeden Leser, nicht nur den Kritiker, ist übrigens das Stilmittel der Ironie, wenn der Schriftsteller das Gegenteil von dem ausdrückt, das er eigentlich meint. Der Schriftsprache fehlt hier leider der Vorzug der gesprochenen Rede, die ironische Absicht durch entsprechende Intonation klarzustellen – was schon die antiken Kommentatoren gelegentlich zu Erklärungen veranlasst hat, z.B. Servius zu Verg. Aen. 4,93 EGREGIAM VERO LAVDEM. *Ironia est, inter quam et confessionem sola interest pronuntiatio: et ironia est cum aliud uerba, aliud continet sensus* (‚HERAUSRAGENDES LOB. Es handelt sich um Ironie, die sich von einem Bekenntnis nur durch die Betonung unterscheidet; und Ironie liegt immer dann vor, wenn die Worte etwas anderes sagen, als gemeint ist'). Ein weiteres Intonationsproblem betrifft übrigens die Unterscheidung von Frage und Aussage; das Fragezeichen begegnet uns erstmals in Handschriften der Karolingerzeit.

## Variantenwahl

Wenn man es mit zwei Variantenträgern zu tun hat, wird man an vielen Stellen des Textes entscheiden müssen, welcher das Richtige überliefert: Denn die Variantenträger sind grundsätzlich gleichberechtigt, aber nur einer (oder keiner) wird in den meisten Fällen das Originale bewahrt haben, nicht alle gemeinsam.[64] Sprachliche Richtigkeit, Klarheit der Gedankenführung, Angemessenheit und Stilempfinden sind auch bei der *selectio* unter den Varianten die wichtigsten Kriterien. Daneben sollte man aber, wenn möglich, auch eine Antwort auf die Frage *utrum erat in alterum abiturum?* (,welche der beiden Varianten musste zur anderen werden?') finden. Denn wenn die eine Variante richtig ist, gibt sie, sofern sie nicht durch Konjektur gewonnen werden konnte, den Archetypus wieder, aus dem sich die fehlerhafte Variante entwickelt haben muss. Paläographische Argumente spielen dabei oft eine wichtige Rolle: z.B. im Fall von Victorin. comm. 186,26, wo die Herausgeber bisher immer den mittelalterlichen Handschriften folgten und *ubi tantum* druckten, während die älteste Unzialhandschrift *ubi tamen* bezeugt, was aller Wahrscheinlichkeit nach richtig ist. Denn in der Minuskel lässt sich ꞇn̄ (= *tamen*) leicht zu ꞇm̄ (= *tantum*) verschreiben, weniger leicht hingegen TANTUM zu TAMEN in der Unziale.[65] Freilich wird man oft feststellen, dass sich nicht jeder Unsinn erklären lässt.

Bei der Beantwortung dieser Frage wird zu Recht das oft missbrauchte Kriterium der *lectio difficilior* (,schwierigere Lesart') angewendet. Es geht von dem Erfahrungswert aus, dass Schreiber oder Leser eher dazu neigen, ihre Vorlage dort, wo sie Verständnisschwierigkeiten bereitet, zu vereinfachen;[66] die Lesart, die eine ungewöhnliche Wortbedeutung oder eine seltene grammatikalische Konstruktion voraussetzt, wird also eher das Richtige treffen als die gewöhnliche Variante. Um das Argument der *lectio difficilior* anzuwenden, muss man aber ausschließen können, dass die schwierigere Lesart durch eine simple Verschreibung zustande gekommen ist: Eine Wahl wie die zwischen *solitum* und *spolium* in Sen. Herc. O. 1767 wird man mit ihm nicht entscheiden können, da beide Wörter in der

---

[64] Zu der Kontroverse, ob mittelalterliche Varianten auf verschiedene, vom Autor selbst besorgte Auflagen zurückgehen, s. oben S. 413f.

[65] All diese Erwägungen wären natürlich überflüssig, wenn *tamen* sprachwidrig oder unsinnig wäre – ist es aber nicht (ich verweise auf meinen Krit. Komm. z. St. [erscheint voraussichtlich Anfang 2015]).

[66] Es ist zwar sinnvoll, handschriftlich bezeugte Lesarten (*lectiones*) von Konjekturen späterer Gelehrter (*coniecturae*) zu unterscheiden, aber man darf nicht vergessen, dass ein beträchtlicher Teil der spätantiken und mittelalterlichen Lesarten auf Versuche zurückgehen dürfte, den Schwierigkeiten des vorliegenden Textes durch Konjekturen Abhilfe zu schaffen.

Majuskel leicht verwechselt werden konnten (SPOLIVM/SOLIVM). Das Argument der *lectio difficilior* setzt voraus, dass die Variantenbildung durch bewusste (oder wenigstens unterbewusste) Änderung zustande gekommen ist.

Gelegentlich kommt es vor, dass die *examinatio* zu dem Ergebnis führt, dass keine der Varianten das Richtige trifft. Die Überlieferung der Tragödien Senecas spaltet sich in die E- und in die A-Familie: Sen. Herc. f. 1023 schreiben die ältesten Handschriften entweder *spiritum eripuit timor* ‚den Mut raubte die Furcht' (E) oder *spiritum eripuit puer* ‚den Mut raubte der Knabe' (A); einige *recentiores* bieten *pauor* ‚Furcht', das zweifellos aus *puer* durch Konjektur hergestellt wurde. Auf den ersten Blick scheint E mit *timor* das Richtige bewahrt zu haben; aber wie konnte *timor* zu *puer* werden? *Puer* dürfte wohl ursprünglich auf das in den *recentiores* restituierte *pauor* zurückgehen, so dass wir in Wirklichkeit zwischen *timor* (E) und *pauor* (A') zu wählen haben. Beide Wörter sind synonym, die Variantenbildung erklärt sich durch Glossierung eines der beiden Wörter durch das jeweils andere. Nun ist *timor* das Gewöhnliche, *pauor* das Seltenere und mit großer Wahrscheinlichkeit die Lesart des Archetypus, die in der einen Handschriftenfamilie zu *timor*, in der anderen zu *puer* verderbt wurde (vgl. Zwierlein 1980, 194 Anm. 40).

## Divinatio

Die Divergenzen der Handschriften eines Autors sollten den Kritiker sensibilisieren für die Möglichkeiten der Textverderbnis, die wir oben S. 415ff. besprochen haben. Das schärft den Instinkt, Korruptelen zu erkennen, die sich in alle Handschriften eingeschlichen haben. Denn es ist unvorstellbar, dass die Überlieferung bis zum Archetypus jahrhundertelang frei von Fehlern geblieben ist, ja, die Definition des Archetypus verlangt, dass er eindeutige Fehler aufwies (bzw. – im Falle eines erhaltenen Archetypus – aufweist), die von allen Schreibern erhaltener Handschriften kopiert wurden (s. Anm. 18). Die antiken Papyri und die spätantike Nebenüberlieferung der Klassiker bestätigen diese Annahme. Der Textkritiker will aber nicht nur den fehlerhaften Archetypus rekonstruieren, sondern ermitteln, was der Autor selbst geschrieben hat.

Die Kriterien für die Beurteilung von Überlieferungsfehlern des Archetypus sind dieselben wie bei der Beurteilung von Varianten (vgl. Kenney 1974, 147f.), mit der Ausnahme, dass der Leser nicht durch die Divergenz der Handschriften auf den Fehler aufmerksam gemacht wird, sondern ihn erst finden muss. Auch ein einhellig überlieferter Text ist zu überprüfen, ob er den Regeln der Grammatik oder dem Sprachgebrauch des Autors entspricht, ob der Gedanke klar formuliert ist, ob der Ausdruck angemessen ist und der Stilhöhe des Textes gerecht wird.

Das geht nun aber in Ermangelung besserer Textzeugen nur mit Hilfe begründeter Vermutungen, Konjekturen,[67] die nicht immer für jeden Leser den gleichen Grad an Gewissheit erreichen können. Konservative Textkritiker werden sich meist mit der Rekonstruktion des Archetypus begnügen und versuchen, den überlieferten Text so oft wie möglich zu halten; hyperkritische Herausgeber werden an zahlreichen Stellen in die Überlieferung eingreifen, die bisher als unverdächtig galten. Die Wahrheit dürfte, wie zumeist, irgendwo zwischen den beiden Extrempositionen liegen. Allgemeingültige Kriterien für die Annahme eines Fehlers sind schwer zu bestimmen: Konservative Herausgeber rühmen sich in den *Praefationes* ihrer Editionen selbst oft einer Programmatik, nach der sie nur dann in die Überlieferung eingegriffen hätten, wenn dies unbedingt notwendig gewesen sei. Aber wann ist ein Eingriff unbedingt notwendig? Victorinus will z.B. comm. 72,8f. erklären, wie wir Kürze in der Darstellung erreichen können, indem wir Begriffe wählen, die andere Begriffe implizieren: Die bis vor Kurzem allein bekannten fränkischen Victorinus-Handschriften überliefern

*Si dicas ‚inde cum reuersus essem', utique cum dicis ‚reuersus', ostendisti et profectum nescio quo et peruenisse, postremo reuersum.*

Wenn du sagst: *nachdem ich von dort zurückgekehrt war*, so hast du jedenfalls, wenn du *zurückgekehrt* sagst, gezeigt, dass du irgendwohin aufgebrochen, angekommen und schließlich zurückgekehrt bist.

In 500 Jahren Editionsgeschichte hat sich niemand an diesem Satz gestoßen, der genau so auch in der ehrwürdig alten Kölner Handschrift aus der Zeit um 700 überliefert ist. Gewiss: Das Präsens *cum dicis* ist etwas anstößig, weil derartige *cum*-Sätze normalerweise dasselbe Tempus wie der Hauptsatz annehmen, hier also entsprechend zu *ostendisti* Perfekt zu erwarten wäre. Ist es notwendig, wegen dieser Kleinigkeit in die Überlieferung einzugreifen und *dixisti* zu schreiben? Wohl kaum! Ferner: Manch einer mag einen Subjektsakkusativ in dem von *ostendisti* abhängigen AcI vermisst haben. Aber auch das kann kein unbedingt notwendiger Grund für einen Eingriff sein, solange man versteht, was gemeint ist; Beispiele für das Fehlen des Subjektsakkusativs finden sich zudem bei vielen Autoren zu allen Zeiten (vgl. Kühner/Stegmann/Thierfelder [5]1976, I 700f.). Victorinus schrieb aber nicht *ostendisti*, sondern *ostendis te*: So bezeugt es der seit

---

[67] Manchmal wenigstens können uns die Papyri und die Nebenüberlieferung einen Eindruck von der Qualität des Archetypus vermitteln: Wer die wörtlich wiedergegebenen Quellen im 5. Buch des Thukydides mit den erhaltenen Inschriften vergleicht, kann sich leicht klarmachen, wie viele Textausfälle der Archetypus erlitten haben dürfte.

einigen Jahren bekannte italienische Zweig der Überlieferung (λ), der an zahlreichen weiteren Stellen allein das Richtige bewahrt hat. Notwendig ist die Änderung nicht, aber richtig! Das Richtige hätte aber auch schon vorher durch Konjektur gefunden werden können, wenn die *examinatio* konsequent betrieben worden wäre. Vor allem wenn eine Kombination von (kleineren) Anstößen durch eine geringfügige Änderung beseitigt wird, ist die Wahrscheinlichkeit groß, dass eine Konjektur das Richtige trifft.[68]

Umstrittener sind dagegen Eingriffe wie der Austausch, die Ergänzung oder die Streichung längerer Wörter oder Wortgruppen, obwohl wir doch dort, wo uns Vergleichshandschriften zur Verfügung stehen, sehen können, wie oft die Texte interpoliert wurden, wie oft einzelne Wörter oder ganze Zeilen ausgefallen sind. Die Plausibilität der Fehlergenese darf nicht das ausschlaggebende Kriterium für die Beurteilung einer Konjektur sein, denn „kein Fehler ist so unmöglich, wie ein Text notwendig sein kann, selbst ein durch divinatio gefundener" (Maas ⁴1960, 11). Das ist zweifellos richtig, in der Praxis aber schwer einzuschätzen. Haupt etwa war bereit, wenn der Sinn es erforderte, die Interjektion *o* durch *Constantinopolitanus* zu ersetzen (vgl. Belger 1879, 126; Housman 1922, 77f.), aber selbst kritische Herausgeber würden für einen solchen Eingriff besonders triftige Gründe verlangen (vgl. Tarrant 1995, 120). Freilich richten falsche Konjekturen heutzutage weniger Schaden an als in Antike und Mittelalter, da sie im Apparat ausgewiesen sind und nicht mehr irrtümlich für Überlieferung gehalten werden können. Zudem muss sich jede Konjektur dem prüfenden Blick des Fachpublikums stellen, „und nur die besten werden sich durchsetzen" (Maas ⁴1960, 13). Doch selbst wenn eine Konjektur das Richtige (noch) nicht erreicht, hat sie oft wenigstens einen diagnostischen Wert, insofern sie den Leser auf eine mögliche Korruptel aufmerksam macht. Die zahlreichen Konjekturen, die nachträglich durch Papyri oder Handschriften bestätigt wurden,[69] sollten jedenfalls helfen, die grundsätzliche Skepsis gegenüber der Konjekturalkritik als haltlos zu erweisen.

Viel lernen kann man von den Meistern der Konjekturalkritik wie Polizian, Scaliger, Heinsius, Bentley, Housman (die Reihe ließe sich noch lange fortsetzen); über seine Erfahrungen als Konjekturalkritiker berichtet Nisbet 1991[70] (vgl. auch Conte 2013).

---

**68** Nisbet 1991, 81f.: „A solution that kills two birds with one stone has much to commend it."
**69** Ich habe in den λ-Handschriften des Victorinus fast 100 spätere Konjekturen wiedergefunden! Zu den Papyri s. Grenfell 1919.
**70** Ich habe den Nachdruck dieses Aufsatzes in Nisbets *Collected Papers* gelesen und habe den Verdacht, dass der Leser durch Druckfehler für die Aufgaben des Konjekturalkritikers sensibilisiert werden soll: S. 351 (= 80 der Originalpublikation) „rquired"; S. 360 (= 89) „mens sans in corpore sano". Das (vorhandene) Original weist die Fehler übrigens noch nicht auf.

## Grenzen der Textkritik

Das grundsätzliche Problem der Rekonstruktion besteht darin, dass wir dafür auf die Handschriften angewiesen sind, aber wissen, dass diese oftmals unzuverlässig sind. Daraus erklären sich wohl auch die Antithesen des Wilamowitzschen Katechismus, mehrere Gegensatzpaare von Merksprüchen zur Textkritik, wie „Du sollst Ehrfurcht haben vor der Überlieferung"[71] und „Lies cry for refutation" (Wilamowitz 1928, 101–104). Das verlangt nach einer Mischung aus Respekt (oder gar Ehrfurcht) vor der Überlieferung und gesundem Misstrauen, zwei Eigenschaften, die sich gegenseitig ausschließen. Nirgendwo kommt das schöner zum Ausdruck als in Bentleys berühmter Bemerkung zu Hor. carm. 3,27,15: „nobis et ratio et res ipsa centum codicibus potiores sunt, praesertim accedente Vaticani veteris suffragio" (‚mir sind die Vernunft und die Sache selbst lieber als hundert Handschriften, zumal wenn ich die Zustimmung des alten Codex Vaticanus bekomme') (zit. nach Pfeiffer 1982, 191f.). In der Praxis wird daher immer viel auf das Fingerspitzengefühl des Herausgebers ankommen, ob er eine Konjektur übernimmt oder dem überlieferten Text folgt. Etwas Subjektivität lässt sich nie vermeiden, wenn man eine Textgrundlage schaffen möchte; das mögen andere für verwerflich halten, aber „I would prefer a little subjectivity to no text at all" (Reynolds 2000, 8).[72]

## Legitimation und Rezeption

Oft drängt sich die Frage auf, ob die Rekonstruktion des Originals überhaupt sinnvoll ist. Das liegt zum einen daran, dass es in manchen Fällen schlicht unmöglich ist, sich dem Original ausreichend zu nähern; daneben gibt es Texte, die in einer späteren Redaktionsstufe besonders stark gewirkt haben, so dass es besser scheint, sich mit der Herstellung dieser späteren Stufe zu begnügen und auf die Rekonstruktion des Originals zu verzichten (Fuhrmann 1978, 15–17). Nicht selten sind beide Fälle miteinander verbunden, etwa bei den Epen Homers, die seit dem 2. Jh. v. Chr. v.a. in ihrer alexandrinischen Prägung rezipiert worden sind. Im

---

[71] Besonders übersteigert bei Erbse 1966, 162: „Der überlieferte Text ist ein heiliger Gegenstand."
[72] Vgl. Shackleton Bailey 1964, 116: „Der Kritiker hat es mit Wahrscheinlichkeiten zu tun. Es ist sinnlos, zu verlangen dass jede Konjektur, die nicht an Sicherheit grenzt, in den Apparat verwiesen werden muss. In der Praxis kann dieser Grundsatz nur zweierlei Ergebnisse haben: Entweder einen Text, der voller Dinge ist, die der Autor nicht nur nicht schrieb, sondern niemals schreiben konnte, oder einen Wald von Cruces."

Falle der Digesten Justinians hatte Mommsen auf emendatorische Eingriffe weitgehend verzichtet und sich im Wesentlichen auf den Codex Florentinus gestützt, weil diese um 600 n. Chr. geschriebene Handschrift, seitdem sie im Hochmittelalter in Norditalien auftauchte, seiner Ansicht nach die zentrale Rolle bei der Rezeption des römischen Rechtes gespielt hat; es kommt hinzu, dass die für die Digesten exzerpierten älteren Rechtsquellen in justinianischer Zeit wahrscheinlich nur noch in oftmals verderbten Exemplaren vorlagen (vgl. Zwierlein 2009, 1493–1495). Auch bei Werken, die über Jahrhunderte fortgeschrieben wurden, wie den Scholien oder Chroniken, muss man sich fragen, ob überhaupt der Versuch unternommen werden sollte, ein Original zu rekonstruieren und die späteren Schichten von der frühesten zu scheiden (s. oben S. 410f. mit Anm. 13).

Hierbei spielt auch der künftige Rezipient eine wichtige Rolle: Ediert man einen Text mit der Absicht, seinem Leser eine Quelle zur Verfügung zu stellen, die dem Original möglichst nahe kommen soll, oder hat man Forscher im Blick, die an der Wirkungsgeschichte eines Textes interessiert sind? Als Altertumswissenschaftler wollte ich den Text des Victorinus rekonstruieren, um eine dem Original möglichst nahe kommende Fassung des Textes zu erhalten, der Mitte des 4. Jh.s zum Rhetorikstudium in Rom benutzt wurde; die Lemmata des Kommentars geben zudem dort, wo sie sich rekonstruieren lassen, den Text von Ciceros *De inuentione* im 4. Jh. (500 Jahre vor dem Einsetzen der direkten *De inuentione*-Überlieferung) wieder, besitzen also auch für die Rekonstruktion des kommentierten Textes einen kaum zu überschätzenden Wert. Aber ein Mediävist, der wissen möchte, welche Gestalt der Victorinus hatte, den Notker von St. Gallen Ende des 10. Jh.s verwendete, wird mit meiner Rekonstruktion wenig anfangen können; er wird noch nicht einmal im Apparat für ihn relevante Informationen finden, weil die Handschriften der β-Familie, mit denen das Exemplar Notkers vermutlich verwandt war, für die Rekonstruktion des Originals (abgesehen von einigen gelungenen Konjekturen) überflüssig sind. Mit den herkömmlichen Publikationsformen wird man schwerlich beiden Lesergruppen gerecht werden können.

## Kritik an der Textkritik

Die Textkritik hat in den letzten Jahrzehnten merklich an Ansehen verloren: Galt sie einst als die Königsdisziplin der Klassischen Philologie und angrenzender Wissenschaften wie der Philosophie, Theologie und Geschichtswissenschaft, kann man ein Verständnis auch nur des grundlegenden Handwerkszeugs selbst bei den Fachvertretern heute oft nicht mehr ohne Weiteres voraussetzen. Methodenkritik hat es natürlich immer gegeben, oft von außen, häufiger noch von innen, aber die um sich greifende Ignoranz erklärt sich wohl eher aus einer

Bequemlichkeit, die mit dem Agnostizismus moderner Hermeneutik verbrämt wird. Im Folgenden will ich nicht auf die zahlreichen Beiträge eingehen, die auf eine Verfeinerung der Lachmannschen Methode abzielen (etwa die Arbeiten Pasqualis), sondern auf jene, die die Brauchbarkeit der Methode grundsätzlich in Frage stellen.

Der schärfste Angriff wurde 1928 von dem Romanisten Joseph Bédier in seinem berühmten Artikel *La tradition manuscrite du «Lai de l'Ombre»* (mit dem Untertitel *Réflexions sur l'art d'éditer les anciens textes*) unternommen. Bédier hatte festgestellt, dass in Editionen mittelfranzösischer Texte zweigeteilte Stemmata überwogen, und aus dieser Beobachtung den Verdacht geschöpft, dass mit einer Methode, die einen Wald von lauter Bäumen pflanzt, die nur zwei Äste haben, etwas nicht stimmen könne.[73] Er vermutete, dass sich dieser Befund dadurch erkläre, dass die Herausgeber unbewusst zweigeteilte Stemmata bevorzugten, weil sie sich damit die freie Variantenwahl ermöglichten. Er plädierte daher dafür, auf die stemmatische Rekonstruktion gänzlich zu verzichten und sich stattdessen getreu an einen einzigen Kodex zu halten, Konjekturen aber in eine Appendix zu verbannen.

An dem Ergebnis ist nicht zu zweifeln, wenngleich die Zahlenverhältnisse wohl nicht ganz so einseitig sind, wie Bédier glaubte: bei den mittelfranzösischen Texten liegt der Anteil der zweigeteilten Stemmata aber immerhin bei ca. 80%; bei den klassischen Texten ist es schwieriger, eine klare Aussage zu treffen, doch scheinen auch hier die zweigeteilten Stemmata zu überwiegen (vgl. Timpanaro ²1971, 128–130). Schwirig ist die Erklärung: Darf man daraus schlussfolgern, dass die Methode unzuverlässig ist? Es kann hier nicht der Ort sein, die Flut an Publikationen, die Bédiers Paradoxon ausgelöst hat, zusammenzufassen. Vermutlich gibt es mehrere Gründe für das erstaunliche Ergebnis. Schon Timpanaro hat darauf hingewiesen, dass oft einer einzigen mittelalterlichen Handschrift eine Familie von jungen Handschriften gegenübersteht, deren (verlorener) Hyparchetypus in der Renaissance aus Nordeuropa nach Italien gewandert ist (vgl. Timpanaro ²1971, 130–132; Reeve 1986, 63f.). Das scheint nahezulegen, dass (wenigstens zu einem gewissen Teil) auch historisch-geographische Gründe das Übergewicht zweigeteilter Stemmata erklären: Die Alpen sind ein eindrucksvolles natürliches Hindernis, das eine Aufspaltung des Stemmas in zwei Äste oft begünstigt haben mag, zumindest für eine gewisse Zeit. Ich möchte aber auch nicht ausschließen, dass Herausgeber zumindest hin und wieder die Signifikanz bestimmter Binde-

---

**73** Bédier 1928, 171f.: „Dans la flore philologique il n'y a d'arbres que d'une seule essence: toujours le tronc s'en divise en deux branches maîtresses, et en deux seulement ... Un arbre bifide n'a rien d'étrange, mais un bosquet d'arbres bifides, un bois, un forêt? *Silva portentosa*."

fehler überbewerten: Gemeinsame Fehler gibt es zwischen allen Handschriften in größerer oder kleinerer Zahl; lassen sich bei drei Hyparchetypi αβγ mehr oder leicht signifikantere gemeinsame Fehler zwischen αβ als zwischen αγ oder βγ finden, wird der Philologe dazu neigen, αβ zu einem Hyparchetypus zusammenzufassen und die Fehler-Übereinstimmungen von αγ und βγ entweder auf Kontamination zurückzuführen oder durch die Annahme zu erklären versuchen, dass die weniger signifikanten Übereinstimmungen mehrfach unabhängig voneinander entstehen konnten (vgl. Timpanaro ²1971, 134–140). Hier liegt ein gewisses subjektives Element, „weil sich die Möglichkeit, dass mehrere Zeugen unabhängig voneinander denselben Fehler begehen, theoretisch oft nicht ausschließen lässt" (Maas ⁴1960, 26). Je länger freilich ein Text ist, desto häufiger werden seine Abschriften signifikante Fehler aufweisen, desto sicherer lassen sich Bindefehler bestimmen. Und überhaupt: Der Missbrauch der Methode kann kein Einwand gegen die Methode selbst sein (vgl. Reeve 1986, 69).[74]

Ein weiterer, allerdings kaum erstzunehmender Gegner ist der traditionellen Textkritik in den letzten Jahren von außen, aus der Gruppe der modernen Literaturtheoretiker erwachsen, die schlicht leugnen, dass es überhaupt möglich sei, hinter dem Text den Autor zu erkennen. Solche Leute werfen den Textkritikern in herablassender Weise Naivität vor und preisen die „postmoderne Zerstückelung allzu schlichter Autorkonzepte".[75] Wenn es aber keinen Autor gebe, den man zur Instanz für textkritische Entscheidungen erheben könne, ließen sich überhaupt keine Aussagen mehr über das vermeintliche Original machen; Textkritiker hingegen urteilten willkürlich über „Echtheit" und „Unechtheit" oder „richtig" und „falsch" aufgrund subjektiver ästhetischer Kategorien wie „gut" und „schlecht".

Bei dieser Kritik werden verschiedene Bedeutungen von ‚Autor' durcheinandergeworfen, um daraus unzulässige Verallgemeinerungen abzuleiten. Natürlich darf man z.B. die Gedichte Catulls nicht einfach als Autobiographie in Versform interpretieren. Niemand würde heute bestreiten, dass vieles darin Fiktion ist, und es wäre unredlich zu leugnen, dass die Literaturwissenschaft auf diesem Gebiet den Philologen manche Entgleisung früherer Jahrhunderte aufgezeigt hat. Aber die Texte sind auch nicht vom Himmel gefallen: Jemand hat sie komponiert, hat für viel Geld Papyrus und Tinte gekauft, einen ersten Entwurf angefertigt und an den Formulierungen gefeilt, einen Schreibsklaven beschäftigt, um Kopien

---

[74] Es kommt hinzu, dass es schlimmer wäre, wenn ein in Wahrheit zweigeteiltes Stemma fälschlicherweise in ein dreigeteiltes umgewandelt würde, als umgekehrt, s. Eklund bei Reeve 1986, 65 Anm. 30.
[75] Zuletzt Melanie Möller in der FAZ vom 18. Dezember 2013, N 4, bei ihrer Besprechung des Artikels von Peirano 2012.

herzustellen, und schließlich sein Elaborat der Öffentlichkeit präsentiert. Das ist nicht aus den Texten abgeleitet, das erzählen uns die Autoren selbst, und die Papyrologie und Archäologie haben die Richtigkeit ihrer Aussagen längst erweisen können. All diese Kosten und Mühen hat ein Autor aber nicht ohne Grund auf sich genommen: Er hatte etwas zu sagen, das er einem breiteren Publikum mitteilen wollte; er wollte verstanden werden, wollte, dass man seine Intention erkennt. Diese ist, im Abstand von gut 2000 Jahren, vielleicht nicht bei jedem Autor und an jeder Stelle eines Textes für jeden Leser gleichermaßen evident, zumal wenn uns die historischen Kontexte fehlen. Aber ich möchte den Literaturwissenschaftler sehen, der bestreitet, dass die Autorintention von, sagen wir, Ciceros *Catilinarischen Reden* ergründlich sei. Dem fundamentalen Skeptizismus lassen sich natürlich keine Grenzen setzen.

Ferner: Ich kann nicht ausschließen, selbst gelegentlich die Attribute ‚besser' und ‚schlechter' oder ‚schön' und ‚unschön' zu verwenden; Urteile für die eine Lesart und gegen die andere müssen diskriminierend sein, und wer Angst davor hat zu urteilen und manchmal auch falsch zu urteilen, sollte um die Klassische Philologie einen großen Bogen machen. Urteile müssen auch immer einen Rest an Subjektivität bewahren, weil stets ein urteilendes Subjekt entscheidet; ἐποχή kann aber keine praktikable Alternative sein (vgl. oben S. 441 mit Anm. 72). Im Übrigen ist mit den Kriterien ‚gut' und ‚schlecht', anders als es den Textkritikern oftmals unterstellt wird, nur selten eine ästhetisch-subjektive Wertung gemeint, sondern fast immer eine grammatikalische oder logische, die am erhaltenen Datenmaterial überprüft werden kann. Ästhetisch sind diese Kriterien nur insofern, als auch bei ihnen natürlich vorausgesetzt wird, dass ein antiker Schriftsteller sich an die Regeln der Sprache gehalten hat und um eine nachvollziehbare Gedankenführung bemüht war, dass also ein ‚guter' Text grammatikalisch und logisch korrekt ist und Anomalien immer einen besonderen Zweck verfolgen. Dieses Axiom in Frage zu stellen besteht aber m.E. kein Grund.

All diejenigen, die die Textkritik für Teufelszeug halten und sie durch eine Philologie der „Präsenzästhetik" ersetzen wollen, müssen sich die Frage gefallen lassen, was der „Eros des bloßen Textmaterials" (wie Anm. 75) noch mit Wissenschaft zu tun hat. Im Übrigen: Was soll das „bloße Textmaterial" sein? Etwa die Handschriften mit ihren Hunderttausenden von lächerlichen Schreibfehlern, dummen Konjekturen und albernen Interpolationen (vgl. Anm. 50)? Oder der von den Textkritikern mit denselben „schlichten Autorkonzepten" rekonstruierte Archetypus? Denn auch bei der Variantenwahl wird ein Urteil benötigt, weil nur eine Variante richtig sein kann oder keine, aber so gut wie nie alle gleichzeitig. Doch was wäre mit dem rekonstruierten, *per definitionem* fehlerhaften Archetypus, der uns bei den meisten Texten bestenfalls in die Karolingerzeit führt, gewonnen? Die Verfechter der „Präsenzästhetik" sollten einmal versuchen, den rekonstruierten Archetypus der Gedichte Catulls oder der Elegien des Properz ohne die unzähligen Konjekturen von Männern wie Salutati, Beroaldus, Parthenius, Scaliger, Heinsius, Lachmann usw. zu lesen, die seit Jahrhunderten kein Herausgeber, der noch bei Sinnen war, aus dem Text zu entfernen gewagt hat. Viel Spaß dabei! Was uns die neuen ‚Philologen' als Wissenschaft verkaufen wollen, ist die Betrachtung des Erreichten auf der Grundlage konservativer Editionen, wie sie im frühen 20. Jh. Mode waren. Man will ein Moratorium der Kritik, einen neuen Korruptelenkult: Urteil soll durch Schau ersetzt werden.

Und schließlich: Es ist sehr bedauerlich, dass abwertende Urteile über die Textkritik meistens von Leuten gefällt werden, die zwar kenntnisreich über Bachtin, Foucault und Derrida philosophieren können, aber in ihrem Leben noch keine Handschrift kollationiert haben. Ein bisschen entsagungsreiche Arbeit im Weinberg der Philologie würde sie sehr schnell dazu befähigen, die reifen von den faulen Trauben zu sondern. Der Kontakt zur Literatur der Antike kann nur über die Handschriften hergestellt werden, doch hat man inzwischen gelegentlich den Eindruck, dass manchem Konstrukteur literaturwissenschaftlicher Luftschlösser längst egal ist, ob er auf schwankendem Fundament baut. „Den Beglückten sei ihr Höhensitz gegönnt" (Fraenkel 1926, 498).

## Ausblick: Aufgaben der Textkritik heute

Was kann es bloß noch zu tun geben in einer Wissenschaft, die seit mehr als 2000 Jahren betrieben wird und die einen abgeschlossenen Kanon zu ihrem Gegenstand hat? Zunächst: Es mag überraschen, aber der Fund unbekannter Texte des Altertums ist auch heute noch keine Seltenheit, fällt jedoch meist in den Aufgabenbereich der Papyrologie: Neue Verse Sapphos, des Archilochos oder des Cornelius Gallus haben die Fragmentsammlungen dieser Autoren enorm bereichert.[76] Auch die mittelalterlichen Handschriften dürften noch einige Überraschungen bereithalten: Von Augustinus konnten Mitte der 1990er-Jahre 26 bisher unbekannte Predigten veröffentlicht werden – „so much Augustin that one has the impression that the good father is still writing" (Reynolds 2000, 5 Anm. 10). Die Hauptaufgabe der Textkritik auf dem Gebiet der Klassischen Philologie besteht

---

[76] Als ich diese Zeilen korrekturlese, geht die *fama* durch die Philologenwelt, dass Fragmente zweier neuer Sappho-Gedichte, eines über ihre Brüder Charaxos und Larichos, ein weiteres über Kypris, gefunden seien.

aber zweifellos darin, bestehende Editionen zu verbessern.[77] Selbst von manchen Klassikern gibt es noch immer keine Edition, die modernen Ansprüchen genügen könnte,[78] geschweige denn von abgelegeneren Texten. Nur von den wenigsten Autoren sind alle Handschriften bekannt, nur ganz selten sind auch alle ausgewertet worden. Fortschritte in der Paläographie und Kodikologie ermöglichen oft eine genauere Datierung und bessere Verortung eines Textzeugen und damit nicht selten eine zuverlässigere Taxierung seines Überlieferungswertes. Auch die Konjekturalkritik wird weitergehen, solange es Leser gibt, die sich wundern können, und so mancher Fehler, der bisher unentdeckt blieb, wartet noch auf eine Verbesserung – vielleicht weniger bei den vielgelesenen Klassikern der goldenen und silbernen Latinität, dafür umso mehr bei den vernachlässigten Autoren späterer Epochen.[79]

Die meiste Arbeit bleibt wohl in der Spätantike zu leisten, v.a. bei Texten, für die Klassische Philologen selten Interesse zeigen: Die *Consolatio Philosophiae* des Boethius liegt gleich in mehreren modernen Ausgaben vor; aber wer je versucht hat, eine Stelle im *Kategorien-Kommentar* desselben Autors nachzuschlagen, musste sich mit der *Patrologia Latina* zufriedengeben, dem Nachdruck einer Edition aus der Frühzeit des Buchdrucks (für den *Topica-Kommentar* steht immerhin schon Orellis Ausgabe von 1833 zur Verfügung)! Das Mittelalter und die frühe Neuzeit halten sogar noch zahlreiche Anekdota bereit, darunter manches von Interesse für die Rezeptionsgeschichte der antiken Literatur. Und von den edierten Texten ist auch hier noch zu vieles nur in der *Patrologia Latina* greifbar.[80] Das *Corpus Christianorum* besitzt zwar eine *Continuatio mediaeualis*, die nach und nach die schmerzlichsten Lücken schließen soll, aber man hat den Eindruck, dass hier manches sehr rasch (und zu horrenden Preisen) auf den Buchmarkt geworfen wird.

---

77 Tarrant 1995, 122: „The effort of critics today is directed at improving on existing editions. In principle this progress has no end. [...] On a practical level the need for new editions varies widely from author to author, though only a few texts are so well served as to make further work superfluous." – Den (mittlerweile etwas in die Jahre gekommenen) Stand der Forschung zu den lateinischen Autoren findet man bei Reynolds 1983.
78 Darunter z.B. das *Corpus Caesarianum*, Ciceros *De oratore*, Livius VI–X, Ovids *Heroides*.
79 Ich bin auch beim letzten Korrekturdurchgang durch den Victorinus noch über Stellen gestolpert, über deren Probleme ich in den Jahren zuvor hinweggelesen hatte (53,10; 90,23; 146,22; 163,3; 207,8; 209,7), und zweifle nicht, dass ich bei einer erneuten Lektüre des Textes weitere Fehler finden würde.
80 Ich persönlich hätte mir z.B. eine moderne Ausgabe von Alkuins Schrift *De dialectica* (um 800) gewünscht, in der, soweit ich sehe, erstmals seit Cassiodor (um 560) der Kommentar des Victorinus zitiert wird. Mit Alkuin sind wir aber am Hof Karls des Großen, wo für viele Texte entscheidende Weichen der mittelalterlichen Überlieferung gestellt wurden.

Auch der Einsatz von Computern hat die Textkritik vorangebracht: Axelsons schmales Bändchen *Unpoetische Wörter* (1945) wurde mit bewundernswertem Fleiß unter großem Arbeits- und Zeitaufwand zusammengetragen; heute lassen sich Datenbanken wie der *Thesaurus Linguae Graecae*, die *Bibliotheca Teubneriana* oder die *Library of Latin Texts* mit nahezu allen edierten Texten aus Antike und Mittelalter innerhalb von Sekunden nach Parallelstellen für bestimmte Wörter oder Junkturen absuchen. Leider verzichten diese Datenbanken noch immer darauf, den Texten auch die kritischen Apparate mitzugeben, so dass manche Parallele im Apparat versteckt bleiben mag.

Programme, die dem Herausgeber das Kollationieren abnehmen, wird es wohl so bald nicht geben; die Scan-Software wird zwar immer weiter verbessert, doch eine mittelalterliche Handschrift mit ihren zahlreichen Radierungen, Tintenklecksen, Interlinear- und Randglossen bietet noch zu viele Herausforderungen für einen Computer. Aber es wäre, zumal bei langen, reich überlieferten Texten, wünschenswert, die Kollationsergebnisse in ein Programm eingeben zu können, das sich leichter nach Übereinstimmungen einzelner Handschriften absuchen lässt als ein Word-Dokument, in dem ich selbst meine Kollationen bisher zusammentrage. Und um den Wunschzettel zu erweitern: Könnte dieses Programm nicht auch imstande sein, die Kollationsergebnisse in Beziehung zum Referenztext zu setzen, also in der Regel zur letzten gedruckten Edition, die ein Herausgeber irgendwann einmal für den ‚richtigen' Text gehalten hat? Alle notierten Abweichungen wären dann zunächst ‚Fehler' bzw. ‚Innovationen', die sich im Prinzip nicht anders verhalten als die genealogischen Veränderungen in der Biologie, wo schon heute Programme zur Verfügung stehen, um Stammbäume zu berechnen. Sollte das in der Philologie unmöglich sein? Und könnte dieses Programm nicht auch die Auswirkungen auf das Stemma berechnen, wenn wir glauben, den Referenztext an einer bestimmten Stelle ändern zu müssen? Oder umgekehrt die Auswirkungen auf den Text, wenn wir glauben, das Stemma ändern zu müssen, weil wir neue Handschriften hinzugezogen haben oder die Lesarten der alten anders bewerten? Auf einen Philologen, der entscheidet, was richtig ist und was falsch, wird man nie verzichten können; aber mechanische Operationen wie die genannten durchzuführen, sollte im Rahmen der Möglichkeiten eines Computers liegen. Freilich darf es nicht notwendig werden, ein Informatikstudium zu absolvieren, um einen antiken Text zu edieren; aber ein auch von Philologen leicht zu bedienendes Programm, das die mechanischen Arbeitsschritte erleichtert und übersichtlicher macht, wäre sehr wünschenswert! Es ist zu hoffen, dass der Aufschwung in den *e-humanities* dem Textkritiker auch auf diesem Gebiet neue Hilfsmittel zur Verfügung stellt.

Nicht zu unterschätzen ist m.E. der Fortschritt, der mit der Digitalisierung von Handschriften erreicht worden ist. Während man früher mühsam den Mikrofilm einlegen und zur gewünschten Stelle spulen musste, lässt sich heute das Foto einer Handschriftenseite mit einem Klick öffnen; und wenn man schnell noch einmal überprüfen möchte, ob eine verwandte Handschrift nicht doch vielleicht denselben Fehler aufweist, den man bei einem früheren Durchgang übersehen haben könnte, muss man nicht erst zurückspulen, den anderen Mikrofilm einlegen und wieder vorspulen, sondern man braucht lediglich einen weiteren Klick. Die Beschleunigung dieser Arbeitsschritte führt, glaube ich, auf die Dauer zu mehr Sorgfalt beim Kollationieren. Noch mehr Bibliotheken sollten digitalisierte Fotos ihrer Handschriftenbestände zum Download ins Internet stellen, wie dies etwa die Schweizer Bibliotheken,[81] die Kölner Dom- und Diözesanbibliothek,[82] die Bayerische Staatsbibliothek in München[83] und seit Kurzem auch die Bibliothèque Nationale in Paris[84] machen; vorbei sein sollten die Zeiten, da die Fotostelle einer ehrwürdigen italienischen Bibliothek allen Ernstes von mir 6492 Euro und ein paar Cents für die Digitalisierung einer Handschrift verlangte.

Mit der Digitalisierung hat sich auch die Möglichkeit der Präsentation des Materials gewandelt: War der Herausgeber bisher schon aus Raumgründen dazu gezwungen, die Mitteilungen über abweichende Lesungen am Fuße der Seite auf das Wesentliche zu beschränken, steht ihm jetzt, z.B. im Zuge einer Internetpublikation, eine wachsende Speicherkapazität zur Verfügung, um dem Leser das gesamte für die Überlieferung und Rezeption eines Textes relevante Material vorzulegen und nutzerfreundlich zu verknüpfen. Es werden Editionen möglich, bei denen sich ein Leser durch einen Klick zu jeder beliebigen Stelle über alle abweichenden Lesarten der Handschriften informieren kann; oder sich die Version eines bestimmten Textzeugen vollständig ausgeben lassen kann; oder zu jeder Variante einen Link zum entsprechenden Handschriftenfoto aufrufen kann. Die Rekonstruktion des Originals wird dabei zur Teilaufgabe, die Dokumentation des handschriftlichen Befundes in seiner Gesamtheit tritt gleichberechtigt daneben. Der technische Fortschritt erlaubt es immer häufiger, das komplexe Geflecht der Überlieferungsgeschichte in einer Vollständigkeit darzustellen, von der man noch vor einigen Jahrzehnten nicht zu träumen gewagt hat, und das Material über Suchmaschinen zu erschließen. Der Transparenz editorischer Tätigkeit kann dieses Verfahren nur guttun. Vor allem aber ist zu begrüßen, dass die Aufberei-

---

81  Siehe http://www.e-codices.unifr.ch/de.
82  Siehe http://www.ceec.uni-koeln.de.
83  Siehe http://daten.digitale-sammlungen.de/~db/ausgaben/gesamt_ausgabe.html?projekt=1157467155&ordnung=sig&recherche=ja.
84  Siehe http://www.univ-nancy2.fr/MOYENAGE/UREEF/MUSICOLOGIE/CMN/FPnlat_online.htm.

tung des ganzen Überlieferungsmaterials vielfältige Verbindungen zur Rezeptionsgeschichte eines Textes ermöglicht. Die Rezeptionsgeschichte ist ja als Teil der Überlieferungsgeschichte untrennbar mit dieser verbunden.

Aber Texte sind nicht nur das, was die Überlieferungsgeschichte aus ihnen gemacht hat: Sie würden nicht existieren, wenn ein Autor sie nicht erdacht hätte. Der Strom jeder Überlieferungsgeschichte, so konstitutiv er für den publizierten Text auch immer gewesen sein mag, braucht eine Quelle, aus der er entspringt. Das reine, unverschmutzte Wasser dieser Quelle zu kosten, in derselben Klarheit, die die ersten Leser genießen konnten, muss das Ziel der Klassischen Philologie bleiben, solange sie den Anspruch wahren möchte, eine historische Wissenschaft zu sein.

## Literatur

Axelson, B. (1967): Korruptelenkult. Studien zur Textkritik der unechten Seneca-Tragödie Hercules Oetaeus. Lund: Gleerup.

Axelson, B. (1945): Unpoetische Wörter. Ein Beitrag zur Kenntnis der lateinischen Dichtersprache. Lund: Gleerup.

Shackleton Bailey, D.R. (1964): „‚Recensuit et emendavit …'". Philologus 108:1–2, 102–118.

Barnes, J. (2003): Porphyry. Introduction. Oxford: Clarendon Press.

Becker, G. (1885): Catalogi bibliothecarum antiqui. Bonn: Max. Cohen & Sohn (Nachdruck 1973 Hildesheim: Olms).

Bédier, J. (1928): „La Tradition manuscrite du Lai de l'Ombre. Réflexions sur l'art d'éditer les anciens textes". Romania 54, 161–196, 321–356.

Belger, C. (1879): Moriz Haupt als academischer Lehrer. Berlin: Weber.

Bischoff, B. (1998, 2004): Katalog der festländischen Handschriften des 9. Jahrhunderts (mit Ausnahme der wisigothischen). Bd. 1: Aachen – Lambach. Bd. 2: Laon – Paderborn. (Veröffentlichungen der Kommission für die Herausgabe der Mittelalterlichen Bibliothekskataloge Deutschlands und der Schweiz). Wiesbaden: Harrassowitz.

Bischoff, B. (1997): Handschriftenarchiv Bernhard Bischoff. Bibliothek der Monumenta Germaniae Historica Hs. C 1, C 2, hg. von A. Mentzel-Reuters. (= Monumenta Germaniae Historica. Hilfsmittel 16). München: Monumenta Germaniae Historica.

Bischoff, B. ($^2$1986): Paläographie des römischen Altertums und des abendländischen Mittelalters. Berlin: Schmidt.

Blanck, H. (1992): Das Buch in der Antike. München: Beck.

Briquet, C.-M. ($^2$1923): Les Filigranes. 4 Bde. 2. Aufl. Leipzig: Hiersemann.

Bühler, W. (1965): „Gibt es einen gemeinsamen Archetypus der beiden Überlieferungsstränge von Tertullians Apologeticum?". Philologus 109:1–4, 121–130.

Conte, G.B. (2013): Ope ingenii. Experiences of Textual Criticism. Berlin: de Gruyter.

Delz, J. (1997): „Textkritik und Editionstechnik". In: F. Graf (Hrsg.): Einleitung in die lateinische Philologie (Einleitung in die Altertumswissenschaft). Stuttgart: Teubner, 51–73.

Deufert, M. (2002): Textgeschichte und Rezeption der plautinischen Komödien im Altertum. Berlin: de Gruyter.
Deufert, M. (1996): Pseudo-lukrezisches im Lukrez. Die unechten Verse in Lukrezens *De rerum natura*. Berlin: de Gruyter.
Dorandi, T. (1997): „Tradierung der Texte im Altertum; Buchwesen". In: H.-G. Nesselrath (Hrsg.): Einleitung in die griechische Philologie (Einleitung in die Altertumswissenschaft). Stuttgart: Teubner, 3–16.
Dorandi, T. (1991): „Den Autoren über die Schulter geschaut. Arbeitsweise und Autographie bei den antiken Schriftstellern". Zeitschrift für Papyrologie und Epigraphik 87, 11–33.
Dover, K. (1997): „Textkritik". In: H.-G. Nesselrath (Hrsg.): Einleitung in die griechische Philologie. Stuttgart: Teubner, 45–58.
Dyck, A.R. (1996): A Commentary on Cicero, *De officiis*. Ann Arbor, MI: The University of Michigan Press.
Eberle, J. (1966): „Italum acetum. Vom römischen Witz". In: Ders.: Lateinische Nächte. Stuttgart: Deutsche Verlagsanstalt, 32–41.
Emonds, H. (1941): Zweite Auflage im Altertum. Kulturgeschichtliche Studien zur Überlieferung der antiken Literatur. Leipzig: Harassowitz.
Erbse, H. (1966): „Hermann Fränkel, Einleitung zur Kritischen Ausgabe des Apollonios". Gnomon 38:2, 157–162.
Erbse, H. (1965): „Textkritik". In: C. Andresen et al. (Hrsg.): Lexikon der Alten Welt. Zürich: Artemis, 3021–3023.
Erbse, H. (1961): „Überlieferungsgeschichte der griechischen klassischen und hellenistischen Literatur". In: H. Hunger (Hrsg.): Geschichte der Textüberlieferung der antiken und mittelalterlichen Literatur, Bd. 1. Zürich: Atlantis-Verlag, 207–307.
Fraenkel, E. (1926): „M. Annaei Lucani Belli civilis libri decem editorum in usum edidit A.E. Housman". Gnomon 2, 497–532.
Fuhrmann, H. (1978): „Überlegungen eines Editors". In: L. Hödl; D. Wuttke (Hrsg.): Probleme der Edition mittel- und neulateinischer Texte. Kolloquium der Deutschen Forschungsgemeinschaft Bonn 26.–28. Februar 1973. Boppard: Boldt, 1–34.
Grenfell, B.P. (1919): „The Value of Papyri for the Textual Criticism of Extant Greek Authors". Journal of Hellenic Studies 39:16, 16–36.
Günther, H.-C. (1996): Exercitationes Sophocleae. Göttingen: Vandenhoeck & Ruprecht.
Harder, A. (2012): Callimachus, *Aetia*. 2 Bde. Oxford: Clarendon Press.
Havet, L. (1911): Manuel de critique verbale appliquée aux textes latins. Paris: Hachette.
Heck, E. (1972): Die dualistischen Zusätze und die Kaiseranreden bei Lactantius. Untersuchungen zur Textgeschichte der *Divinae institutiones* und der Schrift *De opificio Dei*. Heidelberg: Winter.
Heyworth, S.J.; Wilson, N. (2002): „Textverbesserung. Textverderbnis". In: Der Neue Pauly. Stuttgart: Metzler, Bd. 11, 230–233.
Heyworth, S.J. (1995): „Propertius: Division, Transmission, and the Editor's Task". In: Papers of the Leeds Latin Seminar 8, 165–185.
Housman, A.E. (1926): M. Annaei Lucani Belli ciuilis libri decem. Oxford: Blackwell.
Housman, A.E. (1922): „The Application of Thought to Textual Criticism". Proceedings of the Classical Association 18, 67–84 (= The Classical Papers of A.E. Housman, ed. J. Diggle; F.R.D. Goodyear. Cambridge 1972, III 1058–1069).
Hunger, H.; Langosch, K. (1961, 1964): Geschichte der Textüberlieferung der antiken und mittelalterlichen Literatur. 2 Bde. Zürich: Atlantis-Verlag.

Irigoin, J. (1986): „Accidents matériels et critique des textes". Revue d'histoire des textes 16, 1–36.
Jachmann, G. (1941): „Das Problem der Urvariante in der Antike und die Grundlagen der Ausoniuskritik". In: Concordia decennalis. Festschrift der Universität Köln zum 10jährigen Bestehen des deutsch-italienischen Kulturinstituts Petrarcahaus. Köln: Pick, 47–104.
Jahn, O. (1851): Über die Subscriptionen in den Handschriften römischer Classiker. (Berichte der sächsischen Gesellschaft der Wissenschaften zu Leipzig. Phil.-hist. Klasse 3). Leipzig: Weidmann, 327–372.
Jakobi, R. (1992): „Versprengungen in den Statius-Scholien." Hermes 120, 364–374.
Kenney, E.J. (1974): The Classical Text. Aspects of Editing in the Age of the Printed Book. Berkeley, CA: University of California Press.
Kühner, R.; Stegmann, C.; Thierfelder, A. ($^5$1976): Ausführliche Grammatik der Lateinischen Sprache. 2. Teil: Satzlehre, 2 Bde. Hannover: Hahnsche Buchhandlung.
Lehmann, P. (1920/1941): „Autographe und Originale namhafter lateinischer Schriftsteller des Mittelalters". Zeitschrift des deutschen Vereins für Buchwesen und Schrifttum 3, 1920, 6–16 (= Erforschung des Mittelalters I, Stuttgart 1941. $^2$1959, 359–381).
Leumann, M. (1950): Homerische Wörter. Basel: Reinhardt.
Lohse, G. (1961): Untersuchungen über Homerzitate bei Platon. Diss. Hamburg (masch.).
Lowe, E.A. et al. (1934–1992): Codices Latini antiquiores. 12 Bde. + Indexband und 2 Bde. Addenda. Oxford: Clarendon Press.
Maas, P. ($^4$1960): Textkritik. 4. Aufl. Leipzig: Teubner.
Mazal, O. (1986): Lehrbuch der Handschriftenkunde. Wiesbaden: Reichert.
Merkelbach, R. (1967): „Interpolierte Eigennamen". Zeitschrift für Papyrologie und Epigraphik 1, 100–102.
Mülke, M. (2008): Der Autor und sein Text. Die Verfälschung des Originals im Urteil antiker Autoren. Berlin: de Gruyter.
Munk Olsen, B. (2003): „Le sort des *mutili* des œuvres classiques latines". In: P. Lardet (Hrsg.): La tradition vive. Mélanges d'histoire des textes en l'honneur de Louis Holtz. Paris: Brepols, 21–33.
Munk Olsen, B. (1982–1989): L'Étude des auteurs classiques Latins aux XIe et XIIe siècles. 3 Bde. Paris: Éditions du Centre National de la Recherche Scientifique.
Nesselrath, H.-G. (2013): „Das Museion und die große Bibliothek von Alexandria". In: T. Georges et al. (Hrsg.): Alexandria (COMES 1). Tübingen: Mohr Siebeck, 65–88.
Nisbet, R.G.M. (1991): „How Textual Conjectures Are Made". Materiali e Discussioni 26, 65–91 (= Collected Papers on Latin Literature, ed. S. J. Harrison, Oxford 1995, 338–361).
Page, D.L. (1934): Actor's Interpolations in Greek Tragedy. Oxford: Clarendon Press.
Parsons, P. (2011): „A People of the Book?" In: G. Bastianini; A. Casanova (Hrsg.): I papiri letterari cristiani. Atti del convegno internazionale di studi in memoria di Mario Naldini, Firenze, 10–11 giugno 2010. Florenz: Istituto Papirologico «G. Vitelli», 47–57.
Pasquali, G. ($^2$1952): Storia della Tradizione e Critica del Testo. Florenz: Le Monnier.
Peirano, I. (2012): „Authenticity as an Aesthetic Value: Ancient and Modern Reflections". In: I. Sluiter; R.M. Rosen (Hrsg.): Aesthetic Value in Classical Antiquity. Leiden: Brill, 216–242.
Petrucci, A. (1984): „Minuta, autografo, libro d'autore". In: C. Questa; R. Raffaelli (Hrsg.): Atti del Convegno Internazionale *Il libro e il testo*, Urbino, 20–23 settembre 1982. Urbino: Edizioni QuattroVenti, 397–414.
Pfeiffer, R. (1982): Die Klassische Philologie von Petrarca bis Mommsen (aus dem Engl. übertr. von Marlene und Erwin Arnold). München: Beck.

Pfeiffer, R. (1978): Geschichte der Klassischen Philologie. Von den Anfängen bis zum Ende des Hellenismus (aus dem Engl. übertr. von Marlene Arnold). 2. Aufl. München: Beck.
Pöhlmann, E. (2003): Einführung in die Überlieferungsgeschichte und in die Textkritik der antiken Literatur. 2 Bde. Darmstadt: WBG.
Pöhlmann, E. (2002): „Textgeschichte". In: Der Neue Pauly. Stuttgart: Metzler, Bd. 11, 211–222.
Prinz, O. (1951. 1953): „Zur Präfixassimilation im antiken und frühmittelalterlichen Latein". In: Archivum Latinitatis Medii Aevi 21, 87–115; 23, 35–60.
Reeve, M.D. (2011): Manuscripts and Methods. Essays on Editing and Transmission. Roma: Edizioni di Storia e Letteratura.
Reeve, M.D. (1998): „Shared Innovations, Dichotomies, and Evolution". In: A. Ferrari (Hrsg.): Filologia classica e filologia romanza. Esperienze ecdotiche a confronto (Atti del Convegno Roma 27–27 maggio 1995). Spoleto: Centro Italiano di Studi sull'Alto Medioevo, 445–505 (zugleich Reeve, M.D. 2011, 55–103).
Reeve, M.D. (1994): „Errori in autografi". In: P. Chiesa; L. Pinelli (Hrwg.): Gli autografi medievali. Problemi paleografici e filologici. Spoleto: Centro Italiano di Studi sull'Alto Medioevo, 37–60 (zugleich Reeve, M.D. 2011, 3–23).
Reeve, M.D. (1989): *„Eliminatio codicum descriptorum*. A Methodological Problem". In: J.N. Grant (Hrsg.): Editing Greek and Latin texts. New York, NY: AMS Press, 1–35 (zugleich Reeve, M.D. 2011, 145–174).
Reeve, M.D. (1986): „Stemmatic Method: «Qualcosa che non funziona»?". In: P. Ganz (Hrsg.): The Role of the Book in Medieval Culture. Turnhout: Brepols, 57–69 (zugleich Reeve, M.D. 2011, 27–44).
Reeve, M.D. (1969): „Author's Variants in Longus?". Proceedings of the Cambridge Philological Society 15, 75–85.
Reynolds, L.D. (2000): „Experiences of an Editor of Classical Latin Texts." Revue d'histoire des textes 30, 1–15.
Reynolds, L.D. (Hrsg.) (1983): Texts and Transmission. A Survey of the Latin Classics. Oxford: Clarendon Press.
Reynolds, L.D.; Wilson, N.G. (1968): Scribes and Scholars. A Guide to the Transmission of Greek and Latin Literature. Oxford: Oxford University Press.
Ribbeck, O. (1866): Prolegomena Critica ad P. Vergili Maronis Opera Maiora (P. Vergili Maronis Opera V). Leipzig: Teubner.
Richter, F. (1923): De Mario Victorino, Ciceronis Rhetoricorum librorum, qui vocantur *De inventione*, interprete. Diss. Göttingen (ungedruckt).
Sauppe, H. (1841): Epistola Critica ad Godofredum Hermannum philologorum principem ante hos quinquaginta annos magisterii honores rite adeptum. Leipzig: Weidmann.
Schmidt, P.L. (1988): „Lachmann's Method. On the History of a Misunderstanding". In: A.C. Dionisotti et al. (Hrsg.): The Uses of Greek and Latin. Historical Essays. London: The Warburg Institute, University of London, 227–236.
Scholz, U.W.; Wiener, C. (2009): Persius-Scholien. Die lateinische Persius-Kommentierung der Traditionen A, D und E. Wiesbaden: Reichert.
Skeat, T.C. (1956): „The Use of Dictation in Ancient Book-Production". Proceedings of the British Academy 42, 179–208.
Süss, W. (1969): Lachen, Komik und Witz in der Antike. Zürich: Artemis.
Tarrant, R.G. (1995): „Classical Latin Literature". In: D.C. Greetham (Hrsg.): Scholarly Editing. A Guide to Research. New York, NY: The Modern Language Association of America, 95–148.

Tarrant, R.G. (1989): „The Reader as Author. Collaborative Interpolation in Latin Poetry". In: J.N. Grant (Hrsg.): Editing Greek and Latin Texts. New York, NY: AMS Press, 121–162.
Tarrant, R.G. (1987): „Toward a Typology of Interpolation in Latin Poetry". Transactions of the American Philological Association 117, 281–298.
Teeuwen, M. (2009): „The Pursuit of Secular Learning. The Oldest Commentary Tradition on Martianus Capella". Journal of Medieval Latin 18, 36–51.
Timpanaro, S. (1963): La Genesi del Metodo del Lachmann. Florenz: Le Monnier (hier zitiert nach der dt. Übersetzung ²1971: Die Entstehung der Lachmannschen Methode. Hamburg: Buske).
Weeber, K.-W. (2006): Humor in der Antike. Stuttgart: Reclam.
West, M.L. (2011): The Making of the Iliad. Disquisition & Analytical Commentary. Oxford: Oxford University Press.
West, M.L. (2003): „*Iliad* and *Aethiopis*." The Classical Quarterly 53:1, 1–14.
West, M.L. (2001): Studies in the Text and Transmission of the Iliad. München: Saur.
West, M.L. (1973): Textual Criticism and Editorial Technique Applicable to Greek and Latin Texts. Stuttgart: Teubner.
West, S. (1967): The Ptolemaic Papyri of Homer. Köln: Westdeutscher Verlag.
von Wilamowitz-Moellendorff, U. (1928): Erinnerungen 1848–1914. Leipzig: Koehler.
Willis, J. (1972): Latin Textual Criticism. Urbana, IL: University of Illinois Press.
Zetzel, J.E.G. (1984): Latin Textual Criticism in Antiquity. Salem, MA: The Ayer Company.
Zuntz, G. (1965): An Inquiry into the Transmission of the Plays of Euripides. Cambridge: Cambridge University Press.
Zwierlein, O. (2009): „Textkritisches zu den Digesten Justinians". In: H. Altmeppen et al. (Hrsg.): Festschrift für Rolf Knütel zum 70. Geburtstag. Heidelberg: C.F. Müller Verlag.
Zwierlein, O. (2004a): „Lesarten-Varianz und Zweitfassung. Von Homer bis zu Fabio Chigis ‚Pompeius'". In: O. Zwierlein: Lucubrationes Philologae. 2 Bde. Berlin: de Gruyter, II 1–28.
Zwierlein, O. (2004b): Lucubrationes Philologae. 2 Bde. Berlin: de Gruyter.
Zwierlein, O. (1999): Die Ovid- und Vergil-Revision in tiberischer Zeit. Band I: Prolegomena. Berlin: de Gruyter.
Zwierlein, O. (1989): „Jupiter und die Frösche". Hermes 117, 182–191 (zugleich Zwierlein 2004b 2004b, II 283–293).
Zwierlein, O. (1986): Kritischer Kommentar zu den Tragödien Senecas. (= AbhAkW Mainz, geistes- und sozialw. Klasse, 6). Stuttgart: Franz Steiner.
Zwierlein, O. (1980): „Weiteres zum Seneca tragicus (IV)". Würzburger Jahrbücher für die Altertumswissenschaft N. F. 6, 181–195 (zugleich Zwierlein 2004b, I 297–313).
Zwierlein, O. (1976): „Vers-Interpolationen und Korruptelen in den Tragödien Senecas". Würzburger Jahrbücher für die Altertumswissenschaft N. F. 2, 181–217 (zugleich Zwierlein 2004b, I 157–200).

Michael Hollmann, André Schüller-Zwierlein
# Epilog: Grundlagen zukünftiger Zugänglichkeit

‚Grenfell, Hunt!' he heard the voice abjure,
‚Prevent Apollo's favourite play becoming mere manure. [...]'
(Tony Harrison, *The Trackers of Oxyrhynchus*, 1990)

Die in den Beiträgen des Bandes beschriebenen Prozesse bilden den logischen Rahmen für eine systematische Sicht der Überlieferung als Zugänglichhaltung von Information. Aus dieser systematischen Sicht lassen sich verschiedene Konsequenzen für das gesellschaftliche Handeln ableiten – drei zentrale Konsequenzen sollen hier thesenhaft skizziert werden: Dauerhafte Zugänglichkeit erfordert einen wirksamen Überlieferungsdiskurs, eine systematische Überlieferungsplanung und eine interdisziplinäre Überlieferungswissenschaft.

## Überlieferungsdiskurs

Der größte Okklusionsfaktor der Überlieferung ist die mangelnde Motivation, sich mit dem Gegenstand zu beschäftigen. Warum es diachrone Zugänglichkeit überhaupt braucht, ist nicht unumstritten. Dementsprechend sind Überlieferungsinstitutionen laufend bedroht. Institutionen unterliegen als „eminent geschichtliche Sachverhalte" (Melville 1992, 35) ohnehin „einer doppelten Gefährdung", erstens „durch Veränderungen des Gesellschaftssystems im ganzen" und zweitens „durch die Änderung des Akzeptanzverhaltens der Individuen" (Melville 1992, 109). Daher haben Institutionen neben anderen Funktionen auch immer eine auf ihr eigenes Überleben und das ihrer Tätigkeiten bezogene Funktion. Teil dieser Überlebenssicherung ist der motivierende Diskurs: Die öffentliche Motivierung der Überlieferung ist demnach allererste Aufgabe der Überlieferungsinstitutionen. Von entsprechend großer Bedeutung ist es, die heutigen Überlieferungsdiskurse zu analysieren und zu untersuchen, ob nicht in ihnen selbst einige der Probleme begründet liegen, mit denen Überlieferungsinstitutionen heute kämpfen. Die derzeit gängigen Diskurse, Begriffe und Metaphern – beispielsweise die Rede von ‚Kulturschätzen', ‚Kulturellem Erbe' oder ‚Kulturellem Gedächtnis' –, die unbestreitbar in vielen Bereichen die Arbeit an der Überlieferung voranbringen, haben auch einige Risiken und Nebenwirkungen, die oft nicht erkannt werden; diese sollen hier herausgearbeitet werden. Die Diskurse sind nach einer Reihe von Kriterien zu analysieren und zu beurteilen, die aus den Analysen der Beiträge abgeleitet werden können: 1. Der

Diskurs sollte auf einer konkreten Vorstellung von Information und Informationsobjekten beruhen. 2. Er sollte auf einem Verständnis der laufenden Unzugänglichwerdung von Information und der Überlieferung als notwendig laufender Tätigkeit des proaktiven Zugänglichhaltens basieren. 3. Er sollte die Relevanz der Informationen und Objekte definieren und herausheben. Am Ende des Abschnitts wird Bilanz gezogen und ein Vorschlag zu einem geeigneten Diskurs gemacht.

Viele motivierende Diskurse versuchen, die Objekte selbst (oder auch ihre Sammler oder Sammlungsinstitutionen) mit einem Pathos, einer Aura zu versehen, von der sie sich eine immunisierende Wirkung und eine dauerhafte Erhaltung erhoffen. Dies ist z.B. bei der verbreiteten Rede von ‚Kulturschätzen' der Fall. Die Stoßrichtung dieses Diskurses ist jedoch unklar: Entweder appelliert er an einen rein finanziellen Wert oder an ein so vages Pathos, dass er dauerhaft nicht ausreichend sein kann – viele Menschen, die Ausstellungen von ‚Kulturschätzen' besichtigen, können nicht definieren, was eigentlich daran schätzensoder schützenswert ist. ‚Schätze' haben keine personenbezogene Relevanz. Die Rede von ‚beeindruckenden Kulturschätzen' impliziert oft die Haltung „flüchtiger Spaziergänger in der Historie" (Nietzsche 1999, 327). Die Kollokation ‚wertvolle Altbestände' ist daher ebenso fatal (der *Wert* einer Linux-Datei ist völlig uninteressant) wie die Rede von in Bibliotheken ‚lagernden' ‚Kulturschätzen'. Der Kulturschatz-Diskurs erfüllt keines der oben genannten Kriterien: Er basiert auf keiner konkreten Vorstellung von Information oder Informationsobjekten, schafft als statischer, objekt- und vergangenheitszentrierter Begriff kein Verständnis für die laufende, multidimensionale Unzugänglichwerdung von Information und hebt zwar eine gewisse Relevanz heraus, lässt sie aber undefiniert. Dennoch herrscht in der breiten Bevölkerung wie in den Medien die Vorstellung der heiligen Schatzkammer, das Pathetisch-Monumental-Geheimnisvoll-Labyrinth-Schatzkammerartige mindestens von Bibliotheken und Archiven immer noch als zentrales Charakteristikum vor. Es gibt immer mehr sakralisierende Fotobände zu Bibliotheken (z.B. Höfer 2005), sie tauchen als ehrwürdige Kulisse in Filmen, Krimis und Politiker-Interviews, als *presidential libraries* und in Kanzlerbüros auf. Auch bei heutigen Architekten scheint dieses sakral-monumentale Ideal oft weiterzuleben. Wenn das Museum so selbst Teil der Sammlung wird, ist dies mindestens der Versuch einer Immunisierung des Enthaltenen, ein Beitrag zu seiner Überlieferung. Objekt und Institution haben, so könnte man sagen, gegenseitig pathosverstärkende – und damit überlebenssichernde – Wirkung.[1] Bei der Aufführung als

---

[1] Dieser sakral-monumentale Charakter wird selbst bei elektronischen Archiven angestrebt: Das Internet Archive etwa residiert neuerdings in einer ehemaligen Kirche: http://de.wikipedia.org/wiki/Internet_Archive.

‚Schatzkammer' wird die Wichtigkeit des Enthaltenen jedoch letztlich allein aus dem finanziellen Wert und einer vagen kulturellen Bedeutung hergeleitet, was für die politische Förderung oft durchaus funktionieren mag, die laufende, multidimensionale Unzugänglichwerdung jedoch auf der Strecke lässt – und damit eine systematische Überlieferung.

Ein weiterer ubiquitärer Diskurs ist die Rede von Kulturgut oder kulturellem Erbe, der sich im 20. Jahrhundert entwickelt hat (vgl. z.B. Muñoz Viñas 2011, 37; Allianz 2009; Klimpel/Keiper 2013, 139–152, sowie den Beitrag von Robertson-von Trotha und Schneider im vorliegenden Band). Kulturgut und Kulturerbe werden meist aus nationalstaatlicher Sicht definiert (vgl. z.B. Poulot 2001, 6–8).² Wie beim kulturellen Gedächtnis (s.u.) liegt hier der Schwerpunkt auf der Identitätsbildung – oft auch gegenüber Bedrohungen (vgl. Mohen 1999, 278; Poulot 2001, 7–8). Archive und andere Überlieferungsinstitutionen spielen international eine wichtige Rolle bei der Bildung und Perpetuierung nationaler, regionaler und auch individueller Identitäten (man denke nur an die Ahnenforschung). Die nötige theoretische Auseinandersetzung mit dem Begriff ‚Kulturerbe', wie sie z.B. in Frankreich seit den 1980ern stattgefunden hat (vgl. z.B. Babelon/Chastel 1994; Poulot 2001, 2006; Choay 1999; Mohen 1999, 23), ist in Deutschland jedoch unterentwickelt – international sind kulturelle Vorurteile/Färbungen in der Konstruktion von ‚kulturellem Erbe' sowie die problematische Beziehung eines identitätszentrierten Ansatzes zur Heterogenität der Vergangenheit oft betont worden. Derweil setzt sich die „véritable explosion d'entreprises patrimoniales" (Poulot 2001, 8) auch im elektronischen Bereich fort, oft mit nationaler Motivierung (vgl. Robertson-von Trotha/Hauser 2011, 11, 22; NDIIPP 2011, 1). Nicht immer wird dabei versucht, der kulturellen Komplexität gerecht zu werden (vgl. Robertson-von Trotha/Hauser 2011, 23). Kulturerbe- wie Kulturgut-Diskurs sind jedoch vor allem, ebenso wie der Schatz-Diskurs, anfällig für Emotionalisierung und Romantisierung – Walter Benjamin schrieb im *Passagenwerk*: „Wovor werden die Phänomene gerettet? Nicht nur [...] vor dem Verruf und der Mißachtung in die sie geraten sind [sondern] vor der Katastrophe wie eine bestimmte Art ihrer Überlieferung, ihre ‚Würdigung als Erbe' sie sehr oft darstellt. [...] Es gibt eine Überlieferung, die Katastrophe ist." (Benjamin 1991, V,1, 591) Ähnlich kritisierten Horkheimer und Adorno die „zum Kulturgut neutralisiert[e] Wahrheit" (Horkheimer/Adorno 1988, 47). Die Rede vom Kulturgut reduziert ein Informationsobjekt auf einen, ggf. national gedeuteten, vagen ideellen Wert, reduziert es zum bewundernswerten Objekt, anstatt sich damit zu beschäftigen, was die Informationen

---

2 Das UNESCO-Weltkulturerbe und die UNESCO World Heritage List (http://whc.unesco.org/en/list/) sind ein Versuch, diese nationale Sicht aufzubrechen.

für die heutige Zeit bedeuten – nicht umsonst muss bei der Rede vom ‚Erbe' gelegentlich betont werden, dass es noch ‚lebendig' ist (vgl. BSB 2003). Die Deklaration als Kulturerbe oder Kulturgut ist also eine weitere diskursive Schutzmethode. Sie beruht jedoch wiederum nicht auf einer konkreten Vorstellung von Information und Informationsobjekten. Sie macht die laufende Unzugänglichwerdung von Information und die Überlieferung als notwendig laufende Tätigkeit der Zugänglichhaltung nicht ausreichend deutlich, sondern ist auf statische Objekte fokussiert. Im Gegensatz zum Schatz-Diskurs betont und definiert sie immerhin – wenn auch mit eingeschränkter Geltung – die Relevanz der Objekte. Sie ist jedoch vergangenheitsorientiert und betont in den seltensten Fällen die Notwendigkeit der Zugänglichhaltung, Bewahrung und vernetzten Dokumentation der Gegenwart (also des derzeit Zugänglichen) als relevanter Information für die Zukunft – wie sie beispielsweise institutionelle Archive bereits heute in vielen Hinsichten leisten.

Der derzeit am weitesten verbreitete Diskurs ist der um den Begriff ‚Kulturelles Gedächtnis': Ausgehend von Jan Assmanns ägyptologischen Forschungen (vgl. z.B. Assmann 2013), die einen „Boom der Erinnerungskulturforschung" (Robertson-von Trotha/Hauser 2011, 15) ausgelöst haben, hat der Diskurs in einer breiten Zahl von Disziplinen Anwendung gefunden. Die Anglistin Aleida Assmann hat den Begriff selbst auf Überlieferungsinstitutionen übertragen, auf denen das kulturelle Gedächtnis als langfristiges Gedächtnis beruhe: „Mit diesen Institutionen sind spezialisierte Berufsfelder wie Kuratoren, Bibliothekare und Historiker verbunden, die die materiellen Bestände einer Kultur konservieren und deuten, und deren Beruf deshalb im weiteren Sinne die Erinnerung ist." (Assmann 2006, 3) Insbesondere werden Überlieferungsinstitutionen mit dem sogenannten Speichergedächtnis in Verbindung gebracht, das vom Funktionsgedächtnis zu unterscheiden ist:

> Das bewohnte Gedächtnis wollen wir das *Funktionsgedächtnis* nennen. Seine wichtigsten Merkmale sind Gruppenbezug, Selektivität, Wertbindung und Zukunftsorientierung. Die historischen Wissenschaften sind demgegenüber ein Gedächtnis zweiter Ordnung, ein Gedächtnis der Gedächtnisse, das in sich aufnimmt, was seinen vitalen Bezug zur Gegenwart verloren hat. Dieses Gedächtnis der Gedächtnisse schlage ich vor, *Speichergedächtnis* zu nennen. (Assmann 2010, 134)

Assmann geht also davon aus, dass gewisse Informationen außer Gebrauch kommen und an Relevanz verlieren können. Sie hebt jedoch auch die Bedeutung des Speichergedächtnisses „als ein Reservoir zukünftiger Funktionsgedächtnisse" hervor, „von dem aus die verengten Perspektiven auf die Vergangenheit relativiert, kritisiert, und nicht zuletzt: verändert werden können." (Assmann

2010, 140–141)³ Dieser Diskurs ist vielfach praxisbegleitend übernommen worden, z.B. in national ausgerichteten Projekten wie American Memory,⁴ Het Geheugen van Nederland⁵ oder der Schweizer „Memopolitik" (Wehrlin 2008), ebenso in der gängigen Rede von ‚Gedächtnisinstitutionen'.

Jenseits der ursprünglichen Zielrichtung und der innerfachlichen Bedeutung der Assmannschen Untersuchungen, um die es hier nicht gehen soll, hat die oft oberflächliche Anwendung der Gedächtnis-Metapher auf die Planung von Informationsinfrastrukturen und Überlieferungsmechanismen jedoch auch negative Konsequenzen, die sich absehen lassen, wenn man den Diskurs auf die oben genannten Kriterien prüft: Der Diskurs beruht, erstens, nur sehr eingeschränkt auf einer konkreten Vorstellung von Information und Informationsobjekten, nämlich insofern als er die Funktion von Information und Informationsobjekten als identitätsbildend heraushebt: Die Assmannschen Entwürfe „kreisen grundsätzlich um den Zusammenhang von Erinnerung und Identität." (Assmann 2010, 18) Sie beschreiben die Funktion von Informationsobjekten für die „‚kulturelle Kontinuierung' (oder: Traditionsbildung)" (Assmann 2013, 16). Dieser Fokus auf (nationaler, kultureller) Identität ist von hoher Bedeutung für die Kulturwissenschaften; er reduziert jedoch, oberflächlich auf die Planung von Informationsinfrastrukturen und Überlieferungsinstitutionen angewandt, die Polyfunktionalität von Information – wenn etwa ein Naturwissenschaftler Daten zum Verhalten eines Vulkans publiziert und viele Jahre später jemand danach recherchiert (s. z.B. Cerbai/Principe 1996), hat dies mit Erinnerung oder Identitätsbildung wenig zu tun – und schränkt damit deren Relevanz ein. Relevanz ist jedoch ein wesentlicher Überlieferungsfaktor (vgl. Kriterium 3). Ein identitätsbezogener Diskurs fasst nicht die volle Funktion und kulturelle Bedeutung von Überlieferungsinstitutionen.

Der Diskurs basiert, zweitens, kaum auf einem Verständnis der laufenden Unzugänglichwerdung von Information und der Überlieferung als notwendig laufender Tätigkeit: Zwar betont er die Rolle der Überlieferungsinstitutionen und des Speichergedächtnisses und sieht immerhin die Fortschreibung von Identität als laufende Tätigkeit. Die Gedächtnismetapher ist jedoch statisch und vergangenheitsorientiert: Die an Schiffers Unterscheidung zwischen *systemic* und

---

3 Von anderer Seite ist die These vorgebracht worden, im Internet vermischten sich Funktions- und Speichergedächtnis: „Das Internet ist aufgrund der enormen Menge an Überlieferungen, die es jetzt schon bereithält, Funktions- und Speichergedächtnis gleichermaßen." (Robertson-von Trotha/Hauser 2011, 49) Vgl. a. den Beitrag von Pscheida im vorliegenden Band.
4 Siehe http://memory.loc.gov/ammem/.
5 Siehe http://www.geheugenvannederland.nl/.

*archaeological context* (s. Schiffer 1996, 3–4) erinnernde, aber nicht deckungsgleiche Unterscheidung zwischen Funktions- und Speichergedächtnis beschäftigt sich zwar vereinzelt mit den Prozessen, die den Übergang vom einen zum anderen bilden (vgl. Assmann 2010, 22), sie hat jedoch keine Perspektive auf die Zugänglichkeit der jetzigen Gegenwart für die spätere Gegenwart, sondern fokussiert immer nur auf die jeweilige Gegenwart der subsumierenden Identität. Der Diskurs suggeriert zudem tendenziell die Stabilität von Information im Speichergedächtnis: Information ist jedoch nicht an sich langfristig stabil, sondern bedarf konstanter Zugänglichhaltung – wird sie unzugänglich, kann auch Identität nicht fortgeschrieben werden. Die binäre Unterscheidung zwischen Funktionalität (Funktionsgedächtnis) und Nicht-Funktionalität (Speichergedächtnis) verdeckt die Möglichkeit des Abnehmens von Funktionalität durch laufende Unzugänglichwerdung. Darüber hinaus ist die vage individualisierende Gedächtnismetapher Einfallstor für Autoren, die, in Analogie zum individuellen Gedächtnis, das kulturelle Vergessen als eigenständige Leistung bzw. als notwendige Kulturtechnik beschreiben (vgl. z.B. Butzer/Günter 2004, 9ff.; Jeudy 2008; Todorov 2004; Ricoeur 2003; Augé 2001; Mayer-Schönberger 2009). Diese von Aleida Assmann selbst eingeleitete (vgl. Assmann 2010, 411) Anwendung des Diskurses, der teilweise sogar überlieferungsplanerische Unternehmungen folgen (vgl. Wehrlin 2008, 4), ist jedoch exakt das, was im Beitrag von Schüller-Zwierlein als ‚Romantisierung des Verlusts' beschrieben wurde. Die Analogie ist so unzutreffend wie gefährlich, weil sie zu einer leichtfertigen Behandlung von Informationsobjekten führen kann: Es gibt einen logischen Unterschied zwischen Vergessen und Latenz, zwischen der Handlung, jemandem das Vergessen zu *ermöglichen*, und der, ihm die Chance auf Erinnerung zu *rauben*. Das Bewahren von Information impliziert nicht die *Pflicht*, sich zu erinnern, sondern die *Möglichkeit*. Was der Diskurs, so angewandt, also fördert, ist nicht Vergessen, sondern Lobotomie.

Bezüglich des dritten Kriteriums schließlich, der Definition und Heraushebung der Relevanz, ist die Unterscheidung in Funktions- und Speichergedächtnis insofern positiv, als sie immerhin auf das Thema Relevanz aufmerksam macht (hier für die Identitätsbildung). Gleichzeitig unterschätzt sie jedoch die Vielfältigkeit der Relevanz: Relevanz für wen? Funktional oder nicht-funktional für wen? Perpetuiert man diesen Diskurs mit Bezug auf Überlieferungsinstitutionen, wird eine mit angeblich ‚nicht-relevantem' Material gefülltes ‚Speichergedächtnis' letztlich immer der Bedrohung der Ressourcenknappheit und damit der Nicht-Überlieferung gegenüberstehen. Mit Blick auf das Relevanzkriterium und damit die Überlebenssicherung von Institutionen greift dieser Diskurs also deutlich zu kurz.

Ein weiterer motivierender Diskurs, der bislang in Bezug auf die Kulturelle Überlieferung nicht allzu bekannt ist, jedoch einiges Potenzial birgt, ist die intergenerationelle Gerechtigkeit (vgl. a. den Beitrag von Birnbacher in diesem Band). Die Vorstellung einer intergenerationellen Gerechtigkeit wurde erstmals von John Rawls in seinem Hauptwerk *A Theory of Justice* (1971) in die Theorie der Gerechtigkeit eingebracht (s. Rawls 1971, 284–293). Er dehnt die Frage der synchronen gerechten Güterverteilung auf das diachrone Verhältnis zwischen den Generationen aus:[6] „persons in different generations have duties and obligations to one another just as contemporaries do." (Rawls 1971, 293) Rawls definiert eine Gesellschaft als synchrone *und* diachrone gleichberechtigte Kooperation (s. Rawls 1971, 289). Dementsprechend muss jede Generation für die folgende vorsorgen, im Sinne einer – im Gegensatz zur synchronen Symmetrie der Gleichverteilung – konsekutiven Gerechtigkeit (s. Rawls 1971, 285–290). Diese Verantwortung bezieht bereits Rawls auch auf kulturelle Erzeugnisse (s. Rawls 1971, 288). Nur einige wenige Beiträge haben jedoch bislang die Bewahrung der Zugänglichkeit von Information für zukünftige Generationen entsprechend als ethisches Problem formuliert (s. z.B. Kuhlen 2002, 2004a, 2004b; Lievrouw/Farb 2003; WSIS 2003; UNESCO 2009). Die Grundlagen für eine Ausarbeitung hat der französische Jurist François Ost in einem wichtigen, aber wenig bekannten Aufsatz (Ost 1998) skizziert. Rawls' Gerechtigkeitstheorie, so Osts These, sei auch auf die kulturelle Überlieferung, die „transmission de patrimoine" (Ost 1998, 453) anwendbar. In diesem Modell würde die Idee der Überlieferung an die jeweils nächste Generation die vorherrschende synchrone Vorstellung des symmetrischen Austauschs von Information ergänzen (s. Ost 1998, 461). Diese Transmission sieht er auch als sprachliche und kulturelle, die ebenfalls aus der synchronen auf die diachrone Ebene zu übertragen ist: „l'échange langagier [...] comme pratique horizontale de la communication que comme norme verticale de la transmission" (Ost 1998, 461; vgl. Debray 2000, 2; Poulot 2001, 4). Überlieferung wird so als konsekutive Gerechtigkeit interpretiert: „Il ne s'agirait plus cette fois de donner *pour* recevoir, [...] mais de donner *parce qu'*on a déjà reçu." (Ost 1998, 467) Bibliotheken, Archive und andere Überlieferungsinstitutionen wären so als grundlegende Mittel intergenerationeller Kooperation zu verstehen. Ost arbeitet diesen der Umweltethik verwandten Ansatz nicht aus – er könnte jedoch für die Motivierung der kulturellen Überlieferung von Bedeutung sein: Für die diachrone Zugänglichmachung müssten so dieselben Gesetze gelten (und dieselben Ressourcen eingesetzt werden) wie für die synchrone Zugänglichmachung. So wie die intergenerationelle Gerechtigkeit ein Sonderfall der Gerechtigkeit ist, ließe sich die Überlieferung als ein Sonderfall der Zugänglichmachung sehen. Im Sinne der Rawls-Sen-

---

[6] Vgl. hierzu z.B. Barry 1979; Tremmel 2006; http://generationengerechtigkeit.de/; http://www.intergenerationaljustice.org/.

Debatte (vgl. Schüller-Zwierlein/Zillien 2012, 24–30) wäre hier zudem von einem erweiterten Zugänglichkeitsbegriff auszugehen, der umfasst, dass zukünftige Generationen nicht nur ein Informationsobjekt vorfinden, sondern die vorhandene Information auch wirklich für ihre eigenen Zwecke nutzen können – also wiederum der Schritt von der Überlieferung des Objekts zur diachronen Zugänglichhaltung von Information für die nächste Generation. Analysiert man diesen Diskurs nach den genannten Kriterien, so basiert er bislang weniger auf einer konkreten Vorstellung von Information und Informationsobjekten als auf einer breiten Vorstellung kulturellen Erbes (s.o.). Er spiegelt kein explizites Verständnis der laufenden Unzugänglichwerdung von Information wider, weckt jedoch durch sein Konsekutivprinzip Verständnis für die Überlieferung als laufende Tätigkeit. Und schließlich stellt er bislang auch nicht konkret die Relevanz der Informationen heraus, hat jedoch Potenzial für eine systematische Ausarbeitung.

Wie kann ein Fazit lauten? Zunächst ist festzuhalten, dass ein oder mehrere entsprechende Diskurse notwendig sind. Nur wenn ein geeigneter motivierender Diskurs (oder mehrere) laufend erhalten wird, wird auch die Tätigkeit des Überlieferns laufend betrieben; der laufende Diskurs ist für die Überlieferung wie der laufende Strom für elektronische Medien. Aber welche Diskurse eignen sich, um die Überlieferung als laufende Aufgabe aktuell zu halten: „How do we make long-term thinking automatic and common instead of difficult and rare? How do we make the taking of long-term responsibility inevitable?" (Brand 1999, 2) Zusammenfassend lässt sich mit Blick auf die Kriterien sagen: Kaum einer der derzeit verwendeten Diskurse beruht auf einer konkreten Vorstellung von Information und Informationsobjekten. Ist jedoch nicht klar, *was* überliefert werden soll, ist auch nicht zu vermitteln, *warum* es überliefert werden soll. Kaum einer der Diskurse ist zudem dafür empfindlich, dass Unzugänglichwerdung mehr umfasst als den Zerfall von Objekten. Dementsprechend finden viele Okklusionsprozesse derzeit unbemerkt statt und können nur punktuell behoben werden. Das Bewusstsein der laufenden Tätigkeit der Zugänglichhaltung wird kaum geweckt. Begriffe wie Schatz, Erbe oder Gedächtnis verdeutlichen, schließlich, nur in sehr begrenztem Maße, warum die bewahrten Objekte/Informationen relevant sind, oft wird Relevanz auf die nationale Relevanz eingeschränkt. Die Relevanz sollte jedoch handlungsleitend für die Überlieferung sein – insbesondere mit Blick auf die Vielfalt der Interessen und der Zielpublika (Relevanz für *wen*?): Jeder Verlust relevanter Information ist ein Verlust von bereits Erarbeitetem, wenn man so will ein zivilisatorischer Rückschritt. Daneben sind die meisten Diskurse rein vergangenheitsorientiert – Bewahrung, vernetzte Dokumentation und Zugänglichhaltung der Gegenwart als zukünftiger Vergangenheit spielen meist keine Rolle; sie sind jedoch für eine systematische Überlieferungsplanung und für die zukünftige Interpretationsvielfalt von hoher Bedeutung.

Vorgeschlagen wird hier daher, die Überlieferung von Informationsobjekten als *Zugänglichhaltung der Gegenwart* darzustellen – genauer: als die laufend notwendige diachrone *Zugänglichhaltung gegenwärtig vorhandener Information (inklusive des bislang Überlieferten) als (potentiell, putativ) zukünftig relevanter Information*. Hierzu bedarf es einerseits einer relevanzbasierten Inversion unseres Verständnisses von Zugang: Verschaffen wir uns Zugang zu Information oder verschaffen wir nicht eher Information Zugang zu uns? Informationen zu rezipieren bedeutet, ihnen zu erlauben, uns zu beeinflussen – ihre (potenzielle, putative) Relevanz anzuerkennen. Andererseits sollten wir für spätere Zeitalter nicht als das *age of access* gelten, sondern als das *accessible age* – also ein Zeitalter, das sich und seine Vergangenheit für spätere Zeitalter zugänglich gehalten hat. Analog Amartya Sens *capability approach* (vgl. Schüller-Zwierlein/Zillien 2012, 24–30) müssen wir dazu nicht nur Objekte überliefern, sondern die nachfolgenden Generationen *in die Lage versetzen*, unsere Lebensumstände nachzuvollziehen (per se oder um Nutzen daraus zu ziehen). Dies erfordert ein radikales Umdenken: Überliefern als Zugänglichhaltung ist ein permanenter, arbeitsintensiver Prozess. Diese beinhaltet nicht nur die Überlieferung von Objekten, die *allein* nur sehr eingeschränkt Zugänglichkeit erhält; zur diachronen Zugänglichhaltung gehört mehr – das Aufgabenspektrum der ‚Überlieferungsinstitutionen' ist deutlich zu erweitern.

## Überlieferungsplanung

Ebenso unabdingbar wie ein laufender motivierender Diskurs ist die laufende systematische Planung der Überlieferungsprozesse. Die Geschichte systematischer Überlieferungsversuche ist seit der Antike belegbar (vgl. z.B. Canfora 2002, 185; Karmon 2011). Das 19. Jahrhundert brachte hier wesentliche Fortschritte (vgl. Robertson-von Trotha/Hauser 2011, 264; Mohen 1999, 40–42; BBK 2012, 4), im 20. Jahrhundert wurden so grundlegende Strukturen geschaffen wie die Haager Konvention zum Schutz von Kulturgut bei bewaffneten Konflikten (1954) (vgl. BBK 2012). Auch hier ist zu fragen: Welche Kriterien muss eine Überlieferungsplanung erfüllen und wie erfüllen sie existente Planungsbestrebungen?

Das erste und zentralste Kriterium ist, dass die Planung *koordiniert und koordinierend* sein sollte: „Da die technischen Lösungen [...] mit der Zeit [...] veralten und ersetzt werden müssen, sind die organisatorisch-strategischen Maßnahmen [...] von entscheidender Bedeutung." (Nestor 2010, Kap. 9:2; vgl. a. Robertson-von Trotha/Hauser 2011, 302) Dies kann beispielsweise die Koordination zwischen verschiedenen Institutionen, Organisationen, Projekten und Stakeholders sowie die Schaffung entsprechender dauerhafter Strukturen betreffen: Institutionen müssen garantiert werden, um garantieren zu können. Eine stabile Zukunftsplanung kann bestehende Institutionen nicht als gegeben hinnehmen, sondern muss ihr Überleben und ihre Zusammenarbeit koordinieren. In Deutschland wie auch in den USA, Großbritannien oder den Niederlanden existiert jedoch keine nationale *koordinierende* Institution für den gesamten Bereich der kulturellen Überlieferung.[7] Auch fachübergreifende regionale Lösungen sind die Ausnahme. In den meisten Ländern gibt es lediglich Kompetenznetzwerke, einzelne Institutionen mit engem Fokus, NGOs und, insbesondere, befristete Drittmittelprojekte.[8] Der deutsche Föderalismus verkompliziert die Lage noch einmal, indem er asynchrone und heterogene – und damit schwerer zu bekämpfende – Okklusionsprozesse bewirkt (vgl. Fabian 2005, 460; Fabian 2007, 4–5).

In einigen begrenzten Bereichen sind in Deutschland jedoch *koordinierte* Lösungen geschaffen worden, etwa im Archivbereich. Hier existiert mit dem Zentralen Bergungsort der Bundesrepublik Deutschland, dem Barbarastollen in Oberried bei Freiburg im Breisgau, eine nationale Strategie für Bestände von nationaler Bedeutung. Finanziert vom Bundesamt für Bevölkerungsschutz und Katastrophenhilfe, werden hier Sicherungsfilme von Archivalien, Akten und anderen wertvollen Kulturgütern (sogenannte Spitzenbestände) eingelagert (vgl. BBK 2012). Die Schaffung von haltbaren Zweitformen neben Original und ggf. Digitalisierung bei diesem Projekt stellt im Sinne der technologischen Redundanz einen wichtigen Wegweiser für eine systematische Überlieferungsplanung dar. Abgesehen davon, dass hier rein objektzentriert vorgegangen wird – die Vielzahl der Okklusionsprozesse spielt hier keine Rolle –, geht von hier jedoch keine Koordinierung weiterer Institutionen aus. Einem weiteren Versuch in Richtung einer koordinierten Lösung, dem Positionspapier zur „Überlieferung im Verbund" des Arbeitskreises Archivische Bewertung im Verband deutscher Archivarinnen und Archivare (2011), sind noch keine größeren strukturellen Änderungen gefolgt (vgl. Pilger 2012 sowie den Beitrag von Pilger im vorliegenden Band).

Im Bibliotheksbereich sind mindestens im Bereich der Originalerhaltung wichtige Schritte gemacht worden, etwa die von Bernhard Fabian initiierte Sammlung Deutscher Drucke, die den Erwerb noch nicht vorhandener histori-

---

[7] Das britische National Preservation Office (gegr. 1904) wurde im Jahre 2009 in British Library Preservation Advisory Centre umbenannt und damit im Status reduziert (http://www.dpconline.org/newsroom/not-so-new/531-new-agreement-between-dpc-and-british-library-preservation-advisory-centre). Die ursprünglich nationale integrierte Bestandserhaltungsstrategie in den Niederlanden (Metamorfoze) hat sich – passend zum Namen – nach eigener Aussage in ein Massendigitalisierungsprogramm verwandelt (vgl. http://www.metamorfoze.nl/geschiedenis).
[8] Ausnahme ist hier vielleicht die Schweizer „Memopolitik"; vgl. Wehrlin 2008.

scher Originalschriften koordiniert und letztlich eine verteilte Nationalbibliothek definiert (vgl. Fabian 2008, 4). Zudem haben sich große deutsche Bibliotheken und Archive sowie Regierungsvertreter und Vertreter von Förderorganisationen mit Unterstützung der Volkswagenstiftung 2001 zur „Allianz zur Erhaltung des schriftlichen Kulturgutes" zusammengeschlossen. Ihre zentralen Aktionen sollen lokale Aktivitäten von Bibliotheken und Archiven unterstützen und öffentliches Engagement im Hinblick auf Erhalt und Restaurierung von Originalobjekten fördern.[9] Eine koordinierende Funktion kann der Allianz jedoch bislang nicht wirklich zugeschrieben werden: Nachdem die Chance der Entwicklung einer nationalen Strategie in der Folge einer von der Volkswagenstiftung finanzierten Studie 2004/2005 vertan wurde,[10] konnte im Jahre 2009 Bundespräsident Köhler lediglich eine „Denkschrift" der Allianz überreicht werden (vgl. Bürger 2009, 208). In dieser Denkschrift wurden allerdings umfassende programmatische Aussagen gemacht: Der Bund solle „die Federführung für die Erarbeitung einer nationalen Konzeption" übernehmen, die Länder „Landeskonzepte erarbeiten und miteinander abstimmen"; zudem sollten umfangreiche zusätzliche Mittel bereitgestellt und neue und nachhaltige Verfahren für die Sicherung von Archiv- und Bibliotheksgut entwickelt werden (s. Bürger 2009). Die Denkschrift hält darüber hinaus wichtige Grundsätze fest, z.B. die Komplementarität von Originalerhalt und Reproduktion (s. Allianz 2009, 4), macht Vorschläge zur Rollenverteilung (8–9), mahnt methodische Desiderate an (14) und verweist auf die Sinnhaftigkeit der Zusammenarbeit mit Institutionen der digitalen Langzeitarchivierung (13). Angesichts des oben Beschriebenen liegt der Hauptnachteil dieser Bestrebungen jedoch offen zutage: Die Denkschrift folgt einer eingeschränkten, objektzentrierten Sicht der kulturellen Überlieferung und nimmt die Vielzahl der Okklusionsprozesse und die Ubiquität der Unzugänglichwerdung von Information nicht wahr – Originalerhalt ist nur *ein* Teil einer systematischen Überlieferung, wenn auch ein wichtiger. Die Denkschrift ist zudem recht eng auf einige Medienformen fokussiert. Immerhin resultierte die Forderung der Denkschrift, „eine zentrale Koordinierungsstelle" zu bilden, „die für ein arbeitsteiliges Vorgehen [...] sorgt und die Mittelverteilung organisiert" (Allianz 2009, 15), 2011 in der Gründung der von Bund und Ländern getragenen „Koordinierungsstelle für die Erhaltung des schriftlichen Kulturguts (KEK)", die einen maßgeblichen Fortschritt im Bereich der Originalerhaltung darstellt (vgl. den Beitrag von Hartwieg im vorliegenden

---

**9** Vgl. http://www.allianz-kulturgut.de/; Allianz 2009.
**10** Zur Studie s. http://www.opus-bayern.de/bib-info/volltexte/2005/46/, zur Geschichte des Projekts http://www.uni-muenster.de/Forum-Bestandserhaltung/forum/2004-05.shtml.

Band).¹¹ Zudem existieren in einzelnen Bundesländern landesweite Bestandserhaltungskonzepte (z.B. Schleswig-Holstein). Die AG Bestandserhaltung des Deutschen Bibliotheksverbands¹² sowie das Forum Bestandserhaltung¹³ sorgen für die laufende Information der mit dem Thema Befassten.

Im Bereich der elektronischen Langzeitarchivierung sind, ausgehend von der Erkenntnis, dass hier neben technischen auch organisatorische Lösungen erforderlich sind, in Deutschland einige wichtige Schritte gemacht worden. Zentral hierbei ist die Gründung des Kompetenznetzwerks nestor im Jahre 2003.¹⁴ Angesichts der Vielzahl der Methoden und (oft befristeten) Einzelprojekte in diesem Bereich stellt nestor den Versuch einer Bündelung der deutschen Projekte und einer internationalen Vernetzung dar. nestor bietet umfassende Informationsangebote auf seiner Website, die nestor-Publikationen fassen jeweils den neuesten Forschungsstand zusammen. Dementsprechend kann hier von einer koordinierenden Funktion vor allem durch die Bündelung und damit ggf. Standardisierung von Kenntnissen und Methoden gesprochen werden. Eine direkte Steuerung oder interinstitutionelle Koordination der dauerhaften Zugänglichhaltung geht jedoch von nestor ebenso wenig aus wie etwa vom „Bundesratsbeauftragten für Digitalisierung und Online-Zugänglichkeit kulturellen Materials und dessen digitaler Bewahrung", von der Europeana oder der Deutschen Digitalen Bibliothek. „Es fehlt eine abgestimmte nationale Strategie und Kooperationsstruktur zur digitalen Langzeitarchivierung." (Klimpel/Keiper 2013, 46) Jenseits von programmatischen Erklärungen wie dem Berliner Appell zum Erhalt des digitalen Kulturerbes (s. Berliner Appell 2013) und dem Thesenpapier des Deutschen Bibliotheksverbandes „Deutschland braucht eine nationale Digitalisierungsstrategie" (s. DBV 2011) soll die 2013 veröffentlichte Ausschreibung „Langzeitverfügbarkeit im Rahmen der Neuausrichtung überregionaler Informationsservices" der Deutschen Forschungsgemeinschaft¹⁵ den Anstoß zu überregionalen Strukturen und Services in diesem Bereich geben. Hierbei ist zu beachten, dass die elektronische Langzeitarchivierung „keine nationale, sondern eine internationale Herausforderung und Aufgabe" (Klimpel/Keiper 2013, 200–201) ist.

---

11 Siehe a. http://www.kek-spk.de/home/; eine erste Tätigkeitsbilanz findet sich in Hartwieg 2012.
12 Siehe http://www.bibliotheksverband.de/fachgruppen/arbeitsgruppen/bestandserhaltung.html.
13 Siehe http://www.forum-bestandserhaltung.de/.
14 Siehe http://www.langzeitarchivierung.de/Subsites/nestor/DE/Home/home_node.html. Vgl. Nestor 2010, Kap. 2:3-4.
15 Siehe http://www.dfg.de/foerderung/info_wissenschaft/info_wissenschaft_13_36/index.html.

International ist die Lage durchaus vergleichbar: Es gibt im physischen Bereich zahlreiche einzelne Vereinbarungen, Verzeichnisse, Bündnisse und Projekte in den verschiedenen Bereichen, die sich auf den Erhalt von Objekten konzentrieren. Die Haager Konvention (vgl. BBK 2012, 4) etwa zielt auf den Schutz von Kulturgut in Kriegszeiten und verpflichtet in ihrem zweiten Protokoll (1999; erst 2010 von Deutschland ratifiziert) die Vertragsstaaten, Verstöße gegen die Konvention strafrechtlich zu ahnden sowie ein zwischenstaatliches Komitee einzurichten, das eine Liste entsprechender Kulturgüter führt (s. BBK 2012, 37).[16] Hiermit ist ein permanentes Kontrollorgan geschaffen – die Aktivitäten einzelner Institutionen werden jedoch hier nicht koordiniert. Zudem ist hier nur eine begrenzte ‚Elite' der Kulturgüter erfasst (vgl. BBK 2012, 33). Hinzu kommen Regelungen wie die UNESCO-Konvention gegen illegalen Handel mit Kulturgut,[17] die Roten Listen des durch Plünderung und illegalen Handel gefährdeten kulturellen Erbes pro Land/Region des Internationalen Museumsrats ICOM[18] und auch die „UNESCO Declaration Concerning the Intentional Destruction of Cultural Heritage" von 2003.[19] Daneben gibt es noch weitere internationale Vereinbarungen (z.B. die 2001er UNESCO Convention on the Protection of Underwater Cultural Heritage) sowie zahllose bilaterale Verträge, die teilweise jeweils nach bestimmter Zeit zu erneuern sind und auf einzelne Objektgruppen bezogen sind (vgl. Gerstenblith 2012). Ihr Programm des Weltkulturerbes erweiternd, hat die UNESCO zudem mit dem Memory of the World Programme begonnen, ein Weltdokumentenerbe zu definieren und damit spezifisch Informationsobjekte zu bewahren.[20] Dieser an sich lobenswerte Mechanismus ist jedoch höchst selektiv[21] und eher an Repräsentation als an der Zugänglichhaltung von Information orientiert. Zugleich hat dieser Schutzkanon kaum koordinierende Funktion bezüglich institutioneller Bestände (vgl. Neuheuser 2009, 158). Die Schäden an Kulturgut in Kroatien, Irak, Ägypten, Mali u.a.m. in den letzten Jahrzehnten zeigen, wie wichtig und wie schwierig all diese Anstrengungen sind. Letztlich, so muss man konstatieren, fehlt es ihnen an koordinierender Durchsetzungskraft: „the events in Egypt and Libya where cul-

---

16 Vgl. http://www.unesco.de/c_arbeitsgebiete/konv_haag.htm; http://portal.unesco.org/culture/en/ev.php-URL_ID=8450&URL_DO=DO_TOPIC&URL_SECTION=201.html; http://www.ifla.org/blueshield.htm. Zu verwandten deutschen Aktivitäten s. z. B. http://www.nike.bam.de/de/aktuell/index.htm; http://www.kulturgutschutz-deutschland.de/.
17 Siehe http://www.unesco.de/406.html.
18 Siehe http://www.icom-deutschland.de/schwerpunkte-kulturgueterschutz.php.
19 Siehe http://portal.unesco.org/en/ev.php-URL_ID=17718&URL_DO=DO_TOPIC&URL_SECTION =201.html.
20 Siehe http://unesdoc.unesco.org/images/0018/001877/187733e.pdf; s.a. UNESCO 2012.
21 Vgl. http://unesdoc.unesco.org/images/0012/001256/125637e.pdf.

tural heritage was at risk or damaged demonstrate that current international law is not sufficient to protect cultural heritage." (Gerstenblith 2012, 334)

Im elektronischen Bereich haben sich international – jenseits von programmatischen Erklärungen wie der Vancouver-Erklärung zum Gedächtnis der Menschheit im digitalen Zeitalter (vgl. Klimpel/Keiper 2013, 223–229) – eine Vielzahl von Initiativen unter Beteiligung von staatlichen Institutionen und NGOs gebildet, etwa die von der Library of Congress ausgehende National Digital Stewardship Alliance,[22] das DataNet Programme der US-amerikanischen National Science Foundation,[23] CLOCKSS[24] und LOCKSS,[25] Portico,[26] JSTOR,[27] HathiTrust,[28] DuraSpace,[29] das Internet Archive,[30] die Open Planets Foundation,[31] die britische Digital Preservation Coalition[32] und schließlich als übergreifendes Netzwerk die Alliance for Permanent Access (APA).[33] Allein die Vielzahl dieser Unternehmungen und ihre unterschiedlichen Trägerschaften zeigen, dass noch sehr viel an interinstitutioneller Koordination zu leisten ist. Hier ist z.B. zwischen zentral und dezentral, national und international zu übernehmenden Aufgaben zu differenzieren (s. Klimpel/Keiper 2013, 203). Hinzu kommt, dass neben staatlichen Institutionen eine Vielfalt weiterer Partner mit im Spiel ist, „from computer and materials scientists to legislators to for-profit publishers and distributors" (Smith 2004, 67). Ähnlich wie bei der Medienkunst ist es zunehmend notwendig, durch Zusammenarbeit mit Herstellern den Ingest handhabbar zu machen: „sollen [digitale Objekte] dauerhaft bewahrt werden, muss bereits bei ihrer Entstehung dafür gesorgt werden" (Nestor 2010, Kap. 3:17). Dies gilt insbesondere für die laufend neu entstehenden neuen Angebotsformen, etwa für an bestimmte Reader gebundene eBooks.[34] Im physischen Bereich ist die Zusammenarbeit mit den Herstellern jedoch ebenso notwendig, z.B. in Bezug auf die Alterungsbeständigkeit

---

22 Siehe http://www.digitalpreservation.gov/ndsa/; vgl. NDIIPP 2011.
23 Siehe http://www.researchinformation.info/news/news_story.php?news_id=577.
24 Siehe http://www.clockss.org/clockss/Home.
25 Siehe http://www.lockss.org/.
26 Siehe http://www.portico.org/digital-preservation/about-us.
27 Siehe http://www.jstor.org.
28 Siehe http://www.hathitrust.org/.
29 Siehe http://www.duraspace.org/about.php.
30 Siehe http://archive.org/index.php.
31 Siehe http://www.openplanetsfoundation.org/.
32 Siehe http://www.dpconline.org/newsroom/not-so-new/531-new-agreement-between-dpc-and-british-library-preservation-advisory-centre.
33 Siehe http://www.alliancepermanentaccess.org.
34 Siehe http://www.buchreport.de/nachrichten/nachrichten_detail/datum////amazon-wird-verleger.htm?no_cache=1&cHash=662a0f1f7a.

von Papier (vgl. Hofmann/Wiesner 2013, 57–87). Aber auch in anderen Bereichen ist die enge Koordination mit der Wirtschaft notwendig (die zu gegenseitiger Abhängigkeit führen kann; vgl. Smith 2004, 63), z.B. bei zur jeweiligen Zeit nur kommerziell herstellbaren Informationsobjekten oder bei der Einbindung kommerzieller Software-Hersteller.

Zur interinstitutionellen Koordination gehört auch die rechtliche Verankerung der Institutionen und ihrer Tätigkeiten. Dies ist in Deutschland teilweise umgesetzt, etwa im Gesetz über die Deutsche Nationalbibliothek,[35] daneben in den regionalen Pflichtexemplarrechten, den Archivgesetzen und den Regelungen zum Kulturgutschutz im Kriegsfall. Insbesondere im Urheberrecht gibt es hier jedoch beträchtlichen Nachholbedarf. Darüber hinaus sind eine Vielzahl an grundlegenden institutionellen Fragen zu klären – politische (wie der Eingriff des Bundes in föderale und wirtschaftliche Strukturen) ebenso wie strukturelle (wie die Klärung der Rolle der Hochschulbibliotheken bei der Überlieferung). Zudem bedarf es der Koordination mit anderen Planungen, etwa zur Nachhaltigkeit von Open Access-Strukturen (vgl. OCLC 2012), des Monitorings gefährdeter Institutionen (vgl. z.B. das British Library's Endangered Archives Programme),[36] der institutionellen Beratung privater Sammler (vgl. National Archives 2011), der Klärung des institutionellen Umgangs mit laufend entstehenden neuen Medienformen (vgl. Schäffler 2008, 257), der Klärung von Zuständigkeiten und Finanzierungswegen (vgl. Robertson-von Trotha/Hauser 2011, 320) sowie der Abhängigkeit staatlicher Institutionen von politischen Vorgaben (vgl. Rösler s.d., 1), und schließlich der Planung des Umgangs mit Überlieferungsobjekten nach der Schließung von Institutionen (vgl. Nestor 2010, Kap. 3:7). Die Überlieferungsplanung im Sinne der interinstitutionellen Koordinierung hat also noch einen weiten Weg zu gehen.

Die interinstitutionelle Koordination ist zu ergänzen durch die Koordination verschiedener Problemstellungen und Fachfragen: „Die Erhaltung der Kulturellen Überlieferung hat eine intellektuelle, eine technische und und eine ökonomische Seite. Sie müssen sinnvoll aufeinander bezogen werden." (Fabian 1996, 32–33) Die digitale ebenso wie die physische Bewahrung ist kein isolierter Prozess (s. Lavoie/Dempsey 2004): „There are also organizational, legal, industrial, scientific and cultural issues to be considered." (CCSDS 2012, 1–3) Zum Überlieferungsmanagement gehören „eine Menge Sachaspekte und damit auch viele Personen mit unterschiedlichen Kompetenzbereichen" (Feldmann 2008, 152): Institutionsmanagement und -politik, physische Bestandserhaltung, Magazinplanung,

---

35 Siehe http://www.gesetze-im-internet.de/dnbg/BJNR133800006.html; vgl. Nestor 2010, Kap. 9: 46.
36 Siehe http://eap.bl.uk/.

elektronische Langzeitarchivierung, Vertragsgestaltung, Gesetzgebung, Klimaforschung, Mikrobiologie, Informations- und Metadatenmanagement, Dokumentation, Fortbildung, Personalpolitik, Materialwissenschaft, Restaurierung, Museumskunde, Benutzungslogistik, Katastrophenpläne, Statistik, Aussonderung, IT-Zyklen, PR, Informationskompetenz u.v.m. Überlieferung ist also auch eine Frage des Wissenschaftsmanagements.

Zu koordinieren sind darüber hinaus fundamentale Fragen wie die, was eigentlich erhalten werden soll und wie – denn unter realen Bedingungen wird Überlieferung aktiv gebildet. Hierzu bedarf es erst einmal der Entwicklung geeigneter Methoden und Standards. Voraussetzung für eine nationale Bestandserhaltungsstrategie wäre eine systematische nationale Bestandsanalyse (z.B. im Hinblick auf Stücke mit Alleinbesitz). Hierzu bedürfte es einer vollständigen, einheitlichen und analysierbaren Datensammlung, die derzeit nicht existiert. Nationale Aussonderungsvereinbarungen sind bislang Mangelware.[37] Insbesondere jedoch fehlt es vor allem in Deutschland an methodischen Untersuchungen: Eine vorbildliche Untersuchung ist hier z.B. Schonfeld/Housewright 2009, die die zentrale Frage stellt: „What to withdraw?" – was kann nach einer Digitalisierung angesichts des Raum- und Kostendrucks aus gedruckten Sammlungen ausgesondert werden? Die Studie untersucht detailliert, zu welchen weiteren Zwecken, insbesondere welchen Überlieferungszwecken, gedruckte Exemplare innerhalb konkreter Zeithorizonte dienen können. So können für die verschiedenen Schriftenklassen explizite quantitative Bewahrungsziele und entsprechende interinstitutionelle Absprachen entwickelt werden. Insgesamt ist die Studie – auch wenn sie nur kleine Teile der Fragestellung abdeckt, bei weitem nicht alle Okklusionsprozesse anspricht und institutionelle Fragen im Ansatz belässt – ein wichtiger Beginn. Hier ist auch in Deutschland dafür zu sorgen, dass man nicht von der Praxis überholt wird. Andere beispielhafte Studien haben ebenfalls in Deutschland bislang keine Nachahmung gefunden, etwa Connaway et al. 2006, eine Untersuchung zur methodischen Suche nach *last copies* und der damit verbundenen Frage der Priorisierung bei der Bestandserhaltung. Zu selten sind auch systematische Schadenserhebungen in großen Beständen (vgl. z.B. Starmer/Rice 2004; Novotny 2008); deren Verfahrensweisen sind „nach allgemeiner Auffassung methodisch noch nicht ausgereift" (Weber 2013, 503). Und schließlich sind ganz grundsätzliche Fragen zu klären, etwa der Zeitpunkt der Auswahl von

---

[37] Vorbild könnte hier die UK Research Reserve sein (https://www.ukrr.ac.uk/). Ein erster Beginn in Deutschland ist die von der ZB Med und der BSB unterstützte Vereinbarung über medizinische Zeitschriften des Arbeitskreises der Medizinbibliothekare (http://www.agmb.de/papopro/index.php?menuid=12&reporeid=164).

zu archivierenden Materialien (vgl. Lavoie/Dempsey 2004), die Frage, ob eine oder mehrere Methoden gleichzeitig einzusetzen sind (vgl. NDIIPP 2011, 4), oder grundlegende Beurteilungsfragen, z.b. bezüglich der zukünftigen Rolle von Mikroformen (vgl. z.B. NPO 2009). Die im Archivwesen entwickelten Methoden der Überlieferungsbildung liefern hier sicherlich wichtige Anhaltspunkte auch für die Arbeit mit nicht-unikalen Beständen.

Insbesondere im elektronischen Bereich herrscht keine Methodensicherheit: Die Verfahren zur elektronischen Langzeitarchivierung werden derzeit für die verschiedensten Mediengattungen und mit den verschiedensten organisatorischen Modellen meist in Drittmittelprojekten erprobt. Die Zahl der Projekte ist ebenso hoch wie die der Ansätze;[38] nicht jeder Projektansatz ist überzeugend. Methodenunsicherheit herrscht allein schon strukturell: Der Ansatz bei SHAMAN (DNB) ist ein EU-weiter kooperativer Grid-Ansatz öffentlicher Institutionen – im Kontrast z.B. zu dem auf kommerzieller Software basierenden Ansatz der BSB (Rosetta),[39] dem Ansatz des zentralen öffentlichen Langzeitarchivierungs-Dienstleisters des DFG-geförderten Projekts DP4Lib der DNB, den Überlegungen zu „preservation in the cloud" mit kommerziellen Cloud-Dienstleistern bei Rosenthal 2009a und der Lösung über Non-Profit-Organisationen bei DuraSpace.[40] Hier gibt es – ebenso wie bei der Frage nach Migration, Emulation, Universeller Virtueller Maschine, Technikmuseum etc. und bei der Frage, in welchem Rahmen digitale Langzeitarchivierung stattfindet, von lokal bis global – ein breites Spektrum an strukturellen Lösungsansätzen; welcher der effektivste und (z.B. finanziell) durchhaltbarste ist, ist noch nicht geklärt. Die Vielfalt der Ansätze multipliziert sich noch einmal durch die oft kurzfristige Projektfinanzierung (oder wird durch sie erst generiert). Elektronische Langzeitarchivierung, so zeigt sich, trägt alle Kennzeichen einer *jungen* Wissenschaft: „Digitale Archive stehen erst am Beginn der Entwicklung" (Nestor 2010, Kap. 1:5). Der Deutsche Bibliotheksverband spricht von der „noch ungelöste[n] Langzeitarchivierung" (DBV 2013, 878). Gleichzeitig gehören Arbeiten wie das OAIS-Modell (s. CCSDS 2012) zu den umfassendsten überlieferungstheoretischen Arbeiten, die je erstellt wurden. Integrative Ansätze, die verschiedene Konzepte verschiedener Herkunft vereinen (z.B. Nestor 2012), scheinen die richtige Richtung für die Zukunft anzudeuten.

---

**38** APARSEN sammelt Verweise auf *preservation software tools* (http://www.alliancepermanentaccess.org/index.php/knowledge-base/tools/tools-for-preservation/list-all-software/). Zur Geschichte der elektronischen Langzeitarchivierung und ihrer Methoden s. z. B. Higgins 2011, 79ff.
**39** Siehe http://www.exlibrisgroup.com/de/category/LangzeitarchivierungRosetta; vgl. Exlibris 2009.
**40** Siehe http://duraspace.org.

Neben Methoden sind auch dauerhafte Standards und Normen zu definieren: Derzeit werden die wichtigsten Teile des digitalen Langzeitarchivierungsprozesses in die Normierung überführt (vgl. Robertson-von Trotha/Hauser 2011, 318), die Arbeit des DIN Normenausschusses „Schriftgutverwaltung und Langzeitverfügbarkeit digitaler Informationsobjekte" (NABD15) ist hier sehr wichtig. Auch zur klassischen Bestandserhaltung gibt es entsprechende Normen (s. z.B. Hofmann/Wiesner 2013). Die Vielfalt der existierenden Standards und Communities dürfte sich jedoch diachron hauptsächlich negativ auswirken.

Neben der Koordinierung im Hinblick auf Standards ist auch eine Koordinierung bezüglich der wirtschaftlichen Lasten und Kosten der Überlieferung notwendig – im elektronischen wie in anderen Bereichen: „Alle Bibliotheken sind sich darüber einig, dass unter dem wachsenden Druck betriebswirtschaftlichen Denkens keine Institution allein alle digitalen Ressourcen dauerhaft archivieren kann, sondern dass geeignete nationale Kooperations- und Austauschmodelle greifen müssen." (Nestor 2010, Kap. 2:6; vgl. a. Blue Ribbon Task Force 2008, 17–18) Eine Koordination der verschiedenen Players ist jedoch auch im technischen Bereich notwendig, sei es im Sinne der Interoperabilität (vgl. z.B. das DFG-Projekt LuKII zur Interoperabilität zwischen LOCKSS und KOPAL),[41] der technischen Rollenverteilung bzw. gemeinsamen Nutzung verteilter Ressourcen, wie im Grid-basierten EU-Projekt SHAMAN (s. Altenhöner/Kranstedt 2008; zur Kooperation von Institutionen bei einem OAIS s. CCSDS 2012, 6–1–), oder der gegenseitigen Unterstützung wie bei den Notfallverbünden im Print-Bereich (vgl. Märker 2012; Post 2009). Schließlich ist auch die öffentliche Darstellung zu koordinieren: Da die Mehrzahl der Faktoren, die die diachrone Übermittlung gefährden, letztlich psychologischer Natur sind, ist die Darstellung des Überlieferungsprozesses in der Öffentlichkeit von zentraler Bedeutung für sein Funktionieren (s. oben zum Überlieferungsdiskurs).

Ein zweites Kriterium einer systematischen Überlieferungsplanung ist die laufende Dokumentation. Auch Archivierungskonzepte, incl. Auswahl- und Qualitätskriterien, Logik und Technologien, müssen mit archiviert werden: „Without a written preservation policy, the long-term usability, authenticity, discoverability and accessibility of the digital collection is at risk. [...] Without defined collection and content management procedures, the long-term usability, authenticity and discoverability of the digital collection is at risk." (JISC 2009, 11; vgl. zu preservation policies Nestor 2010, Kap. 3:2–4) Ebenso wichtig sind Workflowmanagement und -dokumentation (s. z.B. Nestor 2010, Kap. 12:1–28). Und schließlich sind auch

---

41 Siehe http://www.lukii.hu-berlin.de/.

die Überlieferungsziele des jeweiligen Ansatzes zu definieren und zu dokumentieren.

Ein drittes Kriterium ist, dass die Planung medien- und technologieübergreifend ist, in Bezug auf das zu Überliefernde ebenso wie in Bezug auf die Technologien der Überlieferung/Zugänglichhaltung: „Just as today's library and archive collections are a combination of traditional materials and digital content, it is essential that the boundaries between the activities of 'traditional preservation' and 'digital preservation' are merged."[42] Derzeit übertüncht die Vielzahl der Diskursghettos die Einheit der Überlieferungs- und Zugänglichkeitsfrage. Eine Überlieferungsplanung muss sämtliche relevanten Bereiche integrieren: von der Restaurierung, der Massenentsäuerung, der Herstellung von Zweitformen bis zur Bewahrung elektronischer Medien. Trotz der Bekenntnisse der Allianz zur Komplementarität ist es jedoch z.B. bislang kaum gelungen, die elektronische und Zweitformerhaltung gemeinsam mit der Originalerhaltung zu diskutieren. Ziel sollte letztlich die Zugänglichhaltung von Information sein, nicht primär Objekt oder Technologie.

Eine systematische Überlieferungsplanung muss zudem die Zugänglichhaltung als laufende Tätigkeit im Auge haben. Dies impliziert die Notwendigkeit, ein Verständnis zu entwickeln, wieviel Persistenz erwartet werden kann und wieviel Management/Maintenance jeweils erforderlich ist. Dies bedeutet auch, dass die Überlieferungsinstitutionen lernen und sich verändern müssen: „Kulturelle Überlieferung im Bereich digitaler Kulturgüter kann eigentlich nur gelingen, wenn die Bewahrungsorgane im Fluss der Technologie mitschwimmen, ihr Wissen kontinuierlich aktualisieren und ihr Tun entsprechend ausrichten." (Robertson-von Trotha/Hauser 2011, 97–98) Es bedeutet jedoch zudem, dass ein Fokus auf der Nachhaltigkeit und der Finanzierung der überliefernden Institutionen und Technologien liegen muss: „Without a plan for sustainability, the long-term usability and accessibility of the digital collection is at risk." (JISC 2009, 13) Untersuchungen zu finanziellen Fragen (vgl. z.B. Blue Ribbon Task Force 2008, 2010) fehlen in Deutschland jedoch in vielen Bereichen.

Ein weiteres Kriterium ist, dass eine systematische Überlieferungsplanung, jenseits der heutigen Diskursghettos und Objektfokussierung, auf einem umfassenden Verständnis des Informationsobjekts beruhen sollte. Wie die Beiträge gezeigt haben, benötigt jedes Informationsobjekt ein Rettungsnetz aus Metadaten, referentiellen Informationen und Zweitformen. Eine umfassende Überlieferungsplanung muss sich der Vielfalt der Okklusionsprozesse bewusst sein. Für

---

**42** Newsmeldung Digital Preservation Coalition (http://www.dpconline.org/newsroom/not-so-new/531-new-agreement-between-dpc-and-british-library-preservation-advisory-centre).

jeden Level gilt es die überlebensnotwendigen Hilfsmittel zu definieren und ihre permanente Existenz zu sichern: Wird eine Sprache unverständlich, braucht es ein zweisprachiges Lexikon, wird ein Format obsolet, braucht es eine Format Registry, wird ein Text korrumpiert, braucht es einen Textkritiker etc. Aus den Dimensionen der diachronen Unzugänglichkeit sind also ‚systemrelevante' Ressourcen zu definieren. Die Blombos-Ocker (s. Einleitung) zeigen, dass auf lange Sicht gesehen *nichts* selbstverständlich ist.

Eine systematische Überlieferungsplanung sollte zudem flexibel sein und im Bewusstsein des Wertes örtlicher und medialer Redundanz, technischer Mehrsträngigkeit und iterativer Methoden eine „strategy of multiple redundancy" (Kenney 2004, 28) verfolgen: „In der Natur wissen wir, dass Monokulturen anfällig sind, aber in der Technik packen wir alles ins Internet" (Jochen Schiller, zitiert in Schrader 2012). Monokulturen – seien sie durch Moden, durch Ressourcenknappheit oder durch Diskursghettos bedingt – täuschen leicht darüber hinweg, dass eine einzelne Technologie für die Vielfalt der Zwecke und Ausgangsmedien nicht gleich ausreichend sein kann (vgl. z.B. STC 2007), und verunmöglichen gleichzeitig de facto die Nutzung anderer Technologien – so sind die meisten Drittmittel-Programme derzeit ausschließlich auf digitale Medien ausgerichtet. Dabei ist in der elektronischen Langzeitarchivierung selbst die Redundanz eines der obersten Prinzipien (vgl. Nestor 2010, Kap. 8:4), und „[d]igital preservation is still a huge unknown area, being actively researched" (NPO 2009, 54). Die Überlieferungsverfahren und -konsequenzen der elektronischen Medien sind bei weitem nicht abschätzbar (vgl. NPO 2009, 42; Krumeich 2013, 508; Robertson-von Trotha/Hauser 2011, 306). Die Verwundbarkeit von Überlieferungsinstitutionen (wie sie u.a. der Einsturz des Kölner Stadtarchivs 2009 verdeutlicht hat) ist ein Beleg für die Notwendigkeit der Mehrsträngigkeit. Ein hohes Potenzial liegt hier in hybriden Techniken, die mehrere mediale Formen produzieren.[43] Zudem ist zu beachten, dass auch nicht für jeden Ort die gleiche Lösung die beste sein muss.[44] Auch die Komplementarität und Kombinierbarkeit verschiedener Ansätze, Medien und Methoden sind herauszuheben.[45] Und schließlich ist eine iterative Risikobewertung erforderlich – für die Überlieferung gibt es keine einzelne endgültige Lösung, sie ist ein ständiger Prozess: „It is perilous to assume that there is only one model for preservation." (Smith 2004, 71) Für die Gewährleistung der diachronen Zugänglichkeit ist eine Mischstrategie erforderlich. Dies gilt in Bezug

---

43 Vgl. z.B. Nestor 2010, Kap. 8:32; http://www.bitsave.ch; NPO 2009, 47.
44 Papyrus, im trockenen Klima Ägyptens ein guter Überlieferungsträger, zerfiel in Griechenland schnell (s. Hoepfner 2002, 3).
45 Vgl. http://www.loc.gov/preservation/resources/care/deterioratebrochure.html.

auf die Investitionen, die Materialien und die Methoden der Weitergabe genauso wie in Bezug auf die möglichst weitgehende inhaltliche Redundanz. Für jeden der Aspekte der diachronen Zugänglichhaltung – den materiellen, den technischen, den institutionspolitischen, den finanziellen, den PR-technischen – gilt es die optimale Mischstrategie zu finden. Wie in anderen Bereichen ist auch hier nur die Planung mit einem breiten Portfolio nachhaltig.

Ein weiteres Kriterium einer systematischen Überlieferungsplanung ist, dass sie die laufende Ausbildung entsprechenden Personals erfordert: „New expertise [...] is needed for the people who will be dealing with this in the archives. Where are we going to get the people from? Who will train the trainers?" (Library of Congress 2009, 13) Derzeit wird kaum medien- und technologieübergreifend ausgebildet: In der bibliothekarischen Ausbildung etwa werden die Diskursghettos ‚Bestandserhaltung', ‚elektronische Langzeitarchivierung' und ‚Notfallplanung' separat und in Kurzform als reine Spezialistentätigkeiten vermittelt, ohne Bezug auf ihre gemeinsame gesellschaftliche Funktion: „Die Aspekte und spezifischen Kenntnisse im Bereich ‚Altes Buch' und ‚Bestandserhaltung' finden derzeit viel zu wenig Niederschlag in den Ausbildungsordnungen [...], auch die Fortbildungsangebote sind zu gering. Hier droht Qualitätsverlust" (Feldmann 2008, 162). Beschäftigte von Überlieferungsinstitutionen sind mit disziplinübergreifenden Fragestellungen wie der Erhaltung von Medienkunst oder der Notfallvorsorge oft unvorbereitet konfrontiert: „Notfallvorsorge resp. Technischer Kulturgutschutz bedürfen [...] der Verstetigung als Daueraufgabe und Lehrinhalt im Rahmen der Ausbildungsgänge." (Neuheuser 2009, 158) Hier sind neue Berufsbilder nötig, etwa das des „preservation manager"[46] oder des „digital curator" (vgl. Higgins 2011, 78, 84), ebenso neue Studiengänge wie der Master in World Heritage Studies an der BTU Cottbus-Senftenberg[47] sowie das Aufbrechen starrer hergebrachter Berufsbilder. Zudem sollten die Auszubildenden in konkrete Projekte eingebunden werden (vgl. z.B. Knoche 2013, 492). Laufende Zugänglichhaltung erfordert eine laufend aktualisierte Ausbildung.

Ein letztes Kriterium ist, dass eine systematische Überlieferungsplanung die Zugänglichhaltung der Gegenwart ebenso mit einschließen muss wie die Überlieferung der Vergangenheit. „Die Strukturen und Operationsweisen von Archiven [...] formatieren zu einem gewissen Grad die Möglichkeitsbedingungen einer zukünftigen Geschichtsschreibung." (Robertson-von Trotha/Hauser 2011, 306) Um zu verhindern, dass zukünftige Generationen herumirren wie Handke auf

---

46 Siehe http://www.mediaconservation.abk-stuttgart.de/.
47 Siehe http://www.tu-cottbus.de/fakultaet2/de/studium/studiengaenge/master-studiengaenge/world-heritage-studies.html.

der Suche nach Kolonos (s. Handke 2003, 143–159), ist zu fragen, wie wir zukünftige historische Forschung erleichtern können (vgl. a. Klimpel/Keiper 2013, 191–197). Die Dokumentation von Sprachen als eigener linguistischer Zweig (s. z.B. Gippert et al. 2006) ist hier ein Paradebeispiel für entsprechende Bestrebungen in anderen Bereichen. „Long-term access" (Smith 2004) zur jetzigen Gegenwart wie zur Vergangenheit sollte das Ziel der Überlieferungsplanung sein; wie bereits gesagt, sollten wir für spätere Zeitalter nicht als das *age of access* gelten, sondern als das *accessible age* – also ein Zeitalter, das sich und seine Vergangenheit für spätere Zeitalter zugänglich gehalten hat.

# Überlieferungswissenschaft

Systematische Überlieferungsplanung erfordert die Begleitung durch eine laufende umfassende Überlieferungswissenschaft. Eine integrierte wissenschaftliche Sicht des gesamten Problembereichs ist bislang nicht präsentiert worden. Mohen 1999 beispielsweise benutzt zwar den Begriff einer Überlieferungswissenschaft, der „sciences du patrimoine", der Untertitel „identifier, conserver, restaurer" deutet aber bereits auf die eingeschränkte, objektzentrierte Sichtweise dieser Studie hin. Die Überlieferungspraxis wird bislang hauptsächlich von Erkenntnissen aus Einzelwissenschaften unterfüttert, die sich oft auf technische oder materialwissenschaftliche Fragen konzentrieren (so auch die im amerikanischen Sprachraum existierenden „preservation science"[48] und „heritage science")[49] und psychologische, soziologische und andere Fragestellungen außer acht lassen: Wie Lipp zu Recht sagt, „gibt es in Deutschland keine Institute für kulturwissenschaftlich geleitete Medienpraxis" (Robertson-von Trotha/Hauser 2011, 56). Zudem wird in den beteiligten Spezialbereichen oft nicht ausreichend praxisorientierte Forschung betrieben (vgl. Feldmann 2008, 162). So existiert für die Prozesse der Überlieferung nichts analog der Medizinethik, also grundlegende Normen, wie man handeln soll. Probleme werden praktisch gelöst, die Literatur besteht hauptsächlich aus Praxisberichten. Wir stehen noch ganz am Anfang einer Überlieferungswissenschaft.

Eine solche Überlieferungswissenschaft sollte wiederum eine Reihe von Kriterien erfüllen, um für die systematische Überlieferungsplanung brauchbar zu sein. Das erste Kriterium ist eine institutionelle Verankerung. Ohne ein

---

[48] Siehe http://www.loc.gov/preservation/scientists/.
[49] Siehe http://www.heritagesciencejournal.com/.

dauerhaft finanziertes Institut für Überlieferungsforschung kann es keine systematische Überlieferungsplanung geben. Hier müssen auch längerfristige Forschungsprojekte möglich sein. Durch einseitige Förderung von praktischen und wissenschaftlichen Projekten in nur einem Bereich (z.B. Digitalisierung) wird die Forschungsfrage der Überlieferungswissenschaft verzerrt, es kommt zu falschen und möglicherweise fatalen Ergebnissen. Die digitale Technik ist nur *eine* Technologie von vielen.

Ein weiteres Kriterium ist die Interdisziplinarität. Die Beiträge in diesem Band ebenso wie der Band von Robertson-von Trotha/Hauser (2011) belegen die Breite des Spektrums der notwendigen Einzelwissenschaften. Eine interdisziplinäre Überlieferungswissenschaft muss von der Papyrologie bis zur elektronischen Langzeitarchivierung reichen, von der soziologischen und politischen Institutionenlehre bis hin zur militärischen Planung. Die Blickwinkel verschiedener Wissenschaften sind für die systematische Überlieferungsplanung unerlässlich – ein einfaches Beispiel: Es ist derzeit durchaus nicht selbstverständlich, dass in einem pragmatischen Kontext alle Auflagen eines jeden Textes migriert (z.B. digitalisiert) bzw. die Grundlagen für die Auswahl einer bestimmten Auflage diskutiert werden. Hier sollte jedoch die Textphilologie/Editionswissenschaft mit lauter Stimme Einspruch erheben, da dies die Grundlage ihrer Arbeit ist (zu Texteditionen und ihren Prinzipien im digitalen Zeitalter s. z.B. Sahle 2013). Eine Überlieferungswissenschaft sollte zudem medien- und technologieübergreifend sein, da ansonsten ihr eingeschränkter Horizont selbst zum potenziellen Okklusionsfaktor wird. Sie muss schließlich in der Lage sein, fachübergreifend die Effekte von Medienwechseln zu untersuchen. Hierzu muss sie entgegen der alltäglichen „myopie temporelle" (Ost 1998, 459) langzeitorientiert arbeiten, weit in die Zukunft planen und die Erfahrungen der Vergangenheit nutzen: „By better understanding different approaches to preservation in the past, we may expand our ideas about the survival of material artifacts over time and gain new insight into possible solutions for the future." (Karmon 2011, 172)

Ein weiteres zentrales Kriterium einer funktionierenden Überlieferungswissenschaft ist, dass sie zugänglichkeitsorientiert und nicht rein objektzentriert arbeitet. Um dies tun zu können, sollte sie das Objektmodell und die Prozesstypologie, die im Band skizziert wurden, ausarbeiten und so die theoretischen Grundlagen für eine systematische Überlieferungsplanung legen, etwa bei der Definition von *significant properties* und *designated communities*. Die schlichte buchwissenschaftliche Frage etwa nach dem ursprünglich verwendeten Papier lässt sich anhand einer Reproduktion nicht beantworten. Dementsprechend sind mögliche wissenschaftliche Fragestellungen weitmöglichst zu antizipieren und den Überlieferungsplanern vorzutragen. Und schließlich sollte sie in eine Zugänglichkeitswissenschaft erweitert werden, die synchrone und diachrone Blickwinkel kombiniert und Methoden der Zugänglichkeitsschaffung und -haltung vergleichend untersucht – man betrachte etwa den jahrhundertelangen Kampf um Zugänglichkeit bei der römischen Trajanssäule.[50]

Eine Überlieferungswissenschaft sollte schließlich ihre eigenen Urteilsmöglichkeiten belegen: Ist Überlieferung nur „our conditional, might-have-been-otherwise, sheer damn lucky tradition" (Kelly 2005, xxi) oder ist sie planbar? Sind „human judgments [...] unreliable for shaping the historical record" (Smith 2004, 59)? Um dies zu untersuchen, sollte eine Überlieferungswissenschaft neue Forschungsansätze erarbeiten. Hier sind vielfältige Richtungen denkbar, z.B. die Geschichte der Informationssicherung, die Analyse des jeweils aktuellen Verhältnisses von synchroner und diachroner Zugänglichkeit oder die Klärung der Frage, wie unikal die Buchproduktionen der verschiedenen Zeitperioden sind (z.B. verschiedene Papierquellen für ein und dieselbe Auflage)? Auch wirtschaftlich nachhaltige Modelle der Überlieferung sind zu entwickeln. Zudem sind kulturwissenschaftliche Untersuchungen notwendig: „Der Umgang mit dem kulturellen Erbe ist kulturgebunden und erfährt auch durch die Digitalisierung keine Homogenisierung." (Robertson-von Trotha/Hauser 2011, 305) Auch Bernhard Fabians vor Jahrzehnten aufgestelltes Desiderat ist weder in der ursprünglichen Einschränkung noch mit Bezug auf das Internet erfüllt: „Eine kohärente Theorie der [...] Bibliothek als institutioneller Bedingung der Forschung existiert nicht." (Fabian 1983, 23–24) Ebenso notwendig sind Methoden, um den Zustand und die Formationsprozesse von Informationsobjekten laufend zu beobachten: Was passiert, wenn Bibliotheken geschlossen werden, wenn Verlage in Konkurs gehen, wenn Sammler sterben, wenn Haushalte aufgelöst werden, wenn Bibliotheken aussondern? Welches Buch landet wo, wird zerstört, weiterverwendet etc.? Gerade in einer medialen Übergangszeit sollten solche Untersuchungen, ggf. mittels technischer Hilfsmittel (vgl. NISO 2012, v), systematisch angestellt werden. Hier liegt massives Potenzial für die Überlieferungsplanung und die zukünftige historische Forschung. Angesichts zunehmender Aussonderung ist jetzt, wo das Informationsobjekt Buch noch nicht rar geworden ist, das Zeitalter der Exemplarerfassung angebrochen.

---

[50] Zur Entstehungszeit bedurfte es einer Treppe/Terrasse, um das Studium der Reliefs zu ermöglichen, dann folgten Beschreibungen, eine erste vollständige Nachzeichnung aus dem Jahr 1506 von Iacopo Ripanda, Abgüsse (z.B. Museo Civiltà, Victoria and Albert Museum; siehe z.B. http://www.vam.ac.uk/content/articles/t/the-cast-courts/), Fotokampagnen und schließlich der Trajanssäulen-Browser des Archäologischen Instituts der Universität Köln und des Deutschen Archäologischen Instituts (http://arachne.uni-koeln.de). Gleichzeitig verwittert durch die römischen Autoabgase das Originalobjekt: Diverse Bilder sind schon nicht mehr erkennbar.

Um zum Schluss zu kommen: Die Beiträge des Bandes sollten gezeigt haben, in welch hohem, bislang unrealisiertem Ausmaß die Unzugänglichwerdung von Information *ubiquitär* ist und dass es hier deutlich systematischerer Anstrengungen bedarf als bislang. Information *bleibt* nicht zugänglich; sie ist in einem instabilen Aggregatzustand. Wenn wir in einem Zeitalter der Zugänglichkeit leben wollen, sollte daher die diachrone Zugänglichhaltung gegenwärtig vorhandener Information als potenziell zukünftig *relevanter* Information unser allererstes Ziel sein. Geschichte beginnt in der Gegenwart. Dystopien wie Hari Kunzrus Roman *Memory Palace* (Kunzru 2013) führen uns drastisch vor Augen, dass wir dem Verlernen vorbeugen müssen. Überlieferung ist wie eine lange Kette von Menschen, die einander Sandsäcke weiterreichen – an irgendeinem Punkt dieser langen Kette wird dieser eine Sandsack ein Loch stopfen, einen Damm abdichten, eine Flut verhindern.

# Literatur

Allianz (2009): Zukunft bewahren. Eine Denkschrift der Allianz zur Erhaltung des schriftlichen Kulturguts. http://www.allianz-kulturgut.de/fileadmin/user_upload/Allianz_Kulturgut/dokumente/2009_Allianz_Denkschrift_gedruckt.pdf.

Altenhöner, R; Kranstedt, A: (2008): „SHAMAN. Sustaining Heritage Access through Multivalent Archiving". Dialog mit Bibliotheken 2, 29–34.

Assmann, A. (2010): Erinnerungsräume: Formen und Wandlungen des kulturellen Gedächtnisses. 5. Aufl. München: Beck.

Assmann, A. (2006): „Soziales und kollektives Gedächtnis". Vortrag. http://www.bpb.de/veranstaltungen/dokumentation/128665/panel-2-kollektives-und-soziales-gedaechtnis.

Assmann, J. (2013): Das kulturelle Gedächtnis: Schrift, Erinnerung und politische Identität in den frühen Hochkulturen. 7. Aufl. München: Beck.

Augé, M. (2001): Les Formes de l'oubli. Paris: Rivages.

Babelon, J.-P.; Chastel, A. (1994): La Notion du patrimoine. Paris: Liana Levi.

Barry, B. (1979): „Justice between Generations". In: P.M.S. Hacker; J. Raz (Hrsg.): Law, Morality and Society. Essays in Honour of H.L.A. Hart. Oxford: Clarendon Press, 268–284.

BBK (2012): Schutz von Kulturgut bei bewaffneten Konflikten. 7. Aufl. Bonn: Bundesamt für Bevölkerungsschutz und Katastrophenhilfe.

Benjamin, W. (1991): Das Passagen-Werk. Hrsg. v. R. Tiedemann. 2 Bde. Frankfurt/M.: Suhrkamp. (Gesammelte Schriften V,1 & 2).

Berliner Appell (2013): Berliner Appell zum Erhalt des digitalen Kulturerbes. http://www.berliner-appell.org/.

Blue Ribbon Task Force (2010): Sustainable Economics for a Digital Planet: Ensuring Long-Term Access to Digital Information. Final Report of the Blue Ribbon Task Force on Sustainable Digital Preservation and Access. http://brtf.sdsc.edu/biblio/BRTF_Final_Report.pdf.

Blue Ribbon Task Force (2008): Sustaining the Digital Investment: Issues and Challenges of Economically Sustainable Digital Preservation. Interim Report of the Blue Ribbon Task

Force on Sustainable Digital Preservation and Access. http://brtf.sdsc.edu/biblio/BRTF_Interim_Report.pdf.
Brand, S. (1999): The Clock of the Long Now: Time and Responsibility. New York, NY: Basic Books.
BSB (2003): Lebendiges Büchererbe: Säkularisation, Mediatisierung und die Bayerische Staatsbibliothek. München: BSB.
Bürger, T. (2009): „Zukunft bewahren. Die Allianz ‚Schriftliches Kulturgut erhalten' übergibt dem Bundespräsidenten eine Denkschrift". ZfBB 56:3/4, 208–209.
Butzer, G.; Günter, M. (Hrsg.) (2004): Kulturelles Vergessen: Medien – Rituale – Orte. Göttingen: Vandenhoeck & Ruprecht.
Canfora, L. (2002): Die verschwundene Bibliothek: Das Wissen der Welt und der Brand von Alexandria. Hamburg: Europäische Verlagsanstalt.
CCSDS (2012): Reference Model for an Open Archival Information System (OAIS). Magenta Book. Washington, DC: The Consultative Committee for Space Data Systems. http://public.ccsds.org/publications/archive/650x0m2.pdf.
Cerbai, I.; Principe, C. (1996): BIBV: Bibliography of Historic Activity on Italian Volcanoes. Pisa: Istituto di geocronologia e geochimica isotopica.
Choay, F. (1999): L'Allégorie du patrimoine. 2e éd. Paris: Seuil.
CLIR (2004): Access in the Future Tense. Washington, DC: CLIR. http://www.clir.org/pubs/reports/pub126/pub126.pdf.
Connaway, Lynn S. et al. (2006): „Last Copies: What's at Risk?". Preprint. https://www.oclc.org/resources/research/publications/library/2006/connaway-crl07.pdf.
DBV (2013): „Für die Erhaltung des digitalen Kulturerbes: dbv unterstützt Berliner Appell". Bibliotheksdienst 47:11, 878–879.
DBV (2011): „Deutschland braucht eine nationale Digitalisierungsstrategie!". Thesenpapier des Deutschen Bibliotheksverband. http://www.bibliotheksverband.de/fileadmin/user_upload/DBV/positionen/ThesenpapierDigitalisierung_dbv_Papier.pdf.
Debray, R. (2000): Introduction à la médiologie. Paris: PUF.
Fabian, B. (2008): „Die gedruckte Überlieferung. Kulturgut in nationaler Verantwortung". Ansprache beim Kolloquium anlässlich der Verabschiedung von Dr. Wolfgang Frühauf, Landesstelle für Bestandserhaltung in Sachsen. Manuskript.
Fabian, B. (2007): Ansprache zum Nationalen Aktionstag der Allianz zur Erhaltung des schriftlichen Kulturgutes. Manuskript.
Fabian, B. (2005): „Politische Aspekte der Kulturellen Überlieferung". In: Barbara Schneider-Kempf et al. (Hrsg.): Wissenschaft und Kultur in Bibliotheken, Museen und Archiven. Klaus-Dieter Lehmann zum 65. Geburtstag. München: Saur, 457–465.
Fabian, B. (Hrsg.) (1996): Zukunftsaspekte der Geisteswissenschaften. Vier Vorträge. Hildesheim: Olms.
Fabian, B. (1983): Buch, Bibliothek und geisteswissenschaftliche Forschung. Göttingen: Vandenhoeck & Ruprecht.
Feldmann, R. (2008): „Neues von der Bestandserhaltung". Wolfenbütteler Notizen zur Buchgeschichte 33:1/2, 151–163.
Gerstenblith, P. (2012): „2011 Cultural Heritage Legal Summary". Journal of Field Archaeology 37:4, 330–335.
Gippert, J. et al. (Hrsg.) (2006): Essentials of Language Documentation. Berlin: Mouton de Gruyter.

Handke, P. (2003): Sophokles. Ödipus in Kolonos. Vom Altgriechischen ins Deutsche übertragen von Peter Handke. Frankfurt/M.: Suhrkamp.

Harrison, T. (1990): The Trackers of Oxyrhynchus. The Delphi Text 1988. London: Faber and Faber.

Hartwieg, U. (2012): „Koordinierungsstelle für die Erhaltung des schriftlichen Kulturguts – Eine erste Bilanz". ZfBB 59:3/4, 214–215.

Higgins, S. (2011): „Digital Curation: The Emergence of a New Discipline". The International Journal of Digital Curation 6:2, 78–88. http://www.ijdc.net/index.php/ijdc/article/view/184.

Höfer, C. (2005): Libraries. London: Thames & Hudson.

Hoepfner, W. (Hrsg.) (2002): Antike Bibliotheken. Mainz: Philipp von Zabern.

Hofmann, R.; Wiesner, H.-J. (2013): Bestandserhaltung in Archiven und Bibliotheken. 4. Aufl. Hrsg. v. DIN Deutsches Institut für Normung e.V. Berlin: Beuth.

Horkheimer, M.; Adorno, T.W. (1988): Dialektik der Aufklärung: Philosophische Fragmente. Frankfurt/Main: Fischer.

IAIS (2007): Bestandsaufnahme zur Digitalisierung von Kulturgut und Handlungsfelder. Studie des Fraunhofer Instituts Intelligente Analyse- und Informationssysteme. Erstellt im Auftrag des Beauftragten der Bundesregierung für Kultur und Medien (BKM). http://www.iais.fraunhofer.de/uploads/media/BKM_End_01.pdf.

Jeudy, H.-P. (2008): La Machinerie patrimoniale. Paris: Circé.

JISC (2009): JISC Project Report: Digitisation Programme: Preservation Study April 2009. http://www.jisc.ac.uk/media/documents/programmes/digitisation/jisc_dpp_final_public_report.pdf.

Karmon, D. (2011): „Archaeology and the Anxiety of Loss: Effacing Preservation from the History of Renaissance Rome". American Journal of Archaeology 115:2, 159–174.

Kenney, A.R. (2004): „Collections, Preservation, and the Changing Resource Base". In: CLIR, 2004, 24–33.

Kelly, S. (2005): The Book of Lost Books. New York, NY: Viking.

Klimpel, P.; Keiper, J. (Hgg.) (2013): Was bleibt? Nachhaltigkeit der Kultur in der digitalen Welt. Berlin: Internet & Gesellschaft Collaboratory e. V. http://files.dnb.de/nestor/weitere/collab_was_bleibt.pdf.

Knoche, M. (2013): „Stark geschädigtes Schriftgut in rauen Mengen". Bibliotheksdienst 47:7, 491–493.

Krumeich, K. (2013): „Die ‚Sammlung Aschebücher': Qualitätssicherung in der Digitalisierung". Bibliotheksdienst 47:7, 507–522.

Kuhlen, R. (2002): Bausteine zur Entwicklung einer Wissensökologie – Plädoyer für eine nachhaltige Sicht auf den UN-Weltgipfel zur Informationsgesellschaft (WSIS). http://www.inf-wiss.uni-konstanz.de/People/RK/Texte/bausteine-oekologie-wissen-endtext_rk-0203-v3.pdf.

Kuhlen, R. (2004a): Informationsethik – Ethik in elektronischen Räumen. Konstanz: UVK.

Kuhlen, R. (2004b): „Wissensökologie". In: Kuhlen et al. (2004), 105–113.

Kuhlen, R. et al. (Hrsg.) (2004): Grundlagen der praktischen Information und Dokumentation. 5. Ausg. 2 Bde. München: Saur.

Kunzru, H. (2013): Memory Palace. London: V&A Publications.

Lavoie, B.F.; Dempsey, L. (2004): „Thirteen Ways of Looking at ... Digital Preservation". D-Lib Magazine 10:7/8. http://www.dlib.org/dlib/july04/lavoie/07lavoie.html.

Library of Congress (2009): Designing Storage Architectures for Digital Preservation. Conference Notes. http://www.digitalpreservation.gov/meetings/documents/othermeetings/designing_storage_archs2009_notes_final.pdf.

Lievrouw, L.A.; Farb, S.E. (2003): „Information and Equity". Annual Review of Information Science and Technology 37, 499–540.

Märker, A. (2012): „Die Gründung des Notfallverbunds Leipziger Archive und Bibliotheken". Bibliotheksdienst 46:7, 557–569.

Mayer-Schönberger, V. (2009): Delete: The Virtue of Forgetting in the Digital Age. Princeton: Princeton University Press.

Melville, G. (Hrsg.) (1992): Institutionen und Geschichte: theoretische Aspekte und Mittelalterliche Befunde. Köln: Böhlau.

Mohen, J.P. (1999): Les Sciences du patrimoine: identifier, conserver, restaurer. Paris: Odile Jacob.

Muñoz Viñas, S. (2011): Contemporary Theory of Conservation. London: Routledge.

National Archives (2011): Understanding Digital Continuity. http://www.nationalarchives.gov.uk/documents/information-management/understanding-digital-continuity.pdf.

NDIIPP (2011): Preserving Our Digital Heritage: The National Digital Information Infrastructure and Preservation Program 2010 Report. http://www.digitalpreservation.gov/multimedia/documents/NDIIPP2010Report_Post.pdf.

Nestor (2010): nestor Handbuch: Eine kleine Enzyklopädie der digitalen Langzeitarchivierung. Version 2.3. Göttingen: nestor. http://nestor.sub.uni-goettingen.de/handbuch/nestor-handbuch_23.pdf.

Neuheuser, H.P. (2009): „Der Einsturz des Kölner Stadtarchivs. Eine erste Sichtung der Situation aus archivfachlichem Blickwinkel". ZfBB 56:3/4, 149–158.

Nietzsche, F. (1999): Unzeitgemässe Betrachtungen. Zweites Stück: Vom Nutzen und Nachtheil der Historie für das Leben. In: Ders.: Sämtliche Werke. Kritische Studienausgabe. Hrsg. v. G. Colli und M. Montinari. München/Berlin: dtv/de Gruyter. Band 1, 243–334.

NISO (2012): RFID in U.S. Libraries. Baltimore, MD: NISO. http://www.niso.org/publications/rp/rp-6-2012.

Novotny, D. (2008): „Caring for Collections in the 21st Century: Preservation Principles, Priorities and Practices". http://www.bl.uk/aboutus/stratpolprog/ccare/pubs/2008/8thtriennalmeeting.pdf.

NPO (2009): Second Life for Collections. Papers given at the National Preservation Office Conference held 29 October 2007 at the British Library. London: National Preservation Office/British Library. http://www.bl.uk/blpac/pdf/conf2007.pdf.

OCLC (2012): Lasting Impact: Sustainability of Disciplinary Repositories. https://www.oclc.org/resources/research/publications/library/2012/2012-03.pdf.

Ost, F. (1998): „Du Contrat à la transmission: Le simultané et le succession". Revue philosophique de Louvain 96:3, 453–475.

Pilger, A. (2012): „Ein neues Positionspapier des VDA-Arbeitskreises ‚Archivische Bewertung' zur Überlieferungsbildung im Verbund". Archivar. Zeitschrift für Archivwesen 65:1, 6–11. http://www.vda.archiv.net/index.php?eID=tx_nawsecuredl&u=0&file=uploads/media/AK_Bewertung_PP_UEiV.pdf&t=1363624042&hash=fbb378fe5ae40fd8d26294df4292a8a5eecc2d3b.

Post, B. (2009): „Netzwerke – der Weimarer Notfallverbund der Kultureinrichtungen". ZfBB 56:3/4, 174–180.

Poulot, D. (2001): Patrimoine et musées: L'Institution de la culture. Paris: Hachette.

Rawls, J. (1971): A Theory of Justice. Reprint of the Original Edition. Cambridge, MA: Belknap Press.
Ricoeur, P. (2003): La Mémoire, l'histoire, l'oubli. Paris: Seuil.
Robertson-von Trotha, C.Y.; Hauser, R. (Hrsg.) (2011): Neues Erbe: Aspekte, Perspektiven und Konsequenzen der digitalen Überlieferung. Karlsruhe: KIT Scientific Publishing. http://digbib.ubka.uni-karlsruhe.de/volltexte/1000024230.
Rösler, I. (s.d.): „Zur Erkenntnistheorie archivischer Überlieferungsbildung in Deutschland: Ansichten eines Archivars der ehemaligen DDR". http://www.forum-bewertung.de/beitraege/1025.pdf.
Sahle, P. (2013): Digitale Editionsformen. Zum Umgang mit der Überlieferung unter den Bedingungen des Medienwandels. 3 Bde. Norderstedt: BoD.
Schäffler, H. (2008): „Dynamische Publikationen: Bericht über ein DFG-Rundgespräch vom 12. Juni 2008". ABI-Technik 28:4, 254–257.
Schiffer, M.B. (1996): Formation Processes of the Archaeological Record. Reprint. Salt Lake City, UT: University of Utah Press.
Schonfeld, R.C.; Housewright, R. (2009): What to Withdraw? Print Collections Management in the Wake of Digitization. New York, NY: Ithaka S+R. http://www.sr.ithaka.org/sites/all/modules/contrib/pubdlcnt/pubdlcnt.php?file=http://www.sr.ithaka.org/sites/default/files/reports/What_to_Withdraw_Print_Collections_Management_in_the_Wake_of_Digitization.pdf&nid=357.
Schrader, C. (2012): „24 Stunden bis zum Chaos". Süddeutsche Zeitung, 25.4.2012, 18.
Schüller-Zwierlein, A.; Zillien, N. (Hrsg.) (2012): Informationsgerechtigkeit: Theorie und Praxis der gesellschaftlichen Informationsversorgung. Berlin: de Gruyter.
Smith, A. (2004): „In Support of Long-Term Access". In: CLIR 2004, 55–72.
Starmer, M.E.; Miller Rice, D. (2004): „Surveying the Stacks: Collecting Data and Analyzing Results with SPSS". Library Resources & Technical Services 48:4, 263–272.
STC (2007): The Digital Dilemma: Strategic Issues in Archiving and Accessing Digital Motion Picture Materials. Beverly Hills, CA: The Science and Technology Council of the Academy of Motion Picture Arts and Sciences. http://www.oscars.org/science-technology/council/projects/digitaldilemma/download.php.
Todorov, T. (2004): Les Abus de la mémoire. Paris: Arléa.
Tremmel, J.C. (Hrsg.) (2006): Handbook of Intergenerational Justice. Cheltenham: Edward Elgar.
UNESCO (2012): Memory of the World: Documents That Define Human History and Heritage. London: Collins.
UNESCO (2009): UNESCO Information for All Programme: National Information Society Policy: A Template. Paris. http://www.unesco.de/fileadmin/medien/Dokumente/Kommunikation/IFAP_template.pdf.
Weber, J. (2013): „Bestandserhaltung als Risikosteuerung: Infrastruktur und Schadenserhebung nach dem Brand der Herzogin Anna Amalia Bibliothek". Bibliotheksdienst 47:7, 496–506.
Wehrlin, M. (Red.) (2008): Memopolitik. Eine Politik des Bundes zu den Gedächtnissen der Schweiz. Bericht des Bundesamtes für Kultur. Bern: Bundesamt für Kultur, Eidgenössisches Departement des Innern. http://www.bak.admin.ch/kulturerbe/04405/index.html?lang=de&download=NHzLpZeg7t,lnp6I0NTU042l2Z6ln1acy4Zn4Z2qZpnO2Yuq2Z6gpJCDeIR_f2ym162epYbg2c_JjKbNoKSn6A--.
WSIS (2003): Charta der Bürgerrechte für eine nachhaltige Wissensgesellschaft. http://www.worldsummit2003.de/download_de/Charta-Flyer-deutsch.pdf.

# Über die Autorinnen und Autoren

**Reinhard Altenhöner**, *1963, nach Stationen in Bonn (DFG), Münster (Leitung Fachhochschulbibliothek) und Mainz (Leitung Wissenschaftliche Stadtbibliothek und Öffentliche Bücherei) seit 2003 Abteilungsleiter Informationstechnik bei der Deutschen Nationalbibliothek (DNB), seit 2010 zusätzlich Ressortverantwortung Bestandserhaltung. IT-Gesamtverantwortung für Betrieb, Weiter- und Neuentwicklung digitaler Services und Technologien, Formate und Schnittstellen, Langzeitarchivierung. Mitarbeit in nationalen und internationalen Standardisierungs- und Arbeitsgremien, wissenschaftlichen Beiräten, regelmäßige Publikationen und Reviewtätigkeiten. Weitere persönliche Arbeitsschwerpunkte: Organisationsentwicklung, Projekt- und Strategieentwicklung.

**Dr. Sylvia Asmus**, *1966, Studium der Germanistik, Kunstgeschichte, Kunstpädagogik in Frankfurt/Main und der Bibliothekswissenschaft in Berlin, Promotion in Bibliothekswissenschaft 2009 an der Humboldt-Universität Berlin. Seit 1994 in der Deutschen Nationalbibliothek (DNB) in Frankfurt/Main tätig, seit 2011 Leiterin des Deutschen Exilarchivs 1933–1945 der DNB. Letzte Publikation: Asmus, S.; Eckl, M. (Hrsg.): „... *mehr vorwärts als rückwärts schauen* ..." : *das deutschsprachige Exil in Brasilien 1933–1945; eine Publikation des Deutschen Exilarchivs 1933–1945 der Deutschen Nationalbibliothek = „... olhando mais para frente do que para trás ...".* Berlin: 2013.

**Dr. Sebastian Barteleit** studierte in Bochum, Freiburg, Münster und Osnabrück Geschichte, Philosophie und Anglistik und promovierte im Jahr 2000 zu einem Thema der frühneuzeitlichen englischen Geschichte. Nach dem Referendariat im Bundesarchiv ist er von 2002 an zuständig für die Baumaßnahmen des Bundesarchivs im Großraum Berlin. Seit 2006 ist er zudem für die Grundsätze der Bestandserhaltung im Bundesarchiv zuständig. Er ist Mitglied des Bestandserhaltungsausschusses der Archivreferentenkonferenz, des Beirates des Kompetenzzentrums Bestandserhaltung für Archive und Bibliotheken in Berlin und Brandenburg und Vorsitzender des Mikrofilmarchivs der deutschsprachigen Presse e.V. Als Vorsitzender des Unterkommittees 10 von ISO TC 46 ist er auch in der internationalen Normung im Bereich Bestandserhaltung aktiv.

**Prof. i. R., Dr. Dr. h. c. Dieter Birnbacher**, *1946, Studium der Philosophie, der Anglistik und der Allgemeinen Sprachwissenschaft in Düsseldorf, Cambridge und Hamburg. B. A. (Cambridge) 1969, Promotion (Hamburg) 1973, Habilitation (Essen) 1988. Von 1974 bis 1985 Mitarbeit in der Arbeitsgruppe Umwelt Gesellschaft Energie an der Universität Essen (Leitung: Klaus Michael Meyer-Abich). Von 1993 bis 1996 Professor für Philosophie an der Universität Dortmund, von 1996 bis 2012 an der Heinrich-Heine-Universität Düsseldorf. Vorsitzender der Zentralen Ethikkommission der Bundesärztekammer. Vizepräsident der Schopenhauer-Gesellschaft e.V., Frankfurt/Main Mitglied des Vorstands der Gesellschaft für Humanes Sterben. e.V., Berlin. Mitglied der Deutschen Akademie der Naturforscher Leopoldina/Nationale Akademie der Wissenschaften. Letzte Veröffentlichung: *Negative Kausalität* (zus. mit David Hommen). Berlin 2012.

**Prof. Dr. Uwe M. Borghoff** hält die Professur für Informationsmanagement am Institut für Softwaretechnologie der Fakultät für Informatik an der Universität der Bundeswehr München und übt z. Zt. das Amt des Vizepräsidenten der Universität aus. Er promovierte und habilitierte an der

Technischen Universität München und war als Senior Scientist am Xerox Research Centre Europe in Grenoble tätig. Er initiierte das Lehr-, Forschungs- und Begegnungszentrum datArena.

**Dr. Renate Buschmann** ist seit 2008 Direktorin des imai – inter media art institute, einer Stiftung für Video- und Medienkunst in Düsseldorf. Sie promovierte in Kunstgeschichte an der Universität zu Köln und erarbeitete als freie Autorin und Kuratorin mehrere Veröffentlichungen und Ausstellungen zur Kunst des 20./21. Jahrhunderts, insbesondere zur Ausstellungsgeschichte, Fotografie und Medienkunst. 2006 war sie wissenschaftliche Mitarbeiterin an der Kunstakademie Münster und hatte Lehraufträge an der Universität zu Köln, an der Kunstakademie Münster und an der Fachhochschule Köln. Für die Stiftung imai konzipiert und organisiert sie Forschungsprojekte, Konferenzen und Ausstellungen über Medienkunst und die Erhaltung dieser Kunstgattung. Für das Goethe-Institut hat sie 2013 das Videokunstprojekt *Looking at the Big Sky* kuratiert. Aktuelle Veröffentlichungen: *Die Gegenwart des Ephemeren. Medienkunst im Spannungsfeld zwischen Konservierung und Interpretation* (2014, hrsg. mit Darija Šimunović), *Medienkunst Installationen. Erhaltung und Präsentation* (2013, hrsg. mit Tiziana Caianiello), *Katharina Sieverding. Projected Data Images* (2010), *Anarchie – Revolte – Spektakel. Das Kunstfestival intermedia '69* (2009, hrsg. mit Jochen Goetze, Klaus Staeck), *Fotos schreiben Kunstgeschichte* (2007, hrsg. mit Stephan von Wiese).

**Prof. Dr. Dieter Dörr**, *1952, Studium der Rechtswissenschaft an der Universität des Saarlandes, 1977 Erstes Juristisches Staatsexamen, 1980 Zweites Juristisches Staatsexamen, 1983 Promotion an der Universität des Saarlandes und 1987 Habilitation an der Universität zu Köln; seit 1995 Inhaber des Lehrstuhls für Öffentliches Recht, Völker- und Europarecht, Medienrecht an der Johannes Gutenberg-Universität Mainz und seit 2000 Direktor des Mainzer Medieninstituts und sachverständiges Mitglied der Kommission zur Ermittlung der Konzentration im Medienbereich (KEK); seit 2003 Richter im Nebenamt am Oberlandesgericht Koblenz. Er hat zahlreiche Abhandlungen zum nationalen und europäischen Medienrecht verfasst und ist Mitautor eines Standardlehrbuchs zum Medienrecht und eines Loseblattkommentars zum Rundfunkstaatsvertrag.

**Dr. Andrea Hänger** ist Leiterin des Referates für archivische Grundsatzangelegenheiten im Bundesarchiv. Seit 2002 leitet sie das Projekt Digitales Archiv und vertritt das Bundesarchiv in zahlreichen nationalen und internationalen Gremien zur digitalen Archivierung.

**Prof. Dr. Ivo Hajnal** ist Professor für Sprachwissenschaft an der Universität Innsbruck.

**Dr. Ursula Hartwieg**, 1984–1997 Studium der Geisteswissenschaften an der Westfälischen Wilhelms-Universität in Münster, 1985–1997 als stud./wiss. Hilfskraft, später wiss. Mitarbeiterin am Forschungsinstitut für Buchwissenschaft und Bibliographie/Institutum Erasmianum (u.a. Mitarbeit in der Zentralredaktion des Handbuchs der Historischen Buchbestände), 1991 Magister Artium (Anglistik), 1997 Promotion bei Prof. Dr. Bernhard Fabian (buchwissenschaftlicher Schwerpunkt), 1997–1999 Referendariat für den höheren Bibliotheksdienst (Herzog August Bibliothek Wolfenbüttel und Fachhochschule Köln), ab 1999 an der Staatsbibliothek zu Berlin – Preußischer Kulturbesitz, zunächst als wissenschaftliche Referentin in der Abteilung Historische Drucke (u.a. Projektleitung „Verzeichnis der im deutschen Sprachraum erschienenen Drucke des 18. Jahrhunderts (VD 18)" für den SBB-Bestand), ab 2010 Vorbereitung der Gründung der Koordinierungsstelle für die Erhaltung des schriftlichen Kulturguts (KEK), seit offizieller Gründung der KEK am 1. August 2011 Leitung der KEK.

**Dr. Anders Högberg** ist Privatdozent für Archäologie an der Linnéuniversität Kalmar und forscht derzeit am Stellenbosch Institute for Advanced Study in Südafrika. Seine Forschungsgebiete, in denen er umfangreich publiziert hat, umfassen auf der einen Seite Studien zur Bedeutung der Vergangenheit in der Gegenwart und zu heutigem Geschichts- und Zukunftsbewusstsein, sowie auf der anderen Seite Forschungen zu urgeschichtlicher Technologie, insbesondere Flintwerkzeugen der frühen Jungsteinzeit, zur kognitiven Evolution früher Menschen und zu Wandel und Kontinuität in spätbronzezeitlichen Gesellschaften.

**Dr. Michael Hollmann** ist Präsident des Bundesarchivs der Bundesrepublik Deutschland.

**Prof. Dr. Cornelius Holtorf** ist Professor für Archäologie an der Linnéuniversität Kalmar in Schweden. Nach dem Studium der Ur- und Frühgeschichte, Völkerkunde und Anthropologie in Deutschland, England und Wales hat er an verschiedenen Universitäten und Forschungseinrichtungen in Großbritannien und Schweden gearbeitet, seit 2008 in Kalmar. Seine Forschungsinteressen reichen von der Gegenwartsarchäologie zur Theorie der Denkmalpflege und schließen seit einigen Jahren auch angewandte Archäologie ein, die sich darum bemüht, an der Lösung von Gegenwartsproblemen mitzuwirken. Zahlreiche Veröffentlichungen.

**Dr. Katrin Janis**, *1962, Studium der Museologie (1983–1986) und Restaurierungswissenschaft (1990–1994) in Leipzig und Köln sowie der Denkmalpflege, Bauforschung und Neueren Geschichte in Bamberg (1997–1998). 2003 Promotion an der Otto-Friedrich-Universität im Fach Denkmalpflege. Von 2010 bis 2013 Executive-Masterstudium *Philosophie – Politik – Wirtschaft* an der Ludwig-Maximilians-Universität München (nebenberuflich). Nach mehrjähriger Tätigkeit an Museen in Berlin und Köln sowie als wissenschaftliche Assistentin an der Fachhochschule Köln seit 2002 Leitung des Restaurierungszentrums der Bayerischen Verwaltung der staatlichen Schlösser, Gärten und Seen in München.

**Dr. Nico Krebs** studierte und promovierte an der Universität der Bundeswehr München und ist als Berufsoffizier Fachbereichsleiter für Programmierung an der Fachschule der Bundeswehr für Informationstechnik.

**Dr. Andreas Pilger**, *1969, Studium der Geschichte, Germanistik und Philosophie in Münster, Promotion 2000 an der Universität Münster. 2001–2003 Archivreferendariat. 2003–2009 Hauptstaatsarchiv Düsseldorf. 2009–2013 Leiter des Dezernats „Öffentlichkeitsarbeit" im Landesarchiv Nordrhein-Westfalen. Seit 2014 Leiter des Stadtarchivs Duisburg. 2005–2014 Leiter des Arbeitskreises „Archivische Bewertung" im Verband deutscher Archivarinnen und Archivare.

**Dr. Daniela Pscheida** ist wissenschaftliche Mitarbeiterin in der Abteilung Medienstrategien am Medienzentrum der Technischen Universität Dresden. Nach dem Studium der Erziehungswissenschaften, Medien- und Kommunikationswissenschaften und Politikwissenschaft an der Martin-Luther-Universität Halle-Wittenberg promovierte sie 2009 im Fach Medienwissenschaft mit einer Arbeit zum Wandel der Wissenskultur im digitalen Zeitalter (*Das Wikipedia Universum*, transcript 2010). Derzeit arbeitet und forscht sie zu den Themen Digitale Wissenschaft (Science 2.0) und Lernen mit Social Media (E-Learning 2.0).

**Dr. Thomas Riesenweber** ist Wissenschaftlicher Mitarbeiter der Abteilung für Griechische und Lateinische Philologie der Rheinischen Friedrich-Wilhelms-Universität Bonn, wo er sich 2012 mit einer kritischen Edition der *Commenta in Ciceronis Rhetorica* des Marius Victorinus (4. Jh. n. Chr.) für das Fach Klassische Philologie habilitiert hat. Seine Forschungsschwerpunkte liegen im Bereich der römischen Elegie (v.a. Properz), der Rhetorik (Cicero, Victorinus) und der Überlieferungsgeschichte und Textkritik.

**Prof. Dr. Caroline Y. Robertson-von Trotha** ist Direktorin des ZAK | Zentrum für Angewandte Kulturwissenschaft und Studium Generale am Karlsruher Institut für Technologie (KIT) und Professorin für Soziologie und Kulturwissenschaft. Sie ist Gründungsbeauftragte des KIT für das Center of Digital Tradition (CODIGT) und Sprecherin des KIT-Kompetenzbereichs ‚Technik, Kultur und Gesellschaft' sowie des KIT-Kompetenzfeldes ‚Kulturerbe und sozialer Wandel'. Zudem ist sie Koordinatorin des deutschen Netzwerks der Anna Lindh Stiftung, Mitglied im Fachausschuss Kultur der deutschen UNESCO-Kommission und Vorsitzende des Wissenschaftlichen Initiativkreises Kultur und Außenpolitik (WIKA) am Institut für Auslandsbeziehungen (ifa). Unter ihrer Herausgeberschaft erscheinen die wissenschaftlichen Schriftenreihen ‚Kulturwissenschaft interdisziplinär', ‚Problemkreise der Angewandten Kulturwissenschaft', ‚Kulturelle Überlieferung – digital' sowie die Onlineschriftenreihe ‚The Critical Stage. Young Voices on Crucial Topics'. Die Forschungsschwerpunkte von Prof. Dr. Caroline Y. Robertson-von Trotha sind Theorie und Praxis der Öffentlichen Wissenschaft, Fragen der kulturellen Überlieferung, Multikulturalität und Integration, Kulturwandel und Globalisierung.

**Dipl.-Ing. Peter Rödig** ist wissenschaftlicher Mitarbeiter am Institut für Softwaretechnologie an der Universität der Bundeswehr München.

**Dr. rer. pol. Jan-Hinrik Schmidt**, *1972, Studium der Soziologie an der Universität Bamberg und der West Virginia University (USA), Promotion 2004 an der Universität Bamberg. Seit 2007 wissenschaftlicher Referent für digitale interaktive Medien und politische Kommunikation am Hans-Bredow-Institut für Medienforschung (Hamburg). Arbeitsgebiete: Onlinebasierte Kommunikation, insbesondere soziale Medien und ihre Auswirkungen auf Journalismus, Politik und Zivilgesellschaft. Letzte Publikation: Social Media. Wiesbaden 2013.

**Dr. Ralf H. Schneider** ist Geschäftsführer des Center of Digital Tradition (CODIGT) am ZAK | Zentrum für Angewandte Kulturwissenschaft und Studium Generale am Karlsruher Institut für Technologie (KIT). Er studierte Germanistik, Geographie und Biologie an der Universität Karlsruhe (TH) und promovierte im Fach Germanistik zum Thema ‚Enzyklopädien im 21. Jahrhundert: Lexikographische, kommunikations- und kulturwissenschaftliche Strukturen im Kontext neuer Medien'. Er lehrt in literatur-, kultur- und medienwissenschaftlichen Fächern, baute das Studienzentrum Multimedia am KIT mit auf und beteiligte sich an Forschungs- und Lehrprojekten in Europa sowie im Maghreb. Seit 2012 ist er Geschäftsführer des CODIGT, das sich als Forschungs- und Beratungseinrichtung für digitale Langzeiterhaltung komplexer digitaler Objekte aus Forschung und Kultur versteht. Er ist Mitglied der Stiftung Wissensraum Europa-Mittelmeer (WEM) e.V. und veröffentlichte zuletzt einen Band zu mittelalterlichen Erinnerungsorten. Seine

Forschungsschwerpunkte sind Fragen der kulturellen Überlieferung aus medien- und literaturwissenschaftlicher Perspektive.

**Sabine Schrimpf**, *1982, ist als wissenschaftliche Mitarbeiterin an der Deutschen Nationalbibliothek für die Bereiche digitale Langzeitarchivierung und Projektorganisation beschäftigt. Sie hat Buchwissenschaft, Amerikanistik und Allgemeine und Vergleichende Literaturwissenschaft an der Universität Mainz und Bibliotheks- und Informationswissenschaft an der Humboldt-Universität zu Berlin studiert. Sie engagiert sich unter anderem in diversen EU-Projekten wie PARSE.Insight, Opportunities for Data Exchange, APARSEN und 4C – Collaboration to Clarify the Cost of Curation und unterstützt die nestor-Geschäftsstelle.

**Dr. André Schüller-Zwierlein**, *1972, ist Leiter der Abteilung Dezentrale Bibliotheken an der Universitätsbibliothek der LMU München und Herausgeber der Reihe *Age of Access? Grundfragen der Informationsgesellschaft*.

**Dr. Gerhard Stumpf**, *1953, studierte Germanistik und Romanistik. Er betreut das Fachreferat Germanistik und leitet die Abteilung Medienbearbeitung an der Universitätsbibliothek Augsburg, wo er zugleich stellvertretender Bibliotheksleiter ist.

www.ingramcontent.com/pod-product-compliance
Lightning Source LLC
Chambersburg PA
CBHW070602230426
43670CB00010B/1376